Karl Schiller (1911–1994)

Historisches Forschungszentrum der Friedrich-Ebert-Stiftung
Reihe: Politik- und Gesellschaftsgeschichte, Band 76

Herausgegeben von Dieter Dowe und Michael Schneider

Torben Lütjen

Karl Schiller (1911–1994)

»Superminister« Willy Brandts

Bibliografische Information der Deutschen Bibliothek

Die Deutsche Bibliothek verzeichnet
diese Publikation in der Deutschen Nationalbibliografie;
detaillierte bibliografische Daten sind im Internet
unter *http://dnb.ddb.de* abrufbar.

ISBN 978-3-8012-4172-8
ISSN 0941-7621

© 2007 by
Verlag J. H. W. Dietz Nachf. GmbH
Dreizehnmorgenweg 24, 53175 Bonn
Lektorat: Prof. Dr. Michael Schneider
Reihengestaltung: Just in Print, Bonn · Kempken DTP-Service, Marburg
Umschlagfoto: Lebeck/Stern/PICTURE PRESS
Satz: Kempken DTP-Service – Büro für Satztechnik, Marburg
Druck und Verarbeitung: AZ Druck und Datentechnik, Kempten (Allgäu)
Alle Rechte vorbehalten
Printed in Germany 2007

Besuchen Sie uns im Internet: www.dietz-verlag.de

Inhaltsverzeichnis

I	Einleitung	7
II	Kindheit und Jugend (1911–1931)	17
	1 Ein vaterloser »Vagabund«	17
	2 An der Hebbelschule: Ordnung und Leidenschaft	23
III	Wissenschaftskarriere zwischen Weimarer Republik und Drittem Reich (1931-1942)	35
	1 »Eine Wissenschaft, so exakt wie die reine Mechanik«	35
	2 Sozialismus und der Aufstieg der »hellen Köpfe«	37
	3 Die Weltwirtschaftskrise und das Brüning-»Trauma«	44
	4 Der Theoretiker der nationalsozialistischen Arbeitsbeschaffung	53
	5 Im Think-Tank des OKW: Schiller am Institut für Weltwirtschaft	63
IV	Soldat an der Ostfront (1942–1945)	81
V	Nachkriegskarrieren (1945–1954)	95
	1 Orientierung in der Trümmergesellschaft	95
	2 Der Schiller-Plan	103
	3 Professor Schiller	114
	4 Hamburger Wirtschaftssenator	120
	5 Der persönliche Referent: Begegnung mit Helmut Schmidt	126
	6 »Wettbewerb so weit wie möglich, Planung so weit wie nötig«: Aufstieg zum wirtschaftspolitischen Experten der SPD	133
VI	Auszeit (1954–1961)	151
	1 Der unruhige Geist	151
	2 Der Ökonom und die Gesellschaft	155
	3 Kontakt zu Willy Brandt	163
VII	Berlin als Sprungbrett (1961–1965)	169
	1 Die Selbstbehauptung Berlins	169
	2 Vorbild Kennedy	175
	3 Die Partei der »optimistischen Technokratie«: Karl Schiller und die SPD der 60er-Jahre	178
	4 Die Versöhnung von Geist und Macht: Karl Schiller, Günter Grass und das Wahlkontor Deutscher Schriftsteller	189

VIII Superstar (1965–1969) 201
    1 Die Zertrümmerung des Erhard-Mythos 201
    2 Wirtschaftsminister 219
    3 Revolutionen 224
    4 Höhenflüge 242
    5 Der Aufwertungs-Streit 250
    6 Die Schiller-Wahl 257

IX Supernova (1969–1974) 275
    1 Vorzeichen 275
    2 Die Rückkehr der Politik 281
    3 Über das Scheitern der Vernunft in der Politik 291
    4 Superminister 299
    5 »Genossen, laßt die Tassen im Schrank!« 311
    6 Karl der Weise 320
    7 Show-down 332
    8 Abstürze 346

X Heimkehr und Abschied (1974–1994) 367

Danksagung 387

Anhang
    Abbildungsnachweis 391
    Quellenverzeichnis 391
    Literaturverzeichnis 392
    Personenregister 399
    Angaben zum Autor 403

I   Einleitung

Es gibt keine wissenschaftliche Theorie für das Schreiben einer Biographie. Damit ist nicht etwa gemeint, dass es nicht *die* eine Theorie gäbe, was angesichts der streitbaren Natur der Wissenschaft ganz natürlich wäre. Es existiert vielmehr kaum ein einziger wirklicher, systematischer, über einige beiläufig gemachte Beobachtungen hinausgehender Versuch, der erklären würde, wie man eine Biographie zu schreiben hätte, bzw. was man dabei lieber unterlassen sollte.[1] Folglich gibt es darüber im Grunde auch keine Kontroverse, keinen Disput, lässt sich die Literaturlage nicht entlang der Wasserscheide widerstreitender Meinungen zusammenfassen. Dabei gibt es ja unverkennbar seit einigen Jahren einen Aufschwung der biographischen Methode. Aber alles, was diesbezüglich an Vorüberlegungen methodischer oder theoretischer Art produziert wurde – sei es die Psychohistorie[2] und Oral History in der Geschichtswissenschaft oder die Lebenslaufforschung in der Soziologie[3] – hat mit dem Schreiben der Biographie über eine Einzelperson wenig zu tun. Um es kurz zu sagen: Wer einen Bauplan sucht, anhand dessen er seine Biographie schreiben könnte, wird nicht fündig werden.

Nun könnte man aus der Not eine Tugend machen und das Genre der Biographie gleich in den theorieresistenten Rang einer Kunst erheben, wie etwa Joachim Fest, der die Meinung vertritt, dass die Historiographie der Literatur ohnehin näher stünde als der Wissenschaft.[4] In der Tat spricht vieles für eine solche Ansicht. Und doch kann es auch sinnvoll sein, sich im Vorhinein darüber im Klaren zu sein, was man mit einer solchen Arbeit eigentlich bezweckt. Also: Welchen Erkenntniswert besitzen Biographien überhaupt? Und: Warum eine Biographie über Karl Schiller?

Vor 30 oder 40 Jahren hätte es der Verfasser einer Biographie schwer gehabt, bei der Suche nach Argumentationshilfen für sein Vorhaben erfolgreich zu sein. Vermutlich wäre er anhand der ersten Literatursichtung sogar einigermaßen entmutigt gewesen. In den 1960er- und 70er-Jahren war in der Geschichtswissenschaft die Dominanz der Strukturhistoriker fast absolut – in der Politikwissenschaft setzte man sich mit dem Thema ohnehin kaum auseinander.[5] Das berühmte Diktum Treitschkes von den

---

1   Als einzige, jedoch wenig hilfreiche Ausnahme vgl. Jan Romein, Die Biographie. Einführung in ihre Geschichte und ihre Problematik, Bern 1948.
2   Vgl. hierzu Hedwig Röckelein, Der Beitrag der psychohistorischen Methoden zur »neuen historischen Biographie«, in: dies. (Hrsg.), Biographie als Geschichte, Tübingen 1993, S. 17-38.
3   Vgl. die Beiträge in Wolfgang Voges (Hrsg.), Methoden der Biographie- und Lebenslaufforschung, Opladen 1987.
4   Vgl. die Zeit 13/2003.
5   Vgl. als Gegenbeispiel: Lewis J. Edinger, Politische Wissenschaft und Politische Biographie, in: Jürgen Fijalkowski (Hrsg.), Politologie und Soziologie. Otto Stammer zum 65. Geburtstag, Köln 1965, S. 75-84.

»großen Männern«, die Geschichte machen, war längst obsolet. Den meisten Historikern waren – zugespitzt ausgedrückt – Strukturen, Prozesse und gesellschaftliche Entwicklungsimperative alles, Personen hingegen fast nichts. Die wenigen Vertreter der deutschen Geschichtswissenschaft, die sich mit Biographien beschäftigten, galten in den 70er-Jahren als die letzten Bastionen des »Historismus«, die ihr Unwesen jetzt mit der »unschuldigen Gattung«[6] der Biographie trieben. Aber der Widerstand war nicht nur gegen die traditionelle, »konservative« Biographie gerichtet. Es gab auch starke Vorbehalte, den Faktor der individuellen Persönlichkeit überhaupt als Erklärungsvariable für historische Entwicklungen heranzuziehen. Hier ist nicht der Raum, um ausführlich darüber nachzudenken, worin diese schon reflexhafte Abneigung ihre Ursache hatte. Vielleicht war es tatsächlich Ausdruck der ideologischen Sozialisationen der entsprechenden Generationskohorte unter den Historikern und Sozialwissenschaftlern. Der eine Geschichtsphilosoph wurde also von einem anderen abgelöst: Statt der Hochschätzung der »großen Männer« dominierte die »Agententheorie«, das Individuum als Marionette der Interessenlagen.

Hagen Schulze beklagte schon 1978 die für die Geschichtswissenschaft schädliche »Frontstellung«, da die grobe Alternative Individuum versus Gesellschaft oder Struktur in Wahrheit gar nicht existiere.[7] Aus der Distanz erscheint der ganze Disput ohnehin wie ein Phantomstreit. Dass man ein Individuum einzig aus sich selbst heraus erklären könne, dass es keinen sozialen, politischen oder kulturellen Kontext gäbe, der seine Handlungen beeinflusst und begrenzt, haben auch in den 60er- und 70er-Jahren die wenigsten behauptet. Und genauso wenig kamen die Strukturhistoriker an der Tatsache vorbei, dass es eben doch bisweilen Situationen gab, in denen ein Einzelner den Verlauf der Dinge entscheidend beeinflusst hat. Allerdings lässt sich für die letzten Jahre konstatieren, dass personalistische Erklärungsansätze eine starke Aufwertung erfahren haben – kommt doch selbst das Schulhaupt der sozialhistorischen Richtung in seiner »Deutschen Gesellschaftsgeschichte« zu dem Schluss, dass es letztendlich die Sehnsucht nach einem charismatischen Führer gewesen sei, welcher die deutsche Geschichte von Bismarck bis Hitler ihre entscheidenden Anstöße verdankt.[8]

Eine gelungene Biographie muss eben – und das ist denkbar banal – den Porträtierten in den sozialen, kulturellen und politischen Kontext einordnen. Wo dieses scheitert, liegt das nicht an der Gattung der Biographie, sondern am Versagen des Biographen.

Aber natürlich bleibt die Frage nach der Gewichtung personaler und struktureller Faktoren. Gerade für den Politikwissenschaftler stellt sich somit die bedeutsame Fra-

---

6   Vgl. Jürgen Oelkers, Biographik – Überlegungen zu einer unschuldigen Gattung, in: NPL 19 (1974), S. 296-317.
7   Vgl. Hagen Schulze, Die Biographie in der »Krise der Geschichtswissenschaft«, in: GWU 29 (1978), S. 508-518, hier: S. 513.
8   Vgl. Hans-Ulrich Wehler, Deutsche Gesellschaftsgeschichte, Vierter Band. Vom Beginn des Ersten Weltkrieges bis zur Gründung der beiden deutschen Staaten, München 2003.

ge nach den politischen Handlungsspielräumen. Wo vermag der einzelne Mensch der Geschichte eine entscheidende Wendung zu geben? Und wo bleibt er tatsächlich in erster Linie ein Getriebener, Gefangener der ihn umgebenden Strukturen? Die Frage ist kontrafaktisch und als solche nicht eindeutig zu beantworten. Ob die Reichseinigung auch ohne Bismarck, der Holocaust ohne Hitler oder der Zusammenbruch der Sowjetunion ohne Gorbatschow möglich gewesen wäre oder ob all dieses zumindest völlig anders verlaufen wäre, wird sich niemals sicher sagen lassen. Aber zumindest bietet die Biographie die Möglichkeit, sich der »Totalität des Wirklichen in der Geschichte«[9] anzunähern, um somit die Verflechtung eines individuellen Lebens mit seinem historischen Umfeld ausschnittsweise aufzuklären.

Der Faktor Persönlichkeit kann sich erstens also bei der Analyse von Entscheidungsprozessen – insbesondere in Krisen oder Umbruchsituationen – als außerordentlich fruchtbar, wenn nicht gar als unverzichtbar erweisen.[10] Es gibt jedoch noch einen zweiten Beweggrund für das Schreiben einer Biographie. Denn sie kann auch den Zweck verfolgen, den Porträtierten als Spiegelbild bestimmter geistiger Tendenzen seiner Zeit darzustellen, um über die Person hinaus verallgemeinerbare Erkenntnisse zu gewinnen. Gewinn bringend ist eine solche Methode vor allem dann, wenn sich in der Person, um die es geht, bestimmte Tendenzen, geistige Strömungen oder auch Geschichtserfahrungen bündeln und verdichten. Wie unter einem Mikroskop können sich somit Perspektiven mit enormer Reichweite ergeben, vom »Allerpersönlichsten zum Allgemeinsten«.[11] Biographen, die Letzteres im Auge haben, suchen neben allen Veränderungen zumeist auch nach dem großen Antriebsmotor, oder besser: nach einer unverwechselbaren Grundmelodie, die durch alle Wandlungen, Brüche und Diskontinuitäten im Leben ihrer Protagonisten doch immer herauszuhören ist – manchmal nur als leises Hintergrundgeräusch, bisweilen auch in einem lauten Crescendo.

Eine solche Vorgehensweise kann heikel sein. Zurecht existiert die Warnung, dass Biographen sich davor zu hüten hätten, sich zum Komplizen eines sinnhaften Lebens zu machen: Die Betrachtung des Lebens eines Individuums von einem bestimmten Punkte aus verführt förmlich dazu, einen konsistenten Lebensentwurf zu konstruieren, der der tatsächlichen diskontinuierlichen Lebenserfahrung der Moderne und dem mit ihr verbundenen Zerfall der Identität zwangsläufig nicht gerecht werden kann. Das eben ist der Kern der Warnung Pierre Bourdieus vor der »biographischen Illusion«.[12]

---

9 Vgl. Schulze, Die Biographie, S. 516,
10 Vgl. Hans-Peter Schwarz, Die Bedeutung der Persönlichkeit in der Entwicklung der Bundesrepublik, in: Rudolf Hrbeck (Hrsg.), Personen und Institutionen in der Entwicklung der Bundesrepublik Deutschland: Symposium aus Anlass des 80. Geburtstages von Theodor Eschenburg, Kehl 1985, S. 7-19.
11 Vgl., Margit Szöllösi-Janze, Fitz Haber 1868–1934. Eine Biographie, München 1998 S. 14.
12 Vgl. Pierre Bourdieu, Die biographische Illusion, in: BIOS, 3 (1990), S. 75-81.

Viele Biographen haben es daher auch ganz bewusst vermieden, ihre Arbeit einem eindeutigen Leitmotiv unterzuordnen. So hat Hans-Peter Schwarz im Nachwort seiner großen Adenauer-Biographie argumentiert, dass sich beim ersten Bundeskanzler der Bundesrepublik Deutschland ganz verschiedene Thesen anbieten würden, aus deren Blickwinkel man sein Leben betrachten könne: Der »Bürger«, der »Rheinländer«, der »Modernisierer« und einiges andere mehr. Aber Schwarz empfand jede dieser Zuschreibungen als verkürzt, damit letzten Endes suggestiv, Ausdruck des Bedürfnisses nach »Reduzierung komplexer Zusammenhänge«, die im Menschen offensichtlich »phylogenetisch tief eingepflanzt«[13] seien. Jeder bedeutende Politiker in Demokratien sei überdies wandlungsfähig und vielgestaltig – ein Proteus.

Aber wie einleuchtend Schwarz' Argumente grundsätzlich auch erscheinen mögen: Letztlich hängt es doch vom Gegenstand selbst ab, für welchen Weg man sich entscheidet. Eine bestimmte These oder zumindest ein Leitmotiv zu verfolgen, kann bei einigen Biographien eben doch Sinn machen – solange man vorsichtig genug ist und dabei die Aporien, Paradoxien und Widersprüchlichkeiten nicht nur des einzelnen Individuums, sondern auch des historischen Prozesses im Ganzen im Auge behält. Gerade der Biograph darf die prinzipielle Offenheit des Geschichtsverlaufes niemals außer Acht lassen, muss daher die »Eindeutigkeit des Ablaufsinns« in die »Vielfalt der Möglichkeiten« zurückverwandeln.[14] Wenn man diese Prinzipien im Auge behält, kann man den roten Faden einer Biographie deutlich machen, ohne dabei in einen lebensgeschichtlichen Determinismus zu verfallen.

Im vorliegenden Fall habe ich mich für das beherrschende Leitmotiv, für die durchgängige Grundmelodie entschieden. Dabei wird auch gegen den Grundsatz verstoßen, dass man das Leben eines Menschen nicht von einem bestimmten Punkt aus betrachten dürfe, da dieses zu suggestiven Verkürzungen führe.

Natürlich läuft das Leben Karl Schillers nicht zwangsläufig darauf hinaus, dass er einmal die Bundestagswahlen 1969 zur »Schiller-Wahl« machen sollte. Und doch erschien mir diese Wahl immer als das eigentliche Rätsel, welches es zu lösen galt. Denn der Mann, der den Wahlausgang entscheidend beeinflussen sollte, war eben nicht der Typus des Volkstribuns oder des mitreißenden Barrikadenredners. Auf seinen Wahlversammlungen war die Atmosphäre nachgerade steril, und er selbst gab sich alle Mühe, die Stimmung seiner Zuhörerschaft auf ein Empfindungstief hinunterzukühlen, das Emotionen gar nicht erst erlaubte. Seine Reden selbst ähnelten in der Tat eher Vorlesungen der Volkswirtschaftslehre, als dass sie den Erfordernissen eines Wahlkampfes Rechnung zu tragen schienen. Und dann erst das Thema: Monatelang sprach

---

13 Vgl. Hans-Peter Schwarz, Adenauer. Band 1: Der Aufstieg 1876–1952, München 1994, S. 965.
14 Vgl. Christian Meier, Narrativität, Geschichte und die Sorgen des Historikers, in: Reinhard Kosselek und Wolf-Dieter Stempel (Hrsg.), Geschichte – Ereignis und Erzählung, München 1973, S. 571-585, hier: S. 575.

Schiller fast nur von der Notwendigkeit der Aufwertung der D-Mark. Es war eigentlich viel zu kompliziert, als dass es irgendwer hätte verstehen können.

Und doch wurde Karl Schiller zur zentralen Figur im Spätsommer 1969. Wo immer er in diesen Monaten auf den Marktplätzen der Republik auftrat, herrschte eine so andächtige Stille unter seinen Zuhörern, als würde nicht über die außenwirtschaftliche Absicherung geredet, sondern eine Messe gelesen. Obgleich er eigentlich also alles falsch machte, schien Schiller am Ende vieles richtig gemacht zu haben. Am Ende sollten sich die wirtschaftspolitischen Kompetenzwerte zwischen CDU und SPD in ihr Gegenteil verkehrt haben. Es war einer der entscheidenden Schritte zum »Machtwechsel« von 1969.

Aber was Schiller in diesem Wahlkampf tat, war nicht einfach der Laune eines Augenblicks entsprungen, und es war auch keine Rolle, die er lediglich spielte. Schiller fühlte sich wirklich als Aufklärer, der fest davon überzeugt war, dass sich die ökonomische Vernunft am Ende einfach durchsetzen musste. Es war die öffentlich sichtbarste Manifestation seiner Überzeugung, dass die Politik sich in einem Prozess fortschreitender Modernisierung zunehmend des wissenschaftlichen Sachverstandes bedienen werde, damit zu einem kühlen Geschäft der Rechner und Experten würde. Politik, wie Schiller sie verstand, war vor allem eine Frage der Datensammlung und Datenverarbeitung. Im Grunde, so könnte man Schillers Aussagen gewiss zugespitzt zusammenfassen, war die »traditionelle« Politik überflüssig geworden, um durch die Herrschaft der Techniker und Spezialisten ersetzt zu werden. Eben das ist der Kern des *technokratischen Denkens*[15], als dessen Repräsentant Karl Schiller hier bezeichnet werden soll.

Die erste Frage, die sich daher aufdrängt, lautet: Wie und unter welchen Bedingungen entstand Karl Schillers technokratisches Weltbild? Und wie veränderte sich dieses Weltbild im Zeitverlauf oder aber auch: Veränderte es sich überhaupt?

Offensichtlich war es im Falle Karl Schillers vor allem die Prägung durch seinen Beruf, die entscheidend war. Schließlich hat der Ökonom eine ganz bestimmte Perspektive auf die Gesellschaft: Er glaubt grundsätzlich an den Typus des homo oeconomicus, ist überzeugt, dass sich menschliche Handlungen und gesellschaftliche Prozesse an rationalen Grundsätzen ausrichten. Sehr häufig ist dieser Typus in der Geschichte der Bundesrepublik nicht vorgekommen. Aber in Ludwig Erhard und dann eben in Karl Schiller ist er doch zwei Mal wirkungsmächtig hervorgetreten. Am Fall Schillers lässt sich studieren, wie sich eine solche Weltsicht in verschiedenen politischen und historischen Kontexten bewährte und auswirkte. Schiller lernte schon in seiner Studienzeit während der letzten Jahre der Weimarer Republik, dass seine eigene Disziplin, die Nationalökonomie, eine harte, empirische und exakte Wissenschaft sei, vergleichbar den Naturwissenschaften und damit politisch im Grunde völlig neutral.

---

15 Vgl. Hermann Lübbe, Technokratie. Politische und wirtschaftliche Schicksale einer politischen Idee, in: Zeitschrift für Philosophie, 25.1.2000, S. 119-137.

Aber Schillers akademische Karriere wurde durch die Machtergreifung der Nationalsozialisten 1933 nicht gestoppt. Auch überwinterte er nicht als weltabgewandter Wissenschaftler im universitären Elfenbeinturm. Seine Arbeiten aus jener Zeit waren durchaus anwendungsbezogen und standen mit den konkreten wirtschaftspolitischen Maßnahmen des Regimes in engem Zusammenhang. Wie aber konnte Schiller unter diesen Voraussetzungen noch an seinem Postulat einer unpolitischen Wissenschaft festhalten? Oder waren es vielleicht gerade die spezifischen Bedingungen des Dritten Reiches, die seinen Glauben verstärkten, eine Wissenschaft zu betreiben, die den politischen Strukturen gegenüber letztlich indifferent und immun sei?

Aber im Grunde ist noch viel erstaunlicher, dass Schiller auch nach 1945 an seinen technokratischen Politikvorstellungen festhielt. Denn zum einen agierte er jetzt nicht mehr in einer Diktatur, für die der Typus des Sozialingenieurs bekanntlich von jeher besonders verführbar gewesen ist, da es nirgendwo einfacher war, die eigenen Ordnungsvorstellungen zu verwirklichen. Jetzt bewegte sich der Ökonom Schiller in einem demokratischen Verfassungsstaat, damit vor allem auch in einer pluralistischen Gesellschaftsordnung. Und schließlich machte Schiller sehr früh Erfahrungen mit der »wirklichen« Politik: Ab 1948 als Hamburger Wirtschaftssenator und seit Anfang der 50er-Jahre bei der Mitarbeit an der programmatischen Weiterentwicklung der SPD. Eigentlich hätte sich Schillers Rationalitätsmodell an den Erfahrungen des komplizierten politischen Entscheidungsprozesses – der einer ganz anderen Teilrationalität folgt – abschleifen müssen. Wie diese Arbeit zeigen wird, war dies jedoch nicht der Fall. Womit aber ist dann die erstaunliche Kontinuität in seinen Ansichten zu erklären?

Erst im Dezember 1966, nachdem er sich viele Jahre unzufrieden zwischen der Wissenschaft und der Politik bewegt hatte, schlug für Schiller die große Stunde der Bewährung. Als die Bundesrepublik in ihre erste Nachkriegsrezession geriet und Ludwig Erhards Regierung auseinanderbrach, konnte er sich als Wirtschaftsminister der Großen Koalition endlich an den Versuch machen, seine Vorstellungen von einer rationalen, wissenschaftlich fundierten Wirtschaftspolitik zu verwirklichen, seine theoretische Erkenntnis damit dem Praxistest aussetzen. Diese Arbeit untersucht, inwiefern er bei diesem Versuch erfolgreich war. Konnte Schiller sein Postulat einer versachlichten und letztlich unpolitischen Wirtschaftspolitik durchsetzen? Welche Optionen eröffnete eine solche Herangehensweise an den politischen Prozess? Und da Schillers Biographie letztlich auch die Geschichte eines Scheiterns ist, liegt natürlich die Frage auf der Hand: Wo lagen die Grenzen und auch die Gefahren für einen solchen Politikansatz? Die Biographie Karl Schillers stellt somit eine Analyse des Verhältnisses zwischen Politik und Wissenschaft in Deutschland von den 30er- bis zu den 70er-Jahren dar und erzählt zugleich die Geschichte vom Aufstieg und Fall des technokratischen Denkens.

Schließlich bleibt die Frage, wie es möglich war, dass ein solcher Politikertypus für einige Jahre zum vermutlich populärsten Politiker der Republik werden konnte. Der Mann, der entscheidend den Ausgang der Bundestagswahl 1969 beeinflussen sollte, war schließlich ein Anti-Volkstribun, der seine Botschaften – jedenfalls auf den ersten Blick – nicht an den Bauch, sondern an den Verstand der Menschen richtete. Dem Weber'schen Typus des Charismatikers glich er ebenso wenig wie den von Jacob Burckhardt beschriebenen »Extra-Personen«, deren Stunde immer dann schlägt, wenn die »Oberbeamten« abgewirtschaftet haben und mit ihrem Latein am Ende sind.[16] Die Befriedigung welcher Erwartungen, Sehnsüchte und Bedürfnisse schien Schiller demnach in den Menschen zu stillen? Eine Biographie über Karl Schiller kann daher auch ergänzende Aufschlüsse über die Mentalitätsgeschichte der 60er-Jahre liefern.

Eingebettet ist diese Fragestellung in die Erzählform einer klassischen Biographie. So soll das eben skizzierte Leitmotiv zwar stets im Fokus der Arbeit stehen. Beabsichtigt ist aber dennoch, auch ein Porträt des Menschen Karl Schiller zu zeichnen. Diese Arbeit handelt daher durchaus auch vom Privatmann Karl Schiller. Damit sollen nicht in erster Linie voyeuristische Bedürfnisse gestillt werden; ohnehin erfährt der Biograph in dieser Hinsicht durch Briefe und Gespräche sehr viel mehr, als er hinterher zu Papier bringen kann. Aber um die Frage zu beantworten, warum der Politiker Schiller sich in einer bestimmten Situation so und nicht anders verhielt, ist es unverzichtbar, auch die sonstigen Einflüsse zu kennen, die auf ihn einwirkten. Ob jemand zufrieden oder verdrossen, verliebt oder verlassen, traurig oder glücklich ist, wirkt sich natürlich auf seine politischen Entscheidungen aus. Gerade um immer wieder die Frage zu beantworten, ob nun die so genannten »strukturellen Determinanten« oder aber die Persönlichkeit für bestimmte Abläufe und Geschehnisse verantwortlich sind, erscheint eine ganzheitliche Betrachtung unverzichtbar. Dass der Aufstieg und der Abstieg Schillers natürlich etwas mit den gesellschaftlichen Voraussetzungen zu tun haben, ist bereits mehr als nur angedeutet worden. Aber insbesondere im Fall Karl Schillers kommen andere Dinge hinzu: Eitelkeiten, Egozentrik, schließlich eine neue Lebenspartnerin, die einen nicht unbeträchtlichen Einfluss auf sein Verhalten gewinnen sollte. Gerade hier also kann die biographische Herangehensweise vor Determinismen und voreiligen Schlüssen schützen.

Aus dem gleichen Grund wird in dieser Arbeit trotz der Kritik manch besonders progressiver Historiker an der »linearen Narration«[17] überwiegend traditionell chronologisch verfahren. Damit soll nicht etwa der Illusion eines konsistenten Lebensentwurfes nachgegeben und dem Schema des bürgerlichen Entwicklungsromans gefolgt werden. Aber eine Trennung zwischen dem »Ökonomen«, dem »Politiker« oder dem »Privatmann« Karl Schiller erscheint nicht sinnvoll – denn alle diese Ebenen, denen noch einige andere hinzugefügt werden könnten, sind so eng aufeinander bezogen und miteinander verzahnt, dass sie analytisch in vielen Fällen nicht getrennt werden können. Und bei aller gebotenen Vorsicht vor konstruierten Lebenskontinuitäten

---
16 Vgl. Jacob Burckhardt, Weltgeschichtliche Betrachtungen, Stuttgart 1955, S. 248.
17 Vgl. Hans Erich Bödecker, Biographie. Annäherungen an den gegenwärtigen Forschungs- und Diskussionsstand, in: Ders. (Hrsg.), Biographie schreiben, Göttingen 2003, S. 9-63, hier: S. 43.

bleibt die offensichtliche Tatsache, dass die Handlungen der Menschen zu einem überwiegenden Teil aus den Erfahrungen erklärt werden müssen, die sie zuvor gemacht haben. Die einzige tragfähige Architektur einer Biographie besteht somit in der Chronologie – dass es dahinter noch eine zweite, gewissermaßen eine Metastruktur gibt, ergibt sich aus dem bereits Gesagten. Und an wenigen Stellen dieser Arbeit wird der zeitliche Ablauf auch durchbrochen werden, sofern dieses nötig ist, um das Leitmotiv der Arbeit deutlicher zu machen.

Eine Diskussion über den Forschungsstand erübrigt sich. Über Karl Schiller existiert noch keine Biographie, nicht einmal ein wissenschaftlicher Aufsatz über den nach Ludwig Erhard bedeutendsten Wirtschaftsminister in der Geschichte der Bundesrepublik Deutschland ist bisher geschrieben worden.[18] Die Sekundärliteratur, die in dieser Arbeit verwendet wurde, ist hingegen in einem so breiten Radius gestreut, dass es aussichtslos wäre, sie an dieser Stelle einzugrenzen.

Die wichtigste Quelle dieser Arbeit stellt der Nachlass Karl Schillers dar. Während allerdings die eine Hälfte dieser Hinterlassenschaft im Bundesarchiv sorgfältig verzeichnet ist, befindet sich der andere Teil des Nachlasses Schillers im Walter-Eucken-Institut in Freiburg und ist bisher noch nicht systematisch erschlossen worden. Der Verfasser hat den vorgefundenen Ordnungsstand übernommen. In etwa 26 Kisten ist dort der Nachlass Schillers aufbewahrt. Mangels Alternativen werden diese hier fortlaufend bezeichnet (Kiste 1, K. 2, K. 3, usw.). Weitere wichtige Überlieferungen ergaben sich aus den verschiedenen Stationen Schillers: Das Archiv der Hebbelschule in Kiel, das Landesarchiv Schleswig und das Universitätsarchiv Rostock (Personalakten Schillers, Institutsangelegenheiten), das Staatsarchiv Hamburg (Personalakte Universität Hamburg und Hamburger Senat, Allgemeine Universitätsbestände für Schillers Rektoratszeit, Akten der Behörde für Wirtschaft), Bundesarchiv Koblenz (Wirtschaftsministerium und Finanzministerium, Bundeskanzleramt, diverse Nachlässe).

Unverzichtbar war des Weiteren das Archiv der sozialen Demokratie der Friedrich-Ebert-Stiftung in Bonn. Neben den Nachlässen und Depositar diverser sozialdemokratischer Spitzenpolitiker waren es vor allem die SPD-Akten der Berliner und Hamburger Landesorganisationen, die Akten des Parteivorstandes und die Protokolle der sozialdemokratischen Bundestagsfraktionen, die sich als hilfreich erwiesen. Auch die entsprechende Akte des Staatssicherheitsdienstes der DDR über Karl Schiller wurde eingesehen, jedoch ohne Ergebnisse hervorzubringen, da sie größtenteils aus Zeitungsartikeln bestand. Im *Berlin Document Center* fand sich leider kein Hinweis auf die NSDAP-Mitgliedschaft Karl Schillers. Ähnlich erfolglos verliefen die Nachforschungen im Militärarchiv Freiburg im Hinblick auf Schillers Zusammenarbeit mit dem Wirtschafts- und Rüstungsamt des OKW.

---

18 Nach Fertigstellung dieser Arbeit erschien die Arbeit von Matthias Hochstätter: Karl Schiller. Eine wirtschaftspolitische Biografie, Hannover 2006, (Online-Veröffentlichung).

Des Weiteren wurden aus dem Kreise der Angehörigen verschiedene Materialien dem Verfasser überlassen: Schillers Terminkalender, eine umfangreiche Feldpostkorrespondenz der Jahre 1942–1945, schließlich ca. 12 Stunden Tonbandaufnahmen, die von einem Gespräch stammen, das die ehemalige »Spiegel«-Journalistin Renate Merklein im Herbst 1989 mit Karl Schiller über dessen Leben führte. Ergänzt wurden diese Quellen durch zahlreiche Gespräche mit Zeitzeugen (politischen Weggefährten, Mitarbeitern, Familienangehörigen, Jugendfreunden usw.)

Aber diese Arbeit hätte doch auf andere Art geschrieben werden müssen, wenn nicht noch eine andere wichtige Quelle zur Verfügung gestanden hätte: Für die Zeit ab 1966 wurde die Zeitungsartikelsammlung über Karl Schiller aus dem Pressearchiv des Deutschen Bundestages zu einer fast unverzichtbaren Hilfe. Zeitungsausschnitte sind grundsätzlich eine heikle Quelle. Unproblematisch sind sie, wenn man mit ihrer Hilfe ein Bild von den Stimmungsverhältnissen gewinnen will. Insbesondere im Fall Karl Schillers spielt schließlich die Unterstützung der liberal-konservativen Presse bei seinem Aufstieg eine wichtige Rolle. Größere Skrupel lösen Zeitungsquellen aber dann aus, wenn man mit ihrer Hilfe bestimmte Konstellationen in Partei und Kabinett und die zahllosen größeren und kleineren Ranküne und Intrigen nachzeichnen will. Allerlei Subjektivitäten und »unzuverlässige« Informanten können zu Verzerrungen oder auch, wie bisweilen festgestellt werden konnte, schlicht zu Unwahrheiten führen. Und doch sind Zeitungsquellen für eine politische Biographie zumindest der zweiten Hälfte des 20. Jahrhunderts unverzichtbar. Im Zeitalter des Telefons werden eben nicht mehr alle Vorgänge minutiös in Vermerken und Briefwechseln dokumentiert. Und da auch die Zeitzeugen nicht mehr alles im Detail wissen, sind zeitgenössische Zeitungsartikel bisweilen die einzige Quelle, um bestimmte Vorgänge zu erhellen. Außerdem wurden die Skrupel dadurch geringer, dass sich in den allermeisten Fällen die archivarischen Überlieferungen und die Aussagen der Zeitzeugen mit den Zeitungsquellen, in denen häufig nur das eine oder andere wichtige Detail hinzukam, deckten. Aber vor allem kann man anhand der Briefwechsel zwischen den Kabinettsmitgliedern insbesondere während der sozialliberalen Koalition erkennen, dass vor allem der »Spiegel« in jener Zeit über ausgesprochen zuverlässige Informanten verfügt haben muss. Denn ein nicht unbeträchtlicher Teil der Korrespondenzen jener Jahre drehte sich stets um die Frage, wie das Hamburger Nachrichtenmagazin an die Details vieler Kabinettsberatungen gekommen war. Gefragt wurde dabei jedoch, woher die »Indiskretionen« stammten – viel seltener, wie es etwa zu »Falschmeldungen« gekommen sei. Auch das verlieh den Zeitungsquellen eine besondere Autorität und einen außerordentlichen Authentizitätswert.

II Kindheit und Jugend (1911–1931)

1   Ein vaterloser »Vagabund«

»Beim Lesen des selbstbeschriebenen Entwicklungsganges eines Menschen sehe ich fast immer, mit welcher Liebe der Verfasser zuerst an sein Elternhaus zurückdenkt, an den Ort, unter dessen Schutz er die Grundlagen zu seiner späteren Entwicklung schuf und von dem aus ihm ein fester Weg in die Welt hinaus bereitet wurde. Mit einem gewissen Bedauern sehe ich nun, daß der Hort meines Elternhauses in dem ersten Jahrzehnt meines Lebens allzu schwankend, allzu veränderlich und wechselnd war.«[1]

Ein altersweiser Rückblick? Tatsächlich stammten diese Zeilen aus der Feder eines 19-jährigen Oberprimaners. Es ist der Auszug aus einem Lebenslauf, den Karl Schiller im Dezember 1930 für die einige Monate später anstehende Reifeprüfung erstellen musste.

Leicht gefallen war ihm diese Offenbarung seines Seelenlebens sicherlich nicht. Schiller war zeit seines Lebens bestrebt, nicht allzu viel von seinem Innersten preiszugeben. Zum 60. Geburtstag des Bundeswirtschaftsministers – man hatte ihm bereits zahlreiche »Spiegel«- und »Stern«-Titelgeschichten gewidmet, so ziemlich jede Klatschillustrierte der Republik sein Privatleben gründlich zu durchleuchten versucht – schrieb Friedrich Nowottny, der sich mit Schiller intensiv beschäftigt hatte, dass man bei allen Deutungsversuchen doch bei der einzigen, definitiven Wahrheit bleiben solle: »Es gibt niemanden, der Karl Schiller wirklich kennt.«[2]

Fast schien es auch so, als besitze er keine Vergangenheit. Keine seiner Ehefrauen wusste sehr viel darüber, wie sein Leben verlaufen war, bevor ihre Wege sich kreuzten. Auch wer hartnäckig blieb und versuchte, einmal zu bestimmten Passagen seines Lebens etwas zu erfahren, erntete zumeist nichts als eisernes, diszipliniertes Schweigen. Das ging sogar den eigenen Kindern nicht anders, denen es ebenfalls nicht gelang, den in diesen Fragen äußerst wortkargen und verschlossenen Vater zum Reden zu bringen.

Aber Schiller war nicht nur gegenüber seiner Umwelt ein großer Geheimniskrämer. Vermutlich legte er auch sich selbst gegenüber nur sehr ungern Rechenschaft ab. Den verschiedenen Versuchen, ihn zur Niederschrift seiner Memoiren zu überreden, widerstand er bis zum Schluss. Auch ein guter Freund der späten Jahre, der Verleger Wolf Jobst Siedler, erreichte trotz allerlei Schmeicheleien und Lockungen am Ende

---
1   Gesuch des Oberprimaners Karl Schiller um Zulassung zur Reifeprüfung, 1. Dezember 1930, HBA, Band Reifeprüfung 1931.
2   Die Neue Ruhr Zeitung vom 24. April 1971.

doch nichts.³ An Schreibhemmungen lag das gewiss nicht, denn Schiller blieb bis zum Ende seines Lebens ein fleißiger Publizist, der sogar immer wieder sehr ernsthaft darüber nachdachte, auch einmal einen Roman zu schreiben; Günter Grass hatte für diesen Fall bereits seine Hilfe angeboten, so wie Schiller seinerseits für Grass die »Hundejahre« lektoriert hatte.⁴ Es konnte auch kaum daran gelegen haben, dass Schiller sein Leben für unbedeutend und wenig berichtenswert gehalten hätte. Nur eben selbst darüber erzählen mochte er nicht. Das galt besonders für die ersten zwanzig Jahre seines Lebens, deren genauen Hintergründe und Stationen selbst den engsten Familienangehörigen unbekannt waren. Dabei dienen doch gerade diese Jahre oft der nachträglichen Verklärung zu einer glücklichen Kindheit, die im Kontrast zur Mühsal des Erwachsenseins stehen, oder aber andererseits auch dem melancholischen Rückblick auf schwierige Anfänge, um so zu dokumentieren, wie weit man es doch im Laufe des Lebens gebracht hatte. Bei Schiller aber findet sich nichts von Beidem. Selbst da, wo es sich bisweilen nicht vermeiden ließ, einmal in die eigene Vergangenheit hinabzusteigen, blieben seine Erzählungen merkwürdig konturlos, blutarm und inhaltsleer, die Kindheit reduziert auf die bedeutungslose Ouvertüre zu einem dann natürlich, darauf legte er schon Wert, bedeutenden Leben.

Doch wie auch immer es zu diesem oben angeführten und äußerst seltenen Zeugnis von Selbstreflexion gekommen war: Es bündelte im Grunde nicht nur bereits die Quintessenz seiner ersten beiden Lebensjahrzehnte. Zugleich schwang in ihnen auch eine Grundmelodie mit, die ihn ein Leben lang begleiten würde.

Denn schwankend, veränderlich und wechselnd verlief auch sein weiteres Leben, ein Leben, das an Höhenflügen jeder Art sicher nicht arm gewesen war und ihm zahlreiche glänzende Erfolge und strahlende Triumphe verschafft hatte. Und doch schien nie ein Zeitpunkt erreicht, indem er zur Ruhe gekommen wäre und Frieden mit sich selbst und seiner Umwelt gefunden hätte. Sein ganzes Leben war eine einzige Suche nach Stabilität, nach Ordnung, Sicherheit und vor allem nach Anerkennung, nach etwas, dass ihm endlich festen Grund unter seinen Füssen hätte verschaffen können und Halt gegeben hätte.

In der Tat, Stabilität in jungen Jahren, der sichere »Hort«, nach dem Schiller sich gesehnt hatte, sah gewiss anders aus. Die ersten zehn Jahre seines Lebens führte der kleine Karl Schiller ein Vagabundenleben. Den interpretatorischen Zugang zu einem Leben macht das nicht unbedingt einfacher. Denn schließlich suchen Biographen zunächst immer das große Koordinatensystem, innerhalb dessen Grenzen ein Leben verstehbar wird. Und innerhalb dieses Koordinatensystems nimmt der Ort, an dem der »Held« der Handlung aufwuchs, natürlich einen besonderen Platz ein. Es hat daher durchaus seinen Grund, wenn viele Biographien in einem ausführlichen Prolog

---

3   Schriftliche Auskunft von Wolf Jobst Siedler.
4   Grass an Schiller am 10. Dezember 1968, in: BA N Schiller 1229, Band 285, S. 285 f.

zunächst die Heimatstadt des Porträtierten vorstellen, denn alleine das kann schon wichtige Hinweise geben, vieles Spätere bereits erklären.

In unserem Falle aber würde ein solches Vorgehen kaum Sinn machen. Am 24. April 1911 wurde Karl August Fritz Schiller in Breslau geboren, als einziges Kind der Eheleute Carl Hermann und Maria Schiller, geb. Dreizehner.[5] Ein Schlesier wurde aus ihm deswegen noch nicht, denn bereits ein Jahr später zog die Familie nach Danzig um. Auch dieser Aufenthalt währte nicht länger als ein Jahr und die Schillers zogen weiter nach Berlin, wo die Familie bis zum Kriegsausbruch wohnen blieb. Karl Schillers Vater war Ingenieur und offensichtlich von Berufs wegen häufig gezwungen, den Wohnort zu wechseln. Nachdem der 1885 geborene Carl Schiller mit Kriegsausbruch eingezogen worden war, gingen Mutter und Sohn zunächst nach Wilhelmshaven, zwei Jahre später schließlich nach Neumühlen-Dietrichsdorf, einem kleinen Ort bei Kiel, der erst 1924 eingemeindet werden sollte[6] und der später der erste Ort sein sollte, an dem Schiller für einen längeren Zeitraum blieb. Aber so weit war es noch nicht. Denn 1918, der Vater kehrte aus dem Krieg zurück, zog Schiller mit seiner Mutter wieder nach Berlin. Immerhin vier Jahre blieb er diesmal dort, besuchte ab 1919 die Vorschule, ab 1921 die Menzel-Realschule. 1922 erfolgte der nächste Umzug, zurück nach Neumühlen-Dietrichsdorf.

Sechsmal also wechselte der kleine Karl Schiller in den ersten elf Jahren seines Lebens den Wohnort. Jedes Mal musste er sich auf eine neue Umgebung einstellen und einer neuen Umwelt anpassen. Elf Jahre, in denen sich alles ständig veränderte, in Unruhe und Bewegung war. Wir wissen nicht genau, was in diesen Kinderjahren in ihm vorging, aber wenig psychologisches Einfühlungsvermögen gehört dazu, sich vorzustellen, welche Spuren die permanenten Ortswechsel hinterließen. Die späteren Schwierigkeiten im sozialen Umgang außerhalb des unmittelbaren Berufslebens mochten auch in jenen frühen Jahren ihre Ursache haben, als Schiller kaum die Gelegenheit bekam, soziale Beziehungen zu Gleichaltrigen aufzubauen. Und später wird er versuchen, Unordnung und Chaos aus seinem Leben fernzuhalten, wird bestrebt sein, sein Leben so geordnet, geplant und organisiert wie möglich zu leben. So wie er später an die Rationalisierung, ja sogar Neutralisierung alles Politischen glaubt, so versuchte er schon früh, auch sein privates Leben zu rationalisieren, ihm Struktur und Berechenbarkeit zu verleihen – was ihm jedoch nicht immer gelang. (☛ vgl. *Abb. 1*, S. 20)

Vor allem aber hatte der letzte Umzug von 1922 tiefere Ursachen und ging mit der bis dahin tiefsten Erschütterung in Schillers noch jungem Leben einher: Die Ehe seiner Eltern wurde geschieden. Karl zog mit seiner Mutter alleine nach Schleswig-Holstein.

---

5 Die folgenden Angaben zu Schillers Ortswechseln stammen aus dem bereits zitierten Lebenslauf, HBA.
6 Vgl. Peter Wulff, Die Stadt auf der Suche nach ihrer Bestimmung (1918–1933), in: Jürgen Jensen und Peter Wulf (Hrsg.), Geschichte der Stadt Kiel, Neumünster 1991.

II Kindheit und Jugend (1911–1931)

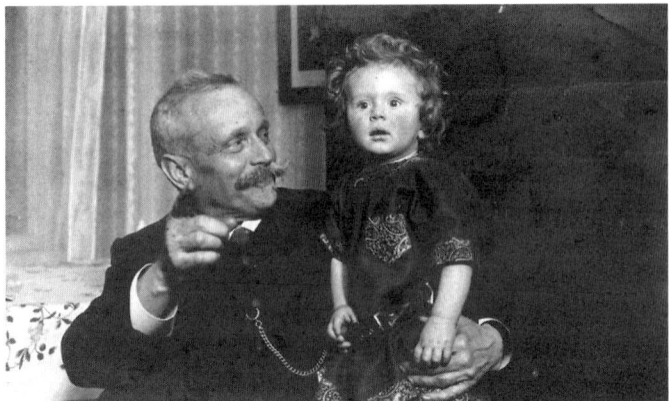

Abb. 1   Der Opa: Täuschende Idylle – Karl Schiller 1913 als Zweijähriger mit seinem Großvater väterlicherseits. Seine Kindheit beschreibt er später als »schwankend« und »veränderlich«.

Für Karl Schiller bestand nie ein Zweifel darüber, wer die Schuld am Auseinanderbrechen der Ehe seiner Eltern trug. Es war der Vater, der seiner Meinung nach unverzeihlich seine Pflichten verletzt hatte. Carl Hermann Schiller war ein ausgesprochener Hallodri und Lebemann, der nach der Heirat mit der 1890 geborenen Maria Dreizehner, Karl Schillers Mutter, noch zwei Mal heiraten sollte. Gebürtig aus Köln schien er in diesem Sinne eine rheinische Frohnatur gewesen zu sein, die durchaus liebenswürdige und bisweilen auch sehr charmante Seiten besaß.[7] Doch er war auch ein Mann mit offensichtlich leicht exaltierten Zügen und einem Hang zum Hasardeurstum, Eigenschaften, die auf den ersten Blick auf seinen Sprössling so gar nicht passten. Im vorletzten Kriegsjahr 1944 bat er gar den Sohn, ihn von der Front anzufordern, da er keine Lust mehr auf die Arbeit an der Werft habe[8]; Carl Schiller sen. zählte mittlerweile 59 Lenze. Das Privatleben des Vaters verlief ähnlich unstet wie die Berufslaufbahn. Da die Heirat mit Karls Mutter bereits seine zweite Ehe war, sollte er es am Ende seines Lebens auf 4 Ehen gebracht haben – ein für damalige Zeiten ohne Frage beachtliches Ergebnis, das Karl Schiller später egalisieren sollte.

Das Verhältnis zwischen Vater und Sohn blieb zeitlebens äußerst gespannt. Nach 1945, Schiller besaß mittlerweile als Universitätsprofessor und Hamburger Wirtschaftssenator ein geregeltes Einkommen, war es der Vater, der sich Hilfe suchend an seinen Sohn wandte. Schiller reagierte jedoch äußerst kühl auf die Bittstellungen des Vaters, der sich von seinem Sohn – wenn schon nicht finanzielle Unterstützung – so doch zumindest die Vermittlung eines Arbeitsplatzes versprach. Da das Ergebnis für

---

7   Gespräch mit Schillers erster Ehefrau Lolo Schiller.
8   Karl an Lolo, 15.4.44 (27). Hierbei handelt es sich um die Feldpostkorrespondenz zwischen beiden, Privatbesitz Sabine Noelle-Wying.

Carl Schiller in der Regel nur wenig zufrieden stellend ausfiel, appellierte er immer stärker, auch zunehmend fordernder an das Pflichtgefühl des Sohnes, seinen armen, alten Vater doch nicht hängen zu lassen. Hasse er ihn etwa? Anders, so der Vater, ließe sich Karls Ignoranz doch kaum erklären. Kühl beschied ihm Karl Schiller in einem Brief aus dem Jahre 1951, dass von Hass weder in der Vergangenheit noch in der Gegenwart die Rede sein könne.

> »Übrig bleibt allein die schlichte Tatsache, dass du und ich in unseren Auffassungen vom Leben und seinen Pflichten seit vielen Jahren völlig auseinander gehen. Das sei hier – ohne irgendeine persönliche Spitze – noch einmal zum Ausdruck gebracht.«[9]

Und der Anfang aller Pflichtverletzungen, denen weitere nachfolgten, war, die Familie im Stich gelassen zu haben. Dass er später selbst vier Scheidungskinder hinterließ, schmerzte ihn auch deswegen besonders und verursachte bei ihm mitunter ein schlechtes Gewissen. In späteren Jahren ließ er im Familienkreis sogar einmal verlauten, jeder trage wohl doch ein paar vererbte Eigenschaften mit sich herum, über die er nicht ganz glücklich sei.[10] Offensichtlich empfand er das Erbe des Vaters als seine »dunkle Seite.« Die Ähnlichkeit zwischen Vater und Sohn war in jedem Fall frappant und ging über reine Äußerlichkeiten weit hinaus. Die erste Ehefrau Schillers war gleichermaßen erschrocken und erstaunt, als sie den Vater 1943 das erste Mal richtig kennen lernte. Eine Ähnlichkeit »in allen Bewegungen und Reaktionen des alltäglichen Lebens« hätten beide, so schrieb sie ihrem Mann ins ferne Russland. »Diese Gleichheit geht bis in alle Einzelheiten, sodass ich manchmal fast zusammenzucke und denke, Du bist es, der da auf und ab geht.«[11] Der Wunsch, sich vom Vater abzugrenzen, war daher wohl umso dringender. Doch im Hintergrund blieb der Vater stets präsent, was nicht nur daran deutlich wird, dass der Sohn während seiner Schulzeit mit der Idee liebäugelte, Ingenieur zu werden. Auch der grenzenlose und unstillbare Ehrgeiz Schillers mag seine Ursache darin haben, dass ihn das Gefühl, es seinem Vater doch recht machen zu wollen, nie ganz verließ, vermutlich sogar über dessen Tod hinaus. Überhaupt ist Vaterlosigkeit, um die es sich bei Schiller im Kern ja handelte, offensichtlich bei aller Tragik durchaus hilfreich für eine erfolgreiche Karriere – in jedem Fall ist die Häufigkeit auffällig, mit der gerade renommierte Spitzenpolitiker vaterlos aufwachsen.

Aber natürlich war das Karl und seiner Mutter ab 1922, als sie sich ganz alleine durch das Leben schlagen mussten, noch kein Trost. Schiller bewahrte sein Leben lang ein zärtliches und liebevolles Andenken an die Mutter, die ihn allein durchbringen musste und die in ihrem Leben nichts als »Arbeit, Entsagung und Enttäuschung« er-

---

9 Karl Schiller an Carl Hermann Schiller am 31.3.1951, in: BA N Schiller 1229, B. 14.
10 Gespräch mit Schillers Stieftochter aus vierter Ehe, Sabine Noelle-Wying.
11 Lolo an Karl, 13.11.43 (33).

fahren habe.¹² Aber auch diese Liebe scheint von Distanz geprägt gewesen zu sein. Maria Schillers Vorfahren kamen seit mindestens zwei Generationen aus Holstein¹³, und norddeutsch-kühl war auch ihr Naturell. Später überließ es Schiller in der Regel den Ehefrauen, den Kontakt zur Mutter aufrecht zu erhalten, was natürlich vor allem mit der bei ihm stets knapp bemessenen Zeit zusammenhing. Oder spielte dabei vielleicht auch der Wunsch eine Rolle, das längst verlassene Herkunftsmilieu der Mutter und ihrer Familie zu verdrängen?

In den 60er-Jahren, als Schiller im Zuge der Veränderungen in der SPD in der Parteihierarchie immer weiter nach oben gelangte, wurde der Professor der Nationalökonomie gerne als der personifizierte Beweis für die Verbürgerlichung der SPD herangezogen. Dafür sprachen nicht nur der Beruf des Hochschullehrers, die geschliffenen Umgangsformen und die Tatsache, dass der literarisch universell gebildete Schiller einige bedeutende Schriftsteller jener Zeit zu seinem Freundeskreis zählen konnte. Das alles schien darüber hinaus bei Schiller rein äußerlich auch so unangestrengt vonstattenzugehen, dass man zwangsläufig vermuten musste, dass er zu jenen Angehörigen des Bildungsbürgertums zählte, die gleichsam schon mit der Muttermilch die Verhaltensimperative ihrer Klasse vermittelt bekommen hatten. Nichts an ihm erinnerte hingegen an den Typus des sozialen Aufsteigers, der sich trotz aller eifrigen Bemühungen um Anpassung außerhalb seiner Herkunftsklasse letztlich doch unsicher fühlte. Bei Schiller war das genaue Gegenteil der Fall. Ob in Hamburger Künstlerkreisen oder in der Berliner Bohèmekultur der 60er-Jahre: In solcher Gesellschaft schien sich Schiller beheimatet zu fühlen, zuhause wie ein Fisch im Wasser. Sobald er sich jedoch abseits solcher vertrauter Gefilde bewegte, etwa auf sozialdemokratischen Wahlveranstaltungen oder Parteitagen, wirkte er verkrampft und in seinen Versuchen volkstümlich zu erscheinen immer etwas hilflos. Hier besaß er keinen Verhaltenscode, der ihm sein Auftreten diktiert hätte.

Aber rätselhaft war eben, woher diese Verhaltensweise stammte, denn nach allen denkbaren Kategorien war an Schillers Herkunft zunächst einmal so gut wie gar nichts groß- oder bildungsbürgerlich. Akademiker oder wenigstens Personen mit kaufmännischer Ausbildung hatte es im Umkreis der Verwandtschaft der Mutter nicht gegeben. Alle stammten aus proletarischen oder kleinbürgerlichen Schichten. Schillers Vater war zwar Ingenieur gewesen, aber nicht nur hatte er so gut wie keinen Einfluss auf die Erziehung seines Sohnes. Die von ihm verfassten Briefe lassen sowohl aufgrund der etwas merkwürdigen Diktion als auch aufgrund der auffälligen Zahl von Rechtschreibfehlern daran zweifeln, dass von dieser Seite überhaupt nennenswerte Impulse für das Bildungsniveau des Sohnes hätten ausgehen können.¹⁴

---

12   Karl an Lolo, 2.9.44 (63).
13   Vgl. die Aufstellung des Familienstammbaums vom 16. Juni 1939 im »Fragebogen betreffend Ernennung zum Dozenten«, Personalakte Karl Schiller, in: LA SH, Abt. 47, Nr. 6642 (Kopie des Originals aus dem Universitätsarchiv Rostock), S. 78 ff.
14   Der Großteil der Briefe von Karl Schiller an den Vater befindet sich in: BA N Schiller 1229, Band 14.

In finanzieller Hinsicht war die Lage des Elternhauses ebenfalls verheerend. 1927 wurde der Vater arbeitslos und konnte daher keinen Unterhalt mehr zahlen.[15] Einen Beruf hatte Maria Schiller nie erlernt, und bis auf eine feste Anstellung bei den Howaldtswerken 1917/1918 besaß sie kein geregeltes Einkommen.[16] In der Folgezeit schlug sie sich mit gelegentlichen Heimarbeiten durch und dann und wann arbeitete sie an der Garderobe des Kieler Theaters.[17] Von diesen Einkünften allein konnte die Kleinfamilie aber nicht existieren. Entlastung verschaffte das Geld, das Karl Schiller schon als Dreizehnjähriger durch die Erteilung von Nachhilfestunden verdiente, bei Schülern der unteren Klassen, bisweilen aber auch bei den eigenen Klassenkameraden. Wenn er von dieser Tätigkeit nachmittags nachhause kam, wartete die Mutter bereits ungeduldig am Hauseingang, um das gerade erarbeitete Geld einzukassieren.[18] Die Not der frühen Jahre bestimmte Schillers Umgang mit Geld auch noch in jenen Jahren, da er als gut situiert bezeichnet werden konnte. Er war äußerst sparsam bis hin zu skurrilen Zügen von Geiz. Als er sich im Weihnachtsurlaub 1970 seine Zeitungen als Privatmann selbst kaufen musste, ließ er sich die Unkosten in Höhe von 7,50 DM von der Bibliothek des Ministeriums rückerstatten.[19] (☞ vgl. *Abb. 2, S. 24*)

2   An der Hebbelschule: Ordnung und Leidenschaft

Insgesamt also schien es sich um eine sehr schwierige Kindheit und Jugend gehandelt zu haben. Und doch war diese Kindheit nicht gänzlich trostlos und schon gar nicht völlig ohne Perspektive. Denn inmitten all der Tristesse wurde auch sehr schnell deutlich, worin sich bereits der junge Schiller von anderen unterschied: Er besaß eine seltene intellektuelle Hochbegabung. Viele Journalisten und seine eigenen Mitarbeiter haben später oft versucht zu ergründen, wo eigentlich der Schlüssel lag, mit dem sich die erstaunlichen Leistungen des Wirtschaftsministers erklären ließen. Es war wohl die Tatsache, dass er einen Verstand besaß, der vor allem ein effizientes System der Informationsselektion war und in dem wunderbar die Spreu vom Weizen getrennt wurde. Alle Informationen, die nicht unmittelbar der Entscheidungsfindung dienten, wurden so ausgeblendet. Doch was wichtig war und in den Brennstrahl seiner Aufmerksamkeit gelangte, nahm Schiller in umso atemberaubenderer Geschwindigkeit in seine Überle-

---

15 Vgl. eine Erklärung Maria Schillers aus dem August 1954, in: BA N Schiller 1229, B. 1. Zu welchem Zweck diese handschriftliche Erklärung erstellt wurde, lässt sich nicht mit Sicherheit sagen. Aber offensichtlich wurde sie verfasst, weil Mutter und Sohn fürchteten, dass Schiller für seinen Vater die Arbeitslosenfürsorgeunterstützung zahlen müsste. Vgl. den Brief Schillers an seine Mutter am 4.5.1954, in: ebd.
16 Ebd.
17 Vgl. den Brief von Hans Bolewski an Klaus von Dohnanyi (o. D., 1995), Privatbesitz Marlene Bolewski.
18 Gespräch mit Lolo Schiller und Schillers jüngerer Tochter aus zweiter Ehe, Bettina Zietlow.
19 Vgl. den Vermerk an die Bibliothek des Ministeriums vom 8.1.1971, in: BA N Schiller 1229, B. 285.

II Kindheit und Jugend (1911–1931)

Abb. 2 **Klassenprimus auf dem Fahrrad:** Schon als 10-jähriger erteilt Schiller Nachhilfestunden und trägt so zum Lebensunterhalt der Familie bei. Von dem Geld, das er übrig hatte, kaufte er sich 1923 sein erstes Fahrrad.

gungen auf. Diese Begabung besaß schon der Schüler Karl Schiller, und zwar offensichtlich von Beginn an, denn hervorragende Leistungen in allen Fächern zeichneten ihn aus, und wo immer er gerade die Schulbank drückte, stets war er der Klassenprimus. Das Abitur absolvierte er mit dem schleswig-holsteinischen Landesrekord aus lauter Einsen und Zweien. Lediglich in Leibesübungen stand nur ein »befriedigend« zu Buche.[20] Wenn er später überhaupt aus seiner Kindheit erzählte, so zumeist in Erinnerung an die Turnstunden, vor allem das Reckturnen, das für den schmächtigen Karl ein Albtraum war. Aber das war auch schon der einzige Makel. Sein Klassenlehrer in der Oberprima schrieb über Karl Schiller:

> »Ein vielseitig interessierter und begabter Junge ist Karl Schiller. Klug, reif, geistig überlegen ragt er über den Klassendurchschnitt weit hinaus. Auf wissenschaftlichem wie künstlerischem Gebiet hat er trotz schwieriger Familienverhältnisse (Eltern geschieden) Hocherfreuliches geleistet. Er ist beweglich im Denken und Handeln, voll Temperament und Schwung, dabei ungeheuer fleißig, pflichteifrig auch im Kleinen und sehr zuverlässig. Trotz seiner guten Begabung und erfolgreichen Arbeit ist er bescheiden geblieben und höflich und seinen

---

20 Vgl. die Abiturnoten Schillers, Band Reifeprüfung Ostern 1931, HBA.

Klassengenossen ein hilfsbereiter Kamerad. Für körperliche Leistungen ist er brauchbar und ein selbständiger, besinnlicher Wanderer.«[21]

Selbstverständlich waren 1931, das Jahr, in dem Schiller Abitur machte, solche Lobreden jedenfalls nicht, waren doch bei gleicher Gelegenheit über die Klassenkameraden wesentlich weniger schmeichelhafte Dinge zu erfahren, wie »wenig begabt«, »geistig wenig regsam«, »netter Mensch, aber geistig wenig tief«, oder schließlich: »ein dürftiger und oberflächlicher Mensch mit engem Horizont.«[22]

Die Erfahrungen in der Hebbelschule in Kiel, die er ab Ostern 1922 besuchte, gaben Karl Schiller offensichtlich Selbstvertrauen. Die Zeit des ständigen Umziehens und des permanenten Einlebens in eine neue Umgebung war vorbei. »Ich konnte nun langsam in den Rahmen der neuen Schule hineinwachsen, ohne wieder durch plötzlichen Wohnungswechsel aus meiner Arbeit herausgerissen zu werden«[23], schrieb Schiller bereits mit großem Ernst in dem schon erwähnten Lebenslauf.

Für die nächsten neun Jahre bildete diese Lehranstalt den Mittelpunkt in Schillers Leben. Dass die Aktivitäten der Hebbelschule ihn vollständig in Beschlag nahmen, lag am besonderen Charakter der Schule, vor allem aber an einer Person, die exakt zu jener Zeit den Dienst an der Schule antrat, in der auch Schiller begann, die Hebbelschule zu besuchen. Im April 1922 wurde Prof. Dr. Erich Franz neuer Schulleiter. Für einen Mann auf dieser Position war er zweifelsohne von besonderem intellektuellem Format. Als feinsinniger Goethe-Kenner und als anerkannter Kant-Interpret hatte er sich zu dieser Zeit bereits einen Namen gemacht, sogar 1914 den Preis der Kant-Gesellschaft erhalten.[24] Aber seine akademischen Verdienste waren nicht der Grund für seine Berufung zum Schulleiter gewesen. Vielmehr lag es in der Absicht der Kieler Stadtverwaltung, mit der Ernennung des liberalen Theologen ein politisches Zeichen zu setzen. Er war nicht nur überzeugter Republikaner, was unter Studienräten zur damaligen Zeit eine seltene Eigenschaft war, sondern darüber hinaus auch Mitglied der liberalen DDP und vor allem ein überzeugter Anhänger der Reformpädagogik. In diesem Sinne sollte er die Schule bis zu seiner Absetzung durch die Nationalsozialisten 1933 tief greifend prägen.[25] Im konservativ bzw. reaktionär eingestellten Lehrerkollegium und unter den Oberstufenschülern hatte er zunächst aufgrund seines Bekenntnisses zur Republik einen äußerst schweren Stand. Im Juni 1922, Franz ist erst wenige Monate Schulleiter in Kiel, ordnete die Stadt Kiel Halbmastbeflaggung für alle öffentlichen Gebäude anlässlich der Ermordung von Walter Rathenau an. Keine der höheren Schulen Kiels kam

---

21 Band Reifeprüfung Ostern 1931, S. 319 f. HBA.
22 Ebd.
23 Gesuch des Oberprimaners Karl Schiller um Zulassung zur Reifeprüfung, HBA, Band Reifeprüfung 1931.
24 Bernd Schedlitz/Helmut Siegmon/Uwe Trautsch, 100 Jahre Hebbelschule in Kiel 1903–2003, S. 13-133, insbesondere S. 37, Neumünster 2003.
25 Vgl. ebd.

diesem Ansinnen nach – keine, außer der Hebbelschule, deren Schulleiter empörte Anrufe von den Direktoren der übrigen Kieler Lehranstalten bekam und dem dabei sogar mit dem Ausschluss aus der Direktoren-Vereinigung gedroht wurde.[26] Zu diesem Zeitpunkt waren allerdings auch die meisten Studienräte an der Hebbelschule der Meinung, dass die Ermordung Rathenaus keine nationale Katastrophe sei.[27]

Allerdings veränderte sich das Gesicht der Hebbelschule in den folgenden Jahren nachhaltig. Bis 1925 wurden zahlreiche Studienräte in den einstweiligen Ruhestand geschickt und die frei werdenden Stellen mit jüngeren Kollegen besetzt, die wie Franz die Ideen der Reformpädagogik an der Schule verbreiteten.[28] Und auch ein besonderer demokratischer Geist wehte fortan durch die Hebbelschule, in der in zahlreichen Abiturarbeiten die Gedanken der Volkssouveränität oder auch die Verfassung der Republik behandelt wurden.[29] Im Volksmund nannte man die Hebbelschule schon bald die »rote Penne«.[30] Ganz zutreffend war das gewiss nicht, da doch ein DDP-Mann an der Spitze der Schule stand. Aber es dokumentierte doch auf jeden Fall das Misstrauen, das Schülern und Lehrern der Hebbelschule von den anderen höheren Lehranstalten der Stadt entgegenschlug.

Unter dem Begriff der Reformpädagogik wurden verschiedene Bildungskonzepte zusammengefasst, deren Ursprung in den Jahren zwischen 1890 und 1930 lag.[31] Zu ihnen zählten die Vorstellungen der Arbeitsschulbewegung, der Landerziehungs- und Landschulheimbewegung oder auch der Kunsterziehungsbewegung. Ihre Wurzeln lagen in der Regel in Ideen und Anregungen der Jugendbewegung. Trotz einiger Unterschiede in den Ausrichtungen zielten die in der Reformpädagogik zusammengefassten Ansätze allesamt auf eine Ablösung des zuchtmeisterlichen Subordinationsverhältnisses zwischen Schülern und Lehrern ab. Im Mittelpunkt sollte der Schüler stehen, die Lehrer fortan Freund und Helfer sein und nicht mehr strenger Vorgesetzter. Der Unterrichtsstoff, so die Reformpädagogen, sei kein Selbstzweck, sondern habe dienende Funktion. Im Unterricht sollte nicht mehr so viel doziert werden, sondern die Erarbeitung des Stoffes musste in Zusammenarbeit zwischen Lehrer und Schülern erfolgen. Vor allem aber war das Konzept der Reformpädagogik ganzheitlich ausgelegt: Im Mittelpunkt sollte der Mensch als Ganzes stehen, daher nicht nur die rein schulische Leistung gefördert werden, sondern auch sein Charakterbild, seine künstlerischen Neigungen und seine Freude an der Natur, weswegen zahlreiche Wanderfahrten und Aufenthalte in Landschulheimen unternommen wurden.

Somit war die Erziehung auf der Hebbelschule durch drei Faktoren geprägt: Förderung künstlerischer Talente der Schüler, Herausbildung einer liberalen Gesinnung

---

26 Vgl. ebd., S. 41.
27 Vgl. ebd.
28 Vgl. ebd. S. 42.
29 Vgl. ebd. S. 52.
30 Gespräch mit Schillers Schulfreund Hans Bolewski.
31 Vgl. Schedlitz, Die Geschichte der Hebbelschule, S. 42 ff.

und schließlich Erziehung zur Selbstständigkeit. Die letzte Lektion musste Karl Schiller wohl nicht mehr erteilt werden, denn schließlich war er schon im Alter von zehn Jahren zum Miternährer einer Kleinfamilie geworden.

Aber die freiheitliche Gesinnung der Hebbelschule förderte den Teil seines Charakters, der sich durchaus durch Toleranz auszeichnete, was in vielen innerparteilichen Auseinandersetzungen innerhalb der SPD in späteren Jahren deutlich werden wird. Bei allen harten Konflikten blieb er doch ein Anhänger der freien Rede, oder wie der später in Anglizismen so vernarrte Schiller sagte, der »free speech«, der immer dagegen war, anders Denkende kaltzustellen, oder gar aus der Partei hinauszuwerfen – eine andere Sache war, dass er bei aller freien Rede letztlich davon überzeugt war, dass nur er allein im Recht sein konnte. Andere Prägungen der Hebbelschule waren bei dem »Erwachsenen« Schiller auf den ersten Blick weniger erkennbar, vielleicht standen sie im Grunde auch konträr zu seiner sonstigen charakterlichen Ausprägung. Einen Künstler mochte man in diesem Mann nicht zu entdecken, der so viel Wert auf Präzision und Effizienz legte und der Diskussionen unter seinen Mitarbeitern unterbrach, wenn er das Gefühl hatte, dass sie zu keinem Ergebnis führten und sich von der eigentlichen Ausgangsfrage zu weit entfernten. Nur wer ihn gut kannte, wusste, dass Schiller durchaus für sich in Anspruch nahm, künstlerische Neigungen zu besitzen. Ein anderer Sozialdemokrat sollte auf der Hamburger Lichtwark-Schule in den Genuss ganz ähnlicher reformpädagogischer Impulse kommen: Helmut Schmidt.[32] Und beide verbargen diese Einflüsse, da sie sich mit ihrem späteren Könner- und Macher-Image nicht gut vertrugen.

Hoch begabt, wissensdurstig und ehrgeizig, das also waren die Eigenschaften, die Karl Schiller auszeichneten. Andererseits konnte er auch kein freudloser Streber gewesen sein. Ein kleiner Abi-Vers über »Karlchen«, wie Schiller damals genannt wurde, mochte das belegen:

> »Karl Schiller ist ein Edelknabe,
> er hat von Natur die Gabe,
> in jedem Fach Genie zu sein.
> Er sitzt zu Hause oft allein
> Und rennt sich in den Büchern fest
> Die Lieb' ihn fast in Ruhe läßt.
> Doch fast nur; denn wenn Frühlingsdüfte steigen
> mag er auch kleine Mädchen leiden.
> Er ist auch hierin gar nicht dumm,
> auch hierin – primus omnium«[33]

---

32 Vgl. Hartmut Soell, Helmut Schmidt. 1918–1969. Vernunft und Leidenschaft, München 2003, S. 65–81.
33 Vgl. Abiturzeitung (handschriftlich) »Zum Abschiedsfest der OIb am 3.3.1931« S. 5, in: HBA.

II Kindheit und Jugend (1911–1931)

Mit diesem Zitat soll nicht etwa bewiesen werden, dass Karl Schiller schon in jungen Jahren ein erfolgreicher Schürzenjäger gewesen wäre. Aber ein nur über seinen Büchern brütender Außenseiter konnte er kaum gewesen sein, jedenfalls nicht, wenn man wohl zu Recht vermutet, dass solche von Mitabiturienten verfassten Verslein schon damals einen durchaus authentischen Kern besaßen. Dass er oft alleine zuhause saß und Bücher las, blieb zwar in dem Abi-Reim nicht unerwähnt, aber im zweiten Teil des Verses klang doch auch Respekt an. Von Vorteil mag gewesen sein, dass Schiller im Schnitt immer ein Jahr älter als seine Klassenkameraden war, da er beim Eintritt in die Hebbelschule noch einmal in die Sexta kam, weil er in seinem ersten Schuljahr in Berlin als erste Fremdsprache Englisch hatte und nicht, wie in Kiel üblich, Französisch.[34] Schiller war auch Klassensprecher. Zu jener Zeit fiel dieses Amt zwar häufig an den Klassenbesten, aber selbstverständlich war das nicht, denn schließlich wurden seit einer Richtlinie des preußischen Ministers für Wissenschaft, Kunst und Volksbildung aus dem Jahr 1920 auch an der Hebbelschule die Klassensprecher von den Schülern in geheimer Wahl gewählt.[35] Schiller füllte dieses Amt auch offensichtlich mit großem Elan und organisatorischem Eifer aus. 1929, in der Unterprima, veranstaltete die Klasse sogar einen »bunten Abend«, zu dem Schüler und Eltern eingeladen wurden und in dem musiziert und ein Einblick in das Klassenleben gegeben wurde. Selbst auf der Hebbelschule, wo auf die Eigeninitiative der Schüler großer Wert gelegt wurde, war ein solches Ereignis ungewöhnlich. Der Klassensprecher Karl Schiller hielt natürlich die Eröffnungsansprache, und wer heute die Rede liest, kann erkennen, dass er bereits in jenen Jahren außerordentliches sprachliches Geschick bewies. An die Finanzen hatte Schiller auch schon gedacht: Der Eintritt betrug 50 Pfennig.[36]

Schillers offensichtliche Anerkennung in der Klassengemeinschaft mochte ihre Ursache vielleicht auch darin gehabt haben, dass unter den verschiedenen höheren Schulen in Kiel die Hebbelschule diejenige war, in der Kinder aus klassisch bildungsbürgerlichen Familien am wenigstens anzutreffen waren. In die Hebbelschule wurden in der Regel die Kinder aus Familien geschickt, die, wenn man so will, die staatsbürgerliche Elite stellten: Marineangehörige, Beamte usw.[37] Die Wahrscheinlichkeit, aufgrund seiner Herkunft ausgegrenzt zu werden, war insofern an der Hebbelschule für Schiller von vornherein wesentlich geringer, als dies an anderen Schulen vielleicht der Fall gewesen wäre.

Trotz allem: Karl Schiller unterschied sich nicht nur wegen seiner tadellosen Leistungen von seinen Mitschülern. Zwar war er kein Außenseiter, aber ein wenig unheimlich war er seinen Mitschülern doch. Er war eben, wie es sein Jugendfreund Hans

---

34 Lebenslauf, HBA.
35 Schedlitz, Geschichte der Hebbelschule, S. 44.
36 Tagebuch der Obersekunda/Unterprima B der Hebbelschule Kiel 1928/1929, Eintrag unter dem 19.6.1929, in: HBA.
37 Gespräch mit dem »Schulhistoriker« der Hebbelschule, Bernd Schedlitz.

Bolewski ausdrückte, »sehr bewundert, aber nicht sonderlich beliebt.«[38] Zu seiner Umwelt schien er schon in jenen Jahren eine für alle spürbare Distanz entwickelt zu haben. Etwas Unzugängliches, auch Unergründliches umgab ihn. Allein schon sein überdurchschnittlicher Intellekt sorgte für Abstand und einige der wenigen frühen Fotos zeigen einen jungen Mann, der nicht nur einen ganz unjugendlichen Ernst, sondern auch bewusste Distinktion ausstrahlte. Auch in größeren Gruppen schien er auf eigentümliche Weise sein »Fürsichsein« zu pflegen.[39] Es war eine seltsame Mischung, irgendwo angesiedelt zwischen dem Herausragen aus einer Gruppe bei gleichzeitigem Abseitsstehen. Zu inniger Freundschaft war er nur begrenzt fähig; zu seinen Kameraden aus der Hebbelschule fand er erst zurück, als seine vierte Frau versuchte, dem nach dem Ausscheiden aus der Politik vereinsamten Schiller wieder das Gefühl für Geselligkeit zurückzugeben.

Aber so wenig er auch in der Lage sein mochte, Wärme auszustrahlen und herzliche, tiefer gehende Beziehungen zu anderen Menschen aufzubauen, ertrug er andererseits wirkliches Alleinsein schon gar nicht. Auch später brauchte er ständig Menschen um sich, die ihm und seinen Besorgnissen zuhörten, das galt für Mitarbeiter genau so wie für seine Ehefrauen. Es gibt jedoch Anhaltspunkte dafür, dass bereits der junge Schiller sich seiner Isolation bewusst war, und dass es ihn auch danach drängte, diese zu durchbrechen.

Im Jahre 1931, nach der Reifeprüfung und vor seinem ersten Semester bzw. in den ersten Semesterferien, nahm Schiller an mehreren Arbeitslagern teil. Während der Weltwirtschaftskrise erfreuten sich solche Lager großer Beliebtheit; in ihnen kamen junge Arbeiter aus den nahen Großstädten, arbeitslose Landarbeiter und schließlich Studenten zusammen. Kost und Logis, Letzteres bedeutete Unterbringung in leeren Scheunen, waren frei, darüber hinaus gab es allenfalls ein kleines Taschengeld zu verdienen.[40]

Karl Schiller war von dem Geist, der in diesen Arbeitslagern herrschte, außerordentlich begeistert. Von einer dieser Veranstaltungen, die im September 1931 in Rickling bei Neumünster stattfand, nahm er seine Eindrücke in einer Art Tagebuch auf.[41] In ihm kann man nachlesen, mit welcher Freude Schiller offensichtlich der gemeinsamen Arbeit mit Menschen ganz verschiedener Herkunft nachging. Auch ein talentierter Soziologe kommt in diesen Aufzeichnungen zum Vorschein, der bereits sehr genau beobachtete, wie die Menschen aus verschiedenen Schichten der Bevölkerung auf die Krise der Republik reagierten und der auch den latenten Generationenkonflikt jener Zeit anhand allerlei Beispiele aus den Erzählungen der anderen Teilnehmer des Arbeitslagers recht plastisch beschrieb. Übrigens schien er seine eigene politische

---

38 Gespräch mit Hans Bolewski.
39 Ebd.
40 Vgl. Peter Dudeck, Erziehung durch Arbeit. Arbeitslagerbewegung und Freiwilliger Arbeitsdienst 1920–1935, Opladen 1988, S. 150–157.
41 Diese handschriftliche Kladde befindet sich in: WEI, K. 29.

Zuordnung 1931 noch nicht gefunden zu haben, denn vereinzelt berichten die Aufzeichnungen auch von Konflikten zwischen Anhängern der verschiedenen Weimarer Parteien, ohne jedoch, dass dabei klar würde, auf welcher Seite Schiller selbst bei den jeweiligen Diskussionen stand. Nur an einer einzelnen Stelle ist ein generelles Misstrauen gegenüber den Parteien spürbar, als der junge Student schrieb, dass einige Diskussionsteilnehmer bei ihren Überlegungen wohl von »Parteidoktrinen beeinflusst waren.«[42]

Der größte Teil der Diskussionen war dem Thema »Gemeinschaft« gewidmet, und glaubt man Schillers Aufzeichnungen, so waren sich alle Teilnehmer darin einig, dass die Barrieren zwischen Studenten, Arbeitern und Bauern in einem Geiste der Brüderlichkeit, wie er in Rickling vorherrsche, überwunden werden könnten. Schiller bekam also bereits einen Vorgeschmack auf die Verlockungen der Idee der Volksgemeinschaft, die gerade in seiner Generation über die verschiedenen politischen Ansichten hinweg große Anziehungskraft besaß.

Von dem in jenen Wochen dort empfundenen Gemeinschaftsgefühl war er völlig berauscht. Als »Teil eines großen Werkes«, als das einzelne »Glied einer Masse« empfand er sich selbst, um schließlich seine Eindrücke auf einem Extra-Zettel hymnisch zusammenzufassen:

> »Man ist den ganzen Tag eingespannt in einen gemeinsamen Plan. Man wird durch diese Spannung mitgerissen in dem Ziel und Streben der Masse, man wird innerlich frei und losgelöst von allen persönlichen Hemmungen, wird durch die Gemeinschaft zu ihrem Geist emporgehoben und gibt sich ihr freiwillig hin.«[43]

Diese Zeilen stehen in einem merkwürdigen Kontrast zu Schillers eigentlich so prosaischer Natur. Dennoch war auch das ein Teil von ihm. Er mochte sein Leben lang versuchen, diesen Teil seines Charakters von sich fernzuhalten, aber bisweilen trat er doch immer wieder hervor. Er sehnte sich im Grunde seines Herzens nach Freundschaft und Gemeinschaft, und gerade weil er sich seiner Isolation so überaus bewusst war, war der Wunsch umso stärker, aus seinem inneren Gefängnis auszubrechen. Er liebte schon in jener Zeit die Werke von Ernst Jünger, vor allem dessen Kriegserzählungen, und ließ sich die Leidenschaft für diesen unter Sozialdemokraten völlig verpönten Künstler später auch nicht vom ebenso bewunderten Günter Grass ausreden.[44] Jünger hatte den durch das Kriegserlebnis hervorgerufenen Triumph der menschlichen Triebkräfte gegen die Ratio gefeiert. Die Eingeweide seien stets der bessere Ratgeber als das Gehirn, besonnenes Verhalten galt ihm als Zeichen von Schwäche. Nur im Krieg, jener »Ham-

---

42 Vgl. ebd.
43 Vgl. ebd.
44 Vgl. das Gespräch mit Renate Merklein am 4.11.89, Kassette 11, (Seite B.). Die Aufnahmen der Gespräche befinden sich im Privatbesitz von Sabine Noelle-Wying.

merschmiede, in der die Welt in neue Grenzen und neue Gemeinschaften zerschlagen wird«[45], finde der Mensch zu sich selbst und entschädige sich dort »in rauschender Orgie für alles Versäumte. Da wurden seine Triebe, zulang schon durch Gesellschaft und ihre Gesetzte gedämmt, wieder das Einzige und Heilige und die letzte Vernunft.«[46] Ob ihm die Kriegsverherrlichung Jüngers nicht vielleicht doch ganz fremd war, werden wir erst in einem späteren Kapitel sehen; seine politischen Ansichten jedenfalls sollten mit denen Jüngers nicht viel gemein haben. Aber die Faszination durch die Barbarei, der Versuch, der ständigen Gängelung durch den »zivilisierten« Verstand zu entkommen, war ihm durchaus nicht fremd. Rührte von daher der Wunsch, »persönliche Hemmungen« zu verlieren, Teil eines »großen Werkes« und das »einzelne Glied einer Masse« zu sein, letztlich die Sehnsucht, den individuellen Intellekt gegen das kollektive Gefühl einzutauschen?

Dass von dieser Sehnsucht bei ihm auf den ersten Blick so wenig zu spüren war, lag jedenfalls nicht daran, dass er tatsächlich emotional unbehaust gewesen wäre, sondern erklärte sich vielmehr durch die permanente Unterdrückung dieser Gefühle. Wahrscheinlich spielte auch da der Vater eine Rolle, der sich hatte gehen lassen, ohne Ziel und Sinn seinen unmittelbaren Begierden unterworfen und spontanen Eingebungen gefolgt war, und damit nicht nur das Familienglück, sondern auch seine eigene Existenz ruiniert hatte, der Vater, der ihm ja in manchen so ähnlich erschien, aber dessen Schicksal Karl Schiller auf keinen Fall folgen wollte. Da er sich mehr als alles andere vor einem solchen Ende fürchtete, legte er seinen Gefühlen enge Fesseln an und zwang sich zur permanenten Selbstkontrolle.

Die gefühlsmäßige und damit bisweilen unkontrollierte Seite wurde also nur eine Fußnote im Leben Karl Schillers – wenngleich eben diese Fußnote manch Späteres erklärbar macht. Aber was ihn in Schülerzeiten faszinierte und wonach er suchte, stand alles in allem doch konträr hierzu.

Da war vor allem seine Leidenschaft für die Naturwissenschaften. Dass es Schillers ursprüngliche Intention war, Ingenieur zu werden und daher die Technische Hochschule zu besuchen, wurde bereits erwähnt. Und der Wunsch, mit diesem Beruf Anerkennung in den Augen des Vaters zu finden, mochte dabei tatsächlich auch eine große Rolle gespielt haben. Aber das war es nicht alleine. Im Unterricht galt sein größter Eifer der Physik und Mathematik, und hier erzielte Karl Schiller auch die besten Notenergebnisse. Hier gab es nur wenige Unsicherheiten – der Apfel fiel eben immer nach unten – und es herrschten Präzision und Exaktheit.

Schiller war, wir sahen es, auch an Kunst und Literatur vielfältig interessiert, aber all das verblasste doch angesichts seiner Leidenschaft für die Dinge, die rational erfassbar und erklärbar waren. Im Gegensatz zu vielen Intellektuellen, die meist zwei linke Hände haben oder dieses Bild zumindest von sich selbst pflegen, war Schiller auch

---

45   Ernst Jünger, Der Kampf als inneres Erlebnis, Berlin 1925, S. 76.
46   Ebd., S. 95 f.

noch als Erwachsener ein begeisterter Bastler, der stolz darauf war, wenn er mit eigenen Händen etwas schaffen konnte. Aber schon seine Freunde in der Hebbelschule versuchte er immer wieder mit in seinen Augen revolutionären Erfindungen zu verblüffen. Für einen kurzen Zeitraum schien er sich gar in einem Prozess der Entfremdung von der Schule befunden zu haben, weil er lieber einer Tätigkeit nachgehen wollte, deren Resultate unmittelbarer erfahrbar waren als die letztlich doch abstrakt bleibenden Lerninhalte an seiner Schule. »Wenn ich einmal eine Maschinenhalle betrat, packte mich immer der Wunsch, dort mitzuarbeiten und zu schaffen. Der Strudel des Lebens, von dem mich die Schule trennte, reizte mich stark.«[47] Überhaupt war es die Technik, die ihn in schon in jungen Jahren in ihren Bann zog. Bereits der Siebenjährige, der bisher nur die norddeutsche Provinz bewusst wahrgenommen hatte, war ungeheuer beeindruckt gewesen, als er ab 1918 für vier Jahre in Berührung mit dem Berliner Großstadtverkehr gekommen war.[48]

Obwohl er schon ungewöhnlich früh anspruchsvolle Literatur las, galt seine Liebe noch vor Ernst Jünger aber wie bei vielen anderen Jungen seines Alters auch Abenteuerromanen. Besonders angetan hatten es ihm die Bücher von Jules Verne, in denen die Helden mit futuristisch anmutenden Fahrzeugen »20 000 Meilen unter dem Meer« die Welt erkundeten, sich zum »Mittelpunkt der Erde« begaben oder auch, weniger fantastisch, in einem Heißluftballon, in »80 Tagen um die Welt« reisten.[49] Jules Verne war im eigentlichen Sinne kein Fantast, sondern nur ein Schriftsteller, der akribisch für seine Romane recherchiert hatte, und in ihnen von Erfindungen erzählte, die noch in der Zukunft lagen, aber durch die Erfahrung der Gegenwart durchaus wahrscheinlich erscheinen mochten. Mit seinem Fortschrittsglauben und seiner Technikeuphorie war der französische Romancier alles in allem ein typischer Exponent des 19. Jahrhunderts, was an der Faszination für seine Bücher vonseiten Heranwachsender des 20. Jahrhunderts aber natürlich nichts änderte.

Schiller konnte sich jedoch nicht nur für die Abenteuer von Kapitän Nemo oder Phileas Fogg begeistern, sondern auch für ganze reale Helden. In einem kurzen Beitrag für eine Fotoserie des Axel Springer jr., in dem Schiller als Minister über seine so gerne verschwiegene Kindheit schreiben sollte, rühmte er die Leistungen von Max Planck und vor allem Albert Einstein, deren bahnbrechende Theorien ihn in Jugendjahren stark in ihren Bann geschlagen hätten.[50] Ob er damit vielleicht nicht auch den Eindruck erwecken wollte, dass er schon in jungen Jahren ein ganz besonders aufgeweckter Bursche gewesen sei, lässt sich nicht gänzlich ausschließen. Aber im Bewusstsein des Wissens um seine naturwissenschaftliche Begeisterung erscheint es durchaus nicht als unwahrscheinlich, dass er sich mit den bahnbrechenden Erkenntnissen, die

---

47 Vgl. Lebenslauf Schiller, HBA.
48 Vgl. ebd.
49 Gespräch mit Hans Bolewski.
50 Der kurze Text befindet sich in: WEI, K. 11.

sich aus der Quantenmechanik und der Relativitätstheorie ableiten ließen, tatsächlich ernsthaft beschäftigt hatte. Im Rückblick glaubte Schiller jedenfalls, dass er sich der Tatsache, in einem Zeitalter umwälzender Veränderungen aufzuwachsen, bereits damals sehr bewusst war, und er verglich die Revolution von 1918 mit der Verleihung des Nobelpreises an Einstein 1921.[51]

Nach alledem also bleibt die Frage, warum Schiller dann doch nicht, wie ursprünglich beabsichtigt, das Ingenieursstudium einschlug oder sich für eine der von ihm geliebten Naturwissenschaften entschied. Abschließend zu erklären ist es nicht, aber tatsächlich absolvierte der Abiturient zunächst auch ein Praktikum bei den Howaldtswerken, das er jedoch bereits nach wenigen Wochen abbrach. Vielleicht waren es die rauen Umgangsformen, die an einer Werft herrschten, die ihn von seinem ursprünglichen Berufswunsch abbrachten und schließlich zur Aufnahme eines Studiums der Nationalökonomie führten.

Eine Verlegenheitswahl war es trotz allem nicht, denn Schiller hatte sich schon als Schüler für Wirtschaftsfragen interessiert. Da Schiller in einem Umfeld aufwuchs, in dem auch aktuelle politische Fragen diskutiert wurden, hatten ihn die Auswirkungen der Weltwirtschaftskrise ausgesprochen fasziniert. Die schriftliche Abiturprüfung konnte an der Hebbelschule durch eine Jahresarbeit ersetzt werden. Für diesen Weg hatte sich Schiller entschieden und in im Prüfungsfach Französisch eine Arbeit mit dem Thema: »Le problème de l'equilbre économique en France et son importance pour l'Allemagne« verfasst. Schiller hatte dafür sogar die französische Tageszeitung »Le Temps« ausgewertet und besonders im empirischen Teil ungeheuren Fleiß gezeigt. Die Arbeit wurde, bei Schiller wenig überraschend, mit »sehr gut« benotet.[52]

Im Sommersemester 1931, auf dem Höhepunkt der Weltwirtschaftskrise, begann Schiller an der Christian-Albrechts-Universität Kiel das Studium der Nationalökonomie.

---

51 Vgl. ebd.
52 Vgl. die Bewertung der Arbeit durch den Klassenlehrer Schillers (November 1930), in: WEI, K. 1.

III Wissenschaftskarriere zwischen Weimarer Republik und Drittem Reich (1931–1942)

1 »Eine Wissenschaft, so exakt wie die reine Mechanik«

Möglicherweise empfand Schiller die Entscheidung für das Studium der Nationalökonomie auch keineswegs als Bruch mit seiner Leidenschaft für die Naturwissenschaften. Denn wenn man wollte, und das hieß, wenn man sich für die »richtige« wissenschaftliche Schule entschied, konnte man hier wie dort das Gleiche finden: Präzision, Exaktheit, eine ganze Menge Zahlenwerk und womöglich sogar zweifelsfreie Antworten. Denn die Wissenschaft, mit der Schiller ab 1931 in Berührung kam, hatte einige Jahrzehnte zuvor begonnen, eine tief greifende Veränderung in ihrem methodischen Verständnis vorzunehmen.

Bis zum Ende des 19. Jahrhunderts hatte in Deutschland innerhalb der Nationalökonomie die historische Schule beinahe unangefochten dominiert. Entstanden als Oppositionswissenschaft zur klassischen angelsächsischen Ökonomie, versuchte der Historismus nachzuweisen, dass keine übernationalen, zeitlosen und generalisierbaren Entwicklungen oder gar Gesetzmäßigkeiten existieren. Die Anhänger der historischen Schule, wie Gustav von Schmoller oder später noch Werner Sombart, deuteten wirtschaftliche Phänomene im Zusammenhang mit institutionellen, politischen, sozialen und kulturellen Rahmenbedingungen. Im Grunde waren sie, dem heutigen Verständnis nach, Wirtschaftshistoriker, und als solche beschrieben sie wirtschaftliche Abläufe oder Tatbestände, aber zogen keine generalisierbaren Schlussfolgerungen daraus. Kurz gesagt: An eine allgemeine ökonomische Theorie, die in jedem gesellschaftlichen Kontext gültig sei, glaubten sie nicht.[1]

Um die Jahrhundertwende allerdings ging die Dominanz der historischen Schule verloren.[2] Einige der Ökonomen der jüngeren Generation wandte sich gegen die Theorielosigkeit, ja Theoriefeindschaft der vorherrschenden historischen Schule, deren Anhänger, so mit Sarkasmus Joseph Schumpeter, einer der fortan führenden deutschen Theoretiker, sich bisher darauf beschränkt hätten, Arbeiterwohnungen auszu-

---

[1] Vgl. Claus-Dieter Krohn: Die Krise der Wirtschaftswissenschaften in Deutschland im Vorfeld des Nationalsozialismus, in: Leviathan 1985, Heft 3, S. 311-333, hier: S. 312.

[2] Vgl. hierzu Karl Häuser: Das Ende der historischen Schule, in: Knut Wolfgang Nörr, Bertram Schefold, Friedrich Tenbruck (Hrsg.): Geisteswissenschaften zwischen Kaiserreich und Republik. Zur Entwicklung von Nationalökonomie, Rechtswissenschaft und Sozialwissenschaft im 20. Jahrhundert, Stuttgart 1994, S. 47-75.

messen, feststellten, dass sie zu klein waren und damit bereits meinten, sie seien Ökonomen.[3]

Der Methodenstreit zwischen den Theoretikern und der historischen Schule war von ganz ungewöhnlicher Intensität. In fundamentalistischem Eifer sprachen sie sich gegenseitig die Existenzberechtigung ab. In den offiziellen Vereinigungen der deutschen Ökonomen ging es daher besonders in den 1920er-Jahren zunehmend geheimbündlerisch zu, und die jüngeren Theoretiker bemühten sich, die wichtigsten Institutionen, wie den »Verein für Socialpolitik«, zu majorisieren.[4]

In jedem Fall war die theoretisch orientierte, mit mathematischen Methoden arbeitende Nationalökonomie bis 1933 stetig auf dem Vormarsch. Eine Zeit lang mochte es gar erscheinen, dass der neue, nun weitaus universellere Erklärungsanspruch der theoretischen Nationalökonomie sogar die politischen Lagergrenzen ins Wanken bringen würde. Eben das war in den 1920er-Jahren auch das erklärte Ziel von Alexander Rüstow gewesen, der in einer Gruppe, die sich »Ricardianer« nannte, die wichtigsten deutschen Theoretiker versammelt hatte, und in der in ihren politischen Einstellungen so verschiedene Ökonomen wie der liberale Walter Eucken und der Sozialist Eduard Heimann zunächst einträchtig zusammenarbeiteten. Der »Wille zur sozialen Objektivität«, gepaart mit den Werkzeugen der Theorie würde, so Rüstow, die Differenzen, wie etwa in der Lohnpolitik, mit der Zeit von ganz alleine auflösen.[5] Gewiss, das mochte in der Retrospektive auffallend naiv erscheinen, und in den Auseinandersetzungen über die geeigneten Mittel zur Bekämpfung der Weltwirtschaftskrise brachen die politischen Gegensätze dann auch offen aus. Aber es war eben auch Symptom jener typischen Hybris, von der Wissenschaften, sobald sie glauben, einen bedeutenden Erkenntnissprung gemacht zu haben, von Zeit zu Zeit befallen werden – sehr viel später in dieser Arbeit, wenn wir uns den 60er-Jahren annähern, werden wir bei den Wirtschafts- und Sozialwissenschaftlern jener Zeit auf ganz ähnliche Phänomene stoßen.

Es ist für alles Weitere in Schillers Leben von eminenter Bedeutung, wie die Wissenschaft beschaffen war, mit der er ab 1931 in Berührung kam: Die Nationalökonomie hatte bereits begonnen, sich von ihren ehemals geistes- und sozialwissenschaftlichen Wurzeln zu lösen und entwickelte sich zu einer Disziplin, die sich in ihren Methoden und in ihrem Streben nach mathematischer Beweisführung immer stärker den Naturwissenschaften annährte, ihrem Wesen nach »eine exakte Wissenschaft, wie die reine Mechanik.«[6]

---

3   Vgl. Thomas Nipperdey: Deutsche Geschichte, 1866–1918, Bd. 1: Arbeitswelt und Bürgergeist, München 1998, S. 667.
4   Vgl. Hauke Janssen: Nationalökonomie und Nationalsozialismus. Die deutsche Volkswirtschaftslehre in den dreißiger Jahren, Marburg 1998, S. 23 ff.
5   Vgl. ebd. S. 27.
6   Dieses Zitat stammt von Schumpeter, zitiert nach Janssen, Nationalökonomie und Nationalsozialismus, S. 45.

Schillers akademische Lehrer waren jedenfalls allesamt dem Kreis der mittlerweile dominierenden Theoretiker zuzurechnen und gehörten auch der von Rüstow angeführten Gruppe der »Ricardianer« an. Daher fand Schiller in der Nationalökonomie vermutlich etwas, was mit seinem bereits zu Schülerzeiten entwickelten naturwissenschaftlichem Weltbild mühelos in Einklang zu bringen war. Es entsprach seiner kühlen Leidenschaft für zweifelsfreie Erkenntnis, seinem Drang, den Dingen eine feste Ordnung und einen vorhersehbaren, kalkulierbaren Ablauf zu geben. Und so bestand für ihn auch später nie ein Zweifel daran, dass die Ökonomie im Grunde eine ebenso »harte« Wissenschaft sei wie die Naturwissenschaften, und dass ihre Resultate daher ebenso nahtlos in die Praxis umgesetzt werden könnten, um dort ihre Richtigkeit unter Beweis zu stellen. Wer als Student oder Doktorand vor den Augen des Hochschullehrers Schiller später Respekt finden wollte, musste sich in den Gesetzen der Mathematik gründlich auskennen; manche Prüfungskandidaten sollten ab 1947 an der Hamburger Universität mit diesem Umstand noch eine bisweilen sehr leidvolle Erfahrung machen.[7]

2 Sozialismus und der Aufstieg der »hellen Köpfe«

Mit dem gleichen Feuereifer und Ehrgeiz, mit dem Schiller seine Schulkarriere absolviert hatte, widmete er sich fortan auch seinem Studium. Sechs Semester, das erste in Kiel, dann zwei in Frankfurt, ein kurzes Wintersemester in Berlin 1932/1933 und schließlich zwei abschließende Semester in Heidelberg, länger sollte er sich mit seinem Studium nicht aufhalten. 1934 wurde er bereits Diplomvolkswirt, und nur ein Jahr später war auch die Promotion schon abgeschlossen. Gerade 24 Jahre alt geworden, war Karl Schiller nun Doktor der Volkswirtschaft, was auch für damalige Zeiten bemerkenswert schnell war.

Nicht nur Schillers methodisches Wissenschaftsverständnis wurde in jenen Jahren auf eine sehr langfristige Weise geprägt. Durch seine akademischen Lehrer kam Schiller auch mit dem Gedankengut des Sozialismus in Verbindung, oder besser gesagt: Er lernte eine besondere Spielart des Weimarer Sozialismus kennen.

Als er längst zu den führenden sozialdemokratischen Wirtschaftspolitikern gehörte, hat Schiller jedenfalls stets großen Wert darauf gelegt, dass seine Zugehörigkeit zur Sozialdemokratie nach 1945 keineswegs aus dem Nichts gekommen sei. Das stand in auffälligem Kontrast zu seiner Ratlosigkeit, die ihn bei der Frage befiel, was es denn ganz konkret sei, das ihn sozialdemokratisch fühlen oder handeln ließ. In der Selbstinterpretation seines Lebensweges spielte jedoch bereits das Jahr 1933 eine entscheidende Rolle. Bis dahin, so Schiller, sei er durch seine akademischen Lehrer zu einem freiheitlichen Sozialisten geprägt worden. Mit der »Machtergreifung« der Nationalsozia-

---

7 Gespräch mit dem Studenten und späteren Assistenten Karl Schillers, Heiko Körner.

listen sei schließlich diese Entwicklung für zwölf Jahre unterbrochen worden, um dann nach Kriegsende wie selbstverständlich wieder aufgenommen zu werden.⁸

Nun war das natürlich eine Interpretation, die schon aus Eigeninteresse nahe lag. Denn mit ihrer Hilfe wurde nicht nur die NSDAP-Mitgliedschaft Schillers in ihrer Bedeutung relativiert. Darüber hinaus bezog er sich mit seinem Bekenntnis zum freiheitlichen Sozialismus auch auf ein historisches Erbe, das einige Sozialdemokraten zum offiziellen Leitbild der Nachkriegs-SPD erheben wollten. Somit sanktionierte er seine wirtschaftspolitischen Positionen innerhalb der Partei durch den Rückgriff auf sozialdemokratische Traditionen.

Allerdings entsprach diese Beschreibung des eigenen Lebenswegs tatsächlich der Realität. Deutlich wird dieses nicht nur durch die Spuren der von Schiller angeführten akademischen Lehrer in seinen Arbeiten nach 1945, die schließlich auch auf nachträglicher Rezeption beruht haben könnten. Vor allem aber unterhielt Schiller mit einem von ihnen in den 50er- und 60er-Jahren sporadischen Briefkontakt, in denen das frühere Schüler-Lehrer-Verhältnis noch immer deutlich anklang.⁹ Wie aber war diese Hinwendung zu sozialistischen Lehrmeistern und zum Gedankengut des Sozialismus insgesamt zu erklären? Selbstverständlich war eine solche Orientierung nicht, wenn man bedenkt, dass Schiller in einem liberal-protestantischen Umfeld aufgewachsen war.

Entscheidend aber war eben, was man unter Sozialismus verstand. Und das Beispiel Karl Schiller zeigt, dass gerade ein radikales und elitäres Leistungsdenken zum Sozialismus führen konnte, nämlich unter der Voraussetzung, dass dieses Denken mit bestimmten biographischen Komponenten eng verknüpft blieb. In seinen wissenschaftlichen Arbeiten aus den 50er-Jahren, einer Zeit also, in der das Bekenntnis zum Sozialismus, in welcher Form auch immer, für den Aufstieg innerhalb der SPD noch unverzichtbar war, hat Schiller ausgeführt, was für ihn persönlich eigentlich die Quintessenz des Sozialismus war. Man musste dafür schon genau zuhören, gleichsam zwischen den Zeilen lesen und Schillers Herkunft im Blick behalten. Denn eigentlich war für ihn die entscheidende Leitkategorie die »Freiheit«, denn nur diese hätte sich angesichts all der gescheiterten totalitären Experimente der ersten Hälfte des 20. Jahrhunderts noch nicht diskreditiert.¹⁰ Weder das Postulat der sozialen Gerechtigkeit noch die Eigentumsfrage, auch nicht die Forderung nach umfassender sozialer Umverteilung spielten hingegen die entscheidende Rolle. Natürlich war Schiller so klug, keinen dieser sozialdemokratischen Kernbegriffe infrage zu stellen, aber spätestens bei der Frage der Um-

---

8   Vgl. die Welt vom 6.7.1972.
9   Vgl. z. B. den Brief Schillers an Adolph Löwe am 9.6.1955, in: BA N Schiller 1229, B. 277, S. 196. Löwe arbeitete mittlerweile an der »New School for Social Research«, wo Schiller ihn kurz zuvor besucht hatte.
10 Vgl. hierzu am paradigmatischsten: Karl Schiller, Sozialismus und Wettbewerb, in: Karl Schiller/Carlo Schmid/Erich Potthoff (Hrsg.), Grundfragen moderner Wirtschaftspolitik, Frankfurt am Main 1958, S. 227-265, hier: S. 232.

setzung oder den Realisierungsmöglichkeiten dieser Forderungen waren seiner Ansicht nach ganz unterschiedliche Anschauungen möglich. Denn die Idee eines einzigen Sozialismus habe sich als ein naiver »Märchenglaube« herausgestellt.[11] Etwas anderes war von Bedeutung, etwas, das tatsächlich nur aus der konkreten Situation des Jahres 1931, vielleicht überhaupt aus seiner ganzen Biographie erklärbar war. Sozialismus, so Schiller, herrsche dann, wenn ein »Höchstmaß von sozialer Kapillarität« gegeben sei, wenn der jederzeitige Aufstieg, selbstverständlich auch der Abstieg, innerhalb einer Gesellschaft möglich sei. Die Hauptfunktion des freiheitlichen Sozialismus bestehe darin, dass er »ständig die hellen Köpfe nach oben bringt«[12]. Das also war das Entscheidende am Sozialismus: Ein entprivilegiertes Aufstiegssystem. Soziale Gerechtigkeit bedeutet daher für Schiller, lange vor den Apologeten des Dritten Weges, vor allem Chancengerechtigkeit.

Aus diesen Worten sprach der selbstbewusste soziale Aufsteiger, der zu Recht schon zu diesem Zeitpunkt stolz sein konnte auf das bisher Geleistete – denn bei den »hellen Köpfen« dachte Schiller ohne Frage zuerst an sich selbst. Quasi aus dem Nichts kommend hatte er gegen alle Widerstände, vielleicht auch gegen alle statistische Wahrscheinlichkeit, seinen Weg gemacht, dabei gleich mehrere gesellschaftliche Schichten übersprungen.

Natürlich musste ein solcher Lebensweg noch nicht zwangsläufig einen Sozialisten oder auch »nur« einen Sozialdemokraten aus Schiller machen. Schließlich kann die Erfahrung des sozialen Aufstiegs auch zum genauen Gegenteil führen, nämlich zu der Erkenntnis, dass alle Forderungen nach sozialer Teilhabe oder nach sozialer Chancengerechtigkeit eigentlich ganz unsinnig seien, weil die eigene Biographie doch gezeigt hatte, dass man auch ganz ohne jedes gesellschaftliche Solidarsystem seinen Aufstieg bewerkstelligen konnte.

Nur war eben gerade das bei Schiller nicht der Fall gewesen. Vielmehr hatte er die Segnungen eines solchen Solidarsystems mehr als deutlich erfahren. Angesichts der trostlosen finanziellen Situation des Elternhauses war die Aufnahme eines Studiums eigentlich unmöglich. Aber aufgrund seiner ausgezeichneten schulischen Leistungen gelang es Schiller, ein Stipendium der Studienstiftung des Deutschen Volkes zu erhalten. Zwar war die Studienstiftung parteipolitisch offiziell neutral, aber zumindest die völkisch-nationalen Studentenverbände kritisierten sie als Institution mit sozialdemokratischen Zielen. Unter ihren Stipendiaten lag der Anteil der Kinder aus Arbeiterfamilien bei über 20%, was angesichts des Gesamtanteils von Arbeiterkindern unter den Studierenden ein beträchtlicher Prozentsatz war.[13] Ein Mitstipendiat Schillers aus der Studienstiftung, der Schiller 1932 an der Universität Frankfurt zu einigen Treffen

---

11 Ebd. S. 250.
12 Ebd. S. 253.
13 Vgl. Rolf-Ulrich Kunze, Die Studienstiftung des deutschen Volkes seit 1925. Zur Geschichte der Hochbegabtenförderung in Deutschland, Berlin 2001, S. 15 ff.

der Sozialistischen Studentenschaft mitnahm, hat dann schließlich auch Schiller 1946 für die SPD »gekeilt«.[14]

Parteipolitisch allerdings blieb Schiller in der Weimarer Republik ungebunden. In den Entnazifizierungsfragebögen der alliierten Militärregierung hat Schiller nach Kriegsende angegeben, festes Mitglied im Sozialistischen Studentenbund gewesen zu sein. Das allerdings dürfte nicht der Wahrheit entsprochen haben.[15]

Die Erfahrung des sozialen Aufstiegs, der sich größtenteils den eigenen Talenten verdankte, aber ohne die Institutionalisierung solidargemeinschaftlicher Strukturen nicht zu bewerkstelligen gewesen wäre, blieb daher fraglos prägend für ihn auch in späteren Zeiten. Gewiss handelte es sich um ein individualistisches, meritokratisches Leistungsdenken, dass jedoch durchaus auch eine sozialegalitäre Komponente besaß. Für einen Sozialdemokraten war ein solches Menschen- und Gesellschaftsbild im Grunde nicht untypisch, aber im Zusammenwirken mit vielen anderen Faktoren wird später auch dies seine Probleme innerhalb der Sozialdemokratie verständlich machen.

Entscheidend für Schillers Anschauung vom Sozialismus war weiterhin, dass seine akademischen Lehrer keineswegs zum »Establishment« der Weimarer Sozialdemokratie gehörten. In Kiel hatte Schiller bei Adolph Löwe studiert und war in dessen »Kometenschweif« schon ein Semester später mit ihm nach Frankfurt weiter gezogen. In Berlin schließlich, wo Schiller das Wintersemester 1932/1933 studiert hatte, traf er auf Emil Lederer. Ein dritter Hochschullehrer kam dazu, dem Schiller während seiner Studienzeit nie begegnet sein dürfte, dessen Einflüsse aber nach 1945 am deutlichsten zu spüren waren, Einflüsse, die also vermutlich durch Lektüre vermittelt worden sein müssen: Eduard Heimann.

Löwe und Heimann gehörten dem »Kairos-Kreis« des Theologen und Philosophen Paul Tillich an. In ihm hatten sich der SPD nahe stehende Intellektuelle versammelt, die versuchten, eine versöhnende Brücke zwischen Christentum und Sozialismus zu bauen und beide Botschaften miteinander in Einklang zu bringen. Die religiösen oder auch freiheitlichen Sozialisten (in diesem Fall sind die beiden Begriffe synonym zu verwenden) scharten sich seit 1930 um die »Neuen Blätter für den Sozialismus.« Heimann fungierte als Herausgeber, Löwe und Lederer gehörten dem Beirat der Zeitschrift an.[16] Trotz einiger nicht unbedeutender Unterschiede einte die religiösen Sozialisten die Enttäuschung über die Weimarer Sozialdemokratie.[17] Denn diese zeige sich nicht in der Lage, den Widerspruch zwischen systemkonformer Regie-

---

14 Vgl. den Spiegel vom 9.1.1967.
15 Dieser Meinung war jedenfalls Schillers Schulfreund, Hans Bolewski, der mit Schiller auch in der Zeit vom Abitur bis 1933 engen Kontakt hatte. Aber auch über diese Aussage hinaus, die immerhin mit einem Abstand von über 70 Jahren gemacht wurde, ließen sich für eine solche Mitgliedschaft keine Ansatzpunkte finden.
16 Vgl. Martin Martiny: Die Entstehung und politische Bedeutung der »Neuen Blätter für den Sozialismus« und ihres Freundeskreises, in: VZG 1977, S. 373 ff., hier: S. 385.
17 Ebd.

rungspolitik und marxistischer Heilslehre zu überwinden. Noch immer warte sie auf den großen Tag des »Umschlags«, an dem das Paradies der vollkommenen sozialistischen Gesellschaft wie eine reife Frucht von ganz alleine in ihren Schoß falle. Bis zu diesem Sankt-Nimmerleinstag vertröste sie die Massen und versuche lediglich, die schlimmsten Auswüchse der kapitalistischen Gesellschaftsordnung durch die Instrumente der Sozialpolitik zu bändigen.[18] Notwendig aber sei die Einheit von Programm und Aktion.

Auch die religiösen Sozialisten sahen ihr Endziel im Sozialismus. Nur waren sie davon überzeugt, dass der Weg dorthin nicht so zwangsläufig war, wie Marx es in der Interpretation Karl Kautskys prophezeit hatte. Denn mittlerweile hatte der Kapitalismus immer wieder seine Fähigkeit unter Beweis gestellt, auf alle Veränderungen und Krisen flexibel zu reagieren. Auch glaubten sie nicht an die alleinige Subjektfunktion des Proletariats für die Errichtung der sozialistischen Zukunftsgesellschaft.

Dass mittlerweile die am schnellsten wachsende Schicht nicht mehr das Industrieproletariat war, sondern dass diese Rolle längst die Angestellten eingenommen hatten, war zwar auch dem Chefideologen der Weimarer Sozialdemokratie, Rudolf Hilferding, nicht entgangen.[19] Dennoch blieb die herrschende Orthodoxie der Weimarer Sozialdemokratie trotz aller Rückschläge davon überzeugt, dass es zu einer Vereinigung von Angestellten und Arbeitern kommen werde, da beide Gruppen kein Eigentum an den Produktionsmitteln besaßen, und daher ihre gemeinsame Interessenlage irgendwann zu offensichtlich würde, als dass sie sich noch länger ignorieren lasse. Gerade Emil Lederer aber hatte hellsichtig herausgearbeitet, dass die objektiv angenommene Interessenlage keineswegs identisch mit der tatsächlichen Bewusstseinslage sein musste, dass die Angestellten vielmehr immer deutlichere Anzeichen von Abgrenzungsbemühungen gegenüber der Arbeiterklasse zeigten.[20]

Die »Neuen Blätter« waren daher auch eigens zu dem Zweck konzipiert worden, die Mittelschichten gezielt anzusprechen. Die SPD, so übereinstimmend Löwe, Lederer und Heimann, müsse sich von der Fixierung auf eine Klasse, das Industrieproletariat, lösen und stattdessen ein breiteres Bündnis schmieden, das vor allem, und das war wohl das Entscheidende, nicht allein auf vermeintlichen ökonomischen Sachgesetz-

---

18 Vgl. z. B. für Heimann: Klaus Michael Kodalle: Politische Solidarität und ökonomisches Interesse. Der Begriff des Sozialismus nach Eduard Heimann, in: APuZ, B 26/75, 28. Juni 1975, S. 3-31, hier: S. 29.
19 Vgl. Peter Lösche/Franz Walter: Die SPD: Klassenpartei – Volkspartei – Quotenpartei, Darmstadt 1992, S. 23 ff.
20 Vgl. Emil Lederer, Die Umschichtung des Proletariats und die kapitalistischen Zwischenschichten in der Krise (1929), in: Ders.: Kapitalismus, Klassenstruktur und Probleme der Demokratie in Deutschland 1910–1940, herausgegeben von Jürgen Kocka, Göttingen 1979. Vgl. zu diesem Komplex auch: Hans Ulrich Esslinger, Emil Lederer: Ein Plädoyer für die Verwertung der politischen Erkenntnis, in: Hubert Treiber und Karol Sauerland (Hrsg.): Heidelberg im Schnittpunkt intellektueller Kreise: Zur Topographie der »geistigen Geselligkeit« eines Weltdorfes 1850–1950, Opladen 1995, S. 422-444, hier: S. 435 f.

lichkeiten aufbaute. Der Sozialismus, so die religiösen Sozialisten, sei keine Wissenschaft, sondern eine sittliche Idee. Nur ein ethisch und nicht etwa ein ökonomisch begründeter Sozialismus sei in der Lage, Bevölkerungsschichten auch über die Kernklientel des Industrieproletariats hinaus anzusprechen und an die Partei zu binden.[21] Und die Botschaft eines ethischen Sozialismus musste ihrer Ansicht nach zwangsläufig ihren Ursprung in den Lehren des Christentums haben. Denn selbst wenn die proletarische Revolution eines Tages gelingen sollte, war damit noch lange nicht gesagt, dass hieraus eine sinnerfüllte Gemeinschaft erwachse, von der kein Einzelner und keine Gruppe neuerlich ausgeschlossen seien.[22] Der Mensch sei kein allein auf Gewinnstreben orientierter homo oeconomicus, sondern er brauche auch sittliche Orientierung und müsse ein Wertesystem vermittelt bekommen.[23]

Da die religiösen Sozialisten ihre Sozialismusdefinition teilweise auch auf ethischer Grundlage vornahmen, konnten sie in ökonomischen Fragen Standpunkte einnehmen, die vom Marxismus in beinahe allen wesentlichen Punkten abwichen. So waren Schillers akademische Lehrer grundsätzliche Anhänger des Marktprinzips. Lediglich Emil Lederer, bei dem er im Wintersemester 1932/1933 in Berlin studiert hatte, neigte in der Endphase der Republik wieder stärker zu planwirtschaftlichen Vorstellungen.[24]

Für Löwe hingegen, der zur Zeit der Weimarer Republik zu den Pionieren der modernen Konjunkturforschung gehörte, betraf Planung vor allem die Kapitalseite und nicht die Produktion. Die von ihm geprägte »Kieler Schule«, zu der noch Hans Neisser und Gerhard Colm gezählt werden, bei denen Schiller in seinem ersten Semester ebenfalls Veranstaltungen besucht hatte, zielte vor allem auf eine aktive Konjunkturpolitik mittels makroökonomischer Steuerung der Fiskalpolitik ab.[25]

Die große Bedeutung des Marktprinzips innerhalb des Wirtschaftssystems eines freiheitlichen Sozialismus wurde vor allem von Heimann eingehend begründet. So seien Kapitalismus und Markt keineswegs das Gleiche. Im Grunde sei das Marktprinzip lediglich ein weltanschaulich neutrales soziotechnisches Instrument, das sowohl im Sozialismus als auch im Kapitalismus Anwendung finden könne.[26] Der Kapitalis-

---

21 Vgl. Eduard Heimann, Stimmen von der Hannoverschen Tagung, in: Blätter für den religiösen Sozialismus, Nr. 11/12, 1921, S. 41-48.
22 Vgl. hierzu den geistigen Spiritus Rector der religiösen Sozialisten Paul Tillich, Sozialismus, in: Neue Blätter für den Sozialismus, H. 1, Januar 1930, S. 1-12.
23 Vgl. Claus-Dieter Krohn, Der Philosophische Ökonom. Zur intellektuellen Biographie Adolph Löwes, Marburg 1996, S. 23 ff.
24 Vgl. Walter Euchner, Ideengeschichte des Sozialismus in Deutschland. Teil I, in: Helga Grebing (Hrsg.), Geschichte der sozialen Ideen in Deutschland. Sozialismus – Katholische Soziallehre-Protestantische Sozialethik, Essen 2000, S. 36 ff.
25 Vgl. Krohn, Der philosophische Ökonom, auch: Ulf Beckmann: Löwe bis Leontief. Pioniere der Konjunkturforschung am Kieler Institut für Weltwirtschaft, Marburg 2000.
26 Vgl. Eduard Heimann: Sozialisierung, in: Neue Blätter für den Sozialismus, H. 1/Januar 1930, S. 12-28.

mus sei nicht deswegen unmenschlich, weil er nach dem Prinzip des freien Marktes funktioniere, sondern weil er zu einer gemeinschaftswidrigen Gewaltherrschaft führe, in welcher der Einzelne ohne Orientierung sich selbst überlassen bleibe. Das technische Prinzip des Marktes hingegen bedeute nichts Anderes, als dass die Verbraucherherrschaft ihr Einkommen frei verausgabe und damit anhand des Bedarfs und der Dringlichkeit der erzeugten Güter die Produktion sich diesen Vorgaben optimal anpassen könne. Nötig sei allein der Einbau bestimmter gemeinwirtschaftlicher Elemente, und zwar dort, wo der Kapitalismus durch Monopol- und Kartellbildung seinerseits längst das lebensnotwendige Prinzip der Konkurrenz ausgeschaltet hatte.[27] Später finden wir auch bei Schiller die Ansicht, dass Planung und Wettbewerb als Weltanschauungskategorien ihren Sinn und Zweck verloren hätten, sondern vielmehr komplementäre und sich dabei ergänzende Instrumente im Werkzeugkasten des modernen und aufgeschlossenen Ökonomen seien.[28]

Überhaupt waren die Begriffe der Konkurrenz und des Wettbewerbs bei Löwe, Lederer und Heimann zentrale Schlüsselkategorien. So warfen sie dem Kapitalismus nicht vor, dass sein inhumaner Charakter von der Überbetonung dieser Begriffe herrühre, sondern vielmehr, dass er seinem Wesen nach permanent gegen die Grundsätze der Konkurrenz und des Wettbewerbs verstoße. In der Monopol- und Kartellfrage nahmen sie daher eine völlig andere Position als die führenden Köpfe der Weimarer Sozialdemokratie ein. So hatte etwa Rudolf Hilferding gegen die zunehmenden Monopolisierungstendenzen im Kapitalismus nichts einzuwenden, glaubte er doch, damit sei eine Vorstufe auf dem Weg zum Sozialismus erreicht. Er ging von der etwas bizarren Vorstellung aus, dass am Ende dieses Prozesses ein einziges, gewaltiges Generalkartell stehe. Man bräuchte dann im Prinzip nur noch die Funktionseliten auszutauschen – und schon sei das Endziel, der Sozialismus, erreicht. Für Löwe, Lederer und Heimann hingegen war der Wettbewerb die wirksamste Waffe im Kampf gegen den Kapitalismus und dessen Quasi-Feudalordnung, denn das Monopol ermögliche grundsätzlich, »aus schlechter Leistung mehr zu verdienen als aus der guten und reichlichen«[29], und führe damit zur »Herrschaft grundsätzlich auch ohne die Beglaubigung durch eine Leistung«[30]. Schiller hat später seine entschiedene Haltung gegen jede Form von wettbewerbseinschränkender Marktmacht auf die Imperative der liberalen Freiburger Schule Walter Euckens zurückgeführt. Dabei musste er diese Ansichten bereits in seinen ersten Semestern bei Löwe und den übrigen Mitgliedern der Kieler Schule verinnerlicht haben, oder es war ihm durch die Lektüre der Arbeiten von Heimann vermittelt worden. Und dieses wäre auch insofern durchaus wahrscheinlich,

---

27 Ebd.
28 Vgl. Karl Schiller, Sozialismus und Wettbewerb, S. 230 ff.
29 Eduard Heimann: Soziale Theorie des Kapitalismus. Theorie der Sozialpolitik, Tübingen 1929, S. 46.
30 Ebd., S. 51.

als dass es seiner Auffassung nach einer natürlichen Verbindung von Konkurrenz und Sozialismus entgegenkam.

Man mochte später in den 50er- und 60er-Jahren das Gefühl haben, dass Schiller das Wort Sozialismus nur noch appellativ verwandte, um sich innerhalb der Sozialdemokratie nicht von vornherein ins Abseits zu stellen und weil er auf diese Weise seine ökonomischen Vorstellungen in eine Tradition einbetten konnte.[31] Aber neben seiner Auffassung vom Sozialismus als »Aufsteigerideologie« konnte er dabei in der Tat auch auf die Ansätze seiner akademischen Lehrer aufbauen und seine weitestgehend marktwirtschaftlichen Postulate auf diese zurückführen, wenngleich ein bisweilen selektiver und distanzierter Umgang mit diesen Quellen nicht zu leugnen war.

3 Die Weltwirtschaftskrise und das Brüning-»Trauma«

Aber im Grunde sind wir mit diesen Überlegungen schon einen Schritt vorausgeeilt. Denn die Einflüsse, die die religiösen oder freiheitlichen Sozialisten auf Schiller ausübten, können zwar aus seinen späteren Arbeiten nach 1945 herausgelesen werden. Aber das waren größtenteils Lektionen, an die der Wirtschaftspolitiker Schiller sich später wieder erinnerte. Was den jungen Studenten Schiller jedoch in den Dämmerjahren der Weimarer Republik primär umtrieb, war wesentlich konkreter, fassbarer, auch am eigenen Leib erfahrbarer.

Das für Schiller alle anderen Einflüsse und Erfahrungen überragende Ereignis nahm seinen Anfang am 24. Oktober 1929, der als »schwarzer Freitag« in die Geschichte eingehen sollte. An diesem Tag stürzten die übersteigerten Börsenkurse an der New Yorker Wallstreet nach monatelangen wilden Hausse-Spekulationen ins Bodenlose. Als Folge brach das Kreditsystem in den USA völlig in sich zusammen. Die amerikanischen Kapitalströme nach Europa, die bislang reichlich geflossen waren, versiegten rasch. Damit begann die Weltwirtschaftskrise mit ihren besonders in Deutschland katastrophalen ökonomischen, sozialen und schließlich in letzter Konsequenz auch politischen Folgen, eine »Höllenfahrt in den Abgrund einer beispiellosen Depression«[32]. Denn der Konjunkturaufschwung seit 1924 war vor allem mit Hilfe kurzfristiger amerikanischer Anleihen bewerkstelligt worden, die jetzt ebenso kurzfristig wieder in das Geberland zurückgezogen wurden. Hinzu kamen die noch immer zu leistenden Reparationszahlungen aus dem Versailler Vertrag, die die Krise zusätzlich verschärften. In den drei Folgejahren sank das Bruttosozialprodukt um 33 Prozent, die Industrieproduktion schrumpfte um 44 Prozent. Gleichzeitig verringerte sich von

---

31 Vgl. in diesem Sinne auch Helga Grebing: Ideengeschichte des Sozialismus in Deutschland. Teil II, in: Helga Grebing (Hrsg.): Geschichte der sozialen Ideen in Deutschland S. 419.
32 Vgl. Hans-Ulrich Wehler, Deutsche Gesellschaftsgeschichte. Vierter Band – Vom Beginn des Ersten Weltkrieges bis zur Gründung der beiden deutschen Staaten 1914–1949, München 2003, S. 259.

1929 bis 1932 die Beschäftigtenzahl von 17,9 auf 12,5 Millionen, bei gleichzeitigem Hochschnellen der Arbeitslosenzahl von 1,9 auf 5,3 Millionen.[33]

Für Schiller waren die Auswirkungen des wirtschaftlichen Zusammenbruchs ja nicht nur wie für Millionen anderer Deutscher eine Frage der persönlichen Existenz. Zugleich übte die Krise auf den jungen, wissensdurstigen und an der Lösung praktischer Probleme interessierten Studenten der Nationalökonomie eine intellektuelle Faszination aus. In der Auseinandersetzung mit ihr wurde der Nationalökonom, letztlich wohl auch der Politiker Karl Schiller geboren. Entscheidender als die Krisenerfahrung selbst war dabei für ihn die Art und Weise, wie die Reichsregierung und Reichskanzler Heinrich Brüning auf diese Krise reagierten.

Für Brüning blieb auch in der wirtschaftlichen Depression die Aufhebung der Reparationszahlungen das vorrangige Ziel, dem alles andere untergeordnet wurde. Er betrieb daher eine scharfe Deflationspolitik, die die Siegermächte davon überzeugen sollte, dass das geschlagene Reich am Ende seiner Zahlungsfähigkeit angekommen war. Mehrfach wurden die Lohn-, Einkommens-, Umsatz-, KFZ-, Zucker-, Tabak-, und Biersteuer erhöht, schließlich auch die Zölle angehoben. Zugleich wurden drastische Gehaltskürzungen bei den Beamten von 19 bis 23 Prozent vorgenommen, genauso erging es Millionen von Rentnern und Pensionären, in deren Besitzstand ebenfalls massiv eingegriffen wurde. Alle Sachausgaben des Staates wurden drastisch heruntergefahren, sodass die Länder und Kommunen als Abnehmer von Gütern und Dienstleistungen weitgehend ausfielen – ausgenommen von diesem Sparkurs blieben allein der Reichswehretat und die Subventionen für die Agrarlobby, die mit Rücksicht auf Hindenburg und seine ostelbische Kamarilla weiterhin reichlich flossen.[34]

Aber weder erreichte Brünings Deflationspolitik ihr Hauptziel, die Aufhebung der Reparationen, noch ließen sich mit ihrer Hilfe die Auswirkungen der Depression bekämpfen. Die öffentliche und sodann die private Investitionsneigung kamen beinahe völlig zum Erliegen, der private Konsum ging in einer verhängnisvollen Abwärtsspirale immer weiter zurück. Und doch blieb Brüning fast bis zum Ende wie besessen auf die Reparationsfrage fixiert und hielt unnachgiebig an seinem Deflationskurs fest.

Aus diesem Versagen Brünings, in das er aber auch die etablierten Weimarer Parteien und die Mehrzahl der deutschen Nationalökonomen einschloss, hat Schiller jene Schlüsse gezogen, die fortan das unverrückbare Fundament seiner wirtschaftspolitischen Ansichten darstellten. So schreckte der spätere Bundeswirtschaftsminister nicht davor zurück, bei Widerständen gegen eine von ihm beabsichtige expansive Wirtschaftspolitik vor Weimarer Zuständen zu warnen und Kritikern vorzuwerfen, ihre Zögerlichkeit erinnere an die Passivität der Jahre 1930 bis 1933. Für Schiller war Brüning der Hauptschuldige am Untergang der Republik, ja, beinahe ein Trauma, das er häufig anführte, wenn er verdeutlichen wollte, wohin eine Mischung aus politischem

---

33 Vgl. Wehler, Deutsche Gesellschaftsgeschichte, S. 260.
34 Wehler, Deutsche Gesellschaftsgeschichte, S. 517.

Attentismus und ökonomischer Ahnungslosigkeit führen konnte. Denn, und davon blieb Schiller auch in späteren Jahren stets überzeugt, Alternativen zu Brünings Kurs hätten sehr wohl zur Verfügung gestanden, und nur wenige Jahre nach dessen Scheitern hat er diese Alternativen auch klar benannt.

Schließlich sollte die Weltwirtschaftskrise nicht erst für den späteren Professor der Nationalökonomie der Ausgangspunkt seines Handelns werden. Vielmehr stand die Auseinandersetzung mit der großen Depression schon ganz am Anfang seiner wissenschaftlichen Karriere. 1935 promovierte Schiller mit einer Arbeit über »Arbeitsbeschaffung und Finanzordnung«.[35] Diese Arbeit wird uns etwas später noch eingehender beschäftigen, aber bereits jetzt ist der Hinweis wichtig, dass sich Schiller in dieser Arbeit zum eindeutigen Befürworter kreditfinanzierter Arbeitsbeschaffung erklärte. Mit politischen Zugeständnissen hatte das nichts zu tun, denn Schiller hat auch in späteren Jahren die unter den Vorzeichen der nationalsozialistischen Diktatur praktizierte Arbeitsbeschaffungspolitik verteidigt. Die Diskussionen um die Möglichkeiten dieses Instrumentes zur Überwindung der Krise in den letzten Jahren der Weimarer Republik sollen uns daher im Folgenden näher beschäftigen.

Im ersten Jahr nach Beginn der Weltwirtschaftskrise hatte sich Brünings Deflationskurs durchaus breiterer Zustimmung erfreuen können. Das galt nicht nur in Bezug auf die öffentliche Meinung, der zu Beginn der Depression noch die Inflationserfahrung von 1923 in den Knochen steckte. Auch seitens der Mehrheit der nationalökonomischen Lehrstuhlinhaber erfuhr die Deflationspolitik der Reichsregierung Unterstützung. Die deutsche Nationalökonomie war seit dem Zurückdrängen der historischen Schule, die Staatseingriffen positiv gegenübergestanden hatte, überwiegend wirtschaftsliberal ausgerichtet.[36] Die Krisen des kapitalistischen Systems waren in ihren Augen unabwendbar, ja nachgerade naturnotwendig und jedes Eingreifen des Staates daher nur kontraproduktiv, weil es das natürliche Gleichgewicht der Marktabläufe störe. Und auch auf der anderen Seite des politischen Spektrums kamen die Ökonomen trotz völlig entgegengesetzter Zielsetzungen zu einem ähnlichen Ergebnis. Denn alle marxistisch inspirierten Theorien gingen ebenso vom immanenten Krisencharakter der Wirtschaft aus, dessen Überwindung ohne die Beseitigung des Kapitalismus ohnehin nicht zu erreichen sei, sodass jeder Eingriff auf der Grundlage des bestehenden Wirtschafts- und Gesellschaftssystems nur ein Herumdoktern an den Symptomen sei.

Auch Brüning selbst hat sich später mit dem Argument verteidigt, dass es ernst zu nehmende Alternativvorschläge zu seiner Politik nicht gegeben habe.[37] Der ökonomische Wissensstand habe für eine Politik der antizyklischen Depressionsbekämpfung

---

35 Vgl. Karl Schiller, Arbeitsbeschaffung und Finanzordnung, Berlin 1936.
36 Vgl. Claus-Dieter Krohn, Wirtschaftstheorien als politische Interessen. Die akademische Nationalökonomie 1918–1933, Frankfurt am Main 1981, insbesondere S. 142 ff.
37 Vgl. Wehler, Deutsche Gesellschaftsgeschichte, S. 522.

im großen Stile noch nicht ausgereicht. Richtig daran war allerdings nur, dass eine solche Politik noch in keinem großen westlichen Industriestaat gewagt worden war. Bis Anfang der 30er-Jahre dominierten fast noch überall auf der Welt die Prinzipien des Wirtschaftsliberalismus, und insofern befand sich Brüning international durchaus nicht in Isolation mit seinen Ansichten. Und die lange Zeit zu günstigen Prognosen der Ökonomen auf eine weltweite Konjunkturerholung hatten zu dieser Einschätzung beigetragen. In den USA hatte sich Präsident Hoover parallel zu Brünings Sparkurs ebenfalls gegen eine expansive Wirtschaftspolitik zur Behebung der Depression entschieden und versucht, mit dem Slogan »prosperity is just around the corner« die Weltwirtschaftskrise zu überstehen – bis er schließlich im November 1932, nur wenige Monate, nachdem auch Brüning gescheitert war, die Wahlen gegen Franklin Delano Roosevelt verlor, der schließlich mit dem »New Deal« ein expansives Arbeitsbeschaffungsprogramm initiierte.

Nun gibt es in der Tat einige bedenkenswerte Argumente, die besagen, dass Brüning eine andere Politik gar nicht hätte betreiben können. Da war etwa der geringe finanzielle Spielraum für eine expansive Finanzpolitik sowie die Tatsache, dass einige völkerrechtlich fixierte Regeln einer anderen Politik gegenübergestanden hätten. Auch die innenpolitische Machtkonstellation, so ist mancherorts nachzulesen, habe keine Basis für solche Maßnahmen geboten.[38]

Das Argument, dass es an anderen Ratschlägen schlichtweg gemangelt habe, lässt sich jedoch kaum aufrechterhalten. Denn der ökonomische Wissensstand war keineswegs so unterentwickelt, dass Alternativen nicht zumindest denkbar gewesen wären. Schon 1930 war John Maynard Keynes' »Treatise on Money«[39] erschienen, das zusammen mit der späteren »General Theory of Employment, Interest and Money«[40], Keynes' Hauptwerk, die große dogmengeschichtliche Wendung in der Nationalökonomie einleitete, fortan für mindestens 40 Jahre die wirtschaftspolitischen Diskussionen dominierte und zu einer regelrechten und weltweiten Massenkonversion unter den Ökonomen führte. Keynes war in Deutschland äußerst populär und wurde schon vor dem »Treatise« eifrig rezipiert, was wohl nicht zuletzt damit zusammenhing, dass er frühzeitig vor den desaströsen ökonomischen Folgen des Versailler Vertrages gewarnt hatte.[41]

Überdies trafen weder der »Treatise« noch die »General Theory« die deutsche Wirtschaftswissenschaft völlig unvorbereitet.[42] Einige deutsche Ökonomen hatten bereits seit den 20er-Jahren an Konjunkturmodellen gearbeitet, in denen sie zu durchaus

---

38 Vgl. hierzu vor allem die Arbeiten von Knut Borchardt, u. a.: Zwangslagen und Handlungsspielräume in der großen Weltwirtschaftskrise der frühen 30er Jahre, in: Ders.: Wachstum, Krisen, Handlungsspielräume der Wirtschaftsgeschichte. Studien zur Wirtschaftsgeschichte des 19. und 20. Jahrhunderts, Göttingen 1982, S. 165-182.
39 John Maynard Keynes, Treatise on Money, London 1930.
40 Ders., The General Theory of Employment, Interest and Money, London 1936.
41 Ders., The Economic Consequences of the Peace, London 1919.
42 Vgl. hierzu Gerhard Kroll, Von der Weltwirtschaftskrise zur Staatskonjunktur, Berlin 1958.

vergleichbaren Ergebnissen wie Keynes gekommen waren, samt der dazu gehörigen wirtschaftspolitischen Schlussfolgerungen. In der Literatur zur Aufnahme des keynesianischen Gedankenguts in Deutschland wird bisweilen gar behauptet, dass die Entwicklung nicht nur parallel verlaufen sei, sondern dass die deutschen Ökonomen Ende der 20er-Jahre Keynes bereits um mindestens fünf Jahre voraus gewesen seien.[43] Ob dies in dieser Schärfe den Tatsachen entspricht, ist zumindest umstritten, letztlich jedoch auch unerheblich. Entscheidend war, dass Brüning sich eben keineswegs mit dem Argument aus der Affäre ziehen konnte, dass die Wirtschaftswissenschaften nicht etwa Konzepte für einen alternativen Umgang mit der Krise erarbeitet gehabt hätten. Sogar innerhalb der Reichsverwaltung existierten in den Schubladen bereits mehr oder weniger ausgereifte Pläne, in denen von einer expansiven Kreditpolitik und von Arbeitsbeschaffungsmaßnahmen die Rede war, wie sie etwa der Referent im Reichswirtschaftsministerium, Wilhelm Lautenbach, entwickelt hatte.[44] Aber das Beispiel Lautenbach macht eben auch deutlich, worin das Problem der als »Reformer« titulierten Gruppe lag. Denn es waren zunächst nur die Stimmen vereinzelter Außenseiter, die solche Vorschläge machten und die an die akademische Nationalökonomie keinen institutionellen Anschluss hatten. Unter ihnen befanden sich Wirtschaftspublizisten, Ministerialbürokraten, die Leiter verschiedener statistischer Abteilungen und einzelne Unternehmer.[45] Von einer einheitlichen Schulenbildung konnte noch keine Rede sein. Auch waren die Unterschiede im Detail bisweilen beträchtlich, und politisch standen die Protagonisten der deutschen Variante des Keynesianismus auf sehr unterschiedlichen Flügeln.

Was sie miteinander verband, war jedoch die Ansicht, dass die Gleichgewichtstheorien der neoklassisch orientierten Ökonomen ihren Sinn verloren hatten, dass es hingegen in Krisenzeiten durchaus Möglichkeiten gab, der Konjunktur wieder von staatlicher Seite auf die Sprünge zu helfen. Daher argumentierten sie von der Nachfrageseite her, denn nicht die ungenügenden Produktionsbedingungen für die Unternehmer verursachten ihrer Meinung nach die Krise, sondern vielmehr die Tatsache, dass die produzierten Güter nicht mehr abgenommen würden, da es an Kaufkraft mangele. Die Schließung der Nachfragelücke könne aber nicht von alleine erfolgen, sondern müsse durch »deficit spending« der öffentlichen Hand überwunden werden.

---

43 Vgl. George Garvy, Keynesianer vor Keynes, in: G. Bombach, H.-J. Ramser, M. Timmermann, W. Wittmann (Hrsg.), Der Keynesianismus II. Die beschäftigungspolitische Debatte vor Keynes in Deutschland. Dokumente und Kommentare, Berlin 1976, S. 21-34.

44 Vgl. Oliver Landmann, Opposition gegen Deflationspolitik in der Krise, in: G. Bombach, K.-B. Netzband, H.-J. Ramser, M. Timmermann (Hrsg.), Der Keynesianismus III. Die geld- und beschäftigungspolitische Diskussion in Deutschland zur Zeit von Keynes, Berlin 1981, S. 213-420, über Lautenbach: S. 253 ff.

45 Vgl. Guido Golla: Nachfrageseitige Konzeptionen zur Weltwirtschaftskrise in Deutschland. Keynesianer vor Keynes? Köln 1996 (Reihe Wirtschafts- und Sozialgeschichte; Bd. 30). Als Beispiele für seine Untersuchung dienen Golla die »deutschen Keynesianer« Rudolf Dalberg, Wladimir Woytinski, Ernst Wagemann, Robert Friedlaender-Prechtl, Wilhelm Lautenbach, Heinrich Dräger und Gregor Strasser.

3 Die Weltwirtschaftskrise und das Brüning-»Trauma«

Obgleich es bis zum Ende der Republik keine wirklich in sich einige und dominierende Mehrheit innerhalb der Nationalökonomie für eine antizyklische, expansive Wirtschaftspolitik gab, fanden sich ab dem Herbst 1931, als die singulären Ausmaße der Krise immer offensichtlicher wurden, immer mehr etablierte Ökonomen, die den starren Deflationskurs Brünings infrage stellten. Um eine wirkliche Verinnerlichung keynesianischer Lehren mochte es sich dabei nicht in jedem Fall gehandelt haben; mit unverkennbarem Fatalismus kam etwa der liberale Walter Eucken zu dem Ergebnis, dass mittlerweile »das Schlimmste ist, wenn nichts geschieht.«[46] Aber zumindest war die Dominanz der liberalen Ökonomen zum Ende der Kanzlerschaft Brünings keineswegs mehr so unumstritten, wie dieses noch 1930 der Fall gewesen war.[47]

Ein zentraler Punkt in den Diskussionen um die Bekämpfung der Folgen der Weltwirtschaftskrise war dabei die Idee der öffentlichen Arbeitsbeschaffung: Der Staat sollte durch die Aufnahme zusätzlichen Kredites in die Lage versetzt werden, öffentliche Aufträge, vor allem für große Infrastrukturprojekte, an die Privatwirtschaft zu erteilen. Zum einen sollten auf diesem Weg durch die an den Aufträgen beteiligten Unternehmen sofort neue primäre Beschäftigungsmöglichkeiten geschaffen werden. Entscheidender aber war noch, dass hiervon wiederum sekundäre Beschäftigungsmöglichkeiten erwartet wurden, da Zulieferfirmen, die Grundstoffindustrie usw. ebenfalls indirekt von der Auftragsvergabe profitierten. Im weiteren Verlauf sollte von diesen Maßnahmen im Idealfall eine konjunkturelle »Initialzündung« ausgehen, da durch die Wiedereingliederung von Arbeitslosen in den Beschäftigungsprozess eine erste Kaufkraftbelebung ausgehe, die sodann wellenartig auf die Konsumgüterindustrie übergreife. Am Ende, so die Hoffnungen der Reformer, würde die allgemeine Belebung der Investitionsnachfrage zu einem selbsttragenden Aufschwung führen.[48]

Das war exakt der Weg, den Schiller einige Jahre später in seiner Dissertation präferieren sollte. In einem gesonderten Abschnitt hatte er auch versucht, darzulegen, warum alle Pläne zur Arbeitsbeschaffung bis Ende 1932 gescheitert waren. Dabei übersah er durchaus nicht, dass eine Politik, die auf Kreditexpansion gerichtet war, gerade in Deutschland eine schwierige psychologische Barriere überwinden musste. Denn seit der großen Geldentwertung von 1923 hatten die Deutschen eine regelrechte Inflationspsychose entwickelt und reagierten auf alle Versuche, die auf eine Expansion der Geldmenge gerichtet waren, mit äußerstem Misstrauen. Die Arbeitsbeschaffung aber konnte, darüber bestand weitgehende Einigkeit, nur dann erfolgreich sein, wenn die für sie aufgewendeten Mittel zusätzlich waren, also durch Kredit finanziert wurden und nicht von anderen Teilen des Staatshaushaltes abgezogen wurden. Man befand sich also in einem Dilemma. Die Brauns-Kommission, die im Frühjahr 1931 von Brüning eingerich-

---

46 Zitiert nach Janssen, Nationalökonomie und Nationalsozialismus, S. 382.
47 Vgl. Janssen, Nationalökonomie und Nationalsozialismus.
48 Vgl. Guido Golla: Nationalsozialistische Arbeitsbeschaffung in Theorie und Praxis 1933 bis 1936, Köln 1994, S. 34 ff.

tet worden war, und in der Vorschläge zur Überwindung der Krise erarbeitet werden sollten, versuchte dieses Problem dadurch zu entschärfen, dass sie die Frage der Finanzierung der Arbeitsbeschaffung mit der Bedingung verknüpfte, den notwendigen Kredit durch Anleihen auf dem ausländischen Kapitalmarkt zu besorgen.[49] Das aber war aufgrund weltweiter Depression und Kapitalmangels im Grunde unrealistisch. Und so hatte nicht nur die Reichsregierung, sondern auch die in der Kommission mitarbeitenden Experten wie Lautenbach oder Wilhelm Röpke, wider bessere Einsicht gehandelt, wie Schiller in seiner Dissertation schrieb.[50] Zwischen den Zeilen konnte man daher in »Arbeitsbeschaffung und Finanzordnung« nachlesen, dass das entscheidende Problem sowohl der Politik als auch der Nationalökonomen in den letzten Jahren von Weimar gewesen war, dass in diesem Punkt die Widerstände der öffentlichen Meinung – ein Begriff, dessen häufige Anwendung in einer unter einer Diktatur geschriebenen Arbeit auffällig war – nicht überwunden werden konnten.

Der Wert dieser damaligen Erkenntnis für den politischen Führungsstil des späteren Bundeswirtschaftsministers ist dabei kaum zu überschätzen. Schließlich konnte er nur wenig später beobachten, welche ökonomischen Wirkungen zu erreichen waren, wenn die Konjunkturpolitik mit gezieltem propagandistischem Einsatz stimuliert und kombiniert wurde. Als er inmitten der Rezession von 1966/1967 sein Amt antrat, galt seine größte Aufmerksamkeit daher zunächst der Überzeugung der öffentlichen Meinung, die genau wie 1929 noch primär auf die Geldwertstabilität fixiert war, indem er zu erklären versuchte, warum im Sinne keynesianischer Politik in der Krise finanzpolitische Zurückhaltung fehl am Platze war.

So also stellte sich in den Jahren 1931 bis 1933 die Situation für den jungen Studenten der Nationalökonomie dar: Nicht nur in der großen Politik wurde über die Arbeitsbeschaffung äußerst erbittert gestritten. Auch durch seine eigene Disziplin ging ein tiefer Riss, ein unüberbrückbares Schisma hatte die Einheit des Faches fast zerstört. Als er 1931 sein Studium aufnahm, stand die eigene Wissenschaft kurz vor einer dogmengeschichtlichen Umwälzung, die als »keynesianische Revolution« in die Geschichte eingehen sollte.

Dennoch machte Schiller zu Beginn seines Studiums eine überraschende Erfahrung. Sein Interesse für die Nationalökonomie war ja gerade durch die Weltwirtschaftskrise geweckt worden. Nun jedoch musste er feststellen, dass eben diese Krise in seinen Vorlesungen und Seminaren so gut wie keine Rolle spielte.[51] Scheinbar unbeeindruckt lief der Lehrplan weiter, und während sich Schiller und seine Kommilitonen über die Krise die Köpfe heiß redeten, wurde in den Lehrveranstaltungen auf die große Krise kaum Bezug genommen. Selbst in Veranstaltungen, in denen Konjunkturtheorie gelehrt wurde, blieb alles auf einer abstrakten Ebene und über praktische Vor-

---

49 Vgl. Janssen, Nationalökonomie und Nationalsozialismus, S. 383 ff.
50 Vgl. Schiller, Arbeitsbeschaffung und Finanzordnung, S. 51 f.
51 Gespräch Schiller-Merklein am 12.8.1989, Kassette 2, (Seite B).

schläge zur Bekämpfung der Krise wurde dabei wenig diskutiert. Einige Ausnahmen gab es; während seines Semesters in Berlin hört Schiller auch Vorlesungen bei dem »deutschen Keynesianer« Ernst Wagemann, der nicht nur Präsident des Statistischen Reichsamtes, sondern auch Präsident des Instituts für Konjunkturforschung war. Wagemann setzte sich vehement für kreditfinanzierte Arbeitsbeschaffungsmaßnahmen ein und hielt eine einstündige Vorlesung, in der die Krise behandelt wurde. Mit seinen Vorschlägen wandte sich Wagemann auch an eine breitere Öffentlichkeit, was einer der Gründe gewesen sein mag, warum die Fachwelt seine Vorschläge mit regelrechter Empörung aufnahm.[52] Bezeichnenderweise erinnerte sich Schiller selbst noch Jahrzehnte später daran, dass Wagemann innerhalb der akademischen Nationalökonomie ein Outsider war, der von seinen Fachkollegen kaum ernst genommen und vor dessen Vorlesungen in den regulären Veranstaltungen gewarnt wurde.[53]

In seinen Arbeiten aus den 50er-Jahren sollte Schiller auch seine akademischen Lehrer als leuchtende Gegenbeispiele anführen. Diese hätten zum Ende der Weimarer Republik alternative Vorstellungen der Krisenbekämpfung entwickelt. Doch ihre Vorschläge einer gezielten Konjunkturpolitik mittels einer expansiven Kreditpolitik seien schließlich von den zu sehr auf Sozialpolitik fixierten Sozialdemokraten nicht aufgenommen worden.[54]

Doch so eindeutig waren die Positionen Löwes, Lederers oder auch Heimanns in diesen Fragen kaum, jedenfalls nicht, wenn es um unmittelbare wirtschaftspolitische Schlussfolgerungen aus der Krise ging. Einen eindeutigen Standpunkt nahmen alle drei lediglich bei der Frage des Lohnabbaus ein, eine Forderung, die neben den Unternehmensverbänden vor allem von den Theoretikern der Neoklassik erhoben wurde. Nur bei dieser konkreten Frage versuchten insbesondere Löwe und Lederer mit Hilfe der Unterkonsumtionstheorie nachzuweisen, dass eine solche Entwicklung die verhängnisvollen deflationären Tendenzen der Brüning'schen Politik nur verstärken würde, ohne dass dies die Investitionsbereitschaft der Unternehmer nennenswert erhöhen würde.[55] Sie argumentierten also nach heutigen Maßstäben von der Nachfrageseite her, und in diesem Sinn kann auch kein Zweifel bestehen, dass sie wichtige Beiträge zur Konjunkturdiskussion lieferten. Während Löwe mit seinen Arbeiten die Gleichgewichtsannahmen der Neoklassiker ins Wanken brachte[56], hatte Lederer schon 1925 am Beispiel der Notstandsarbeiten deren positive Wirkungen für eine allgemeine Kauf-

---

52 Vgl. Janssen, Nationalökonomie und Nationalsozialismus, S. 399.
53 Gespräch Schiller-Merklein am 12.8.1989, Kassette 2, (Seite B), in Privatbesitz.
54 Vgl. Karl Schiller: Der Christ und das Eigentum (1950), in: Aufgaben und Versuche. Zur neuen Ordnung von Gesellschaft und Wirtschaft, Hamburg 1953, S. 47-67, hier: S. 63.
55 Vgl. Adolph Löwe, Lohnabbau als Mittel der Krisenbekämpfung, in: NBS, Heft 7, Juli 1930; Emil Lederer, Wege aus der Krise, Tübingen 1931.
56 Vgl. Claus-Dieter Krohn: Der philosophische Ökonom. Zur intellektuellen Biographie Adolph Löwes, Marburg 1996, S. 35 ff.; Adolph Löwe: Wie ist Konjunkturpolitik überhaupt möglich? In: Weltwirtschaftliches Archiv, 24 (1926), S. 193 ff.

kraftbelebung hervorgehoben.[57] In seinen weiteren Arbeiten versuchte Lederer dann nachzuweisen, dass die in der Depression gesammelten Ersparnisse keineswegs ausreichen, den Aufschwung einzuleiten, sondern dass es vielmehr zusätzlichen Kredites bedurfte.[58]

Auf den ersten Blick ist es daher wenig verwunderlich, dass Löwe und Lederer verschiedentlich zu den »Schrittmachern auf dem Weg zu einer neuen Wirtschaftslehre« gezählt werden oder Löwe als »spiritus rector der Konjunkturdebatte in der Weimarer Republik« bezeichnet wird.[59] Mit ihren Arbeiten haben Löwe und Lederer in der Tat zentrale Positionen der »Reformer« theoretisch vorbereitet. Der »deutsche Keynesianer« Wilhelm Lautenbach bezog sich bei seinen Plänen daher auch insbesondere auf Lederer.[60]

In der Schlussphase der Republik jedoch traten weder Löwe noch Lederer oder Heimann mit eindeutigen Stellungnahmen für kreditfinanzierte Arbeitsbeschaffungsprogramme hervor.[61] Lederer hatte sich sogar gegen den WTB-Plan der Gewerkschaften, der kreditfinanzierte Arbeitsbeschaffungsprogramme vorsah, ausgesprochen.[62] In dieser konkreten Frage also sollte Schiller einige Jahre später eine wesentlich eindeutigere Position einnehmen, als dieses bei seinen akademischen Lehrern der Fall gewesen war. Dennoch: An den zentralen theoretischen Prämissen seiner Lehrer konnte Schiller auch 1935, dem Jahr seiner Promotion, als Löwe, Lederer und Heimann allesamt emigriert waren, festhalten. Die Argumentation von der Nachfrageseite, die Unterkonsumtionstheorie, die Forderung nach zusätzlichem Kredit zur Überwindung der Depression, all das hatte Schiller im Wesentlichen bereits verinnerlicht, bevor er mit seiner Dissertation die theoretische Rechtfertigung für die nationalsozialistische Arbeitsbeschaffungspolitik lieferte. Auch in diesem Punkt mochte er daher, und das gewiss nicht ganz zu Unrecht, den Eindruck haben, sich auf einem Weg der Kontinuität zu befinden.

---

57 Vgl. Golla: Nachfrageseitige Konzeptionen, S. 20.
58 Vgl. Emil Lederer, Ort und Grenze des zusätzlichen Kredites, in: ASS 63 (1930), S. 513-522, Janssen: Nationalökonomie und Nationalsozialismus, S. 339.
59 Vgl. Krohn, Der philosophische Ökonom, S. 35, Vgl. im gleichen Sinne: Harald Hagemann: Das Dilemma der Freiheit. Dem »ökonomischen Philosophen« Adolph Lowe zum 90. Geburtstag, in: Die Zeit, Nr. 10, 4. März 1983.
60 Vgl. Golla, Nachfrageseitige Konzeptionen, S. 20.
61 Vgl. für Löwe: Ulf Beckmann: Von Löwe bis Leontief. Pioniere der Konjunkturforschung am Kieler Institut für Weltwirtschaft, Marburg 2000, S. 317.
62 Emil Lederer: Planwirtschaft, Tübingen 1932, S. 12 ff., vgl. auch: Hans Ulrich Eßlinger: Emil Lederer: Ein Plädoyer für die politische Verwertung der wissenschaftlichen Erkenntnis, in: Hubert Treiber/Karol Sauerland (Hrsg.): Heidelberg im Schnittpunkt intellektueller Kreise: Zur Topographie der »geistigen Geselligkeit« eines Weltdorfes 1850-1950, Opladen 1995, S. 422-444, hier S. 433.

4 Der Theoretiker der nationalsozialistischen Arbeitsbeschaffung

Am 30. Januar 1933 hatte der junge Student Schiller wie üblich bis spät in den Abend über seinen Büchern in der Berliner Staatsbibliothek gebrütet, wo er ein Referat über die komparativen Kosten nach David Ricardo vorbereiten musste. Das Wintersemester 1932/1933 war sein erstes Semester in Berlin, wohin er von Frankfurt aus gewechselt war; es sollte auch sein einziges Semester in der Reichshauptstadt bleiben. Als er kurz vor 21 Uhr mit seinen Büchern unter dem Arm die Bibliothek verließ, traf er am Eingang auf einige preußische Polizisten, die ihm nicht nur die Kunde überbrachten, dass Hitler jetzt Reichskanzler sei, sondern ihm auch erzählten, dass sie ihre Gummiknüppel abgegeben hätten, weil von nun an wohl die SA alles regeln würde. Weil er sehen konnte, dass unter den Linden »der Dübel los war« (gemeint war wohl der Fackelzug), stieg Schiller nicht an der U-Bahn-Station Friedrichstraße ein, sondern eine Station weiter, um den Zug nach Westen, Richtung Tiergarten, zu nehmen, wo er zu dieser Zeit wohnte. In der S-Bahn konnte er dann, bereits an diesem 30. Januar, Misshandlungen sehen, verübt von SA-Leuten an ihrer Meinung nach jüdisch aussehenden Mitbürgern. Schiller erinnerte sich, wie das Publikum angesichts dieser Gewalttätigkeiten sofort erstarrte, was ihm im Nachhinein als Vorzeichen auch zukünftiger Passivität erscheinen sollte.[63]

Von dieser Passivität nahm sich auch Schiller selbst später nicht aus. Dass er ein Held gewesen sei in jenen Jahren der Unrechtsdiktatur, hat er jedenfalls nie behauptet. Allerdings, ein gegenteiliges Bekenntnis war ihm ebenfalls niemals zu entlocken. Über keine Zeit seines Lebens hat der ohnehin mit Hinweisen zu seiner Vergangenheit sparsam umgehende Schiller sich so ausdauernd und beharrlich ausgeschwiegen wie über seine Jahre unter der nationalsozialistischen Diktatur. Das hatte natürlich gute Gründe und hing mit Schillers Mitgliedschaft in der NSDAP zusammen. Für einen Sozialdemokraten war das nach 1945 eine schwere Hypothek; jedenfalls hatte kein Sozialdemokrat, der in Parteifunktion und öffentlicher Bedeutung mit Schiller vergleichbar gewesen wäre, eine solche Mitgliedschaft zu verzeichnen.

Dennoch hat die NSDAP-Mitgliedschaft Schillers in der bundesdeutschen Öffentlichkeit der 60er- und 70er-Jahre erstaunlicherweise keine wirklich große Bedeutung gehabt, zumindest im Vergleich zu Kurt Georg Kiesinger, dem Kanzler der Großen Koalition, der allerdings auch eine wesentlich aktivere Rolle im Dritten Reich gespielt hatte. Anders war es auf manchen sozialdemokratischen Parteiveranstaltungen jener Jahre zugegangen, wo kurz vor der ohnehin unbeliebten Großen Koalition mit der CDU durchaus die Frage diskutiert wurde, ob es denn wohl mit dem Selbstan-

---

63 Diese persönlichen Erinnerungen über die Machtergreifung im Gespräch Schiller-Merklein am 12.8.1989 Kassette 2, (Seite B).

spruch der SPD vereinbar sei, wenn sie neben dem »Märzveilchen« Kiesinger ebenfalls einen Ex-Pg. in der Regierung platziere.[64]

Von Schiller aber gab es, da er sich eben niemals öffentlich zu verantworten hatte, kein Wort der Erklärung, keine Rechtfertigung und keine Entschuldigung. Die oben zitierten Passagen über die Erinnerungen Schillers an den 30. Januar 1933 verdanken wir Aufzeichnungen aus einem privaten Gespräch mit der »Spiegel«-Redakteurin Renate Merklein. Dass es ihn dennoch quälte, ihm auch zutiefst peinlich war, ließ sich kaum übersehen, und sein oben zitiertes Bekenntnis, dass sich ihm der gewalttätige Charakter des Regimes schon am Tag der Machtergreifung offenbart hatte, verdeutlicht das.

Zunächst aber stellte sich für Karl Schiller die Frage, wie das Studium nach diesem 30. Januar zu Ende gebracht werden sollte. Obgleich er noch über 50 Jahre später mit einem schwärmerischen Unterton von seinem Berliner Studiensemester sprach, wo man abends die Wahl gehabt habe zwischen eine Vorlesung von Carl Schmitt oder der Faust-Inszenierung von Gründgens[65], war der wesentlichste Grund für seinen Wechsel nach Berlin doch entfallen. Denn er war schließlich eigens wegen des von ihm verehrten Emil Lederer nach Berlin gewechselt, der jedoch, als Sozialdemokrat und Jude doppelt gefährdet, schon wenige Monate nach der Machtergreifung zur Emigration gezwungen war.[66]

Schon zum nächsten Sommersemester 1933 ging Schiller daraufhin nach Heidelberg. Schiller hat den Wechsel in späteren Jahren mit einer Empfehlung Lederers begründet, der ihm geraten habe, nach Heidelberg zu wechseln, weil dort noch »einige vernünftige Leute« seien, was in diesem Kontext wohl bedeutete, dass man auf eine möglichst geringe Einflussnahme durch die neuen Machthaber hoffen durfte.[67]

In der Tat galt das dortige Institut für Sozial- und Staatswissenschaften (InSoSta) bis 1933 als ausgesprochenes Zentrum republikanischer Gesinnung. Allerdings war es damit nach der Machtergreifung schlagartig vorbei; beinahe nirgendwo lag die Entlassung von Nationalökonomen so hoch wie in Heidelberg, wo über 36 Prozent des Lehrpersonals bis zum Wintersemester 1934/1935 ausgetauscht wurde.[68] Dennoch mochte Schillers Version, dass er auf ausdrückliche Empfehlung Lederers nach Heidelberg ging, der Wahrheit entsprechen. Lederer hatte bis 1932 in Heidelberg gelehrt

---

64 So die Aussage von Peter Lösche im Gespräch mit dem Verfasser. Lösche hatte 1969 an einer Berliner Funktionärskonferenz teilgenommen. Nach seinem Plädoyer gegen die Große Koalition und vor allem gegen das ehemalige NSDAP-Mitglied Schiller hatte der anwesende Willy Brandt ihn daraufhin scharf zurechtgewiesen und Schiller verteidigt.
65 Vgl. Gespräch Schiller-Merklein, 12.8.1989 Kassette 2 (Seite A).
66 Vgl. Hans Speier: Emil Lederer. Leben und Werk, in: Emil Lederer: Kapitalismus, Klassenstruktur und Probleme der Demokratie in Deutschland 1910–1940, ausgewählte Aufsätze mit einem Beitrag von Hans Speier und einer Bibliographie von Bernd Uhlmannsiek, herausgegeben von Jürgen Kocka, Göttingen 1979, S. 268 ff.
67 Gespräch Schiller-Merklein, 12.8.1989 Kassette 2 (Seite A).
68 Vgl. Janssen, Nationalökonomie und Nationalsozialismus, S. 148.

und den bisweilen freundschaftlichen Kontakt zu den dortigen Nationalökonomen auch danach aufrechterhalten.[69] Zudem lehrten in Heidelberg noch immer einige Ökonomen, die keine Nationalsozialisten waren, aber über einen national-konservativen Schutzmantel verfügten, der eine gewisse Protektion versprach. In diese Kategorie von Hochschullehrern fiel ohne Frage auch der Nationalökonom Carl Brinkmann. Bei ihm absolvierte Schiller nur ein Jahr nach seiner Übersiedlung sein Diplom als Volkswirt, in monotoner Zuverlässigkeit wie immer mit Auszeichnung[70].

Brinkmann war Anhänger der historischen Schule, ja mehr noch, nach Ausbildung, Selbstverständnis und wissenschaftlichem Programm war er Wirtschaftshistoriker, der sich für die theoretische Nationalökonomie nur wenig interessierte.[71] Trotzdem muss ihn der junge Student Schiller, nach bisherigem Werdegang und wissenschaftlicher Ausbildung ganz andersartig beeinflusst, so nachhaltig beeindruckt haben, dass Brinkmann ihm nach bestandenem Examen eine Assistentenstelle am InSoSta anbot.

Der Heidelberger Ordinarius verhielt sich gegenüber der nationalsozialistischen Diktatur äußerst anpassungsbereit, und im Rahmen der in Heidelberg stattfindenden Gleichschaltungsprozesse wurde er nicht nur schon 1933 Direktor des InSoSta, sondern nahm auch zweimal die Rolle des Dekans ein. 1934 schließlich feierte er die nationalsozialistische Wirtschaftspolitik als »Sieg unserer nationalen Erhebung«, die endlich zur Befreiung vom »Alpdruck der rationalen Zwangsläufigkeiten in Wirtschaft und Gesellschaft«[72] geführt habe. Allerdings schien es sich dabei eher um eine bedenkenlose opportunistische Camouflage denn um wirkliche Überzeugung gehandelt zu haben.[73] Wie so viele andere Hochschullehrer war auch Brinkmann primär darum bemüht, durch einige Kotaus vor den Herrschenden ansonsten sachbezogen weiter arbeiten zu können.[74]

Für Schiller war Brinkmann als Betreuer seiner Arbeit daher eine kluge Wahl. Er bot durch seine Verneigungen vor den Nationalsozialisten einen gewissen Schutz und Freiraum, verlangte aber offensichtlich von seinen Mitarbeitern keine ähnlich devoten Verrenkungen. Und eben das war in Schillers Fall von größter Wichtigkeit, denn die Arbeit, mit der er 1935 promovierte, behandelte ein brisantes Thema und konnte unter den gegebenen Umständen durchaus einige Unannehmlichkeiten mit sich bringen.

---

69 Vgl. Esslinger, Emil Lederer, insbesondere S. 428 ff.
70 Vgl. Personalakte Schiller, Abschrift des Diplomzeugnis vom 1. 3. 1934. (Akte des Instituts für Weltwirtschaft in Kiel).
71 Vgl. Heiko Körner, Carl Brinkmann. Eine wissensbiographische Skizze, in: Reinhard Blommert/ Hans Ulrich Eßlinger/Norbert Giovanni (Hrsg.): Heidelberger Sozial- und Staatswissenschaften. Das Institut für Sozial- und Staatswissenschaften zwischen 1918–1958, Marburg 1997, S. 159-165, S. 161.
72 Carl Brinkmann, Theoretische Bemerkungen zum nationalsozialistischen Wirtschaftsprogramm, in: SJB 58 1934, S. 1-4.
73 Vgl. Jansen, Nationalökonomie und Nationalsozialismus, S. 172 ff.
74 Vgl. Körner, Carl Brinkmann, S. 162.

Zwar gab es innerhalb der Nationalökonomie gewiss noch immer einige Themen, bei denen ohnehin kaum die Gefahr bestand, mit der nationalsozialistischen Ideologie in Konflikt zu kommen, und wo auch gar keine Veranlassung bestand, auch nur aus taktischen Erwägungen die üblichen Blut-und-Boden-Vokabeln zu gebrauchen. Schiller aber hatte sich ja dafür entschieden, mit der Problematik der Arbeitsbeschaffung nicht nur jenes Thema zu bearbeiten, das ihn schon vor 1933 wie kein Zweites umgetrieben hatte. Er geriet dabei auch in ein gefährliches Terrain, denn für die Nationalsozialisten war die Arbeitsbeschaffung keine rein ökonomische Frage, sondern auch zentrales Element ihrer Ideologie, darüber hinaus der erste große Erfolg ihrer Politik gewesen und somit auch propagandistisch von überragender Bedeutung. Kurzum: Wer über dieses Thema arbeiten wollte, musste eigentlich äußerst vorsichtig und sich darüber im Klaren sein, dass es mit einer rein technischen, sachbezogenen Darstellung womöglich nicht getan war, sondern dass von ihm auch ideologische Zugeständnisse erwartet wurden. Was aber tat Karl Schiller? Beinahe nichts von alledem.

Das begann bereits bei der Periodisierung der Arbeit. Zwar stellte er zunächst die Jahre bis Mitte 1932 als einen einheitlichen Zeitraum dar, in dem die Idee der Arbeitsbeschaffung nicht zum Durchbruch gekommen war. Jedoch markierte Schiller sodann die große Zäsur nicht erst mit der Machtergreifung, sondern sprach von den »expansiven Arbeitsbeschaffungsvorhaben seit 1932/1933«.[75] Diese Einteilung war vom fachlichen Standpunkt aus durchaus logisch und nachvollziehbar, denn schließlich hatte es schon unter von Papen die ersten zaghaften Versuche in diese Richtung gegeben, die dann von Schleicher energisch fortgeführt worden waren. Aber im Sinne der nationalsozialistischen Propaganda und in dem Bestreben, die Einzigartigkeit dieser Maßnahmen herauszustellen, konnte die Zäsur erst mit der Machtergreifung erfolgt sein.

Ähnlich problematisch war auch, als wessen Geistes Kind sich Schiller in »Arbeitsbeschaffung und Finanzordnung« zu erkennen gab. Bereits ausgiebig wurden die bis dahin wichtigsten Werke Keynes', der »Treatise on Money« und »The Means to Prosperity«[76] zitiert, auf die sich Schiller, genauso wie auf die Arbeiten des amerikanischen Konjunkturtheoretikers Richard F. Kahn[77], explizit bezog. Zwar schätzten die nationalsozialistischen Wirtschaftsexperten Keynes grundsätzlich, da sie kaum abstreiten konnten, dass dessen Ansichten für die eigenen Zielvorstellungen in weiten Teilen nutzbar zu machen waren. Als Keynes' Überlegungen zur antizyklischen Konjunkturpolitik 1936 in der »General Theory« ihren Abschluss und Höhepunkt fanden, lieferte der mittlerweile international renommierte Ökonom ihnen praktisch im Nachhinein die finale theoretische Bestätigung für die bereits erfolgte Politik. Es gab dann etwas später zur deutschen Übersetzung der »General Theory« sogar ein recht

---

75 Vgl. Schiller, Arbeitsbeschaffung, S. 54 f.
76 Vgl. John Maynard Keynes, The Means to Prosperity, London 1933.
77 Vgl. Richard F. Kahn: The relation of Home Investment to Unemployment, in: Economic journal 41 (1931).

merkwürdiges Vorwort von Keynes, in dem er die besonders freundliche Aufnahme seiner Lehre durch das deutsche Publikum hervorhob und schließlich betonte, dass seine Ideen natürlich in einem totalitären Staat sehr viel leichter umzusetzen wären.[78] Dennoch bedeutet die grundsätzliche Akzeptanz der keynesianischen Lehre noch lange nicht, dass ein für die gesamte nationalsozialistische Ideologie und Propaganda so zentrales Thema wie die Arbeitsbeschaffung einzig aus den Konjunkturtheorien eines Ausländers, der sich dazu letztlich noch immer als Liberaler verstand, abgeleitet werden durfte.[79] Nicht minder problematisch war auch der Rückgriff auf die Arbeiten zahlreicher Ökonomen, die nach 1933 in die Emigration gegangen waren. Zwar fanden die Schriften seiner Lehrer Löwe, Lederer und Heimann keine Aufnahme in der Arbeit, dafür aber die Kieler Kollegen Löwes, Gerhard Colm und Hans Neisser sowie einige weitere deutsche Ökonomen, die aus ihrer Opposition zum Regime kein Geheimnis machten.

Schiller hatte sich mit seiner Arbeit in gewisser Hinsicht dazu noch zusätzlich exponiert und damit unter Druck gesetzt. Nicht nur war er der Erste, der das bisher recht verstreut liegende Material bündelte und zusammenfasste. Auch der Anspruch der Arbeit war von vornherein äußerst ambitioniert, ging es doch, wie der Doktorvater Brinkmann in seinem Vorwort zu Schillers Arbeit hervorhob, um »die erste deutsche Theorie eines volks- und finanzwissenschaftlichen Systems der Arbeitsbeschaffung«[80]. Ein junger Volkswirt aus Heidelberg, bei Fertigstellung der Arbeit gerade 24 Jahre alt, schickte sich also an, das »Filetstück« der nationalsozialistischen Wirtschaftspolitik einer umfassenden theoretischen Erklärung zuzuführen. Dafür musste man ebenso ambitioniert wie von den eigenen Fähigkeiten überzeugt sein.

Unter diesen Umständen verwundert es nicht, dass die offiziellen Interpreten der nationalsozialistischen Wirtschaftspolitik die Arbeit mit angespannter Wachsamkeit aufnahmen. Der Großteil der Rezensionen in den natürlich ebenfalls längst auf Linie gebrachten Fachzeitschriften war dabei allerdings durchaus positiv, und im Allgemeinen wurde der sachliche Wert der Arbeit gebührend gewürdigt.[81] Nur der Göttinger Finanzwissenschaftler Klaus Wilhelm Rath, ein überzeugter Nationalsozialist, bewertete die Arbeit im »Finanzarchiv« negativ, da sich der Verfasser über die geschichtspolitische Wende seit 1933 wohl nicht ganz im Klaren gewesen sei.[82]

Viel gravierender aber war für Schiller das Gutachten, das von der »Reichsstelle zur Förderung des deutschen Schrifttums« erstellt wurde. Die Reichsstelle verriss die Arbeit. Sie sei bereits »deshalb als völlig unzulänglich abzulehnen [...], weil sie das

---

78 Vgl. John Maynard Keynes: Allgemeine Theorie der Beschäftigung, des Zinses und des Geldes, Berlin 1936, S. 8.
79 Vgl. Janssen, Nationalökonomie und Nationalsozialismus.
80 Schiller, Arbeitsbeschaffung und Finanzordnung, Vorwort von Carl Brinkmann, Seite V.
81 Vgl. Die Rezensionen u. a. von L. Hurm im Allgemeinen Statistischen Archiv, Bd. 26, H. 1 (1936) und Günter Schmölders im Weltwirtschaftlichen Archiv, 44. Band, Heft 1, Juli 1935. S. 19 f.
82 Vgl. die Rezension von Klaus Wilhelm Rath im Finanzarchiv, 1937, S. 19 f.

spezifisch Nationalsozialistische der deutschen Arbeitsbeschaffung überhaupt nicht erkannt und verstanden hat«.[83] Um zu dieser Erkenntnis zu gelangen, so der auch Schiller unbekannt gebliebene Gutachter, brauche man nur in das Literaturverzeichnis zu schauen, deren wesentlicher Teil aus der Zeit vor 1933 stamme, »und dabei ist Namen wie G. Colm, A. Hahn, R. F. Kahn, H. Neisser, W. Röpke und H. Stern besondere Beachtung geschenkt«.[84] Der Name Bernhard Köhlers, einem der maßgeblichen offiziellen Interpreten der Wirtschaftspolitik im Dritten Reich, sei dem Verfasser offensichtlich völlig unbekannt, und mit Ausnahme von drei Artikeln Nonnenbruchs aus dem »Völkischen Beobachter« fehle vom nationalsozialistischen Schrifttum einfach alles. Und weiter:

>»Es braucht an sich nicht weiter auffällig zu sein, dass in einer solchen Schrift das Wort ›nationalsozialistisch‹ nur ein einziges Mal vorkommt. [...] Aber in diesem Fall stimmt das Fehlen dieses Begriffes mit der geistigen Ausrichtung der Arbeit überein.«[85]

Schiller war es in seiner Arbeit vor allem darum gegangen, nachzuweisen, dass es nicht die Arbeitsbeschaffung als solche war, die entscheidend sei, sondern vielmehr die von ihr ausgehenden Multiplikatoreffekte. Es ging vor allem um den »positiven Einsatz von staatswirtschaftlichen Leistungen zwecks Beeinflussung der Konjunkturbewegung.«[86] Obgleich Schiller im Mittelteil der Arbeit die finanziellen Einzelstufen der Arbeitsbeschaffung ausführlich dargestellt hatte, unterteilt in die verschiedenen Investitionsbereiche, war die Arbeitsbeschaffung gewissermaßen lediglich das Mittel zum Zweck, mit dem er am konkreten Beispiel beweisen wollte, dass eine Politik des »deficit spending« zum Erfolg führen konnte. Denn im Prinzip könnten die konjunkturellen Wirkungen der Arbeitsbeschaffung auch ebenso gut durch eine Erhöhung der Arbeitslosenunterstützungssätze erreicht werden, wie Schiller im Rückgriff auf die Arbeiten des amerikanischen Konjunkturtheoretikers Richard F. Kahn feststellte.[87] Wenngleich Schiller die letzte Aussage vorsichtig revidierte, indem er feststellte, dass diese einseitige Betrachtung das Wesen der Arbeitsbeschaffung natürlich nur ungenügend würdige[88], war doch deutlich, dass es ihm in erster Linie um eine Konjunkturtheorie ging, die auch unabhängig von der konkreten nationalsozialistischen Arbeitsbeschaffung ihre Richtigkeit besaß. Nichts aber sei »schärfer zurückzuweisen«, so die

---

83 »Gutachten der Reichsstelle zur Förderung des Deutschen Schrifttums« vom 22.9.1936, in WEI, K. 23.
84 Ebd.
85 Ebd.
86 Vgl. Schiller, Arbeitsbeschaffung und Finanzordnung, S. 17.
87 Vgl. Schiller, Arbeitsbeschaffung und Finanzordnung, S. 29, Richard F. Kahn: The Relation of Home Investment to Unemployment, in: Economic Journal 41 (1931).
88 Schiller, Arbeitsbeschaffung, S. 29.

Reichsstelle, »als diese konjunkturtechnische Auffassungsweise hinsichtlich der nationalsozialistischen Arbeitsbeschaffung«.[89]

Die akademische Fachwelt hatte Schillers Dissertation wohlwollend aufgenommen, was der Kritik der nationalsozialistischen Gesinnungswächter gewiss die Spitze nahm. Aber natürlich konnte das Gutachten der Reichsstelle den ehrgeizigen Ambitionen auf eine wissenschaftliche Karriere noch immer einen argen Dämpfer verpassen. Nach drei sorgenvollen Wochen schickte Schiller daher eine Replik auf das Gutachten an die Reichsstelle, in der er seine Arbeit verteidigte und bat, sie einer neuerlichen Prüfung zu unterziehen. Natürlich, so Schiller, werfe die Arbeitsbeschaffung noch ganz andere Fragen als nur ihre Finanzierung auf. Jedoch sei die Arbeit eben exakt auf die Finanzierungsseite zugeschnitten gewesen; man könne ihm daher aus dieser Beschränkung keinen Vorwurf machen. Außerdem habe er ausführlich die Fehlmaßnahmen früherer Jahre herausgestellt, sodass es dem Verweis auf das letztendliche Gelingen der nationalsozialistischen Arbeitsbeschaffung wohl kaum noch bedurfte. Schließlich sei der Vorwurf, dass er zum großen Teil Literatur verwendet habe, die aus dem Ausland oder aber aus der Zeit vor 1933 stamme, ungerechtfertigt, da diese Literatur ausschließlich kritisch verwendet worden sei. Sei dieses jedoch einmal anders geschehen, so sei er allerdings sehr wohl der Meinung, dass

> »es nützlich ist, sachliche Einsichten aus früheren Zeiten oder aus dem Ausland dann zu übernehmen, wenn sie der Auslese und Prüfung von unserem heutigen Standpunkt aus standhalten und sich noch als für die Erkenntnis fruchtbar erweisen«.[90]

Wer es darauf anlegt, für seine Überzeugungen zum Märtyrer zu werden, hätte eine solche Erwiderung sicher nicht geschrieben. Die Grenze zwischen Mut und Naivität verlief wie so häufig auch in seinem Fall fließend. Anders war wohl auch kaum seine in der Dissertation geäußerte Kritik an der Brauns-Kommission von 1931 zu erklären. In ihr, so Schiller, sollten nämlich alle für die Regierung unbequemen Fragen »im Schoße dieser nicht nach parlamentarischen Grundsätzen berufenen, sondern als ein ›Reichstagsersatz‹ gedachten Kommission ›neutralisiert‹ werden«.[91] Noch im Jahre 1935/1936 die Weimarer Republik deswegen zu kritisieren, weil es ein Demokratiedefizit gegeben habe, war schon äußerst ungewöhnlich.

Was in seiner Replik an die Reichsstelle zum Ausdruck kam, war daher vor allem ehrliche Überraschung, ja eigentlich Fassungslosigkeit gegenüber so viel Ignoranz. Wie es scheint, war Schiller tatsächlich davon überzeugt, dass auch der totalitäre Staat

---

89 Gutachten der Reichsstelle, WEI, K. 23.
90 Schiller an die Reichsstelle zur Förderung des deutschen Schrifttums am 15.10.1936, in: WEI, K. 23.
91 Schiller, Arbeitsbeschaffung und Finanzordnung, S. 50.

genügend Raum für eine sachbezogene, rationale Wissenschaft bot. Doch in einer neuerlichen Erwiderung des Gutachters wurde das Urteil über die Arbeit um kein Jota geändert. Die nationalsozialistische Idee der Arbeitsbeschaffung sei dem Verfasser noch immer völlig fremd geblieben und die Erwiderung Schillers habe diesen Mangel nicht behoben. Ganz im Gegenteil könnten noch weitere Vorbehalte bezüglich der weltanschaulichen Ausrichtung der Arbeit gemacht werden.[92] Das war das letzte Wort der Reichsstelle.

Schiller empfand das Urteil als ungerecht, verstand die Welt nicht mehr. Schließlich glaubte er doch, das geliefert zu haben, was sich auch der dogmatischste Anhänger des NS-Staates eigentlich nur wünschen konnte: Die finanz- und konjunkturtheoretische Untermauerung der nationalsozialistischen Arbeitsbeschaffung. Denn er blieb auch keineswegs bei der Auffassung stehen, dass die Arbeitsbeschaffung und das damit verbundene »deficit spending« nur eine konjunkturelle Initialzündung sei, wie dieses schon vor 1933 von liberalen Ökonomen wie Wilhelm Röpke propagiert wurde. Die Arbeitsbeschaffung sei mehr als nur eine zeitlich begrenzte Wirtschaftsankurbelung.[93] Es handele sich keineswegs nur um eine Bedürfnisbefriedigung im Sinne von Sozialpolitik, sondern durch die Methode der Arbeitsbeschaffung werde eine staatliche Investitionswirtschaft errichtet; der Staat trete dadurch deutlich in seiner Rolle als Lenker und Planer hervor.[94] Insofern mochte Schiller das Gefühl haben, durch das Abrücken von den liberalistischen Wirtschaftsvorstellungen von vor 1933 durchaus »auf Linie« zu sein, nur dass er die Wirksamkeit der Arbeitsbeschaffung nicht darauf zurückführte, dass die sechs Millionen Arbeitslosen gleichsam durch den Führerwillen von der Straße verschwunden waren, sondern mit Hilfe auch ausländischer Autoren vor allem aus den angelsächsischen und skandinavischen Ländern nachwies, dass sich hinter der Arbeitsbeschaffung ökonomische Sachgesetzlichkeiten verbargen, die auch ganz unabhängig von der politischen oder gesellschaftlichen Struktur Erfolg versprachen.

Nur reichte das den Nationalsozialisten nicht. Und womöglich hatte der Gutachter der Reichsstelle sogar klarer als der junge Doktorand selbst erkannt, dass der Kern der Arbeit eben besagte, dass alle wesentlichen Fundamente, auf denen die nationalsozialistische Arbeitsbeschaffung ruhte, bereits vor 1933 errichtet worden waren und zudem auch noch aus dem Ausland stammten. Schiller hielt die von den Nationalsozialisten praktizierte Arbeitsbeschaffungspolitik für richtig, verteidigte sie auch später immer wieder. Doch ohne ein auch weltanschauliches Bekenntnis reichte diese Zustimmung nicht, um in den Augen einer ideologisierten Evaluationsbürokratie Zustimmung zu erhalten.

---

92 Abschrift des Schreibens des anonymen Gutachters an die Reichsstelle zur Förderung des deutschen Schrifttums am 2.1.1936.
93 Schiller, Arbeitsbeschaffung, S. 1.
94 Schiller, Arbeitsbeschaffung, S. 14 f.

4 Der Theoretiker der nationalsozialistischen Arbeitsbeschaffung

Karl Schiller war allerdings nicht der einzige Ökonom, der zunächst an einen rationalen, werturteilsfreien Kern der nationalsozialistischen Wirtschaftspolitik geglaubt hatte. Besonders galt das für die Anhänger der historischen Schule, die nach der Machtergreifung darauf gehofft hatten, dass ihre Strömung gegenüber der Neoklassik wieder die Oberhand gewinnen würde, bevor sie feststellen mussten, dass sie ihrer Unabhängigkeit ebenfalls sehr schnell beraubt wurden.[95]

Noch interessanter in diesem Zusammenhang aber waren die Ansichten einiger Ökonomen, die vor 1933 liberale Sozialisten waren oder dieses nach 1945 erst wurden. So bekannte der »Ahnenvater« der liberalen Sozialisten, Franz Oppenheimer, wenn er nicht Jude sei, würde er sofort Nationalsozialist werden.[96] Und sein Schüler Erich Preiser, der in der Bundesrepublik zu den einflussreichsten Propagandisten keynesianischer Wirtschaftspolitik gehören sollte, berichtete dem Doktorvater Oppenheimer stolz von seinem Eintritt in die SA, die Teil einer Bewegung sei, die jetzt jene Gedanken eines dritten Weges zwischen Kapitalismus und Marxismus verwirkliche, den zu finden er schon immer als seine Lebensaufgabe angesehen habe.[97] Auch zwei Sozialdemokraten, die in den 50er-Jahren zusammen mit Schiller an der marktwirtschaftlichen Wende der SPD großen Anteil haben sollten und die ganz gewiss dem Nationalsozialismus grundsätzlich kritisch gegenüberstanden, waren in ihren Einstellungen zur nationalsozialistischen Wirtschaftspolitik durchaus ambivalent. Während Gerhard Weisser 1935 über die Möglichkeiten der Bildung »einer neuen deutschen Schule« in den Wirtschaftswissenschaften reflektierte[98], betonte Gert von Eynern den Wert der keynesianischen Lehre als Rechtfertigung für die nationalsozialistische Wirtschaftspolitik.[99] Darin kamen die verbreiteten Sehnsüchte nach einem »dritten Weg« zum Ausdruck und damit auch die Enttäuschung über die Politik der Weimarer Sozialdemokratie.

Das galt auch für die Diskussionen um die Arbeitsbeschaffung. Der wohl ausgereifteste Plan für eine kreditfinanzierte Arbeitsbeschaffung war schließlich noch in den Weimarer Jahren – und zwar in Gestalt des »WTB-Plans« der Gewerkschaften – aus dem linken Lager gekommen. Unter den führenden Sozialdemokraten fand er kaum Befürworter, wurde dafür aber tragischerweise von den Nationalsozialisten umso vehementer unterstützt.[100] Zweifellos, und obgleich Hitlers Absichten von Be-

---

95 Vgl. Janssen, Nationalökonomie und Nationalsozialismus, vor allem S. 144 ff.
96 Vgl. Detlef J. Blesgen, Soziale Utopien und politische Illusionen. Erich Preiser, Franz Oppenheimer und das »Dritte Reich«, in: Jahrbücher für Nationalökonomie und Statistik, Bd. 222/6, 2002, S. 719-726, hier: S. 720.
97 Ebd.
98 Vgl. Gerhard Weisser, Kommt es in den deutschen Wirtschaftswissenschaften zur Bildung einer neuen deutschen Schule?, Stuttgart 1935. Ein auch nur indirektes Bekenntnis zum Nationalsozialismus lässt sich in diesem sehr abstrakt bleibenden Buch aber keinesfalls finden, jedoch die Auffassung, dass man möglicherweise dogmengeschichtlich an einem Wendepunkt stehe.
99 Vgl. Gert von Eynern, Keynes leicht zu machen, in: DVW 11, 1937, S. 1750-1753.
100 Vgl. Michael Schneider, Das Arbeitsbeschaffungsprogramm des ADGB. Zur gewerkschaftlichen Politik in der Endphase der Weimarer Republik, Bad Godesberg 1975.

ginn an auf Rüstungssteigerung abzielten, konnte man die nationalsozialistische Mixtur aus planender Kommandowirtschaft und freier Unternehmerinitiative durchaus als vorläufige Vollendung liberal-sozialistischer Gesellschafts- und Wirtschaftsvorstellungen deuten. Der Terminus des »dritten Weges« fand schließlich auch im Nationalsozialismus seinen festen Platz.[101]

In seiner Dissertation hatte Schiller das »Wesen der Staatswirtschaft« im Nationalsozialismus dann auch ganz eindeutig mit dem Begriff der »Planwirtschaft« nach Gunnar Myrdal assoziiert.[102] Der Nationalökonom Myrdal gilt als einer der Erbauer und Vordenker des schwedischen »Volksheims«, jener Gesellschaftskonstruktion der schwedischen Sozialdemokraten, in der die Gegensätze der Klassengesellschaft aufgehoben werden sollten. Während die Rezeption deutscher Emigranten durch Schiller vom Gutachter der Reichsstelle scharf kritisiert wurde, war der Rückgriff auf Myrdal offensichtlich genau wie auf Keynes' Arbeiten zur Konjunkturpolitik kein grundsätzlicher Stein des Anstoßes. Womöglich »verwechselte« Schiller den Nationalsozialismus mit einem »dritten Weg«, hielt er Bestandteile der nationalsozialistischen Ideenwelt für kompatibel mit den Ideen etwa der schwedischen Sozialdemokratie.

Zumindest konnte der Verlag Schiller beruhigen. Die negative Beurteilung der Rechtsstelle bedeute lediglich, dass die Arbeit nicht in deren offizielle »Bücherkunde« aufgenommen werde. Ansonsten aber würden diese Urteile nicht an die Öffentlichkeit gebracht, sodass nicht zu erwarten sei, dass die Angelegenheit weitere Kreise ziehe. Eine wirkliche Zensur drohe erst, wenn die parteiamtliche Prüfungskommission ihr Veto einlege, was jedoch nicht geschehen sei.[103] Der Fortgang der akademischen Karriere war somit nicht ernsthaft gefährdet.

Im Nachhinein war das Gutachten der Reichsstelle ohnehin ein Glücksfall für Schiller. Nach 1945 sollte er es bei jeder nützlichen Gelegenheit aus der Schublade ziehen; bei der Entnazifizierung in Hamburg spielte es die entscheidende Rolle[104], und künftige Förderer bekamen es in der unmittelbaren Nachkriegszeit zugeschickt, damit über die politische Unbedenklichkeit Karl Schillers erst gar keine Zweifel aufkommen konnten.[105]

---

101 Vgl. Jansen, Nationalökonomie und Nationalsozialismus, S. 472; Christina Kruse, Die Volkswirtschaftslehre im Nationalsozialismus, Freiburg 1988, S. 82 ff.
102 Schiller, Arbeitsbeschaffung und Finanzordnung, S. 14 f.
103 Vgl. das Schreiben des Junker und Dünnhaupt Verlag an Schiller vom 30.11.36, in: WEI, K. 23.
104 Vgl. hierzu die Entnazifizierungsunterlagen Schillers, insbesondere den *report on advisory board* vom 28. Januar 1947, in: Staatsarchiv Hamburg; Staatskommissar für die Entnazifizierung und Kategorisierung, Bestand 221-11, Signatur: Ed 16337. Ohne Angabe besonderer Gründe wurde Schiller zuvor bereits an der Universität Kiel im Entnazifizierungsverfahren als unbedenklich eingestuft, Vgl. Landesarchiv Schleswig-Holstein, Abt. 460. 1 (alt) Geschäftszeichen: 312/18448/.
105 Vgl. Schiller an Erich Klabunde, 10. Mai 1946, in: N Schiller, WEI, K. 23.

5 Im Think-Tank des OKW: Schiller am Institut für Weltwirtschaft

Nach der Promotion wechselte Schiller 1935 an das Institut für Weltwirtschaft (IWW) in Kiel. Persönliche Bindungen mochten dabei eine Rolle gespielt haben, schließlich wohnte noch immer die Mutter dort. Zudem besaß das Institut weiterhin eine herausragende nationale und internationale Reputation und galt als weltweites Mekka der Nationalökonomie. Für das Institut empfand er einen beinahe ehrfürchtigen Respekt. Wenn der Pennäler Schiller auf seinem Schulweg am eher unscheinbaren Institutsbau am Düsterbroker Weg, direkt an der Kieler Förde, vorbeigeradelt war, dann war ihm dieses Gebäude – so ganz ohne Hausschild und Hausnummer – wie die Heimstatt einer verschwiegenen Geheimloge erschienen.[106] Und in seinem ersten Semester in Kiel war er dort auf Adolph Löwe getroffen, der für seine weitere Entwicklung von großer Bedeutung gewesen war.

Dennoch konnte von einer Heimkehr im wissenschaftlichen Sinne kaum die Rede sein. Löwe war schon 1931 nach Frankfurt gegangen. Mit der Machtergreifung emigrierten schließlich auch Gerhard Colm und Hans Neisser in die USA. Und der Mann schließlich, der das Institut für Weltwirtschaft seit 1914 aufgebaut hatte und zu seiner weltweiten Anerkennung beigetragen hatte, Bernhard Harms, war schon 1933 von den Nazis hinausgejagt worden.[107] Nach einem kurzen Interregnum unter Jens Jessen, einem der wenigen »professionellen« Nationalökonomen mit NSDAP-Parteibuch schon vor 1933, wurde 1934 ein Schüler Bernhard Harms, Andreas Predöhl, neuer Direktor des IWW. Predöhl nahm für sich später in Anspruch, dass all sein Streben nur auf ein Ziel gerichtet gewesen sei: Das Institut, das er für seinen Lehrer treuhänderisch verwaltet habe, einigermaßen heil durch die Zeit zu bringen, nicht zuzulassen, dass das »Erbe von Bernhard Harms der SS überlassen« werde.[108] Unbegründet war die Furcht Predöhls, man könnte ihm sein geliebtes Institut wegnehmen, in der Tat nicht, denn die neuen Machthaber wollten aus der Kieler Universität im Allgemeinen und aus dem IWW im Speziellen eine nationalsozialistische Kaderschmiede machen.[109] Vermutlich hatte man auf das Institut nicht nur wegen seiner internationalen Reputation ein Auge geworfen. Es hatte sich bis dahin auch durch einen besonders weltoffenen Geist ausgezeichnet, mit einem hohen Anteil ausländischer Studierender und renommierter internationaler Gastdozenten. Und in gewisser Hinsicht blieb ein Teil dieses weltoffenen Geistes auch erhalten. Nicht nur wurde

---

106 Vgl. den Beitrag Schillers zum 75-jährigen Jubiläum des Instituts, in: Festrede. Institut für Weltwirtschaft an der Universität Kiel. Festreden anlässlich des 75-jährigen Bestehens am 20. Februar 1989, Kiel 1989, S. 49 f.
107 Beckmann, Pioniere der Konjunkturforschung, S. 28.
108 Predöhl an Rolf Seeliger am 20.5.1968. Privatbesitz Noelle-Wying.
109 Vgl. Jansen, Nationalökonomie und Nationalsozialismus, S. 153 ff.

die Bibliothek kaum von jüdischen Autoren gereinigt.[110] Wegen der guten Verbindungen des Instituts trafen selbst in den letzten Kriegsmonaten noch immer über Schweden ausländische Bücherimporte ein[111] – 1947 sollte an der Hamburger Universität ein Student namens Helmut Schmidt staunend in den Vorlesungen Karl Schillers sitzen und sich wundern, woher dieser, im Gegensatz zu seinen Fakultätskollegen, wohl so gut über die angelsächsische und skandinavische Fachliteratur der letzten zehn Jahre Bescheid wusste.[112]

Das aber war nur die eine Seite der Medaille unter der Institutsleitung Predöhls. Gleichzeitig hatte er dafür gesorgt, dass das IWW so eng wie wohl kein anderes wirtschaftswissenschaftliches Forschungsinstitut eine Kooperation mit dem Reichswirtschafts- und Rüstungsamt im OKW einging. Direkter Druck war dafür gar nicht notwendig gewesen; von sich aus hatte Predöhl den Wehrwirtschaftsgeneral Thomas nach der Sudetenkrise nach Kiel eingeladen und ihm die Zusammenarbeit angeboten. Nachdem Predöhl Thomas die Materialien des Instituts gezeigt hatte, hatte dieser unverzüglich seinem Stab den Befehl gegeben, eng mit dem IWW zusammenzuarbeiten.[113] Das IWW hatte bereits unter der Leitung von Harms damit begonnen, ein umfassendes und so zumindest in Deutschland einzigartiges Wirtschaftsarchiv aufzubauen. Die aufmerksamen Bibliothekare des Instituts hatten amtliche Statistiken und Zeitungsausschnitte auch aus den entlegensten Teilen der Welt akribisch zusammengesammelt. Wer wollte, der konnte im »Weltwirtschaftsarchiv« auch einen Überblick über die Volkswirtschaft in Brunei oder Nordborneo bekommen.

Fortan arbeitete das Institut zum überwiegenden Teil für das OKW, indem es Gutachten über die Wirtschaftspotenziale befreundeter oder feindlicher Staaten anfertigte. Die Gutachter des IWW beschäftigen sich in ihren Länderstudien mit den Rüstungspotenzialen und der Rohstoff- und Nahrungsmittelversorgung der betreffenden Nationen. Auch die Frage, inwiefern die besetzten Länder in die Kriegswirtschaft des Deutschen Reiches eingebunden werden konnten, wurde untersucht. In den Gutachten fanden sich daher detaillierte Listen, in denen die für die Rüstungswirtschaft wichtigsten Unternehmen aufgeführt waren, samt Informationen über Eigentumsformen, Besitzer, Kapital und Umsatz.[114] Der Zugriff für deutsche Unternehmen und die Wehrmacht im Falle der Eroberung wurde so bereits vorbereitet.

Finanziert wurde ein Teil der Arbeit des Instituts praktisch mit den Geldern der Kriegsgegner. Die Rockefeller Foundation bedachte das IWW mit üppigen Zuwen-

---

110 Beckmann, Pioniere der Konjunkturforschung, S. 33.
111 Schiller-Merklein, 4.11.89, Kassette 11 (Seite B).
112 Gespräch mit Helmut Schmidt.
113 Vgl. Christoph Dieckmann, Wirtschaftsforschung für den Großraum. Zur Theorie und Praxis des Kieler Instituts für Weltwirtschaft und des Hamburger Welt-Wirtschafts-Archivs im »Dritten Reich«, in Götz Aly/Christoph Dieckmann u. a. (Hrsg.): Modelle für ein deutsches Europa. Ökonomie und Herrschaft im Großwirtschaftsraum, Berlin 1992, S. 146-198, hier: S. 171 ff.
114 Ebd., S. 183.

dungen, die sogar noch während der ersten Kriegsmonate flossen. Noch im Mai 1940 fuhr der Institutsdirektor Predöhl in das von deutschen Truppen besetzte Paris, um dem dortigen Vertreter der Rockefeller Foundation die aus den Mitteln der Stiftung hervorgegangenen Arbeiten zu übergeben.[115] Auch die außerplanmäßige Assistentenstelle, die Karl Schiller ab 1935 im IWW bekleidete, wurde von der Rockefeller Foundation mit einem Forschungsstipendium bezahlt. Er wurde Mitglied der Forschungsgruppe »Marktordnung und Außenwirtschaft«, deren Leitung er bereits im Februar 1936, also nur wenige Monate nach seinem Wechsel nach Kiel, übernahm.[116]

Schiller hat die folgenden Jahre immer wieder als eine wenig erfreuliche Zeit beschrieben, in der er einer »drögen« und gänzlich uninspirierten Tätigkeit nachgegangen sei. Da die Theorie den Nationalsozialisten verdächtig war, habe er die »Flucht in die Empirie« angetreten.[117] Ein Blick auf seine Schriften mag diese Sichtweise auf den ersten Blick bestätigen. In den nächsten Jahren publizierte der theoretisch orientierte Makroökonom über »das niederländische Marktregulierungssystem für Weizen und Weizenprodukte«[118], »die Regulierung der niederländischen Schweinewirtschaft«[119] oder die »Aufbauprobleme der türkischen Landwirtschaft«[120]. Er habe sich, so Schiller, wie »unter einer Käseglocke«[121] gefühlt und sei ungestört seiner wissenschaftlichen Arbeit nachgegangen.

Aber ganz so frei vom gegebenen politischen Kontext war seine Arbeit nicht. Denn nachdem Schiller in seiner Dissertation mit der Arbeitsbeschaffung bereits ein Thema behandelt hatte, das für die Nationalsozialisten große Bedeutung hatte, arbeitet er auch jetzt im Bereich der Agrarpolitik nicht etwa über ein irrelevantes Nischenthema. Vielmehr besaß die Agrarpolitik für die Nationalsozialisten vor allem aus zwei Gründen eine nachgerade überragende Bedeutung.

Erstens folgte sie ideologischen Motiven, war Teil einer schwärmerischen Agrarutopie, die mit ihrer Fixierung auf das Bauerntum als »Quelle des gesunden Volkstums« versuchte, in großem Umfang ländliche Wählerschichten für sich zu gewinnen, was der NSDAP schließlich bis 1933 in protestantischen Regionen auch in überragender Weise gelang.[122] Und nach Etablierung der Diktatur blieb die Agrarromantik Bestandteil der nationalsozialistischen Ideologie, wenngleich die Modernisierungsprozesse dadurch nicht verlangsamt wurden.

---

115 Schiller-Merklein, 4.11.89, Kassette 11, (Seite B).
116 Vgl. den Lebenslauf Schillers, in: LA SH, Abt. 47, Nr. 6642 (Kopie des Originals der Personalakte aus Rostock).
117 Vgl. Schiller, Festrede, S. 49 ff.
118 Weltwirtschaftliches Archiv, Bd. 44, 1936, S. 335-772.
119 Ebd., Bd. 46, 1937, S. 515-544.
120 Orient-Nachrichten, 4. Jahrgang, 1938, S. 657-670.
121 Schiller, Festrede, S. 49 ff.
122 Vgl. Wehler, S. 699 f., besonders S. 700.

Ein zweiter Grund, und dieser war für die braunen Machthaber fraglos entscheidend, lag in der angenommenen Bedeutung der Agrarpolitik für den von Anfang an ins Auge gefassten Revisionskrieg. Anders als im Ersten Weltkrieg, als die Heimatfront gehungert hatte, sollte nun die weitgehende Autarkie in der Nahrungsmittelversorgung erreicht werden. Die Folge waren massive ordnungspolitische Umsteuerungsmaßnahmen, die in ihrem Ergebnis über alle Eingriffe in der Industriepolitik weit hinausgingen.[123] Mit der Etablierung des »Reichsnährstandes«, einer agrarpolitischen Mammutbehörde mit exekutiven Sonderrechten, hörte die deutsche Landwirtschaft im Prinzip auf, weiterhin Bestandteil des Marktgeschehens zu sein. Der »Reichsnährstand« übernahm die totale Lenkung von Produktion und Absatz, setzte die Preise fest und bestimmte die außenwirtschaftlichen Handelsspannen. Die deutsche Landwirtschaft war fortan einer völligen planwirtschaftlichen Lenkung unterworfen.[124]

Es waren exakt diese Maßnahmen, mit denen sich Schillers Forschungsgruppe beschäftigte. Allerdings war die Untersuchung nicht auf die Marktregulierungen des Deutschen Reiches beschränkt. Im Sinne der weltwirtschaftlichen Orientierung des Instituts wurden die Untersuchungen auf die stattliche Anzahl von 33 Ländern ausgeweitet. Unter ihnen befanden sich alle europäischen Länder mit Ausnahme der Sowjetunion, dazu einige Überseeländer, die als Exporteure von Ernährungsprodukten in die europäische Wirtschaft einbezogen waren.

In Kiel hatten die Forschungsgruppenleiter eine außerordentlich selbstständige Position. Sie bekamen je nach Aufgabenstellung ihre technischen und wissenschaftlichen Mitarbeiter zugeteilt und waren in ihrer Arbeit nur direkt dem Direktor des Instituts unterstellt.[125] In Schillers Forschungsgruppe waren außer dem Leiter noch sechs weitere Mitarbeiter beschäftigt, übrigens allesamt bereits promoviert und daher wohl in einigen Fällen sogar älter als Schiller, der Studium und Promotion in nachgerade atemberaubender Geschwindigkeit absolviert hatte. Alle Mitarbeiter bearbeiteten nach vorgegebenen Kriterien und unter der Aufsicht Schillers ihre Fallbeispiele, bei ihm selbst waren das Bulgarien, Ungarn, Portugal, Spanien, Griechenland und die Türkei. Unter Zusammenfassung der Ergebnisse der gesamten Forschungsgruppe habilitierte er sich im Februar 1939 mit einer über 400 Seiten starken Schrift über »Marktregulierung und Marktordnung in der Weltagrarwirtschaft.«[126]

Die Arbeit war sperrig zu lesen, es fehlten der Enthusiasmus und der Esprit, die noch seine Dissertation ausgezeichnet hatten. Mit unterschiedlicher Gewichtung hatte Schiller die verschiedenen Erscheinungsformen der agraren Marktregulierungen in den betreffenden Ländern von 1925 bis 1936 untersucht. Zunächst erfolgte die Darstellung der Entstehung und Verbreitung der agraren Marktregulierungen, daran anschließend

---

123 Vgl. ebd.
124 Vgl. ebd.
125 Vgl. Dieckmann, Wirtschaftsforschung für den Großraum, S. 156.
126 Vgl. Karl Schiller, Marktregulierung und Marktordnung in der Weltagrarwirtschaft, Jena 1940.

wurden verschiedene Techniken der Marktregulierung auf ihre Wirksamkeit untersucht. Die Zielrichtung der Arbeit war eindeutig und etwas Anderes wäre unter den gegebenen politischen Bedingungen auch gar nicht möglich gewesen: Die Marktregulierungen auf dem Agrarsektor wurden grundsätzlich positiv bewertet, und die Arbeit sollte im Grunde nur zeigen, welche Regulierungsinstrumente mehr Erfolg versprachen als andere. In diesem Sinne war sie auch ohne Frage außerordentlich anwendungsorientiert.

In der Diktion waren die Zugeständnisse an die politischen Verhältnisse abermals gering, aber doch deutlicher als in Schillers Dissertation. Seit 1933, diesmal also die politische Wende als singuläre Zäsur akzeptierend, sei ein tief greifender marktpolitischer Methodenwandel festzustellen. »An der Stelle des nur zaghaft betriebenen und durch innenpolitische Gegenkräfte behinderten ›Agrarschutzes‹ erhebt sich nun der elementare Wille, das Landvolk als Blutquell der Nation gegen jeden Widerstand zu erhalten.«[127] Den ersten Entwurf hatte Predöhl Schiller noch mit der Aufforderung zurückgegeben, an einigen Stellen noch »am Vokabular zu arbeiten«, was Schiller daraufhin auftragsgemäß, aber ohne Begeisterung, zusammen mit seiner Ehefrau in einigen Nachtschichten getan hatte.[128]

Dennoch stand die Arbeit fraglos im Kontext der Institutsarbeit. Schiller war sich durchaus der Tatsache bewusst, dass die Totalregulierung des Agrarsektors nach 1933 ein wichtiger Teil der »bekannten wehrwirtschaftlichen Maßnahmen«[129] war, wie er sich etwas unbestimmt ausdrückte. Aber das war es nicht allein. Schließlich hatte Predöhl im Vorwort zur Habilitationsschrift ausdrücklich bestätigt, dass Schillers 1940 veröffentlichte Arbeit durch den Krieg an Aktualität gewonnen habe. Gerade auf dem Gebiet der Marktregulierungen stünden »der deutschen Wirtschaftspolitik, die in der Ordnung der Märkte gestaltend vorangegangen ist, nach der siegreichen Beendigung des Krieges gewaltige Aufgaben bevor.«[130] Daher war auch die Einteilung in verschiedene Ländergruppen, wie Schiller sie vorgenommen hatte, vielleicht nicht ganz zufällig gewählt. Unterteilt wurde in kontinentaleuropäische Zuschussländer, zu denen unter anderem Deutschland gezählt wurde, in Veredelungsländer, periphere Agrarländer und schließlich in die »europäischen Ackerländer«. Zu ihnen zählten nach Schillers Einteilung Jugoslawien, Rumänien, Bulgarien, Ungarn und das »ehemalige Polen.« Nun konnte man nicht behaupten, dass diese Einteilung nicht auch die tatsächlichen Realitäten widerspiegelte. Aber natürlich handelte es sich dabei auch um exakt jene Länder (die Sowjetunion war nicht Teil der Arbeit), die nach der von Predöhl anvisierten »siegreichen Beendigung des Krieges« als neue »arische Siedlungsgebiete« vorgesehen waren. Jedenfalls gewinnt diese These an Kraft, wenn man sich

---

127 Schiller, Marktregulierung, S. 32.
128 Gespräch mit Lolo Schiller.
129 Schiller, Marktregulierung, S. 3.
130 Ebd., Vorwort des Herausgebers, S. III.

vergegenwärtigt, welchen Forschungsschwerpunkten das IWW auch unabhängig von der Auftragsarbeit für das OKW nachging.

Die Kieler Ökonomen gehörten zu den im Nationalsozialismus selten gewordenen Theoretikern.[131] Vor allem aber waren sie auch Planer, Letzteres mit weitgespannten, wenn nicht sogar leicht hybriden Zügen. Im Grunde knüpften die Kieler bei ihren Überlegungen sogar an die Tradition von vor 1933 an; zwar waren Löwe, Colm und Neisser mittlerweile emigriert und stellten ihr Wissen als Experten des »New Deal« der Roosevelt-Regierung zur Verfügung.[132] Aber ihre Steuerungskonzepte für krisenfreie Wirtschaftsabläufe durch aktive Konjunkturpolitik lieferten den Rahmen für die weitere Arbeit auch des IWW. Die Notwendigkeit einer Autonomisierung der Geldpolitik brachte im Denken vieler Ökonomen zwangsläufig den Übergang zur Kontinentalwirtschaft, denn anders schien die ersehnte erforderliche finanzpolitische Souveränität nicht mehr erreichbar.[133] Die Kieler waren daher nicht nur genau wie Schiller keynesianische Nachfragepolitiker, sondern, inspiriert von der Hitler'schen Außenpolitik, auch Verfechter der »Großraumwirtschaft«. Sie erweiterten also die Ansätze der späten 20er- und frühen 30er-Jahre und machten sie für die Nationalsozialisten verfügbar.[134]

So war Andreas Predöhl Mitglied der »Gesellschaft für europäische Wirtschaftsplanung und Großraumwirtschaft«, wo Pläne für die Neuordnung Europas nach dem deutschen Sieg diskutiert wurden. Auch er empfand die Abkehr von der liberalistischen Wirtschaftsordnung von vor 1933 als säkulare Zeitenwende. Die Arbeitslosigkeit, überhaupt die großen Krisen der Vergangenheit, gehörten damit der Vergangenheit an.[135] Deutschland aber müsse, um diesen Zustand weiter aufrecht erhalten zu können, sich aus dem »englischen Wirtschaftsraum«, bei Predöhl das Synonym für die »liberalistische« Ordnung, lösen, da die bisherige internationale Arbeitsteilung sich als fehlerhaft erwiesen habe. Das aber sei nur durch die Erweiterung des Staatsgebietes möglich, da es in der Weltwirtschaft eine Dysfunktionalität zwischen Wirtschaftsraum und Staatsgebiet gebe. Der Staatsraum müsse an das Siedlungsbedürfnis angepasst werden. Und dieses Problem könne

> »nur gelöst werden durch den wirtschaftlichen Zusammenschluss mit benachbarten Staatsräumen zum gemeinsamen wirtschaftlichen Großraum, der durch seine vielseitige Ausstattung und größere Produktivität die Voraussetzungen da-

---

131 Janssen, Nationalökonomie und Nationalsozialismus, S. 154.
132 Vgl. Beckmann, Pioniere der Konjunkturforschung, S. 79.
133 Vgl. Dieckmann, Wirtschaftsforschung für den Großraum S. 154; im gleichen Sinne Wilhelm Grotkopp, Die große Krise. Lehren aus der Überwindung der Weltwirtschaftskrise 1929–1932, Düsseldorf 1954, S. 225 ff.
134 Vgl. Dieckmann, Wirtschaftsforschung für den Großraum, S. 154 ff.
135 Ebd., S. 160.

für schafft, daß Wirtschaftlichkeit und Wehrhaftigkeit ins Gleichgewicht gesetzt werden können«.[136]

Dass ein solcher Zusammenschluss für Kontinentaleuropa unter Einbeziehung der Sowjetunion nur unter deutscher Führung erfolgen könne, stand für Predöhl außer Frage. Dabei wurden auch die Vorteile der zukünftigen deutschen Hegemonialstellung für die »Partner« des Großraums gepriesen, die so Anschluss an die wirtschaftliche Stabilität des »deutschen Kernlandes« fänden und somit ebenfalls von allen zukünftigen konjunkturellen Schwankungen befreit wurden.[137] Diese Vorstellungen entsprachen weitgehend der Politik des NS-Regimes, die mit politisch kontrollierbaren Handelsverträgen mit schwächeren Staaten begann und schließlich in der militärisch erzwungenen Großraumwirtschaft ihr Ziel fand. Folgerichtig lobte Predöhl daher auch die Expansion gen Osten, die die deutsche Autarkie entscheidend verbessert habe.[138]

Auch andere Mitarbeiter des IWW arbeiteten auf ihrem speziellen Feld am Konzept der Großraumwirtschaft. Walter G. Hoffmann, ein Schüler Löwes, war Mitglied im so genannten »Zwölferausschuss«, der in den 40er-Jahren an einem Generalgutachten zur umfassenden Strukturplanung für Europa arbeitete.[139] Auch er beschäftigte sich in seinen Publikationen mit den Auswirkungen der zukünftigen deutschen Hegemonialstellung auf die europäische Wirtschaft und stellte Überlegungen über »Voraussetzungen und Formen der wirtschaftlichen Integration Europas« an.[140]

Am paradigmatischsten für die Wissenschaftler am Kieler Institut aber waren die Arbeiten des Standorttheoretikers August Lösch. Lösch galt als ausgewiesener Gegner des NS-Regimes.[141] Dennoch nahm der Machbarkeitswahn, der vielen Arbeiten am IWW eigen war, bei Lösch die krassesten Formen an. In seinen Arbeiten ging es um die Möglichkeiten großer Wanderungsbewegungen für die Ausschöpfung der räumlichen Produktivkräfte. Dabei beschrieb er die Möglichkeiten, Wirtschaftsräume in kürzester Zeit völlig neu zu strukturieren.[142] Lösch war in seinen Aufstiegshoffnungen enttäuscht und blockiert, da er nicht die erforderlichen politischen Zugeständnisse machte. Und das, obwohl seine Arbeiten die Expansionsbestrebungen der Nationalsozialisten im Grunde wissenschaftlich vorzubereiten halfen. »Genau gesehen habe ich mehr und von mir aus, und als es noch Spott eintrug, über Blut und Bo-

---

136 Andreas Predöhl, Das Problem des wirtschaftlichen Lebensraumes. Bulgarisch-deutsches Akademietreffen vom 8.–14.10.1941 in Leipzig. Jahrbuch des Auslandsamtes der Deutschen Dozentenschaft 1941, H. 1, S. 114.
137 Ebd. S. 116.
138 Ebd. S. 114.
139 Vgl. Dieckmann, Wirtschaftsforschung für den Großraum, S. 163 ff.
140 Wirtschaftsdienst, Heft 35, 1941, S. 688-691, zitiert nach: Dieckmann, S. 164.
141 Vgl. Roland Riegger, August Lösch in memoriam, Heidenheim 1971.
142 Dieckmann, Wirtschaftsforschung für den Großraum, S. 165 ff.

den in der Nationalökonomie gearbeitet als all die Wetterfahnen von heute«, schrieb er 1941 verbittert an Walter Eucken.[143]

Ob auch die Untersuchungen der Marktregulierungen in Schillers Forschungsgruppe als Vorbereitungsmaßnahmen für die zukünftige Ausgestaltung der Großraumwirtschaft dienten, lässt sich nicht mit Sicherheit sagen. Aber vor dem Hintergrund und im Kontext des wissenschaftlichen Schwerpunktes des IWW ist dieses doch durchaus wahrscheinlich. Auch in anderen Arbeiten Schillers war der Bezug auf den wichtigen Orientierungspunkt »Großraumwirtschaft« elementar, ja im Grunde der Ausgangspunkt aller weiteren Überlegungen. Entscheidend sei, so Schiller, dass die Entwicklung der Industriestaaten immer davon abhängig gewesen sei, in welchem Grade sie sich »in den Aufbau neuer Länder eingeschaltet hätten.«[144] Im Grunde glaubten Schiller und die anderen Wissenschaftler des IWW, dass die zwangsläufige Tendenz zur Großraumwirtschaft durch den Krieg lediglich forciert werde. »Die Dinge traten aber noch klarer hervor«, so Schiller 1940 in seinem Aufsatz »Agrare Marktregulierung und Kriegswirtschaft«,

> »als die kontinentale Industriemitte Europas, Deutschland, gleichsam über die Grenzen trat und nun ein neues Ringsystem aufbaute, das den um diese Mitte liegenden Veredelungs- und vor allem den Ackerländern im Südosten durch ein System festorganisierter Ein- und Ausfuhrregulierungen mit verbürgten Preisen und Mengen einen immer stärker werdenden Schutz gegen die störenden Wirkungen der Rest-Wirtschaft im alten Sinne verleiht.«[145]

Auch hier, genau wie bei den schon erwähnten Arbeiten von Predöhl, wurden sogar noch die Vorteile der deutschen Expansionspolitik für die osteuropäischen Staaten gepriesen, und man glaubt jedenfalls zu spüren, dass dies keineswegs aus Zynismus geschah. Solche oder ähnliche Zitate aus Schillers Arbeiten ließen sich jedenfalls leicht erweitern.

Und dabei huldigten weder Schiller noch seine Kollegen einer tumben Deutschtümelei, beschäftigten sich in ihren Arbeiten vielmehr eingehend mit dem ausländischen Forschungsstand. Und eines der klassischen Argumente der späteren Apologetik Predöhls lautete stets, dass doch schließlich die Elite ausländischer Wirtschaftswissenschaftler am Institut ein- und ausgegangen und es dabei zu einem intensiven Ideenaustausch gekommen sei. Eine Hochburg der NS-Wissenschaft sei das Institut deshalb nie gewesen.[146]

---

143 Der Brief ist ohne genaues Datum abgedruckt in Riegger, August Lösch, S. 106.
144 Vgl. Karl Schiller, Der internationale Wettstreit in den handelspolitischen Methoden, in: Zeitschrift für die gesamte Staatswissenschaft, 99. Band, 1939, S 651-675, hier: S. 653.
145 Vgl. Karl Schiller, Agrare Marktregulierungen und Kriegswirtschaft, in: Wirtschaftsdienst, Heft 18, 1940, S. 349-351, hier: S. 351.
146 Predöhl an Rolf Seeliger am 20. Mai 1968, Privatbesitz Noelle-Wying.

Auch in Schillers Habilitationsschrift war trotz einiger sprachlicher Zugeständnisse eine Parallele zur Dissertation klar erkennbar: Abermals beschrieb Schiller einen wirtschaftlichen Tatbestand, der seiner Ansicht nach auf übernationale, letztlich gegenüber den politischen Strukturen indifferente Gesetzmäßigkeiten zurückzuführen war. Denn in seiner Arbeit fand Schiller in allen untersuchten Ländern immer dieselbe Tendenz zur verstärkten Marktregulierung, so als handle es sich gleichsam um ein ökonomisches Natur- oder wohl vielmehr Entwicklungsgesetz. Auch der offizielle Betreuer der Arbeit, Gerhard Mackenroth, der nach dem Krieg als sozialpolitischer Experte für die SPD arbeitete, wies in der Einführung zur Arbeit der Forschungsgruppe auf diesen Umstand hin; auch in Ländern, in denen die Abneigungen gegen Marktregulierungen aufgrund einer liberalen Tradition besonders stark ausgeprägt seien, habe sich die »Wucht der agrarökonomischen Situation« stärker als diese Vorbehalte erwiesen.[147] Die Kieler Wissenschaftler, auch Schiller, verstanden sich als Avantgarde, die übernationale, ökonomische Entwicklungsimperative prognostizierten, bisweilen mitexekutierten, die sich über kurz oder lang aber ohnehin und überall auf der Welt durchsetzen würden. Das galt in ihren Augen für die verstärkte Durchsetzung von Marktregulierungen genauso wie für die Aufteilung der Welt in einheitliche, geschlossene Wirtschaftsblöcke und die Loslösung vom Freihandel. 1942 schließlich lobte Schiller den New Deal Roosevelts, durch den auch das »demokratische« Amerika endlich den Anschluss an die »Methoden autoritativer Wirtschaftsregulierung« gefunden habe.[148]

Indes: Ein ideologisch überzeugter Nationalsozialist war Schiller nicht, und das galt vermutlich auch für die meisten der anderen Wissenschaftler am IWW, von denen einige eher der 1933 zerschlagenen SPD nahe standen, wie z. B. Gerhard Mackenroth und vermutlich auch Andreas Predöhl, der die politischen Ambitionen seines einstigen Zöglings später mit Wohlwollen beobachteten sollte.

Bei Schiller selbst jedenfalls fand sich in Hunderten von erhalten gebliebenen Feldpostbriefen kein einziger Hinweis, der auf antisemitische oder rassistische Tendenzen, dem Gravitationskern der ansonsten heterogenen und deutungsoffenen NS-Ideologie, hindeuten würde. Der am 1. Mai 1937 erfolgte Eintritt in die NSDAP dürfte daher vorwiegend aus opportunistischen Gründen geschehen sein. Der ersehnte Zugang zur Professur war zwar auch ohne Parteibuch möglich, aber eben doch erheblich erschwert. In einem Fragebogen, den er Anfang der 40er-Jahre im Zuge eines Berufungsverfahren auf ein Ordinariat in Rostock auszufüllen hatte, hatte er angegeben,

---

147 Vgl. Schiller, Marktregulierung und Marktordnung, Einführung von Gerhard Mackenroth: Die Forschungsgruppe »Marktordnung und Außenwirtschaft« am Institut für Weltwirtschaft«, S. XXIV.

148 Vgl. Schillers Rezension über: Othard Schulze, Der »New Deal« und seine Einwirkung auf die Finanz- und Steuerpolitik der Vereinigten Staaten von Amerika, Jena 1940, in: Schmollers Jahrbuch für Gesetzgebung, Verwaltung und Volkswirtschaft im Deutschen Reiche, Berlin J. 66, 1942, Teil 2, S. 361-362.

seit 1938 zusätzlich die Rolle eines »politischen Leiters« in der NSDAP übernommen zu haben. Was damit exakt gemeint war, geht aus den Unterlagen nicht hervor, aber da sich auf eine solche Funktion nirgendwo sonst ein Hinweis finden ließ, diente dieses womöglich nur dem »Aufpolieren« der Bewerbungsunterlagen.[149]

Auch andere Hinweise stützen die These von Schillers Distanz zum Nationalsozialismus. So verband ihn mit dem am Institut verfemten August Lösch ein gutes, freundschaftliches Verhältnis. Als Lösch kurz nach Beendigung des Krieges starb, war es Schiller, der seiner Witwe bei der Durchsetzung der Pensionsansprüche half und außerdem für die Neuauflage der Bücher ihres Mannes sorgte. In ihren Briefen an Schiller griff Löschs Witwe die anderen Institutsmitglieder, allen voran Predöhl, scharf an, nahm jedoch Schiller dabei von jeder Kritik aus, der sich gegenüber dem »Rebellen« Lösch offensichtlich menschlich sehr anständig verhalten hatte.[150] Und schließlich trug sich Schiller zumindest zeitweise mit dem Gedanken der Emigration. Jedenfalls versuchte er seit 1937 mit großer Hartnäckigkeit durch die Rockefeller-Foundation einen Forschungsaufenthalt in den USA oder in England vermittelt zu bekommen, ein Plan, dessen Realisierung durch die politische Entwicklung ab 1939 schließlich unmöglich gemacht wurde.[151]

All diese Hinweise könnten zu dem Schluss führen, dass es sich um eine Zeit handelte, in der Karl Schiller zwar vordergründig einige politische Zugeständnisse machte, sich im Grunde jedoch in der geistigen Emigration befand und auf bessere Tage wartete.

Das wiederum wäre zu kurz gegriffen. Schiller mochte den NS-Staat in vielem grundsätzlich ablehnen, aber zumindest offerierte dieser Staat ihm soziale Aufstiegschancen. In seinem konkreten Fall war dieses alleine schon dadurch bedingt, dass die deutschen Universitäten durch die Emigrationswelle von Wissenschaftlern seit 1933 günstige Karrieremöglichkeiten boten. Dazu kam die äußerst erfolgreiche Suggestion der nationalsozialistischen Ideologie und Propaganda, tatsächlich in einer aufstiegsorientierten, mobilitätsfreundlichen, meritokratischen und sozialegalitären Leistungsvolksgemeinschaft zu leben, die ungleich offener sei, als dieses vor 1933 der Fall gewesen war.[152] Wie wir bereits gesehen haben, war dieses Gesellschaftsbild Schiller nicht fremd. Dass von einer wirklich sozialegalitären Gesellschaft keine Rede sein konnte, stand zwar auf einem anderen Blatt, aber für den aus einfachsten Verhältnissen kommenden Schiller, der selbst ja in der Tat beständig avancierte, mochte sich diese Illusion als subjektiv erfahrbare Realität erwiesen haben.

---

149 Vgl. den Fragebogen in: LA SH, Abt. 47, Nr. 6642, S. 122 ff. (Kopie des Originals aus Rostock).
150 Vgl. Erika Lösch an Schiller am 2.3.1946, in: BA N Schiller 1229, B. 2.
151 Die umfangreiche Korrespondenz Schillers zu diesem Thema mit der Stiftung und der Institutsleitung befindet sich in: Nachlass Schillers im WEI, K. 23.
152 Vgl. Wehler, Deutsche Gesellschaftsgeschichte, S. 684 ff.; auch S. 781 ff.; Ralf Dahrendorf, Gesellschaft und Demokratie in Deutschland, München 1965, S. 431 ff.

Und schließlich: In einer sehr spezifischen Hinsicht existierte eine mehr als nur zufällige Schnittmenge mit den Ideen der Nationalsozialisten. Der Jugendfreund Hans Bolewski, der mit dem nach Kiel zurückgekehrten Schulkameraden wieder unregelmäßig zusammentraf, war über dessen Umgang mit der politischen Situation einigermaßen erstaunt, ja im Grunde ratlos. Auf der einen Seite, so erinnerte sich Bolewski, machte sich Schiller auch nach seinem Eintritt in die Partei über die NS-Parteifunktionäre lustig und würzte seine Geschichten mit allerlei Anekdoten über deren »abstruses« und »infantiles« Verhalten. Andererseits jedoch sprach er mit Begeisterung von den »großen Plänen« des Instituts, ohne dabei jedoch auf Einzelheiten einzugehen. Ausgesprochen befremdlich wirkte es sodann auf den Freund, als Schiller von seiner Teilnahme an Wehrsportlagern sprach, was quasi unumgänglich war, wenn man auf die Vorschlagsliste des NSD für eine Professur kommen wollte. Dabei habe er auch »militärisches Gerät« zu sehen bekommen, und, so jedenfalls die Erinnerung des Jugendfreundes, doch tatsächlich begeistert von zukünftigen »Stahlgewittern« gesprochen, obgleich sich Schiller eigentlich vor dem am Horizont bereits heraufziehenden Krieg genauso ängstigte wie er.[153]

Von Schillers Technikbegeisterung war bereits die Rede, auch von seiner ursprünglichen Intention, Ingenieur zu werden. Er hatte dann zwar Nationalökonomie studiert, aber auch hier hatte Schiller das Gleiche gesucht: Präzision, Exaktheit und nicht zuletzt die Möglichkeit, die Erkenntnisse der eigenen Wissenschaft in der Praxis verwerten zu können. Der Glaube an die effiziente Gestaltungsmacht der Wirtschaftswissenschaften sollte sich auch nach 1945 wie ein roter Faden durch all seine Reden und Aufsätze ziehen. Und dabei verstand er seine eigene Wissenschaft als den Naturwissenschaften praktisch ebenbürtig, eine ausgefeilte Sozialtechnik mit der Möglichkeit der mathematischen Beweisführung. Zugespitzt könnte man sagen, dass er sein Leitbild, den Beruf des Ingenieurs, niemals aufgegeben hatte – nur dass seine Ingenieursleidenschaft sich nicht mehr auf Maschinen, Mechanik und Elektrizität bezog, sondern auf die Gesellschaft, auf den sozialen Raum. Eben das ist das Profil des *Sozialingenieurs*, als der Schiller zu bezeichnen ist.

Der gesellschaftlicher Status und auch der Handlungsspielraum für eine solchen Typus waren seit dem 19. Jahrhundert kontinuierlich gewachsen. Als »Soziale Physik« im Sinne Auguste Comtes bezeichnet Dirk van Laak jene Weltsicht, nach der auch die Lösung der sozialen Frage zukünftig von der Anwendung der richtigen Sozialtechnik erhofft wurde.[154] Statt zielloser und willkürlicher Politik sollte die Zukunft mit Hilfe des Wissens der Sozialtechniker, also Human- und Sozialwissenschaftler, die streng anwendungsorientiert und projektbezogen arbeiteten, gemeistert

---

153 Gespräch mit Hans Bolewski. Obwohl nicht absolut sicher, glaubte Bolewski, dass seine Erinnerungen an diese Äußerungen Schillers einem Gespräch von Ostern 1938 entstammten.
154 Vgl. Dirk van Laak, Weiße Elefanten. Anspruch und Scheitern technischer Großprojekte im 20. Jahrhundert, Stuttgart 1999.

werden. Unter der Chiffre der »Planung« hat diese Vorstellung schließlich Weltgeschichte geschrieben – gewiss auch schlimme Weltgeschichte. Denn im 20. Jahrhundert waren es vor allem die totalitären Systeme, Deutschland unter der Hitler-Diktatur und die Sowjetunion, die die Fortschreibung der Kriterien mechanischer und naturwissenschaftlicher Effizienz auf die Gesellschaft übertrugen und sie auf den Menschen anwandten.

Dennoch war die Hinwendung zum Planungsgedanken, überhaupt die Abkehr vom Liberalismus und die Hinwendung zum Kollektivismus ein globales Phänomen, beginnend um die Jahrhundertwende, besonders ausgeprägt schließlich in den 30er- und 40er-Jahren, was zum Teil auch an der Anziehungskraft der vermeintlichen sozialen und ökonomischen Erfolge des Nationalsozialismus lag.[155] So fühlte sich Friedrich August von Hayek noch im vorletzten Kriegsjahr 1944 im Londoner Exil als letzter Bannerträger des Liberalismus und einsamer Rufer in der Wüste dazu berufen, eine Warnung an die freie Welt auszusprechen, nicht dem Sog des Sozialismus und Kollektivismus zu verfallen, da jede Anlehnung an die Ideen des Kriegsgegners »Der Weg zur Knechtschaft« sei.[156]

Im Nationalsozialismus war die Planungseuphorie fraglos besonders ausgeprägt. Und um die tief greifenden Veränderungen in der Gesellschafts- und Bevölkerungsstruktur durchzuführen, brauchte das Regime eine große Zahl von Sozialingenieuren, die verlässliche Daten lieferten und am Reißbrett Operationalisierungsvorschläge machten. Historiker beschreiben die Jahre zwischen 1933 und 1945 gar als »goldene Jahre« im Bereich staatlich finanzierter, anwendungsorientierter Sozial- bzw. Humanwissenschaften.[157]

Die Geschichtsforschung hat sich in den letzten Jahren, gewiss verständlich, verstärkt auf jene nationalsozialistische Experten konzentriert, die direkt an der Ausführung des Völkermordes beteiligt waren, und dabei herausgearbeitet, dass nicht technokratische Zweckrationalität, sondern die Exekutierung völkischer und antisemitischer Weltbilder im Vordergrund stand. Die Sozialingenieure des IWW waren in ihrem Tun dem rassistischen Kern der NS-Politik fern, und für die Durchführung des Völkermordes bleibt sicher richtig, dass hierbei reine Zweckrationalität als psychische Disposition nicht ausreichte. Aber auch die Kieler Ökonomen nutzten die Optionen, die das Regime ihnen bot. Und einen ideologischen Hintergrund, der eng mit den Maßnahmen der Nationalsozialisten verbunden war, gab es auch für ihr Handeln. Es wurde bereits darauf hingewiesen, dass die Konzepte zur »Großraumwirtschaft« und Autarkie ihre

---

155 Vgl. hierzu Wolfgang Schivelbusch, Entfernte Verwandtschaft. Faschismus, Nationalsozialismus, New Deal, 1933–1939, München 2005.
156 Vgl. Friedrich August von Hayek, Der Weg zur Knechtschaft, Zürich 1952 (Original: The road to serfdom, London 1944).
157 Vgl. Lutz Raphael, Radikales Ordnungsdenken und die Organisation totalitärer Herrschaft: Weltanschauungseliten und Humanwissenschaftler im NS-Regime, in: Geschichte und Gesellschaft 27, 2001, S. 5-40, hier: S. 14.

Wurzeln z. T. auch in den Steuerungskonzepten der 20er-Jahre hatten, als man überlegte, wie man die erforderliche finanzpolitische Souveränität für eine wirksame Konjunkturpolitik herstellen konnte. In gewissem Sinne war daher die Idee der Großraumwirtschaft auch eine Antwort sowohl der Nationalsozialisten als auch dieser Ökonomen auf die Folgen der Globalisierung, genauer gesagt auf die große weltwirtschaftliche Krise seit 1929. Denn erst in einem geschlossenen Wirtschaftsraum konnte der Verlust der nationalstaatlichen Steuerungskonzepte kompensiert werden. Und darum kreiste das Denken der Kieler Ökonomen, die vielleicht sogar selbst glaubten, damit hehre Absichten nicht nur für Deutschland zu verwirklichen, indem die durch die Schwankungen der Weltwirtschaft hervorgerufenen Verwerfungen und Krisen für den gesamten Großraum beseitigt würden.

Aber auch wenn der Typus des Sozialingenieurs eigentlich unpolitisch sein mochte und sich durch seinen wissenschaftlichen Ethos sogar gegen Dogmen und Ideologien gefeit sah, so lag seine Anfälligkeit und Verführbarkeit für totalitäre Staatsmodelle doch auf der Hand. Denn wo besser als im totalitären Staat ließen sich die eigenen hochfliegenden Pläne, die in einigen Fällen schon vor 1933 längst in der Schublade lagen, schneller verwirklichen? Aus dieser Perspektive erscheint der Nationalsozialismus gar als Entfesselung und Freisetzung der Moderne, die Machtergreifung als der Dammbruch, durch den die kleinlichen Bedenken der konventionellen Politik endlich vom Ehrgeiz und Gestaltungsdrang der Wissenschaft hinweggespült wurden.[158] Was vorher theoretisch machbar erschien, war jetzt praktisch durchführbar. Auf jemanden wie Karl Schiller musste eine solche Aussicht ausgesprochen verlockend wirken.

Dennoch: Wenn er von der »Käseglocke« sprach, die sich in jenen Jahren über ihn gesenkt habe, dann mochte das in seinen Augen keine Lüge gewesen sein, jedenfalls, wie wir noch sehen werden, solange es seine Arbeit am Institut bis 1939 betraf. Der viel zitierte »Tunnelblick« mag grundsätzlich allen Experten in Diktaturen eigen sein, aber im Falle Schillers war er von seiner ganzen Persönlichkeitsstruktur prädestiniert für die Rolle des unpolitischen Technokraten. Es war ja bereits die Rede von seinem erstklassigen Verstand, der ein höchst effizientes Instrument war, um die Spreu vom Weizen zu trennen und in dem nur das verarbeitet wurde, was der Entscheidungsfindung unbedingt dienlich war, während alles, was rechts und links des Weges lag, dem Brennstrahl seiner Aufmerksamkeit entging. Das war fraglos Teil einer wirklich genialen Begabung, denn ein solches Vorgehen sparte eine Menge Zeit und Nerven, und später wird es die schier unerschöpflichen psychischen und physischen Reserven des Superministers erklären. Aber natürlich war ein solcher Verstand auch von Vorteil, um Wirklichkeit von sich fernzuhalten, und wie bei vielen anderen begabten Menschen konnte das auch bei Schiller bisweilen autistische Züge anzunehmen bis hin zur Verdrängung der Realitäten.

---

158 Vgl. zur Frage der Modernisierungsleistung des Nationalsozialismus: Riccardo Bavaj, Die Ambivalenz der Moderne im Nationalsozialismus: eine Bilanz der Forschung, München 2003.

III Wissenschaftskarriere zwischen Weimarer Republik und Drittem Reich (1931–1942)

Abb. 3 Die Karriere beginnt: Der junge Karl Schiller im Jahr 1938 als Forschungsgruppenleiter am Kieler Institut für Weltwirtschaft. Seine Züge sind noch jugendhaft; der Blick aber schon illusionslos.

Der Jahrgang 1911, dem auch Schiller angehörte, wurde ab Februar 1940 zum Wehrdienst eingezogen. Aber die Zusammenarbeit des Instituts mit dem Reichswirtschafts- und Rüstungsamt im OKW bewahrte ihn vorerst vor dem Fronteinsatz. Während die anderen Universitäten und Forschungseinrichtungen im Reich bald nur noch mit einer Rumpfbesetzung aus älteren Wissenschaftlern auskommen mussten, expandierte das Institut nachgerade und wurde vom Reichswirtschaftsamt mit gewaltigen finanziellen Mitteln gefördert.[159] Die genaue Anzahl der Gutachten, die das IWW in jener Zeit für das OKW verfasste, ist nicht bekannt, da die Arbeiten sowie die

---

159 Vgl. Dieckmann, Wirtschaftsforschung für den Großraum.

Akten des Instituts nach 1945 wohlweislich vernichtet worden sind. Schätzungen zufolge aber muss es sich um über 300 Gutachten auf dem direkten Gebiet der Wehrwirtschaft gehandelt haben, dazu ca. 2.000 Gutachten für andere Institutionen und Firmen, wie etwa der Reichsgruppe Handel, die I. G. Farben, die Glanzstoff-Werke sowie für verschiedene Banken.[160] Das IWW nahm im Laufe des Krieges in allen Fragen der Auslandswirtschaft zunehmend eine Monopolstellung ein und bekam aufgrund seiner einzigartigen Materialsammlungen im »Weltwirtschaftsarchiv« sogar die genuinen Aufgaben der »Forschungsstelle für Wehrwirtschaft« übertragen.[161]

Für die wehrwirtschaftlichen Aufgaben des Instituts wurden zahlreiche Mitarbeiter unabkömmlich (Uk) gestellt. Das galt auch für Karl Schiller, der somit auch nach Auflösung der Forschungsgruppe »Marktordnung und Außenwirtschaft« vom Fronteinsatz verschont blieb. Predöhl beantragte mit einem Schreiben an den Reichsminister für Wissenschaft, Erziehung und Volksbildung im Oktober 1939 eine weitere außerplanmäßige Assistentenstelle für Schiller, da dieser im Augenblick »mit dringlichen Arbeiten, über die ich mich im Einzelnen in diesem Zusammenhang nicht äußern darf, beschäftigt« sei und die »für die aktuellen Aufgaben des Instituts von größter Bedeutung« seien. Er habe sich politisch bewährt und sei Mitglied der NSDAP.[162]

Gewiss war Schiller einerseits ganz froh, dem Frontdasein damit zunächst noch einmal entkommen zu sein. Das geforderte militärisch-zackige Auftreten verabscheute er, und auch die Aussicht, mit Nicht-Akademikern zusammen zu kommen, mit denen er zeitlebens nicht viel anfangen konnte, löste in ihm Beklemmung und Unsicherheit aus. Und schließlich empfand er vor dem »Kommiß«, wie er später den Militärdienst bezeichnen sollte, auch deswegen Angst, weil er fürchtete, den körperlichen Anforderungen nicht gewachsen zu sein und sich zu blamieren.[163] Andererseits betrachtete er auch seine Uk-Stellung offenbar als eine ambivalente Angelegenheit. Auf keinen Fall wollte Schiller den Eindruck entstehen lassen, vor dem Wehrdienst »gekniffen« zu haben, denn das konnte bei zukünftigen Berufungen noch eine Rolle spielen. In seinen Personalakten fand sich daher auch der Vermerk, dass er entgegen seinem ausdrücklichen Wunsch freigestellt worden sei und ihm daher hieraus keine Nachteile entstehen dürften.[164]

Ab Ende 1939 musste die Illusion der »Käseglocke« vollends zerbrechen. Die eigentliche wissenschaftliche Arbeit war auf Eis gelegt, und es dominierte nun in der Tat

---

160 Ebd.
161 Ebd., S. 178.
162 Schreiben von Andreas Predöhl an den Reichsminister für Wissenschaft, Erziehung und Volksbildung am 6. Oktober 1939, in: LA SH Abteilung 47, Nr. 6642, S. 6. (Original im Universitätsarchiv Rostock).
163 Gespräch mit Lolo Schiller.
164 Dieser Vermerk ist ohne Datum und Verfasser, vermutlich aber handelt es sich um eine Bestätigung des Ministeriums für Wissenschaft, Erziehung und Volksbildung, in: LA SH, Abteilung 47, Nr. 6642, S. 34 (Original Universitätsarchiv Rostock).

die Empirie, aber als zweckneutral konnte man dieses eigentlich auch mit Hilfe der ausgefeiltesten Verdrängungsmechanismen nicht mehr empfinden. Praktisch in Nachfolge der alten Forschungsgruppe konstituierte sich nun am Institut die »Forschungsgruppe Schiller«.[165] In ihr wurden jene Gutachten für das OKW verfasst, von denen bereits die Rede war. Mit Kriegsausbruch wurde die Forschungsgruppe zunächst für das gemeinschaftliche Institutsgutachten über Russland eingespannt, an dem vermutlich alle Mitarbeiter bis hin zur Direktion mitarbeiteten und in welchem die Bedeutung der russischen Rohstoffquellen für die deutsche Kriegsführung untersucht wurde.[166] In der Zeit vom 15. September 1939 bis zum 1. April 1941 arbeitete Schillers Forschungsgruppe autonom weiter und fabrizierte in dieser Zeit die durchaus erkleckliche Zahl von 101 Gutachten mit einem Gesamtumfang von 2724 Seiten; 95 von ihnen waren direkte Auftragsarbeiten des OKW.[167] Eine Spezialisierung nach Ländergruppen war dabei kaum festzustellen. Was immer das OKW anforderte, die Forschungsgruppe lieferte es, ganz gleich, ob es sich um die europäischen Mittelmeerländer, den Nahen Osten, Südostasien, Afrika oder die spanischen Atlantikinseln handelte.[168] Da die Berichte in den meisten Fällen nicht terminiert waren, legte der Forschungsgruppenleiter Schiller die Termine selbst fest und offensichtlich zwang er dabei sowohl sich selbst als auch seine Mitarbeiter zur Akkord-Arbeit. Die grundlegenden Länderberichte nahmen vier bis sechs Wochen in Anspruch, die spezielleren, in denen auch einzelne Industriezweige untersucht wurden, dauerten 7–14 Tage. Und dabei bestand Schillers Gruppe nur aus einigen wenigen wissenschaftlichen Mitarbeitern, zunächst begann die Gruppe mit 5 Personen und bis zum Frühjahr 1941, als die Forschungsgruppe aufgelöst wurde, waren durch Einberufungen nur noch zwei wissenschaftliche Mitarbeiter, einschließlich Schiller, mit der Auftragsarbeit für das OKW beschäftigt.

Im Übrigen arbeitete Schiller nicht nur von seinem Institutsbüro am Düsternbrooker Weg 120 mit dem idyllischen Blick auf den Yachthafen an der Kieler Förde an der Vorbereitung und Durchführung des deutschen Angriffskrieges mit. Im Sommer 1940 war er, wie er rückblickend im Arbeitsbericht der Forschungsgruppe erläuterte, für 6 Wochen für kriegswirtschaftliche Arbeiten direkt zum Wehrwirtschafts- und Rüstungsamt beim OKW abkommandiert.[169] Was er dort in jener Zeit tat, entzieht sich jeder Kenntnis, aber es muss auf jeden Fall über seine sonstigen Tätigkeiten hinausgegangen sein, denn die normalen Länderstudien waren wegen des damit verbundenen Materialbedarfs nur von Kiel aus zu bewältigen. Auch hierüber, wie über so vie-

---

165 Vgl. Karl Schiller, »Institut für Weltwirtschaft. Arbeitsbericht der Forschungsgruppe Schiller für die Zeit vom 15. September 1939 bis 1. April 1941«, 2. Mai 1941, in: WEI, K. 23.
166 Vgl. Schiller, Arbeitsbericht der Forschungsgruppe Schiller, S. 1; Dieckmann, Wirtschaftsforschung für den Großraum.
167 Vgl. Schiller, Arbeitsbericht der Forschungsgruppe Schiller S. 5.
168 Ebd. S. 11-12.
169 Ebd. S. 12.

les andere, hat er sich zu keinem Zeitpunkt geäußert, weshalb alle diesbezüglichen Nachforschungen ergebnislos verlaufen sind.

Welchem Zweck die Arbeit an der »Forschungsgruppe Schiller« diente, trat nunmehr klar zu Tage. Schillers erste Ehefrau Lolo erinnerte sich jedenfalls noch über 60 Jahre später daran, wie man daheim die Meldungen des Wehrmachtsberichtes mit einem stummen Achselzucken aufgenommen hatte, denn die Schillers wussten schon vorher, wohin die nächste Reise der deutschen Wehrmacht gehen würde – zumeist lagen die verschiedenen militärischen Operationen in unmittelbarer Nähe zu den erstellten Gutachten. Seine Begeisterung für diese Arbeit hielt sich vermutlich auch in äußerst engen Grenzen, denn die eigentliche wissenschaftliche Arbeit war fast völlig auf Eis gelegt. Stattdessen förderten er und seine Mitarbeiter zu Tage, ob Italien auch ausreichend mit Spinnfasern eingedeckt war.[170] Und dabei sollte sein nächstes Projekt ein besonders ambitioniertes Vorhaben sein. Schiller wollte eine »Geschichte der deutschen Handelspolitik« schreiben, an der er neben seinen kriegswirtschaftlichen Aufgaben schon gearbeitet und einige Kapitel auch bereits fertig gestellt hatte.[171] Angefangen vom Deutschen Zollverein bis zum Jahr 1940 wollte er beschreiben, wie das Deutsche Reich vom Freihandel abgerückt war. Das aber war in jenen Jahren nur eine Nebenbeschäftigung, und die Arbeiten für das OKW waren kaum in sein Veröffentlichungsverzeichnis aufzunehmen.

Besonders glücklich ist er in jenen Jahren nicht gewesen. Er litt an Nervosität und Schlaflosigkeit, vor allem an Appetitlosigkeit[172] – bei einer Größe von 1,75 Metern wog er nur 61,2 Kilogramm.[173] Auch das mag ein Beleg für die Tatsache sein, dass seine Situation ihn außerordentlich bedrückte, zum einen natürlich, weil er das Gefühl hatte, dass seine Universitätskarriere stagnierte. Und vielleicht auch, weil er spürte, dass er Schuld auf sich lud? Grundlos war sein späteres Schweigen über jene Jahre sicher nicht.

---

170 Vgl. Schiller, Arbeitsbericht der Forschungsgruppe Schiller, S. 3.
171 Vgl. Schiller, Arbeitsbericht der Forschungsgruppe Schiller, S. 14 ff.
172 So im Rückblick auf sein »Zivilleben« in einem Brief an Lolo 5.2.43 (26), Privatbesitz Noelle-Wying.
173 Vgl. das Amtsärztliche Gesundheitszeugnis vom 26.6.1939, in: LA SH, Personalkarte Karl Schiller, Abt.47, Nr. 6642, (Kopie der Originalunterlagen aus Rostock).

IV Soldat an der Ostfront (1942–1945)

Im Frühjahr 1941 hatte die Forschungsgruppe Schiller ihre Aufgaben beendet. Es war vermutlich auch kaum noch ein Land auf dem Globus übrig, das nicht bereits von den Kielern gründlich auf sein industrielles und wehrwirtschaftliches Potenzial untersucht worden war. Nach eigener Aussage hatte Schiller jedoch Predöhl auch davon in Kenntnis gesetzt, dass er bei nächster Gelegenheit mit einer Auflösung der Uk-Stellung einverstanden wäre. Da er zunehmend das Gefühl bekam, seine akademische Karriere sei gefährdet, entschloss er sich, den Sprung in das ungewisse Dunkel des Fronteinsatzes zu wagen. Bei der Musterung hatte Schiller gebeten, in einer »technischen Einheit« eingesetzt zu werden und dabei gehofft, »bloß nicht zur Infanterie« zu müssen.[1] Dieser Wunsch war nur teilweise erfüllt worden und er wurde der Nachrichtenabteilung der 290. Infanteriedivision zugeteilt.

Am 8. Mai 1941, auf den Tag genau vier Jahre vor der deutschen Kapitulation, wurde Karl Schiller eingezogen. An die Front jedoch kam er erst im Spätsommer 1942, da er vorher noch etwa ein Jahr verschiedene Offiziers- und Unteroffizierslehrgänge zu durchlaufen hatte. Diese Lehrgänge empfand er beinahe noch als furchtbarer als den späteren Fronteinsatz, denn er kam zumeist nur mit 19- oder 20-Jährigen zusammen, zu denen er keinen rechten Zugang fand.

Überhaupt liegt die Vermutung doch nahe, dass der Krieg für Schiller keineswegs so prägend war, wie dies bei den eigentlichen Angehörigen der »Frontgeneration« der Fall war. 1942 hatte Schiller bereits das dreißigste Lebensjahr überschritten. Er hatte schon geheiratet und war 1940 Vater einer Tochter geworden. Seine politische Prägung hatte er noch in den letzten Jahren der Weimarer Republik erfahren. Und auch was den weiteren Berufsweg anging, bedurfte es keiner Orientierung mehr. Der Krieg markierte nicht wie bei jüngeren Jahrgängen das Ende der Jugendzeit und den Anfang des Erwachsenenlebens, wo also ein ohnehin tief greifender Einschnitt im Leben durch das alle Normen- und Erfahrungen sprengende Kriegserlebnis noch verstärkt wurde. Für Schiller war der Krieg vielmehr eine Unterbrechung und vorübergehende Auszeit und in jeder Phase des Krieges hoffte er, einfach dort weitermachen zu können, wo er 1941 aufgehört hatte.

Indes – gänzlich belanglos war diese Zeit für sein späteres Leben nicht, zumal dann nicht, wenn man davon ausgeht, dass auch nach Jugend und Kindheit noch wesentliche Veränderungen im Charakter eines Menschen möglich bleiben. Und schließlich: An welcher Stelle, wenn nicht in dem Empfinden existenzieller Bedrohung durch das Kriegserlebnis, ließe sich mehr über den innersten Kern eines Menschen herausfinden,

---

1 Schiller-Merklein, 4.11.89, Kassette 12 (Seite A).

über seinem Umgang mit einer fundamentalen Krise, darüber, was für ihn im Leben wirklich zählt?

Den Krieg lernte er nur noch im Rückwärtsgang kennen. Im Spätsommer 1942 kam der Gefreite Schiller als einzelner Ersatzmann in den so genannten »Kessel von Dejmansk«, südlich des Ilmensees, der beim Rückzug »stehen gelassen« wurde. Das war am Nordabschnitt der Ostfront. Der Kessel, in dem sich etwa 100.000 deutsche Soldaten befanden, war nur durch einen schmalen Schlauch mit der westlich verlaufenden Front verbunden. In seiner ersten Nacht in der neuen Kompanie hörte Schiller von Weitem die russischen Lautsprecher, die den deutschen Soldaten entgegenriefen, dass, wenn Stalingrad erst erledigt sei, sie sofort als Nächste an der Reihe wären.[2]

Die 290. I. D. bestand fast ausschließlich aus Soldaten aus Norddeutschland. Besonders heimelige Gefühle kamen bei Schiller trotzdem nicht auf, denn überwiegend sprachen die Soldaten »Plattdütsch«, das er zwar ein wenig verstehen, aber nicht sprechen konnte.[3] Den viel größeren Kulturschock aber löste in ihm zunächst das fremde Land aus. Alles sei so anders, als er es sich vorgestellt habe, schrieb er von seinen ersten Eindrücken an Ehefrau Lolo.[4] Die Unordnung und das Chaos verwirrten und bedrückten ihn gleichermaßen. Schlamm und Dreck seien für deutsche, zivilisierte Verhältnisse unbeschreiblich[5], überall liefen verwahrloste russische Jungen und dreckige russische Weiber herum[6], und dabei gäbe es doch so vieles, was ein tüchtiger deutscher Ingenieur in ein paar Tagen in Ordnung bringen könnte. »Aber die Lethargie des Ostens scheint sich auf alles zu legen, und man lässt eben alles vorläufig in einem Zustand unglaublicher Schlamperei.«[7]

Sehr beschäftigt war er in den ersten Frontmonaten nicht. Die Kampfhandlungen konzentrierten sich hauptsächlich auf den Südabschnitt der Ostfront bei Stalingrad. Nach eigener Aussage hat Schiller ohnehin im Krieg keinen einzigen Schuss abgegeben.[8] Als Nachrichtensoldat überprüfte er die Funkverbindungen und brachte die meiste Zeit im Bunker zu, unterbrochen von gelegentlichen Ausflügen mit dem Krad, um zerstörte Leitungen zu reparieren. Aber da es zunächst nur wenig Kampfhandlungen gab, war er die meiste Zeit mit Abwarten und Nichtstun beschäftigt, und auf einer Liege vor dem Bunker holte er sich Ende August sogar einen gehörigen Sonnenbrand.[9]

---

2 Ebd.
3 Ebd.
4 Karl an Lolo, 8.8.42 (4). Die Feldpostkorrespondenz befindet sich im Privatbesitz von Sabine Noelle-Wying.
5 Karl an Lolo, 12.10.42 (37).
6 Karl an Lolo, 8.8.42 (4).
7 Karl an Lolo, 7.8.43 (3).
8 Gespräch Schiller-Merklein, 4.11.89, Kassette 12 (Seite A).
9 Karl an Lolo, 23.8.42 (12).

IV Soldat an der Ostfront (1942–1945)

Der schlimmste Feind der ersten Monate war nicht die Angst um das eigene Leben, sondern die Langeweile. Nichtstun und Müßiggang ertrug Schiller am schwersten. Geistig kam er sich zunehmend verkümmert vor, auch weil es zunächst nicht gelang, ihm sein Abonnement der »Frankfurter Zeitung« an die Front nachzuschicken.[10] Wenn man aber wenigstens ein paar Bücher bekommen könnte, um die geistige Ödnis zu überstehen! Er komme sich »bei der vielen stumpfsinnigen Arbeit schon ganz verdorrt vor«.[11] Als er von ein paar Kameraden das »Illustrierte Blatt«, im Dritten Reich ein erfolgreiches Klatschblatt, überlassen bekam, las er in seiner Verzweiflung vier Tage lang jede Zeile, »jede Annonce« und »jede Schauergeschichte«.[12]

Zumindest war er froh, anders als beim Lehrgang jetzt auch mit Männern seines Alters zu tun zu haben. Dennoch blieb da eine Distanz, die er nur schwer überbrücken konnte. Das Skatspielen wenigstens lernte er mit der Zeit, nachdem er scherzhaft darauf aufmerksam gemacht worden war, dass es sonst wohl nichts werden könne mit der Offizierslaufbahn.[13] Aber dass die Kameraden bei jeder passenden Gelegenheit, vor allem bei Lehrgängen, literweise Bier tranken, behagte ihm gar nicht. Alkohol vertrug er nicht besonders, er schien ihm auch gar nicht zu schmecken und außerdem lief dessen Konsum seinem Bedürfnis nach totaler Selbstkontrolle zuwider. Die Briefe an Lolo entstanden daher oft spät in der Nacht, im Kerzenschein auf einer kleinen Kiste in einem Nebenraum, wenn die Kameraden wieder ein Saufgelage zelebrierten.

Überhaupt war er ein fleißiger Briefschreiber, der durchschnittlich mehr als jeden zweiten Tag nachhause schrieb, so fleißig, dass Lolo in der Heimat kaum mithalten konnte und bisweilen von einem schlechten Gewissen geplagt wurde, dass sie nicht in der gleichen Frequenz zurückschrieb. Schillers Briefe konzentrierten sich in jenen Jahren ganz überwiegend auf die Ehefrau, die aufgetragen bekam, die Grüße an Karls Mutter und andere Verwandte und Bekannte weiterzuleiten. Übrigens war und blieb diese totale Fixierung auf die Lebenspartnerin auch in späteren Ehen charakteristisch für ihn. Seine Sorgen, Hoffnungen und Gedanken wurden zumeist immer auf den einen Menschen fokussiert. Wenn er sich in seinen Briefen den nächsten Fronturlaub ausmalte, so wünschte er immer, ganz allein mit Lolo sein zu können, niemanden wolle man sonst sehen, außer vielleicht, wenn es sich denn gar nicht vermeiden ließe, einmal ein paar Verwandte.[14]

Vom Krieg selbst schrieb er nur wenig, was neben dem Umstand, dass er in direkte Kampfhandlungen zunächst kaum verwickelt war, wohl auch dazu diente, die Ehefrau nicht zu beunruhigen. Und schließlich wirkte die Zensur durch die Feldpostprüfstellen der Wehrmacht, sodass er weder den genauen Ort erwähnen durfte, an dem er sich aufhielt, noch schreiben durfte, welchen Verlauf die Kampfhandlungen nah-

---

10 Karl an Lolo, 12.8.42 (5).
11 Karl an Lolo, 5.10.42 (34).
12 Karl an Lolo, 5.10.42 (34).
13 Karl an Lolo, 6.2.43 (27).
14 Karl an Lolo, 2.11.42 (49).

men.¹⁵ Das kleine bisschen Optimismus schwand jedenfalls schnell. Vielleicht, so hoffte er noch im September 1942, könne der Krieg ja bald vorbei sein, wenn England und die USA keine zweite Front aufbauen könnten und Russland sich zum Frieden genötigt sehe.¹⁶ Schon im Januar 1943, noch vor der Kapitulation der 6. Armee in Stalingrad, nach der die Kriegsinitiative endgültig an die Rote Armee übergehen sollte, machte sich aber bereits eine illusionslosere Haltung bemerkbar: »Wohin soll das bloß alles führen, wo doch der Feind allem Anschein nach über unerschöpfliche Reserven verfügt [...]. Es ist doch eine schreckliche Auseinandersetzung geworden.«¹⁷ Die verschiedenen Vorträge, die er auf Offizierslehrgängen über die militärische Lage zu hören bekomme, seien ja sehr interessant und idealistisch, von der Realität jedoch denkbar weit entfernt.¹⁸

Kein anderes Thema aber trieb Schiller auch in der Weite Russlands so um wie der Fortgang seiner Universitätskarriere. In den ersten Monaten steigerte sich seine Sorge, irgendwann mit leeren Händen dazustehen, fast ins Hysterische. Immer wieder wies er seine Frau an, doch mit den »Kielern« zuhause Kontakt zu halten, von denen er sich im Stich gelassen fühlte. Jeder Brief, den er von Kollegen oder aber von seinem Doktorvater Brinkmann oder von Predöhl bekam, wurde unzählige Male hin und hergewälzt, und noch in der harmlosesten Zeile witterte er abwechselnd Unterstützung oder Verrat. Seine Unzufriedenheit dauerte schon länger an und er konnte nicht verstehen, warum er, obgleich er doch schon zwei Jahre habilitiert war, noch keine Berufung erhalten hatte. Das war ja auch der Grund gewesen, warum er seine Uk-Stellung mehr oder weniger freiwillig aufgegeben hatte, denn vielleicht, so mochte er gedacht haben, war eine Berufung von der Front aus wahrscheinlicher und leichter möglich. Schon bald aber bereute er diese Entscheidung und machte sich dabei auch Vorwürfe, gegenüber seiner kleinen Familie egoistisch gehandelt zu haben.¹⁹ Fraglos nahm die Krise der ersten Monate schon bald bedrohliche Züge an. Vor allem seine Schuldgefühle und seine Selbstzweifel machten ihn zunehmend bedrückter. Er habe ja im Institut so viele Fehler gemacht, er sei nicht dickfellig und diplomatisch genug gewesen. Und wenn er sich doch bloß nicht freiwillig gemeldet hätte! Andere hätten längst auch von der Front die ersehnte Professur bekommen, nur bei ihm klappe es nicht.

> »Aber das ist nun mal mein Schicksal und meine Pechsträhne seit der Entscheidung des vorigen Jahres. Der Fehler dieser Entscheidung wird mir eigentlich immer klarer, wenn ich mein ganzes bisheriges Leben überdenke. Mein Leben war ein absolut undramatisches. Es hatte sich eigentlich immer alles durch Fleiß und

---

15 Vgl. Gerald Lamprecht, Feldpost und Kriegserlebnis. Briefe als historisch-biographische Quelle, Innsbruck 2001, S. 47 ff.
16 Karl an Lolo, 29.9.42 (31).
17 Karl an Lolo, 17.1.43 (18).
18 Karl an Lolo, 26.6.43 (99).
19 Karl an Lolo, 4.9.42 (18).

Arbeit von selbst, ›ohne eigenes Zutun‹ eingestellt, angefangen von der Schulkarriere bis zur Dozentur. Dann kam die Pause […] und anstatt es nun ruhig ausklingen zu lassen bis zu einem nächsten Wellenberg, wollte ich mit Gewalt eine Ordnung in meinem Leben unter den veränderten Kriegsumständen herbeiführen, und traf die Entscheidung des Winters/Frühjahrs 1941. Und seitdem herrscht die dramatische Linie in meinem Leben und macht es mir selbst manchmal etwas fremd und unheimlich. Aber es muss doch einmal wieder *mein* Leben werden und im Guten enden. Und was mich weiter oft beschäftigt, ist die Tatsache, dass ich – trotz allem ›Glück‹, dass ich beim Kommiß gehabt habe – doch eigentlich dort bislang nichts geworden bin und nach allem auch nicht mehr viel erwarte! Ein seltsamer Gegensatz zu meinem anderen eigenen Leben und ein Beweis auch dafür, wie dieses jetzige mir noch fremd ist.«[20]

Wenn Lolo einmal versuchte, seine Laune in dieser Zeit mit der Erinnerung an vergangene schöne Tage ein wenig aufzuhellen, reagierte er darauf mit Abwehr. Er könne diese Erinnerungen hier nicht brauchen, denn das mache ihn nur schwach, anstatt ihn zu stärken.[21] Auch einen »besonderen Brief«, um den Lolo ihn für den Fall bat, dass er fallen sollte, wollte er nicht schreiben. Das sei doch ganz unsinnig, denn so werde die Erinnerung an einen lieben Menschen auch nicht wachgehalten.[22] Ansonsten beneidete er Lolo und das Töchterchen Barbara, denn die hätten wenigstens sich, während er doch »unter all den anders gerichteten Menschen in Wirklichkeit ganz einsam«[23] sei.

In seinem Unglück hoffte er nachts wenigstens auf einen wolkenlosen Himmel. Denn dann konnte er den »Großen Wagen« sehen, den er und Lolo zu ihrem gemeinsamen Stern auserkoren hatten. Wenn man ihn am Himmel sehen konnte, so hatten sie sich versprochen, wollten sie aneinander denken.[24]

Der Karl Schiller der ersten Frontmonate steht im merkwürdigen Kontrast zu jenem unsentimentalen Mann, der nach 1945 alles in allem doch mit äußerster Hartnäckigkeit und Zielstrebigkeit an seinem Fortkommen arbeiten sollte. Fast schon wirkt er gebrochen und man ahnt, dass einige härtere Züge noch fehlen angesichts seines steilen Aufstiegs in der Trümmergesellschaft der Nachkriegszeit.

Doch dann trat tatsächlich eine Veränderung ein. Exakt zu datieren ist diese nicht, aber ihr Beginn lag wohl bereits ein gutes halbes Jahr nach seiner Abkommandierung an die Front, und wohl nicht zufällig fiel sie mit der Zeit nach seinem ersten Fronturlaub zusammen, der ihm offensichtlich neue Kraft spendete. Dabei war dieser Urlaub eigentlich eine große Enttäuschung gewesen, denn niemand der Kollegen am IWW

---

20 Karl an Lolo, 17.10.42 (40).
21 Karl an Lolo, 8.9.42 (20).
22 Karl an Lolo, 18.10.42 (77).
23 Karl an Lolo, 6.2.43 (27).
24 Karl an Lolo, 8.1.44 (60); Lolo an Karl, 2.8.44 (54).

hatte ihm einen Ausweg aus seiner Situation aufzeigen können[25], obgleich Predöhl dem deprimierten Schiller in Briefen immer wieder Mut zugesprochen hatte und ihm versicherte, dass ein so talentierter junger Mann sich doch nicht zu sorgen brauche.[26]

Aber nach diesem Aufenthalt in Kiel schien Schiller eine neue Gelassenheit gefunden zu haben. Er arrangierte sich zunehmend mit seiner Situation als Soldat, und als nur wenig später, im Februar 1943, eine Professur in Rostock zum Greifen nahe schien, kam ihm die ganze Angelegenheit angesichts der Fronterfahrung mittlerweile reichlich fremd und merkwürdig vor.[27]

Außerdem erfolgten bald mehrere außergewöhnlich schnelle Beförderungen; im Juli 1943 wurde Schiller zum Leutnant befördert und nur ein gutes Jahr später war er bereits Oberleutnant, obgleich er doch, wie er seiner Frau mit einigem Stolz schrieb, dafür erst im April 1946 an der Reihe gewesen wäre.[28] Grund für die Beförderungen war nicht zuletzt die Tatsache, dass er ab Sommer 1943 eine neue, ihm adäquatere Aufgabe zugewiesen bekam und jetzt als Adjutant der neuen Kompanieführung arbeitete. Der neue Kommandeur der Kompanie, Hauptmann Alexander Hillmann, wurde schnell auf die rasche Auffassungsgabe Schillers aufmerksam, der plötzlich militärischen Ehrgeiz entwickelte. Ein glücklicher Umstand verstärkte die Bindungen zwischen Schiller und seinem Kompaniechef. Hillmanns Frau Gabi war mittlerweile aufgrund der Luftangriffe ebenso wie Lolo Schiller nach St. Peter Ording evakuiert worden, wo die beiden Frauen sich schnell näher kamen, was für Schillers Fortkommen in der Wehrmacht wohl kein Nachteil war.

Ab Sommer 1943 wurde Karl Schillers veränderte Einstellung zum »Kommiß« unverkennbar und nahm schon erstaunliche Züge an. Seitdem er Adjutant geworden war, machte Schiller den Krieg, der für ihn vorher nur ein ärgerliches Karrierehindernis darstellte, gewissermaßen auch zu seiner eigenen Angelegenheit. Die Zeit der Langeweile war nun vorbei, und beinahe wonnevoll begann er über die vielen Aufgaben zu stöhnen, denn er sei nun das »Mädchen für alles«, was ihn offensichtlich mit großer Genugtuung erfüllte.[29] Aber schließlich wäre er ja schon im Institut als Arbeitsbiene bekannt gewesen und das setze sich nun im Stab fort. Alle Welt könne sehen, dass er sich um alles kümmere. »Manch einer seufzt darunter, aber der Laden läuft.«[30] Hart fiel nun, nachdem sein Förderer Hillmann versetzt worden war, auch sein Urteil über die Führung seiner Abteilung aus, in der »menschliche Weichheit und Schwäche« dominierten und in der er im Grunde der Einzige sei, der die Verwaltung noch aufrecht-

---

25 Karl an Lolo, 11.12.42 (1).
26 Die Briefe Predöhls an Schiller befinden sich – merkwürdig genug – in der Personalakte Schillers, in: Personalakte Karl Schiller, Eigentum des Instituts für Weltwirtschaft (Kopie im LA-SH).
27 Karl an Lolo, 17.2.43 (35).
28 Karl an Lolo, 21.10.44 (78).
29 Karl an Lolo, 31.10.43 (34).
30 Karl an Lolo, 25.12.43 (56).

erhalte.³¹ Auf Lehrgänge, die er ohnehin nicht besonders mochte, weil ihm dort der verhasste Wehrsport abverlangt wurde, fuhr er nun mit noch größerer Unlust, da er sich nicht vorstellen konnte, wer dann für ihn die ganze Arbeit machen sollte.³² Dass er im Stab zum ersten Mal wirklich Organisationsaufgaben übertragen bekam, die er zuvor nicht gerade für seine Stärke gehalten hatte³³ und dass er damit Verwaltungsarbeit lernte, sollte für spätere Aufgaben gewiss von Vorteil sein.

Abb. 4   Schiller in Uniform: »Manch einer seufzt darunter, aber der Laden läuft«: Karl Schiller als Adjutant der Kompanieführung im Russlandfeldzug (vermutlich 1943).

Auch seine Einstellung zum Krieg allgemein änderte sich. Aber in dieser Hinsicht sind die Feldpostbriefe als Quelle doch mit einiger Vorsicht zu interpretieren, denn einige optimistische Durchhalteparolen mochten lediglich dazu gedient haben, der

---

31 Karl an Lolo, 1.4.44 (10).
32 Karl an Lolo, 8.4.44(13).
33 Karl an Lolo, 20.6.43 (97).

Ehefrau Mut zuzusprechen. Noch im Mai 1944 schrieb Schiller seiner Lolo, dass die Invasionsgerüchte nur »dummes Zeug« seien, von denen sie sich nicht beeindrucken lassen solle.[34]

Anhand der Feldpostbriefe der Schillers lässt sich auch sehr genau erklären, worin der rational kaum erklärbare Durchhaltewille der Deutschen am Ende des Zweiten Weltkrieges ihre Ursache hatte. Dass jedenfalls nach einer Niederlage von Zukunft für das deutsche Volk keine Rede mehr sein könne, darin waren sich Karl und Lolo einig. Auf keinem Gebiet war die nationalsozialistische Propaganda wohl so erfolgreich wie in der Suggestion, es gebe nach einer Niederlage kein Morgen mehr.

Dennoch wurde Schillers ansteigende Stimmungskurve angesichts des Kriegsverlaufs immer rätselhafter. Selbst die Ehefrau fragte sich mit der Zeit, woher er bloß noch seinen Optimismus nehme und wie er es noch immer schaffe, so fest an den Endsieg zu glauben.[35] Himmlers Aufruf zum Volkssturm trage ja viele ideale Züge, doch mit Idealismus allein ließe sich kein Krieg gewinnen.[36] Man warte endlich auf den Einsatz der versprochenen Vergeltungswaffe, warum aber, so fragte sie mit erkennbarem Sarkasmus »muß man erst so erbittert kämpfen, wenn man doch etwas Besseres hat!?!«[37]

Die Hoffnungen des eigentlich so nüchternen und zunächst ja auch ausgesprochenen pessimistischen Soldaten waren in der Tat kaum erklärbar. Während die allgemeine Moral der deutschen Wehrmacht am Ende immer mehr in sich zusammenfiel, fühlte er eine »fieberhafte Stimmung«, die sich seiner bemächtige.[38] Einige mochten unter dem Druck zusammenbrechen,

> »aber ich muss sagen, dass ich im Gegenteil froh bin, dabei zu sein. Den Hauch des Schicksals und der Weltgeschichte im eigenen Nacken zu verspüren, mag manchem die Knie weich machen, aber manchen auch das Blut schneller und stolzer durch die Adern fließen lassen.«[39]

Seitdem Schiller als Adjutant das Gefühl hatte, einen wertvollen Beitrag zur Kriegsführung leisten zu können, war sein Ehrgeiz offensichtlich angestachelt, und es erfüllte ihn mit Befriedigung, dass er immer selbstsicherer wurde, während die Kameraden eben die »weichen Knie« bekamen.

Vermutlich half ihm auch ein Buch, das er im September 1943 während einiger ruhigen Stunden an der Front gelesen hatte, nämlich »Reinhold im Dienst« von Paul Alverdes.[40] Schiller war in Jugendtagen ein großer Ernst-Jünger-Fan gewesen, und umso

---

34 Karl an Lolo, 15.5.44 (27).
35 Lolo an Karl, 26.8.44 (63).
36 Lolo an Karl, 23.10.44 (79).
37 Lolo an Karl, 11.6.44 (37).
38 Karl an Lolo, 10.8.44 (56).
39 Karl an Lolo, 29.7.44 (51).
40 Vgl. Paul Alverdes, Reinhold im Dienst, München 1931.

schlimmer war wohl das Erwachen, als er selbst in den ersten Monaten an der Front nichts von jener Kriegsbegeisterung verspürt hatte, die Jünger etwa im »Stahlgewitter« glorifiziert hatte. Jetzt, durch die Auseinandersetzung mit dem Buch Alverdes', das in seiner Verherrlichung des Kriegserlebnisses den Büchern Jüngers in nichts nachstand, fand er seinen eigenen Zugang zum Krieg. Der Erste Weltkrieg sei eben für alle noch ein »großes (grausiges) Wunder gewesen, vor das die Gläubigen gerissen wurden. Heute sind wir alle durch die Erfahrungen des Ersten Weltkrieges ›aufgeklärt‹.« Von Anfang an habe man sich daher über den Schrecken des Krieges keinerlei Illusionen gemacht, man habe das Geschehen schon »entzaubert« gesehen. Daher aber, so Schiller in seinem Brief, sei da eine »ganz andere Art des ›Idealismus‹, gewissermassen ein des-illusionierter, aber dafür nicht von geringerer Kraft, sondern ganz im Gegenteil: sachlicher, ernster und verbissener.«[41]

Überhaupt ist es sein Ehrgeiz, der auch in den Kriegsjahren am stärksten an ihm auffällt. Mehrmals bekam er die Chance, für einige Tage und Wochen dem lebensgefährlichen Fronteinsatz zu entkommen: Die deutsche Wehrmacht lud ihn als Dozenten zu einigen Hochschulkursen für Wehrmachtsangehörige ein. Die Vorträge vor den verschiedenen Kompanien seiner Division waren weniger ein Problem; an den Hochschulkursen aber nahmen nicht nur junge Soldaten teil, die bereits einige Semester zuhause studiert hatten, sondern man traf dort natürlich auch auf Kollegen, Offiziere wie Schiller oder auch auf einige ältere Dozenten, denn die Hochschulkurse wurden in Kooperation mit der Königsberger Universität durchgeführt. Trotz allem sollte man eigentlich annehmen, dass ein kurzer Urlaub von der Front eine willkommene Abwechslung hätte sein müssen. Schiller aber überlegte nur, ob er den Hochschulkursen in Dorpat und Riga überhaupt beiwohnen könne, denn er hätte schließlich so gut wie keine Unterlagen beisammen, und überhaupt sei die Zeit zur Vorbereitung ja viel zu kurz.[42] Wie schon im Zivilleben litt er in den Tagen vor seinen Referaten abermals unter Nervosität und Schlaflosigkeit. Am Ende, auch durch gutes Zureden seiner Frau, nahm er an den Kursen schließlich doch Teil und referierte über »Kriegswirtschaftspolitik und neue Wirtschaftsordnung.«[43] In den Tagen zwischen seinen Vorlesungen saß er allein auf seinem Zimmer und bereitete das nächste Referat vor, während die Kollegen im Offizierskasino auf die Abwesenheit von der Front anstießen. Er müsse durch das »Fegefeuer der Vorbereitungen« gehen, schrieb er der Ehefrau.[44] Sollte aber das eigentliche Fegefeuer nicht die Todesgefahr an der Front sein? Karl Schiller empfand es offensichtlich anders.

Dass Schiller sich zunehmend der Aufgabe als Soldat verschrieb, kann nicht erstaunen. Sein Ehrgeiz ließ im Grunde nichts Anderes erwarten. Jedoch bestätigt das

---

41 Karl an Lolo, 22.9.43 (16).
42 Karl an Lolo, 6.10.43 (23) sowie 10.10.43 (24).
43 Karl an Lolo, 20.10.43 (28).
44 Karl an Lolo, 18.10.43 [ohne Nummer (nach Reihenfolge Nr. 26)].

lediglich die bekannten Charakterzüge – über seine politische Orientierung sagt es hingegen wenig aus. Bisher jedenfalls deutete wenig darauf hin, dass er etwa aus ideologischer Überzeugung an die Sinnhaftigkeit des Kriegs glaubte.

Dass seine nationale Orientierung anwuchs, von der zuvor nicht viel zu spüren gewesen war, wurde mit der Zeit jedoch unverkennbar. Grund hierfür war vor allem die Verarbeitung der unbeschreiblichen russischen Lebensverhältnisse, die für ihn alles übertrafen, was sich die heimische Propaganda ausgedacht hatte. Schiller trieb die Angst um, die eigene Heimat könne sich im Falle einer Niederlage schon bald in eine öde, russische Steppenlandschaft verwandeln. Nach dem letzten Kampftag auf russischem Boden wurde ihm alles Verteidigenswerte noch einmal überdeutlich bewusst. Jetzt, auf europäischem Boden (die Einheit befand sich vermutlich im Baltikum) kämpfe man wieder in einer Kulturlandschaft gegen den Ostansturm. Dessen Hunger dürfe nicht dem europäischen Gebiet ausgeliefert werden.[45]

Auch Nachkriegsperspektiven reiften in jener Zeit wieder in ihm und wie nicht anders zu erwarten, kreisten seine Gedanken vor allem um die Weltwirtschaftspolitik. Darüber jedoch tauschte er sich nicht mit seiner Ehefrau, sondern mit seinem alten Kompaniechef Hillmann und Andreas Predöhl aus, und in beiden Briefen kristallisierten sich dabei die gleichen Gedanken heraus.

Die Kieler Prognosen zur Tendenz der »Grossraumwirtschaft« bewahrheiteten sich, hieß es in einem Brief an Predöhl, nun, da immer deutlicher werde, dass die USA sich gänzlich über das britische Empire gewälzt hätten.[46] Die Welt teile sich zurzeit in zwei große Wirtschaftsblöcke auf, die ideologisch jeweils »gewaltsame(n) Weltbildkonstruktionen« folgten. Die USA würden mit ihrem puritanischen Formalismus, wie ihn schon Max Weber herausgearbeitet habe, die zukünftige angelsächsische Politik bestimmen. Und dabei steuerten sie, wie er dem Förderer Hillmann schrieb, ganz im Sinne der Thesen Oswald Spenglers einer »jahrhundertelangen Entartung des Abendlandes in Caesarismus und Geldherrschaft« zu, während der östliche Feind noch immer der These von Marx vom Umschlag der bürgerlichen Welt durch kapitalistische Kriege in eine nivellierte Weltgesellschaft nachgehe. Diesen »Radikallösungen« gegenüber stehe allein die dritte, deutsche Front, die aber für den europäischen Kontinent die einzig adäquate Lösung darstelle.[47]

Weiter präzisierte Schiller seine Vorstellungen nicht. Aber der Rückgriff auf Oswald Spengler und die Wortwahl von der »Entartung« scheinen doch auf eine etwas bedenklichere Affinität in Schillers Einstellung zum Nationalsozialismus hinzudeuten. Dass er seinem linientreuen Institutsdirektor Predöhl einen solchen Brief schrieb, mochte sich noch durch taktisches Kalkül erklären. Aber warum schrieb er im glei-

---

45 Karl an Lolo, 18.7.44 (50).
46 Schiller an Predöhl am 20.6.44, in: Personalakte Karl Schiller, Institut für Weltwirtschaft Kiel.
47 Schiller an Alexander Hillmann am 18.6.1944. Dieser Brief hat Hillmann offensichtlich niemals erreicht, denn er befand sich in der Korrespondenzserie des Ehepaares Schiller.

chen Duktus dem Freund Hillmann? Hatten die zwei Jahre an der Front mittlerweile doch einige Spuren in seinem Weltbild hinterlassen?

Sieht man jedoch einmal von der martialischen Wortwahl ab, dann kommt in diesen Briefen durchaus eine Kontinuität in den wirtschafts- und gesellschaftspolitischen Vorstellungen zum Vorschein. Denn mit der dritten, der »deutschen Front«, war natürlich nichts Anderes als der so vielfach beschworene »dritte Weg« gemeint, der den »Radikallösungen« der beiden Hauptkriegsgegner gegenüberstand und nach dem Schiller und andere freiheitliche Sozialisten schon vor 1933 gesucht hatten. Erstaunlich waren seine Ausführungen dennoch – man schrieb immerhin schon das Jahr 1944. Es stand sehr zu bezweifeln, dass es zukünftig noch einen »deutschen Weg« geben würde. Und selbst wenn der allergrößte Optimist noch auf eine wundersame Wendung des Krieges hoffte, so war doch zumindest offensichtlich, dass die Nationalsozialisten keineswegs Schillers »dritten Weg« gingen, sondern ihre Straße nur in Verderben, Untergang und Völkermord enden konnte.

Mehr als nur eine leise Ahnung vom Völkermord hatte Schiller bereits während einer Reise in den Fronturlaub 1944 bekommen. Auf dem Weg vom Kurland in die Heimat hatte er Station in Riga gemacht, wo er einen ehemaligen Kollegen aus dem IWW traf, der dort bei der deutschen Verwaltung arbeitete. Abends in der Kneipe erzählte dieser ihm dann deprimiert, dass ständig Züge mit Juden aus dem Reichsgebiet kämen, von denen man nicht wisse, wo sie endeten. Schiller hat diese Geschichte später in dem Gespräch mit Renate Merklein erzählt. Als die Journalistin ihn daraufhin fragte, ob von da an nicht seine Identifikation mit der Nation beeinträchtigt gewesen sei, erhielt sie von Schiller eine erstaunliche Antwort: Die unmittelbare Schlussfolgerung, so Schiller, sei für ihn eine andere gewesen. Von diesem Zeitpunkt an habe er gewusst, dass der Krieg verloren gehen musste. Denn wie sollte ein Machtapparat, der so etwas tat, den Krieg gewinnen?[48] Man sollte aus dieser Aussage nicht schließen, dass ihm nicht auch die Amoralität des Genozids klar gewesen wäre. Für antisemitische Neigungen gibt es keinen Hinweis, und schließlich waren seine bewunderten akademischen Lehrer allesamt Juden gewesen. Und doch macht es noch einmal deutlich, dass sich Schiller mit dem Nationalsozialismus, trotz partieller Zustimmung in der Wirtschaftspolitik und obgleich das Regime ihm und anderen Wissenschaftlern die Möglichkeit bot, ihren technokratischen Ehrgeiz zu befriedigen, auch deswegen nicht vollständig identifizieren konnte, weil er den von ihm so geliebten rationalen Kalkülen einfach nicht folgte. Denn welchem vernünftigen Ziel sollte der Völkermord schon dienen?

Die restliche Kriegszeit ist rasch erzählt. Schillers zwischenzeitliche Euphorie in Bezug auf den Kriegsausgang sollte sich sehr schnell erledigen. Am Jahresende 1944 hatte er erneut Glück. In all dem Irrsinn der letzten Kriegsmonate mahlten doch die Walzen der Wehrmachtsbürokratie in manchem ganz normal weiter, was auch das Lehrgangswesen betraf. Schiller wurde an die Heeresnachrichtenschule nach Halle

---

48 Schiller-Merklein, 4.11.1989, Kassette 12 (Seite A).

versetzt, um dort als Dozent zu arbeiten. Es war eine schicksalhafte Fügung; im Kurland hatte er sich abermals in einem Kessel befunden, aus dem nur wenige seiner Einheit entkommen sollten. Da der Landweg durch die russische Armee bereits abgeschnitten war, bestieg Schiller in Bindau ein Marineschiff mit Verwundeten, und nach einer 24-stündigen Fahrt kam er schließlich im Dezember 1944 in Gotenhafen an. Die Heeresnachrichtenschule allerdings wurde bereits nach kurzer Zeit aufgelöst und zu einer Infanteriedivision umgewandelt. Westlich von Halle wurde Schillers neue Einheit noch einmal mit einer ihm bis dahin unbekannten Kriegserfahrung konfrontiert: Nun ging es gegen die Amerikaner, deren Jagdbomber große Verluste verursachten.

Wie Schiller später berichtete, habe er irgendwann für sich und seine norddeutschen Kameraden eigenhändig einen Marschbefehl unterzeichnet, mit dem sie zunächst nach Hamburg und dann nach Schleswig gereist seien, vorbei an verschiedenen Kontrollpunkten, was sie noch an den Galgen hätte bringen können. Seine Ersatzdivision sei zunächst für einen Einsatz in der Lüneburger Heide vorgesehen gewesen, doch nach der Kapitulation Hamburgs am 3. Mai 1945 habe man dann in Schleswig vor englischen und kanadischen Truppen kapituliert.[49]

Nach der Gefangennahme fuhr Schiller zusammen mit einem von den Briten gestellten Kraftfahrer durch Schleswig-Holstein, das Land, in dem er aufgewachsen war, und baute die Telefonleitungen wieder auf. Er wusste nicht, wie es weitergehen sollte. 1944 hatte er tatsächlich den ersehnten Ruf bekommen, und zwar an die Universität Rostock, den er kriegsbedingt bisher nicht wahrnehmen konnte. Aber ein ehemaliger Kollege aus Kiel, der dort zwischenzeitlich gelehrt hatte, war in den Tagen der Kapitulation aus Rostock nach Kiel heimgekehrt und riet ihm, sich keine Illusionen zu machen: Die Russen würden dort ein schreckliches Regiment führen. Da er jedoch dorthin formell gewechselt war, besaß er nun in Kiel keine Anstellung mehr. Andreas Predöhl, von dem sich Schiller bis dahin die weitere Förderung seiner Karriere versprochen hatte, wurde im Juni 1945 von den Briten aus seiner Stellung als Direktor des IWW entlassen. Und um die Situation noch schwieriger zu machen, war auch noch Schillers Wohnung in Kiel ausgebombt worden. Die Zukunft, die vor ihm lag, war dunkel und unwägbar.

Wie sind diese ersten 34 Jahre im Leben Karl Schillers zu bewerten? »Undramatisch« hatte er sie selbst in seinem Brief an die Ehefrau Lolo genannt – jedenfalls, so weit es die Jahre bis zu seinem Fronteinsatz betraf.

Ein Abenteurer ist er gewiss nicht, so viel ist wahr an der Selbstzuschreibung eines »undramatischen« Lebens. Eher ist er ein vorsichtiger, abwägender Mensch, dabei in allem was er tut äußerst genau und gewissenhaft. Dass er ein sozialer Aufsteiger ist, mit dem unbedingten Willen zu reüssieren, das wurde bereits erwähnt, auch dass er al-

---

49 Die Erinnerungen an die letzten Kriegsmonate im Gespräch Schiller-Merklein am 4.11.89, Kassette 12 (Seite A).

les tut, damit sein Leben einen anderen Verlauf nimmt als das seines gescheiterten Vaters. Immerzu ist er auf der Suche nach Anerkennung; selbst beim Militär entwickelt er Ehrgeiz, als er die Möglichkeit bekommt, sich zu beweisen. Im Ganzen gewiss selbstbewusst, kennt er aber auch Selbstzweifel, wird ungeduldig, wenn er das Gefühl hat, nicht schnell genug voranzukommen.

Er liebt die Ordnung und fürchtet das Chaos. Das hat nicht nur für die eigene Lebensführung Konsequenzen, die er strenger Selbstkontrolle unterwirft. Emotionen versucht er zu kanalisieren. Den Menschen in seiner Umgebung erscheint er daher schon in früher Jugend unnahbar und unergründlich. Aber er leidet auch unter der selbst verursachten Isolation, sehnt sich im Grunde nach Freundschaft und Gemeinschaft. Bisweilen kommt bereits der Drang zum Vorschein, aus seinem »inneren Gefängnis« auszubrechen.

Die Suche nach Ordnung zeichnet aber auch den Wissenschaftler Karl Schiller aus. Seine Leidenschaft für die Naturwissenschaften war kein Widerspruch zu dem Entschluss, Nationalökonomie zu studieren. Er suchte hier wie dort das Gleiche: Präzision, Exaktheit, insgesamt die Möglichkeit, definitiv beweisbare Antworten zu erhalten. Und daher ist er keineswegs der Typus des weltabgewandten Gelehrten im universitären Elfenbeinturm. Immer lassen sich aus seinen Arbeiten auch Empfehlungen an die Wirtschaftspolitik ableiten. Er strebt nach der praktischen Verwertbarkeit seiner wissenschaftlichen Erkenntnisse. Dass diese Erkenntnisse einem totalitären Staat, ausgerüstet mit einem brutalen Unterdrückungsapparat, zugutekommen, ist letztlich für ihn unerheblich, zumindest nimmt er es in Kauf. Obgleich er mit seiner Dissertation eigentlich die Erfahrung machen musste, dass es eine werturteilsfreie, zweckneutrale Wissenschaft kaum mehr geben konnte, ist er selbst davon überzeugt, Antworten zu geben, deren Richtigkeit und Wahrheitsgehalt letztlich unabhängig von der politischen Struktur sind.

Hat sich eine politische Prägung in dieser Zeit schon endgültig durchgesetzt? Gewiss blieb aus den letzten Jahren der Weimarer Republik eine diffuse sozialistische Orientierung erhalten, auch in der Zeit der nationalsozialistischen Diktatur. Nach dem Krieg ist das ein wichtiger Anknüpfungspunkt, der seinen Eintritt in die SPD zum Teil verständlich macht. Aber zwangsläufig erscheint das im Juni 1945 noch nicht, schon deswegen nicht, weil er in vielem doch unpolitisch erscheint.

Andererseits, und das ist vielleicht die erstaunlichste Erkenntnis, gab es für Schiller offensichtlich auch Schnittstellen zwischen Sozialismus und Nationalsozialismus. Selbst 1944 hat er noch nicht ganz die Illusion verloren, bei der Nazi-Diktatur könnte es sich um einen »dritten Weg« handeln. Und da er sehr genau dem Typus des Sozialingenieurs entspricht, den es nach Mitwirkung und Gestaltung seiner Umwelt drängt, ist er durch die andere, die totalitäre Seite der Moderne auch durchaus verführbar gewesen.

Sind noch die liberalen Einflüsse der Jugendzeit erkennbar? In seinen wissenschaftlichen Arbeiten ist davon jedenfalls wenig zu spüren. Er glaubt vielmehr an kollektive Lösungen, setzt auf eine weitgehend staatlich gelenkte Wirtschaft und auf Planungselemente. Aber immerhin hat die Erziehung an der Hebbelschule doch einen ausgeprägten Individualismus hervorgerufen, und ohne diese Erziehung wäre vielleicht die erkennbare Restreserve zum Nationalsozialismus gar nicht vorhanden gewesen.

Es waren also mehrere Einflüsse, die sich hier überlappten und von denen einige auch in einem Spannungsverhältnis zueinander standen. Welche dieser Einflüsse sich am Ende durchsetzen werden, das ist noch keineswegs sicher, und hängt wohl in erster Linie von den Erfahrungen ab, die er auf seinem weiteren Weg machen wird.

Eines aber ist gewiss: Auch nach dem totalen Zusammenbruch 1945, ohne klar erkennbare Perspektive, kann sich Karl Schiller auf eines verlassen: Er ist blitzgescheit. Mehr als allem anderen verdankte er das, was er bis hier erreicht hatte, einem erstklassigen Verstand, gepaart mit einem nicht minder auffälligen Ehrgeiz. Beide Eigenschaften sollten für eine steile Nachkriegskarriere sorgen.

V Nachkriegskarrieren (1945–1954)

1   Orientierung in der Trümmergesellschaft

Wohin also sollte sich Schiller im Juli 1945 wenden? Unter den derzeitigen Umständen nach Rostock zu gehen, kam für ihn nicht mehr infrage. Offensichtlich ist nur, dass er etwas Anderes als die Fortsetzung seiner Universitätskarriere auch in der Zeit des Zusammenbruchs nicht im Blick zu haben schien. Zumindest trug er nun, obgleich er dem Ruf kriegsbedingt nicht folgen konnte, seit der Ernennung in Rostock den Professorentitel. Da Schiller keine andere Anlaufstelle hatte, blieb ihm also kaum etwas Anderes übrig, als den Kontakt zum IWW wieder aufzunehmen. Bereits in den Tagen der Gefangenschaft versuchte er, seine Verbindungen nach Kiel zu reaktivieren.[1]

Aber große Avancen waren von dort nicht zu erwarten. Den Kielern stand das Wasser selbst bis zum Hals. Andreas Predöhl war von den Briten rasch abgesetzt worden und die Zukunft des Instituts stand völlig in den Sternen – schließlich hatte es eng mit dem OKW kooperiert.[2] Überhaupt verloren sich in jenen ersten Wochen und Monaten des Zusammenbruchs alle Überlegungen ins Ungewisse. Wenn die Pessimisten Recht behielten und die Deutschen zukünftig in Erdlöchern hausen würden, dann würde das Land fortan keine Nationalökonomen mehr brauchen.

Eine Stelle direkt in Kiel hatte man für Karl Schiller jedenfalls nicht frei. Dabei gab es Aufgaben genug. Die Zeitschrift des Instituts musste wieder in Gang gebracht werden. Und außerdem hatte das IWW sich schließlich traditionell durch private und staatliche Auftragsarbeiten finanziert. Aber wer sollte in der ganzen unübersichtlichen Lage noch als Auftraggeber fungieren? Von Kiel oder Ratzeburg aus, wohin das Institut wegen der schweren Fliegerangriffe in den letzten Kriegsmonaten verlegt worden war, war die Reaktivierung des IWW jedenfalls schwer möglich. Alle wichtigen Entscheidungen wurden jetzt in Hamburg getroffen, denn dort befand sich das für Norddeutschland zuständige Hauptquartier der britischen Besatzungsbehörden. Die Neu-Lizenzierung des »Weltwirtschaftlichen Archivs« konnte nur von dort über die »information control unit« erfolgen. Auch die Druckerei der Zeitschrift befand sich in der Hansestadt, und wenn man die Finanzierung durch zunächst kleinere Forschungsarbeiten sicherstellen wollte, so bot sich in dieser Hinsicht ebenfalls eigentlich nur Hamburg an. Kurz gesagt: Man brauchte eine Außenstelle in der Metropole Norddeutschlands, um Fühlung mit den Besatzungsbehörden aufnehmen zu können.

Die neue Institutsleitung unter Friedrich Hoffmann, der schon unter Predöhl im IWW tätig war, hatte Schiller nicht nur als begabten Wissenschaftler kennen gelernt,

---
1   Schiller-Merklein, 4.11.1989 Kassette 12 (Seite A).
2   Vgl. Beckmann, Pioniere der Konjunkturforschung, S. 34.

sondern auch als einen Mann, der diese Eigenschaft mit einer raschen und praktischen Auffassungsgabe kombinieren konnte. Und da Schiller seinerseits immer wieder auf eine Anstellung insistiert hatte und man dabei kaum wählerisch sein konnte, schickte man den jungen Dozenten nach Hamburg, wo er die Redaktion des »Weltwirtschaftlichen Archiv« leiten sollte. Ende Juli 1945 war es bereits so weit. Er wohnte zunächst bei den Schwiegereltern Ulmer in Blankenese. Lolo, Barbara und die 1945 geborene zweite Tochter Bettina sollten erst im Laufe des Jahres 1946 nachziehen.

Wir wissen nicht, mit welchen Gefühlen Schiller die »Abkommandierung« nach Hamburg aufnahm. Nun, es war natürlich in jedem Fall besser, als vor dem Nichts zu stehen. Aber in wissenschaftlicher Hinsicht war er zunächst einmal aus jedem Kontext gerissen, denn außer ihm beschäftigte die Hamburger Außenstelle des IWW nur noch eine Sekretärin. Dass er sich ein wenig wie im Exil fühlte, lässt sich doch vermuten.

Im Nachhinein betrachtet war der Wechsel nach Hamburg jedoch fraglos ein Glücksfall für Karl Schiller. Gewiss musste ein Mann mit seinen Talenten nicht allzu sehr auf Glück und Zufall vertrauen, und man kann davon ausgehen, dass er auf die eine oder andere Art und Weise im Nachkriegsdeutschland seinen Weg gefunden hätte. Ob sich jedoch die Chance zum Einstieg in die Politik – woran er zunächst noch keinen Gedanken verschwendete – so rasch und zügig wie in Hamburg ergeben hätte, das bleibt doch offen. Und fraglos passte ein Intellektueller wie Schiller besser in die Weltstadt Hamburg als in die schleswig-holsteinische Provinz, wo seine Talente vielleicht doch länger im Verborgenen geblieben wären.

Unbekannt war ihm die Stadt nicht, schon alleine wegen der häufigen Besuche bei den Schwiegereltern. Und natürlich hatte ihn das »Tor zu Welt« schon in Kieler Jugendtagen fasziniert. Mit seinem Jugendfreund Hans Bolewski war er in den Sommerferien oft mit dem Fahrrad nach Hamburg gefahren, hatte dabei staunend die gewaltigen Hafenanlagen bewundert und war an den imposanten Patrizierhäusern an der Außenalster vorbei promeniert.[3]

Wiederzuerkennen war für den Neuankömmling nicht mehr viel. Hamburg war eine einzige Trümmerwüste. Die Zerstörungen durch die Bombenangriffe hatten 43 Millionen cbm Schuttmassen produziert; übereinandergestapelt hätte man aus den Trümmern auf der Fläche der Binnenalster einen 236 Meter hohen Turm errichten können.[4] Nur die stählernen Pfeiler der Elbbrücken ragten noch stolz wie ein Monument aus längst vergangenen Zeiten in die trostlose Gegenwart hinein.

An einen längeren Aufenthalt in Hamburg schien Schiller zunächst nicht zu denken. Im Januar 1946 verfasste er ein Memorandum über den Wiederaufbau des Kieler Instituts, in dem ehrgeizige Pläne mitklangen. Durch die katastrophalen Verwüstun-

---

3 Gespräch mit Hans Bolewski.
4 Vgl. den Bericht eines Mitarbeiters des Wohnwirtschaftsamtes »Kurzbericht über die Zerstörung Hamburgs und den Wiederaufbau bis 1950«, ohne Datum (vermutlich September 1951), in: BA N Schiller 1229, B. 11.

gen des Krieges auf dem europäischen Kontinent, so Schiller in seiner Denkschrift, sei die Monopolstellung des Instituts hinsichtlich Materials und Know-how beträchtlich angewachsen. Für den Wiederaufbau der deutschen Volkswirtschaft sei das Institut schlechthin unverzichtbar. Das IWW müsse sich daher an den großen amerikanischen und englischen Sozialforschungsinstituten orientieren und für den »verwüsteten Erdteil ein Mekka der Nationalökonomie« werden. Das, so Schiller, könnte auch deswegen problemlos erreicht werden, weil das Institut seinen auch in den zwölf Jahren des Dritten Reiches nicht angetasteten guten Ruf und den »goodwill« des Auslands mit in die neue Zeit herübernehmen könne. Das IWW müsse an den Geist der »free speech« anknüpfen, der auch in den Jahren der Diktatur immer vorgeherrscht habe.[5]

Im Nachhinein weist dieser offensive Umgang mit der Institutsgeschichte noch einmal darauf hin, dass seine Interpretation von der »Käseglocke«, unter der er gearbeitet habe, nicht allein der Rechtfertigung nach außen diente, sondern dass er vermutlich selbst davon überzeugt war, von allen politischen Einflüssen dort völlig abgeschirmt gewesen zu sein. Folgerichtig stellte er seinem alten Institutsdirektor Andreas Predöhl dann in den folgenden Jahren auch wiederholt den berühmten »Persilschein« aus. Predöhl habe ihn vor politischem Druck immer wieder geschützt und dafür gesorgt, dass er ungestört seiner wissenschaftlichen Arbeit nachgehen konnte.[6] Im Übrigen fand sich in dem Memorandum kein Wort davon, dass das Institut zu den Verwüstungen des Erdteils, die die »Monopolstellung« des IWW gestärkt hätten, schließlich durch die Gutachten für das OKW seinen Teil beigetragen hatte.

Noch etwas Anderes wird deutlich: Schiller gewann schnell seinen Optimismus zurück. Das sollte ein wichtiges Startkapital sein. Er glaubte sehr schnell an einen neuen Anfang, der – jedenfalls im Falle des IWW – ganz neue Chancen und Perspektiven eröffnen könnte.

Aus seinem Interesse an der Entwicklung des IWW darf man freilich nicht schließen, dass er sich mit dem Hamburger »Exil« nicht schon sehr bald angefreundet hätte. Ganz im Gegenteil gewinnt man den Eindruck, dass die erste Zeit in Hamburg zu den glücklicheren Tagen seines Lebens zählte und das, obwohl der ohnehin spindeldürre Schiller noch einige Jahre unter chronischer Unterernährung leiden sollte. Von der Enge des Fronteinsatzes befreit, war er nun sein eigener Herr. Nach Jahren der Unterordnung, vor allem in der Wehrmacht, konnte er wieder relativ frei über seine Zeit verfügen.

Allerdings bleibt das erste Nachkriegsjahr, das Jahr vor seiner ersten großen politischen Bewährungsprobe, in manchem doch sehr rätselhaft und nur in schemenhaften Umrissen erkennbar. Dass er überhaupt der Direktion in Kiel über seine Tätigkeit Rechenschaft ablegte, ist aus den Quellen kaum erkennbar. Erst als er endgültig nach

---

5 Vgl. das Memorandum Schillers »Vorschlag zum Wiederaufbau des Instituts für Weltwirtschaft an der Universität Kiel«, vom 7. Januar 1946, in: WEI, K. 23.
6 Vgl. z. B. den Brief an Predöhl vom 12.11.1946, in: BA N Schiller 1229, B. 24.

Hamburg gewechselt war, schrieb er einen äußerst knappen Rechenschaftsbericht über seine Zeit als Leiter der redaktionellen Außenstelle des Instituts, in dem er abermals betonte, dass seine Aufgabe in erster Linie darin bestanden habe, Kontakt zu den Besatzungsbehörden und anderen wichtigen Verwaltungsstellen aufzunehmen und die Zeitschrift wieder in Gang zu bringen. Über konkrete Tätigkeiten ist jedoch aus diesem Bericht nichts zu entnehmen.[7] Das »Weltwirtschaftliche Archiv«, für dessen Reaktivierung er schließlich primär sein Gehalt bezogen hatte, erschien jedenfalls erst wieder 1949. Zumindest in dieser Hinsicht hatte er wenig bewegt. Womit also war Schiller das ganze erste Jahr über in Hamburg eigentlich beschäftigt?

Tatsächlich hat er wohl in jener Zeit das erste und beinahe auch einzige Mal in seinem Leben ein regelrechtes Bohemien-Dasein geführt. Diesen Eindruck gewinnt man zumindest aus seinen rückblickenden Betrachtungen über die Anfangszeit in Hamburg. Als Schiller 1965 im Festsaal des Hamburger Rathauses ein Resümee über »20 Jahre Aufbau 1945–1965« zog, erinnerte er sich an die »Gesellschaft auf dem Dachboden«, an die vielen Konventikel und intellektuellen Zirkel, die sich nach 1945 spontan gebildet hätten. Natürlich sei die Not groß und erdrückend gewesen. Man sei damals ganz auf sich selbst, auf die eigene Familie, den engsten Freundeskreis, die Arbeitsstätte zurückgeworfen gewesen. Aber gerade dadurch habe man zu sich selbst zurückgefunden und neue Kraft für den Wiederaufbau erlangt.[8]

Als fröhlicher »Junggeselle« und ohne festen Tagesablauf durchstreifte Schiller die Stadt. Die schönen Dinge des Lebens, die er so lange entbehrt hatte, mochten noch äußerst knapp sein, aber eben das machte sie umso wertvoller. Die ersten Remigranten, die er traf, brachten aus den USA deutsche Literatur mit, vor allem von Thomas Mann und Hermann Hesse, die der nach den Kriegsjahren intellektuell ausgehungerte Schiller mit Begierde verschlang.[9] Und er ging wieder ins Theater oder in die Oper. An die »Kammerfestspiele« von Ida Ehre dachte er noch zwanzig Jahre später mit Wehmut zurück. Über jeder Aufführung habe ein »je ne sais quoi« gelegen, etwas Inkommensurables, das einer guten Theaterarbeit doch erst den Stempel aufdrücke. Und unverkennbar war, dass er mit diesen Worten auch einen Teil seines eigenen Lebensgefühls jener Zeit ausdrückte.[10]

Nun war all das gewiss ganz und gar untypisch für Schiller. Ein »je ne sais quoi« war seine Sache eigentlich nicht, dafür war der Drang nach Struktur, Ordnung und

---

7 Vgl. den »Abschlussbericht über die Hamburger Redaktionsabteilung und Forschungsaussenstelle des Instituts für Weltwirtschaft an der Universität Kiel« vom 1.4.1947, in: BA N Schiller 1229, B. 3.
8 Vgl. Karl Schiller, »Zwanzig Jahre Aufbau – die neuen Herausforderungen. Festvortrag anläßlich der Feierstunde ›20 Jahre Aufbau 1945–1965‹ von Prof. Dr. Karl Schiller, Senator für Wirtschaft, Berlin, im großen Festsaal des Hamburger Rathauses am 14. Mai 1965«, in: BA N Schiller 1229, B. 169.
9 Schiller-Merklein, 4.11.1989, Kassette 11, (Seite B).
10 Vgl. Karl Schiller, Zwanzig Jahre Aufbau.

Berechenbarkeit in seinem Leben viel zu groß. Er war auch niemand, der sich ohne klar umrissene strategische Absicht durch seine Umwelt bewegte, in den Tag hineinlebte und dabei hier und da Zufallsbekanntschaften machte.

Zu erklären ist dieser Einstellungswandel wohl nur durch das Kriegserlebnis, das ihm, wenigstens vorübergehend, ein wenig Gelassenheit schenkte. Während der Frontzeit habe er, so erzählte Schiller einmal, immer an einen Soldaten bei Ernst Jünger gedacht, der zu Gott gebetet habe, dass er doch nur noch einmal, und sei es auch nur vier Wochen, erleben möchte, was der Frieden bedeute.[11] Da dieser Wunsch in Erfüllung gegangen war, schien er nun entschlossen, sein Leben in intensiveren Zügen zu genießen als zuvor. Ehefrau Lolo registrierte jedenfalls auffällige Veränderungen an ihm. Der gleiche Mann, der noch auf der Hochzeitsreise in die Lüneburger Heide nicht ohne ein Fachbuch einen Waldspaziergang antreten konnte, zeigte sich nun den weltlichen Freuden gegenüber in jeder Beziehung aufgeschlossener und habe nachgerade eine »Vergnügungssucht« an den Tag gelegt.[12] Im Grunde jedoch war Schillers Verhalten andererseits ja nicht wirklich ungewöhnlich, letztlich sogar leicht zu erklären. Denn was blieb schon anderes übrig, als zunächst einmal von Tag zu Tag zu leben, zu schauen, dass man irgendwie über die Runden kam? In einer solchen Grundstimmung des »Wir sind noch einmal davon gekommen« (Thornton Wilder), einem erleichternden Seufzer gleichend, verbrachten viele Deutsche auch nach der bedingungslosen Kapitulation und inmitten des vermeintlichen Armageddon der Trümmergesellschaft ihre Tage.[13]

Ein kurzer Zeitraum des »Verschnaufens« und der Regeneration, so hat man den Eindruck. Allerdings sollte dieser Zustand nicht lange andauern. Denn schon bald warteten große Aufgaben auf Schiller, und sie sollten ihm Perspektiven eröffnen, auf die er im Juli 1945, als er nach Hamburg gekommen war, noch nicht ernstlich hoffen konnte.

Bloßer Zufall war es gewiss nicht gewesen, dass sich Schiller auch zwanzig Jahre später noch an die vielen spontanen »Zirkel und Konventikel« erinnerte. Denn in einem dieser Kreise hatte er die Bekanntschaft eines Mannes gemacht, der mit dem Beginn seiner Nachkriegskarriere untrennbar verbunden war.

Erich Klabunde war schon im Mai, unmittelbar nach der Kapitulation, aus der Gefangenschaft in seine Wahlheimat Hamburg zurückgekehrt. Unter den Persönlichkeiten, die in den Nachkriegsjahren die Geschicke der Hansestadt lenkten, war dieser Mann vermutlich die interessanteste Figur – gerade, weil man dieses auf den ersten Blick nicht vermuten mochte. »Klein von Statur, fast unscheinbar, erhob sich sein großer Kopf mit der blassen Stirn nur wenige Zentimeter über die Oberkante des Redner-

---

11 Schiller-Merklein, 4.11.1989, Kassette 12, (Seite A).
12 Gespräch mit Lolo Schiller.
13 Vgl. Hermann Glaser, 1945. Ein Lesebuch, Frankfurt am Main 1995.

pults«, so beschrieb der Chronist der Hamburger Aufbaujahre, Erich Lüth, den Redner Klabunde.[14] Je wichtiger Klabunde ein Anliegen war, umso leiser sprach er, um die Aufmerksamkeit seiner Zuhörer zu schärfen. Aber seine äußerliche Unauffälligkeit konnte nicht darüber hinwegtäuschen, dass Klabunde einer der wichtigsten »Strippenzieher« der Hamburger Nachkriegspolitik war. Im Juli 1946 war es der Sozialdemokrat Klabunde, der die triumphale Rückkehr Max Brauers am Hamburger Hafen vorbereitete und ihn als Kandidaten der SPD für die anstehende Bürgerschaftswahl lancierte. Kaum jemand galt als besser informiert über die Vorgänge in der Hansestadt als Klabunde. Auch die britischen Besatzungsbehörden wandten sich an ihn, wenn sie wissen wollten, was in Hamburg passierte. Das war wenig verwunderlich angesichts der Fülle von Ämtern, die der quirlige Klabunde bereits in den ersten beiden Nachkriegsjahren ausfüllte: Mitglied des Zonenbeirates der britischen Zone, Vorsitzender des Hamburger Journalistenverbandes, Geschäftsführer des Verbandes norddeutscher Wohnungsunternehmen, Mitglied des Hauptausschusses des Nordwestdeutschen Rundfunks und einiges andere mehr.[15] Schon allein all dieser Funktionen wegen kannte Klabunde in der Hansestadt Gott und die Welt. Vor allem aber hatten ihn die Hamburger Sozialdemokraten im Frühjahr 1946 zum Vorsitzenden der SPD-Fraktion in der Hamburger Bürgerschaft gewählt. Letzteres sollte gerade im Falle Schillers noch von erheblichem Vorteil sein.

Als Klabunde 1950 bereits im Alter von 43 Jahren plötzlich verstarb, hielt Karl Schiller einen Nachruf auf den Freund im Nordwestdeutschen Rundfunk. Dabei fand er gefühlvolle Worte, die eigentlich nicht seine Sache waren. »Eine immer gegenwärtige humanistisch begründete Bildung« habe Klabunde besessen,

> »eine scharfe, überwache, gleichsam stets sprungbereite Intelligenz, ein starkes Einfühlungsvermögen, das ihn bei jedem Problem sofort mit Sicherheit den Kern der Dinge erfassen ließ [...], eine von kultiviertem Sprachgefühl gelenkte, unerschöpfliche schriftstellerische Feder, eine gänzlich unpathetische und gleichzeitig doch in Wortkunst und Gedankenfluss bezaubernde Rednergabe, alles das war ihm gegeben.«[16]

Das alles waren Eigenschaften, die Schiller gewiss auch gern für sich selbst in Anspruch nahm. Wie tief gehend die Freundschaft zwischen beiden war, lässt sich trotz allem nicht mit Sicherheit sagen. Aber was Schiller gemeinhin als Freundschaft definierte, hatte mit der landläufigen Vorstellung von Männerfreundschaften nicht allzu viel zu tun, sondern basierte in der Regel auf dem Gefühl intellektueller Gleichrangigkeit. Wer diesem Anspruch nicht wenigstens halbwegs gerecht werden konnte, mit

---

14 Vgl. Erich Lüth, Erich Klabunde. Politik und Journalist der ersten Stunde, Hamburg 1971, S. 34.
15 Vgl. ebd.
16 Vgl. Karl Schiller, Erich Klabunde zum Gedächtnis, in: Neues Hamburg: Zeugnisse vom Wiederaufbau der Hansestadt, Band 6, 1951, S. 64.

dem wusste Schiller wenig anzufangen. Klabunde, der Sohn eines Buchdruckers, hatte nach Bankausbildung und ohne Abitur in Hamburg einige Semester Volkswirtschaft studiert, ohne jedoch dabei einen Abschluss erworben zu haben.[17] Er war also gewissermaßen ein Fachkollege, aber eben doch im akademischen Sinne kein Rivale, eher ein Autodidakt, der Schillers Primat in ökonomischen Fragen nicht infrage stellte.

In dem bereits erwähnten Nachruf auf den Freund hatte Schiller eine Eigenschaft Klabundes besonders hervorgehoben. Unaufhörlich sei der SPD-Fraktionsvorsitzende auf der Suche nach vielversprechenden Talenten gewesen, um sie für die Demokratie zu gewinnen und sie in ihren Fähigkeiten entsprechenden Funktionen unterzubringen. Dabei habe Klabunde »schärfste Qualitätsmaßstäbe« an den Tag gelegt.[18]

Falsche Bescheidenheit sprach nicht aus diesen Worten, denn schließlich war Schiller eines jener Talente gewesen, das Klabunde tatkräftig förderte – zumal Schiller im Februar 1946 SPD-Mitglied geworden war. Schiller hatte, wir sahen es bereits, schon vor 1933 eine Affinität zur Idee des Sozialismus und zur SPD entwickelt und diese Orientierung auch im Dritten Reich nicht aufgegeben. Insofern spricht einiges dafür, diesen Parteieintritt als logischen Schlusspunkt einer bereits länger angelegten Entwicklung zu interpretieren – was Schiller dann auch verschiedentlich in seinen öffentlichen Verlautbarungen getan hat.[19]

Indes: Heimat sollte ihm die Partei nie werden. Stets blieb er in den Augen der Parteigenossen ein merkwürdiger Fremdkörper, der den alten Ritualen und Erzählungen der Sozialdemokratie verständnislos gegenüberstand. Und Schiller selbst hat nie einen Hehl daraus gemacht, dass er mit der sozialdemokratischen Folklore zeitlebens nicht viel anzufangen wusste. Wenn nach Parteitagen die alten Arbeiterlieder gesungen wurden, dann – so haben es einige Journalisten häufiger kolportiert – stand Schiller mit einem spöttischen Lächeln daneben und bewegte nicht einmal die Lippen zur Musik.[20] Und schließlich sollte Schiller nach seinem Parteiaustritt 1972 und der nachfolgenden Parteinahme für die CDU im Wahlkampf des gleichen Jahres zur sozialdemokratischen Judasfigur par excellence werden und es in den Augen nicht weniger Sozialdemokraten auch fortan bleiben. Noch Jahre später konnte er nicht wirklich nachvollziehen, warum aus seinem damaligen Parteiaustritt überhaupt eine so große Geschichte gemacht wurde. Schließlich sei er ja nur aus einer Partei und nicht gleich aus der Kirche ausgetreten. Dass das für Sozialdemokraten ein, wenn überhaupt, nur marginaler Unterschied war, das ist ihm auch später nie so recht klar geworden.[21] Kurz gesagt: Wenn jemand ein so deutlich erkennbarer Fremdkörper in der eigenen Partei blieb, überlegt man eben doch noch ein zweites Mal, welche Motive für den Parteieintritt ausschlaggebend waren.

17 Vgl. Holger Martens: Erich Klabunde, in: Hamburgische Biographie, Band 2, S. 127 f.
18 Schiller, Erich Klabunde zum Gedächtnis. S. 65.
19 Vgl. die Welt vom 6.7.1972.
20 Vgl. die Bild-Zeitung vom 2.12.1965.
21 Vgl. die ZEIT vom 2.3.1973.

Die einzige Quelle zur Beantwortung dieser Frage findet man in Schillers eigenen Aussagen, die nicht nur in dieser Beziehung von einer erstaunlichen Nüchternheit geprägt waren. Gewiss fehlte selten der Verweis darauf, dass er schon als Student durch seine akademischen Lehrer mit dem freiheitlichen Sozialismus in Berührung gekommen war.[22]

Dass er deswegen zwangsläufig schon Sozialdemokrat wurde, hat jedoch auch Schiller nie behauptet. Gänzlich unspektakulär hat er verschiedentlich geschildert, wie es zu seinem Parteieintritt gekommen war: Wenige Monate nach Kriegsende habe er in Kiel, wohin er einmal die Woche pendelte, um seine Lehrveranstaltungen zu absolvieren, den alten Kommilitonen Walter Lehmkuhl wiedergetroffen, der wenig später Oberbürgermeister von Neumünster werden sollte. Lehmkuhl war wie er Studienstiftler gewesen und hatte Schiller schon 1932 in Frankfurt als »Verkehrsgast« zu Treffen des Sozialistischen Studentenbundes mitgenommen. Der alte Studienfreund habe ihm dann von der Wiedergründung der SPD in Kiel erzählt und ihn schließlich lapidar gefragt, ob er nicht auch mitmachen wolle. Er sei für die Partei damit »gekeilt« worden.[23]

Für den Wahrheitsgehalt dieser Geschichte spricht, dass diese Art der Rekrutierung durchaus Schillers Selbstverständnis entsprach. Wer ihn für eine Sache gewinnen wollte, musste ihn auffordern und um ihn werben. Aber gab es nicht doch einen noch tiefer gehenden Grund für den Parteieintritt? Ökonomische Fragen, so Schiller, hätten jedenfalls so gut wie keine Rolle gespielt. Er sei beeindruckt gewesen von der charismatischen Ausstrahlung Kurt Schumachers und wollte dessen Bestrebungen unterstützen, sich eindeutig von den Kommunisten abzugrenzen.[24] Eine Rolle mochte das tatsächlich gespielt haben, zumal eine solche Erklärung unter den neuen SPD-Mitgliedern nach 1945 häufiger zu finden war.

Vielleicht aber hatte noch eine andere, ganz triviale Überlegung seine Entscheidung beeinflusst. In den Westzonen war die Zahl der SPD-Mitglieder bis Juni 1948 auf 900.000 angestiegen. Darunter waren zahlreiche Sozialdemokraten, die bereits vor 1933 das rote Parteibuch besessen hatten. Aber für manche der neuen Parteimitglieder mochte gelten, dass deren Motivation nicht nur politisch gewesen war. Das richtige Parteibuch konnte in den Jahren des Mangels mit handfesten materiellen Vorteilen verbunden sein, ganz gleich, ob es sich um leichteren Zugang zu Wohnraum, Heizmaterial, Nahrungsmittel oder um eine Beschäftigung im öffentlichen Dienst handelte.[25] Solche Beweggründe mag auch Schiller gehabt haben – sollte er doch im Rückblick sogar zugeben, dass er »theoretisch« wohl auch einer anderen Partei hätte beitreten können.[26] Und im Grunde machte ein Parteieintritt, der zumindest auch aus solchen eigennützigen Motiven erfolgte, sogar »ideologisch« Sinn: Schließlich verstand Schiller

---

22 Vgl. die Welt vom 6.7.1972.
23 Vgl. den Spiegel vom 9.1.1967.
24 Vgl. FAZ-Magazin vom, 13.09.1991.
25 Vgl. Lösche/Walter, Die SPD, S. 138.
26 Schiller-Merklein, 25.8.1989, Kassette 5 (Seite B).

ja Sozialismus vor allem als Aufstiegsideologie, mit deren Hilfe »die hellen Köpfe« nach oben gelangten.

Nun war Erich Klabunde sicher kein doktrinärer Parteifunktionär, der seine Förderung ausschließlich vom richtigen Parteibuch abhängig machte. Aber von Nachteil war es gewiss nicht, dass er und Schiller Parteigenossen wurden. Schließlich stieß Schiller im Umfeld Klabundes auch auf andere Sozialdemokraten, die auf ihn aufmerksam wurden, wie etwa Gustav Dahrendorf, den Vorsitzenden der Konsumgenossenschaft, oder den Bankier Bernhard Klaudius Lahan. Häufig traf man sich zum Gedankenaustausch in Klabundes Wohnung oder im Café »Schümann« am Jungfernstieg.[27]

Es war ein Freundeskreis, der in Hamburg Einfluss hatte. Allerdings wussten Schillers Freunde sehr wohl, womit der junge Professor der Volkswirtschaftslehre in den Jahren der Diktatur beschäftigt gewesen war. Galt es hier nicht, ganz auf Nummer sicher zu gehen, bevor man ihn für höhere Aufgaben empfahl? Im Mai 1946 forderte Klabunde daher Schiller dazu auf, ihm seine im Dritten Reich erschienenen Schriften zuzusenden. Schiller tat dies – natürlich inklusive des mittlerweile für ihn zum Glücksfall gewordenen Gutachtens der »Reichsstelle zur Förderung des Deutschen Schrifttums.«[28] Das musste wohl die letzten Zweifel beseitigt haben.

2   Der Schiller-Plan

Schillers erste Bekanntschaft mit der Politik war durchaus typisch für seine gesamte Karriere. Wie bereits angedeutet, sollte er nie in die Lage geraten, sich um ein politisches Amt bewerben zu müssen. Die Vorstellung, innerhalb einer Partei für seine Person zu trommeln, sich dabei selbst anzupreisen, vielleicht gar eine Kampfabstimmung gegen einen Konkurrenten zu wagen, das alles wäre ihm wohl für seine eigene Person ganz und gar ungeeignet erschienen. So wie man bei der akademischen Karriere auf einen »Ruf« wartete, so wartete Schiller auch darauf, als externer Experte von der Politik gerufen zu werden. Im Sommer 1946 trat diese Situation das erste Mal ein. Und in noch einem Punkt weisen diese »Berufungen« jeweils eine gewisse Ähnlichkeit auf: Sie geschahen in veritablen Krisensituationen. 1961 wurde Schiller wenige Wochen nach dem Mauerbau Wirtschaftssenator in Berlin und 1966 sollte er als Bundeswirtschaftsminister die erste große Rezession der deutschen Nachkriegsgeschichte bekämpfen. Auch der Situation, mit der er 1946 in Hamburg konfrontiert wurde, mangelte es nicht an Dramatik.

Am 28. Juni 1946 hatte der von den Engländern eingesetzte erste Nachkriegsbürgermeister Hamburgs, Rudolf Petersen, einen Brief der Militärregierung erhalten, in dem der Senat aufgefordert wurde, einen Plan mit Vorschlägen für die künftige Ent-

---
27 Vgl. Lüth, Erich Klabunde, S. 57.
28 Vgl. Schiller an Klabunde am 10. Mai 1946, in: Nachlass Schiller, WEI, K. 23.

wicklung von Industrie und Handel in der Hansestadt Hamburg vorzulegen. Ausgangspunkt sollten die Beschränkungen, Verbotsvorschriften und Produktionsziffern sein, wie die Siegermächte sie im Potsdamer Abkommen festgelegt hatten. Die Aufgabe bestand darin herauszufinden, ob im Rahmen der Beschränkungen die volle Beschäftigung und Ernährung von 1,3 Millionen Menschen gesichert werden könne. »Sollte dies nicht möglich sein, so muß ihr Plan auch Vorschläge enthalten darüber, wie die überzählige Bevölkerung veranlasst werden kann, die Hansestadt zu verlassen.«[29] Das war, Ende Juni 1946, noch die Sprache des »unconditional surrender.« Gedacht war also zunächst nur an ein Notprogramm, ja womöglich sollten gar Alternativen für eine weit reichende Evakuierung der Bewohner der Hansestadt aufgezeigt werden.

Allerdings machte das die Aufgabe nicht weniger anspruchsvoll. Zunächst einmal war völlig unklar, wie angesichts des allgemeinen Chaos der Nachkriegszeit überhaupt die notwendigen Informationen und Zahlen über die verschiedenen Wirtschaftszweige beschafft werden sollten – zumal ein Großteil der Wirtschaftsaktivität sich auf Wegen vollzog, die in keiner Statistik auftauchten. Auf bis zu 80 Prozent wurde im Deutschland der ersten Nachkriegsjahre der Anteil des Schwarzhandels an der gesamten Wirtschaftsaktivität beziffert.[30] Wenn eine solche Inventur überhaupt gelingen konnte, dann nur durch die Zusammenarbeit aller am Hamburger Wirtschaftsleben beteiligten Akteure. Neben den involvierten Landesbehörden sollten daher auch die bereits wieder gegründeten Gewerkschaften, die Handels- und Handwerkskammer und die großen staatseigenen Hamburger Unternehmen an der Kommission beteiligt sein, die diesen Plan auszuarbeiten hatte.

Aber eine solche Kommission brauchte natürlich auch eine koordinierende und zusammenführende Hand, am besten eine unabhängige Persönlichkeit, denn die Rivalitäten zwischen den verschiedenen Institutionen, auch zwischen den einzelnen Wirtschaftszweigen, waren vorauszusehen. Darüber hinaus musste der künftige Leiter der Gutachterkommission ein Mann sein, der nicht nur gut mit der Unzahl von Plan- und Produktionsziffern umgehen konnte, sondern auch in der Lage war, abschließend und vermutlich unter beträchtlichem Zeitdruck den Abschlussbericht fertig zustellen. Karl Schiller erfüllte alle Kriterien dieses Anforderungsprofils. Aber das erklärt noch nicht, warum er dann tatsächlich mit der Leitung der Gutachterkommission beauftragt wurde. Schließlich war der junge Professor der Nationalökonomie 1946 noch ein ziemlich unbeschriebenes Blatt. Warum also Schiller?

Sein sozialdemokratisches Parteibuch war keine direkte Voraussetzung für die Übernahme des Vorsitzes der Gutachterkommission gewesen. Schließlich stand Bürgermeister Petersen ganz in der Tradition der hanseatischen Kaufmannschaft. Obgleich er von den politischen Parteien im Allgemeinen keine besonders hohe Meinung

---

29 Vgl. den Brief der Militärregierung an den Senat vom 28. Juni 1946, in: BA N Schiller 1229, B. 40.
30 Vgl. Theodor Eschenburg, Jahre der Besatzung: 1945–1949, Stuttgart 1983 (Geschichte der Bundesrepublik Deutschland, hrsg. Karl-Dietrich Bracher u. a., Bd. 1) S. 267.

hatte, war er im Mai 1946 der CDU beigetreten, um sein Bürgermeisteramt auf eine breitere Legitimationsbasis stellen zu können.³¹

Dass Schiller sein erstes politisches Amt von einem Christdemokraten übertragen wurde, ist später mit hintergründiger Ironie kommentiert worden. Es schien symptomatisch für einen Sozialdemokraten, dem alles Sozialdemokratische abzugehen schien und dem der berühmte »Stallgeruch« fehlte. »De Petersen weet gor nich, dat du'n Sozi bist«, soll der Fama nach der Zweite Bürgermeister der Stadt, der Sozialdemokrat Adolph Schönfelder, Schiller mitgeteilt haben.³² Allerdings spielte die Parteizugehörigkeit im ersten, aus allen Parteien bunt zusammengesetzten Senat wohl ohnehin keine entscheidende Rolle. Schillers Freund Klabunde jedenfalls genoss einen immediaten Zugang zur Senatsverwaltung, auch zu Petersen, und hatte schon in einer Rede in der Hamburger Bürgerschaft im März des gleichen Jahres die Einsetzung einer Gutachterkommission gefordert, die sich mit der zukünftigen wirtschaftlichen Entwicklung Hamburgs beschäftigen sollte. Bereits damals soll er Karl Schiller für den Vorsitz der Gutachterkommission im Blick gehabt haben.³³ Da sich nun eine Chance bot, war es ihm offensichtlich gelungen, seinen Mann durchzusetzen.

Schiller zögerte nicht lange, das Angebot des Senats anzunehmen. Schließlich hing er in seinem »Hamburger Exil« ein wenig in der Luft. Eine Berufung an eine Universität hatte er noch immer nicht erhalten und die redaktionelle Außenstelle des IWW würde nicht von Dauer sein. Und vor allem würde die Leitung der Gutachterkommission ihn mit den maßgeblichen politischen und ökonomischen Eliten der Hansestadt in Berührung bringen. Von Nachteil musste das nicht sein.

Und dann waren da die zahlreichen Annehmlichkeiten, die eine Leitung der Gutachterkommission mit sich brachten. In der Wirtschaftsbehörde bekam er ein eigenes Büro mit Telefonanschluss zur Verfügung gestellt mit einer zusätzlichen Schreibkraft und einem eigens für ihn abgestellten Sachbearbeiter. Auch ein Auto samt eigenem Fahrer wurde ihm zugewiesen, damit er sich selbst ein Bild von den aktuellen Verhältnissen in der Stadt machen konnte.³⁴

Indes: Eine Denkschrift zu erarbeiten, die nur aufzeigen sollte, wie die Hamburger gerade eben notdürftig versorgt werden sollten und in der notfalls sogar Überlegungen angestellt werden mussten, wie Teile der Bevölkerung zum Verlassen der Hansestadt aufgefordert werden konnten, das klang nicht gerade wie eine besonders dank-

---

31 Vgl. Michael Wildt, Zweierlei Neubeginn. Die Politik der Bürgermeister Rudolf Petersen und Max Brauer im Vergleich, in: Die zweite Chance. Der Übergang von der Diktatur zur Demokratie in Hamburg 1945–1946, Hamburg 1997, S. 41-61.
32 So z. B. im Spiegel vom 9. Januar 1967.
33 Vgl. Lüth, Erich Klabunde, S. 36.
34 Vgl. die Aktennotiz über die Besprechung im Rathaus bezüglich der Denkschrift über den zukünftigen Stand von Industrie und Handel in Hamburg vom 2. Juli 1946, in: BA N Schiller 1229, B. 40.

bare Aufgabe. Und viele Kommissionsmitglieder haben dieses auch so gesehen und offen zum Ausdruck gebracht.

Die Alliierten wollten ursprünglich lediglich ein Notprogramm haben, in dem nur aufgeführt wurde, was die Stadt benötigte, um sich einigermaßen selbst ernähren zu können. Aber noch während die Kommission ihrer Arbeit nachging, begann sich die Deutschlandpolitik der Alliierten bereits zu verändern. Im September 1946, die Kommission war gerade zwei Monate an der Arbeit, hatte der amerikanische Außenminister Byrnes in der Stuttgarter Oper eine Aufsehen erregende Rede gehalten, die den besiegten Deutschen die Wende in der alliierten Deutschlandpolitik signalisierte. Zunehmend begann sich die Auffassung durchzusetzen, dass die politische und ökonomische Stabilität Westeuropas und die Eindämmung des sowjetischen Einflusses nur mit einem wirtschaftlich wieder gesundeten Deutschland gelingen konnten, sei es auch vorerst nur sein westlicher Teil.[35]

Doch ganz so eindeutig waren die Intentionen der Besatzungsmächte für die besiegten Deutschen noch nicht zu erkennen. Kurz gesagt: Es gab womöglich künftige Spielräume, aber wie weit diese gehen würden, wann genau mit einer völligen Aufhebung der im Potsdamer Abkommen festgelegten Beschränkungen zu rechnen war, das war noch ganz unklar.

Aber wenn man den Brief bzw. das Memorandum der britischen Besatzer genau las, und Schiller tat das, konnte man durchaus schon jetzt mit einer etwas anderen Einstellung an die Arbeit gehen. Denn natürlich, so stand dort geschrieben, gäbe es eine ganze Reihe von Angelegenheiten, die nicht im Memorandum aufgenommen worden seien, über die jedoch der Senat selbstverständlich »konstruktive Vorschläge« machen könne.[36] Neben allen Restriktionen schien es also womöglich auch Raum für eine eigenständige Initiative zu geben.

Schiller jedenfalls war gewillt, den Spielraum auszunutzen, den das Memorandum einräumte. Schon in der ersten Sitzung der Kommission wies er energisch darauf hin, dass der abzufassende Bericht unbedingt eine »aktive Haltung« aufweisen müsse. Da es aufgrund des allgemeinen Nachkriegsdurcheinanders ohnehin unmöglich sei, für jeden Wirtschaftszweig genaue Zahlen zu ermitteln, müssten diese als »Forderungen« auszusprechen sein, um so Raum für spätere Rekonstruktionspläne zu erhalten.[37] Aber nicht alle Kommissionsmitglieder teilten den Optimismus und den Elan, den der Vorsitzende der Gutachterkommission an den Tag legte. Überwiegend herrschte eine resignative, auch eine fatalistische Einstellung. Gänzlich unverständlich war eine solche Haltung natürlich nicht. Welche vernünftige Planung sollte auch etwa beim Schiffsbau möglich sein, wenn nicht gesagt werden konnte, inwiefern es den Deut-

---

35 Vgl. Eschenburg, Jahre der Besatzung, besonders S. 355 ff.
36 Vgl. den Brief der Militärregierung an den Senat vom 28. Juni 1946, in: BA N Schiller 1229, B. 40.
37 Vgl. die Niederschrift über die Besprechung des Unterausschusses »Industrie« am 18. Juli 1946, in: BA N Schiller 1229, B. 40.

schen in der Zukunft überhaupt noch gestattet sei, größere Schiffe zu bauen? Es gehe doch allenfalls darum, so ein Vertreter der Wirtschaftsbehörde, »Teile des Handels zu retten«.[38]

Schillers vordringlichste Aufgabe war daher vor allem psychologischer Natur. Er musste versuchen, die Resignation zu überwinden, allen Vertretern des Hamburger Wirtschaftslebens deutlich machen, dass das geplante Gutachten durchaus Einfluss auf die zukünftige Politik der Alliierten nehmen könne, dass man außerdem unbedingt auf den Tag vorbereitet sein müsse, an dem die Zwangsbeschränkungen des Potsdamer Abkommens gelockert, wenn nicht gar aufgehoben würden. Man müsse sich, so Schiller in einer Sitzung der Kommission, »von jeder Lethargie frei machen und über die Tagessorgen hinauszukommen versuchen«.[39] Aber für diesen Optimismus, resümierte Schiller später, habe er zunächst vor allem Kopfschütteln geerntet.[40] Einige Kommissionsmitglieder meinten gar, dass ein solcher Plan doch eigentlich gar nicht zu bewerkstelligen sei, da die Zielvorgaben der Alliierten sich ständig änderten. Daher müssten eigentlich diese erst einmal für sich klären, wie sie sich Deutschlands Zukunft vorstellten, bevor man selbst ans Werk gehen könne.[41]

Das zweite Hauptproblem bestand darin, die notwendigen Informationen zu erhalten, um den Plan erstellen zu können. Zwar hatte sich Schiller vom Senat eine Art »Blankoscheck« ausstellen lassen, der ihn befugte, jede staatliche Dienststelle sofort zur Auskunft und Offenlegung ihrer Zahlen heranzuziehen.[42] Aber dieses Plazet aus dem Rathaus half nicht immer, und einige Institutionen waren wenig kooperationswillig oder sahen sich kaum in der Lage, die geforderten Daten zu ermitteln.[43] Viele Zahlen in der späteren Denkschrift basierten dann vermutlich auch auf mehr oder weniger verlässlichen Schätzungen, Vermutungen und Spekulationen. Aber immerhin gab die Denkschrift überhaupt einmal nach Kriegsende einen Überblick über das verbliebene Wirtschaftspotenzial der Stadt. Was also war Hamburg geblieben nach dem Krieg?

Im Grunde mehr, als man auf den ersten Blick meinen mochte. In einigen Sektoren sah es zwar ausgesprochen düster aus. Besonders im Seeverkehr war der Aderlass dra-

---

38 Vgl. den Beitrag von Dr. Zeiger, dem Vertreter der Verwaltung für Handel, Schifffahrt und Gewerbe in der Niederschrift der Besprechung am 20.7.1946, Unterausschuss Handel, in: BA N Schiller 1229, B. 40.
39 Karl Schiller, Das erste Kapitel, in: Semesterspiegel, Heft 77, Sonderheft Januar 1965: Deutschland 1945–1950, S. 24-27, hier: S. 25.
40 Vgl. ebd.
41 Vgl. den Beitrag des Kommissionsmitgliedes Luckow von der Rohstoffeinfuhrgesellschaft in der Sitzung des Unterausschusses Handel vom 28.8.1946, in BA N Schiller 1229, B. 40.
42 Vgl. die Aktennotiz über die Besprechung im Rathaus bezüglich der Denkschrift über den zukünftigen Stand von Industrie und Handel in Hamburg vom 2. Juli 1946, in: BA N Schiller 1229, B. 40.
43 Vgl. den Brief der Handwerkskammer Hamburg an Schiller vom 7.11.1946, in: StA HH, 271-16 I Behörde für Wirtschaft und Verkehr, B. 36.

matisch. Für die Reedereischifffahrt verzeichnete die Denkschrift noch eine Kapazität der sofort einsatzfähigen Tonnage von 3,3 Prozent des Vorkriegsstandes.[44] Aber insgesamt ermittelte die Kommission, dass die industrielle Produktionskapazität Hamburgs immerhin noch 75 Prozent des Vorkriegsstandes betrage, wenngleich die tatsächliche Produktionsleistung aus vielerlei Gründen im Vergleich zum Jahr 1938 nur noch bei 33 Prozent liege.[45] Die Bombenangriffe hatten also große Teile der Hamburger Wohngebiete verwüstet (nur 52 Prozent der Wohnungen waren noch bewohnbar), die hamburgischen Industrien aber offensichtlich in weitaus geringerem Maße getroffen.

Viel dramatischer sah es für den Handel aus. Durch die zunehmende Abschottung der sowjetischen Besatzungszone gegenüber dem Westen war Hamburg ein großer Teil seines Hinterlandes verloren gegangen. Aufgrund dieser »Königsberglage« der Hansestadt am Eisernen Vorhang hinkte die wirtschaftliche Entwicklung der Stadt dann auch noch einige Jahre der Bundesrepublik hinterher.

Jedenfalls gelang es Schiller, die Kommissionsarbeit trotz der zahlreichen Widerstände zu prägen. Noch bevor er im April 1947 die Ergebnisse in der »Denkschrift zur zukünftigen Entwicklung Hamburgs« niederlegte, war bereits überall nur von der »Schiller-Kommission« und vom »Schiller-Plan« die Rede.[46] Fortan sollte sein Name untrennbar mit dem Wiederaufbau Hamburgs verknüpft sein.

Den übrigen Mitgliedern der Kommission war schnell klar geworden, dass man es keineswegs mit einem unbeholfenen und zerstreuten Professor zu tun hatte. Einige seiner Talente waren eben auch in der Politik von Vorteil: Er konnte den Kern eines Problems blitzschnell erfassen, um ihn sodann auf das Wesentliche zu reduzieren. Andererseits verfügte Schiller aber auch über die Fähigkeit, eine Unzahl von Details im Kopf zu haben. Mit den Zahlen kannte er sich bisweilen besser aus als die jeweiligen Experten.

Die Protokolle dieser Besprechungen weisen ihn vom ersten Tage an als einen um Dominanz bemühten Diskussionsleiter aus.[47] Er moderierte nicht nur die verschiedenen Kommissionssitzungen, sondern stellte selbst viele Zwischenfragen, unterbrach häufig, besonders wenn er das Gefühl hatte, dass der jeweilige Redner sich verzettelte oder zu schwadronieren begann. Und er bündelte nicht nur die verschiedenen Aussagen, sondern monologisierte seinerseits, beanspruchte ein Gutteil der Zeit- und Redeanteile für sich selbst.

Das alles war in der Tat erstaunlich, denn in politischer Gremienarbeit hatte Schiller keinerlei Erfahrung. Eigentlich sollte man unter diesen Umständen ein wesentlich

---

44 Vgl. Karl Schiller, Denkschrift zur künftigen wirtschaftlichen Entwicklung Hamburgs, Hamburg 1947, S. 95 ff., Anhang Tabelle X.
45 Vgl. ebd. S. 11.
46 Dies war selbst in den offiziellen Besprechungen im Rathaus so, vgl. z. B. den »Bericht über die Freitags-Beratung im Hamburger Rathaus« am 11. April 1947, in: StA HH 131-II Senatskanzlei, Gesamtregistratur II, B. 1372.
47 Diese Protokolle befinden sich zum größten Teil im Nachlass Schillers, BA N Schiller 1229, B. 40.

vorsichtigeres Vorgehen erwarten, denn sowohl an Kenntnis der Hamburger Wirtschaft als auch überhaupt an praktischer Lebenserfahrung waren die übrigen Mitglieder der Gutachterkommission ihm weit voraus. Auch Gerd Bucerius, Senator im ersten Hamburger Senat, war zunächst erstaunt, dass ein so »schmächtiges Männchen, dürrer noch als durch die Notzeit geboten«[48], nun die Verantwortung für den Hamburger Wiederaufbau tragen sollte. Aber er habe auch, so erinnerte er sich später, schnell registriert, dass man sich von Schillers schmaler Statur und seinem jungenhaften Aussehen nicht in dessen robuster Durchsetzungsfähigkeit täuschen lassen durfte.

Schon gleich in den ersten Sitzungen der Kommission verzichtete Schiller auf ein langwieriges Brainstorming und eröffnete sofort, wie das zu erstellende Gutachten auszusehen habe.[49] Die Vorschläge für den Wiederaufbau der Hansestadt müssten in drei Phasen eingeteilt werden: Zunächst ein Notprogramm, in dem die vorhandenen Kapazitäten nicht angetastet werden dürften und mit dem es gelingen müsse, die Alliierten langsam davon zu überzeugen, die Demontagen einzustellen. In dieser ersten Phase ginge es vor allem darum, Zeit zu gewinnen für spätere, dann tiefer gehende Konstruktionspläne. In einer zweiten Phase, von Schiller auch als Phase der »Durchhaltepolitik« bezeichnet, sei damit zu rechnen, dass einige Industrien, die bisher mit »durchgeschleppt« wurden, spätestens mit Beseitigung des Kaufmittelüberhangs nach einer irgendwann erfolgenden Währungsreform vor erhebliche Probleme gestellt würden. Da jedoch die zukünftige Entwicklung noch nicht abzusehen sei, sollten auch diese Industrien mit Finanzhilfe erhalten werden. In der ersten und zweiten Phase sollten jedoch zunächst alle größeren Investitionen, die über die Instandsetzung und Erhaltung hinausgingen, unterlassen werden, da es ansonsten zu »Fehlinvestitionen en masse« komme – schließlich müsse sich das Wirtschaftsleben erst wieder unter normalen Bedingungen einspielen.

Erst in einer dritten Phase könne dann von eigentlichen Rekonstruktionsplänen die Rede sein, wobei es jedoch nur möglich sei, einige Zipfel der zukünftigen Entwicklung zu erahnen, da entscheidende Weichenstellungen noch immer davon abhingen, wie sich der aufziehende Kalte Krieg auf die Politik der westlichen Siegermächte gegenüber Deutschland auswirken würde.[50]

Das klang äußerst bescheiden. Und tatsächlich steckte in diesen Sätzen dann auch ein wenig Understatement. Denn die Empfehlungen, die Schiller am Ende der Denkschrift gab, waren durchaus eindeutig.

Schiller teilte die Hamburger Industrien in vier Kategorien ein: Erstens in solche, deren momentane Kapazität erhalten bleiben sollte; zweitens solche, deren Produktion umgestellt werden musste; drittens Industrien, in denen das Wiederherstellen der Vor-

---

48 Vgl. die Zeit vom 23.4.1971.
49 Vgl. die Niederschrift über die Besprechung des Unterausschusses »Industrie« am 18. Juli 1946, in: BA N Schiller 1229, B. 40.
50 Vgl. ebd.

kriegskapazität anzustreben sei; und viertens Industrien, deren Kapazität im Vergleich zum Vorkriegsstand noch ausgebaut werden sollte.[51] Interessant war, dass es sich bei jenen Industrien, deren Ausbau er empfahl, fast ausschließlich um hafenferne Industrien handelte. Und was die Seeschifffahrt selbst anbelangte, so hatte Schiller in der Denkschrift zwar festgestellt, dass deren vollständige Zulassung für den Wiederaufbau langfristig unabdingbar sei.[52] Fest einkalkulieren mochte er das aber nicht und daher empfahl er dem Schiffbau, sich langfristig auf den Bau von kleineren Fisch- und Walfangdampfern und die Reparatur größerer ausländischer Schiffe zu konzentrieren.[53] Beides brach durchaus mit dem traditionellen Selbstverständnis Hamburgs als einer der wichtigsten Hafenstädte Europas. Darin kam nicht nur Pragmatismus angesichts der momentanen alliierten Restriktionen zum Vorschein, sondern ebenfalls die Einsicht, dass die Abhängigkeit Hamburgs von seinem Hafen auch langfristig reduziert und stattdessen eine gemischtere Industriestruktur angestrebt werden musste.

Von Evakuierungsplänen, wie noch im Brief der Besatzungsbehörden angedeutet, war in der Denkschrift keine Rede mehr. Hamburg müsse aufgrund anhaltender Flüchtlingsströme langfristig vielmehr mit einem Bevölkerungszuwachs von etwa 20 Prozent rechnen und auch seine Wirtschaftsstruktur darauf ausrichten.[54] Die Alliierten schienen ohnehin nicht mehr von einem Not- und Evakuierungsplan auszugehen. Bereits im September 1946 hatte Bürgermeister Petersen in einer Besprechung der Schiller-Kommission im Rathaus erklärt, dass die Anzeichen sich verdichteten, dass der alliierte Industrieplan von Potsdam für die britische Politik keine Rolle mehr spiele.[55] Nur die Gewerkschaften und das Landesarbeitsamt forderten eine Zuzugssperre, da Hamburg auch mittelfristig nicht mehr als die derzeit 1,3 Millionen Menschen ernähren und in Arbeit bringen könne.[56] Den Optimisten Schiller fochten diese Bedenken nicht an und das Votum der Gewerkschaften wurde lediglich als abweichende Meinung am Rande in der Denkschrift erwähnt. Auch kritisierten sie, dass Schiller auf die Frage der Sozialisierung von Großindustrien nur beiläufig eingegangen war. Mehrmals musste sich Schiller an Erich Klabunde wenden, der dann mäßigend auf die Gewerkschaftsvertreter einwirkte.[57]

Überhaupt hätte man wohl nicht notwendigerweise einen Wissenschaftler für den Vorsitz der Gutachterkommission gebraucht. Denn was Schiller dort tat, hatte mit Wissenschaft im Grunde nur sehr wenig, mit Politik dafür aber umso mehr zu tun.

---

51 Vgl. Schiller, Denkschrift, S. 55 ff.
52 Vgl. Schiller, Denkschrift. S. 72.
53 Vgl. ebd., S. 61.
54 Vgl. ebd., S. 29.
55 Vgl. das Protokoll der Planungsbesprechung bei Bürgermeister Petersen vom 28.9.1946, in: StA HH 371-16 I Behörde für Wirtschaft und Verkehr I, B 37.
56 Vgl. den Brief des Mitarbeiters der Behörde für Wirtschaft, Gudehus, an die Mitglieder Kommission vom 8.2.1947, in: StA HH 371-16 I, Behörde für Wirtschaft und Verkehr, B 36.
57 Vgl. z. B. den Brief von Schiller an Klabunde vom 15.3.1947, in: BA N Schiller 1229, B. 6.

Das galt nicht nur für die Zusammenführung und Integration der unterschiedlichen Meinungen in der Kommission. Auch von außen geriet die Kommission unter Druck. Obgleich noch niemand genau wissen konnte, welchen Einfluss der »Schiller-Plan« auf Hamburgs wirtschaftliche Entwicklung haben würde und inwiefern man ihn wirklich zum Ausgangspunkt zukünftiger Industriepolitik machen würde, waren natürlich alle darauf erpicht, dass gerade ihr Wirtschaftszweig in der Denkschrift ausführlich erwähnt wurde. Die »Schiller-Kommission« geriet dadurch in das Zielfeld von Lobbygruppen und mehrmals schrieben verschiedene Unternehmen besorgt an den Kommissionsvorsitzenden, wenn ihnen zu Ohren gekommen war, dass ihrem Wirtschaftszweig in der geplanten Denkschrift nur eine untergeordnete Rolle beim Wiederaufbau zukommen sollte.[58]

Schiller konnte somit das erste Mal unter Beweis stellen, dass er über Talente verfügte, die auch für die Politik dienlich waren: Er konnte sich Autorität verschaffen, besaß eine rasche Auffassungsgabe und bewies sowohl Sinn für das Detail als auch die Fähigkeit, den Blick für das Ganze nicht zu verlieren.

Eine andere Frage ist, welche wirtschaftspolitischen Positionen Schillers in der Denkschrift zum Ausdruck kamen. Leicht zu beantworten ist diese Frage jedoch nicht. Zum einen handelte es sich schließlich um eine Auftragsarbeit, die kaum die Bühne für eine eigene wirtschaftspolitische oder wirtschaftstheoretische Standortbestimmung bot. Lediglich in der Einleitung der Denkschrift finden sich einige wenige Sätze, in denen er etwas kryptisch über die Frage der Wirtschaftsplanung reflektierte. Zumindest konnte man dort durchaus etwas darüber erfahren, unter welchen Umständen seiner Ansicht nach Planung überhaupt nur Sinn machte. »Jede vernünftige Planung«, so Schiller,

> »hat zur Aufgabe, ein bestimmtes Ziel in einer gegebenen Situation und unter Einrechnung gewisser zukünftig wirkender Kräfte zu erreichen. Über die heutige deutsche Wirtschaft breitet sich dagegen ein schwer durchschaubarer Nebel [...]. Für jeden Planungsversuch besteht noch die Gefahr, dass man sich damit in Ungewissheiten und Unwägbarkeiten verliert. Am Ende werden dann auf bloßen Vermutungen mehr oder weniger willkürliche Konstruktionen errichtet. Ein solcher Weg führt ins Uferlose.«[59]

Kurz gesagt: Eine »vernünftige« Planung war unter den momentan obwaltenden Umständen kaum möglich. Aber bedeutete das schon den grundsätzlichen Verzicht auf Planung? Noch schlimmer jedenfalls war seiner Ansicht nach der andere Weg der rei-

---

58 Vgl. z. B. die Schreiben der Deutschen Erdölaktiengesellschaft (4.9.46) oder des norddeutschen Gerberverbandes (21. 10. 1946), auch weitere Beispiele, in: StA HH, 371-16 I Behörde für Wirtschaft und Verkehr.
59 Vgl. Schiller, Denkschrift, S. 9.

nen »Tageswirtschaftspolitik«, der Politik ad hoc. »In diesem Fall verzichtet man auf Überlegungen hinsichtlich der Zukunft. Man erfasst, rationiert, verteilt die anfallenden Portionen, man wirtschaftet von einem Tag auf den anderen.«[60] Zu beschreiben, so Schiller, war also ein »dritter Weg«: Man musste bei der Kalkulation der zukünftigen Wirtschaftentwicklung die übersehbaren von den unübersehbaren Faktoren trennen.[61] Das war wenig eindeutig und ließ Platz für jedwede Interpretation – was womöglich auch nicht unbeabsichtigt war. Zu viele verschiedene Institutionen waren schließlich an der Kommission beteiligt gewesen und hatten zu der Denkschrift beigetragen.

In Bezug auf die Denkschrift mochte es also Diplomatie gewesen sein, die es so schwer macht, Schillers eigenen Standort in der unmittelbaren Nachkriegszeit exakt zu benennen. Hinzu kommt aber auch, dass Schillers Publikationstätigkeit der ersten Nachkriegsjahre ohnehin äußerst mager ausfiel. Bis 1947 gab es keine einzige im engeren Sinne wissenschaftliche Veröffentlichung von ihm. Und auch danach blieb er zunächst äußerst vage und vermied in dieser Hinsicht eindeutige Festlegungen. Welche Wirtschaftsordnung er selbst für wünschenswert hielt, hat er erst relativ spät – und dann mit einem recht eindeutigen Votum für die Soziale Marktwirtschaft Anfang der 50er-Jahre – zum Ausdruck gebracht.

Als er jedoch im März 1947 vor der »Sozialforschungsstelle« in Dortmund über »Sozialaufbau und regionale Wirtschaftsplanung« referierte und dabei von den Hamburger Erfahrungen berichtete, vermied er noch jede eindeutige Festlegung. Gewiss, so Schiller, sei die Möglichkeit einer klassenlosen Gesellschaft aufgrund der Entwurzelung und sozialen Deklassierung breiter Volksschichten augenblicklich so wahrscheinlich wie nie, und insofern spräche einiges dafür, dass die zukünftige Gesellschaftsform »sicherlich nicht kapitalistisch sein wird«.[62] Aber mit einer Wertung, ob dies nun zu begrüßen sei, verband er seine Aussage nicht, zumal er nicht versäumte, vor den Gefahren einer »Konstruktion« gesellschaftlicher Gesetzmäßigkeiten zu warnen. Man könne zwar aus sozialen Konstellationen bestimmte Tendenzen ableiten, aber letztlich sei das konkrete Handeln daran nicht gebunden.[63] Zumindest aber wehrte sich Schiller gegen den von neoliberalen Autoren wie Wilhelm Röpke und Friedrich August von Hayek erhobenen Vorwurf, dass jeder planende Eingriff des Staates in den Wirtschaftsprozess unweigerlich in den Totalitarismus führen müsse.[64]

---

60 Vgl. ebd.
61 Vgl. ebd.
62 Karl Schiller, Sozialaufbau und regionale Wirtschaftsplanung (1947), in: Der Ökonom und die Gesellschaft. Das freiheitliche und soziale Element in der modernen Wirtschaftspolitik, Stuttgart 1964, S. 93 f.
63 Vgl. ebd. S. 94.
64 Vgl. hierzu Friedrich August von Hayek, Der Weg zur Knechtschaft, Zürich 1952 (Original: The road to serfdom, London 1944) und Wilhelm Röpke, Maß und Mitte, Zürich 1950.

Nur in einem einzigen Artikel Ende 1947, in einem Beitrag für die sozialdemokratische Tageszeitung das »Echo«, konnte man doch etwas mehr über seinen wirtschaftspolitischen Standort jener Zeit erfahren. Aufgrund der sozialen Erschütterungen der Nachkriegszeit, so Schiller, werde dem Staat fortan in einem immer größeren Umfang die soziale Verantwortung zugeschoben. Zudem glaubte Schiller, dass sich die Welt in einem »zunehmenden geistigen Rationalisierungsprozess« befinde, in dessen Folge die Menschen immer weniger bereit seien, ihr wirtschaftliches Schicksal den unübersehbaren und letztlich unberechenbaren Kräften der Konjunktur oder des Weltmarktes zu überlassen. Überall auf der Welt stoße man auf ein festes Netz von Kontrollen und die Neigung, diese aufzugeben, sei wesentlich geringer als nach dem Ersten Weltkrieg. Unter diesen Voraussetzungen müsse die Errichtung einer streng marktwirtschaftlichen Ordnung in Deutschland völlig »systemfremd« anmuten.[65]

Bei aller Zögerlichkeit und Vorsicht, die Schiller walten ließ, war doch unverkennbar, dass er auch in den ersten Nachkriegsjahren trotz gewisser Einschränkungen letztlich ein Anhänger planwirtschaftlicher Lösungen geblieben war. Wirklich überraschend war das nicht und seine baldige und rasche Konversion zur sozialen Marktwirtschaft ist deshalb nicht allzu erstaunlich oder gar einzigartig. In der unmittelbaren Nachkriegszeit hatten sozialistische Programme fast überall in Europa Hochkonjunktur. Sehr viel sprach im Jahre 1947 nicht dafür, dass gerade im besiegten, zerstörten und hungernden Deutschland innerhalb kurzer Zeit schon eine prinzipielle Entscheidung für die Marktwirtschaft fallen würde. Selbst der geistige Vater der sozialen Marktwirtschaft, Alfred Müller-Armack, hielt 1946 noch »eine gewisse Form der Lenkung« für unverzichtbar und sprach von einer »sozial gesteuerten Marktwirtschaft«.[66] Die Not der Nachkriegszeit, so glaubten viele, sprach eben für die Planung, nicht für den Markt.

Doch solche grundsätzlicheren Überlegungen spielten für den »Schiller-Plan« keine besondere Rolle. Wichtiger war, was diese Denkschrift für Schiller persönlich bedeutete: In dieser Hinsicht war sie fraglos ein Durchbruch, ja ein Wendepunkt in seinem Leben.

Ein Jahr lang war Schiller zwischen Hamburg und Kiel hin und her gependelt, ohne dass sich an seiner beruflichen Situation etwas geändert hätte, ohne dass er endlich die ersehnte Professur erhalten hätte. Schon das war das Erste, was sich nach Übernahme der Gutachterkommission rasch ändern sollte. Im März 1947 sorgte der Schulsenator Heinrich Landahl dafür, dass Schiller das schon länger unbesetzte Ordinariat für Volkswirtschaftslehre an der Universität Hamburg und die Leitung des Ins-

---

65 Vgl. Karl Schiller, Marktwirtschaft oder Planwirtschaft, in: Hamburger Echo vom 23.12.1947.
66 Vgl. Werner Abelshauser, Freiheitlicher Sozialismus oder soziale Marktwirtschaft: Die Gutachtertagung über Grundfragen der Wirtschaftsplanung und Wirtschaftslenkung am 21. und 22. Juni 1946, in VfZ, Jg. 24 (1976), H. 4, 415-449.

tituts für Außenhandel und Überseewirtschaft übertragen wurden.[67] Allein dadurch hatte sich die Kommissionsarbeit ausgezahlt. Zudem war er in der Hansestadt fortan ein bekannter Mann, der mit allen wichtigen Behörden und Wirtschaftsvertretern in Kontakt gekommen war. Im Herbst 1946 hatten die ersten Wahlen zur Hamburger Bürgerschaft stattgefunden, aus denen die SPD und ihr Spitzenkandidat Max Brauer als triumphale Sieger hervorgegangen waren. Jetzt waren in der Hansestadt wieder Sozialdemokraten an der Macht.

Schiller bekam dadurch – noch während die Gutachter-Kommission ihrer Arbeit nachging – die Möglichkeit, außer Erich Klabunde und Gustav Dahrendorf auch die anderen Führungsfiguren der Hamburger SPD, allen voran Max Brauer, von seinen Talenten zu überzeugen. Die Übernahme des Senatorenamtes lag damit bereits in greifbarer Nähe, zumal Schiller in der Folge auch weiterhin kleinere Auftragsarbeiten für den Senat ausführte.

Aber auch über die Grenzen der Hansestadt hinaus machte ihn die Denkschrift zu einem gefragten Mann. Schon im Februar 1947 bekam Schiller eine Anfrage aus Schleswig-Holstein, ob er Gleiches nicht auch dort machen könne.[68] Das Zentralamt für Wirtschaft der britischen Zone begann ebenfalls schnell, sich für seine Arbeit zu interessieren: Da seiner Denkschrift eine Art Pionierleistung zukomme und solche Regionalplanungen auch Gewicht für die Wirtschaftsplanung der gesamten Zone bekommen könnten, solle er das Zentralamt fortan auf dem Laufenden halten.[69]

3 Professor Schiller

Wenngleich die Aufmerksamkeit für den Aufbauplan seiner Eitelkeit schmeicheln mochte und ihm gewiss auch Selbstvertrauen verschafft hatte, so spricht dennoch nichts dafür, dass Schiller deswegen bereits an eine Karriere in der Politik dachte. Bis auf ein paar Schulungsarbeiten, bei denen er als Dozent auftrat, engagierte er sich zunächst nicht innerhalb der Partei. Welche Veranlassung hätte es dafür auch geben sollen? Im April 1947, die Arbeit der Gutachterkommission war beendet, die Denkschrift veröffentlicht, hatte er mit dem Ordinariat in Hamburg sein Ziel erreicht. Endlich konnte er die Früchte für Jahrzehnte harter Arbeit ernten.

Schiller hatte die Professur lange Jahre herbeigesehnt. Selbst in den unendlichen Weiten Russlands hatte er zunächst kaum an etwas Anderes gedacht. Doch bald kehrte ein wenig Ernüchterung ein, denn das Professorendasein der ersten Jahre war eine mühselige Angelegenheit. Die meisten Aufgaben, die er als Hochschullehrer zunächst

---

67 Vgl. die Personalakte für seine Zeit im Hamburger Senat von Schiller: StA HH, 131-15 Senatskanzlei – Personalakte A 66 – Karl Schiller.
68 Vgl. Erich Arp an Schiller am 8.2.1947, in: BA N Schiller 1229, B. 2.
69 Vgl. Günter Keyser an Schiller am 24.7.1946, in: 371-16 I Behörde für Wirtschaft und Verkehr, B. 36.

zu erledigen hatte, waren vor allem organisatorischer Natur. Ganz gleich, ob es sich um Kohlelieferungen, Glühbirnen oder Papier handelte, für die Beschaffung all dieser noch sehr knappen Güter musste der neue Direktor des Instituts für Außenhandel und Überseewirtschaft noch bis zum Sommer 1948 persönlich einen erbitterten Papierkrieg mit dem zuständigen Wirtschaftsamt führen. Immerhin konnte er darauf verweisen, dass das Institut weiterhin stark in die Hamburger Aufbaupläne involviert sei. Das war auch für die Behebung des privaten Mangels von Vorteil. Er habe so viel Arbeit für den Senat zu verrichten, schrieb Schiller etwa an das »Sachgebiet Glühbirnen« des Wirtschaftsamtes, dass er unbedingt eine zusätzliche Zuteilung brauche, denn er sei gezwungen, auch nachts in seiner Privatwohnung zu arbeiten.[70]

Wäre neben all diesen bürokratischen Hemmnissen und sonstigen Verpflichtungen noch Zeit für wissenschaftliche Arbeit geblieben, hätte Schiller diese nur denkbar schwer verrichten können. Durch Bombenangriffe schwer beschädigt, war die Bibliothek des Instituts nur noch ein Torso und bestand nur mehr aus ein paar Bücherreihen im Sozialökonomischen Seminar.[71] Aber in jener Zeit des Mangels und der ständigen Improvisation drängte es bereits wieder zahlreiche Studenten in die Hamburger Universität. Im März 1948 waren schon wieder 400 Studenten für Wirtschaftswissenschaften eingeschrieben. »Obgleich wir voll besetzt sind«, schrieb Schiller im März 1948 einem Kollegen in Berlin,

> »bringt es die übergroße Zahl der Studenten und Examenskandidaten, die Unzulänglichkeit des beschädigten Seminarapparates und überhaupt die allgemeine Situation [...] mit sich, daß man zur eigentlichen wissenschaftlichen Arbeit nur am Rande kommt«[72].

Der Begeisterung für seinen Beruf aber taten diese Unzulänglichkeiten im Ganzen doch keinen Abbruch. Die Studenten der ersten Semester lernten Karl Schiller als einen äußerst agilen jungen Professor kennen, der eine weitaus bessere Kenntnis der ausländischen Literatur hatte als die meisten seiner Kollegen.[73] Dass Schiller zumindest bis 1941 in Kiel weitgehend uneingeschränkten Zugang zu ausländischer Literatur gehabt hatte, mochte dafür ein Grund gewesen sein. Allerdings erinnerte sich sein ehemaliger Student Helmut Schmidt an Schiller als einen zunächst miserablen Redner, und bis heute sei es ihm im Grunde ein Rätsel, wie dieser dann im Laufe seines Lebens die Gabe der Rede für sich entdeckt habe.[74] Auch Schillers erste Ehefrau berichtete von den anfänglichen Hemmungen des jungen Universitätsprofessors, der den Freund Erich Kla-

---

70 Vgl. das Schreiben Schillers an das Sachgebiet Glühbirnen des Amtes für Wirtschaft vom 7.8.1948, in: Ba N Schiller 1229, B. 3.
71 Vgl. den Brief an Friedrich Hoffmann vom 17. Januar 1947.
72 Schiller an Bülow, am 8.3.1948, in BA N Schiller 1229, B. 3.
73 Gespräch mit Helmut Schmidt.
74 Ebd.

bunde bewunderte, der fünf Minuten die Augen schloss und dann eine Stunde referieren konnte, ohne dabei auch nur einmal ins Stocken zu kommen. Schiller hat fortan mit der ihm eigenen Beharrlichkeit und Ausdauer daran gearbeitet, diesen Mangel zu beheben. In die Wiege gelegt worden waren ihm seine später so häufig gerühmten Qualitäten als Redner eben nicht.

Auf jeden Fall war dieses Defizit bald abgebaut. In den 50er-Jahren schon sollten seine Vorlesungen hoffnungslos überlaufen sein und die Studenten in den überfüllten Hörsälen auf dem Boden sitzen, um den Worten des mittlerweile äußerst eloquenten Starprofessors zu lauschen. Mit einigem Witz und mit allerlei plastischen Beispielen aus dem Alltagsleben machte er aus seinen Veranstaltungen Pflichttermine auch für die Hörer anderer Fakultäten, die glaubten, wenigstens einmal »den Schiller« hören zu müssen.[75] Dabei legte er durchaus Wert auf Etikette. Wer statt des geforderten »Spektabilis« oder wenigstens »Herr Professor« lediglich »Herr Schiller« als Anrede gebrauchte, dem entgegnete er, dass man ihn dann ja gleich lieber »Karlchen« nennen könne.[76] Aber seiner Popularität unter den Studenten tat das keinen Abbruch. Womöglich spürten auch viele, dass es für seine Neigung, die Etikette einzuhalten, einen sehr einfachen Grund gab: Schiller sah noch viele Jahre lang selbst wie ein Student in den Anfangssemestern aus und der Legende nach soll es in den ersten Jahren an der Hamburger Universität immer wieder vorgekommen sein, dass ihn Studenten vor dem Hörsaal fragten, ob hier denn die Vorlesung von Professor Schiller stattfände. Noch bis Ende der 50er-Jahre glich er dem von Heinz Rühmann verkörperten ewigen Oberprimaner Pfeiffer aus der »Feuerzangenbowle«. Erst in den 60er-Jahren begann unverkennbar ein Alterungsprozess und als er sich 1972 mit 61 Jahren aus der Politik verabschiedete, hatten die unzähligen Kabinettschlachten und Intrigen um seine Person Spuren in seinem Gesicht hinterlassen, sodass sein Aussehen nun seinem tatsächlichen Alter entsprach. Aber bis dahin wirkte er stets so frisch, dass er nicht wie ein Mensch erschien, der bis zur totalen physischen Erschöpfung arbeitete und zudem immerhin auch drei Jahre an der Ostfront verbracht hatte.

Vielleicht erklärt Schillers jugendliches Aussehen auch einige seiner schon in den ersten Nachkriegsjahren beobachtbaren Verhaltensweisen. Denn wer noch über das mittlere Lebensalter hinaus wie ein Gymnasiast aussah, der musste sich natürlich umso mehr um Anerkennung und Respekt bemühen, der versuchte vielleicht auch ständig, zu kompensieren, Dominanz auszuüben, sich keinesfalls über den Tisch ziehen zu lassen – neigt also zu ständigem und übertriebenem Misstrauen.

Jedenfalls war die Einschätzung, dass es sich bei Karl Schiller um einen im Umgang besonders schwierigen Menschen handelte, keine Erfindung der Bonner Journaille

---

75 Vgl. auch die Serie über den »Professor« Schiller und seine Studenten in der Hamburger Morgenpost vom 23.-28.7.1987.
76 Diese verbreitete Anekdote hat auch der Spiegel in seiner ersten großen Titelgeschichte über Schiller zitiert, vgl. den Spiegel vom 9.1.1967.

oder manch missgünstiger Kabinettskollegen. Schon in den frühen Hamburger Jahren, seitdem er durch den Schiller-Plan zur öffentlichen Person geworden war, galt er als besonderer Charakter, mit dem man, wollte man ihn nicht verärgern, ganz besonders behutsam und vorsichtig umgehen musste.

Seine schon bald berühmte Eitelkeit war bei alledem nicht das entscheidende Problem. Denn wer in bedeutenden Positionen war das nicht, zumal wenn der Erfolg – sowohl als Universitätsprofessor wie auch als Politiker – entscheidend von der Fähigkeit, auch von der Lust an der Selbstdarstellung abhing? Auch intellektuelle Überheblichkeit war nicht der springende Punkt. Beides hätte man ihm angesichts einer Fülle herausragender Eigenschaften wohl nachgesehen. Und wie bei vielen anderen hätte das womöglich noch immer genügend Stoff für einige nette Anekdoten gegeben. Aber die Entrüstung über manche seiner Kapriolen hätte sich doch in engeren Grenzen gehalten.

Entscheidender war, dass Schiller Überheblichkeit und Eitelkeit noch mit einem weiteren Charakterzug kombinierte: Er war äußerst sensibel. Kritik und Widerspruch ertrug er nicht. Und je erfolgreicher er wurde, desto stärker neigte er dazu, bei Widerständen sofort mit Aufgabe und Rücktritt zu drohen. Wer ihn kannte, wusste zwar, wie ihm dann beizukommen war: Man musste ihm seine absolute Unersetzlichkeit vor Augen führen. Aber während Schiller daraufhin nachgerade zufrieden davon sprach, dass man ihn ans »Portepee gepackt« habe, überwog auf der anderen Seite oftmals der Unmut über den schwierigen Menschen, auf den man abermals mit Engelszungen hatte einreden müssen.

Und wer zu den oben beschriebenen Charakterzügen neigt, wird davon als Professor nicht gerade kuriert – ganz im Gegenteil. Schließlich muss eine solche charakterliche Disposition innerhalb des Universitätsbetriebes nicht unbedingt zu Schwierigkeiten führen, jedenfalls dann nicht, wenn man bereits verbeamteter Ordinarius ist und die Abhängigkeiten nur gering, eigentlich nicht existent sind. Mit der Politik sind die Umweltbedingungen an einer Universität jedenfalls nur schwer zu vergleichen. An Schillers menschlicher Isolation hätte sich wohl auch dann nicht viel geändert, wenn er die Universität fortan nicht mehr verlassen hätte. Aber für seinen Beruf hätte ein solches Sozialverhalten keine besonderen Konsequenzen gehabt. Welche Institution hätte es ihm verbieten, welche Instanz ihn dafür abstrafen sollen? Keine Parteibasis hätte überzeugt und kein Parteifunktionär um Zustimmung gefragt werden müssen. Da wären keine widerspenstigen Kabinettskollegen und kein Bürgermeister oder Bundeskanzler gewesen, die nach eigenem Gutdünken Unterstützung geben oder verweigern konnten. Ohne den Einstieg in die Politik wäre Schiller also viel persönliches Ungemach erspart geblieben.

Gewiss wurde und wird auch an deutschen Universitäten Politik betrieben. Aber wäre Schiller Professor geblieben, alleiniger Herr über den Mikrokosmos seines eigenen Lehrstuhls und Instituts, hätten sich die Konflikte und Auseinandersetzungen auf ein paar Fakultätsratssitzungen beschränkt. Die einzigen zur Kooperation unabdingbaren Mitarbeiter wären dann seine Assistenten gewesen, allesamt abhängig und ohne wirklichen Einfluss auf seine Entscheidungen, dazu den Professor ja vielleicht auch aufrichtig bewundernd. Vielleicht hätte er auch innerhalb der Professorenzunft als schwierig gegolten – und nicht mal das wäre angesichts dieses Tummelplatzes zahlreicher Neurosen gewiss gewesen – aber man hätte ihm dann vermutlich manche Verhaltensweise nachgesehen, sie wohl eher als die übliche Kehrseite eines besonders begabten Kollegen eingeschätzt.

Aber Schiller blieb eben nicht zeitlebens an der Universität. Bald schon lockte die Politik und im kollektiven Gedächtnis der Republik sollte nur der Wirtschaftspolitiker Karl Schiller lebendig bleiben. Die Chance zum Einstieg bot sich schon im Herbst 1948. Überraschend hatte der Hamburger Wirtschaftssenator Otto Borgner seinen Abschied aus dem Amt verkündet.

Gewiss war Karl Schiller auf der einen Seite ein logischer Nachfolger. Kaum jemand kannte sich mit den wirtschaftlichen Verhältnissen Hamburgs besser aus als der Leiter der Gutachterkommission für den Wiederaufbau der Hansestadt. Schließlich war er auch nach dem »Schiller-Plan« verschiedentlich gutachterlich für den Senat tätig gewesen. Eben diesen Plan hatte er in seinen Grundzügen schon im Januar 1947 in einer Rede vor der SPD-Fraktion in der Hamburger Bürgerschaft vorgestellt, wodurch ihn auch die Abgeordneten der Bürgerschaft kennen gelernt hatten.

Außerdem besaß Schiller das richtige Parteibuch. Dass es sich bei ihm allerdings um einen ungewöhnlichen Sozialdemokraten handelte, war den Hamburger Genossen bereits aufgefallen. Im Parteivorstand regte sich Widerstand gegen seine Nominierung. In einer »erregten Debatte« wurde Schillers Ernennung gar zum Ausgangspunkt für eine Grundsatzdiskussion über die Zuständigkeit des Parteivorstandes bei der Besetzung der Senatorenämter.[77] Indes: Viel mitzureden hatte die Hamburger SPD bei den Personalentscheidungen im Senat am Ende nicht. Wer in Hamburg Senator wurde und wer nicht, darüber entschied beinahe einzig und allein der Erste Bürgermeister der Hansestadt, Max Brauer. Wie ein absolutistischer Herrscher bestimmte der gelernte Glasbläser und frühere Bürgermeister von Altona vom Hamburger Rathaus aus die Geschicke der Stadt. Was immer Brauer wünschte, die Partei fügte sich, manchmal zwar mit Murren, aber letztlich doch ohne großen Widerstand.[78] Seit seiner triumphalen Rückkehr aus dem amerikanischen Exil im Juli 1946 hatten sich die Hoffnungen der Hamburger auf Brauer fokussiert, der zunächst nur als Vertreter des amerikanischen Gewerkschaftsbundes für einen Gastbesuch in seine Heimatstadt zurückgekehrt war. Aber die Hamburger wollten ihn nicht gehen lassen und – so pathetisch stellte es jedenfalls sein Pressechef Erich Lüth dar – bei einer Kundgebung im August

---

77 Vgl. das Protokoll des Hamburger Landesvorstandes der SPD vom 14.10.1948, in: AdsD, SPD-Landesorganisation Hamburg, 1040 Landesvorstandssitzungen 9.2.1946–19.12.1949.
78 Vgl. zu Brauer Axel Schildt, Max Brauer, Hamburg 2002.

des gleichen Jahres schallte ihm aus achtzigtausend Kehlen das Wort »Hierbleiben« entgegen. Das habe Brauer zum Bleiben bewogen.[79]

Der Vorsitzende der Hamburger SPD, Karl Meitmann, hatte Brauer schon im Mai, also vor seiner Rückkehr aus Deutschland, zur Heimkehr aufgefordert und ihm das Bürgermeisteramt angeboten.[80] Obgleich er im folgenden Wahlkampf zur Hamburger Bürgerschaft noch keine wirklich aktive Rolle spielen sollte, interpretierte Brauer das Werben um seine Person als Freifahrtschein für eine von der Parteibasis wenig beeinflusste Senatspolitik. Er hatte sich schließlich nicht um das Bürgermeisteramt beworben. Von 1946 bis 1953 und dann noch einmal von 1957 bis 1961, drückte Max Brauer der Politik des Hamburger Senats seinen Stempel auf. Obgleich seine Dominanz anderen wenig Raum zur persönlichen Entfaltung ließ, verehrten ihn seine Senatoren – auch Karl Schiller, der Brauer bei der Frage nach politischen Vorbildern stets an vorderster Stelle nannte.[81] Was war es, das Schiller an Brauer faszinierte? Ökonomischer Sachverstand wohl kaum, wie Brauer ihm intellektuell überhaupt unterlegen erscheinen musste. Aber der Bürgermeister besaß etwas, worüber ein Mittdreißiger wie Schiller nicht verfügen konnte, schon gar nicht, wenn er selbst noch wie ein Pennäler aussah: eine naturgegebene, schon allein physiognomisch bedingte Autorität. Der kantige Schädel, das markante Kinn, sein strenger, unnachgiebiger Blick, all das verlieh seinem Auftreten zusätzliche Dominanz. Diese Ausstrahlung imponierte Schiller. Schon seiner äußeren Erscheinung wegen mochte in Hamburg kaum jemand Brauer widersprechen. »Brauer sah, besonders als er älter wurde, wie eine Statue aus. Wie ein Denkmal, das er sich schon zu Lebzeiten gesetzt hatte, einem Lutherstandbild gar nicht unähnlich: Hier stehe ich, ich kann nicht anders.«[82]

Gegenüber ehemaligen Mitgliedern der NSDAP nahm Brauer einen ausgesprochen toleranten Standpunkt ein, vielleicht weil er sich, wie Michael Wildt vermutet, wie viele andere Heimkehrer Illusionen über die tatsächlichen Verstrickungen der Deutschen in den Nationalsozialismus machte.[83] In jedem Fall achtete Brauer bei der Personalauswahl weniger auf politische Unbedenklichkeit als vielmehr auf fachliche Qualifikationen. Als daher Schillers Name bei der Frage der Nachfolge im Senatorenamt fiel, bestanden von dieser Seite her keine Bedenken gegen ihn. Zudem setzten sich die Freunde Dahrendorf und Klabunde bei Brauer für den jungen Professor der Volkswirtschaftslehre ein. Der Weg in dessen erstes politisches Amt war frei.

---

79 Vgl. Erich Lüth, Heimkehr in die Trümmer, in: Neues Hamburg, hrsg. von Erich Lüth, Bd. 10, Hamburg 1955, S. 15.
80 Vgl. Michael Wildt, Zweierlei Neubeginn: Die Politik der Bürgermeister Rudolf Petersen und Max Brauer im Vergleich, in: Die zweite Chance. Der Übergang von der Diktatur zur Demokratie in Hamburg 1945–1946, Hamburg 1997, S. 41-61.
81 Vgl. z. B. das Gespräch mit Renate Merklein am 25.8.1989, Kassette 5 (Seite B).
82 Vgl. Erich Lüth, Max Brauer. Glasbläser, Bürgermeister, Staatsmann, Hamburg 1972, S. 72.
83 Vgl. Wildt, Zweierlei Neubeginn, S. 51 ff.

Doch Schiller zögerte. Dass ihm das Angebot schmeichelte, lässt sich zwar ohne weiteres vermuten. Aber zunächst überwogen die Bedenken. Denn eigentlich hatte er bereits erreicht, wonach er jahrelang gestrebt hatte, war mit dem Ordinariat an der Hamburger Universität am Fluchtpunkt seine Sehnsüchte angelangt. Warum also sich der Ungewissheit eines politischen Amtes aussetzen? Dass er seine Professur, alleine schon der materiellen Sicherheit wegen, behalten wollte, stand für ihn jedenfalls fest. Aber selbst nach dem ihm dieses zugesichert worden war[84], blieben Zweifel. Sein Ehrgeiz, der nie unbeträchtlich war, schien sich noch keineswegs auf die Politik zu beziehen. Bei der Übernahme des Vorsitzes der Gutachterkommission hatten die Dinge noch ganz anders gelegen, doch nun war kein politisches Wohlwollen mehr notwendig.

Schließlich musste ein mitternächtliches Gespräch in der Wohnung Gustav Dahrendorfs den Zauderer davon überzeugen, dass er sich zum Wohle Hamburgs der Aufgabe nicht entziehen könne.[85] Auf Druck der Freunde Klabunde und Dahrendorf stimmte Schiller zu. Ganz geheuer sei ihm das Ganze nicht, teilte er Ehefrau Lolo mit. Aber man habe ihn in die Pflicht genommen und er könne sich dem Werben um seine Person nicht länger verschließen.[86] Wer sich also bemühte, Schiller von seiner Unverzichtbarkeit zu überzeugen, der konnte auch mit Erfolg rechnen. Am 13. Oktober 1948 wurde Schiller in der Bürgerschaft als neuer Senator für Wirtschaft und Verkehr der Hansestadt Hamburg vereidigt.

4 Hamburger Wirtschaftssenator

Für einen Berufspolitiker hielt sich Schiller trotz des Senatorenamtes noch lange nicht. In Briefen an Kollegen machte er immer wieder deutlich, wie wichtig es ihm auch weiterhin war, primär als Wissenschaftler wahrgenommen zu werden. Das Ganze, so erklärt er sein politisches Amt beinahe entschuldigend dem verehrten Eduard Heimann, bleibe »natürlich ein Experiment, dessen Ausgang keineswegs sicher ist und dessen zeitliche Dauer ebenfalls befristet sein wird«.[87] Kaum ein Brief an die Kollegen, in dem er nicht darauf verwies, dass er als selbstverständliche Bedingung natürlich seinen Lehrstuhl behalten habe.[88]

Sein Verhältnis zur Politik in jenen Jahren beschrieben diese Äußerungen durchaus zutreffend. Denn in seinem Selbstverständnis sollte er genau das noch sehr lange

---

84 Vgl. das Protokoll der Sitzung des Hamburger Senats vom 8. Oktober 1948, in: StA HH, 131-2 Senatskanzlei, Protokolle und Drucksachen A 2a.
85 Vgl. den Brief von Gustav Dahrendorf an Schiller vom 5.11.1948, in: BA N Schiller 1229, B. 7.
86 Gespräch mit Lolo Schiller.
87 Schiller an Eduard Heimann am 20.11.1948, in: N Schiller 1229, B. 7.
88 Vgl. exemplarisch den Brief an Kromphardt, 2.12.1948, in: ebd.

bleiben: Ein Professor der Nationalökonomie, der immer nur vorübergehend sein Wissen und Können der Politik zur Verfügung stellte.

Andererseits: Völlige Selbstlosigkeit war es vermutlich auch nicht, die ihn zur Annahme eines politischen Amtes gebracht hatte. Denn aus genau jenem Selbstverständnis des externen Beraters, der mit seinem Sachverstand der Politik diente, war ja andererseits auch eine nicht unbeträchtliche Motivation zu ziehen. Dass er insofern von einem »Experiment« sprach, das er mit der Übernahme des Senatorenamtes durchführte, war nicht nur einfaches Understatement, sondern verriet vermutlich auch etwas über den Kern seiner Absichten. Es war ja bereits während der 30er-Jahre zu beobachten gewesen, wie Schiller selbst in einem Regime, das er in vielem innerlich ablehnen mochte, den Glauben an die Gestaltungsfähigkeit der Wirtschaftswissenschaften nicht verloren hatte, weil seiner Meinung nach die Sachgesetzlichkeiten der Ökonomie letzten Endes stärker als jede politische Doktrin wirkten. Insofern musste ihm der Versuch außerordentlich reizvoll erscheinen, die eigene wissenschaftliche Erkenntnis nun dem wirklichen Praxistest auszusetzen. Glaubte er wirklich daran, dass theoretische Erkenntnisse eins zu eins umzusetzen wären, dass man also eine Wirtschaftspolitik »am Reißbrett entwerfen« könnte? So weit mochte sein Optimismus vielleicht nicht gehen. Aber gewiss waren seine Erwartungen noch immer so hoch, dass sie der Realität kaum standhalten konnten. Denn schon bald sollte Schiller feststellen, dass die Gestaltungsmöglichkeiten seines Amtes wesentlich geringer waren, als er zunächst geglaubt hatte.

Am wenigsten schwer wog dabei die Tatsache, dass in den ersten Monaten seiner Amtszeit die britischen Besatzungsbehörden noch immer die wahren Herren der Stadt waren. Einmal in der Woche musste der Wirtschaftssenator Schiller dem für Hamburg zuständigen *Regional Economic Officer (R. E. O.)* Bericht erstatten. Und dabei ging es nicht immer nur um die großen Linien der künftigen wirtschaftlichen Entwicklung in Hamburg. Wenn die Briten etwa der Meinung waren, dass die übermäßige Straßen- und Schaufensterbeleuchtung in Hamburg keinen guten Eindruck auf die öffentliche Meinung in England machte, wo doch London noch erhebliche Energieprobleme hatte, oder wenn sie glaubten, dass der Anteil der privaten Kraftfahrzeuge am Hamburger Straßenverkehr bereits über das vorgesehene Maß hinausging, dann war oft Schiller der Adressat solchen Unmuts.[89]

Allerdings sollten diese Probleme mit der Erlangung einer eingeschränkten Souveränität durch das Besatzungsstatut vom April 1949 immer stärker in den Hintergrund treten. Auch in Hamburg entschieden die Deutschen zunehmend selbstständig über ihr Schicksal, zumindest bei jenen Fragen, für die der Wirtschaftssenator der Hansestadt primär verantwortlich war.

Von den nun wirklich nicht sehr entscheidenden alliierten Restriktionen abgesehen, hatte Schiller dennoch die Gestaltungsmöglichkeiten seines Amtes falsch einge-

---

89 Vgl. die Vermerke über die Besprechungen Schillers mit dem R. E. O. vom 1.12.1948 sowie vom 14.12.1948, in: StA HH, 371-16 I, Behörde für Wirtschaft und Verkehr, B. 24.

V Nachkriegskarrieren (1945–1954)

Abb. 5 Wirtschaftssenator: Das erste politische Amt – Karl Schiller 1948 als Hamburger Wirtschaftssenator. Nach fünf mühseligen Jahren ist er 1953 jedoch froh, wieder an die Universität zurückzukehren.

schätzt. Seine Tätigkeit empfand er schon bald als »absolutes Opfer«, das höchstens für einen beschränkten Zeitraum Sinn mache. Es waren, wie er gegenüber Ilse Elsner einmal gestand, vor allem »die Widrigkeiten und die Geringfügigkeit der Resultate, die auf Landesebene zu erzielen sind«[90], die seinem Ehrgeiz kaum gerecht werden konnten. Überdies war Schiller schließlich ausgebildeter Makroökonom und seine Leidenschaft galt vor allem Fragen der Konjunkturpolitik. Die aber war im begrenzten Wirkungskreis eines Hamburger Wirtschaftssenators kaum zu betreiben und regionale Strukturfragen interessierten ihn – jedenfalls in wissenschaftlicher Hinsicht – nur wenig.

90 Vgl. den Brief von Schiller an Ilse Elsner vom 26.5.1950, in: BA N Schiller 1229, B. 14.

Dabei spricht auf den ersten Blick einiges dafür, dass gerade in der unmittelbaren Nachkriegszeit die Gestaltungsspielräume in der Wirtschaftpolitik besonders groß waren. So glaubten beispielsweise die Finanz- und Wirtschaftsminister der Länder und Provinzen der britischen Besatzungszone noch Ende 1945, dass durch die Bombenschäden der deutsche Produktionsapparat nahezu auf die Anfangszeit der Industrialisierung zurückgefallen sei.[91] Außerdem waren da die Demontagen, die verschiedene Industriezweige in ganz unterschiedlichem Maße getroffen hatten. Bestand nicht hier Spielraum für eine gezielte Industriepolitik, wo doch die Deutschen anscheinend ganz von vorne anfangen mussten? Aber sowohl die Konsequenzen des alliierten Luftkrieges wurden weit überschätzt – wie sich am Beispiel der Hamburger Wiederaufbaupläne bereits gezeigt hat – als auch die tatsächlichen Auswirkungen der Demontagen.[92] Keineswegs musste die deutsche Volkswirtschaft, auch nicht die Wirtschaft Hamburgs, am Reißbrett neu entworfen werden. Auch hier also wie in vielen anderen Bereichen: Keine Stunde null.[93]

Und schließlich ließ auch Schiller selbst im Jahr 1948, als es noch keine wirkliche deutsche Zentralregierung gab, niemals einen Zweifel daran, dass es die Aufgabe der Länderverwaltungen sei, einen von einer zentralen Stelle beschlossenen Kurs vorbehaltlos zu unterstützen. Eine eigenständige, regionale Wirtschaftspolitik könne daher gar nicht angestrebt werden.[94] Die Möglichkeiten dafür wären aber ohnehin gering gewesen. Schließlich wurde der überwältigende Teil der öffentlichen Mittel für den Wiederaufbau, etwa die Gelder aus dem Marshallplan, von zentraler Stelle verwaltet.

Eine Leitidee, nach welcher der Wirtschaftssenator Schiller den Wiederaufbau der Hamburger Wirtschaft vorantreiben wollte, ist nicht zu erkennen. Ebenso lässt sich keine Aufgabe, kein Sektor finden, dem er eine besondere Bedeutung zugemessen hätte. In jedem Fall hatte er offensichtlich kaum das Gefühl, dass es zwischen seiner politischen Tätigkeit und seiner wissenschaftlichen Ausbildung und Berufung einen besonderen Kontext gab. Das, was wir also für vorangegangene Jahre als Leitmotiv in Schillers Leben identifiziert haben – der Glaube daran, dass die Wissenschaft Richtschnur politischen Handelns sein sollte –, all das konnte in jenen Jahren als Hamburger Wirtschaftssenator so gut wie keine Rolle spielen.

Dass der Wirtschaftssenator der Hansestadt ein besonderes Augenmerk auf den Hamburger Hafen zu legen hatte, versteht sich schon von selbst. An kaum etwas lag der Stadt mehr, als an der Aufhebung des alliierten Schifffahrtsverbotes. Schon 1951 sollte dieses Verbot (abgesehen vom Bau von Kriegsschiffen) endgültig fallen und die

---

91 Vgl. Werner Abelshauser, Probleme des Wiederaufbaus der westdeutschen Wirtschaft 1945–1953, in: Heinrich August Winkler (Hrsg.), Politische Weichenstellungen in Nachkriegsdeutschland 1945–1953, Göttingen 1979 (Geschichte und Gesellschaft: Sonderheft 5).
92 Vgl. Werner Abelshauser, Wirtschaftsgeschichte der Bundesrepublik Deutschland 1945–1980, Frankfurt a. M. 1983, S. 13 ff.
93 Vgl. ebd. S. 165 ff.
94 Vgl. Hamburger Wirtschaftskorrespondenz vom 2.12.1948.

Hansestadt Hamburg hatte daran gewiss keinen geringen Anteil. Aber ganz überwiegend war das doch von Max Brauer zur Chefsache erklärt worden, der dann auch auf Hamburger Seite die Meriten dafür erhielt.[95]

Schillers eigene Einstellung zum Hamburger Hafen war nicht ohne Widersprüche. An dessen Bedeutung kam natürlich kein Wirtschaftssenator der Hansestadt vorbei. Psychologisch war er für das Empfinden der Hamburger, wie es mit der Aufwärtsentwicklung der Stadt bestellt war, sicherlich von eminenter Bedeutung. Max Brauer hatte das frühzeitig erkannt. Noch als es ökonomisch kaum Sinn machte, hatte er dafür gesorgt, dass die Alsterdampfer wieder fuhren, um den Bewohnern der Stadt ein Stück Normalität zurückzugeben.[96]

Auch Karl Schiller profilierte sich nach außen vor allem als robuster Vertreter der Hafenstadt Hamburg. Die Hamburger fühlten sich beim Wiederaufbau und bei der Verteilung von öffentlichen Mitteln aus dem Wirtschaftsrat und später der Bundesregierung benachteiligt und sahen die Entwicklung der Stadt »im Schatten der Bundesrepublik«, wie es in einer Denkschrift aus dem Jahr 1951 hieß.[97] Wiederholt drang Schiller darauf, den Schiffsbau in die Gruppe der besonders zu fördernden Industrien aufzunehmen.[98] Auch die britischen Besatzungsbehörden versuchte er anfangs dafür zu gewinnen, indem er die Gefahr der kommunistischen Unterwanderung bei den arbeitslosen Werftarbeitern an die Wand malte.[99] Innerhalb der deutschen Öffentlichkeit argumentierte er aber vor allem mit den Vorteilen, die der Schiffsbau für das gesamte Land habe. Schließlich benötige man für eine Tonne Schiffsraum zwei drittel Tonnen Stahl, wovon auch das Ruhrgebiet profitieren würde.[100]

Andererseits blieb Schiller, wie er es in der Denkschrift bereits angedeutet hatte, bei der Ansicht, dass Hamburg sich nicht allein auf den Hafen verlassen dürfe. So strebte er die Bildung einer Dienststelle an, die die Ansiedlung von hafenfernen Industrien vorantreiben sollte. Bei der Hamburger Handelskammer jedoch stieß dieses Vorhaben auf wenig Sympathie und die ganze Idee verlief schnell im Sande. Schließlich waren die hafenfernen Industrien gerade wieder normal ausgelastet und für den Hamburger Hafen zeichneten sich beträchtliche Wachstumsmöglichkeiten ab.[101] Aber auch Traditionsdenken mochte dabei eine Rolle gespielt haben und Schiller als Zugezogenem fiel es gewiss leichter, von Sentimentalitäten Abschied zu nehmen. Ende der 60er-Jahre sollte

---

95 Vgl. Schildt, Brauer.
96 Vgl. ebd., S. 80.
97 Hamburg im Schatten der Bundesrepublik. Denkschrift des Senats der Freien und Hansestadt Hamburg. Hrsg. vom Senat der Freien und Hansestadt Hamburg, Juni 1951.
98 Vgl. z. B. Hamburger Abendblatt vom 23.11.1949.
99 Vgl. den Vermerk über die Besprechung Schillers mit dem R. E. O. vom 14. 6.1949, in: StA HH, 371-16 I, Behörde für Wirtschaft und Verkehr, B. 24.
100 Vgl. Hamburger Abendblatt vom 3.1.1950.
101 Vgl. Arnold Sywottek, Hamburg seit 1945, in: Werner Jochmann (Hrsg.) Hamburg: Geschichte der Stadt und ihrer Bewohner, Teil II: Vom Kaiserreich bis zur Gegenwart, Hamburg 1986, S. 409.

die starke Fixierung Hamburgs auf seinen Hafen dann auch tatsächlich zu einem Problem werden.

Die Jahre als Hamburger Wirtschaftssenator waren vor allem eine Zeit des ständigen Beinahe-Abschiedes aus der Politik. Je länger Schiller Senator war, desto stärker wurde seine Furcht, die Wissenschaftskarriere für etwas zu opfern, dessen Ertrag ihm keineswegs sicher erschien. Später wird er im Gespräch mit Renate Merklein räsonieren, dass er seine besten und intellektuell fruchtbarsten Jahre für die Politik geopfert habe, was ein hoher Preis gewesen sei.[102] Aber das Gefühl, etwas zu verpassen, war schon während seiner Zeit als aktiver Politiker sein ständiger Begleiter gewesen. Wann immer er ein politisches Amt antrat, blieb er daher nicht nur seinem Selbstverständnis nach Wissenschaftler. Bei jeder neuen Aufgabe in der Politik stellte er zuerst immer klar, dass er nach kurzer Zeit wieder in die Wissenschaft zurückkehren wolle.

Schon 1950 wäre Schiller beinahe das erste Mal aus seinem Amt geflüchtet. Er hatte einen Ruf an die Universität Frankfurt erhalten und spielte mit dem Gedanken, diesen anzunehmen. An und für sich war das kein spektakulärer Vorgang, zumal Schiller auch Max Brauer gegenüber nie einen Zweifel daran gelassen hatte, wo er seine eigentliche Bestimmung sah. Doch durch sein zögerliches Verhalten machte er die ganze Sache beinahe zum Politikum. Weder dem Senat noch der Partei gegenüber hatte er auch nur ein Sterbenswörtchen über die Frankfurter Offerte verlauten lassen. Sowohl die Senatskollegen als auch der Hamburger Parteivorstand mussten von seinem möglichen Weggang erst aus der Zeitung erfahren. Dabei hatten die Berufungsverhandlungen schon im März 1949 angefangen, sich dann aber ewig hingezogen. Im April 1951 hatte der Vorsitzende des SPD-Bezirks Hamburg, Karl Meitmann, von Schiller in einem Brief Klarheit gefordert. Im Parteivorstand wisse man seit Längerem von seinem Ruf. Durch die öffentlichen Spekulationen sei man mittlerweile in eine schwierige Lage geraten und man wolle nicht wie von seinem Vorgänger Borgner plötzlich versetzt werden.[103]

Meitmann versuchte nicht, Schiller umzustimmen. Womöglich war es aber genau das, worauf dieser gehofft hatte, eine kleine Streicheleinheit für jemanden, der sein Amt als Selbstaufopferung empfand. Für die Hamburger Sozialdemokraten aber lag der Fall ganz anders: War nicht die Übertragung des Amtes eines Wirtschaftssenators schon genug Ehrbezeugung? Wer dennoch mit dem Gedanken spielte, dieses Amt aufzugeben, der war sich entweder seiner Verantwortung nur ungenügend bewusst oder aber nur mit halbem Herzen bei der Sache.

Der Ordnungsruf des Hamburger Parteivorsitzenden verhallte ohne Wirkung – wobei für Schiller ohnehin lediglich Max Brauer die entscheidende Instanz war und nicht irgendein Parteifunktionär. Schiller verhandelte weiter mit dem hessischen Ministerium für Erziehung und Volksbildung. Und einen Monat nach Meitmanns Brief

---

102 Schiller-Merklein am 30.8.1989, Kassette 7, (Seite B).
103 Vgl. den Brief von Meitmann an Schiller vom 11.4.1951, in: BA N Schiller 1229, B. 14.

wurden dort tatsächlich alle seine Forderungen erfüllt, wozu es extra der Zustimmung des hessischen Finanzministers bedurft hatte. Schiller sollte sofort in die Sonderstufe der Besoldungsgruppe H 1 eingruppiert werden, was immerhin einem für damalige Verhältnisse beachtlichen Gehalt von 13.600 DM entsprochen hätte, dazu noch eine ebenso großzügige Kolleggeldgarantie von 5.000 DM.[104]

Aber damit war noch nichts entschieden. Nur wenige Wochen später sagte Schiller ab, obgleich man ihm alles, was er gefordert hatte, zugesprochen hatte. Wenn er schon die Politik verlasse, begründete er seinen Entschluss gegenüber dem zuständigen Regierungsrat, dann nur, um sich »endlich« ganz der Wissenschaft zu widmen. In Frankfurt aber würden ihn ebenfalls eine Fülle von Organisationsaufgaben erwarten.[105]

Hatte Schiller vielleicht nur einmal seinen »Marktwert« taxieren wollen? Eine Rolle mochte das gespielt haben, zumal er genau wusste, dass er das Ordinariat in Hamburg doch primär seinen politischen Kontakten und Verdiensten in der Hansestadt verdankte. Andererseits war das ganze Verhalten nicht untypisch für ihn. Gewiss, in manchen Situationen konnte Schiller schnell und resolut handeln, vor allem dann, wenn Entscheidungen keinen Aufschub duldeten, oder wenn er mit dem Rücken an der Wand stand. Aber meistens agierte er doch außerordentlich zögerlich. Am liebsten hätte er sich wohl geviertelt, um alles gleichzeitig machen zu können. Verzicht fiel ihm schwer und wenngleich er ständig damit kokettierte, dass er jederzeit wieder an die Universität zurückkehren könne, galt das eben letztlich auch für sein politisches Engagement. Die Hamburger Genossen hielten Schiller fortan jedenfalls für einen unsicheren Kantonisten, dessen Verlässlichkeit sehr infrage stand.

Etwa zur gleichen Zeit machte ein anderer und noch junger Sozialdemokrat übrigens seine ganz eigenen und recht unangenehmen Erfahrungen mit dem schwierigen Wirtschaftsprofessor. Und während die Probleme zwischen Karl Schiller und der Hamburger SPD bald vergessen waren, sollten die Konflikte, die sich aus dieser Beziehung ergaben, noch einmal eine wichtige Rolle spielen.

5 Der persönliche Referent: Begegnung mit Helmut Schmidt

Im Sommer 1949 kam es in der Behörde für Wirtschaft zu einem Personalwechsel, der aus damaliger Sicht noch keine große Bedeutung hatte, wenngleich der junge Mann, der für die nächsten 1½ Jahre die Position eines persönlichen Referenten beim Wirtschaftssenator bekleiden sollte, vom ersten Tage ganz besonders durch Intelligenz, Fleiß und Durchsetzungsfähigkeit auffiel. Sein Name war Helmut Schmidt.

---

104 Vgl. das Schreiben des Oberregierungsrates im Hessischen Ministerium für Erziehung und Volksbildung, Fröhlich, vom 12.5.1951, in: ebd.
105 Vgl. den Brief von Schiller an Fröhlich vom 31.5.1951, in: ebd.

5 Der persönliche Referent: Begegnung mit Helmut Schmidt

Er war 30 Jahre alt, als er in den Dienst der Behörde für Wirtschaft eintrat. Damit war er nur sieben Jahre jünger als sein Dienstherr. Aber diese sieben Jahre, die Schmidt später geboren worden war, hatten für einen völlig anderen Verlauf seines Lebens gesorgt und einen biographischen Graben zwischen seinem und Schillers Leben gerissen. Während Letzterer bereits auf eine Universitätskarriere bis hin zur Professur zurückblicken konnte und mittlerweile Wirtschaftssenator geworden war, hatte Schmidt seine frühen Mannesjahre im Arbeitsdienst und als Soldat verbracht.[106] Alles, was er vorweisen konnte, als er begann, für Schiller zu arbeiten, war ein Abschluss in Volkswirtschaftslehre. Schmidt war sich damit der Tatsache bewusst, dass das Leben zu ihm und Schiller bisher unterschiedlich gerecht gewesen war. Er hat dies auf die ihm eigene Weise verarbeitet, indem er später immer wieder betonte, dass er die Herren Professoren – nach Jahren als Soldat – doch gar nicht habe ernst nehmen können.[107]

Aber studieren musste er ja bei ihnen. An der Hamburger Universität hatte er auch in einigen Vorlesungen und Seminaren Schillers gesessen, wo er unter anderem auch so mutig gewesen war, ein Referat über Schillers Lieblings-Ökonomen Keynes zu halten.[108] Schlecht schien es der junge Student nicht gemacht zu haben, denn direkt nach seinem Examen bekam er eine Anstellung in der Behörde für Wirtschaft, wo er fortan als »rechte Hand« des Senators tätig war. Ende 1950 wechselte er in das Verkehrsdezernat der Wirtschaftsbehörde, dessen Leiter er 1952 wurde. Damit war er zwar der unmittelbaren Umgebung Schillers entzogen, aber ihm natürlich formal weiterhin unterstellt. Vier Jahre lang also – 1953 zog er als Abgeordneter in den Deutschen Bundestag ein – arbeitete Schmidt unter Schiller.

Fast 40 Jahre später, zu Schillers 80. Geburtstag, sollte Schmidt ihm einen ungewöhnlich sentimentalen Brief schreiben. Hätte er statt Henning Voscherau die Laudatio im Hamburger Rathaus halten dürfen, so wäre ihm dies »eine erwünschte Gelegenheit gewesen, Dir einmal im Leben persönlichen Dank zu sagen für vieles, was ich von Dir gelernt habe«. Das gelte, wie Schmidt nicht hinzuzufügen vergaß, selbst noch für die Bonner Jahre.[109]

Aber diese Zeilen wurden eben mit jahrzehntelangem Abstand geschrieben. Als ihre Wege sich 1953 trennten, hätte der Jüngere solche Worte der Altersmilde wohl kaum über die Lippen gebracht. In den letzten Monaten der sozialliberalen Koalition sprachen beide kaum mehr ein Wort miteinander – höchstens noch im Kabinett, wo aber besonders Helmut Schmidt eher brüllte, als dass er mit Schiller sprach.[110]

Eine gewisse Rivalität war wohl von Anfang an im Spiel, bereits Ende der 40er-Jahre, als die Rollenverteilung zwischen beiden noch eindeutig war und niemand ahn-

---

106 Vgl. Hartmut Soell, Helmut Schmidt. Vernunft und Leidenschaft, Stuttgart 2003.
107 So auch im Gespräch mit dem Verfasser am 15.05.2003.
108 Vgl. Soell, S. 173.
109 Vgl. Schmidt an Schiller am 3.5.1991, in Privatbesitz Noelle-Wying.
110 So jedenfalls berichtete es später Regierungssprecher Conrad Ahlers, in: Wirtschaftswoche vom 9.2.1973.

te, dass hier zwei der größten politischen Talente der Nachkriegs-SPD aufeinandertrafen. Waren sie sich ähnlich, wie es später oft – einmal gar aus dem berufenen Munde eines berühmen Psychotherapeuten – behauptet wurde?[111] Gewiss waren beide Männer hochintelligent; daran zweifelten sie auch selbst nicht und ließen dies ihre Umwelt verschiedentlich auch spüren. Und beide besaßen einen ausgesprochenen Hang zur Dominanz, waren, für Schiller galt dies mit einigen Einschränkungen, exzellente Anführer. Schließlich zeigten beide auffällige charakterliche Schwächen, wenn es darum ging, sich unterzuordnen.

In den Hamburger Jahren aber war das nur Schmidts Problem. Ganz leicht fiel ihm die Unterordnung schon zu Beginn der Zusammenarbeit nicht. Auch gegenüber Schiller vertrat er meist deutlich einen eigenen Standpunkt und die persönlichen Vermerke jener Zeit an seinen Vorgesetzten dokumentieren, dass er im Umgang auch mit Karl Schiller eine gewisse lässige, schon ein bisschen »schnoddrig-hanseatische« Art pflegte.

Anders, als man bei Schillers komplizierter Persönlichkeitsstruktur vielleicht erwarten mag, funktionierte die Zusammenarbeit aber zunächst. Bei Mitarbeitern, die er für begabt hielt, ertrug Schiller manches Mal sogar Widerspruch, solange dieser unter vier Augen erfolgte. Und fraglos war Helmut Schmidt ein besonders begabter Mitarbeiter. Sowohl besaß er aus seiner Zeit im Wehrmachtsstab im Zweiten Weltkrieg große Verwaltungsroutine als auch die Fähigkeit, stundenlange theoretische Erörterungen mit dem Senator durchzustehen. Zudem war er hoch belastbar, physisch robust und wohl überhaupt einer der wenigen Mitarbeiter, die mit dem Arbeitstempo des Senators Schritt halten konnten. Obgleich Schiller zur Kumpanei nicht neigte, hielt er seine Beziehung zu Schmidt am Anfang für durchaus speziell, ja sogar für »kameradschaftlich.«[112] Und da Schmidt auch für viele Kleinigkeiten zuständig war, war sogar eine gewisse Nähe zu Schillers Privatleben gegeben; sogar der passende Chauffeur – er sei »besonders verschwiegen«[113], teilte Schmidt seinem Senator mit – wurde vom persönlichen Referenten ausgesucht. In der Behörde für Wirtschaft lagen die Büros der beiden nebeneinander, getrennt nur durch das Vorzimmer der Sekretärin Annemarie Vogt, die bald die zweite Frau Schiller wurde. Wenn gerade keine Besucher empfangen wurden, waren die Türen aller Büros offen. Der Senator und der Referent konnten sich gegenseitig bei der Arbeit beobachten.[114]

Nach ein paar Monaten jedoch verschlechterte sich die Stimmung zwischen Schiller und Schmidt. Wen sollte das auch bei zwei Menschen, die beide uneingeschränkt dominieren wollten, und die sich jeweils für den uneingeschränkt Klügsten hielten, auch überraschen? Und mochte Schiller das Verhältnis zu Schmidt nach seinen

---

111 Vgl. Horst Eberhard Richter, Lernziel Solidarität, Hamburg 1973, S. 132 f.
112 Vgl. den Brief von Schiller an Schmidt am 1.12.1950, in: BA N Schiller, B. 11.
113 Vgl. den Vermerk von Schmidt vom 24.10.1950, in: BA N Schiller, B. 10.
114 Gespräch mit Annemarie Schiller.

Maßstäben für kameradschaftlich halten, so spürte der persönliche Referent davon vermutlich herzlich wenig. Denn Schiller zeigte im Umgang mit seinen Mitarbeitern kaum eine menschliche Regung, jedenfalls nicht bei den männlichen. Ein Lob kam ihm fast nie über die Lippen. Wer für ihn arbeitete, hatte effizient, geräusch- und klaglos zu funktionieren. Wenn man, wie Schmidt es später von seiner Zeit als Schillers Adlatus berichtete, wie ein »Pferd ackerte«[115], konnte das Anlass zur Frustration geben.

Auch Helmut Schmidt berichtete, dass es besonders in den eineinhalb Jahren als persönlicher Referent zwischen ihm und Schiller gleich ein paar Mal heftig »gekracht« habe, ohne sich jedoch an die konkreten Anlässe noch erinnern zu können.[116] Wahrscheinlich ist, dass Schmidt nach anfänglicher Zurückhaltung immer weniger gewillt war, sich dem Willen des Wirtschaftssenators bedingungslos unterzuordnen, dass er auch keine weitere Neigung besaß, dann und wann lediglich bessere Sekretärsaufgaben zu erfüllen. Jedenfalls wird es das sein, was Schiller ihm am Ende vorwerfen wird, der vermutete, dass sein Referent dabei war, die Bodenhaftung zu verlieren. Die Stimmung zwischen beiden beschrieb auch die Sekretärin und spätere Ehefrau Schillers als zunehmend spannungsgeladen.[117] Die Türen waren jetzt immer häufiger geschlossen.

Im Dezember 1950 war der Bogen überspannt: Ein weiterer Streit zwischen ihnen führte zu einem Bruch, der nie ganz verheilen sollte. Der konkrete Anlass war wie so oft eher nichtig. Für eine Sitzung, in der die Frage eines Kredites der Landeszentralbank an die Stülcken-Werft besprochen werden sollte, war es Schmidts Aufgabe gewesen, die Unterlagen für den Senator zusammenzustellen. Als Schiller kurz vor der Sitzung die Papiere durchsah und festzustellen meinte, dass die Hälfte fehlte, explodierte er. Schiller zitierte den persönlichen Referenten in sein Dienstzimmer, wo es nach Schmidts Empfinden zu einer in »erregtem Tone erfolgten Zurechtweisung« kam, und zwar in einer Lautstärke, dass alle angrenzenden Vorzimmer Zeuge der Gardinenpredigt wurden.[118] Dabei vergaß Schiller nicht, auch die bisherigen Versäumnisse Schmidts aufzuzählen, wozu unter anderem der Vorwurf zählte, sich über Gebühr mit den eigenen Privatangelegenheiten befasst zu haben.

Helmut Schmidt war bereits damals ein stolzer Mann. Nur zwei Tage später gab er Schiller schriftlich seinen Rücktritt von der Position des persönlichen Referenten zur Kenntnis. Er könne Schillers in aller Öffentlichkeit erteilte scharfe Zurechtweisung kaum anders denn als eine tiefe persönliche Kränkung empfinden.

In der Sache war sich Schmidt keiner Schuld bewusst und wies jede Verantwortung von sich. Aber im Ganzen war der Brief doch versöhnlich gehalten. Viel habe er unter der Führung des Senators lernen dürfen, weitaus mehr jedenfalls, als es ihm bei jeder

---

115 Vgl. Soell, Helmut Schmidt, S. 226.
116 Gespräch mit Helmut Schmidt.
117 Gespräch mit Annemarie Schiller.
118 Vgl. den Brief von Schmidt an Schiller vom 29.11.1950, in BA N Schiller 1229, B. 11.

anderen Tätigkeit innerhalb eines solch kurzen Zeitraums möglich gewesen wäre. Großzügige Förderung habe er seitens des Senators erfahren und insgesamt schaue er auf die vergangenen Jahre mit großer Dankbarkeit zurück. »Dabei ist es mir keine Redensart, sondern ein von Herzen kommendes Bedürfnis, Sie auch heute meiner uneingeschränkten persönlichen Ergebenheit zu versichern«. Er hoffe, so Schmidt, dass sein Ausscheiden keine bleibende Verärgerung hervorrufen möge.[119]

Vielleicht hatte Schmidt wirklich gehofft, dass sein Brief besänftigend wirken würde und dass dadurch die Wogen ein wenig geglättet werden könnten. Aber darin täuschte er sich. Sein Brief entfaltete die entgegengesetzte Wirkung. Verwunderlich war das im Grunde nicht, denn so sehr Schmidt dem Tone nach versöhnlich geschrieben hatte und obgleich er einer vielleicht auch aufrichtig empfundenen Dankbarkeit Ausdruck verliehen hatte, konnte auch Schiller nicht entgangen sein, mit welcher Souveränität sich Schmidt letztlich über seine Vorhaltungen hinweggesetzt hatte. Dass er Schillers Zurechtweisung im Grunde für völlig unangemessen, ja cholerisch hielt, war doch überdeutlich. Und vielleicht spielte schon allein die Tatsache eine Rolle, dass Schmidt die Chuzpe besaß, ihm zu kündigen, und nicht etwa in aller Demut der weiteren Abstrafung durch seinen Dienstherrn harrte.

Zwei Tage später, am 1. Dezember, übergab der Senator Schmidt zwei Briefe, und zwar persönlich. Der erste war nur eine kurze Anweisung, die Amtsgeschäfte sofort niederzulegen. Verhandlungen wegen des Ausscheidens aus der Behörde würden ebenso unverzüglich in die Wege geleitet.[120] Die Botschaft war also eindeutig. Schließlich nahm Schiller nicht etwa die Kündigung an, sondern kündigte seinerseits. Das war der erste Versuch, die Verhältnisse wieder gerade zu rücken.

Der zweite Brief war nicht nur wesentlich länger. Er war auch weitaus persönlicher. »Irgendwelche Zurückweisungen verbitte ich mir. Ihre persönliche Ehre ist in keiner Weise gekränkt worden«, teilte der Wirtschaftssenator seinem persönlichen Referenten zunächst mit. Schon seit Längerem habe er leider feststellen müssen, dass Schmidt zwar bei der Erörterung allgemeiner und wirtschaftlicher Fragen großes Interesse und ausgezeichnete Leistungen zeige, er jedoch bei allen Fragen, die ins »Sekretärhafte« gingen, deutliche »Unlustgefühle« offenbare: »Ich hatte ihnen gegenüber schon mehrmals zum Ausdruck gebracht, dass ich nicht das Opfer solcher Unlustgefühle sein möchte.«

Noch schwerer, so Schiller, wiege indes die Überheblichkeit des Referenten, ein charakterlicher Fehler, den Schmidt im Übrigen während einer Reise nach Chicago selbst freimütig eingestanden habe. Lange habe er in diese Hinsicht Nachsicht geübt. Auch gegen den innerhalb der Behörde erhobenen Vorwurf, dass Schmidt sich während seiner Dienstzeit viel mit Privatangelegenheiten befasse, habe er ihn stets verteidigt. Indes sei seine Toleranz und Großzügigkeit nicht nur vergebens gewesen, sondern sogar gründlich missbraucht worden:

---

119 Vgl. ebd.
120 Vgl. Schiller an Schmidt, 1.12.1950, in: ebd.

»Ich stelle fest, daß das kameradschaftlichste Verhältnis zwischen Vorgesetzten und Untergebenem durch ihre Haltung nicht nur unmöglich gemacht wird, sondern ihre Überheblichkeit nur noch gesteigert hat. Eine solche Haltung kann in meinem Wirkungskreis keinen Platz mehr haben.«

Schmidt spreche in seinem Brief von Dankbarkeit. Auf solcherlei Gesten, so Schiller, verzichte er grundsätzlich. Wenn aber Schmidt diesen Punkt so nachdrücklich betone, so müsse er hierzu bemerken, dass Dankbarkeit gewiss nicht darin bestehe,

»daß man auf Gebieten, die einem intellektuell Vergnügen bereiten, sich Mühe gibt, sondern äussert sich vielmehr so, daß man auch die Dinge auf sich nimmt, die etwas mühselig und unerfreulich sind. Dankbarkeit äussert sich vor allem darin, daß man Spannungen, die zwischen dem Menschen, gegenüber dem man Dankbarkeit empfindet, und einem selbst entstanden sind, durch eigenen Beitrag zu lösen versucht, nicht aber, indem man sie durch eigene Hybris zum Bruch führt.«

Schillers letzte Zurechtweisung bezog sich schließlich auf die Art und Weise, mit der sein persönlicher Referent ihm die Kündigung mitgeteilt hatte: »Dabei gebe ich Ihnen noch nebenbei anheim, über die Geschmacklosigkeit nachzudenken, die darin bestand, daß Sie ihr Schreiben an mich den Unterlagen für eine Reise zu einer schwierigen Bonner Sitzung beifügten.«[121] Der Brief schloss, wenig überraschend, ohne die obligatorischen »freundlichen Grüße«.

Helmut Schmidt konnte sich Jahrzehnte später an diesen Brief nicht mehr erinnern. Dabei war er von durchaus ungewöhnlicher Schärfe. Was Schiller seinem Referenten vorwarf, waren ja keine Petitessen. Mit dem Vorwurf der intellektuellen Überheblichkeit mochte Schmidt noch leben können; aber die Anschuldigung der Pflichtvergessenheit und der Vernachlässigung seiner Amtspflichten musste für Schmidt eine beinahe groteske Unterstellung sein. Er selbst, der gewiss über eine robuste Natur verfügte, hatte vielmehr das Gefühl, dass er ohne ernsthaften gesundheitlichen Schaden seine Arbeitsleistung für den Senator kaum noch ausweiten konnte.[122]

Aber erstaunlicherweise war das Tischtuch zwischen beiden nicht so zerschnitten, dass eine weitere Zusammenarbeit damit unmöglich geworden wäre. Denn nachdem sich der erste Zorn Schillers entladen hatte, behielt er Schmidt schließlich doch in der Behörde. Er wurde nicht nur in das Verkehrsdezernat versetzt, sondern avancierte dort in den folgenden zwei Jahren schließlich bis zu dessen Leiter. Das wäre ohne Schillers Wohlwollen nicht möglich gewesen. Ein nachtragender Mensch ist Schiller im Übrigen

---

121 Vgl. Schiller an Schmidt am 1.12.1950, in: ebd.
122 Vgl. Schmidt an Schiller am 30.11.1950, in: ebd.

ohnehin zeitlebens nie gewesen, was gewiss zu seinen positiven Charakterzügen gehörte.

Zu leiden hatte Schmidt aber auch in den folgenden Jahren unter Schiller. Dass er von ihm abhängig war, ließ der Vorgesetzte ihn deutlich spüren. So verweigerte er Schmidt zunächst das ihm als Leiter des Verkehrsdezernates zukommende Gehalt eines Präsidenten eines Landesamtes. Schmidt musste erst den Rechtsschutz der ÖTV in Anspruch nehmen, um seine Rechte durchzusetzen.[123] Und als Schmidt 1952 die Leitung der stadteigenen Hamburger Hafengesellschaft übernehmen wollte, wurde dieses durch das Veto des Hamburger Wirtschaftssenators verhindert.[124] Schiller hatte sich so gut unter Kontrolle, dass er trotz erheblicher persönlicher Differenzen einen Mitarbeiter wie Schmidt nicht ziehen lassen mochte. Aber er ließ ihn deutlich spüren, wer von beiden am längeren Hebel saß.

20 Jahre später sollte die Geschichte anders ausgehen. Dann werden nicht mehr Meister und Schüler aufeinandertreffen, sondern zwei Politiker, die sich auf gleicher Augenhöhe bewegen. Und 1972 wird Helmut Schmidt eine zwar leicht nebulöse, aber wohl doch entscheidende Rolle beim Rücktritt Schillers spielen. Ob Schmidt dabei noch daran dachte, was in jenen Hamburger Tagen passiert war? Zugegeben haben beide nie, dass Persönliches eine Rolle gespielt haben könnte. Dass solle man sich lieber ganz schnell aus dem Kopf schlagen, wies der Altbundeskanzler den Verfasser im Mai 2003 zurecht, dabei Bezug nehmend auf die Frage, ob denn Rachegelüste, wenigstens eine starke Antipathie, sein Verhalten beeinflusst hätten. Er sei eben Verteidigungsminister gewesen, Schiller Finanzminister. Der eine habe im Haushaltsstreit Geld haben wollen, das der andere nicht bereit war herauszugeben. Und wenn der Finanzminister nicht den Rückhalt des Bundeskanzlers habe, dann sei er eben »angeschissen«. In der Politik komme das jeden Tag vor, und nur die Bonner »Journaille« hätte da ständig irgendwelche psychologischen Mutmaßungen hineininterpretiert, die völlig verfehlt gewesen seien. Aber ob es denn nicht stimme, dass er und Schiller sich im Kabinett Brandt am Ende nur noch angeschrien hätten? Auch das sei völliger Unsinn, das habe man doch aus der Zeitung oder von einem Politologen, der über die sozialliberale Koalition ein Buch geschrieben habe, jedoch ein ganz »leichtfertiger Kombinierer« sei. Dann stimme es also auch nicht, dass Willy Brandt bei Streitigkeiten zwischen ihm und Schiller den Kabinettsaal verlassen hätte? Nun ja, entgegnete der Bundeskanzler a. D., dass Willy sehr konfliktscheu gewesen sei, wäre nun wahrlich keine Neuigkeit.[125]

---

123 Vgl. Soell, Helmut Schmidt, S. 226.
124 Vgl. ebd.
125 Gespräch mit Helmut Schmidt.

6 »Wettbewerb so weit wie möglich, Planung so weit wie nötig«: Aufstieg zum wirtschaftspolitischen Experten der SPD

Zumindest in ihren wirtschaftspolitischen Positionen waren Schmidt und Schiller auch nach ihrem Zerwürfnis dicht beieinander und daran sollte sich auch später nicht viel ändern. Das mochte die persönlichen Differenzen zumindest ein wenig abmildern und für ein gewisses Gefühl von Zusammengehörigkeit sorgen. Schon in den frühen 50er-Jahren standen beide auf dem marktwirtschaftlichen Flügel ihrer Partei. Und da Schmidt sich auf wirtschaftspolitischem Gebiet bereits damals in der SPD stark engagierte, ließ er trotz aller zwischenmenschlichen Animositäten auch kaum eine Gelegenheit aus, die Verdienste Schillers bei der programmatischen Weiterentwicklung der Partei hervorzuheben.[126]

Helmut Schmidt hatte seinen Senator zunächst oft auch vor anderen Sozialdemokraten in Schutz genommen. Erst als Ende 1950 der Bruch erfolgte, schrieb er Rudolf Pass, dem Sekretär des Wirtschaftspolitischen Ausschusses (WPA) beim Parteivorstand, dass er diesem nun nachträglich wohl doch Recht geben müsse, was dessen negative Einschätzung der Person Schillers anbelange.[127] Pass fühlte sich lediglich bestätigt und hielt in seiner Antwort gar einen Satz von Theodor Storm für angebracht: »Aber hüte deine Seele vor dem Karriere machen.«[128]

Schillers Mitarbeit an der programmatischen Weiterentwicklung der SPD auf Bundesebene war neben der Professur und dem Amt als Hamburger Wirtschaftssenator seine dritte Nachkriegskarriere. Und fraglos war es wohl auch die spannungsreichste und problematischste.

Dabei ist schon die Bezeichnung »Mitarbeit« beinahe eine Übertreibung. Seine Parteiaktivitäten werden die ganzen 50er-Jahre über äußerst erratisch und sprunghaft bleiben. So Aufsehen erregend seine Referate auf sozialdemokratischen Tagungen und Parteitagen z. T. auch gewesen sein mögen und wie stark ihr Einfluss auf die sozialdemokratische Programmatik auch immer war – stets blieb der Eindruck, dass er auch dort eigentlich nur als Gast auftrat, als externer Experte, der den Genossen das kleine Einmaleins moderner Wirtschaftspolitik erklärt. Nach jedem seiner Auftritte zog er sich wieder zurück und nahm an der täglichen Kärrnerarbeit in Ausschüssen oder Kommissionen auch nach wiederholter Aufforderung kaum teil.[129] Schrieb er dann

---

126 Vgl. Soell, Helmut Schmidt, S. 225.
127 Vgl. den Brief von Helmut Schmidt an Rudolf A. Pass vom 10.1.1951, in: AdsD PV-Bestand, Wirtschaftspolitik, Wirtschaftspolitisches Referat, allgemeiner Schriftwechsel, 1949/1950, 01617 A.
128 Pass an Schmidt, 16.1.1951, in: ebd.
129 Vgl. hierfür z. B. auch den Brief des Sekretärs des Wirtschaftspolitischen Ausschusses (WPA) beim Parteivorstand der SPD, Rudolf Pass, an deren Vorsitzenden Hermann Veit vom 2. August 1950, in: AdsD, PV-Bestand, Wirtschaftspolitisches Referat, allgemeiner Schriftwechsel 1949/1950 01617 A.

und wann einmal ein Papier, mit dem er sich in die programmatischen Diskussionen einschaltete, so kommentierten das andere Sozialdemokraten mit den Worten, dass man doch außerordentlich erfreut darüber sei, dass der Genosse Schiller noch am Leben sei.[130] Nun war Karl Schiller ein viel beschäftigter Mann und insofern dazu gezwungen, sich seine Zeit gut einzuteilen. Aber man liegt wohl ebenfalls nicht ganz falsch, wenn man vermutet, dass die Diskussionen mit den meisten Parteigenossen, auch mit jenen, die als wirtschaftspolitische Experten ihrer Partei galten, bei solchen Sitzungen ihm wenig intellektuellen Ansporn boten.

Geselligkeit im Kreise von Parteigenossen suchte Schiller schon gar nicht. Vor fast nichts graute es ihm offensichtlich mehr, als einen sozialdemokratischen Ortsverein zu besuchen. Dabei waren auch dort die Ansprüche gewachsen, seitdem Schiller 1949 Mitglied der Hamburger Bürgerschaft geworden war. Als er vom Ortsverein Bahrenfeld, wo Schiller für die Bürgerschaft kandidiert hatte, wiederholt gebeten wurde, doch wenigstens einmal bei seinen Wahlhelfern für die Bürgerschaftswahl vorbeizuschauen, schrieb Schiller in steifer Diktion zurück, dass er sich natürlich einmal auf einen »gemeinsamen Umtrunk« freue, alles wohl in der Annahme, dass dies die passende Umgangsform in einem Ortsverein sei und der Umtrunk bei der ganzen Sache überhaupt das Entscheidende war.[131] Vor allem waren die dortigen Genossen nicht gerade amüsiert, vom Büro des Senators häufiger gesagt zu bekommen, dass Schiller für längere Zeit ins Ausland verreist sei, um ihn dann am gleichen Tag in der Hamburger Innenstadt anzutreffen.[132]

Warum aber engagierte er sich überhaupt bei der Fortentwicklung der wirtschaftspolitischen Programmatik der SPD? Ein Grund war natürlich, dass mit einem Referat auf einem sozialdemokratischen Parteitag dann doch mehr Menschen zu erreichen waren, als dieses vom Katheder der Hamburger Universität aus möglich war. Vor allem aber war bei Schiller eine pädagogische Motivation spürbar: Er glaubte, dass die eigene Partei nichts dringender brauchte als die ökonomische Lektion. Den Professor, der erklärte, wie die Dinge wirklich lagen, ließ er auch bei seinen Auftritten vor Sozialdemokraten nicht zuhause.

Die Lektion, die Schiller den Sozialdemokraten in den folgenden Jahren erteilen wollte, war die Versöhnung mit der Marktwirtschaft. Schiller wünschte sich die SPD als große linke Volkspartei, die sich nicht alleine auf die alte Kerntruppe der Arbeiterbewegung, die organisierte Arbeiterschaft, stützen sollte. Wenn aber die Mittelschichten erreicht werden sollten, dann musste die Partei nicht nur eine größere Toleranz gegenüber den verschiedenen weltanschaulichen, religiösen und politischen Motivationen sozialdemokratischen Engagements üben. Auch einige traditionelle Forderungen

---

130 Vgl. den Brief von Gisbert Rittig an Rudolf Pass am 6.11.1954, in: AdsD PV-Bestand, Wirtschaftspolitik. Wirtschaftsausschuss beim SPD-Vorstand, Sitzungsprotokolle 1954, A 01604.
131 Vgl. den Brief Schillers an den SPD-Distriktes Bahrenfeld vom 11.5.1951, in: BA N Schiller 1229, B. 101.
132 Vgl. Julius Militzer an Karl Schiller vom 25.10.1951, in: ebd.

auf dem Gebiet der Wirtschaftspolitik, allen voran die Frage der umfassenden Sozialisierung, mussten dann überdacht werden.

Gewiss war Karl Schiller nicht der einzige Sozialdemokrat, der davon überzeugt war, dass die SPD nach dem Krieg nicht einfach dort anknüpfen dürfe, wo sie 1933 aufgehört hatte. Auch bei jenen Funktionären des sozialdemokratischen Parteiapparates, die bis Ende der 50er-Jahre die Zügel in der Partei fest in der Hand hielten, war im britischen oder skandinavischen Exil grundsätzlich die Einsicht gereift, dass die Sozialdemokratie auch Bündnispartner im bürgerlichen Lager benötige.[133] Zudem hatten sie in ihrer Emigrationszeit mit eigenen Augen beobachten können, dass der Kapitalismus durchaus sozial gezähmt werden konnte, dass bestimmte Instrumente der Staatsintervention vorstellbar waren, die die Krise eben dieses Kapitalismus abzumildern vermochten, ohne dabei das Prinzip des freien Marktes abzuschaffen. Schiller, bereits in der Weimarer Republik durch seine freiheitlich-marktwirtschaftlich orientierten akademischen Lehrer vorgeprägt, hatte Keynes Lehren während der nationalsozialistischen Herrschaft in Deutschland schätzen gelernt. Andere hatten diese Erfahrung im britischen, schwedischen oder norwegischen Exil gemacht, denn auch dort wurde die Weltwirtschaftskrise mit den Rezepten des englischen Ökonomen bekämpft. Es war also durchaus nicht so, dass die Fundamentalopposition der SPD gegen die soziale Marktwirtschaft Ludwig Erhards unausweichlich, alternativlos und zwangsläufig gewesen wäre.

Dass es dennoch so kam, hatte ganz wesentlich mit der Person Kurt Schumachers zu tun. Fraglos wollte auch der erste Nachkriegsvorsitzende der SPD die Partei für die Mittelschichten öffnen. Auch er hatte erkannt, dass die SPD, wollte sie mehrheitsfähig werden, über die Kerntruppe des Proletariats hinausgreifen musste. Doch Schumacher, der wie kaum ein sozialdemokratischer Parteiführer vor ihm das öffentliche Erscheinungsbild der Partei prägte, hielt letztlich doch an der besonderen Mission und dem exklusiven historischen Recht der Arbeiterbewegung fest. In seinem schroffen Agitationsstil war nicht viel Platz für Differenzierungen und Kompromisse, sondern nur für eine scharfe Einteilung in Gut und Böse: Hier die demokratische Arbeiterbewegung, die als einzige Gruppe 1933 vor der Geschichte nicht versagt hatte; dort das klerikal-reaktionäre Bürgertum, das den Aufstieg des Faschismus zugelassen, wenn nicht gar befördert hatte.[134] Diese Fundamentalopposition sollte auch nach Schumachers Tod 1952 noch eine Weile nachwirken, war Teil des problematischen Erbes, das er seiner Partei hinterließ. Und so blieben die Sozialdemokraten – auch längst, nachdem die ersten Erfolge der Wirtschaftspolitik Ludwig Erhards unübersehbar wurden – passiv und wenig kompromissbereit.

Dass Karl Schiller die Sozialdemokratie von Anfang an zur Marktwirtschaft bekehren wollte – wie er selbst es später gerne behauptete – ist nun wiederum ein biss-

---

133 Vgl. Lösche/Walter, Die SPD, S. 107 ff.
134 Vgl. ebd.

chen Legende. Wie wir gesehen haben, stand auch er in den ersten Nachkriegsjahren dem Kapitalismus eher skeptisch gegenüber; überdies brannte er auch keineswegs darauf, sich parteipolitisch zu betätigen. Aber wahr ist doch, dass er in der Folge außergewöhnlich rasch zu einem der ersten Propagandisten der marktwirtschaftlichen Öffnung der Partei wurde.

Wie es zu dieser Veränderung kam, ist nicht eindeutig zu klären. Zum einen liegt dies daran, dass Schiller niemand war, der sich in Briefen mit anderen über Veränderungen und Weiterentwicklungen in seinem politischen und ökonomischen Denken austauschte. Nicht nur in dieser Beziehung dachte er lieber im stillen Kämmerlein für sich, bis er seine Überlegungen für reif genug hielt, um mit ihnen an die Öffentlichkeit zu gehen. Zum anderen blieb er auch weiterhin vage und vorsichtig und enthielt sich einer wirklich klaren Richtungsentscheidung.

Den Begriff der Planung gebrauchte Schiller weiterhin. Aber schneller als viele andere Sozialdemokraten hatte er registriert, welch fatalen Beigeschmack dieses Wort für viele Deutsche schon Anfang der 50er-Jahre besaß. »Planung«, das klang nach Zwangswirtschaft, wie man sie während des Krieges und der Besatzungszeit zur Genüge kennen gelernt hatte, nach Bezugsscheinen, Lebensmittelkarten und leeren Schaufenstern, aber eines dafür umso besser florierenden Schwarzhandel, in dem sich einige wenige eine goldene Nase verdient hatten. Bevor man also von Planung, die Schiller noch immer für notwendig hielt, reden könne, müsse man zunächst Aufklärungsarbeit leisten, denn

> »eine Quelle psychologischer Verwirrungen ist die seit Jahren über die Bevölkerung ausgestreute Propaganda gegen jede Form von staatlicher Lenkung und Planung [...]. Jede einzelne Maßnahme erscheint jetzt damit von vornherein allzu leicht mit dem Odium der Zwangswirtschaft behaftet. Zudem ist mit dieser Stimmung eine Art Zwangsläufigkeitsprozess verbunden: man glaubt, mit der ersten güterwirtschaftlichen Regulierung auf einem Markt sei sozusagen das Wettbewerbssystem prinzipiell verlassen und mit dem ersten Schritt ergäben sich mit Naturnotwendigkeit die folgenden, so daß man schließlich im Sinne lawinenartiger Ausbreitung der Regulierungen in einer totalen Zwangswirtschaft landen müsse.«[135]

Entscheidend war aber eben auch, was man unter Planung verstand. 1948 veröffentliche Schiller in »Geist und Tat« den Aufsatz »Planwirtschaft und Wirtschaftsaufschwung«. Die Redaktion der Zeitschrift wurde von Willi Eichler geleitet und galt als Plattform für sozialdemokratische Reformdiskussionen. Damit also meldete sich Schiller das erste Mal innerhalb der SPD zu Wort. Und seine Planungsvorstellungen, so

---

135 Vgl. Karl Schiller, Wirtschaftspolitische Leitsätze (1951), in: Aufgaben und Versuche. Zur neuen Ordnung von Gesellschaft und Wirtschaft, Hamburg 1953, S. 105-117, hier: S. 108.

vage sie auch blieben, hatten nicht viel gemein mit den Vorstellungen einer Planwirtschaft, wie sie von den wichtigsten Beratern Schumachers, Viktor Agartz und Erik Nölting, propagiert wurden. So sprach er zwar von einer »Zentralplanstelle«, aber diese solle sich auf »Rahmenplanung an volkswirtschaftlichen Globalgrößen, wie Investitionsvolumen, Beschäftigungsgrad, Volkseinkommen, Ein- und Ausfuhr« beschränken.[136] Diese Beschränkung auf die volkswirtschaftlichen Globalgrößen – Schiller sprach auch von einer »Minimalplanung« und von Regulierungsmitteln der »leichten Hand« – trug bereits deutlich keynesianische Züge.

Aber viel weiter ging Schiller noch nicht. Eine eindeutige Antwort auf die Frage, ob denn nun Planwirtschaft oder Marktwirtschaft die richtige Option sei, blieb er schuldig. Dennoch kann man bereits an dieser Stelle den ersten, noch zögerlichen und vorsichtigen Versuch erkennen, eine Synthese zwischen beiden Welten zu wagen.

Die folgenden Jahre blieb Schiller dennoch in der parteipolitischen Anonymität. Bekannt war er vermutlich nur dem kleinen Zirkel sozialdemokratischer Wirtschaftsexperten, die sich größtenteils im Wirtschaftspolitischen Ausschuss (WPA) tummelten. Aber Schiller hatte zu diesem Ausschuss zunächst keine Verbindung, was wohl nicht nur daran lag, dass er sich nicht parteipolitisch betätigen wollte, sondern auch an dem schwierigen Verhältnis zu Rudolf Pass, dem Sekretär des WPA. Dieser hatte einen größeren Einfluss auf die Arbeit des Ausschusses, als man aufgrund des Titels »Sekretär« vielleicht vermuten mochte. Denn anders als der jeweilige Vorsitzende des WPA war Pass in Bonn ausschließlich und hauptberuflich mit der Ausschussarbeit beschäftigt. Bei ihm liefen die Fäden zusammen, über seinen Schreibtisch gingen die Papiere, die zum Ausgangspunkt der Diskussionen gemacht wurden. Vor allem hatte Pass einen großen Einfluss auf die Frage, wer zu den Ausschusssitzungen eingeladen wurde. Und Karl Schiller hielt er zwar fachlich für geeignet, persönlich aber für mehr als schwierig. An der Befähigung des Senators habe auch er keinen Zweifel, so schrieb Pass schon 1950 Helmut Schmidt, aber all das Talent »nützt mir nichts, wenn es nicht in meiner Arbeit für die Partei fruchtbar wird«.[137]

Doch ab März 1951 war Karl Schiller auch von Pass nur noch schwer zu ignorieren. Als Vertreter Hamburgs im Bundesrat stellte Schiller seine »Wirtschaftspolitischen Leitsätze« vor. Damit trat er das erste Mal als überregionaler Wirtschaftspolitiker in Erscheinung. In den »Leitsätzen« legte Schiller ein grundsätzliches Bekenntnis zur Leistungsfähigkeit des freien Preismechanismus ab – und damit auch zur Annahme des Kernelements jeder freien Marktwirtschaft. Denn Preisstopps, wie sie auch im Jahre 1951, übrigens nicht nur von Sozialdemokraten, zur Einschränkung der Preissteigerungen immer wieder gefordert wurden, lehnte er mit dem Argument ab, dass

---

136 Vgl. Karl Schiller, Planwirtschaft und Wirtschaftsaufschwung, in: Geist und Tat, 3. Jg., Hamburg 1948, S. 213 ff., hier: S. 216.
137 Pass an Schmidt am 10.1.1951, in: AdsD PV-Bestand, Wirtschaftspolitik, Wirtschaftspolitisches Referat, allgemeiner Schriftwechsel, 1949/1950, 01617 A.

damit der »marktmäßige Angleichungsprozess der Preise nur verhindert und ein ›eingefrorenes Preissystem‹ nur zu Verzerrungen im gesamtgesellschaftlichen Gefüge« führen würde.[138] Das war ohne Frage ein deutliches Bekenntnis zur allokativen Leistungsfähigkeit des Marktes.[139]

Allerdings waren die »Leitsätze« keineswegs das Produkt einer rein liberalen Haltung. Die Orientierung am Keynesianismus wurde nun deutlicher und zum ersten Mal präzisierte Schiller, welche Instrumente er dabei für notwendig hielt. Im Zentrum seiner Überlegungen stand die Forderung nach einem »Nationalbudget«. Um die noch immer auf einem hohen Niveau verbleibende Arbeitslosigkeit zu bekämpfen, sollten Investitionspläne vor allem für den Wohnungsbau und die Entwicklung der Verkehrsinfrastruktur erstellt werden. Zur Steuerung dieser Investitionen war ein Gremium mit Vertretern der Exekutive, der Legislative, der Unternehmerorganisation und der Gewerkschaften vorgesehen. Dabei sollte dann das »Nationalbudget« – gemeint war damit eine volkswirtschaftliche Gesamtrechnung über Entwicklung und Verwendung des Volkseinkommens – mit Hilfe der Wirtschaftsstatistik und der Konjunkturforschung errechnet werden. Auch die Zentralbank sollte fortan in ihrer Geld-, Kredit- und Zinspolitik an das Nationalbudget gebunden sein.[140] Das alles waren typische Komponenten einer keynesianisch geprägten Investitions- und Nachfragesteuerung.

Die »Leitsätze« wurden noch am gleichen Tag der Presse übergeben. Die wohlwollendsten Kommentare kamen aus einer Richtung, die üblicherweise für die ökonomischen Empfehlungen von Sozialdemokraten gewiss nicht viel übrig hatte: Selbst im »Industriekurier«, der der SPD nicht gerade freundlich gesonnen war, wurden Schillers Thesen in einer positiven Notiz erwähnt.[141]

Innerhalb der Partei wurde dieses Echo sehr genau registriert, wenngleich es wiederum Rudolf Pass war, dem die plötzliche Aufmerksamkeit, die Schiller geweckt hatte, ein wenig unheimlich war. Vor allem ärgerte ihn, dass er nicht vorab von Schiller informiert worden war und dessen Empfehlungen aus der Zeitung abschreiben musste. »Glaubt man, dass ein neuer Stern erschienen sei?«, schrieb Pass an einen Parteifreund. »Dann vielleicht ein leuchtender, aber kein Hoffnungsstern.«[142]

Aber wie ging man mit jemandem um, der mit seinen Arbeiten auch in der bürgerlichen Presse Anklang fand? Man konnte ihn fortan kaum übergehen. Der Vorsitzende des WPA, Hermann Veit, lud Schiller nun das erste Mal offiziell zu einer Sitzung des

---

138 Schiller, Wirtschaftspolitische Leitsätze, S. 113.
139 Vgl. Michael Held, Sozialdemokratie und Keynesianismus. Von der Weltwirtschaftskrise bis zum Godesberger Programm, Frankfurt a. M. 1982, S. 241.
140 Schiller, Wirtschaftspolitische Leitsätze, S. 111 ff.
141 Vgl. den Brief von Pass an Gisbert Rittig vom 19.3.1951, AdsD, PV-Bestand, Wirtschaftspolitik, Wirtschaftspolitisches Referat, allgemeiner Schriftwechsel 1949/1950, 01617 A.
142 Ebd.

Ausschusses ein.[143] Bald darauf wurde er ständiges Mitglied. Schiller allerdings fehlte allein von 1952 bis 1954 bei 14 von 18 Sitzungen. Häufig war er unentschuldigt.[144]

Gewiss blieb er in diesem Gremium wie in der Partei überhaupt ein Außenseiter. Aber das lag keineswegs daran, dass Schiller mit seiner Annäherung an die Konzeption der Sozialen Marktwirtschaft völlig alleine gestanden hätte – jedenfalls nicht im WPA, aus dem sich der Großteil der sozialdemokratischen Wirtschaftsexperten rekrutierte. Die Ursache für seine mangelnde Beliebtheit war eher, dass der Umgang mit dem Professor ziemlich schwierig war. Kaum jemand war so sensibel, wenn es darum ging, Referate auf Parteitagen für die spätere Veröffentlichung kürzen zu lassen; oftmals halfen dann nur noch die engelszüngige Beschwichtigung und die Versicherung, dass die Kürzung des Schiller'schen Referates natürlich am schwersten falle.[145] Er selbst hingegen monierte bei anderen sogar Kommafehler und falsche Satzstellungen.[146]

Doch inhaltlich hätte es nicht zwangsläufig zu Problemen kommen müssen. Für Sozialdemokraten wie Gerhard Weisser, Heinrich Deist und Gert von Eynern, die im WPA den Ton angaben, waren Schillers Thesen keine Ketzerei. Keynes hatten sie selbst schon entdeckt und Hermann Veit, der Vorsitzende des WPA in jenen Jahren, hatte die Aufstellung des Nationalbudgets schon auf dem Parteitag der SPD in Berlin 1950 eingefordert.[147] Zur Sozialisierung nahmen sie durchaus eine differenzierte Haltung ein und auch sie dachten darüber nach, wie Planung und Marktwirtschaft ins Gleichgewicht zu setzen seien.

Und zu jener Zeit, als Schiller aus der parteipolitischen Anonymität herausgetreten war, schien auch der Einfluss dieser Wirtschaftsexperten auf die Fortentwicklung der sozialdemokratischen Programmatik anzuwachsen. Seit etwa 1948 hatte in der SPD bereits ein zunächst zaghafter, dann aber durchaus energischer Veränderungsprozess begonnen.[148] Viktor Agartz, der gar nicht im WPA saß, sondern vom Wirtschaftswissenschaftlichen Institut der Gewerkschaften aus Einfluss nahm, und Erik Nölting gaben mit ihrer Marktskepsis nun keineswegs mehr uneingeschränkt den Ton an. Das mochte zwar auf die Außenwirkung der Partei noch keine großen Konsequenzen haben, die weiter von Schumachers schroffer Fundamentalopposition geprägt war. Aber die Befürchtung, dass die SPD, einmal an die Regierung gekommen, unverzüglich das Privateigentum abschaffen und die sozialistische Planwirtschaft einführen würde, das war nun eher ein durch die gegnerische Propaganda geschürtes

---

143 Vgl. ebd.
144 Vgl. Pass an Hermann Veit am 10.9.1954, in AdsD: PV – Bestand, Wirtschaftspolitik, Wirtschaftspolitisches Referat, Allgemeiner Schriftwechsel 1952–1954, 01618A.
145 Vgl. Pass an Schiller am 30.3.1953, in: BA N Schiller 1229, B. 102.
146 Vgl. Schiller an Pass am 20.4.1954, in: WEI, K. 10.
147 Vgl. Gottfried Bombach/Karl-Bernhard Netzband u. a., Der Keynesianismus IV, Die beschäftigungspolitische Diskussion in der Wachstumsepoche der Bundesrepublik Deutschland, Berlin 1983 S. 109 ff.
148 Vgl. zu dieser Periodisierung Erich Ott, Die Wirtschaftskonzeption der SPD nach 1945, Marburg 1978.

Vorurteil, als dass es den tatsächlichen Diskussionsstand innerhalb der Partei wiedergegeben hätte.[149]

Für Schiller boten diese Veränderungen in der Partei eine große Chance. Und nachdem er sich zunächst äußerst zögerlich verhalten hatte, hat er die neuen Optionen ab 1952/1953 dann auch energisch genutzt. Eine Liebesbeziehung sollte sich freilich weiterhin nicht zwischen ihm und der Partei einstellen. Aber im Sinne einer vernünftigen Zweckehe profitierten doch beide Seiten davon. 1953, auf der wirtschaftspolitischen Tagung der SPD in Bochum, hielt Schiller bereits das Hauptreferat. Selbst Rudolf Pass, der Schillers Aufstieg bisher gebremst hatte, räumte nun die Unverzichtbarkeit des Starprofessors ein: Schiller verfüge über jenen »Goodwill« in Publizistik und Wissenschaft, der anderen Sozialdemokraten leider fehle.[150] Ein besserer Redner war Schiller zudem geworden und er besaß die Autorität eines Professors der Volkswirtschaftslehre. Und irgendetwas hatte dieser Mann an sich, womit er auch jene beeindruckte, die mit der SPD eigentlich nicht viel anzufangen wussten. Plötzlich war es dann doch sehr rasch gegangen mit der parteipolitischen Karriere Schillers.

Bis 1953 war es vor allem der Hamburger Ökonomieprofessor, der die sozialdemokratische Wirtschaftsprogrammatik formte und prägte. Doch wie sah die Botschaft aus, die Schiller der SPD vermitteln wollte?

Grundsätzlich ging es ihm darum, die SPD mit der Marktwirtschaft zu versöhnen, aber deshalb strebte er noch keine völlige Anpassung an die Politik Ludwig Erhards an. Er wollte beweisen, dass die Vereinbarkeit von Wettbewerb und Planung grundsätzlich möglich war. In Bochum sollte Schiller dafür den Satz finden, der später zur griffigen Parole wurde: »Wettbewerb so weit wie möglich, Planung so weit wie nötig.«[151] Das war das Neue an der Bochumer Leitregel von 1953: Sie legte die Prioritäten fest. Der Wettbewerb sollte vor jedem direkten volkswirtschaftlichen Eingriff den Vorzug genießen. Zwar hatten sich auch andere »freiheitliche Sozialisten« um diese Synthese bemüht. Aber bisher hatte niemand die genauen Grenzen definiert, so wie Schiller es jetzt tat.

Was Schiller in den Jahren 1952 und 1953 den Sozialdemokraten empfahl, war zu einem nicht unbeträchtlichen Teil liberales Gedankengut. Dabei begründete er die Notwendigkeit des Wettbewerbs nicht nur mit der reinen Funktion einer optimalen Ressourcenallokation. Darüber hinaus hielt er den Wettbewerb auch unverzichtbar wegen seiner Freiheitsfunktion. »Die Freiheit zum Wettbewerb, also auch die Freiheit, Last und Wagnis des Außenseiters auf sich zu nehmen, den Hecht im Karpfen-

---

149 So auch Klotzbach, Der Weg zu Staatspartei: Programmatik, praktische Politik und Organisation der deutschen Sozialdemokratie 1945–1965, Berlin 1982, S. 244.
150 Vgl. Pass an Willy Eichler am 10.11.1952, in: AdsD, SPD-Parteivorstand, Alter Bestand, Programm-Kommission, 01590 A.
151 Vgl. Schiller, Produktivitätssteigerung und Vollbeschäftigung durch Planung und Wettbewerb (1953), in: Der Ökonom, S. 104-136, hier S. 122.

teich zu spielen, muß zu unseren Grundrechten gehören.«[152] Einige Jahre später sollte Schiller Wettbewerb und Konkurrenz als »ständigen Prozess der Rivalität, des Kampfes und der Auslese« beinahe hymnisch beschwören.[153] Diese Sätze lassen unschwer erkennen, dass Schiller einen Teil der eigenen Lebensphilosophie mit seiner ökonomischen Doktrin verband. Auch die eigene Biographie des sozialen Aufsteigers mochte eine Rolle spielen. Wenig verwunderlich also, dass er das Wettbewerbsprinzip nicht nur mit seiner Vorstellung von Sozialismus für vereinbar hielt, sondern sogar davon überzeugt war, dass beides eigentlich untrennbar zusammengehörte. Schließlich war Sozialismus für Schiller ja dann erreicht, wenn die »soziale Kapillarität« garantiert war, wenn ein entprivilegiertes Aufstiegssystem existierte und wenn der Sozialismus dafür sorgte, dass die »hellen Köpfe« nach oben gelangen, um den Prozess der »schöpferischen Zerstörung« (Schumpeter) voranzutreiben.[154]

Wo aber hatte da noch die Planung Platz? Die Grenzen waren in der Tat eng gesetzt. So sollte sich die Planung an der Regel des minimalsten Eingriffs orientieren. Zudem lag die Beweislast immer bei demjenigen, der planen wolle.[155] Und aus der Koordination des Austausches zwischen den verschiedenen Wirtschaftssubjekten sollte sich der Staat ohnehin ganz heraushalten. Planung beschränkte sich demnach auf die volkswirtschaftlichen Globalgrößen. Schillers Begründung, warum Planung überhaupt notwendig sei, war daher durchaus interessant. Staatlicher Interventionismus könne immer dann notwendig sein, wenn das marktwirtschaftliche Steuerungsprinzip alleine noch nicht die zwingende Gewähr dafür biete, »daß die ganze Volkswirtschaft sich zu höchster Leistung entfalte. Damit das Sozialprodukt auf den unter den gegebenen technischen Bedingungen größtmöglichen Stand gebracht wird, sind beschäftigungspolitische Maßnahmen nötig.«[156]

Schillers vorrangiges Ziel bestand also in einem optimalen Funktionieren des Wirtschaftssystems und das Hauptaugenmerk lag dabei auf der Gewährleistung wirtschaftlichen Wachstums. In dieser Fixierung setze er die Prioritäten für einen Sozialdemokraten durchaus ungewöhnlich. Denn allein, dass die Wirtschaft wächst, sagt nichts darüber aus, wie das Ergebnis dieses Wachstums verteilt wird. Eben das unterschied Schiller von den anderen marktwirtschaftlichen Reformern innerhalb der Partei, die zwar ähnliche Instrumente propagierten, dabei aber traditionelle sozialdemokratische Postulate wie z. B. die soziale Gerechtigkeit ins Zentrum ihrer Überlegun-

---

152 Vgl. Schiller, Thesen zur praktischen Gestaltung unser Wirtschaftspolitik aus sozialistischer Sicht (1952), in: Der Ökonom und die Gesellschaft. Das freiheitliche und das soziale Element in der modernen Wirtschaftspolitik. Vorträge und Aufsätze, Stuttgart 1964, S. 104-118, hier S. 111.
153 Vgl. Schiller, Wirtschaftspolitik (1962), in: Handwörterbuch der Sozialwissenschaften, Bd. 12, Stuttgart 1962, S. 219 f.
154 Vgl. Karl Schiller, Sozialismus und Wettbewerb (1954), in: Karl Schiller/Carlo Schmid/Erich Potthoff (Hrsg.), Grundfragen moderner Wirtschaftspolitik, Frankfurt am Main, 1958, S. 227-265.
155 Vgl. ebd., S. 247.
156 Schiller, Thesen zur praktischen Gestaltung, S. 111.

gen stellten. Bei Schiller war das anders. Wachstum war bei ihm bereits ein Ziel an sich und kein Mittel um bestimmte Ziele zu erreichen. Das konnte man insbesondere daran erkennen, wie er mit der sozialdemokratischen »heiligen Kuh« der Vollbeschäftigung umging. »Das Heil wird nicht gesehen in der rein quantitativen Vollbeschäftigung, der scharfe Maßstab der maximalen Produktivität wird vielmehr zugleich daneben gelegt«[157], schrieb er den Genossen 1953 in Bochum ins Stammbuch.

Schillers Überlegungen waren von außerordentlichem ökonomischem Purismus; menschliche Bedürfnisstrukturen und soziale Konfliktlagen kamen darin kaum vor.[158] Schiller selbst erhob den Anspruch, damit eine völlig ideologiefreie Wirtschaftspolitik zu formulieren. Nur so sei es möglich, das »beste aus beiden Welten«, der Welt des Preismechanismus und der Welt der Planung, zu vereinigen.[159] Für Ideologen hielt er daher nicht nur die letzten verbliebenen Marxisten in der eigenen Partei, sondern auch die »Jünger des Neoliberalismus«. Diese pflegten einen Denkstil, der doch in Deutschland überwunden sein sollte: das Denken in Extremen.[160] Ihre »Unvereinbarkeitslehre«, nach der eine Marktwirtschaft mit Planungselementen unmöglich sei, sei wissenschaftlich völlig überholt und auch längst von der Realität widerlegt. Schließlich befinde man sich durch punktuelle Eingriffe des Staates längst in einer gemischten Wirtschaftsordnung; nun aber müsse aus diesem unbeabsichtigt entstandenen Provisorium eine wirkliche Synthese geschaffen werden.[161] Während also die Liberalen den Wettbewerb als Ziel ansahen, sei er für aufgeschlossene Ökonomen genau so wie die Planung nur Teil eines Werkzeugkastens.

Gewiss konnte Schiller bei vielem dort anknüpfen, wo seine akademischen Lehrer 1933 hatten aufhören müssen, besonders bei Heimanns Überlegungen zum Thema »Sozialismus und Wettbewerb.« Ebenso eindeutig ist der Einfluss der keynesianischen Lehre. Aber eines unterschied Schiller doch zumindest von den religiösen Sozialisten wie Heimann oder Löwe oder auch von seinem letzten Lehrer in der Weimarer Republik, Emil Lederer: Die ungeheure Sachlichkeit und Kälte, die aus seinen Aussagen sprach. An keiner Stelle waren seine Thesen ethisch fundamentiert, sieht man von der Forderung nach einem entprivilegierten Aufstiegssystem einmal ab. Nur sporadisch hat er selbst darauf hingewiesen, dass eine Wurzel des »Freiheitlichen Sozialismus« in der christlichen Soziallehre läge.[162] Aber wirklich überzeugend exemplifiziert hat er auch das nie, sodass sein eigenes christliches Bekenntnis reichlich blass blieb.

---

157 Vgl. Schiller, Produktivitätssteigerung und Vollbeschäftigung durch Planung und Wettbewerb (1953), in: ders., Der Ökonom, S. 119 ff.
158 Vgl. Helga Grebing, Ideengeschichte des Sozialismus in Deutschland. Teil II, in: Dieselbe (Hrsg.), Geschichte der sozialen Ideen in Deutschland. Sozialismus – Katholische Soziallehre – Protestantische Sozialethik, Essen 2000, S. 415 ff.
159 Vgl. Ebd. S. 135.
160 Schiller, Produktivitätssteigerung und Vollbeschäftigung, in: Der Ökonom, S. 122.
161 Thesen zur praktischen Gestaltung, S. 146.
162 Vgl. hierzu Karl Schiller, Der Christ und das Eigentum (1950), in: Aufgaben und Versuche, S. 47-67.

Alles andere bezog sich tatsächlich nur auf Techniken der Wohlfahrtssteigerung. Wenig verwunderlich, dass Schiller Karl Marx – bei aller Kritik an dessen unmittelbaren ökonomischen Schlussfolgerungen und seiner eschatologischen Gewissheit über die Grundtendenz des Geschichtsverlaufs – in einem stets bewundert, ja verehrt hatte: Marx habe ein rationales Deutungssystem entworfen und dies habe ihn von allen utopischen Sozialisten und kirchlichen Sozialtheoretikern unterschieden, die das kapitalistische System permanent normativ interpretiert hätten. »All dies, alle Ethisierung, alle moralische Wertung fällt hier weg. Der einzelne Arbeiter oder Unternehmer ist nicht schlecht oder wertvoll, sie leben beide in einem Klima eiskalter Sachlichkeit und handeln entsprechend.«[163] Vom Standpunkt einer rationalistischen Zeit sei das ein ungeheurer Fortschritt.

Das allerdings war die einzige Reminiszenz, die er dem sozialistischen Altmeister erwies. Schiller mutete seiner Partei einiges zu. Sie sollte das Ziel der Sozialisierung weitestgehend aufgeben, die Marktwirtschaft akzeptieren und sich in ihrer praktischen Politik wie in ihrer Propaganda nicht mehr nur allein auf die Arbeiterschaft konzentrieren.

Aber erfuhr er dafür Widerstand? Gewiss, an der einen oder anderen Stelle mochte etwa das Aktionsprogramm von Dortmund noch nicht so weit gehen wie Schillers eigene Überlegungen, da die Priorität des Wettbewerbsprinzips nicht so eindeutig wie bei ihm selbst ausfiel. Aber im Großen und Ganzen sollte er sich mit seinen Ideen doch durchsetzen, in Dortmund 1952 genau so wie in Bochum 1953 oder ein Jahr später auf dem Parteitag in Berlin. Zumindest bis in den Sommer 1953 hatte Schiller also allen Grund zur Zufriedenheit. Seine »Lektion« war offensichtlich auf ganzer Linie erfolgreich gewesen, wo die SPD doch seine Empfehlungen zur Wirtschaftspolitik zur offiziellen Marschroute erklärt hatte.

Jedoch brachten diese Bemühungen den Sozialdemokraten nicht den gewünschten Erfolg. Auch die Bundestagswahlen 1953 gingen für die SPD verloren. Während man selbst im »30-Prozent-Turm« verharrte, errang die CDU die absolute Mehrheit der Mandate. Die SPD geriet damit noch stärker ins politische und gesellschaftliche Abseits.

Aber die Frage war eben, wie man diese Niederlage interpretierte. Karl Schiller jedenfalls sah sich um die Früchte seiner Arbeit gebracht. Seiner Ansicht nach war die Niederlage nicht etwa dadurch verursacht worden, dass die Partei durch die in Dortmund und Bochum erfolgten Annäherungen an die soziale Marktwirtschaft Stimmen im Arbeiterlager verloren hatte. Für ihn waren es die Mittelschichten, die durch den schroffen Oppositionskurs der SPD abgeschreckt wurden und weiterhin nicht zur Sozialdemokratie fanden. Zur Volkspartei, als die sich Schiller die SPD wünschte, konnte die Partei so kaum werden.

---

163 Karl Schiller, Die materialistische Geschichtsauffassung (1950), in: Aufgaben und Versuche, S. 68-84, hier: S. 78.

Schiller glaubte, dass die Ergebnisse von Dortmund und Bochum nur ungenügend nach außen kommuniziert worden waren. Wie könne er auch, so fragte er nach dem Wahldebakel bei einem Referat vor dem WPA, die in Dortmund und Bochum erzielten Fortschritte kritisieren? Schließlich stammten sie zu einem ja nicht unbeträchtlichen Teil von ihm. Aber entscheidend seien eben nicht die dort getroffenen Formulierungen gewesen, sondern

> »vielmehr der unklare Nebel, der sich darüber gelegt hat [...]. Nach der glänzenden Einseitigkeit des kommunistischen Manifestes und der älteren Parteiprogramme konnte vielleicht mancher, der eben nur den Nebel sah, zu dem Schlussurteil kommen: von Marx zu Murks.«[164]

Die Aktionsprogramme der letzten Jahre hätten nicht radikal genug mit einigen Traditionsbeständen der Partei gebrochen. Die Partei sei in ihren offiziellen Verlautbarungen nicht auf sie verpflichtet gewesen und wichtige Parteirepräsentanten hätten so die Möglichkeit gehabt, die neue Entwicklung zu ignorieren und sich vor den Ergebnissen von Dortmund und Bochum »herumgedrückt.«[165] So seien allerlei Rückfälle in planwirtschaftliche Vorstellungen festzustellen gewesen, ohne dass die Parteiführung irgendetwas dagegen getan hätte.

Vermutlich hatte Schiller selbst Illusionen darüber gehegt, wie weit der Veränderungsprozess in der Partei tatsächlich schon fortgeschritten war. Mit einfachen Parteimitgliedern hatte er schließlich kaum Kontakt und auch mit den Führungsfunktionären der Partei sprach er selten. Die Sozialdemokraten, die er kannte, kamen entweder aus Hamburg, wo die SPD schon zu jener Zeit Volkspartei war, und wo auch, da man selbst an der Regierung war, in der Wirtschaftspolitik pragmatisch verfahren wurde. Oder aber er sprach mit seinen Kollegen vom WPA, wo es ebenfalls eine eindeutige Mehrheit für seine Ansichten gab. Aber in der Breite wusste er kaum, was in der Partei vor sich ging. Erst durch die Wahlagitation der SPD zur Bundestagswahl 1953, die kaum einen Bezug zu den Ergebnissen von Dortmund und Bochum aufwies, begann er zu verstehen, wie wenig seine Reformbemühungen das Innenleben der Partei real verändert hatten. Gewiss, man hatte die sozialdemokratischen Expertenzirkel gewähren lassen, ihnen einigen Freiraum zugestanden, sodass es tatsächlich zu beträchtlichen Veränderungen in der sozialdemokratischen Programmatik gekommen war. In der Partei aber, so hatte es den Eindruck, waren diese Veränderungen kaum ausreichend kommuniziert worden. Und auch in ihrer Außendarstellung war es der SPD nicht gelungen, sich aus der Rolle der wenig konstruktiven Daueropposition zu lösen. In jedem Fall, da traf Schillers Analyse durchaus ins Schwarze, fehlte der sozialdemokrati-

---

164 Vgl. das Manuskript Schillers für seinen Vortrag vor dem WPA am 4. Dezember 1953: Der »Mittlere Weg« des freiheitlichen Sozialismus, in: BA N Schiller, 1229, B. 50.
165 Ebd.

schen Agitation die Eindeutigkeit, ja vielleicht sogar die schroffe Einseitigkeit: Wer etwa das Dortmunder Aktionsprogramm von 1952 komplett las, der erfuhr, dass die SPD sich in Richtung der politischen Mitte bewegte und dass ihre Rezepte von denen der Regierung jedenfalls nicht mehr so weit abwichen, dass noch von einer Fundamentalopposition die Rede sein konnte. Wer allerdings über die ersten Seiten nicht hinauskam, der las vielleicht auch nur das Vorwort. Und dort hatte der kurz zuvor verstorbene Kurt Schumacher noch in üblicher Diktion Kapitalismuskritik geübt und zur Befreiung der deutschen Arbeiterklasse aufgerufen. Sein Vermächtnis sollte nachwirken.

Die berühmte Wende von Bad Godesberg, wo die Sozialdemokraten 1959 ein neues Grundsatzprogramm verabschiedeten, sollte später in ihren Abschnitten über Wirtschaftspolitik im Vergleich zu Dortmund oder Bochum kaum etwas Neues bringen. Aber anders als damals war der Bruch mit den alten Traditionslinien offensichtlich, unübersehbar, ja auch das: gewiss sehr schmerzhaft für viele Sozialdemokraten gewesen. Aber zu so einer Wende, die nicht nur weit in die eigene Partei hineinreichte, sondern auch den Wandel nach außen energisch und entschlossen signalisierte, hatte es Anfang der 50er-Jahre noch nicht gereicht.

Schiller war schon bald bitter enttäuscht. Dass sich die Partei seiner Ansicht nach auch nach der Wahl von 1953 weigerte, die Realitäten anzuerkennen, machte ihn zunehmend verdrossener. Die Parteiführung in Bonn, so führte er vor dem Hamburger Parteivorstand aus, interpretiere die Wahlniederlage völlig falsch, suche vor allem niemals die Schuld bei sich selbst. Besonders unerträglich empfand Schiller die alte sozialdemokratische Trostlösung, dass man schließlich noch immer wieder aufgestanden sei. Das sei ja ganz richtig, so Schiller, und alte Genossen könnten das seinetwegen immer wieder mit Stolz und Nachdruck vertreten. Wenn man allerdings nun zum zweiten Mal »was auf den Kopf gekriegt« habe, müsse man sich schon mit den Gründen beschäftigen.[166] Wenn einige nun meinten, das sei eben die Dummheit der Wähler, dann sei man selbst dumm, wenn man deren Dummheit nicht kapiere.

Vor allem, so Schiller, machten sich die meisten Sozialdemokraten völlig falsche Bilder von ihrem Gegner. Diejenigen, die das Wahlergebnis als Rechtsbewegung interpretierten und von einer neuen »Harzburger Front« sprachen, lägen völlig falsch. Zum einen sei es schließlich die SPD gewesen, die an die nationalen Gefühle appelliert habe. Und zum anderen sei auch die CDU sehr viel komplexer in ihrer Struktur, als es viele in der Partei wahrhaben wollten. Millionen von Arbeitern hätten die CDU gewählt und das nicht nur aus religiösen Gründen. Schließlich habe die CDU in Hamburg 390.000 Stimmen bekommen, aber in der Hansestadt gäbe es nur 80.000 wahlberechtigte Katholiken.[167] Auch die Propaganda sei völlig verfehlt gewesen, vor allem

---

166 Vgl. das Protokoll der Vorstandssitzung vom 14.9.1953, AdsD SPD-Landesorganisation Hamburg, Protokolle der Vorstandssitzungen, 1042.
167 Vgl. ebd.

der SPD-Pressechef Fritz Heine habe mit seinen unseligen Plakaten völlig versagt.[168] Wenn jetzt über eine Parteireform nachgedacht würde, so könne diese nur erfolgreich sein, wenn sie an Haupt und Gliedern erfolge.

Schiller war beileibe nicht der einzige Sozialdemokrat, der nach der Bundestagswahl eine intensive Aufarbeitung der Niederlage forderte. Tatsächlich rumorte es in den Monaten nach der Wahlniederlage kräftig innerhalb der Partei und die Parteiführung um Ollenhauer hatte einige Mühe, die Enttäuschung aufzufangen. Die bevorstehende Bundestagswahl hatte noch einmal für Parteidisziplin gesorgt, nun aber brach sich die Enttäuschung über die geringen Fortschritte Bahn.

Schon seit längerer Zeit hatten besonders die Reformer innerhalb der Partei ein neues Grundsatzprogramm gefordert; das noch gültige Heidelberger Programm stammte aus dem Jahr 1925, einer Zeit also, als die politischen und gesellschaftlichen Rahmenbedingungen völlig andere gewesen waren. Vor allem hofften sie wohl, dass die Autorität eines neuen Grundsatzprogramms jenen Wandel unterstützen würde, der mit kurzfristigen Aktionsprogrammen nicht zu bewerkstelligen gewesen war.

Kurt Schumacher hatte kein übermäßig großes Interesse an einem neuen Grundsatzprogramm gezeigt.[169] Wenn sich die SPD unter Ollenhauer nun die Aufgabe setzte, doch die Arbeit an einem neuen Grundsatzprogramm in die Wege zu leiten, so wohl auch, weil sie hoffte, die Kritik an ihrer Führungsarbeit auf diese Art und Weise zu kanalisieren und in Bahnen zu lenken, die ihren Machterhalt nicht unmittelbar gefährdeten.

Kurz nach der verlorenen Bundestagswahl bildete die SPD zwei Kommissionen, die sich mit der Erarbeitung eines neuen Grundsatzprogramms beschäftigen sollten. In der einen Kommission sollten Fragen der Parteiorganisation besprochen werden. Sie bestand zum überwiegenden Teil aus hauptamtlichen Funktionären der Partei. Es war zu erwarten, dass die überkommenen Parteistrukturen und -praktiken dort kaum infrage gestellt würden.[170] Die andere Kommission sollte sich mit politischen und theoretischen Fragen beschäftigen. Hier waren dann auch einige profilierte Kritiker des Parteiapparats vertreten – wie etwa Karl Schiller.

In der Symboldiskussion, die um die Jahreswende innerhalb der Partei sicherlich eine ebenso große Bedeutung wie Fragen der materiellen Politik hatte, gehörte Schiller eindeutig zu jenen, die, wie Carlo Schmid es genannt hatte, »Ballast abwerfen« wollten.[171] Für Schiller, Schmid und andere Sozialdemokraten, die zumeist bürgerlicher Herkunft und nicht in die sozialdemokratische Solidargemeinschaft hineingeboren waren, bestand der »Ballast« vor allem in jener traditionellen Parteisymbolik, die auf

---

168 Vgl. ebd.
169 Vgl. Klotzbach, S. 123 f.
170 Vgl. ebd., S. 298.
171 Petra Weber kommt zu dem Schluss, dass Schiller der einzige Sozialdemokrat in der Programmkommission gewesen sei, der Schmid in Abwesenheit wegen dieses Satzes verteidigt hatte, vgl. Weber, Carlo Schmidt, S. 500.

außen Stehende oftmals abschreckend wirkte: die rote Fahne, die alten Kampflieder der Arbeiterbewegung, das in der Partei obligatorische Genossen-Du.

Man müsse einmal, so Schiller auf einer der Sitzungen der Kommission, über einen »Knigge für Sozialdemokraten« nachdenken. Die Anrede »Genosse« in Briefen an Parteigenossen in offiziellen Stellen schrecke viele ab. Ein großer Fehler der SPD habe zudem darin bestanden, dass sie sich gegen viele nationale Symbole gewandt habe. Man sollte etwa überlegen, ob große sozialdemokratische Veranstaltungen zukünftig nicht mit dem Deutschlandlied beschlossen werden könnten.[172]

Im Grunde saß Schiller in der falschen Kommission, denn dass die SPD ihre theoretische und ideologische Position neu zu überdenken habe, glaubte er offensichtlich nicht. Eine neuerliche wissenschaftliche Diskussion über den Sozialismus hielt er für überflüssig und »fruchtlos«.[173] Seit Bernstein, Heimann und den »Neuen Blättern für den Sozialismus« sei die SPD schon längst keine marxistische Partei mehr und von diesem Selbstanspruch müsse sich die Partei nun auch endlich lösen.

Viel interessierter zeigte er sich bei politischen Strategie- und Organisationsfragen. Auch Schiller teilte die Ansicht, dass ein »Weltbildprogramm«, wie er es nannte, so schnell nicht zu erstellen sei. Das Aktionsprogramm von Dortmund, dessen wirtschaftspolitischer Teil ja auch seine Handschrift trug, habe zwar die richtigen Inhalte. Das Problem sei aber, dass man jedes Detail-Problem angesprochen habe, was aus dem Blickwinkel der politischen Propaganda völlig verfehlt sei. Die langen Sätze des Aktionsprogramms würden von niemandem gelesen. Die Akzente müssten schärfer gesetzt werden; daher müsse eine Kurzversion des Aktionsprogramms erstellt werden.[174]

Im Grunde glaubte Schiller in seiner Binnenfixierung auf die Parteieliten im WPA, dass der Klärungsprozess in der Partei weiter fortgeschritten sei als es tatsächlich der Fall war. Nur so ist wohl zu erklären, dass er ganz offensichtlich der Meinung war, alles sei nur eine Frage mangelnder Vermittlung und ungenügender Organisation. Die Schulungen und Versammlungen, die vom Parteivorstand ständig finanziert würden, seien völlig »überholt [...]. Der Rundfunk und die Presse sind heute die starken Instrumente der Meinungsbildung.«[175] Um die Defizite in der Parteiorganisation zu beheben, empfahl er gar, ehemalige Wehrmachtsangehörige systematisch für die Partei zu rekrutieren, denn einige von diesen hätten für den Generalstab gearbeitet und seien für Organisationsaufgaben sehr qualifiziert.[176]

All diese Aussagen verzeichnen die Protokolle der ersten Sitzung der Programmkommission aus dem Januar 1954. An den folgenden Kommissionssitzungen nahm Schiller nur noch sporadisch teil. Nur durch Zeitmangel erklärt sich sein Fernbleiben

---

172 Vgl. das Protokoll der Sitzung zur Kommission zur Weiterführung der Programmdiskussion am 9. und 10. 1 1954, in: AdsD SPD-Parteivorstand, Alter Bestand, Programm-Kommission.
173 Vgl. ebd.
174 Ebd.
175 Ebd.
176 Ebd.

nicht. Diesmal war auch nicht die grundsätzliche Weigerung, sich zu engagieren, entscheidend, denn bei einer Sitzung des WPA hatte er verlauten lassen, es sei erfreulich, dass das »sogenannte Heraufdienen« für die Bestellung in wichtige Parteigremien doch langsam nicht mehr der entscheidende Faktor sei. Aber seine Zweifel, ob die erzielten programmatischen Fortschritte tatsächlich ihren Niederschlag in der offiziellen Parteipropaganda finden würden, sollten sich schon bald bewahrheiten. Etwa ein halbes Jahr lang war ein Beben durch die Partei gegangen; dann verebbte der Sturm und der Apparat um Ollenhauer hatte die Kontrolle über den innerparteilichen Diskussionsprozess wiedererlangt.[177] Geschickt lavierte die Parteiführung in dieser Zeit zwischen den Flügeln und es zeigte sich, dass eine so traditions- und geschichtsbewusste Partei wie die SPD sich nicht über Nacht von überlieferten Symbolen und Programmatiken trennen konnte.[178] Die Arbeit in den verschiedenen Kommissionen dümpelte erst einmal ziellos vor sich hin. Schillers Hoffnungen auf Veränderungen hatten sich nicht erfüllt.

Die Politik bereitete Karl Schiller keine Freude mehr. Das lag nicht nur am deprimierenden Stillstand innerhalb der SPD. Noch manch anderes kam hinzu, das seine Frustration verstärkte. Nicht einmal innerhalb seiner eigenen Behörde blieb er von Ärger verschont. Der Betriebsrat begann lautstark und öffentlich gegen die Amtsführung des Senators zu polemisieren, der kein Bewusstsein für den Menschen im Mitarbeiter aufbringe.[179] Der sensible Schiller leitete umgehend ein Disziplinarverfahren gegen die sozialdemokratischen Vorsitzenden des Betriebsrates ein[180], beantragte außerdem ein »Parteiverfahren zur Feststellung des parteischädigenden Verhaltens«[181] beim Hamburger Parteivorstand.

Doch in Senat und Partei fürchtete man einen Streit mit den Gewerkschaften und schob die Behandlung der Anträge des Wirtschaftssenators immer wieder hinaus. Schiller empfand die Situation bald als unerträglich. Die Grenze des Zumutbaren sei für ihn als Mensch wie als Sozialdemokrat seit langer Zeit überschritten. Erhalte er nicht endlich die Unterstützung der Partei, dann müsse er leider klar zum Ausdruck bringen, dass es so wie bisher nicht weitergehen könnte. Doch Schillers Hilfeschreie verhallten ungehört. Einige Monate später bekam er mitgeteilt, dass die Verfahren eingestellt würden, da kein parteischädigendes Verhalten festgestellt werden konnte.[182]

---

177 Vgl. Klotzbach, Der Weg zur Staatspartei.
178 Vgl. Walter, Die SPD. Vom Proletariat zur neuen Mitte, Berlin 2002.
179 Vgl. den Vermerk vom 13.4.1953 von Schillers Mitarbeiter Loeffler über die Versammlung des Betriebsrates vom 10.4.1953, in: BA N Schiller 1229, B. 103.
180 Vgl. den Brief von Schiller an das Personalamt des Hamburger Senats vom 7.7.1953, in: BA N Schiller 1229, B. 103.
181 Vgl. den Brief von Schiller vom 24.4.1953, in: ebd.
182 Vgl. den Brief von Karl Vittinghoff an Schiller vom 6.4.1954, in: ebd.

6 »Wettbewerb so weit wie möglich, Planung so weit wie nötig«

Kein Wunder, dass Schiller es daher nicht als besonders tragisch empfand, dass es der Hamburger SPD nicht gelang, sich vom Negativtrend der Mutterpartei abzukoppeln, und sie die Bürgerschaftswahlen 1953 verlor. Fortgeführt hätte er sein Amt auch ohne die Wahlniederlage nicht, denn schon im März 1953 hatte sich der Professor für ein Stipendium für einen Forschungsaufenthalt in den USA bei der *Rockefeller Foundation* beworben und dabei mitgeteilt, dass er ab dem Herbst 1953 wieder regulär seinen Lehrstuhl übernehmen werde.[183] Erleichtert kehrte Karl Schiller in den geschützten Raum der Universität zurück, weit weg von all den politischen Konflikten.

---
183 Vgl. Schiller an Frederic Lane von der Rockefeller Foundation am 10.3.1953, in: WEI, K. 18.

VI Auszeit (1954–1961)

1 Der unruhige Geist

Um die Jahreswende 1953/1954 wurde Schiller wieder regulärer Professor an der Hamburger Universität. Und da der viel Beschäftigte sich damit einiger sehr Zeit raubender Tätigkeiten entledigte, blieb auch wieder mehr Zeit für das Privatleben.

Dass dieses in den Jahren zuvor gelitten hatte, war ihm nicht verborgen geblieben. Er hatte selbst gespürt, dass sich während der Senatorenzeit gewisse charakterliche Züge verstärkt hatten. Schon als junger Mann hatte Schiller gewusst, dass er zur Selbstisolation neigte. Später dann, unter der Last der ihm übertragenen Aufgaben, war diese Gefahr schließlich immer offensichtlicher geworden. Auch mit seinem Schicksal kokettierend, stöhnte er zunehmend über die »Diktatur des Terminkalenders«[1] und die »Sklaverei der Arbeit«[2], der er unterworfen sei. Er sei ein Mann – so hatte er schon 1950 Arnold Bergstraesser mitgeteilt, den er aus seinen Heidelberger Tagen kannte –, der »unter der Fron eines Manager-Daseins lebt«.[3]

An Otto Pfleiderer, den er ebenfalls noch aus der Arbeit am Institut für Sozial- und Staatswissenschaften in Heidelberg kannte, schrieb er 1951: »Aber vielleicht wissen Sie selbst aus ihrem Schicksal als Manager, wie es einem oft ergeht, dass gerade die persönlichen Dinge zwischen den Menschen im mechanischen Ablauf der Tagesarbeit beiseite gedrängt werden.«[4] Zwar hatte Schiller schon immer Probleme gehabt, im privaten Umgang ungezwungen zu sein und Menschen an sich heran zu lassen. Aber zunehmend hatte die Tatsache, dass es kaum noch eine Grenze zwischen privatem und beruflichem Leben gab, Schillers Vereinsamung gestärkt. Natürlich hatte er gelegentlich aus gesellschaftlichen Anlässen Menschen außerhalb seiner eigentlichen Arbeitswelt getroffen. Aber hatten nicht auch diese Treffen auf die eine oder andere Weise immer seinem Beruf gedient? Einen wirklichen Freund, mit dem er auch einmal über Dinge reden konnte, die außerhalb von Politik und Wissenschaft lagen, besaß Karl Schiller nicht.

Alles, was er wirklich an privatem Rückzugsraum besaß, teilte er mit seinen jeweiligen Ehefrauen. In einer Zeit, so reflektierte er einmal in einem Brief an Gustav Dahrendorf, in der die menschlichen Beziehungen immer mehr Not litten, sei die Ehe das »letzte Bollwerk«, auf das man seine Hoffnung noch setzen könne.[5]

---

1 Schiller an Karl W. Struwe am 13.12.1949, in: BA N Schiller 1229, B. 8.
2 Schiller an Emmy Rosenstand am 24.3.1949, in: Ebd.
3 Schiller an Bergstraesser am 4.12.1951, in: Ebd., B. 9.
4 Schiller an Pfleiderer am 25.6.1951, in: BA N Schiller 1229, B. 11.
5 Schiller an Dahrendorf am 28.2.1951, BA N Schiller 1229, B. 14.

Karl Schiller hat dieses »Bollwerk« in seinem Leben viermal gewechselt. Aber vielleicht ist es gerade diese Tatsache, die seine Aussage unterstreicht. Schiller war eben darauf angewiesen, dass seine Ehen wirklich intakt waren, denn außerhalb dieser Partnerschaften war er weitgehend bindungsunfähig. Gewiss war er mit Hinweisen zu seiner Vergangenheit bei all seinen Ehepartnern sparsam umgegangen. Aber was die Gegenwart anbelangte, so waren sie für ihn ernst zu nehmende Austauschpartner. Obgleich er der jeweils uneingeschränkte Mittelpunkt der Beziehung war und ungeteilte Aufmerksamkeit erwartete, lässt sich nicht behaupten, dass seine jeweiligen Ehefrauen dem Typus des »Heimchens am Herd« entsprochen hätten. Schiller wollte niemanden, der nur die Hausarbeit und die Kindererziehung für ihn erledigte und ansonsten repräsentative Zwecke erfüllte – wie es bei Männern seiner Generation und seiner Position nicht selten der Fall war. Er schätzte Frauen, die ihm gerne zuhörten und die *sein* Leben mit *ihm* teilen wollten. Seine erste Ehefrau Lolo führte gar ein Vokabelheft, in das sie sich wichtige volkswirtschaftliche Begriffe hineinschrieb, damit sie wusste, wovon der Ehemann sprach.[6] Kam Schiller von der Arbeit nachhause, so erwartete er uneingeschränkte Aufmerksamkeit. War er auf Reisen, so folgten abends lange Telefongespräche, in denen er stundenlang von seinem Tag erzählte. Privat- und Berufsleben hielt er allerdings strikt getrennt. An der Universität, so erinnert sich sein ehemaliger Assistent, sei Schiller niemals mit seiner Familie erschienen.[7] In »Gutsherrenart« habe er dort von »seinen Leuten zu Hause« gesprochen.[8]

Wenn Schiller das Gefühl bekam, dass es da jemanden gab, der noch intensiver auf ihn einzugehen bereit war als seine Frau, dann folgte eben der Umzug in das nächste »Bollwerk«. 1950 ließ sich der 39-jährige von Lolo scheiden und heiratete Annemarie Vogt. Sie war seine Sekretärin in der Behörde für Wirtschaft gewesen. Davor hatte sie bereits für Schillers Vorgänger in der Behörde für Wirtschaft, Otto Borgner, gearbeitet. Als Borgner Schiller die einzelnen Mitarbeiter vorgestellt hatte, nannte er Fräulein Vogt »eher musisch interessiert.«[9] Was wohl als Tadel gemeint war, hielt Schiller für einen großen Vorzug. Sowohl seine erste als auch die zweite Ehefrau stammten aus Künstlerfamilien. Lolos Vater war Bildhauer, die Mutter Konzertviolinistin. Auch Annemarie kam aus einer Musikerfamilie. Materiellen Aufstieg brachten die Ehen für Schiller nicht mit sich, wohl aber die Genugtuung, damit doch in Verhältnisse eingeheiratet zu haben, die der eigenen ungeliebten Herkunft nicht gerade entsprachen.

Und so ging es auch im Haushalt der Schillers der 50er-Jahre recht bildungsbürgerlich zu. Frau und Kinder – auch die jüngste Tochter Bettina wird eine Weile bei ihrem Vater wohnen – werden später von den Fotografen des »Spiegel« beim gemeinsamen Musizieren abgelichtet.

---

6   Gespräch mit Lolo Schiller.
7   Gespräch mit Heiko Körner.
8   Ebd.
9   Gespräch mit Annemarie Schiller.

1 Der unruhige Geist

Die zweite Ehe sollte zwei Kinder hervorbringen: Tochter Christa wird 1952 geboren, 1955 schließlich folgte die Geburt des ersten Sohnes. Karl Schiller, der große Thomas-Mann-Verehrer, gab ihm den Namen Tonio. Ein wenig zeigte das bereits die Richtung an. Als Kind, ganz besonders als Sohn, hatte man es gewiss nicht leicht mit dem Vater Karl Schiller. Wenn er überhaupt Zeit für die Kindererziehung aufbringen konnte, so widmete er diese vor allem der Bildungsarbeit an seinen Zöglingen. Thomas Mann ist überhaupt ein gutes Stichwort, denn die Schilderungen über die Atmosphäre im Hause Schiller klingen sehr ähnlich wie beim Schöpfer der Buddenbrooks. War der Vater zuhause, herrschte Stille im Haus in Blankenese. »Psst!«, flüsterte es dann durch die Flure, denn der Vater saß am Schreibtisch und benötigte seine Ruhe. Ein Papi zum Kuscheln war er nicht; es gab kaum Zärtlichkeiten, was für einen Mann seiner Generation jedoch nicht außergewöhnlich war. Nur selten, etwa bei Spaziergängen in der freien Natur, kamen die Kinder in den Genuss von Schillers Humor, den er durchaus besaß.

Aber insgesamt scheint es, als habe Schiller auf bisweilen verstörende Art einen seltsam formellen Umgang mit seinen Kindern gepflegt. Gemeinsame Wochenenden mit dem von ihm getrennt lebenden Sohn wurden von ihm als »ersprießlich« eingeschätzt[10]; in Zeiten, in denen er die Kinder selten zu Gesicht bekam, wurde dennoch die Übersendung der Herbstzeugnisse angemahnt, wie es der »Vereinbarung« entspräche.[11] Als viel beschäftigter Bundeswirtschaftsminister war es gar die Aufgabe der Sekretärin, an den Geburtstag eines der Kinder zu erinnern – Schiller versah den Vermerk mit der handschriftlichen Notiz: »Telegramm«.[12] Die Töchter sollten lange brauchen, um sich aus dem übermächtigen Schatten des Vaters zu lösen und mit seiner hohen Erwartungshaltung zu Recht zu kommen. Für den Sohn – die Erwartungshaltung des Vaters war hier noch höher – war alles noch schwerer.

Wirkliche seelische Einkehr sollte Schiller auch ab Mitte der 50er-Jahre, der Zeit seines »politischen Exils«, kaum finden. Er fühlte sich noch immer zu stark mit anderweitigen Aufgaben beschäftigt, als dass es ihm möglich schien, einmal zu »schöpferischer« Arbeit zu kommen.[13] Ein unruhiger Geist war er ohnehin. Anzeichen übermäßiger Nervosität waren nicht zu übersehen. Er lebte in permanenter Anspannung. Saß die Familie abends beim Essen, stand er mittendrin auf und lief – dabei noch kauend – um den Esstisch herum, weil es da irgendein Problem gab, dass er noch nicht ganz zu Ende gedacht hatte.[14] Er schlief schlecht, oft bedurfte es Hilfsmittel. Aber auch das nützte meist nichts. Dann saß Schiller, noch bevor der Morgen graute, am Schreibtisch und arbeitete oder las im Wohnzimmer Zeitungen.

---

10 Vgl. den Brief an Sohn Tonio, 12.2.1979, in: BA N Schiller 1229, B. 104, S. 428.
11 Vgl. den Brief Schillers an Tonio und Christa, 11.11.1971.
12 Vgl. den Vermerk der Sekretärin von Schiller, Therese Bürger, o. D., in BA N Schiller 1229, B. 285, S. 255.
13 Vgl. den Brief von Annemarie Schiller an Frl. Demory am 2.2.1954, in: BA N Schiller 1229, B. 16.
14 Gespräch mit Christa Claessen.

Es schien, als wüsste er nicht wohin mit seiner Energie. Er hatte ja die Auszeit von der Politik herbeigesehnt, hatte immer wieder betont, dass seine eigentliche Bestimmung im akademischen Leben lag. Aber irgendwie blieb da ein mächtiger Antrieb, der allein durch das Professorendasein nicht befriedigt werden konnte. Manches Mal liebäugelte er auch mit anderen Aufgaben. In den Jahren 1955 und 1956 verhandelte Schiller wieder einmal auf die ihm eigene Weise mit dem hessischen Finanzministerium. Wieder also ging es um einen Wechsel nach Frankfurt. Diesmal allerdings bemühte sich Georg-August Zinn, der hessische Ministerpräsident, darum, den Hamburger Professor mit der Position eines Präsidenten der Landeszentralbank zu locken. Der ganze Vorgang war nicht neu: Wieder verhandelte Schiller lange; im Übrigen so geschickt, dass er sein Jahresgehalt von 22.000 auf 44.620 DM im Jahr hochtrieb.[15] Damit wäre er in der Tat in Gehaltskategorien angekommen, von denen sowohl ein Professor als auch ein Politiker in jenen Jahren nur träumen konnte. Mit diesem Angebot in der Hinterhand trat Schiller auch in Verhandlungen mit der Hamburger Hochschulbehörde ein. Seine Bezüge wurden daraufhin abermals aufgebessert. Ein Jahr zog sich die Geschichte hin und ging dann aus wie so häufig: Schiller sagte ab.[16]

Vielleicht war es diese Ruhelosigkeit, die dazu führte, dass seine wissenschaftliche Produktion in diesen Jahren sehr bescheiden blieb. Seine letzte Monographie hatte er 1940 mit seiner Habilitationsschrift vorgelegt; 53 Jahre sollte es dauern, bis er, kurz vor seinem Tod, noch einmal für ein eigenes Buch zur Feder griff. Dabei hatte er grundsätzlich keine Schreibhemmungen. Mit kleineren Aufsätzen und Artikeln in Tageszeitungen trat er auch weiterhin hervor. Aber die Ruhe für eine eigenständige, größere Arbeit fand er nicht.

Nur an die Politik verschwendete er offensichtlich zunehmend weniger Gedanken. Mitte der 50er-Jahre hatte die SPD-Führung um Ollenhauer endgültig die Kontrolle über den parteiinternen Diskussionsprozess wiedererlangt. Die Kontroversen wurden in die verschiedenen Programmkommissionen verlagert, wo sie mehr oder weniger ziellos weiterliefen. Ein neues Grundsatzprogramm war derweil noch immer nicht verabschiedet worden.

Schiller selbst zählte sich Mitte der 50er-Jahre nicht einmal mehr zur so genannten Gruppe der »Reformer«. Abschätzig sprach er von seinen ehemaligen Mitstreitern nur noch in der dritten Person Plural. Taktisch, so lautete sein Hauptvorwurf, seien diese völlig unklug vorgegangen. Seit der letzten Bundestagswahl hätten die Reformer

»viel zuviel gleichzeitig aufgegriffen. Sie hätten sich auf ganz wenige Dinge beschränken müssen, um diese dann allerdings mit noch größerer Intensität durch-

---

15 Vgl. den Brief von Herbert Laufer, Ministerialdirektor im hessischen Finanzministerium, an Schiller am 10.1.1956, in: WEI, K. 1.
16 Vgl. Schiller an Georg-August Zinn am 24.1.1956, in: Ebd.

zukämpfen. Durch die Kritik an allem und jedem ist nur eine Woge des Misstrauens gegen die Fortschrittler verursacht worden.«[17]

Besonders verdross Schiller die Tatsache, dass die Arbeiten für den WPA letztlich oftmals vergebene Müh' gewesen waren und der Parteivorstand seine Empfehlungen wieder zurückverwies.[18] Der Zirkel um Ollenhauer fasste, teilweise ohne Rücksprache mit dem WPA, zunehmend eigene Beschlüsse zur Wirtschaftspolitik, die nach Schillers Ansicht ein »Rückschreiten« hinter die Ergebnisse von Bochum und Dortmund bedeuteten.[19] Aber auch der Vorsitzende des WPA, Hermann Veit, wurde nicht von der Kritik Schillers ausgenommen: Unter dessen Führung sei der Ausschuss in völliger »Euthanasia« versunken.[20]

Dabei hatte man Schiller, zumindest in Hamburg, nicht vergessen. An Angeboten für eine Rückkehr in die Politik mangelte es ihm durchaus nicht. Aber Max Brauers Offerte, 1957 wieder in den Hamburger Senat zurückzukehren[21], lehnte er ebenso ab wie den Vorschlag der Hamburger SPD, ihn hinter Herbert Wehner auf den zweiten Platz der Landesliste für die Bundestagswahl zu setzen, was ein sicheres Mandat gewesen wäre.[22] Doch mit der Politik, so schien es, hatte Karl Schiller Mitte der 50er-Jahre endgültig abgeschlossen.

2 Der Ökonom und die Gesellschaft

Haben wir es also mit Jahren zu tun, die, da sie politikabstinent verlaufen, für Karl Schiller als politischer Mensch wenig bedeutsam sind?

Das Gegenteil ist der Fall. Gewiss, Schillers Desillusionierung war beträchtlich; die Politik mit ihrer Trägheit und mangelnden Vernunft hatte ihn verärgert und frustriert. Aber eben weil er daraus eine ungewöhnlich radikale Konsequenz zog, ist es interessant zu beobachten, auf welche Weise er in seinen Reden und Aufsätzen seinen Rückzug, ja vielleicht sogar: sein Scheitern an der Politik verarbeitete. Was sich veränderte, war die Art, wie Schiller das Verhältnis von Politik und Wissenschaft neu definierte.

Wie wir beobachten konnten, hatte sich Schiller in den verschiedenen sozialdemokratischen Gremien, in denen er vertreten war, darum bemüht, den Eindruck zu vermeiden, dass er ein weltfremder und auf politischem Parkett unbeholfener Hochschullehrer sei. Allzu wissenschaftliche Diskussion nannte er »fruchtlos«. Und über-

---

17 Schiller an den Journalisten Hans-Peter Schulz am 19.10.1954, in: WEI, K. 10.
18 Vgl. Schiller an Veit am 5.5.1954, in: ebd.
19 Vgl. Schiller an Ollenhauer am 25.5.1954, in: AdsD, Bestand Ollenhauer; B 202.
20 Vgl. Schiller an Pass am 12.1.1956, in: BA N Schiller 1229, B. 340, S. 303.
21 Vgl. Brauer an Schiller am 13.11.1957. Die Antwort Schillers erfolgte an Vittinghoff am 18.11.1957, in: WEI, K. 10.
22 Vgl. den Brief von Vittinghoff am 27.3.1957, in: ebd.

haupt interessierte er sich eigentlich mehr für strategische Machtfragen als für lange Debatten über die richtige Wirtschaftspolitik. Er wollte unbedingt den Nachweis erbringen, dass er schon verstanden hatte, worum es in der Politik ging: um das Denken in strategischen Optionen, das Erkennen günstiger Gelegenheitsstrukturen. Das alles war ja kein Widerspruch zu dem so häufig zu beobachtenden Umstand, dass ihm seine Identität als Wissenschaftler ausgesprochen wichtig war. Aber an einen Zusammenhang zwischen Politik und Wissenschaft hatte er am Ende selbst nicht mehr so recht geglaubt; das schienen ihm letztlich doch getrennte Welten zu sein.

Aber Mitte der 50er-Jahre, in der Zeit seines politischen Exils, fügten sich beide Welten in seinem Denken in gewisser Hinsicht wieder zusammen – wenngleich der Politik dabei nur noch eine subsidiäre Rolle zugewiesen wurde. Womöglich war es auch nicht wirklich eine Veränderung, die sich da zeigte, eher der Rückgriff auf einen Grundzug seines Denkens, der in den Jahren nach 1945 nur verborgen bei ihm spürbar gewesen war, aber unter gänzlich anderen Vorzeichen bereits in der Zeit des Nationalsozialismus zu Tage getreten war: Sein Streben nach Rationalität und der Versuch der Neutralisierung des Politischen durch den Rückgriff auf vermeintliche wissenschaftliche Gesetzmäßigkeiten, die ihre letztendliche Begründung eben außerhalb jedes politischen Diskurses fanden. Aber das erfuhr jetzt eine zeitgemäße Wende. Mitte der 50er-Jahre wurde aus diesem Denken das geboren, was man als die technokratische Utopie Karl Schillers bezeichnen könnte. Es ist genau diese Utopie, die ihn einmal für kurze Zeit zum populärsten Politiker der Republik machen sollte, und nur mit ihr ist auch das politische und ökonomische Konzept Schillers zu verstehen.

Das Heil der Welt, so könnte man Schillers Aussagen jener Jahre zusammenfassen, lag fortan in der Wissenschaft – und nicht mehr in der Politik. Bei seinen Reden vor Studenten versäumte er es daher auch nicht, diese auf ihre zukünftige Führungsrolle vorzubereiten. Die Wissenschaft sei »in elementarer und bestürzender Weise geschichtsmächtig geworden«.[23] Dass dieses für die Naturwissenschaften gelte, so Schiller, sei ohnehin allgemein bekannt, und später sollte er vor allem häufiger den Sputnik-Schock anführen, um zu untermauern, dass nun auch der Wettstreit zwischen den Systemen auf dem Gebiet der Wissenschaften ausgetragen werde.[24]

Aber entscheidender war seiner Ansicht nach, dass die »geisteswissenschaftlichen Pioniertaten«[25] das Denken und Tun der Menschen im 20. Jahrhundert doch noch tiefer verändert hätten, als dieses der Chemie und Physik je möglich gewesen war. Die dadurch ausgelösten Prozesse seien auf ganz verschiedenen Feldern zu beobachten und Schiller belegte seine Ausführungen dann auch mit so unterschiedlichen Sachverhalten wie dem Verweis auf die Psychoanalyse Sigmund Freuds einerseits, die tiefe Spuren in

---

23 Vgl. Karl Schiller, Zur Lage der deutschen Universitäten, Manuskript, Vortrag an der Hochschule München 1956, o. D., in: BA N Schiller 1229, B. 51.
24 Vgl. Karl Schiller, Unsere moderne Universität, Redemanuskript 1957, o. D., in: BA N Schiller 1229, B. 51.
25 Schiller, Zur Lage der deutschen Universitäten, in: ebd.

Kunst, Literatur, ja selbst im politischen Leben hinterlassen habe, und dem Hinweis auf den seiner Ansicht nach unaufhaltsamen Siegeszug der Ideen von J. M. Keynes andererseits. Ohne die gewaltigen Fortschritte, die dessen ökonomische Theorie hervorgebracht habe,

> »wäre die Wirtschafts- und Sozialpolitik in den meisten Ländern der freien Welt heute undenkbar. Es gibt unter den praktischen Politikern aller Parteien viel mehr Keynesianer, als sie es selbst wissen. So überheblich das Wort auch klingen mag: ›Die Theorie von heute ist die Praxis von morgen.‹«[26]

Vor allem beobachtete Schiller auch in der Sphäre der Politik einen Vorgang, der eine weitere Stärkung der Wissenschaften als Wirklichkeitsgestalter zwangsläufig mit sich bringe. Man erlebe einen großen

> »Prozess der Entideologisierung: die großen Ideologien haben sich für die meisten Menschen als Illusionen herausgestellt. Man glaubt nicht mehr an sie und will auch nicht auf den Zukunftsstaat warten […]. Die großen politischen Parteienkämpfe in der freien Welt werden immer weniger um die sogenannten Weltanschauungen ausgefochten! Es geht vielmehr darum: Wer beherrscht am besten, am rationalsten, d. h. am wissenschaftlichsten, die Technik des Wohlfahrtsstaates, die Instrumente zur Steigerung des Sozialproduktes.«[27]

Und gewinnen konnte diesen Kampf nur derjenige, der den Wissenschaften den größten Raum gab und sie effizient einsetzte.

Schiller gab verschiedentlich zu, dass die Wissenschaften somit ihrerseits zur »Ersatzideologie« würden.[28] Die letzte Entscheidung habe noch immer die Politik zu treffen. Aber das war doch eher kokettierend gemeint und sollte von kritischer Reflexion der eigenen Rolle zeugen, als dass es wirklich die eigenen Bedenken spiegelte. Denn wenn man seiner Analyse folgte, dann blieb dem Politiker ja kaum etwas Anderes übrig, als die Vorgaben der Wissenschaft umzusetzen.

Dass Schiller der Ökonomie beim Prozess der Versachlichung einen besonderen Platz einräumte, war wenig überraschend. Von allen Sozialwissenschaften sei sie diejenige, die sich in ihrem technischen Rüstzeug am weitesten entwickelt habe. Vor allem sah er sie auf eine Art »Grundkonsens« zulaufen. Durch die zunehmende Durchlässigkeit und Transparenz, durch eine besonders intensive Art des internationalen Wissensaustausches sei inzwischen ein Wissenschaftsgebäude zusammengetragen worden, das eine weitaus größere Geschlossenheit der Struktur habe als früher. Hier zeige

---

26 Ebd.
27 Ebd.
28 Ebd.

sich eine Wissenschaft, in der »die stille Arbeit vieler inzwischen längst neue Wege der Klärung erschlossen hat«.[29] Die Nationalökonomie habe sich von ihren subjektiven Werttafeln gelöst und biete stattdessen nun einen zweckneutralen Werkzeugkasten an.

Ganz unbekannt war die Grundmelodie all dieser Aussagen nicht. Die vermeintliche politische Neutralität ökonomischer Konzepte, die Überzeugung, dass die Ökonomie Fortschritte gemacht habe, die auch innerhalb der Disziplin zum Konsens führten: Diese Elemente konnte man schon bei dem jungen Wissenschaftler Karl Schiller identifizieren. Damals hatte ihm dieses Denken dabei geholfen, in der Nazi-Diktatur ohne größere moralische Zweifel der eigenen Arbeit nachgehen zu können. Jetzt diente es auch dazu, den eigenen Rollenwechsel zu legitimieren. Denn was lag näher, als in dem Augenblick, wo man selbst von der Politik Abstand genommen hatte, dieser einen baldigen Bedeutungsverlust zu konstatieren, sie im Grunde zum Exekutoren wissenschaftlicher Erkenntnis zu degradieren?

Auch in seinem Aufsatz »Der Ökonom und die Gesellschaft«, der all diese Gedanken wohl am prägnantesten zusammenfasste, fehlte es nicht an Einschränkungen und einer gewissen Skepsis. So sah Schiller durchaus die Gefahr, dass der politische Neutralitätsanspruch der Wirtschaftswissenschaften von der Politik missbraucht wird, und »im gesellschaftlichen Kampf als Mittel, um Macht zu erzeugen und Macht auszuüben, verwendet wird.«[30]

Letztlich aber werde diese Gefahr dadurch gebannt, dass der Ökonom kaum in Versuchung gerate, diesen Machtansprüchen nachzugeben, denn schließlich denke er in gesamtwirtschaftlichen Kategorien, was für Schiller gleichbedeutend war mit den Vorstellungen des »allgemeinen Wohls« und des »öffentlichen Interesses«. Diese Leitbilder seien vor allem Apparate der geistigen Schulung und logischen Disziplin; in den Denkkategorien des Ökonomen werde man sich der Beschränkungen und Begrenzungen des einzelwirtschaftlichen Vorgehens bewusst. Er habe damit die Aufgabe, »unaufhörlich und schonungslos im materiellen Bereich der Gesellschaft die Wahrheit zu Tage zu fördern«.[31]

Für Schiller also war der Ökonom Sachverwalter der gesellschaftlichen Rationalität. Die Politik denke in Partikular- und Gruppeninteressen. Um ihr diese auszutreiben, müsse der Ökonom die wissenschaftliche Vernunft in den politischen Prozess einbringen. Dass er dabei zuweilen noch auf Widerstand stoße, sei nur zu verständlich. Denn schließlich bringe der Ökonom nicht nur gesamtwirtschaftliches *Denken*, sondern vor allem volkswirtschaftliche *Bedenken* mit. Es sei daher kein Zufall, dass die Ökonomen »den Partikularinteressen und ihren unbeschwerten Vertretern«[32] höchst suspekt seien. Genau das aber sei eben die Aufgabe der Sachverwalter gesell-

---

29 Vgl. Schiller, Der Ökonom und die Gesellschaft (1955), in: ders. Der Ökonom und die Gesellschaft, S. 3-12, hier: S. 11.
30 Ebd., S. 9.
31 Ebd., S. 12.
32 Ebd., S. 8.

schaftlicher Rationalität. Der stets nach Übersee blickende Schiller zitierte an dieser Stelle häufig Arthur Burns, den ehemaligen Wirtschaftsberater von US-Präsident Dwight D. Eisenhower: »Mein Geschäft ist es, Ärgernis zu erregen.«[33]

Aber in Zukunft werde das »naiv-praktische« Element zurückgedrängt. Denn die ökonomische Rationalität sei nicht nur von unwiderstehlicher Sogkraft. Darüber hinaus wachse diese Rationalität beständig dadurch an, dass auf den Universitäten die Waffen aus dem Arsenal der Wirtschaftswissenschaften ohne Ansehen der Person eben auch an zukünftige Verbandssyndici, Gruppenfunktionäre, Betriebsleiter und Steuerberater ausgeteilt werden. In einer pluralistischen Gesellschaft sei es natürlich auch dann weiterhin deren Aufgabe, für Gruppeninteressen zu streiten, ja darin liege sogar ihre soziale Funktion. Aber die Schulung im gesamtwirtschaftlichen Denken zwinge auch den

> »abgebrühten Vertreter von Einzelinteressen dazu, wenigstens in einer bescheidenen Ecke seiner Überlegungen an das Allgemeine zu denken und sich damit innerlich auseinander zu setzen. […] Wer einmal durch jene Denkdisziplin hindurchgegangen ist und von jenem Baume der Erkenntnis genossen hat, der hat erst mal die Unschuld reiner Interessenlogik verloren.«[34]

Die einzige Einschränkung, die Schiller sich als Ökonom auferlegte, war vielleicht, dass er vor einer allzu perfektionistischen Übertragung ökonomischer Modelle in die gesellschaftliche Realität warnte. Nicht alles sei quantifizier- und berechenbar. Das Verhalten der Menschen stimme nicht immer mit den ökonomischen Modelltheorien überein. Indes: Was wie eine Einschränkung der Fähigkeit der Ökonomen zur Wirklichkeitsgestaltung klang, deutete Schiller doch wieder positiv um: Man müsse dann eben die ökonomische Modelltheorie durch die Erkenntnisse der modernen Verhaltensforschung ergänzen.[35] Ein wirklicher Zweifel am Siegeszug der Wissenschaften lag also auch in diesen Aussagen nicht.

Dies alles war schon von einer schwärmerischen Wissenschaftsgläubigkeit getragen, auch von einem Stück Verachtung über die Politik konventionellen Zuschnitts, das »naiv-praktische Element«. Was Schiller in seinen Reden und Aufsätzen Mitte der 50er-Jahre ankündigte, war nicht weniger als das Heraufziehen eines neuen Zeitalters, eines Zeitalters der Vernunft und Rationalität. Und Künder und Aufklärer dieser neuen Zeit sollte vor allem der Ökonom sein.

Untypisch für die Ansichten seiner Fachkollegen waren Schillers Interpretationen gewiss nicht. Schon in den 50er-Jahren deutete sich an, dass der Verwissenschaftli-

---

33 Ebd.
34 Ebd.
35 Vgl. Schiller, Einige Bemerkungen über Modelltheorie und Wirtschaftsgestaltung (1959), in: Der Ökonom und die Gesellschaft, S. 48-62, hier besonders: S. 59 f.

chung von Politik für die Zukunft eine entscheidende Bedeutung zukommen sollte – wenngleich der Höhepunkt dieser Entwicklung erst in den 60er-Jahren lag.[36] Auch innerhalb der zu dieser Zeit noch dominierenden ordoliberalen Schule wurde energisch das Mitspracherecht der Wirtschaftswissenschaften am politischen Entscheidungsprozess eingefordert. Die Wissenschaft sollte die Gewähr dafür bieten, dass die Politik sich nicht im Gestrüpp der Partikularinteressen von Parteien und Lobbyverbänden verlor, sondern sich an den Postulaten einer »versachlichten« Wirtschaftspolitik orientierte.[37] Aber anders als Schiller sahen Ordoliberale wie Erwin von Beckerath ihre eigene Wissenschaft durchaus nicht als völlig werturteilsfrei an und erhoben einen genuinen politischen Gestaltungsanspruch. Schiller hingegen glaubte, dass sich die Ökonomie selbst versachliche, entpolitisiere und dabei immer stärker auf einen logisch begründeten Grundkonsens zulaufe. Auch war er weitaus optimistischer, dass die Wissenschaft sich in Zukunft gar nicht mehr über die Parteien und die Verbände zu stellen brauche, da der wissenschaftliche Erkenntnisdrang die Interessengruppen in einem evolutionären Prozess von innen heraus so weit veränderte, dass Vernunft und Rationalität die alten Partikularinteressen in den Hintergrund drängen würden. Die Wissenschaft also thronte nicht unbedingt *über* den Parteien und Verbänden, sondern wirkte *in* diesen.[38]

Eine vollständige Abkehr von der Politik hatte Schiller noch nicht ganz vollzogen. Die letzte wirtschaftspolitische Diskussion, in die Schiller sich innerhalb der SPD noch einmal einbrachte, galt dem »Gesetz zur Förderung eines stetigen Wachstums der Gesamtwirtschaft«. Viele Beratungen im WPA waren diesem Entwurf, den die SPD schließlich 1956 in den Bundestag einbrachte, vorausgegangen. Sein Inhalt steht durchaus im Kontext mit Schillers Anspruch auf verwissenschaftlichte Politik, was dann vermutlich auch erklärt, warum er sich an dieser Stelle ausnahmsweise noch ein Mal engagierte. Tatsächlich trug dieser Entwurf weitgehend seine Handschrift. Formuliert wurden darin die Grundsätze für eine vorausschauende und in allen Ressorts der Bundesregierung koordinierte Wirtschaftspolitik. Der Gesetzesentwurf war nicht nur eindeutig Ausfluss der keynesianischen Lehre mit der Entwicklung eines Instrumentariums zur effizienten Nachfragesteuerung und der Festschreibung der Ziele der Wirtschaftspolitik auf das so genannte »magische Viereck«, das eigentlich eher ein Vieleck war. Die Ziele, die alle gleichzeitig angestrebt werden sollten, waren ein »stetiges Wachstum des Sozialproduktes«, die Vermeidung »konjunktureller Störungen des Wirtschaftsablaufes«, ein »Höchstmaß von Beschäftigung in allen Wirtschaftsbereichen« und schließlich die Aufrechterhaltung der Stabilität der »Kaufkraft des Geldes

---

36 Vgl. hierzu vor allem Alexander Nützenadel, Stunde der Ökonomen: Wissenschaft, Politik und Expertenkultur in der Bundesrepublik 1949–1974, Göttingen 2005; Gabriele Metzler, Konzeptionen politischen Handelns von Adenauer bis Brandt. Politische Planung in der pluralistischen Gesellschaft, Paderborn 2005.
37 Vgl. ebd., S. 54 ff.
38 Vgl. ebd.

und der Außenwährung«.³⁹ Eine Mehrheit für diesen Gesetzesentwurf konnte die SPD 1956 noch nicht erreichen. Aber auch die Beiräte des Bundeswirtschaftsministeriums unter Ludwig Erhard hatten bereits über institutionelle Grundlagen für eine neue »fiscal policy« nachgedacht.⁴⁰ Auf leisen Sohlen begann der Keynesianismus, die ordoliberale Nachkriegsdominanz zu überformen.

Aber darüber hinaus war dieser erste Entwurf eines Stabilitätsgesetzes – 1967 wird es unter der Führung des Wirtschaftsministers Schiller dann in ähnlicher Form verabschiedet werden – auch Symptom jenes Machbarkeits- und Planbarkeitsglaubens, wie er uns in den 60er-Jahren als gesellschaftliches Breitenphänomen begegnen wird. So sollte mit dem Nationalbudget eine volkswirtschaftliche Gesamtrechnung erstellt werden, die als Grundlage künftiger Wirtschaftspolitik diente. Es war den Vätern dieses Stabilitätsgesetzes deutlich anzumerken, dass sie den Konjunkturverlauf für weitgehend beherrschbar hielten. Und auch die Verwissenschaftlichung der Politik sollte dadurch vorangetrieben werden, dass ein »volkswirtschaftlicher Beirat« aus »unabhängigen Wissenschaftlern« geschaffen werden sollte, welcher der Bundesregierung beratend zur Seite stehen sollte.

Bezeichnend war, wie die Diskussionen um den Gesetzentwurf für Schiller am Ende ausgingen. Da er an den abschließenden Debatten nicht mehr teilgenommen hatte, hatte ihm Heinrich Deist jenen letzten Entwurf, der als Gesetzesinitiative der Opposition in den Bundestag eingebracht werden sollte, im Mai 1956 zugeschickt. Die Abweichungen von seinen eigenen Vorschlägen waren bei genauer Betrachtung kaum bedeutend. Dennoch reagierte Schiller sehr zum Erstaunen von Deist verärgert. Dabei war nicht einmal entscheidend, dass er Teile des Gesetzentwurfs kritisierte. Interessanter war, was er im Allgemeinen zum Verfahren zu sagen hatte. Denn es fiele ihm, so teilte er Heinrich Deist mit, aus mancherlei Gründen schwer, zu dem Entwurf überhaupt Stellung zu beziehen.

»Wenn ich dann noch daran denke, daß ich vor mehr als einem Jahr die Grundzüge des Entwurfs hier in stillen Stunden erarbeitet habe, in einer Zeit, wo die allerwenigsten an so etwas dachten, und nun sehen muss, daß allenthalben derartige Regelungen öffentlich gewünscht oder angekündigt werden, so kann mich die ganze Behandlung des Entwurfs in unserem ›Wirtschaftspolitischen Ausschuß‹ nicht gerade erfreuen […]. Ich selber hätte gar zu gern in der abgelaufenen Zeit von mir aus die Arbeiten publiziert, aber man war ja durch die Beratung im Wirtschaftspolitischen Ausschuß unter ›Vertraulichkeit‹ gestellt […]. Ich glaube es wäre praktisch gewesen (und wohl auch protokollmäßig nicht unmöglich), wenn

---

39 Vgl. »Antrag der Fraktion der SPD. Entwurf eines Gesetzes zur Förderung eines stetigen Wachstums der Gesamtwirtschaft«, Deutscher Bundestag, 2. Wahlperiode 1953, Drucksache 2428, 6. Juni 1956.
40 Vgl. G. Bomach u. a. (Hrsg.), Der Keynesianismus IV. Die beschäftigungspolitische Diskussion in der Wachstumsepoche der Bundesrepublik Deutschland, Berlin 1983, S. 116.

der wirtschaftspolitische Arbeitskreis der Fraktion den Verfasser des ›Urentwurfs‹ zur Diskussion geladen hätte.«[41]

Die Sätze zeigen, dass es eben doch noch einen Rollenkonflikt gab zwischen dem Wissenschaftler und dem Politiker – und dass auch Schiller ihn in sich trug. Politisch hatte er sich ja weitgehend durchgesetzt. Und wenn der Entwurf an einigen Stellen von seinen Ideen abwich, so lag dies nicht zuletzt daran, dass er sich am Ende mehr und mehr aus den Diskussionen ausgeklinkt hatte. Aber ihn verärgerte, dass für Erkenntnisse und Ideen, die er schon lange zuvor entwickelt hatte, jetzt andere die Meriten ernten sollten. Ganz so leicht also fiel ihm die Rolle des Wissenschaftlers nicht, der im Verborgenen wirkte und sich damit zufriedengab, dass die Politik seine Vorgaben exekutierte.

Ende der 50er-Jahre war Schiller endgültig in der politischen Emigration angekommen. Für ein paar Jahre äußerte er sich so gut wie gar nicht mehr zu Fragen der deutschen Politik. Ein viel beschäftigter Mann war er auch ohne parteipolitisches Engagement. Womöglich hing es auch mit dem offensichtlicher werdenden elitären Selbst- und Sendungsbewusstsein des Wissenschaftlers zusammen, dass Schiller – trotz all seiner Klagen, dass er zur wissenschaftlichen Arbeit nicht komme – 1956 ein neues Amt antrat: Er wurde Rektor der Universität Hamburg.

Auch in wissenschaftlicher Hinsicht suchte er den Abstand. Das Forschungsfeld, das er nach seinem Abschied aus dem Rektoratsamt 1958 beackerte, machte deutlich, dass er sich von den wirtschaftspolitischen Diskussionen in der Heimat meilenweit entfernt hatte. Sein Interesse galt am Ende dieses Jahrzehnts vor allem Fragen der Entwicklungspolitik.

Zu diesem Zweck machte sich Schiller im September 1959 auf eine Reise durch Asien, die vier Monate dauern sollte. Zunächst ging es von Genua aus mit dem Schiff nach Singapur und von dort auf die Philippinen, nach Hongkong, Japan, Indonesien, Thailand und schließlich bis nach Indien. Nur Forschungszwecken, das ist aus einem kleinen Reisetagebuch[42] erkennbar, galt das Unternehmen freilich nicht. Schiller nahm sich neben Vorträgen und Gesprächen mit den einheimischen Wirtschaftseliten auch durchaus genügend Zeit für die Sehenswürdigkeiten des Kontinents. Und bis Mitte Oktober wurde er von seiner Ehefrau Annemarie begleitet.

Und während ihr früherer Wirtschaftsfachmann durch ferne Länder reiste, hielt die SPD in Bad Godesberg einen Parteitag ab, der Geschichte machen sollte. In jenen Jahren, da Schiller sich von der Politik im Allgemeinen und der SPD im Besonderen separiert hatte, gelang der Partei doch noch der Durchbruch, für den Schiller zuvor vergebens gekämpft hatte.

---

41 Vgl. den Entwurf des Briefes von Schiller an Heinrich Deist vom 5.5.1956, in: WEI, K. 13.
42 WEI, K. 5.

Schließlich hatte die Malaise der Partei nach Schillers Rückzug angehalten. Als die SPD auch die Bundestagswahlen 1957 mit brutaler Eindeutigkeit gegen die Adenauer-CDU verlor, gelang es den Traditionalisten anders als 1953 nicht mehr, sich gegen die innerparteilichen Reformbemühungen zu behaupten. Seit der Währungsreform war die Partei nicht müde geworden, den »großen Kladderadatsch« des Kapitalismus anzukündigen. Aber diese Baisse-Spekulation war nicht aufgegangen: Man konnte den Menschen nicht gegen ihr subjektives Empfinden einreden, dass ihre Lage sich verschlechtert habe. Zudem war die sozialdemokratische Gegenkultur des Vereinsmilieus mittlerweile sanft dahin geschieden. Es existierte keine tröstende Wagenburg mehr, in die man sich vor der Ungerechtigkeit der Welt selbstzufrieden zurückziehen konnte.[43] Im Grundsatzprogramm von Bad Godesberg nahm die Partei daher endgültig Abschied vom Marxismus und vom Proletariat als Hauptadressaten ihrer Politik. Statt eines starr fixierten sozialistischen Endziels sollte jetzt ein grundwerteorientiertes und pluralistisches Sozialismusverständnis vorherrschen.[44]

Im wirtschaftspolitischen Teil des Programms, den vor allem Heinrich Deist geschrieben hatte, war im Grunde kaum etwas neu. Sehr viel von Schillers wirtschaftspolitischen Maximen hatten dort Eingang gefunden, auch seine griffige Parole »Wettbewerb soweit wie möglich – Planung soweit wie nötig«. Insofern hat es durchaus seine Berechtigung, wenn Karl Schiller heute häufig als einer der Väter von »Godesberg« bezeichnet wird.

Doch auf sein Mandat als Parteitagsdelegierter für Hamburg hatte er verzichtet. Am 14. November 1959, als Herbert Wehner die verbliebenen Skeptiker von der Notwendigkeit der programmatischen Wende überzeugt hatte, befand sich Schiller gerade in Bangkok und schrieb in sein Reisetagebuch: »Morgens 7 Uhr Clong Fahrt, zum Floating Market. Schöner Morgen. Das Getümmel und Gewimmel zu beiden Seiten des Flusses. Alle Läden mit Front offen zum Fluss. Man tut ›alles‹ im Wasser, auch Mundspülen.«[45] Karl Schiller hatte sich weit, weit entfernt.

3 Kontakt zu Willy Brandt

Nun stand die politische Karriere Karl Schillers gerade erst am Anfang und war nicht etwa schon an ihr Ende gekommen. Aber ganz zwangsläufig hätte es nicht so kommen müssen. Gewiss, die Wende von »Godesberg« rückte Sozialdemokraten wie Karl Schiller von der Peripherie ein Stück weiter ins Zentrum der Partei und eröffnete ihnen damit auch in ihrer Karriereplanung neue Perspektiven. Aber das machte ihn nicht automatisch gleich zum Heilsträger der Partei. Schließlich galt Karl Schiller auch

---

43 Vgl. Lösche/Walter, Die SPD, S. 112 f.
44 Vgl. Klotzbach, Der Weg zur Staatspartei.
45 Vgl. das Reisetagebuch von Schiller, Eintrag vom 14.11.1959, in: WEI, K. 5.

weiterhin als schwieriger Charakter. Und er war inzwischen nicht der einzige Sozialdemokrat, der sich offensiv zur Sozialen Marktwirtschaft bekannte. Und ob allein die Tatsache, dass die Partei sich durch »Godesberg« verändert hatte, ausgereicht hätte, um sein Interesse wieder zu wecken, lässt sich nicht eindeutig sagen. Ein anderes Motiv musste wohl noch hinzukommen. Mehr als alles andere sollte für Schillers weiteres politisches Leben von eminenter, ja schicksalhafter Bedeutung sein, dass die SPD nach der programmatischen Wende auch einen neuen Hoffnungsträger auf ihren Schild hob: Willy Brandt.

Obgleich Brandt Regierender Bürgermeister von Berlin war, besaß er keine große Hausmacht in der Partei. Noch in den 50er-Jahren hatte man ihn bei den Wahlen zum Bundesvorstand mit Pauken und Trompeten durchfallen lassen. Selbst 1960, als man ihn zum Kanzlerkandidaten gekürt hatte, erreichte er bei den gleichzeitigen Wahlen zum Parteivorstand nur einen bescheidenen 21. Platz.[46] Überhaupt waren einige der führenden Funktionäre der Partei – allen voran Herbert Wehner – von Brandts politischer Substanz nicht überzeugt.

Mit der Nominierung Brandts beugte sich die Partei schlicht den Gesetzen der Mediendemokratie. Abgeschaut hatte man sich das in den USA, wo es den Demokraten gelungen war, mit einem jungen, pragmatischen Politikertypus die Wahlen zu gewinnen. Mit der Stilisierung Brandts zum deutschen John F. Kennedy wollte die SPD den Wandel von der proletarischen Traditionstruppe zur modernen Volkspartei auch personell verkörpern und damit endlich die Mittelschichten gewinnen.[47]

Nun wollte sich Willy Brandt aber nicht alleine mit der Rolle der telegenen Galionsfigur zufriedengeben. Er hatte – und zu Beginn übersahen das einige Sozialdemokraten – durchaus eigene Ziele. Aber das galt eben besonders für die Außenpolitik, vor allem in Bezug auf neue Ansätze in der Ostpolitik. Von Wirtschaft hingegen verstand er nicht viel; sie interessierte ihn auch nicht sonderlich. Auch die Berater, die Brandt in Berlin um sich geschart hatte, beschäftigten sich – wie könnte das angesichts der Situation des »Vorpostens der freien Welt« auch anders sein – vor allem mit Außenpolitik.

Brandt also brauchte dringend ökonomischen Sachverstand, nicht nur für Berlin, sondern auch, um in der Bundespolitik ohne permanenten Rückgriff auf den Ollenhauer-Apparat eigene Standpunkte entwickeln zu können. Wie und wann die beiden schleswig-holsteinischen Landsleute miteinander Bekanntschaft machten, ist unbekannt. Sicherlich werden sie sich schon bei Parteitagen in den 50er-Jahren über den Weg gelaufen sein. Aber erst jetzt, im Laufe des zweiten Halbjahres 1960, entwickelte sich zwischen Brandt und Schiller ein intensiver Briefkontakt. Der Berliner Bürgermeister brauchte einen wirtschaftspolitischen Berater, der mit dem Parteiapparat nicht

---

46 Vgl. Walter, Die SPD, S. 167.
47 Vgl. Julia Angster, Der neue Stil. Die Amerikanisierung des Wahlkampfs und der Wandel im Politikverständnis bei CDU und SPD in den 1960er Jahren, in: Matthias Frese/Julia Paulus/Karl Teppe (Hrsg.), Demokratisierung und gesellschaftlicher Aufbruch. Die sechziger Jahre als Wendezeit in der Bundesrepublik, Paderborn 2003. S. 181-204.

3 Kontakt zu Willy Brandt

in unmittelbarem Kontakt stand. Diese Auflage war bei Karl Schiller mittlerweile unzweifelhaft erfüllt. Vor dem Parteitag der SPD in Hannover 1960, auf dem Brandt zum sozialdemokratischen Kanzlerkandidaten ausgerufen wurde, bat dieser Schiller, doch für ihn zu einigen zentralen Fragen des kommenden Wahlkampfes Stellung zu beziehen, vor allem zu einem Vorschlag von Heinrich Deist zur Vermögensbildung.[48]

Wenn Schiller sich wie gewöhnlich verhalten hätte, dann hätte Brandt wohl eine Vielzahl weiterer Briefe schreiben müssen, um überhaupt eine Reaktion zu bekommen. Aber in diesem Fall war das gar nicht notwendig, denn Schiller reagierte anders: Zum ersten Mal signalisierte er fast schon uneingeschränkte Bereitschaft, sich zu engagieren. Schon weit im Voraus wusste er stets, wann Brandt wieder einmal in Hamburg sein würde, und dann, so Schiller in einem seiner Briefe, sei ja vielleicht ein Treffen möglich. »Wenn Du Zeit hättest«, teilte er Brandt im Dezember 1960 mit, »könnten wir uns auch gerne in meinem Haus in Blankenese treffen«.[49] Jemanden aus beruflichen Gründen zu sich nachhause einzuladen, in sein »Bollwerk«, das war mehr als ungewöhnlich für Schiller. Nach seinem Sommerurlaub 1961, inmitten der Kampagne zur Bundestagswahl, unterstrich Schiller seine Bereitschaft, Brandt zur Seite zu stehen. Interessiert habe er auch im Urlaub das Treiben Brandts beobachtet, nur, so schrieb er Brandt nahezu euphorisch: »Schade, daß ich nicht unmittelbar beteiligt sein konnte!«[50]

Über ein Jahrzehnt wird Schiller sein Schicksal mit dem seines so ganz anders gearteten Lübecker Landsmannes verbinden. In Temperament, Neigungen und Fähigkeiten schienen beide grundverschieden. »Jedem von ihnen«, so beschrieb es später Arnulf Baring, »erschien das, was der andere war, dachte und tat, so gut wie unverständlich.«[51] Aber wie so häufig waren es gerade diese Unterschiede, die beiden das Gefühl gaben, füreinander fast unentbehrlich zu sein. Als Team funktionierten sie wunderbar und gemeinsam strebten sie hinauf bis zur Spitze – jedenfalls bis 1972, als zunächst Schiller fiel und zwei Jahre später auch Brandt stürzte.

Sich so vorbehaltlos an jemanden zu binden, war sehr untypisch für Schiller, den doch im Persönlichen eine bemerkenswerte Unstetigkeit auszeichnete. Zu erklären ist es wohl nur durch die Faszination, die Brandt auf Menschen hatte und der sich auch Schiller nicht entziehen konnte. Eines der größten Talente Brandts bestand darin, Menschen um sich versammeln zu können, die für ihn buchstäblich durchs Feuer gingen und ihre persönlichen Ambitionen seinen Zielen unterordnen konnten. Brandt war eine große Projektionsfläche, auf die jeder das werfen konnte, woran er glauben wollte. Das war zumindest ein wichtiger Teil jener »geheimnisvollen Begabung […] anderen Menschen das Gefühl, ja die Überzeugung zu geben, daß sie alle gemeinsam großen Idealen dienten«.[52]

---

48 Vgl. Brandt an Schiller am 3.11.1960, in: WEI, K. 14.
49 Vgl. Schiller an Brandt am 28.12.1960, in: ebd.
50 Schiller an Brandt am 15.9.1961, in: BA N Schiller 1229, B. 330, S. 23.
51 Vgl. Arnulf Baring, Machtwechsel. Die Ära Brandt–Scheel, Berlin 1998, S. 792.
52 Vgl. ebd. S. 721.

Und so unterschiedlich, wie es auf den ersten Blick erscheinen mochte, waren sich Brandt und Schiller vielleicht auch gar nicht. Aus der Ferne mochte Brandt warm und herzlich erscheinen; im persönlichen Gespräch aber wirkte er oft wenig kontaktfreudig, ja fast scheu. Auch die Menschen in seiner unmittelbaren Umgebung hielt er auf Distanz, um Freundschaften bemühte er sich kaum. Bei Schiller war das nicht anders und deshalb gab es zwischen ihnen eine Form der Genügsamkeit im Persönlichen, die beiden ganz recht war. Sie mochten sich und bewunderten an dem jeweils Anderen wohl Gaben, über die sie selbst nicht verfügten. Aber sie kamen sich eben auch nicht zu nah, und was an Persönlichem zwischen ihnen existierte, reichte so weit, dass Schiller Brandt bis 1972 seinen Freund nannte. Selbst danach hing Schiller sehr an Brandt und legte größten Wert auf dessen persönliche Wertschätzung. Bei all den merkwürdigen Pirouetten, die Schiller ab Mitte der 70er-Jahre bei seinen Wiederannäherungen an die SPD drehen sollte, blieb Brandt doch immer der feste Bezugspunkt.

Dauerhaft sollte Schiller Brandt jedenfalls nicht nur aus der Ferne – sozusagen als Politiker im Ruhestand und ohne jede offizielle Funktion – lediglich beratend zur Seite stehen. Aber welche Aufgabe wäre die richtige für ihn?

Der erste Versuch, Schiller wieder an die Partei zu binden, bestand darin, für ihn ein Mandat im Deutschen Bundestag zu erlangen. Ein Platz auf der Hamburger Landesliste hätte nahe gelegen, doch der Plan scheiterte aus »Platzgründen«, wie Schiller mit feiner Ironie an Herbert Wehner schrieb, den Brandt für seinen Plan, Schiller in die Politik zurückzuholen, gewonnen hatte.[53] Ganz ersichtlich sind die Gründe für den gescheiterten Versuch nicht, zumal ihm ein solcher Platz noch vier Jahre zuvor angeboten worden war. Aber dass die Hamburger Genossen dem schon verschollen geglaubten Genossen recht skeptisch gegenüberstanden, lässt sich doch vermuten.

Selbst der energische Versuch Herbert Wehners, Schiller nun nachträglich doch noch auf die Landesliste zu hieven, hatte keinen Erfolg. Wehner hatte sogar an den Hamburger Landesvorsitzenden Vittinghoff geschrieben und dabei vorgeschlagen, unverzüglich eine neue Landesdelegiertenkonferenz einzuberufen. Er, Wehner, wolle von seinem 2. Platz auf der Landesliste zurücktreten und damit Platz für Schiller machen. Auch Ollenhauer sei schließlich 1953 noch im Nachhinein nominiert worden. Im Übrigen sei es wohl überflüssig »noch detailliert darzulegen, was die Nominierung Schillers in Hochschulkreisen, in kirchlichen Kreisen und in der gesamten Öffentlichkeit positiv bewirken wird.«[54] Aber der Appell fruchtete nicht. Selbst der Einfluss Herbert Wehners, der in jenen Jahren innerhalb und außerhalb der SPD als heimlicher Parteiführer galt, hatte ganz offensichtlich seine Grenzen.

Doch anders als sonst ließ sich Schiller dieses Mal von einem kleinen Rückschlag nicht entmutigen. Als er wenig später abermals einen Ruf aus Frankfurt erhielt, teilte

---

53 Vgl. Schiller an Wehner am 14.3.1961, in: WEI, K. 10.
54 Vgl. Wehner an Vittinghoff am 27.5.1961, in: WEI, K. 10.

er dies sofort Herbert Wehner mit und bat gleichzeitig um Rat.[55] Aber welchen Ratschlag sollte Wehner geben? Ob nun die Kollegen in Frankfurt oder die in Hamburg die Gescheiteren seien, wo die Bibliotheken besser ausgestattet seien – Antworten auf solche Fragen hatte Schiller von Wehner wohl kaum erwartet. Langsam ungeduldig geworden, wartete er, ob sich in Hinblick auf sein politisches Engagement nicht doch noch etwas ergab.

Schiller nahm den Ruf nach Frankfurt nicht an. Als die Alternativen auszugehen schienen, kam wie so häufig noch eine überraschende Wendung: Am 23. Oktober 1961 starb der Berliner Wirtschaftssenator Paul Hertz an einer Herzattacke. In Berlin war ein Posten frei geworden.

---

55 Vgl. Schiller an Wehner am 2.10.1961, in: BA N Schiller 1229, B. 340, S. 17.

VII Berlin als Sprungbrett (1961–1965)

1 Die Selbstbehauptung Berlins

In dem Augenblick allerdings, als Schiller Brandts Offerte nur noch positiv zu beantworten brauchte, ergriff ihn noch einmal die alte Zögerlichkeit. Mit einer Reihe von Personen, berichtete er später Renate Merklein, habe er sich beraten, etwa mit Axel Springer, den er seit den frühen Anfängen aus dem Hamburger Presse-Club kannte, auch mit dem »Spiegel«-Herausgeber Rudolf Augstein. Besonders Springer, dessen Berlin-Enthusiasmus groß war und der Willy Brandt sehr schätzte, riet ihm emphatisch zur Zusage.[1]

Wenn Schiller nun doch wieder Zweifel befielen, so nicht aufgrund einer allgemeinen Skepsis gegenüber der Politik. Aber Wirtschaftssenator in einem Stadtstaat war er schon einmal gewesen. Wieder also würde es vorrangig um regionale Strukturpolitik gehen, was ihm schon damals in Hamburg keine rechte Freude gemacht hatte. Außerdem machte Ehefrau Annemarie schnell klar, dass sie der Kinder wegen, denen sie den Umzug von der Elbe an die Spree nicht zumuten wollte, in der Hansestadt bleiben würde. Und das Alleinsein ertrug Schiller nicht gut.

Dass er seine Zweifel doch überwand, hatte zum einen mit der Person Willy Brandts zu tun – zumal allerorten darüber spekuliert wurde, dass dieser in seiner Berliner Umgebung eine Art »Schattenkabinett« für Bonn versammeln wollte. Aber noch entscheidender war, dass Berlin im Dezember 1961, als Karl Schiller sein Amt antrat, keine ganz normale Stadt war. Wo, wenn nicht in der geteilten Stadt, konnte man seine Fähigkeiten unter Beweis stellen und zeigen, was man zu leisten im Stande war? Ja, vielleicht war sogar das möglich: Ein kleines Stück Geschichte zu schreiben.

»Das Leben war grau geworden.«[2] So empfand Schiller im Rückblick das Klima in der Stadt bei seiner Ankunft. Eine tiefe Depression habe in Berlin geherrscht. Aber wie hätte das auch anders sein können? Mitten durch die Stadt verlief jetzt auch ganz sichtbar die Demarkationslinie des Kalten Krieges, eine tiefe, klaffende Wunde, die die Deutschen Tag für Tag an die Teilung erinnerte. Freunde und Familien wurden von einem Tag auf den anderen auseinandergerissen. An der innerdeutschen Grenze gab es bald Selbstschussanlagen, Minengürtel, elektrische Zäune, Hunde, die auf flüchtende Menschen abgerichtet waren. Die Assoziation zum KZ lag mehr als nahe.[3]

---

1 Schiller-Merklein am 28.9.1989, Kassette 8, (Seite A.).
2 Vgl. das Interview mit Karl Schiller, in: Klaus Roehler/Rainer Nitsche (Hrsg.) Das Wahlkontor Deutscher Schriftsteller in Berlin 1965. Versuch einer Parteinahme, Berlin 1990, S. 28.
3 Vgl. Peter Kielmansegg, Nach der Katastrophe: Eine Geschichte des geteilten Deutschland, Berlin 2000, S. 511.

Der Mauerbau stellte auch ganz praktisch die Frage nach der wirtschaftlichen Überlebensfähigkeit des Westteils der Stadt. Bis zum 13. August 1961 waren schließlich jeden Tag rund 50.000 DDR-Bürger zumeist aus dem Ostteil der Stadt nach Westberlin gependelt, um dort ihrer Arbeit nachzugehen. Damit war es nun vorbei. Auch langfristig würde Berlin damit jenes Pendlerpotenzial aus dem Umland fehlen, das für Ballungszentren unabdingbar war.[4]

Beinahe überflüssig ist es zu erwähnen, welche Auswirkungen die Teilung für das allgemeine Investitionsklima der Stadt hatte. Denn der Mauerbau trieb den Konflikt zwischen den Systemen noch einmal für die gesamte Weltöffentlichkeit sichtbar auf die Spitze. Nirgendwo wurde so tagtäglich daran erinnert, dass der Frieden trotz aller vordergründigen Normalität tatsächlich doch an einem seidenen Faden hing. Welcher Unternehmer sollte angesichts der angespannten Lage der »Frontstadt« jetzt noch in Berlin investieren? Wer sich unter schwierigen Bedingungen beweisen wollte, konnte im Dezember 1961 kaum einen geeigneteren Posten als den eines Berliner Wirtschaftssenators finden.

Natürlich stand Berlin nicht gänzlich allein. Nur wenige Monate nach dem 13. August verabschiedete der Bundestag ohne Gegenstimme das erste Hilfspaket in Höhe von 500 Millionen DM. Weitere Maßnahmen folgten, darunter 1962 vor allem die so genannte »Berlin-Hilfe«, die Einkommenspräferenzen und besondere Abschreibungsmöglichkeiten für Investitionen in der Stadt vorsah.

Es lag indes nicht in Schillers Absicht, die Überlebensfähigkeit der Stadt durch große Zuschüsse aus dem Bundeshaushalt zu sichern, wenngleich er sich der Tatsache bewusst gewesen sein muss, dass es langfristig nicht ganz ohne diese Hilfe gehen würde. Doch vor allem versuchte er vom ersten Tage an, das Selbstbewusstsein der Stadt aus sich selbst heraus zu stärken: Berlin müsse seine Überlebensfähigkeit aus eigener Kraft sichern. Keinesfalls dürfe eine Subventionsmentalität entstehen. Statt sich aus dem Wettbewerbssystem prinzipiell zu verabschieden, müsse Berlin ganz im Gegenteil nun noch stärker den Nachweis erbringen, dass es sich im Wettbewerb behaupten könne.[5]

Das sollte vier Jahre lang Schillers Botschaft an die Berliner sein. Und der Wirtschaftssenator fand einen politischen Stil dafür, der ihn weit über die Grenzen der Stadt bekannt machte. Erst die Arbeit in der geteilten Stadt machte seinen Namen mit einem Schlag weiten Teilen der Öffentlichkeit vertraut. Denn Westberlin galt in jenen Jahren durchaus als eine Alternative zu Bonn. Wer hier für Furore sorgte, zählte bald automatisch zur Bundesprominenz. Die Deutschen blickten auf die Stadt ebenso aufmerksam, wie es – jedenfalls kurz nach dem Mauerbau – die gesamte Weltöffentlich-

---

4   Vgl. hierzu Jürgen Kunze, Die Ära Schiller. Leitvorstellungen der Berliner Wirtschaftspolitik zwischen 1961–1965, fhw-Forschung 17, Berlin 1988, S. 12 ff.
5   Vgl. insbesondere Karl Schiller, Die Lage der Berliner Wirtschaft 1961/1962 und die Maßnahmen zu ihrer Weiterentwicklung (1962), in: Berliner Wirtschaft und deutsche Politik. Reden und Aufsätze 1961–1965, Stuttgart 1964, S. 21-38.

keit getan hatte. Schon im Juni 1962 gab Schiller dem »Spiegel« sein erstes großes Interview[6], und auch sonst entwickelten die Medienvertreter ein reges Interesse für jenen Mann, der sich abermals mit leichter Selbstironie als Novize bezeichnete, allerdings, wie er angesichts seiner Hamburger Erfahrungen einschränkte, ein »reaktivierter Novize«.[7]

In Berlin enthüllte sich Schillers größtes politisches Talent: Die Frontstadt hatte einen Wirtschaftssenator bekommen, der das Zeug zum massenmedialen Kommunikator hatte. Was Schiller in Berlin tat, war eine erstaunliche politische Inszenierungsleistung, die so geschickt und wortmächtig Wirtschafts- und Gesellschaftspolitik miteinander verknüpfte, wie dies zuvor nur selten geschehen war.

Gelungen war ihm dies dadurch, dass er vom ersten Tage an eine wirkungsvolle Grundmelodie fand, die alle seine Reden und sonstigen öffentlichen Auftritte ganz bewusst oder auch manchmal unterschwellig begleitete. Und vor allem vermochte er es, seine eigene Tätigkeit in einen größeren gesellschaftlichen Gesamtzusammenhang zu stellen und sie auf diese Weise aufs Engste mit der Politik Willy Brandts zu verknüpfen.

Aber welches war nun die neue Rolle Berlins nach dem Mauerbau? Mit der »Schaufensterfunktion« der Stadt war es schließlich vorbei. Kein DDR-Bürger konnte mehr durch einen Besuch Westberlins davon überzeugt werden, dass es sich im westlichen Gesellschaftssystem besser leben lasse. Aber Westberlin, stellte der neue Wirtschaftssenator fest, habe dafür jetzt eine neue Aufgabe: Vom Schaufenster sei es jetzt zum »test-case«, zum Testfall, geworden. Berlin müsse beweisen, dass die Marktwirtschaft auch unter den härtesten Bedingungen, in einer absoluten Grenzsituation, funktionsfähig bleiben könne, selbst jetzt noch effizienter und leistungsstärker gegenüber dem mit aller »Gewalt durchgesetzten Akkumulationszwang im Osten«.[8] In Berlin und nirgendwo sonst werde darüber entschieden, ob das westliche Gesellschaftsmodell Zukunft habe oder nicht.

Schon in den 50er-Jahren hatte Schiller beklagt, dass die Deutschen alles Abstrakt-staatliche überbetonten, während sie alles Materiell-ökonomische in seiner Bedeutung völlig unterschätzten.[9] Wo aber sollte die Bedeutung der Ökonomie deutlicher werden als in Berlin? Schließlich sei dort – ganz im Gegensatz zu den vielen entpolitisierten Räumen in Westdeutschland – »alles Politik«.[10] Die Größe der Herausforderung, so Schiller, werde gerade dadurch deutlich,

---

6 Vgl. das Interview mit Schiller »Soll aus Berlin ein Monaco werden?«, Nr. 25/1962.
7 Tagesspiegel, 2.3.1962.
8 Vgl. Schiller, Die Lage der Berliner Wirtschaft 1961/1962 und die Maßnahmen zu ihrer Weiterentwicklung (1962), in: Berliner Wirtschaft und deutsche Politik, S. 22.
9 Vgl. Karl Schiller, Über einige unserer demokratischen Aufgaben im allgemeinen und diesen Versuch im besonderen (1952), in: Aufgaben und Versuche, S. 25.
10 Vgl. Karl Schiller, Politik und Wirtschaft in Berlin (1962), in: Ders., Berliner Wirtschaft und deutsche Politik., S. 68.

»dass wir gezwungen sind, angesichts der Mauer uns dennoch mit so irdischen und platten Dingen wie Prosperität und Produktivitätssteigerung zu beschäftigen, weil auch diese Dinge zu den Äußerungen eines lebenswerten und menschenwürdigen Lebens, wie wir es schätzen, gehören.«[11]

Jede unternehmerische Entscheidung, jeder geschäftliche Erfolg oder Misserfolg wirke in Berlin stellvertretend für die Wirtschaftsordnung des freien Westens.[12] Und gerade deswegen dürfe die Stadt nicht zum Subventionsfall werden.

Diese Worte waren nicht zuletzt auch an die Berliner Unternehmer gerichtet, die von sich aus aktiv werden und jetzt nicht in Attentismus verfallen dürften, auch keineswegs darauf hoffen sollten, dass sie fortan nur noch mit Glacee-Handschuhen angefasst würden. Berlin müsse ein offener Markt bleiben, auf dem die fremden und heimischen Produzenten und Investoren um ihre Anteile stritten. Marktwirtschaft sei keine »Schönwettereinrichtung« und Marktwirtschaft unter der »air-condition eines zur Hilfestellung gerne bereiten Staates«, das sei sicher nicht die höchste Kunst. »Aber Marktwirtschaft«, so Schiller bei einer Rede vor dem Berliner Abgeordnetenhaus,

»unter permanenten politischen Belastungen wie hier in Berlin, das ist eine besondere Sache. Hier kann sie ihre Dynamik, hier kann sie ihre Spontaneität, hier kann sie ihre überquellende Produktion entfalten, und hier kann man wirklich die Probe aufs Exempel machen.«[13]

Wenn also Schiller eine so strikte ordnungspolitische Position einnahm, dann geschah dieses auch, um protektionistische Wünsche aus der Wirtschaft abzuwehren.

Die Berliner Unternehmen hatten zunächst große Bedenken gegen Schillers Wachstumsstrategie. Dessen Prosperitätsfixierung hatte sich seit den 50er-Jahren noch verstärkt. Wachstum – das war die Schiller'sche Standardantwort auf jedes ökonomische Problem. Ohne Wachstum kamen Stillstand, Stagnation, schließlich unvermeidlich Rückschritt und irgendwann die Krise. Dennoch mag man sich wundern, dass diese Wachstumsstrategie für die Stadt auf Kritik stieß. War Wachstum nicht ein Ziel, das zumindest grundsätzlich für alle erstrebenswert war?

Die Berliner Unternehmer sahen das anders und forderten, zunächst das Erreichte zu sichern, denn Berlin hatte erst mit Beginn der 50er-Jahre Anschluss an die konjunkturelle Entwicklung im Bundesgebiet gefunden. Die Ängste rührten vor allem daher, dass durch den Mauerbau ein eklatanter Arbeitskräftemangel drohte, der sich zwar

---

11 Vgl. Karl Schiller, Berliner Wirtschaftspolitik in heutiger Zeit, in: ebd., S. 40.
12 Vgl. Karl Schiller, Wirtschaft und Public Relations aus Berliner Sicht, in, Berliner Wirtschaft und deutsche Politik, S. 88.
13 Vgl. die Sitzung vom 4. Juli 1963, Abgeordnetenhaus von Berlin, 4. Wahlperiode, 12. Sitzung, Protokoll S. 209.

bereits für West-Deutschland abzuzeichnen begann, unter den gegebenen Umständen jedoch in Berlin besonders problematisch werden könnte. Warum also immer weiter die Ansiedlung neuer Industriebetriebe fördern, wenn die Arbeitskräfte dafür gar nicht vorhanden waren? Noch jedenfalls, so ihr Kalkül, hatte Berlin den Vorteil relativ niedriger Löhne, der viele andere Nachteile ausgleichen mochte. Aber wenn es nun tatsächlich zu einem nennenswerten Arbeitskräftemangel kommen würde, dann wäre auch dieser Wettbewerbsvorteil dahin, denn die Löhne würden dann unweigerlich steigen, mindestens auf das Niveau des übrigen Bundesgebiets.[14]

Schiller hielt diese Bedenken für ungerechtfertigt und sah darin Provinzialität, Zunftdenken und Isolationismus zum Ausdruck kommen.[15] Er war offensichtlich fest davon überzeugt, dass es Berlin gelingen werde, neue Einwohner in die Stadt zu locken – aber eben nur, wenn neben den steuerlichen Einkommenspräferenzen auch das Lohnniveau mindestens im bundesrepublikanischen Durchschnitt läge. Auch widersetzte er sich Forderungen aus der Berliner Wirtschaft, die Anwerbung von Arbeitskräften von staatlicher Seite zu fördern; auch das müsse in einer freien Marktwirtschaft Sache des Unternehmers sein.[16] Ordnungspolitisch wurde er also zunehmend rigider. Aber vor allem vertraute Schiller auf den technischen Fortschritt: Wachstum müsse nicht in jedem Fall nur mit erhöhter Beschäftigung erreicht werden; in Zukunft sei die Zunahme der Produktivität die hauptsächliche Quelle des Wachstums.[17] Käme es dennoch zu Problemen, dann müssten diese »Wachstumsschmerzen« eben in Kauf genommen werden.[18]

Ob die Berliner Unternehmer am Ende der vier Jahre, die Schiller in Berlin wirkte, wirklich von dessen Wachstumsstrategie überzeugt worden waren? Zumindest gelang es Schiller, alle Beteiligten auf einen deklamatorischen Konsens festzulegen. Geschickt hatte er die Frage der Expansion mit der Zukunft der Stadt verknüpft. Wer gegen sie war, der gefährdete die Mission, die der Stadt von der Geschichte übertragen worden war: Zu beweisen, dass selbst unter schwierigsten Bedingungen das westliche Gesellschaftsmodell bestehen könne. Berlin durfte eben nicht nur »so über die Runden kommen«; es müsse expandieren, der ganzen Welt beweisen, dass es lebendiger, kreativer und optimistischer sei als vor dem Mauerbau. In Schillers Rhetorik erschien Berlin – und so war es auch bei anderen Repräsentanten der Stadt, besonders bei Willy Brandt – wie ein eigener Organismus, dem menschliche Charaktereigenschaften zugesprochen wurden. Expansion oder Scheitern, das waren die Alternativen. Bei seinen Appellen sparte Schiller auch nicht mit nationalem Pathos. Teneriffa, die Costa Brava oder das Tessin, das seien ja ganz sympathische Gegenden, aber jeder müsse wissen,

---

14 Vgl. Kunze, Die Ära Schiller, S. 14 ff.
15 Vgl. ebd.
16 Vgl. ebd. S. 32 f.
17 Vgl. Schiller, Politik und Wirtschaft in Berlin, in:, Berliner Wirtschaft und deutsche Politik S. 72.
18 Vgl. Kunze, Die Ära Schiller, S. 34.

dass die Zukunft des deutschen Volkes nicht durch Investitionen in »sonnigen Gefilden«, sondern durch finanzielles Engagement in Berlin entschieden würde.[19]

Kein Wunder, dass bei dieser pathetischen Hochstilisierung der Berliner Wirtschaftspolitik zum finalen Wettstreit der Systeme Detailfragen der Politik keine große Rolle mehr spielten. Beim Thema Strukturpolitik – wofür ein Senator oder Landeswirtschaftsminister eigentlich zuständig war – verspürte der Makroökonom Schiller kaum Begeisterung. Die Frage, welcher Industriezweig nun wo und auf welche Weise gefördert werden sollte, fiel seiner Meinung nach gar nicht in seine Zuständigkeit. Das mussten die einzelnen Wirtschaftssubjekte in einer freien Marktwirtschaft schon selbst entscheiden. In seinem grundlegendsten theoretischen Text jener Jahre sprach er schon fast ein bisschen abwertend davon, dass man sich beim Thema Strukturpolitik »im Übergang zu mikropolitischen Überlegungen« befinde.[20] Je kräftiger und umfassender die Expansion, desto leichter vollzögen sich eben die Strukturwandlungen.[21]

Eine gezielte Strukturpolitik förderte Schiller also nicht. Andererseits: Konjunkturpolitik konnte er ja im eigentlichen Sinne auch nicht betreiben. Denn obgleich es solche Maßnahmen für Berlin durch eine Vielzahl von Instrumenten gab, die sowohl angebots- als auch nachfrageorientiert waren, fiel all das nicht in Schillers Aufgabenbereich. Wohl konnte er Anregungen geben, auf welche Weise Berlin geholfen werden sollte, doch die letzte Entscheidung, wie das wirtschaftliche Überleben der Stadt gesichert werden konnte, lag in Bonn.

Der Berliner Wirtschaftssenator Schiller war daher vor allem ein Senator für Psychologie. Und diese Aufgabe hat er in der Tat virtuos gelöst. Wie es Berlin ergangen wäre ohne Schiller, das ist Spekulation. Die Bedingungen waren ja in der Tat schwierig und auch deswegen lässt sich der Erfolg oder Misserfolg seiner Tätigkeit allein anhand von Wirtschaftsstatistiken nicht einschätzen. Tatsächlich verzeichnete Berlin ab 1963 sogar einen leichten Bevölkerungsgewinn. Was die Wachstumsraten anging, fällt das Urteil, gemessen an Schillers sehr optimistischen Prognosen, differenziert aus. 1965, im Jahre seiner Übersiedlung nach Bonn, übertraf Berlin die Bundesrepublik in dieser Hinsicht das erste Mal. Aber um einen wirklich selbst tragenden Aufschwung handelte es sich dabei nicht. Vier Jahre nach dem Mauerbau hing Berlin stärker am Tropf des Bundeshaushaltes als zuvor. Die von Schiller angeprangerte Subventionsmentalität hatte sich vor allem im öffentlichen Sektor schließlich doch entwickelt – der Anteil der Beschäftigten im öffentlichen Dienst war in Berlin weitaus höher als in den Stadtstaaten Bremen oder Hamburg.[22] Doch war das ein Umstand, den Schiller nur selten the-

---

19 Vgl. Schiller, Berliner Wirtschaftspolitik, S. 38.
20 Karl Schiller, Wirtschaftspolitik, in: Handwörterbuch der Sozialwissenschaften, Bd. 12, Stuttgart 1962, S. 219 f.
21 Vgl. Schiller, Die Lage der Berliner Wirtschaft, S. 111.
22 Vgl. Robert Scholz, Karl Schiller und die West-Berliner Wirtschaftspolitik 1961–1965, in: Otto Büsch (Hrsg.), Beiträge zur Geschichte der Berliner Demokratie 1919–1933/1945–1985, Berlin 1988, S. 231–271, hier: S. 243.

matisierte, denn die Berliner SPD galt in besonderem Maße als Partei des Öffentlichen Dienstes.

Alles in allem entsprach Berlin nach vier Jahren Schiller'schen Wirkens jedoch eher dem Bild einer Stadt im Aufbruch, wie Schiller es vorgezeichnet hatte, als dass es sich um eine »sterbende Stadt« gehandelt hätte, wie kurz nach dem Mauerbau von vielen befürchtet. Und in der öffentlichen Wahrnehmung – und allein das zählte für den weiteren Fortgang seiner Karriere – war es auch Schiller gewesen, der zum Überleben der geteilten Stadt einen wesentlichen Beitrag geliefert hatte.

2 Vorbild Kennedy

In Berlin fand Schiller jene Rolle, die ihn schon bald neben Ludwig Erhard zum populärsten und bekanntesten Wirtschaftsminister in der Geschichte der Republik machen sollte. Er selbst hatte einmal einen interessanten Vergleich von Rebecca West herangezogen: Wenn die Psychiater die modernen Dämonenvertreiber seien, dann seien die Ökonomen die modernen Wahrsager.[23] Schiller war schon in Berlin Prophet und ökonomischer Seelendoktor gleichermaßen.

Dass das eigentlich die Aufgaben waren, die er für den Ökonomen in der modernen Gesellschaft für angemessen hielt, das konnten wir bereits in vorangegangenen Kapiteln beobachten. Eine andere Frage ist, woher die erstaunlichen Talente kamen, dieses auch erfolgreich in die Tat umsetzen zu können. Sensibilität für Menschen oder das richtige Gespür im Umgang mit schwierigen sozialen Situationen zeichneten Schiller schließlich nicht gerade aus. Oftmals fiel es ihm schwer, tragfähige soziale Beziehungen zu seiner Umwelt aufzubauen. Erscheint es insofern nicht merkwürdig, dass so jemand plötzlich sein Talent für Massenpsychologie entdeckte?

Aber die Begabung, auf Menschen persönlich eingehen zu können und das Talent, ein breiteres Publikum mitreißen zu können, das sind eben doch zwei Paar Schuh. Gewiss, Schiller war in sich gekehrt, im privaten Umgang erlebte man an ihm einige schon beinahe autistische Züge. Aber er besaß trotz allem nicht nur politischen Instinkt, sondern auch soziale Fantasie, die bei abstrakten Themen besser zum Vorschein kam als in seinem unmittelbaren oder privaten Umfeld. Auch für ihn galt, was Wiebke Bruhns einmal über Willy Brandt sagte: Die Menschen existierten für ihn zumeist nur im Plural.[24] Dass gerade Menschen mit historischer Größe im Persönlichen oft unsicher und auch nur von karger Beredsamkeit sind, ist durchaus kein ungewöhnliches Phänomen.

Vor allem aber hatte Schiller – und das ist dann doch das Entscheidende – seine Mission gefunden. Überzeugt zu sein von dem, was man tut, das ist durch keine noch

---

23 Vgl. Schiller, Der Ökonom und die Gesellschaft, S. 6.
24 Vgl. Peter Merseburger, Willy Brandt: 1912–1992; Visionär und Realist, Stuttgart 2002, S. 719.

so brillante Metapher und keinen verbalen Taschenspielertrick zu ersetzen. Seine eigene Mission hatte Schiller schon in den 50er-Jahren entdeckt, als er zu erkennen glaubte, dass die Vernunft der Wissenschaften der Irrationalität der Politik überlegen war. Daher rührten die völlige Selbstgewissheit und die unerschütterliche Überzeugung von der Richtigkeit des eigenen Tuns, die er spätestens seit den Berliner Jahren mit ungeheurer Intensität ausstrahlte und dem sich nur die wenigsten entziehen konnten. In gewisser Weise ist das ein Widerspruch zu dem grübelnden, zweifelnden Menschen, der Karl Schiller stets auch war. Aber er besaß eben auch die Fähigkeit, diese Zweifel von einem bestimmten Punkte an zu eliminieren, um dann vom Zauderer zum energischen Tatmenschen zu werden. Womöglich war es gerade diese Mischung, die ihn erfolgreich machte: Es sich zunächst nicht zu leicht machen, den Problemen eine gründliche Analyse vorauszuschicken, dann aber, war die Entscheidung einmal getroffen und die Richtung vorgegeben, alle Bedenken zurückzudrängen und dem einmal eingeschlagenen Weg stur zu folgen.

Und dann gab es auch gerade in der Berliner Zeit ein sehr konkretes Vorbild, das seinen Politikstil, auch sein Rollenverständnis, zutiefst prägte. Niemanden – nicht einmal Willy Brandt – bewunderte Schiller mehr als den jungen amerikanischen Präsidenten John F. Kennedy.

Für die Berliner, auch für deren politische Klasse, war Kennedy Fixpunkt und Orientierungsmarke ihrer Politik – und das nicht erst, seitdem er vor dem Schöneberger Rathaus jenen Satz gesprochen hatte, der in die Geschichtsbücher einging. Nur in den Tagen des Mauerbaus, als Kennedy sich auf seiner Yacht bei Hyannis Port an der Küste von Massachusetts sonnte, kamen auch Willy Brandt Zweifel darüber, ob der US-Präsident wirklich entschlossen war, die Freiheit Berlins um jeden Preis zu verteidigen.[25] Aber diese Zweifel sollten sich schnell zerstreuen.

Ironisch war es nicht gemeint, als Schiller nach einem Washington-Besuch Willy Brandt Bericht erstattete und der Berliner Bürgermeister das Gespräch mit den Worten eröffnete: »Wie geht es denn *unserem* Präsidenten?«[26] Die Unversehrtheit des Westteils der Stadt hing eben in letzter Konsequenz von den Amerikanern und Kennedy ab und nicht von der deutschen Bundesregierung.

Dass er Kennedy einige Male persönlich sprechen durfte, erfüllte Schiller mit erkennbarer Genugtuung. Und ein wenig makaber wirkte es schon, dass er immer wieder erzählte, er sei der letzte deutsche Gast gewesen, den Kennedy vor seiner Ermordung gesprochen hätte.

Zum einen war es die Lässigkeit Kennedys, die Schiller wie vielen anderen Westdeutschen ungeheuer imponierte, und die ihm selbst abging, wenngleich er später in Bonn manches Mal und durchaus erfolgreich amerikanische »Coolness« imitieren sollte. Bei dem erwähnten letzten Besuch Schillers in Washington im November 1963

---

25 Vgl. Merseburger, Willy Brandt, S. 396.
26 Schiller-Merklein, 9.9.1989, Kassette 3 (Seite B).

hatte Schiller eigentlich nur einen Termin mit George Bundy, dem Sicherheitsberater Kennedys. Am Ende des Gesprächs hatte Bundy ihn gefragt, ob er nicht noch kurz dem Präsidenten »Hello« sagen wolle. Einen solch ungezwungenen Umgang abseits des Protokolls fand Schiller ebenso verblüffend wie bewundernswert.[27]

Am stärksten aber beeindruckte Schiller, dass in seinen Augen mit Kennedy ein Intellektueller ins Oval Office eingezogen war, der bei seinen Besuchen in der Frontstadt Interesse für Literatur und das Berliner Theater gezeigt habe.[28] Kennedy stand seiner Ansicht nach für eine unaufhaltbare Entwicklung: War nicht an seinem Politikstil deutlich geworden, dass die Verwissenschaftlichung der Politik immer weiter voranschritt? Kennedy hatte nicht nur den Ausbau wissenschaftlicher Planungsstäbe vorangetrieben. Auch in seiner unmittelbaren Umgebung tummelten sich zu einem großen Teil Berater, die lange in der Wissenschaft gearbeitet hatten, kühle Ostküsten-Intellektuelle, die zumeist Professoren in Harvard oder Princeton gewesen waren.

Schon als Schiller kurz nach Kennedys Amtsantritt die USA besucht hatte, hatte er eine ganz neue Atmosphäre zu entdecken geglaubt. Wie auf allen anderen Gebieten sähen sich die »Geister des Landes« zu neuen Taten aufgerufen, und selbst außenstehende Experten fühlten sich plötzlich veranlasst, zur »Ideenproduktion« beizutragen. Das Weiße Haus sei mit einem »weit ins Land reichenden Kranz von geistigen Werkstätten umgeben«. Was für ein Unterschied zu Europa und Deutschland, einer Welt von zwar höchster geschäftlicher Aktivität, aber »immobiler Politik«.[29] Das müsse der Weg sein, der auch in Deutschland einzuschlagen sei: Die Politik müsse sich stärker des wissenschaftlichen Sachverstandes bedienen. Kennedy hatte nicht nur die Versöhnung von Geist und Macht vorexerziert, sondern auch gezeigt, wie sehr die Bewältigung politischer Probleme von ihrer wissenschaftlichen Durchdringung abhing.

Schiller stand mit dieser Überzeugung nicht alleine. Auch viele andere Intellektuelle und Wissenschaftler in Westdeutschland betrachteten die Entwicklung in Übersee als Vorbild für den Prozess der Verwissenschaftlichung von Politik und wünschten sich für die Bundesrepublik eine ähnliche Verschmelzung von Geist und Macht.[30]

In der Terminologie jener Jahre nannte man die Berater Kennedys »Egg-Heads«. Als Schiller das erste Mal Kennedy und seinen Stab in Washington besuchte, meinte Lucius Clay, der mittlerweile der Sondergesandte Kennedys in Berlin war, dass man den Berliner Wirtschaftssenator wohl gleich dort behalten werde – zu den »Eierköpfen« im Weißen Haus würde er hervorragend passen.[31] Tatsächlich sah Schiller in jenen Jahren mit dem streng gescheitelten Haar und der schwarzen Hornbrille wie ein Angehöriger des intellektuellen Ostküsten-Establishments aus. Auch Journalisten zogen

---

27 Schiller-Merklein, 9.9.1989, Kassette 3 (Seite B.).
28 Vgl. ebd.
29 Vgl. Karl Schiller, Impressionen von der neuen Wirtschaftspolitik der Vereinigten Staaten, Manuskript, o. D. (1961), BA N Schiller 1229, B. 138.
30 Vgl. Metzler, Konzeptionen politischen Handelns.
31 Vgl. den Spiegel vom 20.6.1962.

diese Parallele und verglichen Schiller mit Kennedys Beratern.[32] Und da Willy Brandt dem US-Präsidenten in vielem nacheiferte, fanden Bürgermeister und Senator vermutlich beide großen Gefallen an dieser Analogie.

3 Die Partei der »optimistischen Technokratie«: Karl Schiller und die SPD der 60er-Jahre

Ein Berliner Wirtschaftssenator war also über die Grenzen der Stadt hinaus bereits ein bekannter Mann – und für Karl Schiller galt das allemal. Dennoch machte das den engsten Berater des Berliner Regierenden Bürgermeisters in ökonomischen Fragen nicht automatisch auch zum führenden Kopf sozialdemokratischer Wirtschaftspolitik. Schließlich blieb Brandt auch nach der Bundestagswahl 1961, die der SPD immerhin einen Stimmenzuwachs von über 4 Prozentpunkten beschert hatte, in der Partei ein Außenseiter. Als Zugpferd bei Wahlen versprach man sich zwar weiterhin einiges von ihm; die weit gehende Kontrolle des Parteiapparates aber hatte längst der stellvertretende Vorsitzende Herbert Wehner errungen, der in die Rolle eines informellen Parteiführers geschlüpft war. Sowohl Wehner als auch der Vorsitzende der sozialdemokratischen Bundestagsfraktion, Fritz Erler, beobachteten äußerst kritisch, wie Brandt sich in Berlin einen unabhängigen »brain trust« für verschiedene Politikfelder bildete.[33] Die konzeptionellen Grundlagen der SPD-Politik wollten sie auf keinen Fall dem »smiling Willy« anvertrauen, den besonders Wehner als politisch flatterhaft, persönlich wankelmütig und unzuverlässig einstufte.[34] Nur der Wille Brandts hätte also kaum ausgereicht, Schiller zum führenden Kopf sozialdemokratischer Wirtschaftspolitik zu machen.

Diese Rolle nahm in jenen Jahren Heinrich Deist ein. Spätestens seit »Godesberg« war er auch öffentlich sichtbar zum ökonomischen Vordenker der Partei geworden – obgleich der Berliner Wirtschaftssenator nicht zu Unrecht den Eindruck haben mochte, dass Deist nichts Anderes getan hatte, als die Schiller'schen Thesen aus den Jahren 1952/1953 in der günstigeren Konstellation des Jahres 1959 durchgesetzt zu haben. Deist bestritt die wichtigen wirtschaftspolitischen Debatten im Bundestag für die SPD und hatte mittlerweile auch den Vorsitz des WPA übernommen, was dazu führte, dass dieses Gremium besser als zuvor mit der SPD-Bundestagsfraktion verzahnt war.

An den Sitzungen des WPA nahm Schiller nun wieder regelmäßiger teil. Für Deist war der Berliner Wirtschaftssenator ein ausgesprochen unbequemer Mitdiskutant, der ihn zuweilen unterbrach und darauf hinwies, dass diese oder jene Ansicht doch mitt-

---

32 Vgl. z. B. die FAZ vom 22.12.1962.
33 Vgl. Klotzbach, Der Weg zur Staatspartei, S. 575, auch Hartmut Soell, Fritz Erler – eine politische Biographie, Bd. II, Berlin 1976, S. 930 f.
34 Vgl. Baring, Machtwechsel, S. 721 ff.

3 Die Partei der »optimistischen Technokratie«: Karl Schiller und die SPD der 60er-Jahre

lerweile theoretisch überholt, also nicht mehr auf der Höhe der Zeit sei.[35] Während Schiller sich in den 50er-Jahren überwiegend als pragmatischer Machtpolitiker profiliert hatte, der wissenschaftliche Diskussionen für »überflüssig« und »unfruchtbar« hielt, schien er jetzt zu entdecken, dass sein akademischer Hintergrund hilfreich sein konnte, um den eigenen Positionen Autorität und Durchschlagskraft zu verleihen.

Aber innerhalb der Partei war Deist respektiert, geachtet, und anders als Schiller auch außerordentlich beliebt. Einige Sozialdemokraten, wie etwa Hans Apel, glauben auch heute noch, dass Schillers kometenhafter Aufstieg vor allem durch Deists Tod im Jahre 1964 ermöglicht wurde.[36] Ganz richtig ist das sicher nicht, denn Schillers Aufstieg hatte schon zuvor begonnen. Weder Herbert Wehner noch den übrigen Führungsfiguren der Partei blieb lange verborgen, dass Schiller einige Eigenschaften besaß, die ihn für die Post-Godesberg-SPD ausgesprochen nützlich werden ließen, ihn nachgerade zum Mann der Stunde machten.

Kaum jemand passte besser in jene Strategie, die besonders Herbert Wehner seit Beginn der 60er-Jahre mit unbeirrbarer Konsequenz verfolgte: Die SPD so nah wie möglich an die CDU heranzurücken und ihr schon in der Opposition eine staatstragende Rolle zuzuweisen. Plötzlich ging der Transformationsprozess innerhalb der Partei erstaunlich schnell. Hatte die SPD sich bis 1957 noch in weit gehender Fundamentalopposition zu Adenauer befunden, sollte nun, zu Beginn der 60er-Jahre, nichts mehr an diese alte Rolle erinnern. Auf einem Politikfeld nach dem anderen war die sozialdemokratische Parteiführung bestrebt, die Divergenzen und Unterschiede zur Politik der bürgerlichen Koalition einzuebnen. Am unmittelbarsten gelang dieses in der Außenpolitik, wo Herbert Wehner mit einer einzigen Rede vor dem Deutschen Bundestag im Juni 1960 die Gemeinsamkeiten mit der Union hervorgehoben und damit den schroffen Konfrontationskurs beendet hatte.[37]

Ganz bewusst durchschlug die neue Führung viele alte Traditionsstränge, machte »tabula rasa«.[38] Die Anrede Genosse verschwand für einige Zeit komplett aus dem Sprachschatz der Parteiführung, aus der vertrauten Parteifarbe Rot wurde nach Rücksprache mit Werbeexperten nun Blau. Dass diese Veränderungen gegen zahlreiche innerparteiliche Widerstände durchgesetzt werden mussten, lässt sich denken. Jedoch wurde sogar von konservativer Seite die »kreuzbrave Unauffälligkeit« der Partei kritisiert.[39] Doch die Anpassung war kein Selbstzweck. Irgendwann, so Wehners Kalkül,

---

35 Vgl. etwa das Protokoll der Sitzung des WPA vom 12.–14. Juni 1963, in: BA N Schiller 1229, B. 155.
36 Gespräch mit Hans Apel.
37 Vgl. zur »Gemeinsamkeitskurs« insgesamt vor allem: Beatrix Bouvier: Zwischen Godesberg und Großer Koalition. Der Weg der SPD in die Regierungsverantwortung. Außen-, sicherheits- und deutschlandpolitische Umorientierung und gesellschaftliche Öffnung der SPD 1960–1965, Bonn 1990.
38 Walter, Die SPD, S. 159.
39 So z. B. William Schlamm in der Welt am Sonntag vom 7.3.1965.

käme auch die Union nicht mehr an der Tatsache vorbei, dass die SPD damit ein potenzieller Koalitionspartner geworden war.

»Gemeinsamkeit« war also das Schlagwort, mit dem die SPD in diesen Jahren versuchte, aus dem 30-Prozent-Turm auszubrechen. Aber wenn man sich mit den bürgerlichen Parteien in fast allem grundsätzlich einig war, warum sollten sich die Wähler dann eigentlich überhaupt noch für die SPD entscheiden? Warum dann nicht statt der Kopie das Original wählen? Aus diesem Grund präsentierte sich die SPD als die dynamischere, unverbrauchtere und vor allem moderne Variante zur Union. Von einer Weltanschauungspartei wollte die sozialdemokratische Führung die SPD nun zur Partei der Experten und Fachleute ummodellieren, die, so jedenfalls die Losung aus dem Bundestagswahlkampf 1965, nicht alles anders, aber vieles besser machen würde.

Und war nicht Karl Schiller dafür der richtige Mann? Seine wirtschaftspolitische Kompetenz wurde selbst von seinen politischen Gegnern kaum bestritten. Schiller trat als unideologischer Fachmann auf, der mit den alten sozialistischen Glaubensbekenntnissen nichts am Hut hatte. In kühler und präziser Diktion skizzierte er die Grundzüge künftiger sozialdemokratischer Wirtschaftspolitik.

Was vielleicht noch wichtiger war: Schon habituell verkörperte er den Abschied von der alten und jetzt von vielen als miefig empfundenen sozialdemokratischen Traditionskompanie. Seine äußerliche Distanz zu allem, was man mit dem Milieu der Arbeiterbewegung in Zusammenhang brachte, war beachtlich. Selbst Eigenschaften, die innerhalb der traditionellen Sozialdemokratie als verpönt galten, wurden jetzt nachgerade zu einem Vorzug: Die Rolle des Bildungsbürgers (der er ja tatsächlich von Geburt nicht war), die er mit seinem ständigen Zitieren von Goethe, Schiller und Kleist hervorkehrte, die Dirigentenallüre, mit der er am Rednerpult stand und manch andere eitle Pose gefälliger Selbstbespiegelung. So wenig Stallgeruch verströmte Karl Schiller, dass ein Mann wie Georg Leber einmal im Scherz gar an seiner Parteizugehörigkeit zweifelte.[40] Als Bürgerschreck taugt er wirklich nicht, und alle Versuche des bürgerlichen Lagers, ihn als solchen hinzustellen, mussten von vornherein zum Scheitern verurteilt sein.

In jedem Fall macht Schillers Aufstieg zu Beginn der 60er-Jahre überdeutlich, warum Parteien, wollen sie ihre Außendarstellung verändern und damit neue Wähler ansprechen, das nur mit einem neuen Programm kaum bewerkstelligen können. Mindestens unterstützt werden muss dieser Wandel durch neue Personen, die der Veränderung ein Gesicht geben. Vermutlich lag genau darin die wichtigste Funktion Karl Schillers, denn seit der Wende von Godesberg bestanden zwischen seinen Auffassungen einer vernünftigen Wirtschaftspolitik und der offiziellen Programmatik der Partei keine wesentlichen Differenzen mehr. Die entscheidenden Vorarbeiten waren bereits in den 50er-Jahren geleistet worden.

---

40 Vgl. Arnulf Baring, Machtwechsel, S. 793.

3 Die Partei der »optimistischen Technokratie«: Karl Schiller und die SPD der 60er-Jahre

Schon 1963, auf der wirtschaftspolitischen Tagung der Partei in Essen, galt Schiller als legitimer Nachfolger von Deist und in der Berichterstattung wurde vor allem auf sein Referat Bezug genommen. Innerparteilich mochte Deist weiterhin eine ebenso wichtige Rolle spielen, und auch andere sozialdemokratische Wirtschaftsexperten, wie Alex Möller oder Georg Kurlbaum, mochten eine Bedeutung haben, die über Schillers Gewicht in der SPD hinausgingen. Aber in der Wahrnehmung der Journalisten war es nun vor allem Karl Schiller, der für den neuen Kurs der Partei stand.

Und dabei war das, was Schiller etwa in Essen zu sagen hatte, keine revolutionäre Neuerung. Im Grunde hatte er nichts Anderes getan, als sich an die Grundsätze des Godesberger Programms zu halten. Und die reine Lehre der freien Marktwirtschaft war auch dort nicht zum Programm erhoben worden. In Schillers Referat in Essen ging es auch weiterhin um Planung *und* Wettbewerb, und insofern existierten bei allem Lob für die Kreativität und Leistungsbereitschaft der Unternehmen und bei aller Hervorhebung des Wettbewerbs durchaus Unterschiede zu den Wirtschaftsauffassungen des neuen Bundeskanzlers Ludwig Erhard.[41] Der beobachtete mit Skepsis, dass sowohl an den volkswirtschaftlichen Lehrstühlen der Republik als zum Teil auch in der eigenen Partei und selbst in manchen Unternehmerkreisen die Idee des Keynesianismus an Anziehungskraft gewann.[42]

Und doch wirkte dieses Referat Schillers anders: Der überwiegende Teil der bürgerlichen Presse feierte Essen als Durchbruch, als Beleg dafür, dass sich die SPD jetzt endgültig mit der Marktwirtschaft versöhnt hatte.[43] Nur die ganz Skeptischen aus dem konservativen Lager verharrten weiterhin in Distanz und vermuteten ein groß angelegtes Täuschungsmanöver – ersonnen, um sich finanzielle Zuwendungen aus der Wirtschaft zu erschleichen.[44] Insgesamt überwog aber der Eindruck, dass die SPD abermals einen Schritt weitergekommen war bei ihrem Versuch, ihren Ruf als intransigente Opposition loszuwerden. Schiller wirkte offensichtlich wie eine personifizierte Sicherheitsgarantie, dass die SPD es auch wirklich ernst meine mit der Sozialen Marktwirtschaft.

All das, was Schiller schon in den 50er-Jahren gefordert hatte, fand sich auch in seinen Vorstellungen zur Wirtschaftspolitik in der Mitte der 1960er-Jahre. Weiterhin wollte Schiller das »beste aus beiden Welten« miteinander vereinen – den freien Preismechanismus und eine aktive staatliche Wettbewerbspolitik auf der einen Seite und die volkswirtschaftliche Planung auf der anderen Seite. Die Lösung, so Schiller, bestehe darin, den »Freiburger Imperativ«, der eine strikte und staatlich geförderte Wettbewerbs-

---

41 Vgl. Karl Schiller, Stetiges Wirtschaftswachstum als ökonomische und politische Aufgabe, Vortrag gehalten auf der Wirtschaftspolitischen Tagung der SPD am 3. Oktober 1963 in Essen, in: Der Ökonom und die Gesellschaft, S. 218-230.
42 Vgl. Volker Hentschel, Ludwig Erhard. Ein Politikerleben, München 1996, S. 622 ff.
43 Vgl. die Welt vom 7.10.1963.
44 Vgl. den Rheinischen Merkur vom 11.10.1963.

orientierung vorsah, und die »keynesianische Botschaft« zusammenzuführen.[45] Beide Postulate müssten jeweils für eine der beiden Seiten des Wirtschaftslebens ihre Anwendung finden: der Wettbewerb für die Beziehungen zwischen den einzelnen Wirtschaftssubjekten, der Keynesianismus für die staatliche Finanzpolitik. Das Letztere firmierte bei Schiller unter dem Begriff der »Globalsteuerung« – seine erste Sprachschöpfung, die bald darauf im öffentlichen Sprachgebrauch ihren festen Platz fand.

Und doch gab es etwas in Schillers Aussagen, was man in dieser Form zu Anfang der 50er-Jahre noch nicht hatte finden können. Fast beiläufig und als wäre es pure Selbstverständlichkeit tauchte es in Schillers Aufsätzen und Reden jener Jahre immer wieder auf: Schillers technokratisches Weltbild, in den 50er-Jahren noch ganz allgemein formuliert, fand jetzt Eingang in seine konkreten wirtschaftspolitischen Forderungen. Als er 1962 seine Forderung nach einer volkswirtschaftlichen Gesamtrechnung, dem »Nationalbudget«, wiederholte, versprach er sich hiervon nicht mehr nur eine vorausschauendere Finanzpolitik als Orientierungshilfe für die Unternehmer. Mittlerweile waren seine Erwartungen an eine solche volkswirtschaftliche Gesamtrechnung noch gestiegen. Zum ersten Mal – so meinte er nun – sei es damit möglich, das bisher nur vage Konzept des öffentlichen Interesses in ein »operationales Instrument« nicht nur der Prognose, sondern auch der Planung zu verwandeln.[46] Damit würde nicht nur der Wirtschaftspolitiker vor »inkonsistenten Handlungen« bewahrt. Auch gesamtgesellschaftlich schütze es vor Fehlkalkulationen. Zwar würde das Nationalbudget keine vollzugsverbindlichen Entscheidungen implizieren. Aber indirekt wirke es durchaus in diese Richtung, »indem es die konkurrierenden Gruppen in unserer Gesellschaft auf die Gruppenkonflikte hinweist«. Das Nationalbudget sei »versachlichte, rationalisierte volkswirtschaftliche Pädagogik. Es soll ein Faktor der Harmonisierung und der Integration der Interessen sein.«[47]

Schiller bezweifelte keinen Augenblick, dass die Verwissenschaftlichung des sozialen Lebens weiter voranschreite.[48] Immer mehr Größen des Gesellschaftsprozesses seien nun der wissenschaftlichen Analyse, ja sogar der Berechnung zugänglich. Überall würden wissenschaftliche Beiräte, Forschungseinrichtungen und Planungsstäbe als »vorbereitende Laboratorien« der Wirtschaftspolitik vordringen. Wie andere Sozialwissenschaften hätten sich auch die Wirtschaftswissenschaften entideologisiert. Helmut Schelsky zitierend, nannte Schiller die Ökonomie eine »anwendbare Funktionswissenschaft«.[49]

Dass er den seiner Meinung nach unaufhaltsamen Prozess der Verwissenschaftlichung der Politik gerade mit einem Zitat Schelskys untermauerte – dem er 1948 zu seinem ersten Lehrstuhl an der Hamburger Akademie für Gemeinwirtschaft verholfen

---

45 Vgl. Karl Schiller, Wirtschaftspolitik, in: Handwörterbuch der Sozialwissenschaften S. 215.
46 Schiller, Wirtschaftspolitik, S. 227.
47 Vgl. das Protokoll des SPD-Parteitages 1962 in Köln, S. 506.
48 Vgl. Schiller, Wirtschaftspolitik, S. 226.
49 Vgl. ebd.

3 Die Partei der »optimistischen Technokratie«: Karl Schiller und die SPD der 60er-Jahre

hatte[50] – war interessant. Denn in Deutschland war es vor allem der Münsteraner Soziologe, der die Technokratie-Diskussion mit seinem Aufsatz »Der Mensch in der wissenschaftlichen Zivilisation« aus dem Jahre 1961 angestoßen hatte.[51] Diese Analyse ging ebenfalls von der zunehmenden Verwissenschaftlichung des menschlichen Daseins aus, und genau wie Schiller es bereits in den 50er-Jahren getan hatte, betonte Schelsky vor allem die wachsende Bedeutung der Sozialwissenschaften, in die auch er die Wirtschaftswissenschaften einschloss. Mit Hilfe der Sozialwissenschaften seien sowohl die sozialen Beziehungen beherrschbar als auch die »Veränderung, Beherrschung und Erzeugung des seelischen wie geistigen Innenlebens der Menschen« möglich gemacht worden.[52] Und dabei handle es sich letztlich um einen irreversiblen Prozess, denn wissenschaftliche Lösungen zögen auch wissenschaftliche Probleme nach sich, die wiederum nur wissenschaftlich gelöst werden könnten. Schelskys Überlegungen gipfelten in der Aussage, dass alle bisherigen Begriffe von Herrschaft damit ihre Gültigkeit verloren hätten. Zum einen könne der Staat in der technisch-wissenschaftlichen Zivilisation seine Souveränität nicht mehr durch sein Gewaltmonopol (Max Weber) oder durch die Entscheidungsbefugnis über den Ausnahmezustand (Carl Schmitt) unter Beweis stellen.[53] Souverän in der technischen Zivilisation sei vielmehr derjenige, der über die höchste Wirksamkeit der in einer Gesellschaft verfügbaren technischen Instrumente verfüge. Daher sei der Staat auch bestrebt, die Technik zu kontrollieren und zu verstaatlichen.

Aber entscheidender für den neuen Herrschaftsbegriff sei, dass fortan Herrschaft nicht mehr von Menschen über andere Menschen ausgeübt werde und auch nicht mehr, wie in der Idee der Demokratie angelegt, durch unpersönliche Normen und gesetzte Ordnungen. Fortan herrschten die Sachgesetzlichkeiten der technisch-wissenschaftlichen Zivilisation, die nicht als politische Entscheidungen setzbar und als Gesinnungs- oder Weltanschauungsnormen nicht verstehbar seien. Im Grunde, so Schelsky, sei im technischen Staat die Herrschaft selbst aufgehoben; alles, was verbleibe, sei eine Apparatur, die sachgerecht bedient werden müsse.[54]

Zu Recht stellte Schelsky daher die Frage, was dann eigentlich noch Politik sei und welche Personen dann noch die Staatsräson verträten. »Der Staatsmann des technischen Staates«, so der Soziologe,

---

50 Vgl. die Empfehlung für Schelsky in Schillers Brief an die Hamburger Schulbehörde vom 15. 10.1948, in: BA N Schiller 1229, B. 6.
51 Helmut Schelsky, Der Mensch in der wissenschaftlichen Zivilisation (1961), in: Ders., Auf der Suche nach Wirklichkeit. Gesammelte Aufsätze, Düsseldorf 1965, S. 439-480.
52 Vgl. ebd., S. 444. Schelsky selbst bezog sich hierbei auf Jacques Ellul, La Technique ou l'enjeu de siècle, Paris 1954. In Frankreich hatte die gleiche Diskussion schon wesentlich früher eingesetzt.
53 Vgl. Ebd. S. 456.
54 Vgl. ebd., S. 457.

»[...] betrachtet den Staat als eine Organisation, einen technischen Körper, der funktionieren muß, und zwar mit höchster Leistungsfähigkeit, mit einem Optimum an Ertrag gemessen an dem, was an Kräften drin steckt. Für den ›Staatsmann des technischen Staates‹ ist dieser Staat weder ein Ausdruck des Volkswillens noch die Verkörperung der Nation, weder die Schöpfung Gottes noch das Gefäß einer weltanschaulichen Mission, weder ein Instrument der Menschlichkeit noch das einer Klasse [...]. Die moderne Technik bedarf keiner Legitimität; mit ihr ›herrscht‹ man, weil sie funktioniert und solange sie optimal funktioniert. Sie bedarf auch keiner anderen Entscheidungen als der nach technischen Prinzipien; dieser Staatsmann ist daher gar nicht ›Entscheidender‹ oder ›Herrschender‹, sondern Analytiker, Konstrukteur, Planender, Verwirklichender.«[55]

Wie intensiv sich Schiller mit den Arbeiten Schelskys befasst hatte, ist nicht bekannt. Aber fraglos entsprachen Schelskys Ausführungen über den »Staatsmann im technischen Staat« seinem Selbstverständnis. Auch für Schiller bestand Politik in der möglichst effizienten Exekution technischer Sachgesetzlichkeiten. Und auch später nahm er trotz eines nicht unbeträchtlichen Hanges zur Selbstdarstellung für sich selbst in Anspruch, lediglich das durchzuführen, was in den Werkstätten und Laboratorien der Wirtschaftswissenschaften als objektives Wissen längst vorgedacht und durchgerechnet worden war.

Ganz so weit wie Schelsky, der den eigentlichen Politikern nur noch eine »fiktive Entscheidungstätigkeit«[56] einräumte, mochten andere Sozialwissenschaftler zwar nicht gehen.[57] Doch an seinem generellen Befund, dass den Wissenschaften bei der politischen Entscheidungsfindung künftig eine immer größere Rolle zukäme, wurde grundsätzlich kaum gezweifelt. In den 60er-Jahren stiegen die Sozialwissenschaften deshalb zu einer dominanten Deutungsmacht auf. Orientiert an amerikanischen Vorbildern des »planned social change« galt dies vor allem für die Soziologie, aber auch für die Wirtschafts- und schließlich für die Politikwissenschaft. In dem Glauben, mit neuen empirischen Methoden den sozialen und ökonomischen Wandel nicht nur prognostizieren, sondern auch gestalten zu können, forderten sie mit zunehmendem Selbst- wie Sendungsbewusstsein die Mitsprache bei politischen Entscheidungsprozessen. Und ihre Rufe verhallten nicht ungehört. Ein enges Netz von Denkfabriken und Expertengremien, welche die Politik wissenschaftlich beraten sollten, legte sich über die Republik. Das begann schon 1957 mit der Gründung des Wissenschaftsrates und fand seinen vorläufigen Höhepunkt 1963 in der Etablierung des »Sachverständigenrates zur Begutachtung der gesamtwirtschaftlichen Entwicklung«.[58] Auch ohne

---

55 Ebd. S. 456.
56 Schelsky, Der Mensch in der wissenschaftlichen Zivilisation, S. 457.
57 Vgl. hierfür stellvertretend: Hans Paul Bahrdt, Helmut Schelskys technischer Staat. Zweifel an »nachideologischen Geschichtsmodellen«, in: Atomzeitalter, 1961, H. 9, S. 195-200.
58 Vgl. für diesen gesamten Komplex abermals Metzler, Konzeptionen politischen Handelns.

3 Die Partei der »optimistischen Technokratie«: Karl Schiller und die SPD der 60er-Jahre

dass die Sozialdemokraten das »Nationalbudget« als Gesamtkonzept durchgesetzt hätten, war es ihnen also bereits gelungen, zumindest die wirtschaftswissenschaftliche Politikberatung zu institutionalisieren.

Diese Prozesse bilden den gesellschaftlichen und mentalitätsgeschichtlichen Kontext des technokratischen Denkens bei Karl Schiller. Mitte der 50er-Jahre mochten seine Aussagen über die wirklichkeitsgestaltende Macht der Wissenschaften noch dem elitären Selbstbild eines Einzelnen entsprungen sein und gewiss auch Produkt individueller Enttäuschung und Desillusionierung über die Politik gewesen sein. Doch nun, in den 60er-Jahren, wirkten seine Aussagen wesentlich weniger ungewöhnlich, sondern repräsentativ für den Machtanspruch seiner Berufskollegen. Dass die Wissenschaft am besten in der Lage sei, politische Probleme zu lösen, war nun nicht mehr die leicht exaltierte Meinung eines der Politik abgewandten Hochschullehrers. Schon lange – bereits in der Zeit des Nationalsozialismus – hatte Karl Schiller daran geglaubt, dass die Wissenschaft eigentlich das dominante Bezugs- und Koordinatensystem für politische Entscheidungen sein müsse. In den 1960er-Jahren schien dieser Glaube Realität zu werden. Allerdings war kaum zu erwarten, dass die Politik in Zukunft – wie es Schelsky wohl bewusst provokativ voraussagte – einfach verschwinden würde und den Wissenschaften widerstandslos Platz machte. Technokratie als Herrschaftsform in Reinkultur war auch für die Zukunft schwer vorstellbar. Umso mehr aber entsprach Karl Schiller den Anforderungen an einen neuen Politikertypus: In seiner Person verschmolzen Expertentum und parteipolitisches Engagement.

Die technokratischen Politikvorstellungen der 60er-Jahre waren nicht nur ein idealer Resonanzboden für die Vorstellungen Karl Schillers. Auch seiner eigenen Partei eröffneten die gewandelten Politikvorstellungen dieses Jahrzehnts neue Optionen. Als Partei der »optimistischen Technokratie«[59] ging die SPD der 1960er-Jahre auf Stimmenfang und profilierte sich dabei als Partei der Fachleute und Experten. Um die komplexen Probleme einer modernen Industriegesellschaft zu lösen, so die häufig in der SPD geäußerte Meinung, dürfe sich die Politik nicht scheuen, auch den Sachverstand externer Berater in Anspruch zu nehmen. So wurde etwa mit dem Gedanken gespielt, ein »wissenschaftliches Büro« beim Parteivorstand aufzubauen. Die Behäbigkeit des Parteiapparates sowie die Berührungsängste vieler Wissenschaftler führten jedoch dazu, dass dieses Vorhaben schnell im Sande verlief.[60] Aber zumindest in Bezug auf ihre öffentliche Darstellung ließ die SPD auch weiterhin nichts unversucht, sich als Partei von Modernität und wissenschaftlichem Fortschritt zu präsentieren. »Sachlichkeit«, »Rationalität« und »Wissenschaftlichkeit« wurden zu Leitvokabeln der sozialdemokratischen Selbstdarstellung. »Wissenschaft und Technik rammen die Pfeiler der Gesellschaft von morgen in den Boden, kühn, sachlich, nüchtern und folgerichtig. Der Verstand feiert Triumphe«, führte Willy Brandt auf dem Parteitag 1962 in Köln aus.

---

59 Vgl. Franz Walter, Die SPD, S. 162.
60 Vgl. Metzler, Konzeptionen politischen Handelns, S. 191.

Die Wissenschaft könne erreichen, dass der Mensch endlich das sein könne, wofür er geschaffen sei, nämlich: »Frei von Hunger, frei von Armut, frei von Angst.«[61] Kaum eine Gelegenheit ließ die SPD aus, um zu dokumentieren, dass sie mit den Kräften des Fortschritts im Bunde war. Auf dem Parteitag in Karlsruhe 1964 verkündete sie dann auch mit einigem Stolz, dass es ihr gelungen sei, ein Gremium von 36 Wissenschaftlern gebildet zu haben, das der Politik der Partei fortan beratend zur Seite stehe.[62]

Vielleicht ist in den bisherigen Darstellungen zur SPD in den 60er-Jahren zu wenig gesehen worden, dass der Kurs jener Jahre mehr als nur reine Anpassung war und dass das kleine Bonmot von der »besten CDU aller Zeiten« – wie einige Sozialdemokraten die eigene Partei selbstironisch titulierten – keineswegs bedeutete, dass an die Stelle des Alten nicht auch etwas Neues getreten war. Gewiss, strategisch ging es der Partei um die Annäherung an die CDU und darum, jene programmatischen Positionen zu räumen, die die bürgerlichen Mittelschichten bisher von der Partei ferngehalten hatten. Die SPD war primär daran interessiert, Stimmen zu maximieren und Macht zu gewinnen.

Aber zugleich adaptierten die Sozialdemokraten den weit verbreiteten technisch-wissenschaftlichen Fortschrittsglauben jener Jahre und waren an diesem Punkt tatsächlich mit dem so häufig zitierten Zeitgeist im Bunde. Das war im Grunde die Vorbereitung zu einer Phase der intellektuellen Hegemonie der SPD zum Ende der 60er- und Beginn der 70er-Jahre. Und schließlich hat es in der Arbeiterbewegung immer schon eine starke Affinität für die wissenschaftliche Begründung von Politik gegeben, wie auch und gerade die bereitwillige Rezeption des Marxismus gezeigt hatte. Auch war es ein Frühsozialist, Claude Henri de Saint-Simon, der als Urvater des technokratischen Denkens gilt – auch wenn dieses wohl nur den wenigsten Sozialdemokraten bewusst gewesen sein dürfte.[63]

In den 60er-Jahren entdeckte die SPD ihren Fortschrittsglauben wieder. Nach 1933 war dieser Glaube kurzfristig erschüttert, ja eigentlich blamiert gewesen. An eine zwangsläufige Entwicklung hin zum Reich der Freiheit wagte kaum noch jemand zu glauben. Aber nun kehrte der Fortschrittsglaube zurück, weniger chiliastisch vielleicht, wohl auch ohne den Charakter der geschichtlichen Zwangsläufigkeit, der den Marxismus ausgezeichnet hatte, aber doch mit ähnlicher Emphase vorgetragen. Rationalisierung und Automatisierung wurden in den 60er-Jahren weder von den Gewerkschaften noch von den Sozialdemokraten als Schreckgespenste angesehen, sondern als Mittel zur weiteren Wohlstandssteigerung. Gleiches galt für die Atomenergie, an die nachgerade säkulare Heilserwartungen geknüpft wurden.[64]

---

61 Vgl. das Protokoll des Parteitages in Köln, S. 56.
62 Vgl. Metzler, Konzeptionen politischen Handelns, S. 194.
63 Vgl. Hermann Lübbe, Technokratie. Politische und wirtschaftliche Schicksale einer politischen Idee, in: Zeitschrift für Philosophie, 25.1./2000, S. 119-137.
64 Gabriele Metzler, Am Ende aller Krisen? Politisches Denken und Handeln in der Bundesrepublik der sechziger Jahre, in: Historische Zeitschrift, Band 275 (2002), S. 57-104, hier S. 67.

3 Die Partei der »optimistischen Technokratie«: Karl Schiller und die SPD der 60er-Jahre

Für den innerparteilichen Reformprozess, der die SPD in die politische Mitte führen sollte, war die Betonung technokratischen Denkens von großem Vorteil. Schließlich waren nicht alle Sozialdemokraten davon begeistert, dass die SPD sich mit der CDU plötzlich vielfach einig war und sich dabei immer unverhohlener als Koalitionspartner ins Gespräch brachte. Viele vermissten am neuen Kurs der SPD die ideelle Grundierung und forderten eine markantere Abgrenzung von den bürgerlichen Parteien. Aber indem die sozialdemokratische Parteiführung immer wieder betonte, dass sie mit ihrer Politik dem Rat von Experten und Fachleuten folgte, konnte sie so immerhin behaupten, dass man nicht umstandslos die Parolen des politischen Gegners übernommen hatte, sondern sich darum bemühte, mit Hilfe wissenschaftlicher Politikberatung zu eigenen Ergebnissen zu kommen.

Das ersparte letztlich vielleicht sogar die intensive Auseinandersetzung mit dem Marxismus. Die alte Parteiideologie wurde durch den technisch-wissenschaftlichen Fortschrittsglauben ersetzt. »Das technische Argument«, so hatte auch Schelsky befunden, »setzt sich unideologisch durch, wirkt daher unterhalb jeder Ideologie und eliminiert damit die Entscheidungsebene, die früher von Ideologien getragen wurde.« Unwiderlegt würden die alten Ideologien einfach am Wege liegen gelassen und blieben wie »leere Hülsen« zurück.[65]

Die Diskussionen über rationale Politik und die Möglichkeiten wissenschaftlicher Politikberatung sollten im Laufe der 60er-Jahre in einem Begriff gebündelt werden, der heute vielen Historikern als die entscheidende Chiffre zum Verständnis dieser Dekade gilt: der Begriff der Planung. Die Hoffnungen auf die Fähigkeiten der Sozial- und Wirtschaftswissenschaftler schlugen sich in dem Bestreben nieder, möglichst alle relevanten Felder des sozialen und gesellschaftlichen Lebens dem Imperativ langfristiger Planung zu unterwerfen. Die Planungseuphorie war die Frucht des neuen Fortschritts- und Machbarkeitsglaubens. Indes operierten die Sozialdemokraten bis etwa 1965 äußerst vorsichtig mit diesem Begriff, obgleich sich außerhalb der Partei schon zuvor eine Enttabuisierung der Planungsvokabel abgezeichnet hatte.[66] Natürlich meinte auch Schiller Planung, wenn er eine langfristige »volkswirtschaftliche Vorausschau« empfahl und von »langfristigen Zielprojektionen« sprach – den Begriff selbst allerdings vermied er. Dem unter de Gaulle in Frankreich praktizierten Modell der »Planification« erteilte er 1963 in Essen eine eindeutige Absage.[67] Tief saß die Angst, dass die Sozialdemokraten wieder mit den Vorstellungen einer zentralen Zwangswirtschaft in Verbindung gebracht würden. Erst in der Großen Koalition, als das Wort Planung selbst unter vielen Konservativen schon eine Selbstverständlichkeit geworden war, legten die Sozialdemokraten ihre Hemmungen beim Gebrauch der Planungsvokabel ab.

---

65 Vgl. Schelsky, Der Mensch in der wissenschaftlichen Zivilisation, S. 460.
66 Vgl. Michael Ruck, Ein kurzer Sommer der konkreten Utopie – Zur westdeutschen Planungsgeschichte der langen 60er Jahre, in: Axel Schildt (Hrsg.), Dynamische Zeiten: die 60er Jahre in den beiden deutschen Gesellschaften, Hamburg 2000, S. 362-401.
67 Vgl. Schiller, Stetiges Wirtschaftswachstum, S. 227.

Ohnehin ließ sich beobachten, welchen Wert Schiller auf Präzision im Sprachgebrauch legte. Äußerst penibel achtete er darauf, dass seine Sätze nicht verwässert wurden, sondern wortgetreu in die öffentlichen Verlautbarungen der Partei übernommen wurden. Nach Deists Tod übernahm Schiller den Vorsitz im WPA und damit auch die offizielle Formulierung sozialdemokratischer Wirtschaftspolitik.

Schon bei den kleinsten sprachlichen Abweichungen, die der Parteivorstand an den Entschließungen des WPA vornahm, reagierte er ausgesprochen scharf.[68] Das lag zum einen sicher daran, dass er auf Sprache grundsätzlich großen Wert legte und glaubte, dass die eigene Art sich auszudrücken im Kontrast zur drögen Funktionärssprache der SPD stand. Aber er zum anderen war auch deswegen so wachsam, weil er fürchtete, dass der kleinste Fehler dem politischen Gegner sofort wieder Angriffspunkte bot. Jede Formulierung, die die Entschlossenheit der SPD infrage stellte, sich zu wirtschaftlicher Freiheit und Wettbewerb zu bekennen, musste unbedingt vermieden werden.

Vermutlich war Schillers Vorsicht auch sehr berechtigt. In der Außenpolitik mochte eine einzige Rede Herbert Wehners ausreichend gewesen sein, um kurzerhand die Grundkoordinaten sozialdemokratischer Politik zu verschieben. Aber auf dem Gebiet der Wirtschaftspolitik verfügte die Partei über ein eingeschliffenes Vokabular, hier gab es eine Unzahl parteiinterner Sprachregelungen. Historisch verdankte die SPD ihre Existenz schließlich vor allem dem Protest gegen die herrschenden ökonomischen Verhältnisse. Auf keinem anderen Feld also besaß die Partei eine solche Vielzahl verinnerlichter Reflexe, trug sie so viel von ihrer hundertjährigen Geschichte mit sich herum. Es galt also, eine ganze Partei mitsamt ihrer mittleren und unteren Funktionäre sprachlich umzuprogrammieren. Dass Schiller für diesen Prozess neue Begriffe und Metaphern zur Verfügung stellte, die sich in der Partei bald als offizielle Sprachregelung durchsetzten, war sein großes Verdienst in jenen Jahren.

Im WPA selbst führten Schiller und sein mittlerweile engster Berater, Klaus Dieter Arndt, ein strenges Regiment. Grundsatzdebatten wurden im Keim erstickt. Der einzuschlagende Weg, so Arndt in einer Sitzung, an der Schiller selbst nicht teilnehmen konnte, sei durch die Referate des Ausschussvorsitzenden längst geklärt. Lediglich müsse man hier noch die Formeln finden, mit denen öffentlich argumentiert werden könne. Auch die Begriffe des Ausschussvorsitzenden dürften nicht infrage gestellt werden; schließlich handle es sich dabei teilweise um »leere Formeln, unter denen sich jeder das Gewünschte vorstellen kann«.[69]

Nicht alle Ausschussmitglieder akzeptierten eine solche Herangehensweise. Ein altgedientes Ausschussmitglied wie Ludwig Preller, der sich nach seinen Beiträgen von Schiller häufiger sagen lassen musste, dass er ja Recht habe, seine Meinung aber

---

68 Vgl. das Fernschreiben an Fritz Sänger, Herbert Wehner u. a. vom 10.11.1964, in: BA N Schiller 1229, B. 173.
69 Vgl. das Protokoll der Sitzung des WPA vom 15.3.1964, in: BA N Schiller 1229, B. 156.

politisch »unverkäuflich« sei[70], trat gar aus dem Ausschuss zurück. Es gebe, teilte er dem Parteivorstand mit, ganz offensichtlich seitens der Ausschussführung die Neigung, im WPA nur noch »pragmatisch taktisch« zu verfahren, statt wie früher »grundlegenden, meist wissenschaftlich fundierten Erkenntnissen [...] nachzuspüren«.[71]

Mit äußerster Konsequenz und gewiss nicht ohne rabiate Methoden setzte die sozialdemokratische Führung den Kurs in Richtung zur politischen Mitte durch. Und ganz gleich, wie unzufrieden einige Sozialdemokraten mit dem von ihnen als Anpassung empfundenem Kurs sein mochten: Der Erfolg gab der Strategie der Parteiführung Recht. Seit den Bundestagswahlen 1961 marschierte der »Genosse Trend« mit der SPD. Bei fast allen Wahlen in diesem Zeitraum konnte die Partei Stimmen hinzugewinnen. Kurz vor der Bundestagswahl 1965 schien die SPD auf dem Sprung zur Regierungsmacht.

4 Die Versöhnung von Geist und Macht: Karl Schiller, Günter Grass und das Wahlkontor Deutscher Schriftsteller

Man sollte meinen, dass Karl Schillers Interesse sich immer mehr nach Bonn konzentrierte – wo doch die Regierungsverantwortung für die SPD und damit auch für ihren mittlerweile exponiertesten Wirtschaftspolitiker so nahe schien. Aber Schiller wäre nicht Schiller gewesen, wenn seine eigenen Ambitionen damals wirklich so eindeutig gewesen wären.

Wo sein eigentliches Ziel lag, das wusste – wenn überhaupt – wohl nur er selbst. Bonn, gewiss, das war eine Option, mit der er liebäugelte. Bisweilen aber deutete er auch an, dass er irgendwann wieder auf seinen Lehrstuhl in der Hansestadt zurückkehren wolle. In Berlin also wiederholte sich das gleiche Spiel wie schon in Hamburg. Quartalsweise deutete Schiller seinen Rückzug oder jedenfalls eine berufliche Veränderung an und damit hielt er die Berliner Genossen vier Jahre lang genauso in Atem, wie es schon an der »Waterkant« der Fall gewesen war.

Zugespitzt hatte sich die Lage schon Anfang 1964, als die Zeitungen wieder einmal über einen Rücktritt Schillers spekulierten. Der Berliner Wirtschaftssenator hatte auf einige Beobachter einen amtsmüden Eindruck gemacht und die Zeitungen mutmaßten, dass er wohl »Heimweh nach St. Pauli« habe.[72] Tagelang gingen die öffentlichen Diskussionen dahin, ohne dass sich Schiller zu einem wirklich eindeutigen Dementi durchringen konnte. Die Spekulationen um seine Person schadeten ihm, aber es schien, als wenn er selbst sie eher mit Wohlgefallen beobachtete, sich dadurch seiner eigenen Bedeutung versicherte. Erst ein energischer Ordnungsruf Herbert Wehners

---

70 Vgl. das Protokoll der Sitzung des WPA vom 3.7.1964, in: Ebd., B. 157.
71 Vgl. den Brief von Preller an den PV vom 11.7.1964, in: Ebd., B. 157.
72 Vgl. Christ und Welt vom 21.2.1964.

brachte den Solisten wieder auf Linie. Keinesfalls nämlich, so wies Wehner den Berliner Wirtschaftssenator in einem Brief vom 11. Februar 1964 scharf zurecht, sei es »erlaubt, dass jeder sich nur um seinen eigenen Swimming-Pool kümmert«.[73] Zudem habe der ganze Vorgang augenscheinlich gemacht, was er, Wehner, schon seit Langem wisse: Dass Willy Brandts Fähigkeit zur Menschenführung mehr als lückenhaft sei. Aber erst einige Wochen nach Wehners Ermahnung stellte Schiller klar, dass er seine Tätigkeit in Berlin keinesfalls als bereits erledigt betrachtete. Das Ganze sei ein unglückliches Missverständnis gewesen.

Die meisten Berliner Sozialdemokraten allerdings hätten einen Abschied des Wirtschaftssenators gewiss nicht sehr betrauert. Offenbar warteten einige nur darauf, dass Schiller in die Hansestadt zurückkehrte. Sie titulierten ihn als »Patrizier aus Hamburg«[74] oder als die »Callas der SPD« und warfen ihm vor, dass er kaum etwas unversucht ließ, um ja nicht mit einem gewöhnlichen Parteibuchträger verwechselt zu werden.[75] Mit Parteiangelegenheiten befasste sich der Wirtschaftssenator in der Tat nicht, an den Wochenenden pendelte er zu Frau und Kindern nach Hamburg. Er hatte sich nicht einmal polizeilich in Berlin angemeldet, was ihm ebenfalls als Zeichen ungebührlicher Distanz ausgelegt wurde.

In Berlin begann auch die nicht enden wollende Serie von Anekdoten über den schwierigen Einzelgänger Karl Schiller. Von einer besonders einprägsamen Begebenheit erzählte später Erhard Eppler in seinen Erinnerungen. Als Eppler sich in der sozialliberalen Koalition bei Willy Brandt wieder einmal über die »Marotten« seines Ministerkollegen Schiller ereiferte, erzählte ihm der Bundeskanzler – statt direkt auf das Anliegen des Entwicklungshilfeministers einzugehen – die Geschichte von den »Berliner Tauben«, die schon damals in verschiedenen Versionen kursierte. In Berlin hatte sich eine schlimme Taubenplage entwickelt. Also entschied der Berliner Senat, dass die Tauben getötet werden sollten – und zwar in Abwesenheit des Wirtschaftssenators. Schiller habe sich daraufhin in seinen Kompetenzen übergangen gefühlt. Schließlich handele es sich um eine Angelegenheit, die die Landwirtschaft betreffe und in Berlin ressortiere die Landwirtwirtschaft beim Wirtschaftssenator. Im Berliner Senat habe man schnell nachgegeben und Schiller habe daraufhin selbst die Tötung der Tauben in die Wege leiten dürfen – was seine Beliebtheit nicht gerade verstärkt habe.[76]

Aber die tiefe Abneigung zwischen dem Wirtschaftssenator und den Berliner Genossen hatte von Anfang an auf Gegenseitigkeit beruht. Als »Berliner Ententeich« hat Schiller später die Verhältnisse in der geteilten Stadt beschrieben.[77] Obgleich er auch nicht mit den Genossen in Hamburg nicht viel anzufangen wusste, hatte er die Partei dort

---

73 Wehner an Schiller am 11.2.1964, in: WEI, K. 5.
74 Vgl. den Industriekurier vom 12.2.1964.
75 Vgl. Christ und Welt vom 21.2.1964.
76 Vgl. Erhard Eppler, Komplettes Stückwerk. Erfahrungen aus fünfzig Jahren Politik, Frankfurt a. M. 1996 S. 81.
77 Vgl. Klaus Roehler/Rainer Nitsche (Hrsg.) Das Wahlkontor Deutscher Schriftsteller, S. 31.

doch insgesamt als liberal und tolerant kennen gelernt. Jetzt in Berlin erlebte er zum ersten Mal, dass sich auf einem Parteitag zwei »Kartellträger« begegneten, die schon vor den Abstimmungen alles aushandelten. Schiller empfand das als undemokratisch und als »schauerliches Erlebnis«.[78] Und da er die Probleme mit seiner Umwelt selten direkt auf die eigene Person zurückführte, interpretierte er die Ablehnung seiner Person durch die Berliner SPD als generelle Ablehnung gegen »Zugezogene«. An Spitzen gegen ihn mangelte es in der Tat nicht. Nachdem Schiller es verpasst hatte, sich über den Wilmersdorfer SPD-Ortsverein für den Bundesparteitag 1964 in Karlsruhe als Delegierter nominieren zu lassen, waren auch die Berliner Genossen nicht bereit, ihm ein solches Mandat zu erteilen, sodass der wichtigste Redner auf wirtschaftspolitischem Gebiet als »Gast« referierte.[79]

In Berlin also, das wurde um die Jahreswende 1964/1965 immer deutlicher, würde es Schiller nicht mehr sehr lange aushalten. Also zurück an die Hamburger Universität? Oder doch ein Mandat im Deutschen Bundestag, was der Absicht Willy Brandts und Herbert Wehners entsprach? Entschieden ist das eine Zeit lang nicht und fraglos spricht es für Schiller, dass die Droge Politik ihn noch nicht so vollständig abhängig gemacht hatte, dass er sich nicht auch wieder mit einer anderen Tätigkeit hätte anfreunden können. Aber Druck kam auch aus Hamburg, vonseiten der Universitätsverwaltung. Dort wünschte man schon seit Längerem eine definitive Lösung, denn auch ein Berliner Wirtschaftssenator konnte nicht auf ewig beurlaubt werden.[80]

Dass dann die Entscheidung für Bonn fiel, hatte wesentlich damit zu tun, dass man ihn ja nicht nur mit einem Mandat im Deutschen Bundestag lockte. Sollte der SPD nach der Bundestagswahl 1965 endlich der Regierungswechsel gelingen, dann winkte schließlich einiges mehr als nur ein Bundestagsmandat: das Bundeswirtschaftsministerium. Und das war nicht nur eine leise Hoffnung und vage Versprechung. Schließlich hatte sich die sozialdemokratische Parteiführung 1965 eine neue Strategie ausgedacht, um an die Macht zu gelangen. Eine personelle Zuspitzung auf die Kanzlerfrage sollte auf jeden Fall vermieden werden. Die professionellen Kommentatoren und die politische Klasse in beiden Lagern hatten zwar die Führungsschwächen des Bundeskanzlers Erhard längst erkannt und verspotteten ihn wahlweise als »Gummilöwen« oder »Wackelpudding«; aber für viele Deutsche blieb Ludwig Erhard eben doch weiterhin das Symbol des deutschen Wirtschaftswunders. Er verfügte noch immer über eine Popularität, die der sozialdemokratische Kandidat Willy Brandt bei weitem nicht besaß. In der direkten Auseinandersetzung schien Brandt Erhard klar unterlegen.

Die Sozialdemokraten versuchten dies aufzufangen, indem sie auf dem Parteitag in Karlsruhe 1964 gleich eine ganze Regierungsmannschaft nominierten, ein Schattenka-

---

78 Ebd. S. 32.
79 Vgl. Schiller an Kurt Mattick am 19.10.1964, in: BA N Schiller 1229, B 338, S. 73.
80 Vgl. den Vermerk Schillers »betreffend Dauer meiner Tätigkeit im Senat von Berlin«, vom 26.2.1964, in: BA N Schiller 1229, B. 338, S. 1-6.

binett, in dem profilierte SPD-Politiker jeweils ihren Spezialbereich vertraten. Für die »Wirtschaft« hatte der erneute Spitzenkandidat Willy Brandt natürlich Karl Schiller im Auge. Einfach allerdings war es für Brandt nicht, seinen Berliner Wirtschaftssenator durchzusetzen. Alex Möller, vorgesehen als Finanzminister, erklärte gar »kategorisch«, dass er nicht einem Kabinett angehören könne, dessen Mitglied auch Schiller sei.[81] Erst nach langwierigen Diskussionen willigte er ein.

Mit der Aussicht auf ein Ministeramt überwand auch Schiller schließlich seine Zweifel. Und trotz des Widerstandes eines Alex Möller führte an ihm ohnehin kaum noch ein Weg vorbei, nicht nur, weil es inkonsequent gewesen wäre, den mittlerweile profiliertesten Wirtschaftspolitiker der SPD nicht auch für ein Regierungsamt vorzusehen. Auch sein Prestige als Berliner Wirtschaftssenator, als der Mann, der die Frontstadt vor dem wirtschaftlichen Ausbluten gerettet hatte, war ein Pfund, mit dem sich wuchern ließ. Und schließlich konnte Schiller der Partei auch in einer anderen Hinsicht nutzen: Er hatte abseits der Politik wichtige Kontakte geknüpft.

Auch wenn die typische nachträgliche Verklärung dabei eine Rolle spielen mochte: Von den Problemen mit einigen Senatskollegen und der Partei abgesehen, dachte Schiller später oft mit Wehmut an die Berliner Zeit zurück. Denn obgleich er die Stadt bei seiner Ankunft unmittelbar nach dem Mauerbau als grau und depressiv wahrgenommen hatte, verspürte er dort bald schon eine andere Stimmung. In Berlin empfand Schiller eine besondere kulturelle Atmosphäre, eine Aufbruchs- und Pionierstimmung unter Künstlern und Intellektuellen. Dem Berliner Theaterleben in diesen Jahren, so meinte er im Rückblick, sei etwas Experimentelles, Schräges und Freches zu eigen gewesen. Auch sonst machte der Senator vom üppigen Berliner Kulturangebot jener Jahre regen Gebrauch. Schiller mochte das Kabarett von Wolfgang Neuss ebenso, wie er die Besuche in der gerade fertig gestellten Philharmonie schätzte. Zeit, um all das zu genießen, hatte er schließlich genug, denn fernab von Frau und Kindern galt es, sich zu beschäftigen. Wohl auch wegen dieser persönlichen Lebensumstände ähneln Schillers Berliner Erinnerungen den Erzählungen aus seiner Anfangszeit in Hamburg.[82]

Doch tatsächlich: Bei allen verheerenden politischen und ökonomischen Folgen der Teilung hatte Berlin seine Anziehungskraft als kulturelles Zentrum durch den Mauerbau keineswegs verloren. Eher traf das Gegenteil zu. Viele Schriftsteller, Maler und Musiker zog es erst nach dem 13. August 1961 an die Spree. Und von denen, die schon da gewesen waren, kamen nur wenige auf die Idee, die Stadt zu verlassen. Für AEG und Siemens mochten sich die Produktionsbedingungen verschlechtert haben – für die Johnsons, Härtlings und Grass' galt eher das Gegenteil. Schließlich war aus

---

81 Vgl. Klotzbach, Der Weg zur Staatspartei, S. 591.
82 Vgl. zu Schillers Erinnerungen an das Berliner Kulturleben. Roehler/ Nitsche (Hrsg.) Das Wahlkontor Deutscher Schriftsteller, S. 28 ff.

dem spezifischen Spannungszustand Berlins, dem Auseinandergerissensein zwischen Ost und West, für Künstler durchaus Kreativität zu gewinnen. Für Bohemiens und solche, die sich dafür hielten, war Berlin ein gutes Pflaster.

Das Aushängeschild des Berliner Kulturlebens war schon in jenen Jahren Günter Grass, der durch seinen Roman »Die Blechtrommel« berühmt geworden war. Grass war auch bei gesellschaftlichen Anlässen fleißig dabei und als politischer Schriftsteller suchte er den Kontakt zur politischen Klasse, vorzugsweise zu Politikern, die das rote Parteibuch besaßen.[83] Auf einem Empfang im Charlottenburger Schloss, es muss wohl 1962 gewesen sein, machte Schiller seine Bekanntschaft.[84] Man kam ins Gespräch und Grass erzählte, dass er gerade an einem Roman über die deutsche Nachkriegszeit arbeitete, in dem er satirisch die deutsche Wirtschaftswundergesellschaft aufs Korn nehmen wolle. Ob er, Schiller, ihm nicht vielleicht ein wenig zur Hand gehen könne. Bei all den vielen Namen und Personen, die nach 1945 die Geschicke der deutschen Industrie und Wirtschaft lenkten, könne man schnell den Überblick verlieren. Schiller ließ sich nicht lange bitten, war wohl gar hocherfreut und stolz, dass er für einen berühmten Schriftsteller das »Lektorat« übernehmen durfte. Ein bisschen Bedenken hatte der vorsichtige Wirtschaftssenator allerdings, dass Grass alle Personen unverschlüsselt auftreten lassen wollte.[85] Ansonsten gab er ihm den Rat, noch die Bankiers wie Hermann Josef Abs und Robert Pferdemenges einzufügen, die dürften bei einem solchen Thema nicht fehlen. Grass tat das, und so hatte Karl Schiller seinen bescheidenen Anteil an der Entstehung der »Hundejahre«.

Es war der Beginn einer Beziehung, die der Vorstellung von »Freundschaft« so nahe kam, wie dies bei Schiller überhaupt möglich war. Professionelle Distanz und erstaunliche Nähe wechselten sich ab. In ihren Briefen bevorzugten Schiller und Grass das »Sie«. Andererseits machten sie im Sommer 1966 zusammen Urlaub im Tessin, wobei man, so Schiller, zehn Tage lang »die Dörfer auf den Kopf gestellt« habe.[86] Schiller war auch einer der wenigen Gäste des Schriftstellers bei der Taufe des ersten Sohnes Bruno. Als Geschenk brachte der Wirtschaftssenator eine Blechtrommel mit.[87]

Was Schiller an der Beziehung zu Grass reizte, bedarf wohl kaum der Erklärung, nach allem, was wir bis jetzt über ihn erfahren haben. Im Grunde fühlte sich Schiller Künstlern näher als seinen Kollegen aus Wissenschaft und Politik; als er Günter Grass einmal anvertraute, dass er selber mit dem Gedanken spiele, eine kleine Novelle zu schreiben, bot dieser sofort seine Hilfe an.[88] Und Grass wusste um den Wunsch Schillers nach Zugehörigkeit zum Künstlermilieu. Dann und wann schickte er Schiller sei-

---

83 Vgl. hierzu vor allem Michael Jürgs, Bürger Grass. Biographie eines deutschen Dichters, München 2002.
84 Vgl. den Spiegel vom 9.1.1967.
85 Vgl. Schiller an Grass am 28.3.1963, in: WEI, K. 11.
86 Der Spiegel vom 9.1.1967.
87 Vgl. Jürgs, Bürger Grass, S. 185.
88 Vgl. Grass an Schiller am 10.12.1968, in: BA N Schiller 1229, B. 285, S. 281-283.

ne noch unveröffentlichten Arbeiten, nannte das dann einen »literarischen Zwischenbericht von Kollegen zu Kollegen«.[89] Schiller sonnte sich im Glanz des Schriftstellers, war Stolz auf die Freundschaft mit ihm.

Und Grass? Ganz resistent gegen die Erotik der Macht war der sicher nie gewesen. Zudem sah sich Grass als politischer Schriftsteller und da konnte es nicht schaden, nicht nur zu Willy Brandt sondern auch zu Karl Schiller, der immerhin schon als nächster Bundeswirtschaftsminister gehandelt wurde, einen guten Draht zu haben. Dabei zog er Schillers Eitelkeit auch in späteren Jahren immer ins Kalkül, ja förderte sie noch ebenso wie seinen Ehrgeiz. Dem Bundeswirtschaftsminister Schiller schrieb er 1967: »Ich weiß nicht, ob Sie immer Wirtschaftsminister bleiben werden, ob nicht eines Tages noch größere Verantwortung, noch größere Lasten auf Sie zukommen werden – vieles spricht für diesen Aufstieg.«[90]

Auch ein paar praktische Erwägungen spielten offenbar eine Rolle bei dieser Freundschaft. Grass hatte das Gefühl, von Vater Staat ein wenig zu arg geschröpft zu werden. Im Juni 1965 ließ er bei Schiller über einen Mitarbeiter anfragen, ob man in dieser Richtung nicht etwas unternehmen könne. Einigermaßen erschrocken habe er seinen Steuerbescheid für das Jahr 1963 bekommen und müsse nun Steuern nachzahlen. Solcherlei Dinge könnten ihn aus Berlin vertreiben. Da er wichtige Repräsentationsaufgaben für die Stadt übernehme, müsste es doch eigentlich möglich sein, ihm einen zusätzlichen Freibetrag zuzusichern. Er wünsche eine schnelle Antwort auf sein Ersuchen – am besten noch vor Beginn seiner Vortagsreise.[91] Gemeint war damit vermutlich die Wahlkampftournee für die SPD, mit der Grass im Juli 1965 beginnen wollte. Der Vermerk liest sich, als habe der Schriftsteller für sein später zu Recht gelobtes »bürgergesellschaftliches Engagement« eine finanzielle Gegenleistung erwartet.

In Berlin kam man dem Autor der »Blechtrommel« jedoch tatsächlich entgegen. Nur eine Woche nach Grass' Ersuchen erhielt der Regierungsdirektor des Finanzamtes Wilmersdorf eine Bescheinigung – und zwar direkt aus Willy Brandts Senatskanzlei. In diesem Schreiben wurde für »finanzamtliche Zwecke« ausdrücklich bestätigt, dass Günter Grass aus Gründen der allgemeinen Repräsentation der Stadt Berlin zu Empfängen im In- und Ausland geladen werde. Zwar könne er hierfür leider keinen Geldersatz erhalten. Jedoch seien diese Veranstaltungen aufgrund ihres hohen »gesellschaftlichen Niveaus« mit »erheblichen Unkosten«[92] verbunden. So fand man offensichtlich doch noch einen Weg, den Schriftsteller von einem Teil seiner schweren Steuerlast zu befreien. (☛ vgl. *Abb. 6*)

---

89 Vgl. ebd.
90 Vgl. Grass an Schiller am 11.1.1967, in: Ebd. S. 292-293.
91 Vgl. den Vermerk eines Mitarbeiters von Schiller vom 22.6.1965, in: WEI, K. 11.
92 Vgl. die Bescheinigung des Chefs der Berliner Senatskanzlei, Spangenberg, vom 29.6.1965, in: ebd.

4 Karl Schiller, Günter Grass und das Wahlkontor Deutscher Schriftsteller

Abb. 6   **Freunde:** Karl Schiller und Günter Grass 1969 in einer Pause der Wahl des Bundespräsidenten. Der Politiker und der Schriftsteller erweisen sich gegenseitig manche Gefälligkeit. Nach Schillers Rücktritt ist die Freundschaft allerdings schnell beendet.

Durch die Freundschaft zu Grass bekam Schiller auch Kontakt zu anderen Berliner Kulturschaffenden. In der Wohnung des Wirtschaftssenators am Olivaer Platz, einer kleinen Junggesellenbude im Herzen Westberlins, entstand eine Art literarischer Salon, in dem sich Berliner Intellektuelle trafen. Zum größten Teil handelte es sich dabei um Schriftstellerkollegen von Grass wie Peter Härtling und Hans Werner Richter. Bisweilen schauten aber auch Publizisten wie Günter Gaus, Professoren wie Eberhard Jäckel oder Schillers Parteifreund Horst Ehmke vorbei. Im Rückblick legte Schiller jedenfalls großen Wert darauf, dass an solchen Abenden in seiner Wohnung nur sehr selten über Politik geredet wurde. Den größten Teil seiner Freizeit brachte Schiller in jenen Jahren tatsächlich mit der Lektüre moderner Romane zu. Für die Schriftsteller war er daher durchaus ein ernst zu nehmender Gesprächspartner in literarischen Fragen.

Durch seinen engen Kontakt zu den Berliner Autoren nahm Schiller eine wichtige Brückenfunktion ein, denn die SPD bemühte sich nicht nur um Wissenschaftler, sondern auch um Künstler und Intellektuelle. Und die Chancen, mit diesem Werben ein Echo zu finden, standen nicht schlecht. Schließlich verspürten viele deutsche Intellektuelle spätestens seit der »Spiegel«-Affäre 1962 der CDU gegenüber tiefes Misstrauen. Schon 1961 hatten Schriftsteller wie Grass und Martin Walser Partei für Willy Brandt und die SPD ergriffen und versucht, ihre Kollegen zum Mitmachen zu bewegen.

Was sich 1965 am Olivaer Platz anbahnte, hatte also bereits eine Vorgeschichte. Und doch erreichte es nun eine neue Qualität. Der Anstoß kam wohl von Günter Grass, Klaus Wagenbach und Hans Werner Richter. Sie schlugen vor, ein Büro zu gründen, von dem aus deutsche Schriftsteller als Redenschreiber die Kandidaten der SPD unterstützen sollten. Karl Schiller war sofort begeistert, und Willy Brandt brauchte er nicht lange von der Idee der Schriftsteller zu überzeugen. Eine andere Sache war jedoch, wie der Parteiapparat diese Idee aufnehmen würde, der auf direkte Einmischung von Nicht-Parteimitgliedern misstrauisch reagierte. In der »Baracke« wünschte man eine Abordnung der Schriftsteller zu sehen. Zusammen mit Günter Grass, Klaus Wagenbach, Reinhart Lettau und Peter Härtling flog Schiller nach Bonn, um Herbert Wehner die Idee eines »Wahlkontors« schmackhaft zu machen. Peter Härtling berichtete später in seinen Erinnerungen, dass sich die Schriftsteller unter den Blicken Wehners wie eine Schülerdelegation fühlten. Der SPD-»Zuchtmeister« stellte kurze, knappe Fragen, und nicht einmal Günter Grass habe sich getraut, zu einer längeren Rede anzusetzen. Wenig begeistert habe Wehner zugehört. »Der Mund hing schief, wohl nicht nur von der Pfeife, auch von der Verachtung heruntergezogen«, schrieb Härtling.[93] Dennoch gab Wehner der Sache seinen Segen und so entstand das »Wahlkontor deutscher Schriftsteller.« In der Nähe des Bahnhofs Zoo stellte die Gewerkschaft Räume zur Verfügung und Grass' Lektor Klaus Roehler übernahm die Rolle des Bürochefs.[94] Als Verbindungsstelle zwischen den Schriftstellern und der Partei fungierte Karl Schiller. Für das Wahlkontor arbeiteten in den nächsten Monaten bis zur Bundestagswahl junge und teilweise noch unbekannte Schriftsteller wie Friedrich C. Delius, Peter Schneider, Peter Härtling und andere. Abgetippt wurden die ersonnenen Slogans vom späteren RAF-Mitglied Gudrun Ensslin, die 1977 im Hochsicherheitstrakt von Stammheim ihr Ende finden sollte. Jedem der Schriftsteller wurde ein Mitglied der Regierungsmannschaft zugeordnet. So schrieb Peter Härtling, ein erklärter Pazifist, die Reden für den Verteidigungsexperten und Fraktionsvorsitzenden der SPD, Fritz Erler. Schiller selbst erhielt Unterstützung von Delius, nach eigenen Bekundungen bar jeder volkswirtschaftlichen Kenntnis, was den Dichter nicht davon abhielt, für den Berliner Wirtschaftssenator Reden über die Stabilität des Preisniveaus zu schreiben.

Was im Wahlkontor für 10 DM die Stunde ersonnen wurde, war nicht in jedem Fall besonders originell. Einfälle wie »Der Frau treu bleiben – die Partei wechseln: SPD« wurden daher von den sozialdemokratischen Wahlkampfstrategen als zu unseriös verworfen. Anderes allerdings fand durchaus seinen Eingang in die Reden. Vor allem aber wurde das Wahlkontor durch die nicht unbeträchtliche publizistische Beachtung selbst zum Wahlkampfthema.

---

93 Vgl. Peter Härtling, Leben lernen. Erinnerungen, Köln 2003, S. 302 f.
94 Vgl. ebd.

Hinzu kam, dass Ludwig Erhard in einer Wahlkampfrede eine schlimme rhetorische Entgleisung unterlaufen war. Er hatte den Dichter Rolf Hochhuth, der die Bundesrepublik als Klassengesellschaft bezeichnet hatte, als »Pinscher« beschimpft, der auf »dümmste Weise kläfft«.[95] Die Empörung war groß, aber Karl Schiller empfand durchaus Schadenfreude. »Wir müssen«, so schrieb er seinem Freund Grass, »die Suppe, zu der Erhard in der Tat vortrefflich beigetragen hat, weiter am Kochen halten.«[96]

Günter Grass absolvierte eine regelrechte Wahlkampftournee und einige Male traten er und Schiller gemeinsam auf. Der Wahlkampfzentrale der SPD war die ganze Sache nicht geheuer, denn der geborene Danziger galt schließlich nicht als loyaler Parteisoldat, der immer nur die offizielle Meinung der SPD wiedergab. Schiller und Grass unternahmen ihre Auftritte dann auch in Eigenregie, und dass die Partei sie dabei mit Argwohn beobachtete, machte beiden wohl eher Spaß als dass es sie ärgerte. Er könne schon sehen, wie Herbert Wehner hinter seiner Pfeife Blitze bündele, weil ausnahmsweise einmal etwas geschehe, was er nicht geplant habe, meinte Grass.[97] Anfangs hatte der Schriftsteller noch als Erster gesprochen. Allerdings stellte sich bald heraus, dass dem Publikum wenig daran lag, vor Grass, aber noch weniger nach Grass einen anderen zu hören. War der Schriftsteller fertig, leerten sich die Auditorien schnell.[98] Fortan übernahm deshalb Schiller den Eröffnungspart und überließ Grass die Rolle des Hauptredners.

Doch der Großteil der Intellektuellen war spätestens nach Erhards Entgleisung ohnehin aufseiten der SPD. Mit denen allein aber ließ sich die Wahl nicht gewinnen. Zudem fanden die Sozialdemokraten nicht die richtige Strategie. Sie waren bemüht, die Auseinandersetzung auf die Innenpolitik zu konzentrieren – zu eindeutig schienen die Unionsparteien auf dem Feld der Außen- und Sicherheitspolitik zu dominieren.

Aber wo denn nun die Alternative zur bürgerlichen Koalition liegen sollte, das stellten die Sozialdemokraten nicht so recht heraus. Die Partei, so jedenfalls interpretierten es sowohl die Wahlforscher als auch viele Publizisten, hatte es übertrieben mit ihrer Annäherung an die CDU. Den Wahlslogan »Sicher ist Sicher« der SPD hielt gar die Hälfte der Wähler für eine Idee der CDU, was kaum verwundern konnte, klang dieser Parole doch stark nach der Adenauer'schen Maxime »Keine Experimente«.[99]

Und Karl Schiller? Eine wirklich dominante Figur des sozialdemokratischen Wahlkampfes war er noch nicht. Die meiste Aufmerksamkeit erhielt er für seine gemeinsamen Auftritte mit Günter Grass, bei denen er allerdings nur eine Nebenrolle einnahm. Dabei versuchte die Partei durchaus, ihn gegen den anderen Wirtschaftspro-

---

95 Vgl. Hentschel, Ludwig Erhard, S. 573.
96 Der Brief an Grass vom 29. Juli 1965 ist abgedruckt in: Das Wahlkontor deutscher Schriftsteller, S. 26 f.
97 Vgl. die ZEIT vom 9.7.1965.
98 Vgl. den Spiegel, Nr. 31/1965.
99 Vgl. Werner Kaltefleiter, Eine Analyse der Bundestagswahl vom 19.9.1965, in: Verfassung und Verfassungswirklichkeit, Bd. 1 1966.

fessor, Ludwig Erhard, in Stellung zu bringen. Aber einfach war es nicht, diesen Vergleich herzustellen; der Bundeskanzler begab sich nicht auf eine Stufe mit einem Mitglied des Schattenkabinetts. Wenig überraschend ließ sich Erhard nicht auf ein direktes Duell mit Schiller ein.[100]

Ansonsten spielte Schiller auch im Wahlkampf die Rolle des wissenschaftlich angeleiteten Vernunftpolitikers. Er erklärte, die Zeit der Ideologen und »politischen Eiferer, der Eisenfresser und Säbelrassler« sei vorbei.[101] Überall zeige sich der Zug der Zeit in der kühlen Versachlichung der politischen Debatte. »Ohnehin geht in dieser Welt der Trend dahin, daß gute Politik ein kühles rechnerisches Geschäft der Datensammlung, Datenverarbeitung und Entscheidung ist.« Und mit Blick auf Ludwig Erhard fügte er hinzu: »Politik in unserer Zeit darf sich nicht in barock-pathetischen Appellen oder in pythischem Dampfen erschöpfen. Politik in unserer Zeit muß vielmehr in einem hohen Grade ein rationales und wissenschaftlich fundiertes Geschäft sein.«[102] Der Typus des »großsprecherischen Volkstribuns« sei Schiller nicht, assistierte der sozialdemokratische »Vorwärts«, aber dafür ein

> »Mann der Wissenschaft [...]. Er überzeugt die Kenner mit einem lückenlosen Wissens- und Gedankenapparat. Die volkswirtschaftlichen Amateure lässt er manches ahnen, wenn er auf sie einen warmen Sommerregen von präzisen volkswirtschaftlichen Daten und Kenntnissen niederregnen läßt.«[103]

Ihr Wahlziel verfehlte die SPD auch 1965. Zwar verbesserte sie ihr Wahlergebnis um 3,1 Prozentpunkte auf 39,3 Prozent. Doch für den Regierungswechsel reichte das nicht, da auch die CDU unter Erhard ihren Stimmenanteil vergrößerte.

Das Kandidatenproblem war durch die Aufstellung einer Regierungsmannschaft nicht zu lösen gewesen. 1961 war Willy Brandts juveniler Kennedy-Stil bei den Wählern noch gut angekommen, vier Jahre später hatte sich dieses Image verbraucht. Viele hielten Brandt für wenig authentisch, marionettenhaft und von anderer Stelle ferngelenkt.[104] Gegen Ludwig Erhard, den Vater des Wirtschaftswunders, machte er keine gute Figur; bei der Frage nach dem fähigsten Politiker entschieden sich 1965 laut einer Umfrage 20 Prozent für den Volkskanzler und nur 12 Prozent für den Regierenden Bürgermeister von Berlin.[105]

Nur wenige Tage nach der Wahl verkündete Brandt vor der Bonner Presse seinen Verzicht auf eine mögliche Kandidatur in vier Jahren. Schwer geschlagen, allem über-

---
100 Vgl. die Westfälische Rundschau vom 24.8.1965.
101 Vgl. Karl Schiller, Politik in dieser Gesellschaft, in: Es-Pe-De, Neuwied 1965, S. 15.
102 Ebd., S. 14.
103 Vgl. den Vorwärts vom 15. 9. 1965.
104 Vgl. Walter, Die SPD, S. 168.
105 Vgl. hierzu das Jahrbuch der öffentlichen Meinung 1965–1967, Herausgegeben von Elisabeth Noelle und Peter Neumann, Institut für Demoskopie Allensbach, Allensbach 1967, S. 360.

drüssig – vor allem der Diffamierungen wegen seiner unehelichen Geburt und seiner Vergangenheit als Widerstandskämpfer gegen Hitler, die der politische Gegner sich nicht scheute, ins Feld zu führen – spielte er gar mit dem Gedanken, die Politik ganz aufzugeben. Ganz so weit kam es nicht. Brandt kehrte nach Berlin zurück, um dort weiterhin Regierender Bürgermeister zu sein. Aber es war die Rückkehr eines Gescheiterten; niemand empfand das deutlicher als er selbst.[106]

Sein Wirtschaftssenator bat um Bedenkzeit für die Entscheidung, ob er auch als Abgeordneter der Opposition nach Bonn gehe. Immerhin, das sprach dafür, müsste es doch möglich sein, als normaler Abgeordneter wieder seine Lehrverpflichtungen zu erfüllen. Damit wäre auch die Hamburger Universität befriedigt, die schon seit Längerem auf eine definitive Regelung drängte. Und obgleich Ludwig Erhard seinem Ruf als »Wahllokomotive« wieder einmal gerecht geworden war: Wer konnte schon sagen, wie lange sich ein Mann als Kanzler halten konnte, von dem nicht wenige in der eigenen Partei glaubten, dass ihm grundsätzliche Eigenschaften für dieses Amt fehlten?

Das waren wohl die Gründe, die Schillers Entschluss festigten, trotz allem nach Bonn zu gehen. Am 25. September, sechs Tage nach der verlorenen Bundestagswahl, gab er bei einer Tagung von SPD-Politikern in Bad Godesberg bekannt, dass er sein Mandat, nominiert vom Berliner Abgeordnetenhaus, im Deutschen Bundestag annehme.

Karl Schiller hätte sich leicht anders entscheiden können. Der deutschen Politik hätten dann für die nächsten sieben Jahre einige denkwürdige und noch mehr merkwürdige Auftritte gefehlt.

---

106 Vgl. Merseburger, Willy Brandt, S. 480 ff.

VIII Superstar (1965-1969)

1 Die Zertrümmerung des Erhard-Mythos

Leicht war die Aufgabe nicht, die nach der Bundestagswahl 1965 auf die SPD wartete. Der »Volkskanzler« Ludwig Erhard war eindrucksvoll in seinem Amt bestätigt worden. Kein Kraut schien gewachsen gegen seinen Nimbus als Vater des Wirtschaftswunders und Garanten auch zukünftigen Wohlstandes. Obgleich die SPD einige Prozente hinzugewonnen hatte, schien die Machtübernahme noch immer weit entfernt.

Wie sollte sich die Partei künftig positionieren? In den 50er-Jahren hatte sie sich – jedenfalls in ihrer Außendarstellung – in Fundamentalopposition begeben. In der ersten Hälfte der 60er-Jahre hatte sie sich dem politischen Gegner so weit angepasst und auch angedient, dass Kopie und Original vom Wähler kaum noch zu unterscheiden gewesen waren. Beides war wenig erfolgreich gewesen.

Einerseits ließ Herbert Wehner nicht von seinem Ziel der Bildung einer Großen Koalition ab. Allzu scharfe Attacken auf die CDU/CSU verboten sich daher. Andererseits hatten die Wahlforscher herausgefunden, dass es der SPD zunehmend weniger gelang, eine Alternative zur bürgerlichen Koalition herauszuarbeiten. Eine aus Publizisten, Sozialwissenschaftlern und Politikern eingesetzte Kommission, die die SPD nach der verlorenen Bundestagswahl zwecks Ursachenforschung eingesetzt hatte, kam überwiegend zum selben Ergebnis.[1] Es musste also gelingen, das Profil der Partei zu verstärken, die Unterschiede zum politischen Gegner deutlich zu machen. Und doch durfte das nicht in Form galliger Kritik geschehen, mussten doch die Schnittflächen und Gemeinsamkeiten mit der CDU weiterhin sichtbar bleiben. Aber wie diese Quadratur des Kreises gelingen sollte, darüber bestanden innerhalb der Partei zunächst nur sehr vage Vorstellungen, die sich erst im Laufe der Legislaturperiode konkretisieren sollten.

In Erhards unmittelbarer Umgebung war die Stimmung nach der Wahl natürlich eine ganz andere. Die ersten zwei Jahre seiner Kanzlerschaft waren von zahlreichen Anfeindungen aus den eigenen Reihen begleitet gewesen. Erhard hatte gewusst, dass er einen überwältigenden Sieg brauchte, dass er gerade als Bundeskanzler seinem Ruf als Wahllokomotive gerecht werden musste. Aber eben dieses Plebiszit des deutschen Wählers hatte Erhard ja nun erhalten und sich damit jene Legitimität verschafft, die er nach seinem eigenen Verständnis ohnehin als einzig gültige erachtete.

---

1 Vgl. Klaus Schönhoven, Wendejahre. Die Sozialdemokratie in der Zeit der Großen Koalition 1966–1969, Bonn 2004, S. 48 f.

VIII Superstar (1965–1969)

Nur konnte auch der strahlende Wahltriumph nicht darüber hinwegtäuschen, dass Erhard bei genauerer Betrachtung der Lage auch weiterhin kein sonderlich solides Fundament für seine Kanzlerschaft besaß – und eben genau darin lag die Chance für die SPD. Erhards Konzept des »Volkskanzlers«, der sich über die Parteien und Interessengruppen hinweg direkt an die Deutschen richtet, mochte solange funktionieren, wie die Demoskopen ihn als Garanten christdemokratischer Überlegenheit auswiesen. Aber in Krisenzeiten, bei erodierenden Zustimmungswerten, mussten die Schwächen dieses Konzepts dafür umso deutlicher werden. Im Machtdreieck Partei–Fraktion–Kabinett gab es zahlreiche miteinander konkurrierende Machtzentren, die sich allesamt Erhards Einfluss entzogen.[2] Da waren der mächtige CSU-Vorsitzende Franz Josef Strauß und der junge und ausgesprochen ambitionierte Fraktionsvorsitzende Rainer Barzel, schließlich Erhards zunehmend eigenständiger agierender Außenminister Gerhard Schröder. Alle drei machten sich Hoffnungen auf das Amt des Bundeskanzlers, für das sie sich bei weitem besser geeignet hielten als Erhard. Und im nur wenige Kilometer von Bonn entfernten Rhöndorf grollte hörbar der Patriarch Konrad Adenauer, der den Aufstieg seines Nachfolgers zwar nicht hatte verhindern können, aber weiterhin an seiner Meinung festhielt, dass Erhard alle Fähigkeiten abgingen, um Bundeskanzler zu sein.

Ludwig Erhard hatte zur Macht ein gebrochenes Verhältnis; er wollte überzeugen, diskutieren lassen, besaß damit gewiss eine sehr viel demokratischere Gesinnung als sein Vorgänger Adenauer. Zur autoritären politischen Führung sah er sich nicht willens. Er hätte es auch nicht gekonnt. Daran aber hatten sich Fraktion, Kabinett und Partei unter Adenauer gewöhnt. Von der langen Leine, die Erhard ihnen ließ, sollten sie schon bald regen Gebrauch machen. Kurz gesagt: Der Kanzler saß viel weniger fest im Sattel, als es das Ergebnis der Bundestagswahl 1965 glauben machen konnte.

Gänzlich verborgen geblieben war natürlich auch den Sozialdemokraten nicht, dass Erhards Kanzlerschaft auf tönernen Füßen stand. Aber das bedeutete nicht, dass man still und leise darauf warten wollte, bis die Koalition aus CDU, CSU und FDP auseinanderbrach. Schon im Oktober 1965 kündigte der SPD-Fraktionsvorsitzende Erler deshalb an, dass man in Zukunft »härter und schwungvoller« operieren wolle.[3] Und tatsächlich schien die Zeit staatsmännischer Eintracht im Bundestag bald vorbei, wenngleich man noch immer weit von der hitzigen Polarisierung der 50er-Jahre entfernt blieb. Ihre »vier zahmsten Jahre« hätten die Sozialdemokraten offensichtlich überwunden, resümierte der »Spiegel« schon kurz nach der Debatte um die Regierungserklärung.[4] Karl Schiller, dem neuen wirtschaftspolitischen Sprecher der Fraktion, fiel eine Schlüsselrolle bei dem Versuch zu, wieder eine deutliche Alternative zur

---

2 Vgl. Heinrich Oberreuter, Führungsschwäche in der Kanzlerdemokratie: Ludwig Erhard, in: Manfred Mols (Hrsg.), Normative und institutionelle Ordnungsprobleme des modernen Staates: Festschrift zum 65. Geburtstag von Manfred Hättich, Paderborn 1990, S. 215-234.
3 Zitiert nach Bouvier, Zwischen Godesberg und Großer Koalition, S. 274.
4 Vgl. den Spiegel vom 8.12.1965.

1 Die Zertrümmerung des Erhard-Mythos

Koalition darzustellen. Denn auch im Bundestag wollte die Partei an ihrem Konzept der »Schattenminister« in gewandelter Form festhalten. Dem jeweiligen Ressortminister der Koalition sollte ein entsprechender Experte der SPD gegenübergestellt werden.[5] Schillers natürlicher Widerpart war damit Bundeswirtschaftsminister Kurt Schmücker. Aber die eigentliche Zielscheibe war Erhard selbst, dessen »domaine reservée« natürlich die Wirtschaftspolitik geblieben war. In der Außenpolitik hatte der Kanzler bisher wenig Fortune gehabt; die eigene Partei war in Gaullisten und Atlantiker gespalten, von denen die einen eine stärkere Annäherung an Frankreich wünschten und die anderen am engen Verhältnis zu den USA festhalten wollten. Wenn es jetzt gelingen sollte, ihn auch noch auf wirtschaftspolitischem Gebiet unter Druck zu setzen, könnten seine Tage und die seiner Koalition schon bald gezählt sein. Und hinter Erhard standen Politiker in der Union bereit, deren Verdruss über die FDP groß und die Neigung zur Großen Koalition stark war.

Auch nach Bonn zog Schiller ohne seine Familie. In Hamburg nahm er seine Professur wieder wahr, legte Vorlesungen und Prüfungen zumeist auf den Montag und hatte so wenigstens ein langes Wochenende bei Frau und Kindern. Ärgerlich war nur, dass die Flugverbindungen von Hamburg in die Bundeshauptstadt so schlecht waren. Von Berlin aus war die Hansestadt leichter zu erreichen gewesen. Schiller erinnerte die Lufthansa an seine Verdienste für die Fluggesellschaft in seiner Zeit als Hamburger Wirtschaftssenator und bat, doch die Verbindungen auszubauen.[6]

Sonderlich wohl fühlte er sich in der Provinz nicht, nachdem er ja seit 1946 in Hamburg und dann ab 1961 in Berlin die Vorzüge von Weltstädten und Metropolen genossen hatte. Die Beamtenstadt Bonn versprühte da ein ganz anderes Flair. Aus der Dachwohnung am Olivaer Platz, aus dem Zentrum Westberlins, zog er nun in ein Appartement in einem Hochhaus auf Bonns Hardthöhe, umgeben von rheinischen Rübenfeldern. Kulturell hatte die Bundeshauptstadt ebenfalls weniger zu bieten. Bald schon erkundigte er sich bei der Salonführerin der Parlamentarischen Gesellschaft, der Gräfin Werthern, ob das gesellschaftliche Leben dort auch ein paar Literaten zu bieten habe. Mit einem Heimatdichter könne man dienen, erhielt Schiller als Antwort.[7]

Immerhin traf Schiller in Bonn auf einen alten Bekannten aus Hamburger Tagen. In seinem Bestreben, die besten Köpfe in den Bundestag zu locken, war es Herbert Wehner nach zähem Kampf gelungen, auch Helmut Schmidt nach Bonn zu lotsen.[8] In der politischen Bedeutung hatte der ehemalige Student seinen Professor mittlerweile überholt. Als »Herr der Flut«, der umsichtig die Folgen der Sturmkatastrophe von 1962 gemanagt hatte, hatte er sich als Hamburger Innensenator republikweit bereits

---

5 Vgl. Bouvier, Zwischen Godesberg und Großer Koalition, S. 276.
6 Vgl. den Brief an den Vorstand der Deutschen Lufthansa am 27.6.1966, in: BA N Schiller 1229, B. 125.
7 Vgl. den Spiegel vom 9.1.1967.
8 Vgl. Soell, Helmut Schmidt, S. 497.

einen Namen gemacht. Dass er jetzt zurück in den Deutschen Bundestag ging, werteten nicht wenige als Anzeichen dafür, dass er systematisch zum neuen Kanzlerkandidaten der SPD aufgebaut werden sollte.[9]

Große Wiedersehensfreude allerdings kam bei Schiller nicht gerade auf. In den ersten Wochen nach dem Umzug nach Bonn, bevor sich organisatorisch alles eingespielt hatte in der neuen Fraktion, musste er sich mit seinem ehemaligen Referenten ein Büro teilen. Wer immer auf diese Idee gekommen sein mochte: Über das Verhältnis der beiden zueinander kann er nicht sehr viel gewusst haben. Schiller verlegte seinen Arbeitsplatz prompt in das Restaurant des Bundeshauses, wo er einen ganzen Tisch mit seinen Arbeitsunterlagen okkupierte. Seinen Mitarbeiter schickte er mehrmals täglich nach oben, um die Post durchzusehen.[10]

Nun war der Bundestagsneuling Karl Schiller gewiss kein Namenloser mehr. Dafür hatte seine Arbeit als Berliner Wirtschaftssenator gesorgt. Und doch gab es bei ihm einen entscheidenden Moment, der auf einen Schlag seiner Karriere noch einmal einen neuen Schub gab: Am 29. November 1965, bei der Aussprache über die Regierungserklärung von Ludwig Erhard, wurde der politische »Superstar« Karl Schiller geboren.

Als Schiller als letzter Redner des Abends an das Pult trat, leerte sich mit einem Schlage das Restaurant des Bundeshauses, wo sich die meisten Abgeordneten bei den Auftritten der bereits bekannten Parlamentarier die Zeit vertrieben hatten.[11] So erlebte der Korrespondent des »Spiegel« den denkwürdigen Auftritt:

»Von der vorderen SPD-Bank erhob sich ein schmächtiger Eierkopf-Typ, braune Hornbrille, Twen-Kleidung mit Röhrenhosen, kleiner als Ludwig Erhard und nicht einmal halb so schwer. Dann dozierte der ordentliche Professor für Nationalökonomie an der Hamburger Universität, vormals Wirtschaftssenator in der Hansestadt und in Berlin, Dr. Karl Schiller, 54. Der Bundestagsnovize ließ kaltes Neonlicht ins ›neblige Dämmerlicht der formierten Gesellschaft‹ fallen. Das Parlament hatte einen neuen Star.«[12]

Dass Schiller »dozierte«, war in der Tat richtig. Es war keine kämpferische oder aggressive Rede, mit der Schiller sich an diesem Abend in die politische Schwergewichtsklasse katapultierte. Mit leiser Ironie und in einem Tonfall, der zwischen lakonisch und eindringlich oszillierte, zerpflückte er Erhards Regierungserklärung. Deutlich war der Versuch erkennbar, Erhard als einen unbeholfenen, leicht naiven Mann mit einem Zug ins Lächerliche darzustellen, der außer guten Vorsätzen wenig zu bieten hatte. Schiller kritisierte nicht Erhards Kurs in der Wirtschaftspolitik, sondern stellte gleich gänzlich

---

9   Vgl. die Süddeutsche Zeitung vom 28.9.1965.
10 Gespräch mit Eckhard Jaedtke.
11 Vgl. die Zeit vom 10.12.1965.
12 Vgl. den Spiegel 8.12.1965.

1 Die Zertrümmerung des Erhard-Mythos

in Abrede, dass ein solcher Kurs überhaupt existiere. Die Rede gab bereits die Stoßrichtung der zukünftigen Attacken gegen Erhard und die Regierungskoalition vor: Diese hätten die Zeichen der Zeit nicht erkannt, verharrten im Attentismus und hielten an alten Rezepten fest. Schiller forderte, wenig überraschend, endlich ein Bekenntnis zu einer antizyklischen Wirtschaftspolitik, um die im Jahre 1965 langsam bedrohlich werdende Preisentwicklung in den Griff zu bekommen. Überhaupt, so Schiller, rührten die Probleme der Bundesregierung daher, dass sie kurzatmige Politik betreibe. Es gäbe keine Gesamtkonzeption und die könne es auch gar nicht geben, da sich die Koalition dem Instrument der mittelfristigen Finanzplanung weiterhin verschließe, was wohl auch in der Persönlichkeit des Bundeskanzlers begründet liege:

»Er liebt nicht das geduldige, vorausschauende, systematische Ansteuern der Ziele etwa auf der Basis eines mehrjährigen Plans. Der Kanzler liebt mehr die Augenblickshandlung, das Übersteigen seiner Kräfte und Anstrengungen in einem Punkte und in einer akuten Situation.«

Das Ganze sei eine Politik des »Treibenlassens – ›halb zog es sie, halb sank sie hin.‹«[13] Statt eines Konzeptes hagle es lediglich Beschwörungen und Appelle, »Seelenmassage nach freischaffender Künstlerart«.[14] Der Bundeskanzler, so Schiller, beherrsche zwar die »Sprache der puren Binsenweisheit«[15], aber das könne nicht verdecken, dass er in Wahrheit nicht den blassesten Schimmer habe, wohin die Reise gehen soll.

Schiller forderte demgegenüber die Formulierung klarer quantitativer ökonomischer Ziele in Bezug auf Wirtschaftswachstum und Preisentwicklung. Auf dieser Basis sollte schließlich auch der mittelfristige Finanzplan konstruiert werden. Erst dann verfügten auch die Tarifparteien über genügend Orientierungshilfen, um zu vernünftigen und der Situation angemessenen Lohnabschlüssen zu kommen.[16]

Und das alles würzte Schiller mit Zitaten von Bertolt Brecht bis Friedrich Schiller, verwies auf Walter Jens ebenso wie auf Wilhelm Hennis. »Nur keinen Bildungshochmut, Herr Professor«[17], riefen die Abgeordneten der bürgerlichen Koalition dazwischen. Nach einem besonders gewundenen und salbungsvollen Satz die Frage, ob das nun »frei nach Schiller« gewesen sei. »Ach Gott«, entgegnete dieser schlagfertig, »der Name Schiller – an den werden Sie sich hier gewöhnen müssen.«[18]

Einen halben Tag lang versuchten die Redner der CDU, die Wirkung der Rede Schillers abzuschwächen – mit wenig Erfolg. Genüsslich konnten die Sozialdemokraten registrieren, welche Resonanz Schillers Auftritt fand. Auf einer halben Seite wid-

---

13 Deutscher Bundestag, 5. Wahlperiode, 7. Sitzung, 29. November 1965, S. 131.
14 Ebd., S. 130.
15 Ebd., S. 131.
16 Ebd. S. 132 ff.
17 Ebd. S. 131.
18 Ebd.

mete sich die »Bild«-Zeitung dem Debüt des Bundestags-Novizen: »Der neue Star in Bonn: Die Callas der SPD. Karl Schiller lächelt, wenn andere schimpfen.«[19] Auch das wirtschaftsnahe »Handelsblatt«, Sympathie für die SPD unverdächtig, lobte Schillers »brillantes Debüt«. Harte Zeiten würden fortan für die Regierungskoalition anbrechen, die durch ihre Führungs- und Konzeptionsmängel große Blößen für die Angriffe der Opposition biete.[20] Bei der konservativen FAZ, die ihren Kommentar mit »Immer wieder Schiller« überschrieb, klang gar schon Ärger durch, welche Bedeutung da dem Neuling gezollt wurde. Gewiss, an dieser Tatsache mochte auch die FAZ nicht vorbeisehen, sei Schiller ein »belebendes Element in der oft träge dahintrottenden parlamentarischen Auseinandersetzung«. Und dass es sich bei ihm um einen Mann mit einer eindeutigen marktwirtschaftlichen Ausrichtung handle, sei ja ebenfalls sehr lobenswert. Doch dieses »Wort-Geklingel: ach wie geistreich, wie mutig, wie einfallsreich [...]. Aber der Methode der Büttenrede, des Wortwitzes, nur um Salzsäure zu verspritzen, kann wohl kaum ein wohlmeinender Bürger zustimmen.«[21]

Keine Frage: Das »bürgerliche Lager« und die ihm wohl gestimmte Publizistik waren durch Schiller verunsichert worden. Und diese Verunsicherung sollte auch in den folgenden Jahren spürbar bleiben. Instinktiv ordneten viele Christ- und Freidemokraten Schiller als einen der Ihren ein. Nur stand er ja im gegnerischen Lager. Gewiss hatte es auch zuvor schon Sozialdemokraten gegeben, die sich als Bürgerschreck beim besten Willen nicht eigneten, und die Karte des Bildungsbürgers hatte schon Carlo Schmid ausgespielt. Aber Schiller war ein anderes Kaliber. Er brillierte nicht als präsidialer Festtagsredner mit kulturpolitischen oder philosophischen Abhandlungen. Hier sprach ein Sozialdemokrat, der die Koalition auf einem sehr konkreten Politikfeld attackierte und allem, was er sagte durch seinen Titel als Professor für Volkswirtschaftslehre eine zusätzliche Bedeutung und Autorität verschaffte.

Die größten Probleme jedoch bereitete dem bürgerlichen Lager nicht Schillers Habitus. Der eigentliche Sprengstoff ergab sich aus den Inhalten, die der neue wirtschaftspolitische Sprecher der SPD-Fraktion vertrat. Schillers Forderungen nach einer umfassenderen, rationalen Wirtschaftspolitik, die vorausschauend zukünftige Krisen antizipierte und eine volkswirtschaftliche Gesamtrechnung sowie die mittelfristige Finanzplanung zur Grundlage hatte, fanden längst ein breites Echo. Vorbei waren die Zeiten, in denen allein das Wort »Planung« zu hysterischen Attacken gegen die Sozialdemokraten geführt hatte.[22] Spätestens während des zweiten Kabinetts Erhard manifestierte sich auch im politischen Raum jener Diskurswechsel, der auf dem Gebiet der Sozial- und Wirtschaftswissenschaften schon seit dem Ende der 50er-Jahre sichtbar geworden war. Fast zwanzig Jahre lang war der Planungs-Begriff in der Bun-

---

19 Vgl. die Bild-Zeitung vom 2.12.1965.
20 Vgl. das Handelsblatt vom 2.12.1965.
21 FAZ vom 2.12.1965.
22 Vgl. die Westfälische Rundschau, 2.12.1965.

desrepublik tabuisiert und verdammt worden. Dass diese Stigmatisierung gerade im deutschen Fall besonders gravierend ausfiel, hatte vielerlei Gründe. Da war zum einen der Erfolg der »Sozialen Marktwirtschaft«, wie er von Ludwig Erhard, Alfred Müller-Armack und den Mitgliedern der ordoliberalen Freiburger Schule konzeptionell vorgedacht und inhaltlich ausgestaltet worden war. Zum anderen spielte auch die weltpolitische Konstellation und deren Rückwirkung auf die Bundesrepublik eine große Rolle. Unter dem Druck des Kalten Krieges erschien alles, was auch nur entfernt an das Gesellschaftssystem jenseits des Eisernen Vorhangs erinnerte, von vornherein diskreditiert. Seit der Kuba-Krise aber herrschte vorsichtiges Tauwetter zwischen den Blöcken und die Weltmächte versuchten sich in Entspannungspolitik. In der Folge erlebten Konvergenztheorien, die davon ausgingen, dass sich die Systeme über kurz oder lang in einem mittleren Weg zusammenfinden würden, eine ungeahnte Konjunktur. Als eine Folge wurde auch die Planungsvokabel enttabuisiert, die nun weniger verdächtig als zuvor erschien.[23]

Mitte der 60er-Jahre zweifelten nur noch wenige daran, dass nun ganz andere Formen der Staatstätigkeit vonnöten seien, um auch zukünftig Prosperität und Wohlstand für alle zu sichern. Selbst an Ludwig Erhard war diese Entwicklung nicht spurlos vorbei gegangen. Bei aller Abneigung gegen die sich abzeichnende Planungseuphorie sprach auch er schon 1960 noch etwas nebulös von »einer zweiten Phase der Sozialen Marktwirtschaft«, ein Begriff, den ihm sein theoretischer Vordenker, Alfred Müller-Armack, ins Manuskript geschrieben hatte. In den konservativen Tageszeitungen ließ sich dieser Mentalitätswandel ebenfalls nachzeichnen und vereinzelt war der Verdruss über Erhards Planungsphobie bereits seit 1962 spürbar geworden.[24] Die Planungsvorstellungen in anderen westlichen Demokratien stießen dort durchaus auf Resonanz, auch weil sie wie etwa in Frankreich zum Teil unter konservativen Regierungen entwickelt wurden. Erhards gebetsmühlenartig wiederholte Abneigung gegen jede Form von Planung wirkte vor diesem Hintergrund immer unmoderner. Zunehmend stand der Kanzler als Ideologe und Dogmatiker da, der unter Rückgriff auf einen falsch verstandenen Freiheitsbegriff die Zeichen der Zeit nicht erkannte. Auch auf europäischer Ebene war er isoliert, seitdem die EWG-Kommission 1962 in einem Memorandum auf die Ideen der französischen Planification eingeschwenkt war, um den europäischen Integrationsprozess voranzutreiben. Für Erhard, in dessen Denken nur die klaren Alternativen Markt oder Plan vorgesehen waren, mutete das Memorandum der Kommission »fast etwas gespenstisch« an – »nach allem was wir in Deutschland erlebt und geschaffen haben.«[25]

---

23 Vgl. Michael Ruck, Ein kurzer Sommer der konkreten Utopie – Zur westdeutschen Planungsgeschichte der langen 60er Jahre, in: Axel Schildt, Dynamische Zeiten: Die 60er Jahre in den beiden deutschen Gesellschaften, Hamburg 2000, S. 362-401, hier S. 365.
24 Vgl. für Beispiele auch Metzler, Konzeptionen politischen Handelns, S. 242 ff.
25 Zitiert nach Ruck, Ein kurzer Sommer der konkreten Utopie, S. 372.

Erhards eigener Partei fiel es zunehmend schwerer, den Begriff der Planung einzig dem Repressionsarsenal totalitärer Regime zuzuordnen. Selbst in der deutschen Industrie hielt man bestimmte Planungselemente in der Wirtschafts- und Finanzpolitik keineswegs für ein Sakrileg. Solange der Staat sich auf die Globalsteuerung beschränkte und die Entscheidungen auf der Mikroebene der Unternehmen nicht beeinträchtigte, konnte sich die deutsche Wirtschaftselite mit den Forderungen Schillers durchaus anfreunden.[26]

Endgültig manifest wurden Erhards Isolation und die gleichzeitig aufdämmernde Diskurshegemonie der SPD und ihres Globalsteuerers Schiller, als der Sachverständigenrat zur Begutachtung der gesamtwirtschaftlichen Entwicklung – 1963 gegründet und im Volksmund als Rat der »Fünf Weisen« bezeichnet – im November 1965 der Regierung deutlich die Leviten las und eine keynesianische Lösung der wirtschaftlichen Probleme vorschlug.[27] Das spiegelte ohne Frage die überwiegende Meinung unter den volkswirtschaftlichen Lehrstuhlinhabern der Republik wider, wo der Keynesianismus mittlerweile zur herrschenden Lehre erhoben worden war.

Karl Schiller konnte sich daher bei seiner Kritik an Erhards Wirtschaftspolitik des Beifalls sowohl seiner Fachkollegen als speziell auch des Sachverständigenrates sicher sein. Diese Zustimmung nutzte er fortan als politisches Instrument und verstärkte durch den permanenten Verweis auf die Gutachten der »Fünf Weisen« noch die technokratische Stoßrichtung seiner Angriffe auf die Wirtschaftspolitik der Bundesregierung: Die Gutachten seien ein erster Schritt zur »Versachlichung und Rationalisierung der Wirtschaftspolitik«.[28] Vom Sachverständigenrat sprach Schiller als einer »Royal Commission«.[29] Das mochte ein wenig anachronistisch, nahm man ihm beim Wort sogar wenig republikfreundlich klingen, aber es war der deutliche Versuch, dem Gremium auch in den Augen der Öffentlichkeit höchstmögliche Weihen zu erteilen. Wie sollte sich ein unabhängiges, parteipolitisch neutrales Gremium irren, in dem die klügsten Ökonomen des Landes versammelt waren?

Außer hilflosen Maßhalteappellen, so erschien es vielen Beobachtern in beiden politischen Lagern, hatte Erhard im letzten Jahr seiner Regentschaft nicht mehr allzu viel zu bieten. Besonders gravierend musste der Attentismus Erhards in einer Phase empfunden werden, in der nicht nur immer lauter der Ruf nach konkreten Reformen in der Innenpolitik erschallte, sondern auch gesamtgesellschaftliche Konzeptionen eingefordert wurden. In der Aufbruchstimmung der 60er-Jahre standen die Zeichen auf Verän-

---

26 Vgl. Volker Berghahn, Unternehmer und Politik in der Bundesrepublik, Frankfurt am Main 1985, S. 291 ff.
27 Vgl. Tim Schanetzky, Sachverständiger Rat und Konzertierte Aktion: Staat, Gesellschaft und wissenschaftliche Expertise in der bundesrepublikanischen Wirtschaftspolitik, in: VSWG 91 (2004), Heft 3, S. 310-331, hier: S. 315 f.
28 Vgl. die Welt vom 20.1.1965.
29 Vgl. hierzu auch das Manuskript Schiller »Vom Umgang mit einer Royal commission«, in: BA N Schiller 1229, B. 184, 1965 (o. D.).

1 Die Zertrümmerung des Erhard-Mythos

derungen – wozu Erhard im Übrigen mit seiner Parole vom »Ende der Nachkriegszeit« selbst beigetragen hatte.

Dabei hatte er ja durchaus den Versuch unternommen, über den Tellerrand der kurzfristigen Politik hinaus ein gesamtgesellschaftliches Konzept erkennen zu lassen. Herausgekommen war bei den Überlegungen des Bundeskanzlers und seines Beraterkreises das Konzept der »formierten Gesellschaft«. Reichlich nebulös ist es bis heute geblieben; eine präzise Bedienungsanleitung hatten die Urheber nicht mitgeliefert.

Dabei schwang im Konzept der »formierten Gesellschaft« ja durchaus eine Sorge mit, die weithin geteilt wurde: Dass der Staat seine Steuerungsfähigkeit verloren hatte, vom einst mächtigen Leviathan nur noch ein »kastrierter Kater« übrig geblieben war, wie es Rüdiger Altmann, Berater Erhards und geistiger Vater der Idee der »formierten Gesellschaft«, ausdrückte.[30] Die »formierte Gesellschaft« drückte vor allem ein konfuses Unbehagen am Einfluss der Interessengruppen in der deutschen Politik aus. Unter Adenauer hatten diese noch unmittelbaren Zugang zum Kanzler besessen. Erhard aber wollte der »Herrschaft der Verbände« ein Ende bereiten und sie für das Gemeinwohl disziplinieren. Angestrebt werden sollte eine kooperative Demokratie, ohne »autoritären Zwang«, wie Erhard betonte, beruhend auf »eigenem Willen, aus der Erkenntnis und dem Zwang gegenseitiger Abhängigkeit.«[31] Der Mensch an sich, so glaubte Erhard, war von Natur aus gut und vernunftbegabt. Nur die Interessengruppen sorgten dafür, dass er vom rechten Wege abkam. Also musste man deren Einfluss begrenzen und dem Staat jene Steuerungsfunktion zurückgeben, die er an die Parteien und Verbände verloren hatte. In den 60er-Jahren setzte folglich auch ein liberaler Ökonom wie Ludwig Erhard auf die Stärkung der staatlichen Steuerungsfunktion. Als Zeichen eines übertriebenen Etatismus muss man das allerdings nicht deuten – schließlich war der Neoliberalismus der Freiburger Schule niemals für einen kraftlosen »Nachtwächterstaat« eingetreten, sondern für eine starke ordnungspolitische Führung.

Nun wurden Erhards Beobachtungen über den drohenden Verlust der staatlichen Steuerungsfunktion ja weithin geteilt. Auch die Hochkonjunktur der Planungsidee verdanke sich nicht nur euphorischen Zukunftserwartungen, sondern ebenso der Befürchtung, dass ohne sie eine pluralistische Gesellschaft überhaupt nicht mehr zu lenken sei.[32] Der Kanzler hatte es allerdings niemals vermocht, seine abstrakten Vorstellungen mit konkreter Politik zu verbinden. Wie die fragmentierte Gesellschaft überwunden und in die »formierte Gesellschaft« überführt werden sollte, wusste er vermutlich ebenso wenig wie seine Berater.

---

30 Zitiert nach: Klaus Hildebrand, Von Erhard zur Großen Koalition 1963–1969, (Geschichte der Bundesrepublik, Band 4), Stuttgart 1984, S. 163.
31 Ludwig Erhard, Das Leitbild der Formierten Gesellschaft (Rede auf dem Bundesparteitag der CDU am 31. März 1965 in Düsseldorf), in: Die Formierte Gesellschaft. Ludwig Erhards Gedanken zur politischen Ordnung Deutschlands, hrsg. vom Presse- und Informationsamt der Bundesregierung (o. D.), S. 9.
32 Vgl. Metzler, Am Ende aller Krisen?, besonders S. 86.

VIII Superstar (1965–1969)

Dennoch hatten die Sozialdemokraten Erhards Konzept am Anfang durchaus ernst genommen. Den Auftrag, sich mit dem Konzept der »formierten Gesellschaft« auseinanderzusetzen, hatte Karl Schiller erhalten, und zwar von Willy Brandt höchstpersönlich.[33] Schiller tat wie ihm geheißen und hatte bereits in seiner furiosen Jungfernrede im Bundestag die »Formierte Gesellschaft« attackiert. Im Juni 1966 auf dem Bundesparteitag der SPD in Dortmund – Erhards Autorität als Bundeskanzler war schon im Zustand fortgeschrittenen Verfalls – führte er seine Kritik weiter aus.

Schiller brachte das nebulöse Konzept mit den übrigen Schwächen in Erhards Regierungsstil in Verbindung. Die Formel von der »formierten Gesellschaft« sei vor allem

»[…] Ausdruck eines inneren, eines psychischen Vorganges, eines Entlastungsversuches in der Person des Regierungschefs: Weg von den Händeln dieser Welt, Flucht deshalb in die Scheinwelt der ›formierten Gemütlichkeit‹, in welcher das Schweigen der Entscheidungslosigkeit herrscht«.[34]

Außerdem appelliere Erhard mit dem Bild der »formierten Gesellschaft« an die im deutschen Volk wohl bekannten Verhaltensmuster der Gemeinsamkeit und des Gemeinwohls. Deren Vorhandensein sei in der Tat notwendig, aber problematisch sei eben, dass sich diese Orientierung am Gemeinwohl nach dem Rezept der »Formierung« vollziehen soll: »Strammstehen – zwar nicht durch Gesetz und Befehl, sondern strammstehen aufgrund höherer Einsicht!«[35] Zweifellos sei in der »formierten Gesellschaft« das Element einer vertikalen, einer obrigkeitsstaatlichen, einer undemokratischen Denkweise enthalten. Das Regierungslager würde damit einen Schritt von der neoliberalen in die neofeudale Phase tun.[36]

Aber Schiller kritisierte nicht nur Erhards gesellschaftliches Leitbild, sondern stellte auch ein eigenes Gesellschaftskonzept vor, das er auf den Begriff der »mündigen Gesellschaft« brachte. Die gesellschaftlichen Konflikte, vor denen Erhard fliehe, seien ihrer Natur nach weder gut noch böse, sondern in ihrer sozialen Dynamik einfach lebensnotwendig. Man müsse aber die Voraussetzungen dafür schaffen, dass diese Konflikte »weder durch die Formierung überkleistert noch unterdrückt werden, noch in Anarchie ausarten, sondern durch mündige Menschen gelöst werden«.[37] Und bei der Erziehung zur Mündigkeit müsse der Staat seinen Beitrag leisten:

---

33 Vgl. Brandt an Schiller am 29.10.1965, in: WEI, K. 11.
34 Vgl. das Einführungsreferat Schillers in der Arbeitsgemeinschaft »Schwerpunkte der Gesellschaftspolitik in Deutschland« auf dem Parteitag der SPD am 3. Juni 1966 in Dortmund, in: Tatsachen und Argumente, Nr. 204/66, S. 2 f.
35 Ebd.
36 Vgl. ebd.
37 Ebd., S. 4.

»Die mündige Gesellschaft setzt freie, aufgeklärte Menschen voraus, Menschen, die im Stande sind, alte und neue Abhängigkeiten in Staat und Wirtschaft zu erkennen und ihnen die Stirn zu bieten. Skepsis und unaufhörliche Kritik gehören zum Lebenselixier dieser mündigen Gesellschaft. Sie muss eine gebildete Gesellschaft sein.«[38]

Nun war die Beschreibung der »mündigen Gesellschaft« bis zu diesem Punkt auch nicht wesentlich konkreter als Erhards eigenes Konzept. Gewiss, es wirkte alles in allem demokratischer, betonte den Wert der Bildung, was in den 60er-Jahren wichtig war, und atmete auch den Aufklärungsgedanken von Vernunft und Rationalität, knüpfte insofern geschickt an den Zeitgeist der 60er-Jahre an. Günter Grass war dann auch gleich begeistert von Schillers Begriffsschöpfung und versprach, von ihr bei jeder passenden Gelegenheit Gebrauch zu machen[39], was Schiller wiederum mit großem Stolz sofort Willy Brandt mitteilte.[40]

Aber viel entscheidender war, dass Schiller seine »mündige Gesellschaft« mit konkreten politischen Konzepten verband. An die menschliche Vernunft glaubten Schiller wie Erhard und als Ökonomen hielten beide das Leitbild des »homo oeconomicus« für wünschenswert. Nur wollte Schiller es anders als Erhard nicht bei bloßen Appellen belassen: Das Gemeinwohl werde weder – wie es der klassischen liberalen Vorstellung entsprach – durch die unsichtbare Hand der Egoismen erreicht noch auf dem autoritären Weg der Formierung der Interessen, wie dieses neuerdings Erhard im Auge habe. Vielmehr sei es Aufgabe des Staates, die gesellschaftlichen Gruppen durch seine planende und ausgleichende Politik und durch Orientierungshilfen zum Gemeinwohl hinzuführen.[41]

Und genau hier lag der Nexus zur konkreten Politik. Denn es war eben eine der großen Streitfragen der Jahre 1965 und 1966, wie es dem Staat gelingen könne, rationale, also: vernünftige Politik angesichts einer pluralistischen Gesellschaft noch betreiben zu können. Ein Feld, wo die rationale Staatsräson besonders schwer, ja nahezu unmöglich, durchzusetzen war, lag im Bereich der Tarifpolitik, die für die bedrohliche Preisentwicklung seit 1964 mitverantwortlich gemacht wurde. Formell besaß der Staat hier aufgrund der Tarifautonomie keine Möglichkeiten der Einflussnahme. Erhard hatte das stets akzeptiert und sich in liberaler Manier auch geweigert, Lohnleitlinien zu verkünden, es stattdessen bei Appellen belassen, zu Lohnabschlüssen zu kommen, die der wirtschaftlichen Situation angemessen seien – was immer das auch bedeutete.

Doch mit dieser Sichtweise war der Kanzler zunehmend isoliert. Selbst an seiner alten Wirkungsstätte, dem Bundeswirtschaftsministerium, dachte man darüber nach,

---

38   Ebd., S. 5.
39   Vgl. Grass an Schiller am 20.6.1966, in: BA N Schiller 1229, B. 296, S. 95.
40   Vgl. Schiller an Brandt am 29.6.1966, in: BA N Schiller 1229, B. 327, S. 12.
41   Vgl. ebd.

wie der Staat auf den Dialog zwischen den Tarifparteien Einfluss nehmen könne. Schon in den Jahren 1963 und 1964 hatten sich Beamte des Ministeriums mit Vertretern der Gewerkschaften getroffen, um Grundsätze für eine Einkommenspolitik zu erarbeiten.[42] Der Druck, einen neuen sozialen Dialog zu initiieren und zu neuen Formen des Korporatismus zu gelangen, hatte in der Folgezeit erheblich zugenommen. In seinem zweiten Jahresgutachten hatte schließlich 1965 auch der Sachverständigenrat eine »konzertierte Stabilisierungsaktion« gefordert, um die Preisentwicklung in den Griff zu bekommen. Aus dem Gutachten ließ sich auch eine eindeutige Kritik am Führungsstil Erhards herauslesen. Die gesellschaftlichen Kräfte müssten systematisch auf ein gemeinsames Ziel hingelenkt werden. »Dazu reichen freilich Appelle an Einzelne nicht aus; vielmehr bedarf es einer Abstimmung der Verhaltensweisen im Rahmen einer umfassenden wirtschaftspolitischen Konzeption.«[43] Mit einer unverkennbaren Spitze gegen den amtierenden Bundeskanzler fügten die Sachverständigen hinzu, eine solche Politik stelle selbstverständlich »hohe Anforderungen an die psychologische und politische Führungskunst der Regierung«.[44]

Die liberal-konservative Presse stimmte den Forderungen der Sachverständigen abermals zu. Selbst der vermutlich einflussreichste konservative Wirtschaftsjournalist jener Jahre, Fritz Ulrich Fack, konstatierte in der FAZ, dass mit der Idee der »Konzertierten Aktion« endlich ein Stück jener Vision Erhards von der »formierten Gesellschaft« verwirklicht würde, die vielen bisher nur als verschwommene und ungreifbare Sache vorkomme.

> »Ihr Kernstück ist der gesellschaftliche Konsens [...]. Dieser Konsens soll nicht durch obrigkeitliche Anordnung, sondern durch das ständige Gespräch, durch Überzeugen, durch die Kraft des besseren Arguments und nicht zuletzt durch die Werbekraft der bestehenden Institutionen hergestellt werden.«[45]

Mehr und mehr rückte Schiller in den Mittelpunkt einer hegemonialen Diskurskoalition, die neue Wege in der Wirtschaftspolitik einforderte. Eine ungewöhnliche Allianz hatte sich gebildet, an der Teile der konservativ-bürgerlichen Presse, einige Spitzenfunktionäre der Arbeitgeberverbände und mancher Politiker aus dem Unionslager genau so beteiligt waren wie SPD und Gewerkschaften. Der Kitt, der diese Diskurskoalition zusammenhielt, war die Abneigung gegen die Weigerung Erhards, sich neuer Formen der Staatsaktivität zu bedienen. Die im Dezember 1966 gebildete Große Koalition war ihr Produkt.

---

42 Schanetzky, Sachverständiger Rat und Konzertierte Aktion, S. 316.
43 Zitiert nach: Schanetzky, Sachverständiger Rat und Konzertierte Aktion, S. 315.
44 Ebd., S. 316.
45 Vgl. die FAZ vom 20.12.1965.

1 Die Zertrümmerung des Erhard-Mythos

Der Wortschöpfer der »Konzertierten Aktion« war Karl Schiller also nicht. Der bald weit bekannte Begriff stammte aus den Gutachten der Sachverständigen und hatte als Idee schon länger im öffentlichen Diskurs zirkuliert. Schiller nahm diese Idee lediglich auf, verstand es aber in der Folgezeit, sie aufs Engste mit der eigenen Person zu verflechten. So gelang es ihm, sich selbst zum Sprachrohr der weit verbreiteten Unzufriedenheit mit dem Erhard'schen Attentismus zu machen – und die SPD endgültig von der Peripherie ins Zentrum der wirtschaftspolitischen Debatten zu rücken.

Zuweilen schien es, als sei der Bundeskanzler der Einzige, der von einer »Konzertierten Aktion« partout nichts wissen wollte. Für ihn waren die Vorschläge allesamt zu mechanistisch, zu inflexibel, kurz: Stationen auf dem Weg in die Planwirtschaft. Als sein Wirtschaftsminister Schmücker dem öffentlichen Druck nachgab und im Juni 1966 einen »Sozialen Dialog« ins Leben rief, blieb es bei einer einzigen Sitzung. Der argwöhnisch gewordene Erhard fürchtete abermals die unzulässige Einmischung der Interessengruppen in die Politik und rief seinen Nachfolger umgehend zurück.[46]

Gar eine Art Verschwörung witterte er, entdeckte in den Gutachten des Sachverständigenrates eine verdächtige intellektuelle Nachbarschaft zu den Vorstellungen der SPD. Die gäbe es in der Tat, antwortete Schiller ihm im Bundestag, allerdings anders, als der Bundeskanzler es sich vorstellen würde. Die parteipolitische Unabhängigkeit des Rates stehe völlig außer Zweifel. Allerdings bestehe eine Verbindung und das sei die »moderne Ökonomie«.[47] In der Generation jüngerer Ökonomen würden eben viele in die gleiche Richtung denken, musste der Kanzler sich belehren lassen, aber diese Debatte in den Fachzeitschriften sei an der Regierung offensichtlich spurlos vorbei gegangen.

Bei genauerer Betrachtung waren die Gemeinsamkeiten zwischen der »formierten« und der »mündigen Gesellschaft« größer als die Unterschiede. In beiden Konzepten ging es ja darum, wie die staatliche Handlungsfähigkeit zumindest erhalten, wenn nicht gar ausgebaut werden konnte. Sowohl Erhard als auch Schiller operierten mit den Begriffen »Vernunft« und »Gemeinwohl« und beide sahen diese für sie zentralen Werte durch den Einfluss der Interessengruppen gefährdet. Schiller aber – und das unterschied ihn von Erhard – akzeptierte die Realität einer gruppenhaft organisierten Gesellschaft. Nötig war eben das Aufzeigen gesamtwirtschaftlicher Zahlen, um beispielsweise den Tarifparteien Orientierungshilfen bei der Lohnfindung zu geben. Schiller war fest von der pädagogischen Wirkung überzeugt, die von vermeintlich »objektiven Wirtschaftsdaten« ausgehen würde. Man musste nur genügend Aufklärungs- und Überzeugungsarbeit leisten, dann könne der Staat durch die Erziehung zur Mündigkeit noch immer genügend Einfluss nehmen.

Erhard wollte gerade das vermeiden. Weder dachte er daran, Leitlinien zu verabschieden, noch mittelfristige Projektionen bekannt zu geben. Und vom Ansteuern

---
46 Schanetzky, Sachverständiger Rat und Konzertierte Aktion, S. 317.
47 BT, 5. Wahlperiode, 22. Sitzung, 17.2.1966, S. 948.

langfristiger Ziele hielt er schon gar nichts. Die »formierte Gesellschaft« operierte mit Appellen an die Gesinnung; in der »mündigen Gesellschaft« setzte man hingegen auf langfristige Überzeugungsarbeit und die Institutionalisierung der Vernunft.

Dass Erhard am Ende in Widerspruch zur mittlerweile herrschenden Lehre in der Volkswirtschaftslehre geriet, dass selbst die konservativen und wirtschaftsliberalen Tageszeitungen mehr und mehr auf Schillers Kurs einschwenkten, das war sicherlich nicht der einzige und vielleicht nicht einmal der entscheidende Grund für seinen Sturz. Als Bundeskanzler hatte Erhard kaum einen Fehler ausgelassen, vor allem in der Außenpolitik, wo er eine ausgesprochen unglückliche Figur gemacht hatte. Zudem hatte er es niemals vermocht, genügend Hausmacht in Fraktion und Partei zu gewinnen, wie Erhard überhaupt Schwächen in der politischen Führung zeigte. Und schließlich war auch der Vorrat an Gemeinsamkeiten in der Koalition zwischen CDU/CSU und FDP Ende 1966 restlos aufgebraucht. Aber Erhards Schisma mit dem Mainstream der Volkswirtschaftslehre und auch der liberal-konservativen Wirtschaftspublizistik hat seinen Autoritätsverlust doch verstärkt und das bürgerliche Lager insgesamt weiter seiner Kohärenz beraubt.

Problematisch wurde das vor allem, als sich zum Ende seiner Kanzlerschaft die wirtschaftliche Lage gewissermaßen in ihr Gegenteil verkehrte. War es bis dahin die Inflation gewesen, die Sorgen bereitet hatte, so drohte plötzlich von der entgegengesetzten Flanke Gefahr. Um die überschäumende Konjunktur und die damit verbundenen Preissteigerungen in den Griff zu bekommen, hatte die Bundesbank die Kreditaufnahme erschwert und unter anderem den Diskontsatz erhöht. Was eine Dämpfung der überhitzten Konjunktur hervorrufen sollte, kippte allerdings rasch in eine Stagnation um. Spätestens im Herbst 1966 war absehbar geworden, dass die Republik in ihre erste wirkliche Nachkriegsrezession geraten war.[48]

Nun war die Krise gewiss noch relativ harmlos und konnte nur eine Bevölkerung beunruhigen, die lange Jahre lediglich die Sonnenseiten der wirtschaftlichen Entwicklung genossen hatte, in der aber die Erinnerung an verheerende Wirtschaftskrisen fortlebte. Als im September 1966 100.000 Menschen arbeitslos gemeldet waren bei gleichzeitig 600.000 offenen Stellen, war das noch kein Signal für den Ausnahmezustand. Aber die Deutschen reagierten eben sensibler als andere Nationen auf jedes Anzeichen einer konjunkturellen Abschwächung. Der Verweis darauf, dass etwa die Engländer seit langen Jahren unter wesentlich gravierenderen Problemen zu leiden hatten, trug daher auch kaum zur Beruhigung bei. Denn wie anderen Nationen boten sich ihnen ganz andere Möglichkeiten der Identitätsstiftung, damit auch größere Loyalitätsreserven in schlechten Zeiten. Die Empfindung des *average man* im britischen Königreich, Hitler besiegt zu haben, schuf mehr Selbstbewusstsein, als die Tatsache, im militärisch

---

48 Vgl. Reinhart Schmoeckel und Bruno Kaiser, Die vergessene Regierung: Die Große Koalition 1966 bis 1969 und ihre langfristigen Wirkungen, Bonn 1991, S. 293.

besiegten, moralisch belasteten und politisch geteilten Deutschland mit der Hypothek der nationalsozialistischen Vergangenheit leben zu müssen.

Als Identitätsstützen boten sich den Deutschen nach dem verlorenen Krieg nur der Weltmeisterschaftssieg von 1954 und das Wirtschaftswunder an – und Letzteres schien nun in Gefahr. Und bei vielen Deutschen war die wirtschaftliche Depression Ende der 20er- und Anfang der 30er-Jahre noch in lebhafter Erinnerung. Zusätzlich verstärkt wurde die Analogie zur Endphase der Weimarer Republik noch dadurch, dass die NPD, der im Sommer und Herbst 1966 der Einzug in mehrere Landesparlamente gelang, offensichtlich zum politischen Profiteur der Rezession wurde. Kurz gesagt: Was im Rückblick betrachtet wie eine harmlose konjunkturelle Abschwächung erscheinen mag, empfanden die Zeitgenossen als ernsthafte und äußerst bedrohliche Krise. Immerhin 42 Prozent der Bundesbürger glaubten 1966, dass eine große Krise wie die von 1929 ziemlich wahrscheinlich sei; 20 Prozent hielten das Eintreten einer solchen Situation gar für sicher.[49] Die täglichen Wirtschaftsmeldungen, erinnerte sich nur wenige Jahre später Dirk Bavendamm, hätten sich in jener Zeit wie die letzten Wehrmachtsberichte gelesen.[50]

Was in dieser Situation zu tun war, daran bestand weithin kaum ein Zweifel. Schließlich war der Keynesianismus längst zur ökonomischen Allzweckwaffe, ja in dieser Hinsicht zur Heilsbotschaft verkündet worden, als Rezept von vielen auch in Zeiten der Hochkonjunktur empfohlen, um die Preisstabilität zu sichern. Aber wie viel stärker musste seine Anziehungskraft jetzt wirken, in der Rezession, also in der Situation, für die die Lehren des John Maynard Keynes eigens entwickelt worden waren? Dass Schiller und die Sozialdemokraten ebenso wie die Gewerkschaften nach einer keynesianischen Therapie riefen, konnte nicht überraschen. Aber selbst der Berater Erhards und Vordenker der Sozialen Marktwirtschaft, Alfred Müller-Armack, forderte nun die Intervention des Staates in Form von Konjunkturprogrammen, um der Lage Herr zu werden.[51] Nur Erhard, für den die Krise lediglich eine kleinere konjunkturelle Abschwächung bedeutete, die man in Kauf zu nehmen hatte, verschloss sich keynesianischen Modellen der Nachfragesteuerung und rief dazu auf, den »Gürtel enger zu schnallen«. Das wirkte nicht nur angesichts des Kanzlers eigener Leibesfülle wenig überzeugend.

Nachdem die CDU eine Reihe schwerer Niederlagen zu verkraften hatte, darunter vor allem den katastrophalen Absturz bei der Landtagswahl in Nordrhein-Westfalen, war auch Erhards Ruf als Wahllokomotive dahin. Seit dem Sommer 1966 verging kaum ein Tag, ohne dass ihn mächtige Unionsfürsten nicht auch öffentlich kritisierten. In der Partei begann man sich umzuorientieren und bereits seit September – Erhard war noch

---

49 Vgl. Klaus Hildebrandt, Von Erhard zur Großen Koalition: 1963–1969, (Geschichte der Bundesrepublik Deutschland, Bd. 4), Stuttgart 1984, S. 207.
50 Vgl. Dirk Bavendamm, Bonn unter Brandt. Machtwechsel oder Zeitenwende, Wien 1971, S. 152.
51 Vgl. Hildebrandt, Von Erhard zur Großen Koalition, S. 207 f.

VIII Superstar (1965–1969)

Kanzler – wurden Gespräche zwischen den Spitzenpolitikern von CDU und SPD geführt.[52] Herbert Wehners Ziel, die Große Koalition, rückte in greifbare Nähe.

Am Ende fehlte nur noch ein letzter Anlass, um die Koalition und ihren Kanzler abdanken zu lassen. Nach einem Haushaltsstreit traten die FDP-Minister aus dem Kabinett aus. Erhard hatte keine parlamentarische Mehrheit mehr. Während er zusammen mit dem FDP-Vorsitzenden Erich Mende noch versuchte, die Koalition erneut zusammenzubringen, waren die Weichen längst anders gestellt worden und es begannen bereits mehr oder minder informelle Koalitionsgespräche.

Abb. 7 Die neue SPD: Helmut Schmidt, Karl Schiller und Willy Brandt im November 1966, wenige Tage, bevor sie als Minister der Großen Koalition Regierungsverantwortung übernehmen.

Die Sozialdemokraten waren jetzt in einer ausgesprochen komfortablen Situation. In einem Positionspapier des Fraktionsvorstandes hatte die Partei bereits den Spielraum für künftige Koalitionsgespräche abgesteckt.[53] Dass man sich mit der FDP in der Außen- und Deutschlandpolitik würde einigen können, war schnell deutlich geworden. Willy Brandt hatte dann auch offenkundige Sympathien für diese Lösung. Aber das Misstrauen gegenüber der »Pendlerpartei« FDP überwog bei vielen Sozialdemo-

---

52 Vgl. Schönhoven, Wendejahre, S. 53.
53 Ebd., S. 54.

kraten die Hemmungen gegenüber der Union. Auch hätte eine SPD/FDP-Koalition nur eine hauchdünne Mehrheit der Sitze im Bundestag besessen, was umso gefährlicher erschien, da einige Nationalliberale aus der FDP bereits angekündigt hatten, »aus Gewissensgründen« nicht für einen Kanzler Willy Brandt zu stimmen.[54] Führende Sozialdemokraten wie Helmut Schmidt, Alex Möller und auch Karl Schiller traten daher für eine Große Koalition ein. Und Herbert Wehner hatte ohnehin jahrelang auf dieses Ziel hingearbeitet.

Leicht war es dennoch nicht, die Entscheidung für die Große Koalition in der SPD durchzusetzen. Vielen Sozialdemokraten war es schwer erträglich, dass man nun mit jener Partei zusammengehen sollte, die besonders unter Adenauer die SPD systematisch verunglimpft und gedemütigt hatte. In einigen leidenschaftlich geführten Debatten mussten die Parteiführer der SPD ihre gesamte Autorität in die Waagschale werfen, um die neue Koalition innerparteilich durchzusetzen. Dass Wehner, Brandt und Schmidt am Ende geschlossen für das Bündnis mit der Union eintraten, gab schließlich den Ausschlag.[55]

Das Unbehagen in der Partei an der Großen Koalition allerdings blieb. Sie wurde von vielen Genossen fortan als Mesalliance empfunden, derer man sich im Grunde zu schämen hatte. Karl Schiller allerdings überkam bisweilen das Gefühl, dass hierin vor allem der zu schwach entwickelte Sinn für die Macht an sich zum Vorschein käme. Die Sozialdemokraten, so trug er kurz nach der Befürwortung der Großen Koalition auf einer Parteikonferenz in Bad Godesberg vor, dürften sich nicht mehr mit der »AOK« und dem »gemeinnützigen Wohnungsbau« zufriedengeben, sondern sollten endlich aus voller Überzeugung die »oberste Macht« anstreben.[56] Am Ende jedenfalls akzeptierte auch die sozialdemokratische Parteibasis die neue Konstellation, wenngleich vielen die rechte Überzeugung für das neue Bündnis fehlte.

Schillers Literaturfreunde waren sogar völlig entsetzt. Sie hatten sich ja für einen wirklichen Neuanfang eingesetzt, wollten die »bleiernen« Adenauer-Jahre hinter sich lassen. Für eine Große Koalition unter einem Bundeskanzler Kiesinger, einem ehemaligen NSDAP-Mitglied und Mitarbeiter von Goebbels Propagandamaschine, hatten sie nicht gekämpft. Dass Franz Josef Strauß – spätestens seit der »Spiegel«-Affäre ein rotes Tuch für alle Liberalen und aufgeklärten Demokraten – Mitglied des Kabinetts werden sollte, wog in ihren Augen beinahe noch schlimmer. »Wenn der CSU-Vorsitzende in das Kabinett aufgenommen wird«, so telegrafierten Günter Grass, Klaus Roehler und andere ehemalige Wahlkontoristen eilig dem designierten Bundeswirtschaftsminister, »müssen auch wir Willy Brandt und Karl Schiller künftig in einem Atemzug mit Herrn Strauss nennen.«[57] »Sehr deprimiert« seien die »Berli-

---

54 Ebd., S. 62.
55 Ebd., S. 65 f.
56 Ebd., S. 88.
57 Vgl. das Telegramm an Schiller vom 30.11.1966, in: BA N Schiller 1229, B. 111.

ner Freunde«, klagte Klaus Wagenbach. Um das Schlimmste noch abzuwenden, griff der Verleger zu Schmeicheleien: Eine Koalition mit den Liberalen sei natürlich wesentlich wünschenswerter. »Ich weiss, dass die Last einer FDP-Koalition hauptsächlich bei ihnen liegen würde.«[58]

Da Schiller auf die Meinung der Literaten einiges hielt, stimmten ihn die mahnenden Worte durchaus nachdenklich. Ob ihm auch selbst Bedenken kamen, wenn vor allem immer wieder an die Vergangenheit Kiesingers erinnert wurde? Eine blütenreine Weste hatte ja auch er nicht, wenngleich er sich im Dritten Reich politisch gewiss weniger exponiert hatte als Kiesinger. Im »Munzinger-Archiv«, das die biographischen Stationen der bundesdeutschen Politiker dokumentiert, fehlte in dieser Zeit noch jeder Verweis auf seine Parteimitgliedschaft. Die Medien jedenfalls thematisierten Schillers Vergangenheit nicht – auf einigen Parteikonferenzen der SPD sah das durchaus anders aus, wo Brandt und Wehner sich immer wieder vor Schiller stellen mussten.[59] Da er selbst aber mit dem Thema öffentlich vorerst nicht konfrontiert wurde, schwieg auch Schiller. Die führenden Funktionäre seiner Partei hatte er schon vor dem Bundestagswahlkampf von seiner »bescheidenen Jugendvergangenheit« informiert, wobei Willy Brandt das »ganz lächerlich« gefunden habe.[60] Und Günter Grass, ansonsten in solchen Fragen wenig versöhnlich, sekundierte, dass die sechs Millionen Parteimitglieder ja schließlich irgendwo geblieben sein müssten.[61]

Für die Große Koalition aber brachte auch der Schriftsteller kaum Verständnis auf. In dem für viele Intellektuelle damals typischen Alarmismus sah er die Republik schon auf dem Weg der »Portugalisierung«, wie er Schiller im Januar 1967 schrieb. Er habe feststellen können, »wie rasch und beinahe freudig, weil ja erlöst vom anstrengenden demokratischen Alltag, die Bundesbürger sich der neuen Lage anpassen.«[62] Allerdings war Grass im Gegensatz zu anderen doch bemüht, nicht völlig mit der Partei und schon gar nicht mit Schiller zu brechen, sondern zu versuchen, das Kalkül der Partei für die Große Koalition nachzuvollziehen. Immerhin, so der spätere Nobelpreisträger, tröste und beruhige ihn doch, dass er in Schillers Briefen bisweilen Zweifel und Unsicherheiten über die Richtigkeit der Entscheidung gespürt habe. Schiller müsse weiterhin der Mann von »Geist und Macht« sein, der von der »mündigen Gesellschaft« gesprochen habe. Dann sei ihm bereits weniger bange um die Zukunft der deutschen Demokratie.[63]

Aber allen Unsicherheiten und Protesten zum Trotz: Der Weg zur Großen Koalition war längst beschritten. In den Koalitionsverhandlungen war man sich rasch einig geworden. Die CDU musste damit leben, dass zwei Schlüsselressorts an den Koali-

---

58 Telegramm von Wagenbach an Schiller am 28.11.1966, in: Ebd.
59 Gespräch mit Peter Lösche.
60 Vgl. den Spiegel, 14.4.1969.
61 Vgl. ebd.
62 Grass an Schiller am 11.1.1967, in: BA N Schiller 1229, B. 285, S. 292.
63 Vgl. ebd.

tionspartner fielen: Außenminister wurde schließlich doch Willy Brandt, der zunächst überlegt hatte, lediglich das Forschungsministerium zu übernehmen. Und als neuer Bundeswirtschaftsminister sollte Karl Schiller fungieren.

2   Wirtschaftsminister

In seinem 55. Lebensjahr, nach einigen mehr oder weniger unbefriedigenden Ausflügen in die Politik, nach vielen Jahren, in denen er unzufrieden zwischen politischen Ämtern und der Wissenschaft gependelt hatte, wurde Karl Schiller im Dezember 1966 Bundeswirtschaftsminister. Endlich konnte der Makroökonom Schiller betreiben, wozu er sich wirklich berufen fühlte.

Und doch: Dass er sich damit an einem lange ersehnten Ziel wähnte, diesen Eindruck erweckte er zunächst nicht. Auch dieses Mal blieb Schiller sich treu und zweifelte, ob das Amt des Bundeswirtschaftsministers überhaupt das Richtige für ihn sei. Ob die tatsächlichen Bedenken überwogen oder ob er sich nur bitten lassen wollte und die Zusicherung brauchte, ganz und gar unverzichtbar zu sein, ist schwer zu sagen. Wie so oft bei ihm spielte vermutlich beides eine Rolle.

Am 30. November 1966, einen Tag vor seiner Vereidigung, brachte er in einen Brief an Willy Brandt seine »schweren, persönlichen, gesundheitlichen und beruflichen Bedenken« gegen die Übernahme des Wirtschaftsministeriums vor.[64] Eine ungeheure politische Belastungsprobe erwarte die Partei und das mache die Sache für alle Beteiligten heikel. Aber bei ihm komme schließlich noch die Schwere der sofort einzuleitenden wirtschaftspolitischen Maßnahmen hinzu. Länger als bis 1969 werde er ohnehin nicht im Kabinett bleiben können, denn er wolle an die Universität zurückkehren, ehe es endgültig zu spät sei.

Schillers Zweifel waren vor allem in den Koalitionsverhandlungen gewachsen. Mit Sorge, so ließ er Brandt wissen, habe er die atmosphärischen Veränderungen in der Verhandlungskommission beobachtet und das »harte und barsche Hinwegfegen von Argumenten« durch die Fraktionsführung – die nun aus Helmut Schmidt und Alex Möller bestand – dürfe keinesfalls den zukünftigen Stil im Umgang miteinander vorgeben. Er werde nicht akzeptieren, dass die neue Fraktionsführung sich zum »Einpeitscher für die Kabinettsmitglieder« aufschwinge. Voraussetzung für die Ausübung seines Amtes müsse sein, dass »Willy« mit dem ihm eigenen Stil die Atmosphäre zukünftiger Koordinierungsgespräche bestimme. Schon das sollte für Schiller ganz typisch werden: Bekam er Probleme mit Fraktions- oder auch Kabinettskollegen, suchte er sofort die Rückendeckung seines Parteivorsitzenden, statt zu versuchen, die Probleme mit den Betroffenen zunächst selbst zu lösen.

---

64   Vgl. Schiller an Brandt am 30.11.1966, in: BA N Schiller 1229, B. 327, S. 1.

VIII Superstar (1965–1969)

Dann diktierte Schiller dem sozialdemokratischen Parteivorsitzenden und designierten Vize-Kanzler seine Forderungen. Erstens: Seine Zuständigkeiten als Wirtschaftsminister dürften nicht vom Finanzministerium beschnitten werden. Zweitens: Er brauche eine Beurlaubung von seinem Lehrstuhl und dafür benötige er Brandts Unterstützung beim Hamburger Senat. Drittens: Er wolle einen parlamentarischen Staatssekretär seiner Wahl mit in das Bundeswirtschaftsministerium nehmen und dieser müsse finanziell so gestellt werden, dass einem Abgeordneten, der bisher zugleich eine gut bezahlte Berufstätigkeit ausgeübt habe, die Übernahme des Amtes ermöglicht wird.[65] Schiller dachte dabei an Klaus Dieter Arndt, der zusätzlich zu seinem Mandat im Deutschen Bundestag Präsident des Deutschen Instituts für Wirtschaft war. Nur wenn er in allen diesen Punkten Brandts Zustimmung habe, schloss der designierte Bundeswirtschaftsminister seinen Brief, könne er sich zur Mitarbeit im Kabinett entschließen.[66]

Eine schriftliche Antwort Brandts ist nicht überliefert. Aber offensichtlich erfüllte er Schillers Forderungen – wie es ihm auch in den nächsten Jahren gelingen sollte, die Ansprüche seines schwierigen Ökonomen zu befriedigen.

Historiker begeben sich gern auf die Suche nach plötzlichen Entwicklungsbrüchen und Modernisierungsschüben. Dahinter steht die Frage, ob die Geschichte allen langfristig angelegten Tendenzen und Entwicklungsprozessen zum Trotz bisweilen nicht doch so etwas wie Zäsuren epochalen Charakters aufweist. War nun die im Dezember 1966 beschlossene Große Koalition eine solche und womöglich entscheidende Zäsur in der Geschichte der Bundesrepublik? Immerhin erlöste sie die SPD aus der Rolle der ewigen Opposition, war somit der erste Schritt zum »Machtwechsel« von 1969, womit der Republik endlich die Normalität eines, zumindest partiellen, Regierungswechsels zuteilwurde. Aber als historischen Einschnitt haben es wohl die wenigsten Sozialdemokraten empfunden; in der anderen großen Volkspartei sah es nicht anders aus. Beide Lager schätzten die Große Koalition als eine Zweckehe auf Zeit ein, als das geringere Übel in einer verfahrenen Situation. Von einer euphorischen Aufbruchsstimmung konnte keine Rede sein. Rein äußerlich spricht insofern einiges dafür, die eigentliche Zäsur erst im Jahre 1969 zu setzen, als mit der sozialliberalen Koalition die Vorherrschaft der CDU schließlich endgültig gebrochen wurde und die Aufbruchsstimmung der 60er-Jahre ihren Kulminationspunkt fand.

Willy Brandts Ostpolitik, sein Versprechen, dass man nicht am Ende, sondern erst am Anfang der Demokratie stand, hat im kollektiven Gedächtnis der Bundesdeutschen daher seinen festen Platz gefunden. Für die Große Koalition hingegen gilt, dass einige ihrer wesentlichen Antriebsmomente historisch mehr oder weniger belanglos

---

65 Vgl. ebd.
66 Vgl. ebd.

geworden zu sein scheinen. Das gilt für die Notstandsverfassung[67] genau so wie für die angestrebte Reform des Wahlrechts. Beide Vorhaben waren Ausdruck des Weimarer Traumas, das die ältere Generation der politischen Eliten noch beherrschte, und über beides ist die Geschichte letztlich folgenlos hinweggegangen.[68]

Aber der eigentliche Begründungszweck des neuen Bündnisses lag ja auf einer anderen Ebene. Worum es beiden großen Volksparteien ging, war die Modernisierung des Staatsverständnisses. Das war das große, alle politischen Lager übergreifende Konsensprojekt der bundesrepublikanischen Gesellschaft der 60er-Jahre. Die in diesem Jahrzehnt grassierende Planungseuphorie sowie die Vorstellung von einer aktiveren Rolle des Staates fanden in der Großen Koalition ihren politisch folgenreichen Ausdruck. Wenngleich der »kurze Sommer der konkreten Utopie«[69] schnell verfliegen sollte, waren seine Auswirkungen doch länger spürbar, gerade auch in der Katerstimmung, die Mitte der 70er um sich griff. Die Vorstellung, die Zukunft sei planbar und die Gesellschaft ein Stoff, den die Politik nach Wunsch modellieren könne, wurde schon durch die Große Koalition in die Politik transportiert. Die »Revolution der Erwartungen«, an der die Politik fortan schwer zu schlucken hatte, entsprang hier – und nicht etwa in den vier Jahren, die zwischen Beginn der sozialliberalen Koalition im Jahre 1969 und dem Ölpreisschock von 1973 lagen.

Insofern hat es jedoch auch seine Berechtigung, das Kabinett, das sich am 7. Dezember 1966 das erste Mal im Palais Schaumburg traf, als Regierung der Reformen zu bezeichnen. Zumindest in der Innenpolitik braucht sich ihre Bilanz hinter den Ergebnissen der sozialliberalen Koalition gewiss nicht zu verstecken.

Von Anfang an war das nicht zu erwarten gewesen, allein schon, weil das Kabinett in seiner personellen Zusammensetzung zahlreiche Gegensätze enthielt. Mit der Einordnung in parteipolitische Lager waren diese Gegensätze kaum zutreffend zu erfassen. Am Kabinettstisch saßen ehemalige Mitglieder der NSDAP (Kiesinger und Schiller) einem früheren Widerstandskämpfer (Willy Brandt) oder einem einstigen kommunistischen Kaderfunktionär (Herbert Wehner) gegenüber. Wirtschaftsliberale wie Kurt Schmücker waren im Kabinett ebenso vertreten wie die Sozialpolitiker Hans Katzer von der CDU und der sozialdemokratische Gewerkschafter Georg Leber.

Ein Idealbild der Gegensätzlichkeit gaben der Wirtschaftsminister Schiller und der Finanzminister Strauß ab. Der norddeutsche Protestant und der bayerische Katholik – im Persönlichen war kaum ein größerer Gegensatz denkbar. Aufbrausend und biswei-

---

67 Vgl. Michael Schneider, Demokratie in Gefahr? Der Konflikt um die Notstandsgesetze: Sozialdemokratie, Gewerkschaften und intellektueller Protest (1958–1968), Bonn 1986.
68 Vgl. Gerhard Lehmbruch, Die Große Koalition und die Institutionalisierung der Verhandlungsdemokratie, in: Max Kaase/Gunter Schmidt (Hrsg.), Eine lernende Demokratie. 50 Jahre Bundesrepublik Deutschland, Berlin 1999, S. 41-61.
69 Vgl. Michael Ruck, Ein kurzer Sommer der konkreten Utopie – Zur westdeutschen Planungsgeschichte der langen 60er Jahre, in: Axel Schildt, Dynamische Zeiten: Die 60er Jahre in den beiden deutschen Gesellschaften, Hamburg 2000, S. 362-401.

len unkontrolliert war der eine, nüchtern, kühl, stets diszipliniert der andere. Strauß entsprach wie kaum ein anderer Politiker in der Geschichte der Bundesrepublik dem Typus des *political animal* – machtbewusst, robust, wenig zimperlich in der Wahl seiner politischen Waffen. Daneben war Karl Schiller, dem Machtstreben um der Macht willen im Grunde fremd war, äußerst sensibel; selbst in scharfen Auseinandersetzungen wahrte er die Contenance.

Aber allen Unterschieden zum Trotz: Dass die Große Koalition in der Bevölkerung schnell an Akzeptanz gewann, sollte vor allem daran liegen, dass diese beiden so ungleichen Männer rasch zu einer erfolgreichen Zusammenarbeit fanden. Erstaunt registrierten die Journalisten, wie Strauß und Schiller ihre Übereinstimmung in vielen Fragen lustvoll zelebrierten. Vor den Kameras klopften sie sich gegenseitig auf die Schultern; sprach der eine, nickte der andere zustimmend. Bald schon wurde das Gespann Strauß und Schiller nach Wilhelm Busch »Plisch und Plum« genannt. Erfunden hatte das nette Bonmot Felix Rexhausen. Gebe es Groteskeres, fragte der »Spiegel«-Autor, »als dieses herzenseigene Gekratze und Gewedel zweier Figuren, die ihrem Herkommen nach geborene Feinde hätten sein müssen?«[70]

Dabei ist eigentlich ganz leicht zu erklären, wie beide zueinander fanden. Da ihre jeweiligen Ressorts sich auf zahlreichen Feldern überschnitten, waren sie nun einmal auf Gedeih und Verderb aufeinander angewiesen. Nur wenn beide miteinander kooperierten, war auf eine rasche Überwindung der wirtschaftlichen Krise zu hoffen. Und der Druck, der auf der Großen Koalition lastete, war enorm. Dass man zum »Erfolg verurteilt« sei, daran hatte Karl Schiller von Anfang an keinen Zweifel gelassen.[71] Zudem war Strauß ohnehin zum Wohlverhalten verpflichtet. Schließlich galt er seit der »Spiegel«-Affäre als das *Enfant terrible* der deutschen Politik. Er musste auch innerhalb der politischen Klasse Vertrauen zurückgewinnen und Verlässlichkeit beweisen. Eine weitere Eskapade hätte alle Ambitionen des Bayern zunichtegemacht.

Wahr allerdings ist, dass sich zwischen Schiller und Strauß rasch ein Verhältnis entwickelte, das über ein gutes Arbeitsverhältnis hinausging. Selbst nach Beendigung der Großen Koalition – nun stand man sich als Regierung und Opposition gegenüber –, ließ Strauß stets die allerwärmsten Empfehlungen an Schiller ausrichten und erinnerte sich mit Wehmut an die Zusammenarbeit mit seinem alten Ministerkollegen (mit Alex Möller, so vermutete er, gäbe es gewiss keine so leichte Kooperation).[72] Eine private Freundschaft existierte jedoch trotz aller öffentlichen Kumpanei zwischen beiden nie. Als Schiller 1984 einen für ihn ganz ungewöhnlichen Brief an Strauß schrieb, in dem er ihn über den Tod seiner Frau hinwegzutrösten versuchte,

---

70 Da die genaue Quelle des Urhebers von »Plisch und Plum« nicht gefunden wurde, sei bei diesem Zitat vertraut auf: die Zeit vom 1.12.1967.
71 Vgl. das Interview mit dem Spiegel am 9.1.1967.
72 Vgl. den Vermerk von Schillers Mitarbeiter, Biberstein, an Schillers Büroleiter, von Würzen vom 18.1.1971, in: BA N Schiller 1229, B. 294, S. 23.

schrieb er von der »domaine reservée« des Privaten, in die man sich niemals gegenseitigen Einblick gestattet habe.[73]

Im Übrigen ähnelten sich beide auch in einem: Sowohl Schiller als auch Strauß waren hochintelligent, immer Klassenprimus gewesen, und beide litten deswegen nicht gerade an einem Mangel an Bescheidenheit. Wenn sich Carlo Schmid und Kiesinger über den Kabinettstisch in abschweifende Diskussion über den abendländischen Kulturverfall ergingen, reagierten sie mit Ungeduld. Und Schiller bewunderte die politische Durchsetzungsfähigkeit des Bayern, dessen Tatkraft und Entschlossenheit. Noch stärker aber wog Strauß' Respekt gegenüber dem Wirtschaftprofessor. Das politische Multitalent Strauß, der sich auf vielen Gebieten das Wissen eines Spezialisten angeeignet hatte, interessierte sich schon seit Längerem für die Geheimnisse der Ökonomie. Er hatte sich sogar in Innsbruck für Volkswirtschaftslehre eingeschrieben, meinte, hier noch Nachholbedarf zu haben.[74] Zum Ökonomen Schiller sah er schon aus diesem Grund auf. Die Tatsache, dass die Zeitungen daher häufig vom »Professor« und seinem »Studenten« sprachen, ertrug Strauß zunächst mit Gleichmut.

Auch sonst mangelte es dem Kabinett Kiesingers nicht an politischen Talenten und Schwergewichten. Mit der Kanzlerdemokratie Adernauer'scher Prägung hatte die Große Koalition freilich nicht viel gemein. Die Richtlinienkompetenz des Bundeskanzlers konnte in einer Koalition zwischen den beiden großen Volksparteien nur sehr indirekt wirken. Schon im November 1966 hatte Helmut Schmidt, der künftige sozialdemokratische Fraktionsvorsitzende, erklärt, dass es gegen Herbert Wehner und Willy Brandt selbstverständlich keine Richtlinien geben könne.[75] Koordiniert wurden die Regierungsgeschäfte dieses *government by discussion* durch den Kressbronner Kreis, in dem sich die einflussreichsten Politiker aus Partei, Fraktion und Kabinett von CDU/CSU und SPD versammelten. Eine besondere Rolle spielten dabei die beiden Fraktionsvorsitzenden Helmut Schmidt und Rainer Barzel.

Eine Geheim- oder gar Nebenregierung war der »Kressbronner Kreis« aber nicht und insofern schränkte er den Gestaltungsspielraum der Minister der Großen Koalition auch nicht wirklich ein. Der Koalitionsausschuss funktionierte als *Clearing-Stelle*, in der Auswege aus verfahrenen Situationen in der Koalition gesucht wurden. Für Schiller sollte er daher auch zunächst keine übermäßige Bedeutung haben. Denn solange er sich mit Strauß blendend verstand, brauchte sich auch sein alter Intimus und baldiger Intimfeind Helmut Schmidt nicht zusammen mit Barzel als Vermittler einzuschalten.

---

73 Vgl. den handschriftlichen Entwurf Schillers an Strauß im Jahre 1984, ohne Datum, in: BA N Schiller 1229, B. 329.
74 Vgl. Wolfram Bickerich, Franz-Josef Strauß. Die Biographie, Düsseldorf 1996, S. 206 ff.
75 Vgl. Hildebrandt, Von Erhard zur Großen Koalition, S. 269.

3 Revolutionen

Schiller hatte zunächst also keineswegs ungestüm gegen die Eingangspforte des Bundeswirtschaftsministeriums in Bonn-Duisdorf getrommelt und Einlass gefordert. Die Übernahme seines Amtes interpretierte er vor allem als Akt der Pflichterfüllung.

Aber das sollte sich bald ändern. Schon nach kurzer Zeit waren alle Bedenken wie weggeblasen und obgleich er noch häufig mit Rücktritt drohte, um seinen politischen Willen durchzusetzen, erwog er schon bald nicht mehr ernsthaft eine Rückkehr an die Universität. Um die Jahreswende 1966/1967 passierte etwas mit dem neuen Wirtschaftsminister, was Politikern nicht sehr häufig widerfährt, ihnen aber, wenn es doch eintritt, großes Sendungsbewusstsein und Überlegenheit verschaffen kann: Karl Schiller glaubte an seine historische Mission. Kein Wunder, dass er selbst nicht zimperlich im Ziehen historischer Parallelen war. Diese Analogien ließen sich auf einen einfachen Nenner bringen: 1929 bis 1933 hatten die etablierten Weimarer Parteien bei der Lösung der wirtschaftlichen Probleme versagt. Als Student hatte Schiller dieses Versagen hautnah beobachten können, war darüber erschüttert gewesen und hatte danach erfahren müssen, dass ausgerechnet die Nationalsozialisten die Politik betrieben, die seine akademischen Lehrer schon zuvor eingefordert hatten. Der ängstliche Attentismus von Weimar durfte sich seiner Meinung nach auf keinen Fall wiederholen. Trotz einer schwierigen Haushaltslage durch weggebrochene Steuereinnahmen durfte also keinesfalls eine »Deflationspolitik à la Brüning« betrieben werden. Stattdessen also: Expansion. Die Krise des Jahres 1966/1967 sollte in Deutschland den Durchbruch zur keynesianischen Wirtschaftspolitik bringen.

Tatsächlich bot sich auf den ersten Blick eine Situation, für die die Lehren des John Maynard Keynes wie geschaffen schienen. Die Wirtschaftskrise war fraglos hausgemacht. Nur in Deutschland lahmte die Konjunktur, während es in internationaler Perspektive Wachstum gab, die Zinsen niedrig waren und die Staatsverschuldung sich vergleichsweise bescheiden ausnahm. Kurz gesagt: Die im eigenen Land verursachten Übel ließen sich auch aus eigener Kraft wieder aus der Welt schaffen. Und die Wissensbestände des Keynesianismus waren mittlerweile zum Allgemeingut geworden. Vor allem jene, die sich professionell mit Wirtschaftspolitik beschäftigten – Ökonomen, Politiker, Journalisten, Gewerkschafter, selbst manche Unternehmer – waren offensichtlich in Massen zu den Lehren des englischen Ökonomen konvertiert.

Schon in seiner Regierungserklärung hatte auch Kiesinger den zukünftigen wirtschaftspolitischen Kurs in diese Richtung abgesteckt. Von Schiller war er vorher gut präpariert worden. Bis tief in die Nacht hatte der neue Bundeswirtschaftsminister mit seinen Mitarbeitern im Ministerium gesessen und auf siebeneinhalb Seiten sein wirtschafts- und konjunkturpolitisches Rezept notiert. Kiesinger übernahm den Entwurf Schillers fast unkorrigiert in seine Regierungserklärung.[76] Auch der neue Kanzler

---

76 Vgl. die Stuttgarter Zeitung vom 1.9.1967.

sprach jetzt von »Globalsteuerung«, »Konzertierter Aktion« und »kontrollierter Expansion«. So eindeutig erinnerten die Worte des Bundeskanzlers an die Terminologie seines Wirtschaftsministers, dass im Fraktionsvorstand der CDU schon die Befürchtung aufkam, dass man Schillers Agenda allzu widerstandslos übernommen habe und die Sozialdemokraten nun alleine über die Finanz- und Wirtschaftspolitik bestimmten.[77]

In der Theorie also schien die neue Wirtschaftslehre unangefochten zu dominieren. In der Praxis jedoch sah es anders aus. Als der Ernstfall wirklich eintrat und sich der neue Wirtschaftsminister der Großen Koalition daran machte, keynesianische Instrumente der Nachfragepolitik auch in der Realität anzuwenden, zeigte sich, dass der vermeintliche Siegeszug des Keynesianismus in gewisser Hinsicht nur oberflächlich erfolgt war: Nicht alle waren bereit, auch die Konsequenzen zu ziehen, die sich aus der richtigen Anwendung der Lehren des englischen Ökonomen nun einmal ergaben.

Die Regierung Erhard hatte beachtliche Haushaltslöcher hinterlassen und dass man in einer solchen Situation weitere Schulden machen sollte, das leuchtete vielen Deutschen zunächst nicht so recht ein. Zudem wurde befürchtet, dass die Maßnahmen, die Schiller zur Konjunkturbelebung einleiten wollte, eben auch in die andere Richtung ausschlagen und inflationäre Tendenzen hervorrufen könnten. Das ängstigte die Deutschen mindestens ebenso wie Rezession und Arbeitslosigkeit. Aus historischer Perspektive waren die Befürchtungen gegen eine Politik des »deficit spending« nachvollziehbar. Das Inflationstrauma von 1923 wirkte nicht weniger stark nach als die Erfahrung der Depression seit 1929.

Aber es gab auch Experten-Widerstand gegen eine expansive Wirtschaftspolitik. Schillers größtes Problem bestand zunächst darin, die Bundesbank auf seinen Kurs einzuschwören. Denn die erste Maßnahme, mit der Schiller die Rezession überwinden wollte, oblag gar nicht dem Wirtschaftsminister oder der Bundesregierung: Schiller wollte den Diskontsatz senken und so die Liquidität auf dem Kapitalmarkt erhöhen. Die Bundesbank aber, traditionell stärker am Ziel der Geldwertstabilität als des Wachstums orientiert, war skeptisch. Und sie war unabhängig, keiner Weisungsbefugnis unterworfen. Also konnte Schiller nur versuchen, die Frankfurter Zentralbanker von einer Lockerung ihrer restriktiven Geldpolitik zu überzeugen. Er tat das, indem er ihnen zunächst schmeichelte: Bonn, so Schiller, habe zwei Jahre lang keine Regierung gehabt und daher habe die Bundesbank das Geschäft der Konjunkturpolitik alleine betreiben müssen.[78] Nun aber stünde wieder eine handlungsfähige Regierung bereit, mit der zusammen eine Politik konzipiert werden könne, die weder einseitig auf Stabilität noch monoman auf Wachstum fixiert sei.

Aber zunächst halfen auch Schmeicheleien wenig. Die Zentralbank sah die Inflationsgefahr noch nicht gebannt. In einer solchen Situation den »Geldhahn« weiter auf-

---

77 Vgl. die FAZ vom 14.12.1966.
78 Der Spiegel, 9.1.1967.

zudrehen und eine »inflatorisch finanzierte Flucht nach vorne anzutreten«[79], erschien ihr wenig ratsam.

In Schillers Augen, der in der momentanen Situation die Inflationsgefahr für gering, wenn nicht gar für ausgeschlossen hielt, litten die Deutschen und selbst ihre obersten Währungshüter an einem »Bewusstseinslag«: Sie hatten die Veränderung der wirtschaftspolitischen Großwetterlage noch nicht in ihrer ganzen Tragweite verstanden. Daher orientierten sie sich noch an der Phase der überhitzten Konjunktur bis zum Sommer 1966. »Vielen«, so Schiller bei einer Rede zur Eröffnung der Frankfurter Frühjahrsmesse im Februar 1967, »erging es in den Phasen der Restriktionen wie jenem Mann, der aus dem Fenster des neunten Stockwerks gefallen ist und der, beim ersten Stockwerk angelangt, ruft: Bisher ist doch alles gut gegangen.«[80] Für den neuen Wirtschaftsminister war das ein typisches Beispiel für den »Kampf mit dem gesellschaftlichen Bewusstsein«.[81] Man musste also den neuen ökonomischen Erkenntnisstand, der offensichtlich selbst zur Bundesbank noch nicht recht durchgedrungen war, mit dem gesellschaftlichen Bewusstsein in Einklang bringen, und das so schnell wie möglich. Kurz gesagt: Wenn es nicht gelang, die Angst vor der Inflation zu nehmen, ganz gleich wie berechtigt diese Befürchtung sein mochte, dann bestand kaum Aussicht, Zustimmung für eine expansive Staatsausgabenpolitik zu erhalten. Man stand schlicht vor einem psychologischen Dilemma. Ganz unvertraut war Schiller die Situation jedoch nicht. Schließlich hatte er in seiner Dissertationsschrift »Arbeitsbeschaffung und Finanzordnung« aus dem Jahre 1935 die Ursache für das Versagen der Weimarer Parteien vor allem darin gesehen, dass es ihnen nicht gelungen sei, die psychologischen Barrieren in der Bevölkerung zu überwinden, die einer expansiven Staatsausgabenpolitik im Wege standen.[82]

Dieses Mal musste es unbedingt anders kommen. Erfolgreiche Wirtschaftspolitik, auch das hatte Schiller schon in den 30er-Jahren beobachtet, beruhte zu einem großen Teil auf Massenpsychologie. Unermüdlich und in der Pose eines Predigers zog Schiller daher in der ersten Jahreshälfte 1967 durch die Republik, sprach vor Unternehmern und Gewerkschaftern, ließ kaum ein Interview aus und versuchte zu überzeugen, dass nun die Stunde der expansiven Wirtschaftspolitik geschlagen habe. Er sah sich als oberster volkswirtschaftlicher Pädagoge der Republik, der den Deutschen die ökonomische Vernunft beibringen wollte. Der Gedanke der Aufklärung, der in den 60er-Jahren insgesamt eine große Rolle spielte, sparte also auch die Wirtschaftspolitik nicht aus. Nur ein Scherz war es gewiss nicht, wenn Zeitgenossen Schiller in Anspielung auf

---

79 Ebd.
80 Vgl. die Rede von Karl Schiller zur Eröffnung der Internationalen Frankfurter Frühjahrsmesse am 26.2.1967, Manuskript, in: BA B 102, 59374.
81 Karl Schiller, Konjunkturpolitik auf dem Wege zu einer Affluent society, in: Robert Schwebler (Hrsg.), Jahre der Wende. Festgabe für Alex Möller zum 65. Geburtstag, Karlsruhe 1969, S. 61-72, hier: S. 62.
82 Vgl. Schiller, Arbeitsbeschaffung und Finanzordnung, S. 51 f.

den großen Sexualaufklärer der 1960er-Jahre als »Oswald Kolle der Wirtschaftspolitik« bezeichneten.[83]

Die psychologisch offene Flanke der Expansionspolitik musste also abgesichert werden. Aber wie konnte das gelingen? Vielleicht, so sein Kalkül, könnten dann alle wichtigen Akteure auf seinen Wachstumskurs eingeschworen werden, wenn es zunächst gelang, zumindest eine potenzielle Inflationsursache zu bannen: eine falsche Lohnpolitik.

Paradoxerweise setzte Schiller also an einer Stelle an, wo er als Bundeswirtschaftsminister formal eigentlich keine Zugriffsmöglichkeiten hatte. Schließlich herrschte in Deutschland die Tarifautonomie. Aber gerade das macht deutlich, wie stark er seine Aufgabe als eine pädagogische, aufklärerische ansah. Denn dass es mit ihm keinen staatlich verordneten Lohnstopp geben würde, wie dieses kurz zuvor in England geschehen war, machte Schiller schnell deutlich.[84] Also blieb nur die Aufgabe, die Tarifparteien zu Entscheidungen zu bewegen, die seiner Ansicht nach der wirtschaftlichen Gesundung förderlich seien. Erhard hatte zwar ähnlich gedacht. Aber seine Appelle zum Maßhalten waren wirkungslos verpufft. Nur Vernunft zu predigen, reichte nicht aus. Aber die Vernunft zu institutionalisieren, das war vielleicht möglich. Die Tinte unter seiner Ernennungsurkunde als Wirtschaftsminister war kaum trocken, da machte Schiller sich daran, endlich in die Tat umzusetzen, was bereits während der Kanzlerschaft Erhards von vielen Seiten energisch gefordert und in Kiesingers Regierungserklärung bereits angekündigt worden war: Die Bildung der »Konzertierten Aktion«.

Auf der Arbeitgeberseite stieß die Einrichtung der Konzertierten Aktion schnell auf Zustimmung. Die Gewerkschaften jedoch fürchteten, dass Orientierungsdaten und Orientierungspunkte die Tarifpolitik bereits definitiv festlegen könnten und sie selbst zum »Prügelknaben« gemacht würden, falls eine entsprechende Einigung dann nicht zu Stande käme.[85] Aber Schiller zeigte schnell, dass er außer höflichen Schmeicheleien auch gewillt war, zu anderen Mitteln der Überzeugung zu greifen. Um freundliches Zureden, so machte er den Gewerkschaften bei einem ersten Treffen im Dezember 1966 klar, ginge es nämlich längst nicht mehr. Alle Beteiligten müssten vielmehr zur Kenntnis nehmen, dass es sich bei der Konzertierten Aktion um ein klares »Obligo« der Regierung handle.[86] Das war natürlich ein kleiner Bluff; die Gewerkschaften mussten schon freiwillig mitmachen und ohne sie würde es keine Konzertierte Aktion geben. Aber Schiller selbst hatte die Erwartungen an die Konzertierte Aktion in der Öffentlichkeit so weit geschürt, dass niemand als Verhinderer und Blockierer erscheinen wollte. Auf den Gewerkschaften lastete damit gewaltiger Druck. Es bliebe wohl nichts Anderes übrig als mitzumachen, lenkte der Bergarbeiterführer

---

83 Vgl. die WAZ vom 24.4.1971.
84 Vgl. etwa das Interview im Spiegel, 9.1.1967.
85 So die Aussage von Otto Brenner bei der Besprechung mit den Gewerkschaften im Bundeswirtschaftsministerium, in: BA B 102/59374, Vermerk vom 28.12.1966.
86 Vgl. ebd.

Walter Arendt ein, denn sonst würde man zur Kooperation »gezwungen«.[87] Wenig begeistert willigten also auch die Gewerkschaften ein.

Nach mehreren weiteren getrennten Vorgesprächen trafen sich Gewerkschaften und Arbeitgeber am 14. Februar 1967 das erste Mal gemeinsam im Bundeswirtschaftsministerium. Beteiligt an den ersten Gesprächen der Konzertierten Aktion wurde auch der Vorsitzende des Sachverständigenrates. Allein dass es zu einem solchen Treffen kam, wurde der Beredsamkeit und Überzeugungskunst des neuen Bundeswirtschaftsministers zugeschrieben. Auch die Bundesbank erhoffte sich von der Konzertierten Aktion Einiges, vor allem Lohnzurückhaltung der Arbeitnehmer. In einem ersten Schritt senkte sie daher noch vor dem Treffen den Diskontsatz von 5,0 auf 4,5 Prozent, was wiederum die Kooperationswilligkeit der Gewerkschaften erhöhte. Im *give and take* zwischen beiden Seiten avancierte Schiller so zum Vermittler und Verhandlungsführer.

Nun standen die Erwartungen an die Konzertierte Aktion in keinem Verhältnis zu dem, was dort konkret entschieden werden sollte. Im Grunde war die Konzertierte Aktion nur ein Forum, wo man sich traf, miteinander diskutierte und herauszufinden versuchte, in welchen Punkten Konsens herzustellen war. Im Mittelpunkt standen die Zielprojektionen der Bundesregierung. Die Sitzungen hatten daher zumeist den immer gleichen Ablauf. Als Erster sprach Karl Schiller und erläuterte die wirtschaftliche Entwicklung der nächsten Monate und konfrontierte die Teilnehmer mit frischen Daten aus dem Wirtschaftsministerium. Nachdem noch andere Mitarbeiter des Ministeriums Stellungnahmen abgegeben hatten, folgte schließlich die Expertise des Vorsitzenden der »Fünf Weisen«, der ebenfalls nicht mit Zahlenmaterial geizte.

Die Absicht also war, die Diskussionen vorzustrukturieren, ihnen bereits Richtung und Ziel zu geben, bevor die Interessenvertreter in das Gespräch einbezogen wurden. Wurden diese dann mit dem geballten wissenschaftlichen Sachverstand des Ministeriums und des Sachverständigenrates konfrontiert, fiel Widerspruch schwer. Hinter den Kulissen arbeiteten das Wirtschaftsministerium und der Sachverständigenrat in aller Verschwiegenheit zusammen, etwa wenn der Leiter der Grundsatzabteilung, Otto Schlecht, die »Fünf Weisen« bat, zusätzliche Argumentationshilfen für die von Schiller gewünschte Lohnentwicklung zur Verfügung zu stellen.[88] Den von Fall zu Fall hinzugezogenen anderen Ministern der Großen Koalition waren die im Seminarstil vorgetragenen Lektionen des Wirtschaftsministers nicht ganz geheuer. So kam der Arbeitsminister Hans Katzer den wiederholten Aufforderungen zur Teilnahme zunächst nicht nach, da er fürchtete, »unvorbereitet in eine Diskussion hineingezogen zu werden«.[89]

Schiller war bemüht, zunächst überhaupt einen Konsens über die Ziele zu erreichen. Das fiel noch leicht, denn an einem konjunkturellen Aufschwung bei gleichzei-

---

87 Vgl. ebd.
88 Vermerk von Schlecht vom 11.1.1967, in: BA B 102/59374.
89 Vgl. Katzer an Schiller am 4.10.1967, in BA B 102/59377.

tiger Preisstabilität waren grundsätzlich alle Beteiligten interessiert. Kontroversen konnten aber kaum ausbleiben, wenn es darum ging, mit welchen Mitteln diese Ziele erreicht werden sollten. Schiller arbeitete mit eindeutigen quantitativen Vorgaben für das Jahr 1967, die mit einem Wachstum von 4 Prozent und einem Preisauftrieb von 2 Prozent kalkulierten. Der effektive Lohnanstieg sollte dementsprechend 3,5 Prozent betragen.[90] Schiller bezeichnete das zwar lediglich als »Orientierungshilfe«, die Gewerkschaften aber fürchteten sich weiterhin vor festen Lohnleitlinien. Erst in der zweiten Sitzung am 1. März 1967 erreichte Schiller, dass die Tarifparteien die vom Ministerium genannten Zielprojektionen als gesamtwirtschaftliche Orientierungsdaten anerkannten. Formal mochte das nicht viel aussagen, denn bindend waren die Orientierungsdaten nicht, sie sollten lediglich, wie es hieß, bei den lohnpolitischen Entscheidungen »berücksichtigt« werden.

Als Erfolg wurde das gemeinsame Kommuniqué dennoch gewertet, und gemessen an den schroffen Auseinandersetzungen zwischen Gewerkschaften und Arbeitgebern in der Adenauer- und Erhard-Ära bedeutete die Verständigung zwischen beiden Lagern in der Tat einen Aufbruch zu neuen Ufern. Immerhin, so empfanden es viele Kommentatoren, waren die Tarifparteien miteinander ins Gespräch gekommen und hatte einen ersten Konsens erzielt. »Noch nie war der Pfad der wirtschaftspolitischen Tugend so genau und unumstritten abgesteckt«, kommentierte etwa die »Süddeutsche Zeitung«.[91] Schiller habe die »Macht der Zahlen« dazu genutzt, den Klassenkampf zu beenden.[92] Wenn selbst die Gewerkschaften Lohnzurückhaltung übten und andererseits der BDI-Präsident Fritz Berg zu der Ansicht gelange, dass Lohnsenkungen in der momentanen Situation unerwünscht seien, dann sei damit ein Zeichen gesetzt, »die Zukunft nicht gegeneinander, sondern miteinander zu gestalten«.[93] Und die »Frankfurter Rundschau« sekundierte: »Es scheint, dass es diesmal gelungen ist, die egoistischen Interessen der einzelnen Verbände gleich welcher Schattierung einem allgemeinen politischen Ziel unterzuordnen.«[94]

War es wirklich die beschworene »Macht der Zahlen«, die für den Erfolg der ersten Monate der Konzertierten Aktion sorgte? Im Bundeswirtschaftsministerium sah man es gewiss so. Falsche Entscheidungen, so meinte Otto Schlecht, der Leiter der Grundsatzabteilung, beruhten eben häufig auf mangelnder Information.[95] Im Umkehrschluss bedeutet das: Wenn alle Beteiligten im Besitz aller relevanten Informationen waren, also der Prognosen und Orientierungsdaten aus dem Ministerium, so mussten alle auch zu ähnlichen oder gleichen Schlussfolgerungen kommen. Die sich in den

---

90 Vgl. die FR vom 4.3.1967; Schönhoven, Wendejahre, S. 139 ff.
91 Vgl. die SZ vom 3.3.1967.
92 Vgl. die Frankfurter Neue Presse vom 8.3.1967.
93 Vgl. ebd.
94 Vgl. die FR vom 4.3.1967.
95 Vgl. Otto Schlecht, Konzertierte Aktion als Instrument der Wirtschaftspolitik, Tübingen 1968, S. 18.

60er-Jahren zunehmend durchsetzende Ansicht, dass politische Konflikte durch technische, wissenschaftliche Lösungen substituiert werden könnten, fand in der Konzertierten Aktion ihren sinnfälligen Ausdruck. Sie war die Konkretisierung von Schillers Konzept der »mündigen Gesellschaft« und sollte das gesellschaftliche Bewusstsein auf das Niveau der ökonomischen Rationalität heben.

Damit tauchte am Horizont die Vision einer weitgehend konsensorientierten Gesellschaft auf. Denn die Konzertierte Aktion sollte nicht eine Notmaßnahme zur Überwindung der Rezession sein, sondern dauerhaft institutionalisiert werden – was dann schließlich wenige Monate nach den ersten Treffen durch das Stabilitätsgesetz auch erreicht wurde. Als im Mai 1968 die Studentenunruhen in Frankreich auf die Arbeiterschaft übergriffen, führte der Wirtschaftsminister dieses gar darauf zurück, dass es dort anders als in der Bundesrepublik keine Konzertierte Aktion gäbe.[96] Schiller glaubte an einen allmählichen Harmonisierungsprozess, durch den die Wirtschaftspolitik zu einer Frage des effizienten Einsatzes der richtigen Sozialtechnik würde. Aber man konnte das eben nicht einfach von oben verordnen; dann drohte dieser Politik das gleiche Schicksal wie den Maßhalteappellen Ludwig Erhards. Nur wer den Prozess der rationalen und gegenseitigen Information mit und zwischen den Interessengruppen förderte, konnte darauf hoffen, mit den »Gesetzestafeln der rationalen Ökonomie und rationalen Politik« Gehör zu finden.[97]

Der Sogkraft der technokratischen Attitüde des neuen Wirtschaftsministers konnten sich auch die Beamten des Bundeswirtschaftsministeriums nicht entziehen, was selbst für liberal-konservative Ökonomen wie Otto Schlecht und Hans Tietmeyer galt, die in der wirtschaftspolitischen Grundsatzabteilung des Ministeriums saßen. Nachgerade euphorisch wurden in Schillers Haus auch intern die Erfolge der Konzertierten Aktion hervorgehoben:

> »Die volkswirtschaftliche Sachlogik gelangt in der Meinungsbildung der gewerkschaftlichen Tarifkommissionen stärker ins Spiel, die lohnpolitische Vernunft gewinnt mehr Chancen gegenüber lohnpolitischer Illusion und Agitation. In den Verhandlungen selbst wird mehr und mit mehr Sachverstand volkswirtschaftlich diskutiert.«[98]

Hatte Schiller es wirklich vermocht, Vernunft und Rationalität dauerhaft in den Köpfen der Verbandsvertreter zu verankern? Ganz gewiss spielte auch einfach Respekt, ja sogar Angst vor der wissenschaftlich unterfütterten Autorität des Wirtschaftsministers eine große Rolle. Im Grundsätzlichen widersprechen mochte diesem kaum jemand. Auch deswegen ließen sich die Interessenparteien von Schiller in den ersten

---

96 Vgl. das Handelsblatt vom 7.10.1968.
97 Vgl. Karl Schiller, Konjunkturpolitik auf dem Weg zur Affluent Society, S. 72.
98 Zitiert nach: Schanetzky, Sachverständiger Rat und Konzertierte Aktion, S. 326.

Monaten der Großen Koalition fast widerstandslos belehren. Wer anderer Meinung war als Schiller, der legte sich schließlich gleichzeitig mit dem Sachverständigenrat an, der in fast allem Schillers Meinung war und dessen Bedeutung in der öffentlichen Meinungsbildung kaum zu überschätzen war.

Allerdings war es nicht nur die Überzeugungskraft der wissenschaftlichen Expertise, die für Übereinkunft sorgte. Konsens hatte sich Schiller auch mit Mitteln erkauft, die seit jeher ins Repertoire der Politik gehörten. Um die Gewerkschaften milde zu stimmen, hatte er Kompensation in Aussicht gestellt. Die »soziale Symmetrie«, so Schiller, werde nach Überwindung der Rezession selbstverständlich wieder hergestellt. Wie dieses geschehen sollte, darin blieb er durchaus vage. Aber er ließ doch durchblicken, dass nach dem einsetzenden Aufschwung gewiss eine andere Lohnpolitik gefordert sei. Im Ministerium vertrat man aus diesem Grund auch die Auffassung, dass die Konzertierte Aktion ein längerfristiges Arrangement für mindestens vier bis fünf Jahre sein sollte.[99] Nur auf diese Weise konnte die »Soziale Symmetrie« den Gewerkschaften in Aussicht gestellt werden. Kurzum: Das Wohlverhalten der Gewerkschaften war um den Preis erkauft worden, dass man ihnen einen Ausgleich für ihre Selbstbescheidung zu späterer Zeit versprach.

Auch waren die Auffassungen über die Reichweite der Konzertierten Aktion sehr unterschiedlich. Die Arbeitgeber wollten sie auf die Lohnpolitik beschränken, während die Gewerkschaften auch über andere wirtschafts- und gesellschaftspolitische Fragen wie etwa die Mitbestimmung oder die Vermögensbildung in Arbeitnehmerhand diskutieren wollten.[100] Dass diese unterschiedlichen Erwartungen und Ansprüche Potenzial für spätere Konflikte in sich bargen, lag auf der Hand.

Aber zunächst konnte von Problemen noch keine Rede sein – die Konzertierte Aktion funktionierte. Spürbar war das nicht nur auf der atmosphärischen Ebene, wo eine kurze Zeit lang eine Kultur des Dialogs die übliche Konfrontation zwischen den Interessengruppen ersetzte. Auch die in den folgenden Monaten erzielten Ergebnisse in der Tarifpolitik zeigten, dass die Gewerkschaften die Vorgaben des Wirtschaftsministeriums fürs Erste akzeptierten. Schillers Ziel einer entideologisierten, wissenschaftlich angeleiteten Wirtschaftspolitik schien tatsächlich Wirklichkeit geworden zu sein.

Vor allem fand der neue Wirtschaftsminister in der Konzertierten Aktion die perfekte Bühne zur Inszenierung seiner Politik und der eigenen Person. In den folgenden Monaten und Jahren versuchten die Medien immer wieder herauszufinden, welche geheimnisvollen Vorgänge in den vertraulichen Beratungen vonstattengingen und wie Schiller es geschafft hatte, misstrauische Gewerkschaftsführer und störrische Arbeitgebervertreter von seiner Politik zu überzeugen. Bald drangen allerlei kuriose Geschichten über den Ablauf der Sitzungen an die Öffentlichkeit. Wer sich nicht sofort

---
99 Vgl. Schlecht an Schiller, 27.2.1967, in BA B 102/59374.
100 Vgl. Schanetzky, Konzertierte Aktion, S. 321.

von Schiller überzeugen lasse, der scheitere später an der Kondition des Ministers. Unter acht Stunden käme keiner der Beteiligten davon, berichtete der »Spiegel«, und wer wie Walter Arendt um 5.15 Uhr morgens die Sitzung verlassen wolle, würde vom Minister höchstpersönlich am Ausgang gestellt und zur Rückkehr gezwungen. Zu diesem Zeitpunkt hätten einige andere allerdings schon ihr erstes Nickerchen hinter sich, erschlagen von den Monologen des Professors. Selbst ein erfahrener Gremienfuchs wie der Deutsche-Bank-Chef Hermann Josef Abs müsse zu ungewöhnlichen Mitteln greifen. Um wach zu bleiben, halte er während der letzten Stunden der »Séancen« stets ein Auge geschlossen.[101] Ungeschriebenes Gesetz für alle Teilnehmer sei zudem, dass man mit Zigaretten und Kaffee vorsichtig umgehen müsse, da einem sonst vorschnell die Puste ausgehe – was umso schwerer falle, da der Minister selbst seine »Stehaufmännchen-Konstitution« mit ungeheurem Zigaretten- und Mokkakonsum zu »dopen« pflege.[102]

Ob solche Anekdoten über die Sitzungen der schon bald legendären Konzertierten Aktion wahr sind, sei dahin gestellt. In jedem Fall festigten sie Schillers Ruf als unermüdlicher und erfolgreicher Krisenmanager und umgaben seine Politik mit einer Aura des Geheimnisvollen. Selbst die Tatsache, dass Schiller die Teilnehmer bisweilen schulmeisterlich maßregelte, rief bei den Journalisten eher Belustigung als Kritik hervor. Schiller sei der Regisseur der Konzertierten Aktion, urteilte der »Spiegel«, aber er sei zugleich auch deren Solist und Dirigent. Die Konzertierte Aktion zelebriere er wie eine private Messe.[103]

An der Effizienz der Konzertierten Aktion zweifelte in den Jahren zwischen 1967 und 1969 erstaunlicherweise kaum jemand. Eher schon fürchtete man, dass sie die parlamentarische Demokratie deformieren könne und der Anfang eines in der Verfassung so nicht vorgesehenen Expertenregimes sei, das Zentrum eines gigantischen Staatskartells, in dem die Vorgaben der Technokraten bereits alles vorab entschieden.[104] Nahrung erhielten derlei Befürchtungen auch dadurch, dass man im Ministerium die Auffassung vertrat, dass die einzelnen Bereiche der Wirtschafts-, Finanz- und Gesellschaftspolitik nicht isoliert betrachtet werden könnten.[105] Das sprach für eine weitgehende konzeptionelle Vorformung der Politik durch die Konzertierte Aktion. Juristen setzten sich mit der verfassungsrechtlichen Stellung des neuen Gremiums auseinander und warnten vor dem »ersatzlosen Abbau der bisherigen demokratischen Verfahrensweisen«.[106]

---

101 Vgl. den Spiegel vom 14.4.1969.
102 Vgl. den Stern vom 5.1.1969.
103 Vgl. den Spiegel vom 14.4.1969.
104 Vgl. ebd.
105 Vgl. den Vermerk von Schlecht vom 7.10.1968, in: BA B 102/59379.
106 Hans Heinrich Rupp, Konzertierte Aktion und rechtsstaatliche Demokratie, in: Erich Hoppmann (Hrsg.), Konzertierte Aktion. Kritische Beiträge zu einem Experiment, Frankfurt 1971, S. 1-18.

Dass die Konzertierte Aktion gerade in der Großen Koalition Anwendung fand, werteten manche als weiteres Anzeichen für eine autoritäre Umformung von Staat und Gesellschaft. Die vermeintliche Freiwilligkeit der Interessengruppen bei der Teilnahme existiere lediglich auf dem Papier; tatsächlich sei der durch die Regierung erzeugte moralische Druck so hoch, dass sich ihm ohne Schaden niemand entziehen könne.[107] In der Politik waren kritische Stimmen allerdings selten zu vernehmen. Kurt Biedenkopf, zu diesem Zeitpunkt allerdings noch Rektor der Ruhruniversität Bochum, kritisierte die Konzertierte Aktion als geschlossenes Kartell, in dem die mächtigen Einflussgruppen einen gefährlichen Neo-Korporatismus installierten.[108]

Die Frage der Verfassungsdeformation wurde jedoch vornehmlich in Fachzeitschriften und im Feuilleton gestellt. In der breiten Öffentlichkeit aber glaubte man an die Erfolge, die am »Tisch der kollektiven Vernunft« erzielt wurden. Und zugerechnet wurden diese Erfolge vor allem dem Konzertmeister Karl Schiller.

Dass die Konzertierte Aktion gelang, war die Voraussetzung für Schillers wachstumsorientierte, expansive Wirtschaftspolitik; dass die Bundesbank auf Schillers Kurs einschwenkte und in mehreren Schritten die Zinsen senkte, war der erste Schritt. Dafür war Druck notwendig gewesen, den Schiller auch zunehmend in aller Öffentlichkeit ausübte. Sogar im Bundestag befasste er sich mit der Zinspolitik der Frankfurter Zentralbank, die eine zu vorsichtige Politik der »Trippelschritte« betreibe, weil sie offensichtlich nicht den aktuellen wissenschaftlichen Erkenntnisstand rezipiert habe. Sich mit den obersten deutschen Währungshütern anzulegen, die auch in der öffentlichen Meinung in hohem Ansehen standen, war nicht ungefährlich. Dennoch gab insbesondere der Präsident der Bundesbank, Karl-Heinz Blessing, seinen Widerstand mit der Zeit auf. Bis zum Mai 1967 wurde der Diskontsatz auf 3,0 Prozent gesenkt.

Aber weiterhin bestand ja das Problem, die Nachfrage staatlicherseits zu beleben, aber gleichzeitig die Staatsfinanzen in Ordnung zu bringen. Im Zusammenspiel zwischen Strauß und Schiller hatte der Finanzminister die gewiss undankbarere Aufgabe: Er musste einen soliden Haushalt für das Jahr 1967 vorlegen, aber gleichzeitig dem Wirtschaftsminister Geld für ein Konjunkturprogramm zur Verfügung stellen. Die Konsolidierung erfolgte als Erstes, vor allem durch Steuererhöhungen und Sparbeschlüsse des Kabinetts, die fast sämtliche Ressorts betrafen. Damit meisterte die Große Koalition, woran die CDU/CSU-FDP-Regierung gescheitert und schließlich zerbrochen war.[109]

An eine »klassische Deckung«, die die Rückkehr zu Brüning Deflationspolitik bedeutet hätte, war aber natürlich nicht gedacht. Die konsumtiven Ausgaben mussten zurücktreten, damit der Staat vermehrt als Investor auftreten konnte. Dafür wurde ein

---

107 Vgl. Jörg Huffschmid, Karl Schillers Konzertierte Aktion. Zur ökonomischen Formierung der Gesellschaft, in: Blätter für deutsche und internationale Politik 12 (1967), S. 442-454.
108 Vgl. den Artikel von Biedenkopf in der FAZ vom 20. Juni 1968.
109 Vgl. Schmoeckel/Kaiser, Die vergessene Regierung, S. 297 ff.

Eventualhaushalt in Höhe von 2,5 Milliarden DM verabschiedet, der über Kredit finanziert wurde. Dieser erste Eventualhaushalt war noch wenig umstritten und wäre wohl auch ohne den sich bereits abzeichnenden Erfolg der Stabilisierungsbemühungen Schillers in der Konzertierten Aktion erfolgt. Die Gelder sollten vor allem langfristigen Projekten im Bereich der Bahn, der Post und des Straßenbaus zugutekommen. Ergänzend dazu beschloss das Kabinett am 8. Februar ein Vierjahresprogramm für den Straßenbau mit einem Gesamtvolumen von 18 Milliarden DM. Um neben der Nachfrage auch die Angebotsseite zu verbessern, beschloss das Kabinett zudem eine steuerliche Sonderabschreibung von bis zu 10 Prozent für alle bis Oktober 1967 getätigten Investitionen.[110]

Dass all diese Maßnahmen nicht sofort greifen konnten, lag auf der Hand, zumal die Bürokratie Monate brauchte, bis die Gelder aus dem Eventualhaushalt auch für die richtigen Projekte frei gegeben wurden. Aber eine erste psychologische Wirkung zeigte sich schon sehr früh. So konnte das Bundeswirtschaftsministerium im März 1967 feststellen, dass die Unternehmen weit weniger pessimistisch in die Zukunft blickten als ein Vierteljahr zuvor. Auch auf den Frühjahrsmessen wurde bereits eine deutlich größere Kaufbereitschaft der Kunden registriert.[111] Die Aktienkurse der deutschen Börsen bewegten sich ebenfalls seit dem Frühjahr wieder nach oben. Das alles waren ermutigende Zeichen, nur: Die harten statistischen Zahlen sprachen noch eine andere Sprache. Die Arbeitslosigkeit erreichte im Frühjahr 1967 sogar erst ihren Höhepunkt. Die Konjunkturabschwächung kam zwar zum Stillstand, aber ein nennenswertes Wachstum war noch immer nicht zu verzeichnen.

Der Sachverständigenrat, der Schillers Expansionskurs am nachhaltigsten unterstützte, hatte daher in einem Sondergutachten Ende März eine weitere Ausweitung der Staatsausgaben gefordert. Der Expansionist Schiller verhielt sich diesen Vorschlägen gegenüber am Anfang zögerlich. Zum einen wollte er zunächst die Wirkung des ersten Eventualhaushaltes abwarten. Und zum anderen verstand er seine Aufgabe zwar als pädagogischen Auftrag, wusste aber auch um die Grenzen bei der Veränderung des »gesellschaftlichen Bewusstseins«, wie er es nannte. Schon das erste Konjunkturprogramm war nicht ohne Skepsis aufgenommen worden und Schiller sah deutlich die Gefahr, die Öffentlichkeit jetzt mit einem weiteren »deficit spending« zu überfordern und zu verunsichern.

Erst im Laufe des Sommers, als die wirtschaftliche Lage sich noch immer nicht entscheidend verbesserte, drang auch Schiller auf weitere »Konjunkturspritzen«. Anders als noch das erste Konjunkturprogramm war der zweite Eventualhaushalt in der Öffentlichkeit durchaus umstritten; zum ersten Mal drangen Meinungsverschiedenheiten zwischen den ansonsten einträchtig agierenden Ministern Schiller und Strauß

---

110 Ebd.
111 Vgl. das Bulletin der Bundesregierung 1967, Nr. 31 vom 29.3.1967, S. 254.

nach außen.¹¹² Aber je länger der Aufschwung auf sich warten ließ, desto gewichtiger wurden Schillers Argumente für weitere Maßnahmen zur Konjunkturbelebung. Hinzu kam, dass die Erfolge der Konzertierten Aktion jetzt ihre Wirkung entfalteten: Durch die Lohnzurückhaltung der Gewerkschaften schien die Inflationsgefahr weitgehend gebannt. Am Ende willigte Strauß in ein zweites Konjunkturprogramm ein, der dafür von Schiller bei seinem Vorhaben unterstützt wurde, weitere Ausgabenkürzungen bei seinen Ministerkollegen durchzusetzen. Im August verabschiedete die Bundesregierung einen zweiten Eventualhaushalt, der Investitionen in Höhe von 2,8 Milliarden DM vorsah, die dieses Mal vor allem Wissenschaft und Forschung, dem Gesundheitswesen, der Landesverteidigung und dem Wohnungsbau zugutekommen sollten. Neben dem Bund sollten Länder und Kommunen weitere 1,5 Milliarden DM aufbringen.¹¹³ (☞ vgl. *Abb. 8*, S. 236)

Das ist die erstaunlich schnell erzählte Geschichte der konkreten wirtschaftspolitischen Maßnahmen, die die Regierung der Großen Koalition unternahm, um die Rezession zu überwinden. Vielleicht ist es gerade die Tatsache, dass sie so schlicht und einfach zu schildern ist, die dafür sorgte, dass in weiten Teilen der Bevölkerung die Überwindung der Krise der Regierung und hier vor allem Karl Schiller zugerechnet wurde. In rasanter Geschwindigkeit und verblüffender Einigkeit wurden die Maßnahmen umgesetzt – wie es vielleicht nur in einer Koalition zwischen den beiden großen Volksparteien möglich war.

Welchen Beitrag die beiden Konjunkturprogramme tatsächlich zur Überwindung der Rezession leisteten, lässt sich nur schwer einschätzen. Schließlich zog die Auslandsnachfrage Anfang 1967 abrupt an und trug entscheidend zur wirtschaftlichen Gesundung bei.¹¹⁴ Aussichtslos ist es auch, die psychologisch positiven Veränderungen der Konzertierten Aktion statistisch exakt zu erfassen, wobei mehr als wahrscheinlich ist, dass die Lohnentwicklung ohne sie 1967 eine andere Richtung genommen hätte. Aber wie immer man zu dieser Frage stehen mag: Tatsache war eben, dass sich die wirtschaftliche Lage in der zweiten Jahreshälfte 1967 schnell zu bessern begann. Und dann folgte ein Boom, der an die tollsten Jahre des deutschen Wirtschaftswunders erinnerte. Im Jahr 1968 betrug das wirtschaftliche Wachstum schon wieder 7,3 Prozent, im Jahr 1969 wurden gar 8,2 Prozent erreicht. Die Zahl der Arbeitslosen, im Februar 1967 auf dem Höchststand von 673.000, ging bis zum Ende der Großen Koalition auf 100.000 zurück. Das entsprach einer Quote von 0,5 Prozent. In Deutschland herrschte wieder Voll- bzw. Überbeschäftigung: Auf die 100.000 Arbeitslosen kamen 850.000 freie Stellen.

---

112 Vgl. Schmoeckel/Kaiser, Die vergessene Regierung, S. 299.
113 Ebd.; auch Hildebrandt, Von Erhard zur Großen Koalition, S. 283 ff.
114 In der Literatur ist die Frage erstaunlich selten diskutiert worden, vgl. Detlef Ehrig, Keynes, die Globalsteuerung und die Stabilisierungspolitik in der Bundesrepublik Deutschland. Eine Analyse von Rezeptionsmustern, wirtschaftspolitischen Umsetzungen und Handlungsimperativen, Frankfurt a. M. 1989, S. 170.

VIII Superstar (1965–1969)

Abb. 8   »Plisch und Plum«: Karl Schiller und Franz Josef Strauß auf einer Pressekonferenz in Bonn 1967. Fast drei Jahre lang sind der Wirtschafts- und der Finanzminister ein kongeniales Duo. Erst der Streit um die Aufwertung der D-Mark macht sie zu politischen Gegnern.

Die offensichtlichen Erfolge des Jahres 1967 untermauerten den Siegeszug des Keynesianismus. Wer sich zu ihm nicht bekannte, geriet in die Gefahr, als rückständig, unzeitgemäß, als ganz und gar vorgestrig zu gelten. In den Jahren von 1967 bis 1969 schienen der Neoliberalismus und seine Vertreter historische Auslaufmodelle zu sein. Die neue Wirtschaftslehre konnte vor allem deswegen eine fast uneingeschränkte Dominanz entfalten, weil sie mit den gewandelten Vorstellungen von der neuen, aktiveren Rolle des Staates korrespondierte, aber dennoch nicht die Soziale Marktwirtschaft, den bundesrepublikanischen Grundkonsens, infrage stellte.

Dabei waren die konkreten wirtschaftspolitischen Maßnahmen des Jahres 1967 für Schiller letztlich nur ein Vorspiel, der erste Schritt eines Weges zu einem höheren Ziel:

Der Keynesianismus sollte nicht nur der Notausgang für die momentane Rezession sein, kein Rezept nur für akute Krisensituationen. Vielmehr sollte das Konzept der Globalsteuerung dauerhaft institutionalisiert werden.

Schon seit Mitte der 50er-Jahre hatten die Sozialdemokraten ja unter Schillers Einfluss an einem »Gesetz zur Förderung eines stetigen Wachstums der Gesamtwirtschaft« gefeilt[115], in das die Forderungen nach einer volkswirtschaftlichen Gesamtrechnung und einem in die Zukunft reichenden Nationalbudgets einflossen. Bis Mitte der 60er-Jahre hatte dieses Konzept kaum Aussicht auf Erfolg gehabt, denn die bürgerliche Koalition verband es mit der Kommandowirtschaft jenseits des Eisernen Vorhangs. Aber schon während Erhards Kanzlerschaft, als die Forderungen nach wissenschaftlich angeleiteter, rationaler und geplanter Politik bereits nicht mehr zu überhören gewesen waren, hatte sich auch die Regierung entschlossen, an einem entsprechenden Gesetzesentwurf zu arbeiten, wenngleich Erhard selbst die ganze Angelegenheit mit wenig Begeisterung verfolgte.[116]

Der entscheidende Durchbruch für das am 8. Juni 1967 verabschiedete »Gesetz zur Förderung der Stabilität und des Wachstums der Wirtschaft« erfolgte jedoch erst mit der Regierungsbeteiligung der Sozialdemokraten in der Großen Koalition. Sie sorgten dafür, dass die Akzente im neuen Gesetz anders gesetzt wurden. Statt – wie es von der Erhard-Regierung ursprünglich beabsichtigt worden war – in erster Linie auf Stabilität zu achten, legte die Große Koalition das Augenmerk nun ebenso stark auf das wirtschaftliche Wachstum.

Das »Stabilitätsgesetz«, wie es fortan verkürzt, ja eigentlich ein wenig schief bezeichnet wurde, war vor allem ein sichtbares Produkt des überschäumenden Fortschrittsoptimismus der 60er-Jahre und des Glaubens an die Machbarkeit von Politik. Im § 1 wurden der Politik die zu erreichenden Ziele aufgegeben. Erreicht werden sollten sie am besten alle gleichzeitig: Stetiges Wachstum, Vollbeschäftigung, Preisstabilität und Wahrung des außenwirtschaftlichen Gleichgewichts, bezeichnet als das so genannte »magische Viereck.« Das Wort »magisch« tauchte im Umfeld dieser Zieldefinition nicht ganz zufällig auf, denn alle vier Ziele gleichzeitig zu erreichen, war bisher so gut wie nie gelungen, ob nun in Deutschland oder einem anderen entwickelten Industrieland. Mit dem »Stabilitätsgesetz« sollte dies nun erreicht werden, indem eine Reihe neuer, wohl aufeinander abgestimmter wirtschaftspolitischer Instrumente zur Anwendung kommen sollte, sobald eines der Ziele des »magischen Vierecks« in Gefahr geriet.[117]

Im »Stabilitätsgesetz« vertraute man vor allem auf die Effizienz langfristiger Prognosen, auch auf die Transparenz und Berechenbarkeit der öffentlichen Haushalte. So war die Bundesregierung dazu angehalten, dem Parlament am Anfang jeden Jahres einen »Jahreswirtschaftsbericht« vorzulegen. Zudem sollte die Zeit der kurzfristigen

---

115 Vgl. hierzu: Gottfried Bombach u. a. (Hrsg.) Der Keynesianismus IV, S. 115 ff.
116 Gespräch mit Otto Schlecht.
117 Vgl. zum Folgenden Alex Möller (Hrsg.), Kommentar zum Stabilitätsgesetz, Hannover 1969.

und wie die Schöpfer des »Stabilitätsgesetzes« wohl in erster Linie dachten: kurzsichtigen Budgetplanungen vorbei sein. Bis zum »Stabilitätsgesetz« hatte noch die Reichhaushaltsordnung (RHO) von 1922 bzw. 1930 gegolten, die einjährige Haushaltsperioden festlegte. Die RHO verpflichtete Parlament und Regierung außerdem zu einem ausgeglichenen Haushalt, was bei strikter Auslegung natürlich stets zu einem prozyklischen Verhalten der öffentlichen Hand führte – als die RHO entstand, war Keynes »General Theory« noch ferne Zukunftsmusik und der mögliche Zusammenhang zwischen der staatlichen Haushaltspolitik und der konjunkturellen Entwicklung noch nicht erkannt worden. Im »Stabilitätsgesetz« wurde der Bund nun verpflichtet, seiner Haushaltswirtschaft eine fünfjährige Finanzplanung zu Grunde zu legen. In dieser »Mittelfristigen Finanzplanung« spiegelte sich die Auffassung, moderne Politik müsse sich in die Zukunft orientieren, da im »Zeitalter der Technik« alle großen Vorhaben überhaupt nur langfristig angelegt sein könnten.[118] Auch die Bedeutung des Sachverständigenrates wurde noch einmal aufgewertet. So verpflichtete § 2 die Bundesregierung dazu, zu den Gutachten der »Fünf Weisen« im Bundestag Stellung zu beziehen.

Vor allem legte das »Stabilitätsgesetz« die Politik auf eine antizyklische Finanzpolitik fest. Sollten die Ziele Wachstum oder Arbeitslosigkeit in Gefahr geraten, besaß die Regierung die Kompetenz, Kredite in einer Höhe bis zu fünf Milliarden DM ohne Zustimmung des Parlaments aufzunehmen sowie die Einkommens- und Körperschaftsteuer innerhalb bestimmter Grenzen flexibel zu variieren. In der Hochkonjunktur hingegen sollte Kaufkraft abgeschöpft werden und in eine Konjunkturausgleichsrücklage für Bund und Länder fließen. Daraus sollten zum einen Schulden getilgt werden, die in Zeiten des »deficit spending« entstanden waren, dann aber auch die notwendigen Mittel, die in der nächsten Abschwungphase benötigt wurden, entnommen werden. Zur Koordination der Konjunkturpolitik sollte ein Konjunkturrat gegründet werden, in dem Bund, Länder und Gemeinden sich gemeinsam über eine konjunkturgerechte Haushaltspolitik verständigten.

Schließlich wurde auch die Konzertierte Aktion rechtlich kodifiziert und fand in § 3 des »Stabilitätsgesetzes« ihren festen Platz. Bei Gefährdung eines der Ziele des § 1 sollte die Bundesregierung Orientierungsdaten für ein aufeinander abgestimmtes Verhalten der Gebietskörperschaften, Gewerkschaften und Unternehmensverbände zur Verfügung stellen. Die Konzertierte Aktion war gewiss das Kernstück des »Stabilitätsgesetzes«.[119] Denn alle Bemühungen der Konjunktur- und Stabilisierungspolitik staatlicherseits mussten doch erfolglos bleiben, wenn die nicht-staatlichen Akteure diese Politik durch ihre eigenen Handlungen konterkarierten.

Von seinen geistigen Vätern wurde das »Stabilitätsgesetz« als »Jahrhundertgesetz« und »Magna Charta« gefeiert, gar zum nachträglichen »prozesspolitischen Grundge-

---

118 Vgl. Metzler, Konzeptionen politischen Handelns, S. 320.
119 Vgl. Heiko Körner, Globalsteuerung heute, in: Wirtschaftsdienst, 84. Jahrgang, Heft 12, 2004, S. 798-804, hier: S. 799.

setz« der Wirtschaftspolitik erklärt[120], während die wenigen kritischen Stimmen von einem wirtschaftlichen »Ermächtigungsgesetz« sprachen.[121] Beides mochte zunächst übertrieben klingen, denn schließlich exekutierte das Gesetz ja lediglich, was sich sowohl im wissenschaftlichen wie politischen Diskurs längst durchgesetzt hatte: Der Keynesianismus wurde in den Rang einer wirtschaftspolitischen Staatsräson erhoben.

Aber aus einer erweiterten Perspektive muss das neue Gesetz dann doch als wirklicher Quantensprung bezeichnet werden. Denn die Regierenden waren jetzt per Gesetz quasi auf eine bestimmte Politik verpflichtet worden. Mit dem »Stabilitätsgesetz« wurde eine ökonomische Theorie ganz bewusst gesetzlich verankert – ein denkwürdiger Vorgang: Dass die ökonomischen und politischen Konzepte von den Umweltbedingungen abhängen, durch sie eigentlich bedingt und dabei so wechselhaft sind wie jede andere Modeerscheinung, ist im Grunde eine intellektuelle Selbstverständlichkeit. Es war also eine kühne Idee, künftige Regierungen im Vorhinein auf eine bestimmte Politik festlegen zu wollen. Wer solches im Sinn hatte, musste schon ausgesprochen fest davon überzeugt sein, den Stein der Weisen gefunden zu haben.

Karl Schiller empfand es so. Bei den ersten Diskussionen im Bundeswirtschaftsministerium hatten die Beamten den neuen Minister gar bremsen müssen. Schiller hatte noch ein weitaus starreres Gesetz im Sinn, das die Grenzen des gesamtwirtschaftlichen Gleichgewichts noch viel enger fasste und in dem ein gesetzlich festgelegter Zwang zum Handeln für die Politik vorgeschrieben war, falls diese festgelegten Grenzen überschritten waren.[122] Im Grunde lief das nicht nur auf eine partielle Entmachtung des Parlaments hinaus, sondern auch der Politik im Allgemeinen. Welcher Spielraum sollte ihr bei solcher Regelbindung noch bleiben? Aber ganz so strikt, wie es Schillers ersten Vorstellungen entsprach, ist das »Stabilitätsgesetz« schließlich doch nicht verabschiedet worden und von einem wirklichen Zwang zum Handeln in nur eine bestimmte Richtung konnte letztlich keine Rede sein.

Epochalen Charakter wies Schiller dem neuen Gesetz dennoch zu. Für ihn war es vor allem Ausdruck des technologischen Fortschritts, den sich so auch die Politik zu Nutze machte. Mit sichtbarer Zufriedenheit sah er eine neue Epoche im Verständnis von Wirtschaftspolitik angebrochen; Politik nach »freischaffender Künstlerart« gebe es nun nicht mehr. »In der Zeit der Computer und Nuklearenergie ist Politik nicht mehr im Kanzlerstil des 19. Jahrhunderts zu betreiben, auf keinen Fall die Wirtschaftspolitik.« Mit dem »Stabilitätsgesetz« seien nun endlich »Instrumente moderner, quantitativer Wirtschaftspolitik – von der Wissenschaft in langer Arbeit präpariert – in großen Schüben in die praktische Politik importiert«[123].

---

120 Vgl. Werner Abelshauser, Deutsche Wirtschaftsgeschichte seit 1945, München 2004, S. 413.
121 Vgl. Franz Schneider, Die Große Koalition – zum Erfolg verurteilt?, Mainz 1968, S. 83.
122 Gespräch mit Otto Schlecht.
123 Schiller, Konjunkturpolitik auf dem Weg zu einer Affluent Society, S. 64.

Das »Stabilitätsgesetz« war der Höhepunkt in Schillers Bemühungen um eine neuartige, rationale Wirtschaftspolitik und der sichtbarste Ausdruck seines technokratischen Politikverständnisses.

Technokratie, das war in den 60er-Jahren noch kein negativ besetztes Wort. Warum auch? Historisch gesehen waren die Vordenker des Technokratismus – von Saint-Simon bis Francis Bacon – schließlich in der Tat Planer ideologisch gezielter Weltverbesserung gewesen. Noch weit entfernt war man von der später dominierenden Ansicht, dass Technokraten fantasielose »Könner« und »Macher« seien mit einem schwach entwickelten Sinn für die Ziele und Zwecke, denen sie doch zu dienen hätten. Technokraten galten in den 60er-Jahren als modern und auf der Höhe der Zeit, erst später als konservativ, wie umgekehrt Technikskepsis zum Ausweis von Progressivität wurde.[124]

Auch Schiller hatte mit der Etikettierung als Technokrat daher keinerlei Probleme. Wenn die Instrumente der Technik doch unverzichtbar geworden seien, warum sollten die Technokraten dann nicht auch über ihren sachgerechten Gebrauch entscheiden? Die moderne Gesellschaft mit ihren komplizierten Steuerungsmechanismen, so Schiller im Interview mit Günter Gaus, verlange nun einmal »technokratisch trainierte Politiker«.[125] Falsche Bescheidenheit sei da fehl am Platz. Schließlich werde im Bundeswirtschaftsministerium unter seiner Führung die »Ratio« kultiviert. Natürlich fielen die letzten Würfel in einer Entscheidung noch immer durch die Politik und da würden auch traditionelle Grundsätze weiterhin eine Rolle spielen. Aber ohne Frage werde der Raum des Kalkulierbaren immer größer. Und dort werde Politik zu einer kühlen Frage der Datensammlung und Datenverarbeitung.[126]

Schiller untermauerte seine Aussagen oftmals mit dem Beispiel Kennedys, verwies aber auch auf den ansonsten in seinem Weltbild und seinem politischen Stil konträren französischen Staatspräsidenten Charles de Gaulle. Beide hätten erkannt, dass wissenschaftliche Stäbe unverzichtbar geworden seien. Aber zur Wissenschaft gehöre auch, dass man sich stets der Grenzen des eigenen Tuns bewusst sei. Wenn man etwa wie Robert McNamara, der amerikanische Verteidigungsminister, versuche, den Verlauf des Dschungelkrieges in Vietnam mathematisch auszurechnen, sei die Grenze der Leistungsfähigkeit der Wissenschaften natürlich erreicht.[127] Und bisweilen, so gab er zu bedenken, bleibe er als Politiker doch auf seinen politischen Instinkt angewiesen. Aber auch dann habe erst die gründliche Analyse im Nachhinein gezeigt, dass seine erste Eingebung doch die Richtige war.[128]

---

124 Vgl. Hermann Lübbe, Technokratie, S. 119 ff.
125 Das Interview, das Gaus mit Schiller in seiner Sendung »Zu Protokoll« am 8.12.1968 im Ersten Deutschen Fernsehen führte, ist abgedruckt in: Tatsachen – Argumente Nr. 260/1968, S. 1-15, hier. S. 9.
126 Vgl. ebd. S. 10.
127 Schiller im Interview mit Klaus Harpprecht am 4.5.1967 im Zweiten Deutschen Fernsehen.
128 Tatsachen – Argumente Nr. 260/1968, S. 8.

Ob ein solcher Politiker überhaupt noch Schwächen habe, fragte ihn Günter Gaus. »Vielleicht ist die Hauptschwäche eines solchen Politikers dieses Typs«, antwortete Schiller,

>»daß er sich zu wenig kümmert in seinem Drang nach Versachlichung, nach Analyse, nach Schluß aus der Analyse, nach Befragung objektiver Meinung, daß er sich zu wenig kümmert um die Niederungen der Politik, um jene kleinen Mätzchen oder auch größeren Rankünen und kleinen Komplizenschaften, die sich hier und dort im politischen Leben immer bilden können, das kann, glaube ich, die Hauptschwäche eine solchen Politikers sein, daß er von diesen Dingen zu wenig Kenntnis nimmt.«[129]

»Verachten Sie diese Seite des politischen Geschäfts?«, fragte der sensible und aufmerksame Gaus zurück. Schillers Antwort: »Ich verachte sie nicht, sie gehört wahrscheinlich dazu, sie liegt mir nicht sehr.«[130]

Insofern hatte Schiller bereits eine Vorahnung von dem, woran er später einmal scheitern sollte. Im Übrigen konnte von Verachtung natürlich doch die Rede sein – welches andere Gefühl sollte er auch für etwas aufbringen, was er selbst für »kleine Mätzchen« und die »Niederungen der Politik« hielt?

Aber in den ersten drei Jahren seiner Tätigkeit als Bundeswirtschaftsminister haben nur sehr wenige vorausgesehen, dass die »Niederungen der Politik«, von denen Schiller sprach und die nun einmal die wirkungsmächtige Realität des bundesrepublikanischen Parteienstaates waren, ihm einmal zum Verhängnis werden sollten. Die Medien, ganz gleich welcher politischen Ausrichtung, teilten Schillers Interpretation, dass künftig ein neuer Politikertypus – sachlich, unideologisch und »expertokratisch« – die Geschicke des Landes bestimmen werde. Als wäre die Wirtschaftspolitik vor Schiller nur aus dem Bauch heraus von einem Einzelnen entschieden worden, widmeten die Journalisten sich ausführlich und mit erkennbarem Staunen vor allem den Arbeitsabläufen im Ministerium. Dort, so stellten sie fest, würden jetzt nächtelange Oberseminare abgehalten, für die Schiller seine intelligentesten Mitarbeiter (von ihm selbst als Kombattanten bezeichnet) um sich versammle. Schiller habe ein Faible für neue und junge Mitarbeiter, die er nach eigenem Gusto ausgewählt habe. Bei Beat-Musik und »Jim Beam« würde bis tief in die Nacht diskutiert. Die etablierte Ministerialbürokratie sei hingegen zu einer belächelten Riege von Laufburschen degradiert. Den wöchentlich tagenden Abteilungsleiterkonferenzen bleibe Schiller hingegen monatelang fern.[131] Selbst die schlichte Tatsache, dass die Beamten im Ministerium per Fernschreiber über die aktuelle Entwicklung an der Frankfurter Börse informiert

---

129 Tatsachen – Argumente Nr. 260/68, S. 12.
130 Ebd.
131 Vgl. den Spiegel vom 18.12.1967. Der Artikel trägt den bezeichnenden Titel »Fixe Läufer«.

wurden, galt ihnen schon als Beleg dafür, dass in Bonn-Duisdorf eine ganz andere Politik Einzug gehalten hatte.[132]

Las man die Zeitungsartikel jener Jahre, die von den Arbeitsabläufen aus dem Ministerium berichteten, so musste man den Eindruck gewinnen, dass die Wirtschaftspolitik vor Schiller konzeptionslose Flickschusterei gewesen sei. Das war natürlich weit übertrieben; auch unter Erhard und Schmücker waren Papiere geschrieben und Ideen entworfen worden, war die Politik keine Sache der spontanen Eingebung gewesen. Schon zu ihren Zeiten hatte es ja bereits den wissenschaftlichen Beirat beim Bundeswirtschaftsministerium gegeben, waren die Wirtschaftswissenschaften zur sozialwissenschaftlichen Beratungswissenschaft par excellence geworden, wenngleich auch gewiss nicht auf dem Niveau wie seit Mitte der 60er-Jahre. Aber welchen Stellenwert der wissenschaftliche Sachverstand bei der politischen Entscheidungsfindung erhielt, das vollzog die Presse erst jetzt nach. Unter Schiller, lobte Armin Grünewald in der »Stuttgarter Zeitung«, werde im Bundeswirtschaftsministerium heute mehr gedacht als gefühlt:

> »Das wirtschaftspolitische Denken ist rational geworden. Das Vor-sich-hin-Sinnieren von Beamtenzirkeln, das Taktieren von Bundestagswahl zu Landtagswahl und von Landtagswahl zu Bundestagswahl ist einer überwiegend sachlichen Betrachtungsweise gewichen.«[133]

4 Höhenflüge

Mitte 1968 war die Angst vor der Wiederkehr »Weimars« endgültig verflogen. Nur kurz waren die Deutschen beunruhigt gewesen und hatten düstere Vorstellungen über ihre Zukunft gehegt. Ein Jahr nach Beginn der Großen Koalition war die Bundesrepublik, wie es schien, auf den Wachstumspfad des Wirtschaftswunders zurückgekehrt. Die öffentlichen Kassen füllten sich, es herrschte wieder Vollbeschäftigung.

Damit schlüpfte Karl Schiller in jene Rolle, die viele Jahre lang Ludwig Erhard ausgefüllt hatte. Er selbst hatte einen beträchtlichen Anteil daran gehabt, dass der Glaube an die Fähigkeiten des »Mr. Wirtschaftswunder« in kurzer Zeit nachgerade zertrümmert worden war. Nachdem der Erhard-Mythos zerbrochen war, vertrauten sich die Deutschen nun dem Nächsten an, der sie glauben machte, dass er mit allen Problemen souverän fertig werden würde.[134]

---

132 Vgl. die Zeit vom 1.12.1967.
133 Vgl. die Stuttgarter Zeitung vom 1.9.1967.
134 Schon 1967 erhielt Schiller von 40% der Befragten eine positive Bewertung, Erhard nur 29%. 1969, als Schiller von 65% der Deutschen positiv bewertet wurde, wurden für Erhard keine Zahlen mehr erhoben, da sich nur noch 41% an ihn als Bundeskanzler erinnern konnten. Vgl. Max Kaase, Determinanten des Wahlverhaltens bei der Bundestagswahl 1969, in: Politische Vierteljahresschrift 11/1 (1970), S. 46-110, hier S. 68.

Abb. 9 Schiller doziert: In dieser Rolle gefiel sich Karl Schiller fraglos am besten: Auf der Bundespressekonferenz erklärt der Wirtschaftsprofessor 1970 den Journalisten seine Wirtschaftspolitik.

VIII Superstar (1965–1969)

Eigentlich hatte Schiller ja eine Entzauberung im Sinn gehabt: Statt »barocker Appelle« und des Glaubens an die Selbstheilungskräfte des Marktes sollte jetzt die Wirtschaftspolitik nach rationalen und wissenschaftlich vorbereiteten Gesichtspunkten gestaltet werden. Tatsächlich aber glich der Übergang von Erhard zu Schiller doch eher einem Schritt von der mystischen Gläubigkeit des Mittelalters zur Wissenschaftsgläubigkeit der Aufklärung. Schillers Beschwörungsformeln von der »Globalsteuerung«, der »Konzertierten Aktion« und der »Sozialen Symmetrie«, von denen man damals »sich still bekreuzigend«[135] sprach, wirkten wie freundliche Hexerei. Nur Ludwig Erhard kritisierte Schillers Neigung zu immer neuen Wortprägungen, die keine Klarheit schaffe, sondern nur »Verwirrung unter den Geistern« stifte.[136]

Innerhalb der sozialdemokratischen Ministerriege war der »Magier« Schiller eindeutig der Gewinner. Dabei gelang es Willy Brandt durchaus, sich als Außenminister zu profilieren. Von seiner schlimmen Niederlage 1965 hatte er sich erholt und schon bald wurde er trotz seines nach der Wahl angekündigten Verzichts wieder als sozialdemokratischer Kanzlerkandidat gehandelt. Aber die Wirtschafts- und Finanzpolitik war nun einmal die Paradenummer der Großen Koalition geworden; darin hatte auch ihr eigentlicher Begründungs- und nachfolgend ihr Daseinszweck gelegen. Es war demnach wenig überraschend, dass es der »Überwinder der Talsohle« Karl Schiller war, der – mehr noch als sein Ministerkollege Strauß – den Erfolg der Koalition verkörperte. Seine Popularität übertraf die aller Kabinettskollegen. Nur Bundeskanzler Kiesinger sollte in den Umfragen bis zum Herbst 1969 noch ein Stück mehr Zustimmung bekommen.

Ein solcher Höhenflug geht nur an wenigen Menschen spurlos vorbei. Karl Schiller zählte nicht zu diesen Ausnahmen. Fast jedes Foto aus dieser Zeit, jede Fernsehaufnahme macht überdeutlich, wie zufrieden der Mann mit sich und der Welt war. Das Selbstbewusstsein schien aus jeder Pore seines Körpers zu strömen. Schiller ließ sich nicht mehr einfach nur fotografieren – er posierte. Niemand vor ihm habe sich mit solcher Hingabe selbst inszeniert wie Schiller, sagte später Jupp Darchinger, der große Politikerfotograf der Bonner Republik.[137] Wenn die Fernsehkameras ihn auf dem Weg zum Rednerpult des Bundestages begleiteten, fehlte nur noch der rote Teppich und man hätte meinen können, er hole sich dort vorne federnden Schrittes und mit der Hand Huldigungen entgegennehmend seinen Oscar ab – gewiss nicht den für die beste Nebenrolle. Jede Geste, jedes Wort zelebrierte er genüsslich, nichts an seinen Selbstinszenierungen schien dem Zufall überlassen. Es gibt kaum eine Aufnahme von ihm aus den Jahren 1968/1969, in der nicht ein ebenso selbstgewisses wie selbstgefälliges Lächeln seine Züge beherrscht.

---

135 Vgl. Baring, Machtwechsel, S. 163.
136 Vgl. die Süddeutsche Zeitung vom 16.5.1967.
137 Vgl. die Fernsehreportage Zeitgenossen: Was wurde aus Karl Schiller?, am 11.12.1989.

Dass Schiller sich selbst als geniale Verkaufskanone in eigener Mission sah, daraus machte er keinen Hehl. Als einer der ersten Bonner Politiker schreckt er auch vor dem Auftritt in einer reinen Unterhaltungsshow nicht zurück. Im Januar 1969 war er zu Gast bei Robert Lembkes »Was bin ich?«. Als ein Mitglied aus dem legendären Rateteam fragte: »Sind Sie in der Showbranche tätig?«, stutzte Schiller, sah den Gastgeber Robert Lembke an und zuckte schließlich kokettierend mit den Schultern. Auf die Frage, ob er selbstständig sei, ließ Schiller durch Lembke wahrheitsgemäß die Antwort übermitteln: »halb und halb«.[138]

Kein Wunder, dass zunehmend die Frage aufkam, wo der Höhenflug des Karl Schiller einmal enden würde. Kanzler Schiller? Ein halbes Jahrzehnt lang sollte über diese Option immer wieder spekuliert werden. Er selbst war stets klug genug, solche Spekulationen von sich zu weisen, und vielleicht war er auch so schlau, zu wissen, dass so etwas für jemanden wie ihn, ohne Bataillone in der eigenen Partei, nur ein frommer Wunsch bleiben konnte. Andere machten ihre eigenen Beobachtungen. Manche Journalisten glaubten zu registrieren, dass Schiller sich ab Mitte 1968 neu positionierte. Er wolle nicht immer nur über Wirtschaftspolitik sprechen, kolportierten sie Aussagen von ihm. Schließlich sei er kein »Fachidiot« und kenne sich auch in anderen Bereichen ganz gut aus.[139]

Von einer Begebenheit ganz eigener Art erzählt sein ehemaliger Redenschreiber Albrecht Müller. Eines Tages im März 1969 habe Schiller ihn und andere in sein Büro gerufen, wo sie den Minister »zitternd« antrafen. Schiller habe mit der neuesten Meinungsumfrage herumgefuchtelt, aus der hervorging, dass außer dem Bundespräsidenten Heinemann niemand so gute Werte habe wie er. Und dennoch habe die Partei nun entschieden, Willy Brandt zum Kanzlerkandidaten zu machen, was doch ein »Wahnsinn« sei.[140] Wie dem auch sei: Ein Bundeskanzler Schiller wäre in einem Land, in dem die Parteien bei der Personalauswahl eine so überragende Rolle spielten wie in der Bundesrepublik, nur schwer vorstellbar gewesen. Dafür fehlten ihm einfach Hausmacht, Netzwerke und Seilschaften. Zwar hatte auch Ludwig Erhard über solcherlei Loyalitätsreserven nie wirklich verfügt, was ihm am Ende ja auch zum Verhängnis geworden war. Aber in der SPD war es wohl nachgerade undenkbar, dass jemand es ganz bis zur Spitze schaffen konnte, der so offensichtlich Distanz zur eigenen Partei hielt.

Bisweilen konnte man in dieser Zeit gar euphorische Züge an Schiller erkennen. Der »Spiegel« ertappte den sonst so unterkühlten Hanseaten dabei, wie er während einer Dienstreise nach Stockholm im Juni 1968 zwei Abende hintereinander bis zur Polizeistunde in einem Beat-Lokal mit »jungen Damen der Stockholmer Society« tanzte. Selbst der Umstand, dass sich seine größtenteils jüngeren Mitarbeiter trotz ministe-

---

138 Vgl. den Spiegel vom 14.4.1969.
139 Vgl. ebd.
140 Gespräch mit Albrecht Müller.

rieller Aufforderung nicht in der Lage sahen, sich von Ihren Plätzen zu erheben, konnte Schiller die Party-Laune nicht verderben.[141]

Es waren nicht nur berufliche Erfolge, die in jener Zeit für Hochgefühl sorgten. Noch etwas anders passierte: Karl Schiller verliebte sich und das Hals über Kopf und mit allem, was dazu gehört. Seine Ehe war schon länger nicht mehr erfüllend gewesen; die Entfernung zwischen Hamburg und Berlin bzw. Bonn hatten zur Entfremdung zwischen Karl und Annemarie Schiller geführt. Der Ehemann hatte sich darüber bereits in Berlin sporadisch hinweggetröstet. Im Sommer 1968 aber wurde es wieder ernst.

Die neue Frau, die an seine Seite rückte, hieß Etta Eckel, war promovierte Juristin und 21 Jahre jünger als er. Das erste Mal begegnete man sich auf dem Bundespresseball. Horst Ehmke, dem Etta aus der Sylter Gesellschaft bekannt war, machte beide miteinander bekannt und stellte fest, dass es sofort »gefunkt« habe. Karl Schiller, der gerne tanzte, wirbelte den Rest des Abends mit Etta über das Parkett, die sein Interesse spontan erwiderte.[142] Das war der Beginn einer ebenso stürmischen wie am Ende tragischen *amour fou*.

Fast drei Jahre lang gelang es beiden, ihre Beziehung geheim zu halten. An den Wochenenden traf man sich auf einem abgeschiedenen Hof bei Iserlohn, der dem Mann einer Freundin von Etta Eckel gehörte. 1971 gelang es dem »Bild«-Kolumnisten Graf Nayhaus, die beiden bei einem Urlaub im Tessin aufzuspüren. Nachdem die Beziehung nun nicht mehr völlig geheim war, wurde geheiratet. Nayhaus behielt bis dahin die Liaison für sich und war dafür einer der wenigen Journalisten, die bei der Trauung im Hannoveraner Standesamt zugegen waren. Schillers Mitarbeiter reagierten auf die neue Beziehung mit Erleichterung: Die Seminardiskussionen mit dem Minister bis in die Morgenstunden ebbten nun ein wenig ab.[143]

In dem späteren Drama um Karl Schiller galt seine Frau Etta vielen als die eigentliche Schlüsselfigur. Im Sommer und Herbst 1972 sollte sie das politische Bonn mindestens ebenso in Atem halten wie ihr Ehemann. Dass sie Aufsehen erregte, konnte indes nicht verwundern. Viele Politikerfrauen ihres Kalibers hat es in Bonn nicht gegeben. Etta Schiller war nicht nur intelligent und weltgewandt, sondern auch eine sehr attraktive Frau, die mit kühlem Charme bestach. Doch Schillers Ehefrau, so der fast einhellige Tenor, habe schließlich einen übermäßigen und schädlichen Einfluss auf ihren Mann gewonnen und ihn sowohl in seiner Arroganz als auch in seinem Starrsinn gegenüber anderen Kabinettsmitgliedern bestärkt. In ihrem politischen Ehrgeiz habe sie ihren Gatten noch weit übertroffen und mit ihren permanenten Interventionen das Drama ihres Mannes geschürt. Doch als beide sich kennen lernten, war diese Krise noch weit weg. Schiller strebte dem Höhepunkt seiner Karriere entgegen – mit der

---

141 Vgl. den Spiegel vom 24.8.1968.
142 Gespräch mit Horst Ehmke.
143 Gespräch mit Schillers Kabinettsreferenten Ulrich Geisendörfer.

neuen Frau an seiner Seite. Das verführte Etta Schiller später zu der Aussage, dass auch sie einiges zum Wahlsieg der SPD 1969 beigesteuert habe.[144]

Der brillante »Spiegel«-Reporter Hermann Schreiber beschrieb die Ehe in den letzten Tagen der Ministerzeit Schillers als Gemeinschaft, die »teils auf wechselseitiger Dekoration, teils auf rer-pol-Dialogen« aufgebaut sei.[145] Der ganzen Wahrheit entsprach diese weit verbreitete Einschätzung nicht. Schiller hatte die Beziehung zu Etta Eckel schließlich lange geheim gehalten. Obgleich später bei öffentlichen Auftritten ein gewisser Stolz auf seine Eroberung bei ihm zu beobachten war, ging es ihm also zunächst nicht um öffentliches Aufsehen. Hätte Etta nur der Dekoration gedient, so hätte Schiller gewiss rasch die Notbremse gezogen, als offensichtlich wurde, wie sehr die ungewöhnliche öffentliche Präsenz seiner dritten Ehefrau seine Reputation ruinierte – ganz gleich, wie viel an der Legende vom »blonden Rasputin« der Wahrheit entsprach. Und als Letztes zeigte die tiefe Krise, in die Schiller nach der Trennung von Etta geriet, dass doch mehr als nur Eitelkeit im Spiel gewesen sein muss. Karl Schiller war tatsächlich über beide Ohren verliebt: Seinen engeren Mitarbeitern entging dann auch nicht, dass er sich bisweilen wie ein »verknallter Schuljunge« benahm.[146]

Ein Statussymbol allerdings war seine junge, attraktive und intelligente Gattin schon – aber eher eines, das er im Stillen genoss. Die Eroberung dieser Frau bedeutete für Schiller den endgültigen Abschied von seiner ungeliebten Herkunft. Auch daher rührte das kaum verhohlene Triumphgefühl, das er in dieser Zeit ausstrahlte. Etta Eckel entstammte einer großbürgerlichen Arztfamilie und besaß den dazu passenden Habitus: Distinguiert, kühl, ihrer selbst ganz sicher. Vermutlich war sie der einzige Mensch, der in Karl Schiller letztlich einen Parvenü zu entdecken glaubte und sein bildungsbürgerliches Gehabe für eine leicht durchschaubare Camouflage hielt. In Gesellschaft waren ihr manche seiner Verhaltensweisen gar ein wenig peinlich; dass er sich mit »Mein Name ist Schiller« vorstellte, erfüllte sie mit Grauen und galt ihr als Beleg für niemals abgelegte kleinbürgerliche Züge.[147]

Dass Etta für Karl ein Symbol gesellschaftlichen Aufstiegs war, das war gewiss das eine, was Schiller an der Düsseldorferin reizte. Doch ihm imponierte auch Ettas Intelligenz, die selbst jene, die sie kritisch bewerteten, niemals in Zweifel zogen. Ein völlig abrupter Kurswechsel bei der Auswahl seiner Frauen war das nicht. Nach Bildungsstand und Beruf spielte Etta zwar in einer gänzlich anderen Liga als seine ersten beiden Ehefrauen. Aber für Frauen, die sein Leben wirklich mit ihm teilen konnten, auch sein Berufsleben, hatte er sich im Grunde immer interessiert. Und Etta war nun sogar eine Frau, die Karl Schiller intellektuell Paroli bieten konnte. Das entfachte seine Bewunderung und spornte seinen Ehrgeiz an. Aber es führte eben auch dazu, dass Schiller

---

144 So jedenfalls zitierte der Spiegel Etta, in: Der Spiegel vom 21.8.1972.
145 Vgl. den Spiegel vom 19.6.1972.
146 Gespräch mit Otto Schlecht.
147 Gespräch mit Etta Schiller.

seine Politik fortan nicht nur vor dem Parlament, in der Partei, im Kabinett und vor aller Öffentlichkeit zu rechtfertigen hatte, sondern auch vor seiner Freundin und späteren Ehefrau. Auch die Tochter aus zweiter Ehe beobachtete, dass selbst in ihrer Gegenwart die Gespräche zwischen Karl und Etta sich zumeist immer nur um die Politik gedreht hätten, was nun doch ein auffälliger Unterschied zu seinen früheren Beziehungen war. Unanstrengend war das vermutlich auf die Dauer nicht und auch kaum der Entspannung förderlich. Aber im Jahr 1968, am Anfang der Beziehung, störte Etta den kaum zu bremsenden Höhenflug des Karl Schiller überhaupt nicht.

Die Journalisten fanden es nicht allzu problematisch, dass Schiller kaum noch verbarg, dass er im politischen Bonn für sich selbst keinen ernsthaften Gegner mehr sah. Mochten sie ihn auch bisweilen als Primadonna und Diva titulieren, so imponierte ihnen vermutlich sogar am allermeisten, mit welcher Souveränität sich Schiller über die Meinungen, Mahnungen und Befürchtungen anderer hinwegsetzte. Wenn der Minister in bekannter Manier seine Gegner abkanzelte, feixten und johlten sie. Dass er begann, über sich selbst in der dritten Person zu sprechen, wurde zwar von ihnen registriert, aber kaum getadelt.

Wer mit ihm persönlich zu tun hatte, sah es anders. Vielen Kollegen in Partei, Fraktion und Kabinett erschien Schiller mit jedem weiteren Erfolg noch arroganter und abgehobener als zuvor. Er galt ihnen als Musterbeispiel für die Eitelkeit und Egozentrik des eigenen Berufsstandes. Und wie so häufig kamen die kritischsten Stimmen von jenen, die sich selbst oft genug als schwierige Charaktere erwiesen hatten und die unter Schiller besonders zu leiden hatten. Einer von ihnen war Erhard Eppler, der 1968 als Entwicklungshilfeminister in das Kabinett Kiesinger eintrat und später in der sozialliberalen Koalition vom Wirtschafts- und Finanzminister über Unstimmigkeiten im Haushalt seines eigenen Ressorts aufgeklärt wurde. In seinen Erinnerungen schrieb Eppler über seinen Intimfeind Schiller:

»Karl Schiller hat sie uns vorgeführt: Die Macht als Chance perfekter Selbstdarstellung, Macht als Bestätigung der eigenen, in der Tat hochintelligenten Person, als Zelebration (sic!) eines überlegenen Geistes, wo jede Geste, jeder Tonfall, jede Formulierung, jede neue Wortprägung ein Mosaikstein wird zum Kolossalbild des Stars. Ausgekostet wird da nicht das Amt, das Oben-Sein, sondern der Auftritt, die Resonanz, die Zustimmung, die Bewunderung. Wenn im Kabinett der großen Koalition der Finanzminister Strauß, von Kanzler Kiesinger immer zuerst aufgerufen, die Vorlagen zur Finanz- und Wirtschaftspolitik umständlich erläutert hatte, sprach Wirtschaftsminister Schiller anschließend mindestens fünf Minuten länger, auch wenn schon Strauß seine Kollegen durch Weitschweifigkeit genervt hatte. Sogar im Kabinett zelebrierte Schiller seinen Auftritt. Was immer die Selbstdarstellung des großen Ökonomen stören oder auch nur relativieren konnte […], mußte er als Sektiererei Unkundiger abtun. […] Dem Eitlen fehlt jede kritische Distanz zu sich selbst, zu den eigenen Fähigkeiten, Schwächen und Empfindlichkeiten, eine Distanz, ohne die es Reifung wohl nicht gibt. Gegenstand seiner Aufmerksamkeit ist nicht das eigene, Zustimmung erheischende, von keinem schlechten Gewissen angefochtene Ich, sondern die anderen, die entweder klug genug sind, seine alles überragende Bedeutung zu erkennen, oder töricht und boshaft genug, sie zu verkennen.«[148]

Eppler gab eine durchaus repräsentative Meinung über Schiller im Kreise seiner Parteigenossen wider. Auch für viele sozialdemokratische Funktionäre blieb Schiller, der sich als Steuermann der deutschen Wirtschaft nicht mit den »kleinen Mätzchen« und »Rankünen« der Parteipolitik aufhalten wollte, ein lebendes Vexierbild, das sie eigentlich fast nur aus dem Fernsehen kannten.

Die Abneigung gegen den Menschen Schiller wurde auch durch seine unbestrittenen politischen Erfolge nicht gemildert. Denn wie es schien, fiel der Glanz Schillers kaum auf seine eigene Partei. Im Juni 1968 – die Wirtschaft boomte wieder und Karl Schiller hatte sich längst zum populärsten Minister der Großen Koalition emporgeschwungen – erlitt die SPD bei den Landtagswahlen in Baden-Württemberg eine verheerende Niederlage.

Dass die Sozialdemokraten von den Erfolgen ihres Wirtschaftsministers wenig profitierten, hatte womöglich auch einen ganz banalen Grund: Manche Deutsche hielten Schiller tatsächlich für einen CDU-Politiker. Schon im Juni 1967 hatte Helmut Schmidt in einem Rundschreiben an die sozialdemokratischen Minister und Staatssekretäre beklagt, dass Schillers Popularität wenig nütze, solange viel Menschen denken würden, er gehöre zur CDU. Verstärkt solle im Bundeswirtschaftsministerium darauf geachtet werden, dass auch die parteieigenen Publikationsmöglichkeiten eingesetzt würden.[149]

Ein Jahr später, nach der verlorenen Landtagswahl, kursierten sogar Umfragen, nach denen 70 Prozent der Deutschen Schiller für einen CDU-Politiker hielten.[150] Zwar stellte sich heraus, dass die Zahlen weit übertrieben waren. (Im Januar 1969 hielten nur 10 Prozent der Befragten Schiller für einen CDU-Politiker).[151] Aber die Aufregung, in welche die Zahlen sowohl Schiller als auch die Parteifunktionäre versetzten, zeugte von der Angst, dass die Erfolge des populärsten Ministers im Kabinett seiner Partei nicht zugutekamen. Die SPD schien aus der Rolle des Juniorpartners nicht herauszufinden. Vermutlich lag das auch daran, dass die beiden großen Volksparteien in der Wirtschaftspolitik erstaunlich einträchtig zusammenarbeiteten, weshalb es wenig Anlass für wirtschaftspolitische Grundsatzdebatten gab. Es fehlte ein Thema, mit

---

148 Vgl. Erhard Eppler, Komplettes Stückwerk. Erfahrungen aus fünfzig Jahren Politik, Frankfurt a. M. 1996, S. 271 f.
149 Vgl. Helmut Schmidt an Schiller am 13.6.1967, in: BA N Schiller 1229, B. 293, S. 125.
150 Vgl. die Welt vom 13.8.1968.
151 Diese Zahl nannte Schiller selbst in einem Brief an Alfred Nau am 15.8.1968, in: BA N Schiller 1229, B. 292, S. 5 f.

dem der populäre Wirtschaftsminister sich endlich von seinem Ministerkollegen Strauß und der gesamten Union abgrenzen konnte, so konfrontativ und eindeutig, dass auch der Letzte merkte, dass hier nicht Parteifreunde miteinander stritten. Schiller sollte sein Streitthema bekommen.

5   Der Aufwertungs-Streit

Im Vergleich zu ihren westlichen Verbündeten war die Bundesrepublik im Sommer und Herbst 1968 eine Insel der Stabilität. Frankreich war noch immer erschüttert von den Mai-Unruhen, als Charles de Gaulle sogar kurzfristig nach Baden-Baden geflüchtet war. Die USA wurden von aggressiven Rassenunruhen erschüttert und litten unter dem Desaster des Vietnam-Krieges. Gemessen an all diesen Entwicklungen nahm sich auch der 68er-Protest in der Bundesrepublik ziemlich harmlos aus.

Auch was die wirtschaftliche Lage betraf, konnten sich die Deutschen auf der Sonnenseite wähnen. Wirtschaftliches Wachstum gab es zwar in fast allen kapitalistischen Volkswirtschaften der westlichen Welt. Aber nur in Deutschland ging die Hochkonjunktur nicht mit einer beträchtlichen Preissteigerung einher. Der Traum von stetigem Wachstum bei gleichzeitiger Preisstabilität schien selten so nah gerückt wie in den Jahren zwischen 1967 und 1969, als die Deutschen jährliche Preisniveausteigerungsraten von nur durchschnittlich 1,7 Prozent zu verkraften hatten. In den Vereinigten Staaten betrug die Inflationsrate im selben Zeitraum 4,1 Prozent, in Frankreich, Italien und im Vereinigten Königreich 3,8 Prozent.[152]

Die auch im internationalen Maßstab geringe Geldentwertung in der Bundesrepublik verschaffte dem deutschen Export auf dem Weltmarkt eine außergewöhnlich starke Stellung. Die Folge waren ständig steigende Handelsüberschüsse: 1967 waren es 16,9 Milliarden DM, 1968 betrug der Überschuss schon 18,4 Milliarden DM. Die Gold- und Devisenreserven der Bundesbank erhöhten sich allein vom 1. Januar bis zum 7. November 1968 um 4,7 auf über 33,3 Milliarden DM.[153] Die Stabilität der Deutschen Mark lockte zunehmend ausländisches Kapital an, vor allem den französischen Franc, aber auch den US-Dollar und das britische Pfund. Im November 1968 wurde die Bundesrepublik Ziel des bis dato größten Zuflusses ausländischen Geldes. In den Tresoren der Bundesbank türmten sich die Devisen. Das internationale Währungssystem stand kurz vor dem Kollaps.

Befeuert wurde die Spekulationswelle auch dadurch, dass eine Aufwertung der in der Tat chronisch unterbewerteten D-Mark zur Diskussion stand, um das Ungleichgewicht zwischen den Währungen zu beenden. Vor allem Briten und Franzosen

---

152 William Glenn Gray, »Number One in Europe«: The Startling Power of the German Mark, 1968–1971, Colloquium Paper, April 2003.
153 Vgl. Baring, Machtwechsel, S. 166.

drängten energisch auf diesen Schritt. Die Franzosen fühlten sich ganz besonders in ihrem nationalen Selbstbewusstsein gekränkt. Natürlich konnten sie den Franc auch einseitig abwerten. Doch das lehnte der stolze General de Gaulle kategorisch ab.

Dabei sprachen auch auf deutscher Seite nicht nur altruistische Motive für die Aufwertung der D-Mark. Die Bundesbank war bereits im August zu dem Schluss gekommen, dass eine Aufwertung langfristig unumgänglich sei, um eine »importierte Inflation« zu verhindern, und hatte versucht, die Bundesregierung von diesem Vorhaben zu überzeugen – allerdings ohne Erfolg. Im September 1968 hatte Schiller, in dessen Ressort die Währungsfrage hauptsächlich fiel, von der »Absurdität« einer D-Mark-Aufwertung gesprochen.[154] Der Bundeswirtschaftsminister fürchtete, dass die Aufwertung der Deutschen Mark den Export belasten und ihm damit »seinen« Aufschwung kaputt machen würde. Strauß argumentierte ähnlich und musste zudem auf die Landwirtschaft Rücksicht nehmen, die für seine Partei eine wichtige Klientel darstellte.

Gänzlich passiv aber konnte Bonn nicht bleiben, nicht nur wegen des immer stärkeren internationalen Drucks. Der Bundeswirtschaftsminister war schließlich seit einigen Monaten turnusmäßig Präsident des so genannten »Zehner-Clubs«, in dem die wichtigsten Industrieländer gemeinsam nach Lösungen für ökonomische Probleme suchten. Als sich ab Mitte November 1968 die Flucht in die D-Mark noch einmal verstärkte, sah sich Schiller zum Handeln gezwungen und lud die Mitglieder des »Zehner-Clubs« für den 20. November zu einer Sondersitzung nach Bonn ein. Es war wohl eine der am hastigsten organisierten internationalen Sitzungen überhaupt. Die Chancen für eine Einigung waren allerdings gering. Die wichtigsten Verbündeten drängten weiterhin auf eine Aufwertung. Der britische Premierminister Harold Wilson hatte in der Nacht vom 19. auf den 20. November sogar noch einmal den deutschen Botschafter in London zu sich bestellt und ihn massiv unter Druck gesetzt: Wenn die Deutschen nicht endlich etwas täten, um den bodenlosen Sturz des Franc aufzuhalten, müsse man mit schweren Konsequenzen rechnen. Gerüchte über einen Abzug der britischen Truppen aus Deutschland machten die Runde.[155]

Auch Bundesbankpräsident Blessing war noch einmal beim Kanzler vorstellig geworden, um ihm die Aufwertung schmackhaft zu machen. Kiesinger aber folgte dem Rat von Strauß und Schiller, und am Tag vor der Konferenz wiederholte die Bundesregierung ihre ablehnende Haltung zur Aufwertungsfrage.[156] Vor den Fernsehkameras bekräftigte Schiller, das Gerede von der Aufwertung sei nun endgültig »vom Tisch«.[157]

Aber warum, so fragten sich die Partner der Bundesrepublik, war man nach Bonn einbestellt worden, wenn doch die Haltung der Bundesregierung ohnehin feststehe? Das Ganze sei nicht mehr als eine weitere perfekt inszenierte Show des Bundeswirt-

---

154 Vgl. ebd.
155 Vgl. ebd.
156 Vgl. Otmar Emminger, D-Mark, Dollar, Währungskrisen. Erinnerungen eines ehemaligen Bundesbankpräsidenten, Stuttgart 1986, S. 143.
157 So in der Sendung Bilanz im ZDF am 19.11.1968.

schaftsministers, hieß es in Kreisen der Schweizer Nationalbank.[158] Drei Tage versuchten die Notenbankpräsidenten und Ressortkollegen des Zehnerclubs, Schiller zu überzeugen. Der blieb wie immer höflich und charmant, in der Sache jedoch knallhart. Als Präsident des »Zehner-Clubs« hatte Schiller die Verhandlungsführung übernommen, seine ausländischen Ministerkollegen mussten also die Belehrungen des Bundeswirtschaftsministers über sich ergehen lassen. Amerikaner, Briten und Franzosen reagierten ebenso genervt auf die professoralen Vorträge Schillers wie dessen Bonner Kabinettskollegen. »The verbal diarrhea of Professor Schiller was indeed the most constant and maddening feature of the conference«[159], schrieb der britische Schatzkanzler Roy Jenkins in seinen Erinnerungen. Strauß hatte ihm beim Abendessen am Buffet bereits empfohlen, sich ordentlich zu bedienen, da man für nächtliche Sitzungen mit Karl Schiller gut gestärkt sein müsse.[160] Von den 50 Stunden seines Aufenthaltes in Bonn, so erinnerte sich Jenkins, habe Schiller mindestens zwölf Stunden monologisiert. Ihn einmal zum Zuhören zu bewegen, sei völlig unmöglich gewesen.[161]

Als offensichtlich war, dass die Deutschen ihre Währung nicht aufwerten würden und nur noch die Abwertung des französischen Franc zur Diskussion stand, habe Schiller den Franzosen Nachhilfe erteilt und ihnen gar den exakten Satz von 8,725 Prozent empfohlen. Als »modern economist« hätten seine Berechnungen exakt dieses Ergebnis hervorgebracht. »But so far from Schiller's being accepted as God everyone was fed up with the germans by this time.«[162] Bundesbankpräsident Blessing verließ sogar vorzeitig die Sitzung, um sich dem Geschimpfe seiner ausländischen Kollegen über die Bundesregierung und ihrem eitlen Selbstdarsteller nicht länger aussetzen zu müssen.[163]

Doch Strauß und Schiller hielten dem Druck des Auslandes stand. Alles was sie offerierten, war eine Art Ersatzaufwertung, wodurch die Steuern auf Importe um 4 Prozent gesenkt und auf Exporte um den gleichen Satz angehoben wurden. Damit glaubten sie eher, den Interessen der deutschen Industrie dienen zu können. Aber bei beiden – bei Strauß gewiss noch etwas stärker – waren, mehr als nur unterschwellig, auch andere Argumente zu hören. Warum, so fragten sie sich, sollten die Deutschen, die als Einzige eine erfolgreiche Stabilitätspolitik betrieben hatten, für die Verfehlungen anderer geradestehen? Kurieren müsse man schließlich die Kranken und nicht die Gesunden.

Die deutsche Öffentlichkeit nahm solche Äußerungen begierig auf. Zu Beginn der Konferenz war es zu Demonstrationen gekommen, in denen die Protestierenden

---

158 Vgl. den Industriekurier vom 26.11.1968.
159 Roy Jenkins, A life at the centre. Memoirs of a radical reformer, New York 1991, S. 253.
160 Ebd., S. 254.
161 Ebd., S. 253.
162 Ebd., S. 255 f.
163 Vgl. den Spiegel vom 14.4.1969.

Schilder hoch hielten, auf denen zu lesen war: »Wilson: Hands Off Our D-Mark.«[164] In den Tagen nach der Konferenz brach ein regelrechter D-Mark-Chauvinismus aus. Als Ergebnis der Konferenz – die von vielen Beobachtern als kompletter Fehlschlag mit schlimmen Konsequenzen für die Beziehungen der Bundesrepublik zu ihren wichtigsten Verbündeten eingeschätzt wurde – titelte die »Bild«-Zeitung in ihrem Aufmacher: »Jetzt sind die Deutschen die Nummer 1 in Europa.«[165] Woanders mochte sich der Nationalismus auf subtilere Weise zeigen, aber der Stolz nicht nachgegeben zu haben, nicht eingeknickt zu sein, war auch in anderen Kommentaren deutlich spürbar. Das Ausland wertete die Konferenz ebenfalls als Sieg der deutschen Sache. Das Machtzentrum Europas habe sich eindeutig von Paris nach Bonn verschoben, meinte etwa die »Times«.[166] Der »Daily Mirror« ging noch einen Schritt weiter: »Nun haben die Deutschen doch den Krieg gewonnen.«[167] Die französische Presse reagierte beinahe hysterisch und schrieb von der Unterwerfung Europas durch die Deutschen. Als Hauptverantwortlicher für die Demütigung der stolzen *Grande Nation* galt ihr Karl Schiller. Die regierungsfreundliche »Paris-Presse« versah ein Foto des Bundeswirtschaftsministers mit dem Kommentar: »Für die Deutschen trägt der Sieg dieses Gesicht. Dieses Gesicht, eisig und autoritär, gehört dem Sieger Karl Schiller.«[168]

In einer Umfrage des Instituts Allensbach wenige Monate nach der Währungskonferenz gaben 71 Prozent der Befragten an, dass »ein gewisser Stolz über die international anerkannte Position der D-Mark eine Rolle spiele«.[169] Das eigentlich spröde Sujet der Währungspolitik konnte also sogar die Gemüter in Wallung bringen. Im politischen Bonn wurde das aufmerksam registriert. Es war wohl gerade dieser Umstand, der die Bundesregierung zu ihrem unnachgiebigen Verhalten weiter anspornte. Kiesinger ließ sich gar zu der Aussage hinreißen, dass es definitiv und niemals eine Aufwertung geben werde, solange er Bundeskanzler sei. Damit wagte er sich – unterstützt von Strauß – wesentlich weiter vor als sein Wirtschaftsminister, der mit solchen finalen Aussagen deutlich vorsichtiger umging. Aus derselben Umfrage ging auch hervor, dass nur 17 Prozent der Befragten gut über das Problem der Aufwertung unterrichtet waren, während 40 Prozent »etwas Bescheid« wussten. Der Rest hatte keinen blassen Schimmer, worüber auf der Bonner Währungskonferenz eigentlich gestritten worden war. Kurz gesagt: Für die Deutschen war alles, was die D-Mark betraf, ein Thema von eminenter Bedeutung. Aber welche Entscheidung nun gut für ihre Währung war und welche schlecht, darüber hatten sie im Prinzip keine genaue Kenntnis. Aus genau dieser Konstellation sollte sich schließlich das entscheidende Thema für den Wahlkampf 1969 ergeben.

---

164 Gray, »Number One in Europe«, S. 17.
165 Vgl. die Bildzeitung vom 23.11.1968.
166 Vgl. die Times vom 22.11.1968.
167 Zitiert nach Emminger, D-Mark, S. 148.
168 Paris-Presse, 22.11.1968, zitiert nach: Soell, Helmut Schmidt, S. 787.
169 Vgl. Emminger, D-Mark, S. 149.

VIII Superstar (1965–1969)

Bei der Bonner Währungskonferenz hatten Schiller und Strauß also noch einmal an einem Strang gezogen. Es war das letzte Mal, dass in einer wichtigen Frage Eintracht zwischen ihnen herrschte. Lange hatte Strauß nun schon ertragen, dass sein Kollege permanent im Scheinwerferlicht stand. Doch sich mit der Rolle der zweiten Geige im Orchester zu bescheiden, fiel ihm zunehmend schwerer. Als beide nach der Konferenz gemeinsam eine Pressekonferenz gaben, wirkte Schiller – wie stets nach durchgearbeiteten Nächten – aufgekratzt und gut gelaunt. Er beantwortete die Fragen der Journalisten in Deutsch und in Englisch und betörte die Pressevertreter mit seinem Charme. Je stärker sich Schiller in Szene setzte, desto ungemütlicher fühlte sich Strauß offenbar. Schließlich stand er, von den Strapazen der Konferenz deutlich gezeichnet, auf und verließ den Saal, in dem sein Ministerkollege den großen Triumph mit souveränen Gesten alleine kassierte.[170] Wahrscheinlich begann schon hier der Bruch zwischen beiden.

Im Laufe der ersten Monate des Jahres 1969 nämlich dachte Schiller in der Währungsfrage um. Noch bis in den Februar hinein hatte auch er jedes Nachdenken über eine Änderung der Wechselkursparitäten brüsk abgelehnt. Doch dann, Anfang März, bat er seine engsten Mitarbeiter zu sich und eröffnete ihnen, dass er mit dem Gedanken spiele, dem Bundeskanzler die Aufwertung der D-Mark vorzuschlagen.[171] Was hatte Schiller in so kurzer Zeit zum Umdenken bewegt?

So eindeutig wie bei Kiesinger und Strauß war seine Ablehnung einer Aufwertung einerseits ohnehin nie gewesen. Zu Ewigkeitsschwüren wie Kiesinger hatte er sich nicht hinreißen lassen, wie er überhaupt sehr viel weniger auf der Klaviatur nationaler Gefühle gespielt hatte. Schillers Argumente gegen die Aufwertung waren pragmatischer gewesen: Mit der Importverbilligung und Exportverteuerung bleibe man beweglich gegenüber weiteren Entwicklungen – was eine Aufwertung nicht grundsätzlich für alle Zukunft ausschloss.[172] Schiller hatte zunächst abwarten wollen, ob der Vietnam-Krieg, der das amerikanische Defizit in die Höhe getrieben hatte, vielleicht noch ein schnelles Ende finden würde und ob die Stabilisierungsbemühungen in Frankreich und England nicht doch Erfolge mit sich brächten. Er hatte darauf spekuliert, dass die Ersatzaufwertung schon ausreiche, um die gewünschten Exporteinbußen und die Konjunkturdämpfung hervorzurufen. Doch entgegen seinen Prognosen entwickelte sich die Konjunktur weiterhin stürmisch. Das überhitzte Klima gefährdete bereits die Lohn- und Preisstabilität. Schiller also gab nicht etwa den Forderungen des Auslandes nach, wenn er nun seine Meinung änderte, sondern sah den Zeitpunkt gekommen, um in der Konjunkturpolitik antizyklisch gegenzusteuern.

Dass der Wirtschaftsminister Schiller umdachte, mochte andererseits auch an dem liegen, was der Professor Schiller registriert hatte: Die meisten Wirtschaftsforschungs-

---

170 Vgl. die Hannoversche Allgemeine Zeitung vom 23.11.1968.
171 Gespräch mit Albrecht Müller.
172 Vgl. das Interview mit Schiller in der Zeit vom 25.11.1969.

institute und der Sachverständigenrat fassten langsam aber sicher die Aufwertung als unvermeidlich ins Auge. Mit seinen akademischen Fachkollegen aber verdarb es sich Schiller nicht gern – ganz gleich, ob eine Mehrheit der Deutschen nach allen Umfragen eine »Manipulation« an ihrer Währung ablehnen mochte.

Unter den Mitarbeitern des Bundeswirtschaftsministeriums fand Schiller rasch Zustimmung für seine Kursänderung. Am 17. März traf sich Schiller mit Kiesinger, der erstaunt zur Kenntnis nahm, dass sein Wirtschaftsminister ihm plötzlich einen ganz neuen Ratschlag gab: Nun sollte die D-Mark doch aufgewertet werden.[173] Schiller hatte zur Verstärkung den Vizepräsidenten der Bundesbank, Otmar Emminger, dazu gebeten, mit dem Kiesinger eine alte Freundschaft verband, und der wie praktisch die gesamte Spitze der Frankfurter Zentralbank bereits vor der Währungskonferenz im November für eine Aufwertung plädiert hatte. Kiesinger aber reagierte unsicher und mochte sich nicht sofort entscheiden; schließlich hatte er nachgerade einen Schwur geleistet, dass es unter ihm niemals zur Aufwertung kommen werde. Daran fühlte er sich gebunden.[174]

Statt weiter auf den Bundeskanzler einzuwirken, ging Schiller den Weg, den er stets für den besten hielt, wenn er mit seiner Meinung bei anderen nicht sofort durchdrang: Er suchte die Öffentlichkeit. Natürlich war dabei Vorsicht geboten. Es würde wenig glaubwürdig erscheinen, wenn er von heute auf morgen seine Meinung änderte. Während der Haushaltsdebatte am 20. März sagte er etwas geheimnisvoll, dass man sich in der Währungsfrage weiterhin »beweglich gegenüber möglichen neuen Entwicklungen« halte. Schließlich habe niemand ausreichend »prognostische Kraft«, um irgendeine Option für die Zukunft auszuschließen.[175] Im In- und Ausland fragte man sich, ob eine Aufwertung nun doch zur Diskussion stand. Unvermeidlich breitete sich eine neue Welle der Devisenspekulation aus – von Schiller wohl nicht nur in Kauf genommen, sondern sogar bewusst gefördert, um den Handlungsdruck auf Kiesinger und Strauß zu erhöhen. Als General de Gaulle am 27. April nach einem gescheiterten Referendum zurücktrat, kam es überdies zu einem erneuten Schwächeanfall des Franc. Nun kannte der Run auf die D-Mark kein Halten mehr: Alleine vom 28. April bis zum 9. Mai 1969 flossen Devisen im Wert von 17 Milliarden. DM in die deutsche Währung.[176]

Doch weiterhin geschah nichts. Schiller unternahm einen letzten Versuch, Kiesinger umzustimmen. In einem Brief vom 2. Mai empfahl er ihm noch einmal nachdrücklich die Aufwertung. Sollte dieses nicht geschehen, könne er die Verantwortung, die ihm durch das Stabilitätsgesetz auferlegt sei, nicht mehr länger tragen.[177] Kiesinger

---

173 Vgl. Emminger, D-Mark, S. 152.
174 Vgl. ebd.
175 Vgl. Baring, Machtwechsel, S. 171.
176 Vgl. Emminger, D-Mark, S. 152.
177 Dieser Brief fand sich nicht im Nachlass Schillers. Auf ihn Bezug genommen wird aber u. a. bei Emminger, D-Mark, S. 154.

schwankte. Jeder riet ihm etwas Anderes und er selbst hatte von alledem keine Ahnung. Solange sich Schiller und Strauß einig gewesen waren, hatte sich Kiesinger einfach auf die Übereinstimmung seiner beiden Ressortminister verlassen. Doch nun waren »Plisch und Plum« zerstritten, und da die Wirtschaftspolitik alles andere als Kiesingers Domäne war, fiel es ihm außerordentlich schwer, die letzte Entscheidung selbst zu treffen.

Drei Tage nach Schillers Brief traf sich Kiesinger mit Schiller, Strauß und dem Bundesbankpräsidenten Blessing.[178] Schiller und Blessing stritten mittlerweile für die Aufwertung, Strauß energisch dagegen. Für Kiesinger war die ganze Geschichte ein leidiges Dilemma. Er wollte wegen der Währungspolitik keinen Streit in der Koalition. Und er respektierte Schiller, hatte auch gehörige Achtung vor dessen Fähigkeiten. Noch weniger aber konnte ihm an einem Streit mit Strauß liegen, ohne dessen CSU er vermutlich niemals Bundeskanzler geworden wäre.

Der Finanzminister versuchte, Kiesinger auf den gemeinsamen Schwur vom November 1968 »festzunageln«. Überhaupt bedeutete der Aufwertungsstreit für den Bayern eine grenzenlose Erleichterung. Strauß ertrug die Rolle des Zweitbesten einfach nicht mehr. Er konnte nicht verstehen, dass Schiller die Meriten für einen Aufschwung erntete, für den er das Geld bereitgestellt hatte. Strauß empfand die Entwicklung der letzten zweieinhalb Jahre als höchst ungerecht: Aus seiner Sicht, so vertraute er später Journalisten an, war er die ganze Zeit über der Koch und Schiller der Kellner gewesen. Während er am Herd stand, habe Schiller draußen das Trinkgeld kassiert.[179]

Kiesinger war kein Ökonom, jedoch ein erfahrener Politiker. Die Währungskonferenz hatte ihm gezeigt, dass die Deutschen sehr sensibel reagierten, wenn es um das Schicksal ihrer Währung ging. Ob auf- oder abgewertet werden sollte, war für Kiesinger primär eine politische Frage geworden, zumal in einem halben Jahr Bundestagswahlen anstanden. Auf der einen Seite wollte er nicht sein Versprechen vom November 1968 brechen. Aber er wusste auch, dass sein Wirtschaftsminister in dieser Frage nicht mehr nachgeben und sich an keine Kabinettsdisziplin gebunden fühlen würde. Für diesen Fall galt es, sich vorzubereiten.

Am 7. Mai versammelte Kiesinger die wichtigsten Aufwertungsgegner der deutschen Wirtschaft im Bundeskanzleramt. An der Besprechung nahmen die Arbeitgeberpräsidenten Hanns Martin Schleyer und Fritz Berg sowie der Vorstandsvorsitzende der Deutschen Bank, Hermann Josef Abs, teil. Schleyer und Berg vertraten die Interessen der deutschen Exportindustrie, der die unterbewertete D-Mark gelegen kam. Bei Abs kam die Befürchtung hinzu, dass man die Devisenspekulanten langfristig gerade durch eine Änderung der Wechselkursparitäten noch ermunterte.[180] Kiesingers Gäste brachten also die bekannten Argumente gegen die Aufwertung vor. Und sie ver-

---

178 Vgl. ebd.
179 Vgl. den Stern vom 19.11.1972.
180 Vgl. Lothar Gall, Der Bankier. Hermann Josef Abs. Eine Biographie, München 2004, S. 319 f.

sicherten dem Kanzler, die Ablehnung der Aufwertung »durch eine entsprechende permanente Öffentlichkeitsarbeit zu unterstützen«.[181]

Für den 9. Mai war schließlich eine Kabinettssitzung vorgesehen. Kiesinger wusste, dass dabei auch unweigerlich der Brief Schillers vom 2. Mai zur Sprache kommen würde. Vor der Sitzung des Kabinetts verabredete er daher im Kressbronner Kreis mit den Spitzenpolitikern der SPD, dass er ohne namentliche Abstimmung feststellen werde, dass es keine Mehrheit für eine Aufwertung der D-Mark gäbe. Im Gegenzug verzichte er darauf, kraft seiner Richtlinienkompetenz das Kabinett zu disziplinieren.[182] Schillers Vorhaben, im Kabinett eine Mehrheitsentscheidung herbeizuführen, wurde weder von Wehner noch von Brandt unterstützt.

Die Kabinettssitzung verlief nach Kiesingers Plänen. Es gab keinen formellen Kabinettsbeschluss. Der Bundeskanzler stellte lediglich fest, dass sich die Bundesregierung mehrheitlich, aber ohne namentliche Abstimmung, gegen den Vorschlag Schillers zur Aufwertung der D-Mark entschieden habe. Damit hatte Schiller seit seiner Ernennung zum Bundeswirtschaftsminister die erste wirkliche Niederlage zugefügt bekommen. Kiesinger schloss die Kabinettssitzung mit dem Appell an alle Regierungsmitglieder, sich an den Beschluss des Kabinetts zu halten. Diese Aufforderung, die Kabinettsdisziplin einzuhalten, war natürlich primär an Schillers Adresse gerichtet. Nach der Sitzung erklärte Regierungssprecher Conny Ahlers, dass Kiesingers Schwur weiterhin »heilig« sei. Auf die Frage, wie lange dieses Bestand habe, antwortete Ahlers unter dem Gelächter der Journalisten: »Auf ewig!«[183]

6 Die Schiller-Wahl

Mehr als zwei Jahre lang war Schiller vom Erfolg verwöhnt worden. Widerspruch und Widerstand waren nur in den ersten Monaten seiner Amtszeit zu überwinden gewesen. Danach hatte er im Prinzip immer alles bekommen, was er gewünscht hatte. Selbst ein Mann wie Franz Josef Strauß hatte seine Vorrangstellung in letzter Konsequenz akzeptiert.

Nun hatte Karl Schiller das erste Mal verloren. Der Höhenflug des Wirtschaftsministers war mit einer harten Bruchlandung geendet. Sein Vorschlag zur Aufwertung war eben keineswegs taktischem Kalkül entsprungen, um ein Thema für den Wahlkampf zu finden. Über die Strategie des »begrenzten Konfliktes«, wie die Sozialdemokraten sie hin und wieder in der Großen Koalition praktiziert hatten, war es weit hinausgegangen. Schiller war wirklich davon überzeugt gewesen, mit der Aufwertung schlimmen Schaden von der deutschen Volkswirtschaft abwenden zu müssen.

---

181 Vgl. das Protokoll über die Besprechung mit Kiesinger vom 7.5.1969, in: BA B 126/51752.
182 Vgl. Schönhoven, Wendejahre, S. 461 f.
183 Emminger, D-Mark, S. 156.

Kiesingers Mahnung, die Kabinettsdisziplin einzuhalten und den Regierungsbeschluss solidarisch mitzutragen, versprach in Schillers Fall jedoch wenig Erfolg. Solidarität, wie Schiller sie verstand, konnte sich schließlich nur als ein Gebot zur Unterstützung des Mannes mit der besseren Einsicht erweisen. Und das konnte selbstverständlich nur er sein. Daher dachte Schiller auch keinen Augenblick daran, stillzuhalten, machte keinen Hehl daraus, dass er die Entscheidung des Kabinetts für einen schweren Fehler hielt. Selbst wenn die Preissteigerung sich momentan noch im Bereich des Erlaubten bewege, mahnte er, drohten ab dem Herbst inflationäre Tendenzen.[184] »Kanzler Schiller«, so der Wirtschaftsminister, »hätte anders entschieden«.[185]

Kiesinger reagierte zunehmend verärgert auf die Kassandra-Rufe seines Wirtschaftsministers. Am 26. Mai ließ er Schiller über seinen persönlichen Referenten Hans Neusel eine mündliche Erklärung zukommen, in der er ihn aufforderte, sich endlich der Kabinettsdisziplin unterzuordnen und alle kritischen Äußerungen gegen den Kabinettsbeschluss künftig zu unterlassen.[186] Schiller antwortete ihm postwendend. »Selbstverständlich habe ich volles Verständnis für Ihre schwierige Lage«[187], teilte er seinem Regierungschef zunächst generös mit. Auch sprächen gewiss manche Gründe dafür, die Diskussion einfach einschlafen zu lassen.

> »Nur – dies wird nicht möglich sein und wird für mich nicht möglich sein. [...] Ich kann nicht schweigen zu Preissteigerungen und ihrer Bekämpfung, zu außenwirtschaftlichen Gefahren und ihrer Beseitigung, eben zu den Geboten der §§ 1 und 4 des Stabilitäts- und Wachstumsgesetzes.[...] Es ist selbstverständlich, daß jedes Kabinettsmitglied den Kabinettsbeschluss vom 9. Mai respektiert. Dies habe ich getan und werde es weiterhin tun. Es ist aber nicht möglich, den Beschluss oder seine Folgen langsam vergessen zu lassen. Schweigen würde nichts, aufklären kann viel helfen.«[188]

Das mochte ein wenig pathetisch klingen. Doch wer Schiller kannte, der wusste, dass seine Überzeugung nicht gespielt war. Mit seiner Attitüde des »Hier stehe ich, ich kann nicht anders« war es ihm bitterernst. Schiller schürte den Konflikt mit Kiesinger also weiter, trieb ihn damit bewusst auf die Spitze.

Eines jedoch hatte er bei alldem nicht bedacht: Würde die eigene Partei ihm folgen, wenn er den Streit um die Aufwertung der D-Mark jetzt öffentlich thematisierte? Die sozialdemokratischen Kabinettsmitglieder hatten ihn in der Kabinettssitzung vom 9. Mai ja unterstützt, wie die SPD zwischen 1967 bis 1969 Schiller in der Wirtschafts-

---

184 Vgl. das Interview mit Schiller in der Zeit vom 23.5.1969.
185 Vgl. das Interview im Spiegel vom 18.8.1969.
186 Vgl. den Vermerk von Schillers Büroleiter, von Würzen, vom 27.5.1969, in: BA N Schiller 1229, B. 291, S. 232.
187 Schiller an Kiesinger vom 29.5.1969, in: Ebd., S. 228.
188 Ebd.

politik ohnehin fast uneingeschränkt gefolgt war. Doch spätestens, seitdem der Streit zwischen dem Bundeskanzler und seinem Wirtschaftsminister in aller Öffentlichkeit stattfand, war aus dem Sachthema der Aufwertung eine Frage der politischen Strategie geworden. Im September waren Bundestagswahlen und in einer solchen Situation hieß es, sich genau zu überlegen, bei welchen Themen man einen Streit mit dem Koalitionspartner vom Zaun brach.

Zu seiner maßlosen Enttäuschung musste Schiller registrieren, dass seine Parteigenossen nicht bereit waren, wegen des Streites um die Aufwertung den Konflikt in der Koalition zu suchen. Die aus seiner Sicht mangelnde Solidarität hatte bereits vor dem Kabinettsbeschluss vom 9. Mai begonnen. Der stellvertretende Fraktionsvorsitzende Alex Möller, mit dem Schiller eine starke gegenseitige Antipathie verband, hatte Kiesinger noch vor der Sitzung ein Papier zugespielt, in dem Argumente *gegen* die Aufwertung genannt wurden.[189] Schiller war sich sicher, dass erst Möllers Papier den Bundeskanzler in seiner unnachgiebigen Haltung bestärkt hatte. Denn es hatte Kiesinger Anzeichen dafür geliefert, dass der Wirtschaftsminister nicht einmal in seiner eigenen Fraktion mit seiner Position unumstritten war. Schiller empfand Möllers Papier als »Dolchstoß«.[190] Fortan war das Verhältnis zwischen beiden irreparabel beschädigt.

Nun rührten die Bedenken der Sozialdemokraten nicht etwa daher, dass sie glaubten, Schiller habe in der Sache Unrecht. Nach der Niederlage vom 9. Mai hatten sie ihm sogar intern den Rücken gestärkt. Gleichzeitig aber zweifelten sie daran, dass man die Auseinandersetzung nun weiter führen solle. Wehner fürchtete, man könne als »schlechter Verlierer« erscheinen, andere sprachen vom »Prestigeverlust«, den ein öffentlich ausgetragener Streit mit sich bringen könne.[191] Insgesamt hielten die meisten führenden Sozialdemokraten die Aufwertungsdiskussion für ein Thema, das man kurz vor einer bevorstehenden Bundestagswahl besser nicht aufgreifen sollte. Eine Kampagne, so glaubten sie, ließ sich mit einem solchen komplizierten Thema kaum bestreiten. Und wenn, dann konnte davon nur die Union profitieren. Denn die Umfragen machten unmissverständlich klar, dass eine überwältigende Mehrheit der Deutschen eine Aufwertung der D-Mark ablehnte. Kurz vor der Kabinettsentscheidung hatten 87 Prozent angegeben, gegen die Aufwertung der D-Mark zu sein – wie auch immer sie zu ihrer Einschätzung kamen.[192] Aber immerhin hatte es Viele mit Stolz erfüllt, dass man im November 1968 den Forderungen des Auslandes standgehalten hatte. Jetzt doch aufzuwerten, musste wie ein nachträgliches Nachgeben wirken. Und war es nicht eigentlich ein großer Vorteil, dass die D-Mark so unterbewertet war? In

---

189 Vgl. die FAZ vom 17.5.1969.
190 So die Formulierung in einem ersten Entwurf eines Briefes an Brandt vom 17. Mai 1969. In dem am 20. Mai dann an Brandt abgeschickten Brief fehlte diese Formulierung, Brief vom 17. Mai in Privatbesitz Noelle-Wying.
191 Vgl. Schönhoven, Wendejahre, S. 462 f.
192 Vgl. den Mannheimer Morgen vom 17.5.1969. Der Politologe Max Kasse zitierte dabei aus einer Meinungsumfrage des Wickert-Instituts.

der Wirtschaftspolitik dachten und denken die Deutschen traditionell fast schon merkantilistisch: Je mehr Waschmaschinen von der AEG und Käfer von Volkswagen von den fleißigen und tüchtigen Deutschen ins Ausland verkauft wurden, desto besser. Preisstabilität besaß im Vergleich zu diesen Argumenten nur eine geringe Bedeutung, zumindest solange hier noch keine unmittelbare Gefahr drohte.

Schiller fühlte sich nach der Niederlage im Kabinett auch von der eigenen Partei verraten. Am 20. Mai klagte er Willy Brandt sein Leid über den mangelnden »Kampfgeist« in der Partei. Dass nun »Klugschnackereien« darüber angestellt würden, ob das gewählte Verfahren das Richtige war, sei typisch für das Verhalten einiger Mitglieder sozialdemokratischer Führungsgremien, schrieb er. »Vorher zittern schon einige Gemüter um ihre allerhöchsten Werte, d. h. vor allem die große Koalition, und hinterher offenbart sich der Kleinmut.«[193] Schiller erwartete von Brandt, dass dieser sich stärker vor ihn stelle. Auch wenn es nicht Brandts liberaler Grundeinstellung entspräche, so müsse er doch in dieser entscheidenden Phase die Zügel in der Parteiführung fester in die Hand nehmen. Es sei für ihn unverständlich, dass das »Möller-Papier« bis zum heutigen Tag völlig ungerügt geblieben sei. »Deshalb muss ich Dich [...] bitten, ganz klar zu machen, welche Rolle ich nach dem Währungsvorgang *noch in unserem Wahlteam spielen werde.*«[194] Nur wenn er stärker als bisher Brandts Unterstützung habe, könne er einen Wahlkampf führen, der ihm sicher das Letzte abverlangen werde.

Aber die von Schiller gewünschte Geschlossenheit in der Währungsfrage wollte sich weiterhin nicht einstellen. Parteigenossen beknieten ihn förmlich, das leidige Thema doch endlich fallen zu lassen. Er dürfe sein bisheriges Ansehen nicht aufs Spiel setzen, indem er den Eindruck erwecke, ein schlechter Verlierer zu sein. Die nachträgliche Diskussion wirke auf viele wie »kleinliche Rechthaberei«.[195] Im Urlaub in Norwegen bezeichnete Willy Brandt noch Anfang Juli eine Aufwertung der D-Mark gegenüber einer norwegischen Arbeiterzeitung als »nicht aktuell«. Der Strauß-Duzfreund und Chefredakteur der »Bild«-Zeitung, Peter Boenisch, ließ daraufhin in seinem Blatt titeln: »Auch Brandt gegen DM-Aufwertung.«[196] Das war natürlich weit übertrieben, Brandt war ja nicht direkt gegen eine Aufwertung. Aber er sah auch beim besten Willen keinen Grund, dafür zu sein.

Dass es selbst sein vermeintlicher Freund Willy an Unterstützung mangeln ließ, war für Schiller ein schwerer Schlag und ließ ihn gar an Rücktritt denken. Er schrieb einen entsprechenden Brief an Kiesinger mit der Bitte um Entlassung aus seinem Amt. Vermutlich zeitgleich – beide Entwürfe sind ohne Datum versehen – schrieb er nochmals seinem Parteivorsitzenden. Da einige Mitglieder der Parteiführung offensicht-

---

193 Vgl. Schiller an Brandt, 20.5.1969, in: BA N Schiller 1229, B. 326., S. 103.
194 Ebd.
195 Heinz Ruhnau (Hamburger Innensenator) an Schiller, 26.6.1969, in: BA N Schiller 1229, B. 292, S. 386 f.
196 So jedenfalls erklärte der Spiegel in seiner Ausgabe vom 21.7.1969 die »Bild«-Schlagzeile.

lich nicht ein »Minimum von Solidarität« ihm gegenüber an den Tag legten, wolle er dem Bundeskanzler seine Entlassung aus dem Amt vorschlagen.[197]

Aber Schiller schickte die Briefe niemals ab und trat auch nicht zurück. Man durfte solcherlei bei ihm ohnehin nicht allzu ernst nehmen. Die Drohung mit dem Rücktritt als *Ultima Ratio* war eine seiner bevorzugten politischen Strategien, um den eigenen Willen doch noch durchzusetzen. Außerdem wurde in der Öffentlichkeit über seinen Rücktritt ohnehin spekuliert und er hoffte vermutlich, dass dieses eingedenk seiner Wichtigkeit und Unersetzlichkeit die Genossen zum Umdenken bewegen würde.

Doch selbst die Rücktrittsdrohungen zeigten keine Wirkung. Schiller stand weiterhin allein. Gewiss, niemand widersprach ihm offen. Aber während er selbst mit missionarischem Eifer durch die Republik zog und von dem schlimmen Unheil kündete, dass die unterlassene D-Mark-Aufwertung mit sich bringen werde, scheuten andere aus der Partei das Thema wie der Teufel das Weihwasser. Schiller ging bereits dazu über, das eigene Ministerium für den beginnenden Wahlkampf einzuspannen und von dort aus eine Anzeigenserie zu lancieren, die die Bevölkerung über die Vorteile der D-Mark-Aufwertung aufklären sollte. Gedacht war dabei auch an Anzeigen in der »Bild«-Zeitung. Allerdings wurde ein Mitarbeiter von Franz Josef Strauß von Springer-Leuten über die Idee informiert, woraufhin Schillers Anzeigenkampagne Anfang Juli nach Besprechungen im »Kressbronner Kreis« gestoppt wurde.[198]

Im Juli schien die steile Karriere des sozialdemokratischen Superstars schon vorzeitig beendet. Kaum ein Tag verging, in dem die Zeitungen nicht über das bevorstehende Ende des Wirtschaftsministers spekulierten. Entweder, so der Tenor, müsse Schiller zurücktreten, um seine Glaubwürdigkeit zu wahren, oder aber der Bundeskanzler müsse seinen widerspenstigen Minister endlich entlassen. Schiller habe, so Kurt Steves in der »Welt«, offensichtlich keine »Fortune« mehr.[199] Sogar in der ausländischen Presse beschäftigte man sich mit dem »Fall Schiller« und sprach bereits vom »Ende eines Ministers«.[200] In der »Zeit« wurde schon ein Nachruf auf den einstigen politischen Senkrechtstarter verfasst:

> »Karl Schillers Stern am Bonner Himmel verglüht; er verglüht seit der Niederlage im Kabinett im Mai, als der Minister mit der von ihm geforderten Aufwertung der Mark an Kiesinger und Strauß abprallte. Es ist kein dramatischer Sturz in die Tiefe, es ist ein Sturz in Etappen. Die Reputation des Virtuosen bleibt unangetastet, doch der Nimbus des todsicheren Erfolges ist vorerst dahin.«[201]

---

197 Vgl. die entsprechenden Entwürfe an Brandt und Kiesinger in: WEI, K. 5.
198 Gespräch mit Albrecht Müller.
199 Vgl. Die Welt vom 8.7.1969.
200 Vgl. Die Weltwoche vom 18.7.1969.
201 Vgl. die Zeit vom 18.7.1969.

Selbst einige Mitarbeiter Schillers im Bundeswirtschaftsministerium gaben mittlerweile zu bedenken, ob es nicht doch klüger sei, das Thema ganz fallen zu lassen, da außer Schiller niemand sonst an eine Aufwertung bis zu den Bundestagswahlen zu denken scheine.[202] Aber all die guten Ratschläge waren in den Wind gesprochen. Schiller führte seinen Kreuzzug für die Aufwertung einsam weiter. Fast schon konnte man den Eindruck gewinnen, dass er ganz bewusst an der Selbstzerstörung arbeitete, vielleicht nur noch darauf wartete, dass sowohl dem Bundeskanzler als auch den Granden der eigenen Partei der Kragen platzte.

Die Mehrheit der Wähler gegen sich, ohne Unterstützung der eigenen Partei – ein kluger Politiker hätte wohl längst den Kurs gewechselt, nachgegeben, sich neu positioniert. Dass der Wirtschaftsprofessor anders handelte, hatte gewiss nichts mit mangelnder Klugheit zu tun, sondern eher damit, dass Karl Schiller im Grunde kein Politiker war. Er ignorierte die politischen Konstellationen und Kräfteverhältnisse einfach, glaubte nicht an die Demoskopie, sondern an die menschliche Vernunft. Schließlich waren fast alle Wirtschaftsforschungsinstitute, der Sachverständigenrat und auch die Bundesbank zu dem gleichen Schluss gekommen wie er. Wenn die Deutschen die Aufwertung ablehnten, dann doch nur, so glaubte er, weil sie noch nicht ausreichend darüber aufgeklärt wurden, dass diese eben doch notwendig sei. Schiller glaubte wirklich, dass man lediglich weitere Überzeugungsarbeit zu leisten habe. Dann musste sich die Vernunft am Ende durchsetzen. Wieder also war es der Gedanke der Aufklärung, der Glaube an die Vernunft, die Schillers Handlungsweise lenkten.

Dennoch: Hätten sich die Konstellationen nicht schon bald geändert, wäre aus der Bundestagswahl 1969 gewiss keine »Schiller-Wahl« geworden. Wie überzeugend konnte schon ein Mann wirken, den nicht einmal die eigenen Parteifreunde unterstützten?

Doch in der zweiten Juli-Hälfte 1969 bekam Schiller unerwartete Schützenhilfe. Es war der Bundeskanzler höchstselbst, der ihm aus der Isolation verhalf. Kiesingers erster schwerer Fehler war gewesen, sich zu dem Schwur hinreißen zu lassen, dass unter seiner Regierung die D-Mark niemals aufgewertet werde. Nun folgte der zweite Schnitzer.

Schillers permanente Kritik hatte bei Kiesinger ihre Spuren hinterlassen. Er glaubte, der Renitenz seines Wirtschaftsministers endlich Einhalt gebieten zu müssen. Der Bundeskanzler wollte Schiller entlassen.[203] Er ging dabei offensichtlich davon aus, dass dies nicht gleich bedeutend mit dem vorzeitigen Ende der Koalition sein musste. Schließlich schien Schiller nicht mehr allzu viele Freunde in der eigenen Partei zu haben. Doch die Sozialdemokraten reagierten anders, als von Kiesinger vorausgesehen. Sie hatten zwar in der Tat lange Zeit gehofft, dass Schiller endlich einlenken würde.

---

202 Vgl. die handschriftlich hinzugefügte Mitteilung des Staatssekretärs Schöllhorn in dem Vermerk von Albrecht Müller an Schiller vom 6.6.1969, in: WEI, K. 25.
203 Vgl. den Spiegel vom 21. Juli 1969.

Auch waren sie der Eigenmächtigkeiten des Wirtschaftsministers mittlerweile überdrüssig. Gleichzeitig aber hatte der Streit um die Aufwertung Schillers öffentliche Reputation kaum geschmälert. Wenn Kiesinger Schiller nun entließ und die SPD dies tatenlos geschehen ließe, so würde die SPD damit ihre eigenen Erfolge in der Großen Koalition desavouieren.

Auch Herbert Wehner dachte daher um und entschloss sich, ab jetzt »scharf gegenzuhalten« und die Rolle Schillers als »Alptraum der CDU« zu betonen.[204] Wenig später, bei einem Treffen in Brüssel, wo beide einer Ministertagung beiwohnten, sicherte er Schiller endlich den ersehnten Beistand zu: Sollte Kiesinger ihn entlassen, werde die gesamte Regierungsmannschaft der SPD geschlossen zurücktreten.[205] Damit hatte der Bundeskanzler jenen Schulterschluss zwischen Schiller und seiner Partei hergestellt, den der Wirtschaftsminister mit all seinen Appellen an die Genossen-Solidarität nicht erreicht hatte. Seine Absicht, Schiller zu entlassen, musste Kiesinger wieder fallen lassen und bis zum Wahltag am 28. September weiter mit der Tatsache leben, dass der profilierteste Kritiker der Regierung an seinem Kabinettstisch saß.

Plötzlich also hatten sich die Fronten geklärt. Mit seinem Starrsinn, seiner Unnachgiebigkeit, ja seiner Uneinsichtigkeit – allesamt Eigenschaften, die in der Politik bisweilen ein Talent, keine Schwäche sind – hatte Schiller doch noch die bedingungslose Unterstützung seiner Partei erhalten. Weder Beschlüsse des Kabinetts noch Übereinkünfte des Kressbronner Kreises hatten ihn von seinem Kurs abhalten können. Aber wenn die SPD sich jetzt hinter ihn stellte, so hatte dies weniger damit zu tun, dass man von Schillers Strategie, die Aufwertung zum Wahlkampfthema zu machen, restlos überzeugt war. Helmut Schmidt etwa glaubte noch über 30 Jahre später, dass die Aufwertung als Wahlkampfthema viel zu kompliziert gewesen sei, als dass sich damit der Wahlerfolg von 1969 erklären ließe.[206] Schiller hatte die Solidarität nachgerade erzwungen. Denn die Sozialdemokraten konnten ihr populärstes Regierungsmitglied kaum im Regen stehen lassen. Das hätte zugleich bedeutet, die unbestrittenen Erfolge der SPD in der Großen Koalition – und das waren in erster Linie die Überwindung der Rezession und die Neuordnung der Staatsfinanzen – unter Wert zu verkaufen.

So rückte die Frage der Aufwertung der Deutschen Mark – ein Thema, mit dem sich ansonsten heute wohl nur die Wirtschaftshistoriker beschäftigen würden – und mit ihr Karl Schiller in den Mittelpunkt des Bundestagswahlkampfes 1969, ungeplant und von fast allen Beteiligten sogar ungewollt.

Für Strauß und Kiesinger gab es kein zurück mehr hinter ihre Nicht-Aufwertungsschwüre vom November 1968. Allerdings hätte der Bundeskanzler das ganze

---

204 Vgl. den Vermerk von Bruno Friedrich an Willy Brandt über ein mit Herbert Wehner geführtes Telefongespräch vom 9. Juli 1969, in: AdsD, WBA, SPD-Parteivorsitzender, B. 14.
205 Vgl. den Spiegel vom 21. Juli 1969.
206 Gespräch mit Helmut Schmidt.

Thema am liebsten fallen lassen, dafür stärker die Erfolge betont, die die Große Koalition unter seiner Führung errungen hatte. Aber dass dies nicht möglich war, dafür sorgte schon sein Finanzminister Franz Josef Strauß. Der Bayer sah endlich die Gelegenheit gekommen, sich aus dem übermächtigen Schatten des Professors zu lösen. Mochte Schiller ihn fast drei Jahre lang in ökonomischen Fragen belehrt haben – nun war Wahlkampf. Er konnte beweisen, dass er Schiller als Politiker allemal überlegen war. Dass Professoren und Bundesbanker für die Aufwertung waren, schreckte Strauß nicht. Denn fast nichts spornte ihn mehr an, als sich in einer Welt voller Feinde behaupten zu müssen. Strauß, so Arnulf Baring, suchte den Streit, »blies gerne aus vollen Backen ins Feuer«[207].

Aber auch wenn die meisten Wirtschaftsforschungsinstitute, der Sachverständigenrat und die Bundesbank auf Schillers Seite stehen mochten: In der Bevölkerung war die Stimmung eine andere und Strauß' Ablehnung der Aufwertung deshalb nicht nur durch irrationale Beweggründe zu erklären. Selten wohl gab es eine so ungeheure Diskrepanz zwischen den Ansichten der so genannten »Experten« und der öffentlichen Meinung wie im Spätsommer 1969. Die professionellen Beobachter musste Schiller kaum noch überzeugen. Der Aufklärung bedurfte nur die Mehrheit der Deutschen. Darauf stellten Schiller und die SPD ihren Wahlkampf ab. Mit sichtbarer Genugtuung konnte Schiller seinem Freund Günter Grass im August schreiben, dass ihm nun die Rolle des »Troublemakers« zugefallen sei.[208]

Was folgte, war einer der merkwürdigsten Wahlkämpfe in der Geschichte der Bundesrepublik. Seltsam war nicht nur das Thema, über das hauptsächlich gestritten wurde. Ein seltsamer Wahlkämpfer war zudem auch jener Mann, der am Ende vermutlich die entscheidenden Prozentpunkte für das Zustandekommen der sozialliberalen Koalition liefern sollte. Die Journalisten jedenfalls, die Schiller in einem gewaltigen Tross folgten, waren spürbar verwundert, wie sich der Bonner Medienstar plötzlich präsentierte. Erstaunt registrierten sie, dass ihm offensichtlich alles abging, was einen erfolgreichen Wahlkämpfer auszeichnet.

Da war etwa das »Bad in der Menge«, das dem sonst so selbstsicheren Wirtschaftsminister jedes Mal zum Desaster geriet. Einen dieser Versuche in der westfälischen Provinz schilderte der Autor der »Frankfurter Rundschau«:

»Schiller im Gespräch mit Müller, der auf dem Wochenmarkt von Lünen Blutwurst verkauft – das ist ein karger Dialog. ›Wie geht's?‹ – ›Danke, es geht.‹ – ›Das ist die Hauptsache.‹ Schiller in der Papa-Pose, der die ausgestreckte Hand des kleinen Mädchens am Straßenrand ergreift, offenbart rührende Unbeholfenheit im Show-Geschäft eines Politikers, der auf Anraten der Regisseure im Hinter-

---

207 Vgl. Baring, Machtwechsel, S. 173.
208 Vgl. Schiller an Grass am 7.8.1969, in: BA N Schiller 1229, B. 285.

grund Schaustücke seiner Volksverbundenheit spielen soll und unvermittelt den Text vergessen hat: ›Wie heißt du?‹ – ›Heike‹. – Pause. Dann ein lang gezogenes ›Aaaja, das ist richtig.‹«[209]

Andernorts wurde Schiller durch eine moderne Getränkeabfüllungsfabrik geführt. Man stand vor dem Laufband, Schiller, die Betriebsdirektoren, im Hintergrund die Journalistentraube, die mit ihren Mikrofonen immer näher heranrückte. Alle warteten darauf, dass er endlich die Assoziationen von den »leeren Flaschen« aufgriff und woran ihn das in der Politik erinnere. Aber die vorhersehbare Pointe schien ihm zu billig, zu penetrant. Hastig schüttelte Schiller dem Betriebsdirektor die Hand und ging rasch wieder hinaus.[210]

Dass Schiller ein miserabler Schulterklopfer war, mochte nur für einige Beobachter neu sein. Aber auch am Rednerpult erkannten die Pressevertreter ihn kaum wieder. Wo war der angriffslustige, schlagfertige Wirtschaftsminister, der seine Gegner mit scharfer Ironie und ätzendem Sarkasmus attackierte? Das alles schien verflogen, der Vergangenheit anzugehören, ebenso wie seine berühmt-berüchtigte Dirigentenpose. Nur selten ließ sich Schiller zu einer Polemik gegen Strauß und Kiesinger hinreißen. Wo dieses doch einmal geschah, wurde Kiesinger von ihm als wirtschaftspolitischer Laie im Kanzleramt geschildert, der den Einflüsterungen des Hobby-Ökonomen Franz Josef Strauß hilflos ausgeliefert sei. Und den Bayern selbst malte Schiller als cholerischen Hitzkopf, dem Maß und Mitte völlig abgingen. An Strauß, so Schiller, könne man exemplarisch den »Auerhahneffekt« studieren. Wenn Strauß »balzt und schreit, schieben sich offenbar wie beim Auerhahn zwei Knochen über dem Gehörgang, und er versteht nichts mehr. Das ist gefährlich, denn das ist der Augenblick, wo der Jäger anlegt und abdrückt.«[211]

Aber solche Sätze waren Ausnahmen. Statt derber Sprüche und Kraftmeierei, wie sie in Wahlkampfzeiten gemeinhin zu hören sind, schien Schiller sogar bemüht, die Stimmung seines Publikums auf ein Empfindungstief herunterzukühlen, das Emotionen gar nicht erlaubte. Das Vokabular verriet den Ökonomen: Schiller »stellt zur Wahl«, er »bietet an«, forderte zum »Qualitätsvergleich« zwischen CDU/CSU und SPD auf und bat darum, seiner Partei »den Zuschlag« zu erteilen.[212] Manche Reden erinnerten in ihren Titeln an Gebrauchsanweisungen, etwa wenn Schiller darauf hinwies, »was man bei der Bundestagswahl beachten muss.« Und immer fort sprach Schiller von der Aufwertung der D-Mark. Selbst bei einem Staatsbesuch in Rumänien gesellte er sich an einem Badestrand zu deutschen Urlaubern und erklärte den mit Badehose oder Bikini bekleideten Eis schleckenden Touristen, warum die Änderung der

---

209 Vgl. die Frankfurter Rundschau vom 19.9.1969.
210 Vgl. die Rheinische Post vom 30.8.1969.
211 Vgl. den Kölner Stadtanzeiger vom 24.9.1969.
212 Frankfurter Rundschau vom 19.9.1969.

Wechselkursparität der Deutschen Mark aus Gründen der außenwirtschaftlichen Absicherung dringend geboten sei.[213]

Man hat Schiller bis heute oft als den großen »Vereinfacher« beschrieben, der es vermocht habe, einem Laienpublikum komplizierte volkswirtschaftliche Zusammenhänge zu erklären. Fraglos besaß er dieses Talent auch. Aber im Wahlkampf 1969 war von Simplifizierung wenig zu spüren. Dabei hatten sich seine Redenschreiber redlich darum bemüht, es so einfach wie möglich zu machen, hatten auch mit markigen Sprüchen (»Jetzt geht's um die Wurst«, zweimal rot unterstrichen) und einigen »Gags« nicht gegeizt, die Schiller noch bei der x-ten Wiederholung von seinen Spickzetteln ablas. Aber sobald er von seinem Manuskript abwich, fiel er sofort wieder in den Jargon der Ökonomen zurück. Selbst die anwesenden Wirtschaftsjournalisten hatten dann Mühe, den »Währungs-Kollegs« mit Prof. Schiller noch zu folgen.[214]

Eigentlich also machte Schiller alles falsch, was ein Politiker nur falsch machen kann: Er sprach nicht einfach, sondern kompliziert; statt Nähe und Intimität schuf er eine unüberbrückbare Distanz zu seinem Publikum. Am Rednerpult wirkte er merkwürdig selbstversunken. Einen Anlass zur Identifikation zwischen Schiller und seinen Zuhörern gab es nicht. Den Menschen auf den Marktplätzen der Republik musste der Wirtschaftsminister ebenso unzugänglich wie unergründlich erscheinen. Es schien, als spräche er vor allem zu sich selbst, um sich immer wieder der Richtigkeit der eigenen Überzeugungen zu versichern.

Aber die Berichterstattung über Schillers Wahlkampf war gespalten. Die einen sahen nur seine Unbeholfenheit, seine Unfähigkeit oder vielleicht auch eher seinen Unwillen, wenigstens im Wahlkampf einmal nicht seinen Kopf, sondern seinen Bauch sprechen zu lassen. Für sie, so seltsam dies in der Retrospektive erscheinen mag, war Schillers Wahlkampf letztlich ein einziger Flop, die plötzliche »Entzauberung« des großen »Magiers«. Dies alles, so empfanden sie es, sei umso erstaunlicher, da Schiller ja spürbar eine Welle der Sympathie entgegenschlage, aus der dieser aber nicht das geringste Kapital schlagen könne. Dass die Umfragen eine andere Wahrheit offenbarten, dass Schiller mit jedem Tag, der bis zur Wahl verging, noch populärer wurde, dafür hatten sie im Grunde nicht die geringste Erklärung.

Andere waren aufmerksamer und registrierten, dass sich im Spätsommer 1969 in Deutschland etwas abspielte, was an den bekannten Vorstellungen eines Wahlkampfes nicht mehr zu messen war. Die Menschen, so meinte etwa Christian Schmidt-Häuser im »Kölner Stadtanzeiger«, billigten Schiller mehr als anderen zu, dass er erkennbar nicht einer der ihren sei, ihnen »fremd wie ein über die Maßen wohlgeratener Sohn« bliebe. Solle er doch über »Projektionen und diese Sachen reden«, wurde ein Zechenarbeiter in Dortmund zitiert, schließlich habe der Mann nicht nur zu Ende studiert, sondern sei sogar Professor. Und außerdem: »Der muß ja schon so sein, sonst könnte

---

213 Von dieser Begebenheit wusste Schillers Pressesprecher Dieter Vogel zu berichten.
214 Vgl. den Münchener Merkur vom 1.9.1969.

der ja nich so mitte Wirtschaft umgehen.«²¹⁵ Schillers Wahlkampf war kein Kampf. Er glich eher dem Auftritt eines bewunderten Virtuosen, den die Zuhörer bisher nur von der Schallplatte her kannten und nun endlich einmal aus der Nähe sahen.

Das eigentliche Faszinosum war, wie die Menschen auf Schillers Seminarvorträge reagierten. Noch fast zwanzig Jahre später erinnerte sich Friedrich Nowottny daran, wie Schiller auf dem Dortmunder Rathausplatz vor vielen tausend Menschen gesprochen habe, unter denen viele »Kohlekumpels« gewesen seien. Kaum ein Mensch, so glaubte Nowottny, habe auch nur ein Wort von dem verstanden, was Schiller an ökonomischen Weisheiten auftischte. Und dennoch habe jene sprichwörtliche Ruhe geherrscht, bei der man eine Stecknadel hätte fallen hören können.²¹⁶ Von den Stühlen riss es niemanden, aber die Menschen lauschten so andächtig, als würde eine Messe gelesen. Selbst junge Studenten der »APO«, die den 69er-Wahlkampf permanent zu stören versuchten, mutierten bei Schiller zu artigen Fragestellern, die warteten, bis sie an der Reihe waren.²¹⁷ Während bei Strauß ein ganzes Heer von Sicherheitsbeamten die Versammlungen absicherte, kam Schiller mit einem einzigen Beamten aus. Die Hauptfigur des Bundestagswahlkampfes 1969 war ein Anti-Volkstribun.

Abb. 10 Auf dem Höhepunkt: Karl Schiller als Bundeswirtschaftsminister bei einer Kundgebung in Dortmund 1969. Mit der Attitüde fachmännischer Kompetenz half er, die SPD zur Kanzlerpartei zu machen.

215 Kölner Stadtanzeiger vom 29.9.1969.
216 Vgl. die Reportage: Zeitgenossen: Was wurde aus Karl Schiller?, am 11.12.1989.
217 Vgl. die Frankfurter Rundschau, 19.9.1969.

VIII Superstar (1965–1969)

Am Ende hatte Schiller etwas Erstaunliches geleistet: Innerhalb weniger Monate hatte er die öffentliche Meinung umgedreht. Die Mehrheit der Deutschen hielt die Aufwertung plötzlich für dringend notwendig.[218] Karl Schiller wurde mit weitem Abstand vor Franz Josef Strauß am ehesten zugetraut, die Stabilität der Deutschen Mark zu gewährleisten. Und in Schillers Windschatten hatten die Sozialdemokraten eine höhere Wirtschaftskompetenz zugesprochen bekommen als die Union. Dieser Erfolg erscheint so erstaunlich, dass sich unwillkürlich die Frage aufdrängt, in welchem gesellschaftlichen Kontext eine solche Form der politischen Kommunikation überhaupt ihre Abnehmer finden konnte.

Mit dem Weber'schen Begriff des Charismas, der in solchen Fällen häufig herangezogen wird, ist Schillers Erfolg jedenfalls nicht zu fassen. Schließlich schätzte Weber Charisma als die große Gegenkraft zur Ordnung ein, als Ausbruch aus dem rationalisierten Anstaltsbetrieb. Aber Rationalität, das war ja gerade, was Schiller versprach, sowohl in diesem Wahlkampf als auch schon die zweieinhalb Jahre zuvor. Zudem fehlte eine andere Grundvoraussetzung für die »Produktion« von Charisma: Selbst das subjektive Empfinden einer existenziellen Krise war allenfalls in der Rezession 1966/1967 vorhanden; im Wahlkampf 1969 konnte davon nicht ernstlich die Rede sein. Auch ähnelte Schiller in keiner Weise den von Jacob Burckhardt in seinen »Weltgeschichtlichen Betrachtungen« beschriebenen »Extrapersonen«, deren Zeit immer dann anbricht, wenn die Kaste der politischen »Oberbeamten« abgewirtschaftet hat und mit ihrem Latein am Ende ist.[219] Denn war Schiller nicht in gewissem Sinne der »Oberbeamte« der Republik par excellence und das allen Extravaganzen und exotischen Zügen zum Trotz? Er versprach ja nichts Anderes als die verwaltungsgerechte Exekution technischer Sachgesetzlichkeiten. Schiller setzte keine Institutionen außer Kraft, verwarf kein einziges Gesetz, sondern tat in alledem das genaue Gegenteil.

Im Grunde – und hier liegt der wahre Schlüssel zum Verständnis seiner erstaunlichen Wirkung – gelang Schiller, was erfolgreiche Politiker in Demokratien schon immer zu leisten hatten: Er reduzierte Komplexität.[220] Gemeint ist damit jener Mechanismus, der den Menschen die Möglichkeit gibt, politische Entscheidungen als richtig oder falsch einzuordnen, ohne dass man alle formalen Kriterien einer Sachentscheidung nachvollziehen oder auch nur wissen muss. Traditionell funktioniert Komplexitätsreduktion etwa durch Ideologien oder religiöse Weltbilder. Sie schaffen Sortier- und Bewertungsregeln, nach denen man sich orientieren und Verantwortung delegieren kann. Nun befanden sich die kollektiven Glaubensvorstellungen in den 60er-Jahren fraglos in einem unzweifelhaften Erosionsprozess, woran zunächst auch das Randphänomen der 68er-Revolte noch wenig änderte. Doch existiert ein weiterer Me-

---

218 Vgl. Kaase, Determinanten des Wahlverhaltens, S. 68.
219 Vgl. Jacob Burckhardt, Weltgeschichtliche Betrachtungen, Stuttgart 1955, S. 248.
220 Vgl. hierzu in jüngerer Zeit: Edgar Grande, Charisma und Komplexität. Verhandlungsdemokratie, Mediendemokratie und der Funktionswandel politischer Eliten, in: Leviathan, Bd. 28 (2000), 1, S. 122-141.

chanismus der Komplexitätsreduktion: Das Vertrauen in die wissenschaftliche Expertise. Und selten wohl war dieses Vertrauen so stark wie in diesem Jahrzehnt des technisch-wissenschaftlichen Fortschrittsglaubens, als der Ölpreisschock, die Prognosen des »Club of Rome« oder »Tschernobyl« noch in einer dunklen Zukunft lagen. All die kühnen Hoffnungen und Visionen der Sozial- und Wirtschaftswissenschaftler, dass sie die Zukunft planen und gestalten können, jener Machbarkeitsglauben, der mit Zeitverzögerung auch die Politik erreicht hatte, spiegelte sich auch in Karl Schillers grandiosem Erfolg bei der Bundestagswahl wider – nur dieses Mal nicht in sozialwissenschaftlichen Expertendiskursen, sondern als psychologisches Massenphänomen. Denn wenn die Gesetzmäßigkeiten der »wissenschaftlichen Zivilisation« herrschten, dann konnte sie auch nur von jenen kontrolliert und effizient gehandhabt werden, die nicht nur die Trägergruppe des Fortschritts waren, sondern zugleich ihre Instrumente und Erfordernisse kannten. Und wer sollte dafür besser infrage kommen als Karl Schiller, der *Homo Faber* der deutschen Politik?

In den letzten Wochen des Wahlkampfes waren die ihm nach dem 9. Mai zugefügten Demütigungen für Schiller vergessen. Der Wirtschaftsminister, der in seinen Reden einen so moderaten Ton anschlug, neigte bisweilen sogar zu einem Übermut, der ihm unter anderen Umständen durchaus hätte schaden können. Nachdem Kiesinger die Berichterstattung des Zweiten Deutschen Fernsehens als parteiisch kritisiert hatte, griff Schiller ihn frontal an. Der Bundeskanzler, so Schiller, möge bitte in sich gehen und doch einmal darüber nachdenken, welchem Abschnitt seines beruflichen Werdegangs er sein offensichtlich gestörtes Verhältnis zur Pressefreiheit verdanke.[221] Diese Attacke zielte natürlich, jeder wusste es, auf Kiesingers Tätigkeit als stellvertretender Abteilungsleiter für Propaganda im Reichsaußenministerium ab. Man konnte das selbstverständlich thematisieren, was Kiesinger seine gesamte Kanzlerschaft über auch nicht erspart geblieben war. Erstaunlich war jedoch, dass ausgerechnet Schiller für sich das Recht reklamierte, über Kiesingers Vergangenheit zu richten – Schillers NSDAP-Mitgliedschaft war der Öffentlichkeit mittlerweile bekannt, ebenso wie, zumindest in groben Zügen, die von ihm ausgeübten Tätigkeiten im »Dritten Reich«. Die ersten Einwürfe gegen Schiller waren schon Anfang 1967 zu lesen, zuerst in einer polnischen Armeezeitung, dann im SED-Organ »Neues Deutschland«.[222] Im April 1969 hatte dann auch der »Spiegel« etwas ausführlicher Schillers Biographie beleuchtet.[223] Im Ganzen wurde er zwar als harmloser Mitläufer eingestuft und die westdeutschen Medien machten wenig Aufhebens um seine Vergangenheit. Aber eine blütenreine Weste hatte er nicht.

So folgte, was folgen musste: Die Anschuldigung fiel unweigerlich auf ihren Urheber zurück. Die Journalisten zeigten sich erstaunt, dass Schiller offensichtlich der Mei-

---

221 Vgl. die Rheinische Post vom 30.8.1969.
222 Vgl. das Neue Deutschland vom 28. Januar 1967.
223 Vgl. den Spiegel vom 14.4.1969.

nung war, sich über den Bundeskanzler moralisch erheben zu können und nun im Glashaus mit Steinen werfe.[224] Der »Bayernkurier«, die Hauspostille der CSU, zitierte Passagen aus Schillers Dissertations- und Habilitationsschriften, die völlig aus dem Zusammenhang gerissen den Eindruck aufkommen ließen, dass es sich bei ihm um einen ganz besonders strammen Nationalsozialisten gehandelt habe. Von einem »heuchlerischen Angriff« war die Rede, mit dem Schiller »jedes Recht auf Schonung verwirkt« habe.[225]

Schiller wurde sich seines Fauxpas sogleich bewusst. Natürlich habe er sich niemals ein Urteil über die Vergangenheit anderer angemaßt, versuchte er zu beschwichtigen. Es sei ihm lediglich darum gegangen, aus den Lehren der Vergangenheit die richtigen Schlüsse für die Gegenwart zu ziehen.[226] Das war eine reichlich dünne Erklärung, die niemanden überzeugte.

In der Tat war rätselhaft, welcher Teufel den ansonsten so vorsichtigen Schiller ritt, als er auf Kiesingers Tätigkeit im »Dritten Reich« anspielte. Auch Günter Grass fand das Verhalten des Freundes unbegreiflich. In Briefen und in persönlichen Gesprächen hatte er Schiller schon zuvor aufgefordert, reinen Tisch zu machen und offen über seine Zeit als NSDAP-Mitglied zu sprechen. Dies würde nicht nur eine Erleichterung für ihn selbst bedeuten, sondern brächte auch in der Öffentlichkeit die »Wohltat eines reinigenden Gewitters«.[227] Keiner, so Grass etwas später, erwarte von ihm eine große »Mea-Culpa-Geste«. Er solle den Sachverhalt so darstellen, wie es seiner Art entspräche: In der nüchternen und doch nicht nivellierenden Tonlage, die ihm eigen sei.[228]

Dass Schiller nun aber auch noch ohne Klärung der eigenen Vergangenheit Kiesinger angriff, gab Grass ein schier unlösbares Rätsel auf. Er habe, so teilte er Schiller im April 1970 mit, als sich das Verhältnis zwischen beiden bereits abzukühlen begann, lange nach einer Erklärung gesucht und darüber nachgedacht, »wie es möglich sein kann, daß ein Politiker mit soviel Weitblick und Erfahrung, begabt mit Lässigkeit und getragen vom Verständnis breiter Wählerschichten [...] so verengt reagieren kann.« Aber er habe, resignierte der Schriftsteller, »nur Teilantworten gefunden, die Hinweise geben könnten auf übliches intellektuelles Verhalten, also auf den berühmt-berüchtigten Hochmut des Wissenden.« Unvertraut sei ihm dass alles nicht, teilte der Dichter Schiller mit, diesem dabei eine Brücke bauend. Für sein Plejber-Stück habe er sich schließlich mit den intellektuellen Attitüden Bertolt Brechts auseinandersetzen müssen und daraufhin bei sich selbst bisweilen die gleichen Verengungen beobachten können.[229]

---

224 Vgl. etwa den Kommentar im Kölner Stadt-Anzeiger vom 4.9.1969.
225 Vgl. den Bayernkurier, vom 2.9.1969.
226 Vgl. die Süddeutsche Zeitung vom 6.9.1969.
227 Grass an Schiller am 15.7.1969, in: BA N Schiller 1229, B. 285, S. 275 f.
228 Grass an Schiller am 28.4.1970, in: WEI, K. 5.
229 Ebd.

An eine Erklärung hatte Grass vielleicht nicht gedacht: Er konnte nicht wissen, in welchem Maße der Minister in der Lage war, Unangenehmes zu verdrängen. Gewiss war Schiller nicht komplett entfallen, welche Rolle er im Dritten Reich gespielt hatte. Aber er schob das, wie alles was sich mit dem eigenen Selbstbild nicht vertrug, weit aus seinem Blickfeld. Der von Grass angeführte Hinweis auf den »Hochmut des Wissenden« traf insofern schon den Kern. Vor allem aber war es erstaunliche Selbstvergessenheit, die Schiller mit seiner Attacke auf Kiesinger offenbarte. Dass der spätere Friedensnobelpreisträger indes einen ähnlichen selektiven Umgang mit der eigenen Vergangenheit pflegte, erfuhr eine überraschte Öffentlichkeit erst 36 Jahre später.

Der Verweis auf Kiesingers NSDAP-Vergangenheit war der einzige Fehler, der Schiller in dieser Zeit unterlief. Ohne die Situation des Wahlkampfes wären die Auswirkungen vielleicht gravierender gewesen. So aber beruhigte sich der kleine Sturm im deutschen Blätterwald schnell und blieb ganz und gar folgenlos. Statt über Schillers Vergangenheit diskutierte das Land weiter über die Aufwertung. Und bei diesem Thema gab sich Schiller keine Blöße.

Allerdings sah es unmittelbar nach den ersten Hochrechnungen nicht unbedingt danach aus, dass die Union der Wahlverlierer sein müsse. Am 28. September schien die absolute Mehrheit für Kiesinger in greifbarer Nähe. Der Bundeskanzler konnte sich am frühen Abend zunächst als Wahlsieger fühlen, sein ungeschickter Umgang mit der Aufwertungsfrage hatte sich offensichtlich nicht gerächt. Mitglieder der Jungen Union feierten Kiesinger mit einem Fackelzug und aus Washington gratulierte Präsident Nixon bereits telefonisch zur Wiederwahl.[230] Doch im weiteren Verlauf des Abends zeigten die Hochrechnungen, dass die Wahl vielleicht doch einen anderen Ausgang nehmen könne. Die Union blieb zwar weiterhin stärkste Partei und erreichte am Ende 46,1 Prozent, FDP und SPD aber besaßen zusammen nun eine knappe Mehrheit der Mandate. Am Abschneiden der Freidemokraten lag dies gewiss nicht. Die Liberalen hatten starke Einbußen zu verkraften und kamen nur noch auf 5,8 Prozent; fast zwei Drittel ihrer Wähler waren der FDP verloren gegangen.

Für die Sozialdemokraten jedoch marschierte auch weiterhin der »Genosse Trend«: Die Partei steigerte ihr Ergebnis auf 42,7 Prozent. Stärkste Partei war sie damit noch immer nicht, aber doch fast bis auf Augenhöhe an die Union herangerückt. Das war ein Erfolg, der auch ein sozialliberales Bündnis theoretisch möglich machte.

Die Demoskopen und später die Historiker und Politologen sprachen fortan von einer »Schiller-Wahl« und von »Schiller-Wählern«.[231] Nun hat es niemals eine Umfrage gegeben, aus der eindeutig hervorgehen würde, wie hoch wirklich der Anteil derjenigen Wähler war, die der SPD ihre Stimme in erster Linie wegen des Wirtschaftsministers gegeben hatten. Auch blieb der »Schiller-Wähler« letztlich ein unbekanntes Wesen, über dessen Beruf, Konfession, Alter oder Wohnort nur spekuliert werden

---

230 Vgl. Baring, Machtwechsel, S. 181.
231 Vgl. etwa Lösche/Walter, Die SPD, S. 94.

konnte. Aber, so die schlichte Argumentation: Schiller war nun einmal zum Ende des Wahlkampfes zusammen mit Kiesinger der populärste Politiker der Republik, die Aufwertung war das dominante Wahlkampfthema gewesen, und der SPD wurde am ehesten zugetraut, die Stabilität des Preisniveaus zu sichern. Dass Schiller insofern ein großer Anteil am Abschneiden der SPD zukam, lässt sich kaum bestreiten.

In jedem Fall war dem Wirtschaftsminister ohne sozialdemokratischen Stallgeruch die Aufgabe zugefallen, für die SPD in Wählersegmente vorzustoßen, die tendenziell eher zu Wahl der bürgerlichen Parteien neigten. Aus diesem Grunde waren die örtlichen Wahlkampforganisatoren auch von Bonn aus angewiesen worden, bei den Einladungen auf das obligatorische Genossen-Du zu verzichten, da Schiller »bürgerliche Randwähler« für die SPD gewinnen sollte, die eine distinguiertere Ansprache bevorzugten.[232] War ihm dies gelungen?

Insgesamt zeigte auch die Bundestagswahl 1969 eine erstaunliche Stabilität im Wahlverhalten. Die Wählerwanderungen fielen nur bescheiden aus. Eine nennenswerte Zahl Stammwähler der CDU zu den Sozialdemokraten zu locken, das hatte auch Schiller nicht vermocht, wenngleich seine Popularität in der Tat bis weit in das bürgerliche Lager hinein mit dem Ansehen des CSU-Vorsitzenden Strauß mithielt.[233]

Aber die Fluktuationen waren im Ganzen nicht wesentlich höher als bei den Wahlen 1961 und 1965. Auch hielten CDU/CSU und SPD ihre Bastionen. Während die Union weiterhin in ländlichen und vor allem katholischen Regionen die meisten Stimmen gewann, dominierte die SPD in protestantisch-städtischen Regionen. Die loyalsten Stammwähler blieben bei der Union die selbstständigen Landwirte, bei der SPD die Facharbeiter.[234]

Ins Auge jedoch stach ein signifikanter Zuwachs der Sozialdemokraten, der sich Stimmen aus dem Wählerreservoir sowohl der CDU/CSU als auch der FDP und einer großen Zahl von Jungwählern verdankte: Die Zahl der Beamten und Angestellten vor allem im öffentlichen Dienstleistungssektor, die ihr Kreuz bei der SPD machten, war stark angestiegen. 1969 war der Partei endgültig der Einbruch ins städtische Milieu der so genannten *white-collar*-Wählergruppe gelungen. Besonders auffällig war etwa der Zuwachs in Regionen, die durch eine Expansion des öffentlichen Verwaltungs- und Dienstleistungsbereiches gekennzeichnet waren. Ein Einbruch in das alteingesessene Bürgertum war das nun nicht. Es war der so genannte neue Mittelstand, die dynamisch wachsenden und quantitativ zunehmend wahlentscheidenden tertiären Arbeitnehmerschichten, die, ideologisch wenig festgelegt und orientiert am »output« der Politik, von

---

232 Vgl. den »Fragebogen für örtliche Wahlkampfleiter zur Vorbereitung der Wahlveranstaltung mit Minister Professor Dr. Karl Schiller«, in: BA N Schiller 1229, B. 234.
233 Bei den Anhängern der CDU/CSU wurde Schiller nach Strauß und Kiesinger für den fähigsten Politiker gehalten. Bei der Frage, welcher Politiker am ehesten die Stabilität der Deutschen Mark sichern könne, votierten immerhin 35% der CDU-Wähler für Schiller, vgl. Peter Haungs, Wahlkampf und Wahlverhalten 1969, in: ZParl 1 (1970), S. 90-106, hier S. 94-96.
234 Vgl. ebd. sowie Max Kaase, Determinanten des Wahlverhaltens.

der Attitüde technokratischer Effizienz des sozialdemokratischen Wirtschaftsministers überzeugt worden waren.[235] Der Wahlkampfslogan der SPD »Wir schaffen das moderne Deutschland« hatte mit dem Auftreten Schillers perfekt ineinandergegriffen.

Vielleicht hatte Karl Schiller insofern die richtige Intuition gehabt, als er bereits 1967 davon sprach, dass der Begriff des Bürgertums eigentlich aus dem 19. Jahrhundert stamme, mittlerweile aber doch als Etikettierung reichlich »dubios« geworden sei. Schließlich gäbe es eine gesellschaftliche Entwicklung, in der unaufhörlich Techniker, Angestellte und andere »besonders qualifizierte Kräfte« aus der alten Arbeiterschaft herauswüchsen. Und das, so Schiller im Interview mit Klaus Harpprecht, seien die neuen Schichten, auf die es zukünftig ankommen werde. Allerdings bezweifle er, ob diese mit dem Begriff des Bürgers noch zu fassen seien.[236] Genau diese Schichten hatte Schiller bei der Bundestagswahl 1969 zur SPD geholt.

In der FDP waren die Weichen für eine sozialliberale Koalition bereits drei Tage vor der Wahl durch eine entsprechende Äußerung Walter Scheels gestellt, wenngleich sich der FDP-Vorsitzende der Tatsache bewusst war, dass seine Partei einige kritische Momente würde durchstehen müssen.[237]

Die SPD hatte sich vor der Wahl nicht eindeutig festgelegt. Besonders Herbert Wehner blieb der »Pendlerpartei« FDP gegenüber weiterhin skeptisch. Auch konnte er sich nicht so recht vorstellen, dass Willy Brandt, der schließlich sein »Geschöpf« war, nun Bundeskanzler werden solle. Für Wehner war Brandt ein Kandidat, kein Regierungschef. Wäre es nach Wehner gegangen, der bis dahin den Kurs der SPD fast im Alleingang bestimmt hatte, so hätten die Sozialdemokraten die Große Koalition noch vier weitere Jahre fortgeführt. Allerdings war Wehner nicht der einzige Sozialdemokrat, der vor einem Zusammengehen mit der FDP zurückschreckte. Auch Helmut Schmidt zweifelte an einer Koalition mit den Liberalen und auch er hatte Bedenken an der Eignung Brandts zum Bundeskanzler.[238]

Für Karl Schiller war die Koalitionsfrage keine Gretchenfrage. Er hatte seine Präferenzen schon zuvor deutlich gemacht: Die Große Koalition sei gewiss nur die drittbeste von allen möglichen Lösungen.[239] Andere Sozialdemokraten waren vorsichtiger gewesen und das Parteipräsidium der SPD hatte Schiller Anfang September eindringlich aufgefordert, keine Festlegungen vor der Wahl zu treffen.[240] Aber nach allem, was geschehen war, erschien ihm kaum vorstellbar, dass er mit Kiesinger und Strauß weiter an einem Kabinettstisch sitzen sollte.

Vielleicht war es diese Tatsache, womöglich aber auch der Hang zur für ihn typischen Eigenmächtigkeit, die dazu führte, dass Schiller in der Koalitionsfrage als erster

---

235 In diesem Sinne auch Lösche/Walter, Die SPD, S. 93 f.
236 Schiller am 4.5.1967 in der Sendung »Dialog« im ZDF.
237 Vgl. Baring, Machtwechsel, S. 175 ff.
238 Ebd., S. 204 ff.
239 Vgl. die FAZ vom 4.9.1969.
240 Vgl. Schönhoven, Wendejahre, S. 672.

Sozialdemokrat die Zurückhaltung fahren ließ. Noch am Wahlabend erklärte er vor den Fernsehkameras, dass man es nun mit der FDP probieren solle. In diesem Sinne redete er auch auf Willy Brandt ein und versuchte, ihn von den Vorzügen einer sozial-liberalen Koalition zu überzeugen.[241]

Vermutlich hätte es dieses Ratschlages aber gar nicht bedurft. Denn jetzt war der Zeitpunkt gekommen, an dem sich Willy Brandt von Herbert Wehners Einfluss endgültig befreite, sich in einem »Akt des Widerstandes, gewissermaßen ein innerparteilicher Staatsstreich«[242], von ihm emanzipierte. Energisch steuerte er, den viele bis dahin für zaudernd und entscheidungsschwach gehalten hatten, das Bündnis mit den Freidemokraten an. Alle Zögerlichkeit fiel plötzlich von ihm ab und noch in der Wahlnacht des 28. September ließ er keinen Zweifel daran, dass er Bundeskanzler einer SPD/FDP-Koalition werden wolle. Mit einer von vielen nicht für möglich gehaltenen Entschlossenheit und Tatkraft wischte Willy Brandt alle Bedenken beiseite, sodass selbst Helmut Schmidt, dem es an robuster Widerstandsfähigkeit gewiss nicht mangelte, ihm am Ende beschieden haben soll: »Wenn du's willst, mach's doch!«[243] Und so kam es zu dem von vielen schon sehr bald als historisch empfundenem Bündnis zwischen Sozialdemokraten und Liberalen, das die Union das erste Mal seit Bestehen der Bundesrepublik in die Opposition verbannte.

Nur dem klugen Walter Scheel kam inmitten der brachialen Aufbruchsstimmung, die nach Bildung der neuen Koalition zu verspüren war – bei den Sozialdemokraten gewiss mehr als bei den Liberalen – eine dunkle Vorahnung. Ohne Schiller, das wusste auch er, hätte es wohl zur sozialliberalen Koalition niemals gereicht. Aber die Art und Weise, wie Schiller dies vollbracht hatte, ließ ihn sorgenvoll in die Zukunft blicken. Kurz nach Installation der neuen Koalition überraschte er Willy Brandt mit einer dunklen Prognose: Eine der zukünftigen Hauptgefahren sei, dass der Egozentriker Schiller beizeiten wieder gegen die eigene Regierung und deren Regierungschef zu Felde ziehen könne – selbst wenn der Bundeskanzler dieses Mal ein Sozialdemokrat sei. Drei Jahre später sollte man sich an Scheels Prophezeiung aus den Kindertagen der sozialliberalen Koalition erinnern.[244]

---

241 Vgl. Baring, Machtwechsel, S. 199 f.
242 Ebd., S. 209.
243 Baring, Machtwechsel, S. 208.
244 Vgl. den Spiegel vom 21.8.1972.

IX Supernova (1969–1974)

1 Vorzeichen

Mit der Bundestagswahl 1969 hatte Karl Schiller den Zenit seiner politischen Karriere erreicht. Nur wenige deutsche Politiker waren so sehr Fortunas Liebling, wie es ihm in den Jahren zwischen 1966 und 1969 vergönnt gewesen war – und kaum jemand sollte danach so tief in die politische Bedeutungslosigkeit abstürzen. In gewissem Sinne ist es erst die Schiller-Tragödie der Jahre 1969 bis 1972, die seiner politischen Karriere dramaturgische Spannung verleiht. Wie jemand vom heimlichen Kanzler in kurzer Zeit zur Unglücksfigur der Regierung werden könne, das fragten sich schon die Zeitgenossen in den letzten Tagen der Ministerdämmerung des Karl Schiller. Allein, rein rational begreifen lasse sich das alles eben nicht, resignierte selbst der kluge »Spiegel«-Autor Hermann Schreiber. »Da muss wohl auch den Nornen irgendwo der Faden gerissen sein, oder die Parzen haben eine Masche fallen lassen.«[1]

Gewiss, formal gesehen hatte Schiller den Höhepunkt noch vor sich: Im Mai 1971 übernahm der Bundeswirtschaftsminister zusätzlich noch das Finanzressort und wurde damit der erste »Superminister« in der Geschichte der Bundesrepublik. Manche Beobachter sollte das gar zu der Aussage verführen, dass dem Kabinett Brandt damit eine Art »Nebenkanzler« erwachsen sei, der in der Innenpolitik weithin die eigentliche Richtlinienkompetenz besitze.[2] Seit Adenauer, so schrieb noch im September 1971 die »New York Times«, habe niemand einen vergleichbaren Einfluss auf das Kabinett gehabt wie Karl Schiller.[3]

Tatsächlich sollte schon der frisch ernannte Superminister mit seinem Latein ziemlich schnell am Ende sein – freilich ohne, dass er sich selbst dieser Tatsache wirklich bewusst gewesen wäre. Denn niemand sollte fortan der Schiller'schen Suggestion der eigenen Unersetzlichkeit so wirksam erliegen wie ihr Urheber selbst.

Wenn man jedoch weiß, wie es mit Schillers Ministerkarriere einmal enden sollte, dann sind die Vorzeichen künftiger Ereignisse bereits unmittelbar nach der gewonnen Bundestagswahl schwerlich zu übersehen. Zu seinem großen Erstaunen und seiner nicht minder großer Verärgerung musste Schiller feststellen, dass er zunächst nicht für die Verhandlungskommission vorgesehen war, die mit den Liberalen die Details der Regierungsbildung erörterte.[4] Natürlich musste er sich keine Sorgen machen, nicht

---

1 Vgl. den Spiegel vom 19.6.1972.
2 Vgl. die Zeit vom 21.5.1971.
3 Vgl. den Pressespiegel über die ausländische Presse in der FAZ vom 3.9.1971.
4 Vgl. die handschriftlichen Notizen Willy Brandts über ein im Beisein von Herbert Wehner geführtes Gespräch mit Schiller vom 26.11.1969, in: AdsD WBA, Bundeskanzler, B. 91.

auch künftig das Wirtschaftsressort zu führen. Aber, so musste es ihm erscheinen sein: Wie konnte man bloß auf die Idee kommen, jenen Mann von den Entscheidungsprozessen auszuschließen, der dafür gesorgt hatte, dass Liberale und Sozialdemokraten nun überhaupt am Verhandlungstisch saßen?

Offensichtlich stand seine Position innerhalb der Partei noch immer in keinem Verhältnis zu seinem öffentlichen Ansehen. Schiller kam daher zu dem Schluss, dass es nun an der Zeit sei, auch in der Partei die Früchte seiner Verdienste zu ernten. Seit 1946, so teilte er Willy Brandt und Herbert Wehner am 26. November in einem Gespräch mit[5], habe er schließlich große Leistungen für die SPD erbracht, ihr zu guter letzt schließlich den »Machtwechsel« beschert. Auf irgendeine Art und Weise müsse dieses auch innerparteilich honoriert werden. Im Parteipräsidium saß er bereits seit 1966, aber dergleichen wollte noch nicht viel besagen, denn schließlich waren dort auch noch neun andere Sozialdemokraten vertreten. Als herausgehobenen Platz, den er für sich beanspruchte, konnte man das kaum bezeichnen. Deshalb fragte Schiller bei Willy Brandt an, ob er nicht zusätzlich zu Wehner und Schmidt einer der stellvertretenden Vorsitzenden der SPD werden könne.[6]

Brandt brachte das Ansinnen seines Wirtschaftsministers in große Verlegenheit. Er wollte Schiller dessen Verdienste gewiss nicht streitig machen. Auch sah er in ihm keinen Konkurrenten, vielmehr einen wichtigen Wegbegleiter, auf dessen kompetentes Urteil in wirtschaftspolitischen Fragen er sich nun schon seit bald zehn Jahren bedenkenlos verließ. Aber laut Parteistatut hatte der sozialdemokratische Parteivorsitzende nun einmal nur zwei Stellvertreter. Der Antrag auf eine Statutenänderung würde die Partei wohl sehr »überraschen«, teilte Brandt Schiller zwei Tage vor den Weihnachtsferien mit. Indes, eine definitive Absage wollte er Schiller nicht geben; bei Gelegenheit, so ließ er die Tür einen Spalt weit offen, könne man das Gespräch ja wieder aufnehmen. »Vermutlich geht es Dir ja vor allem um die Bestätigung und Unterstreichung der besonderen Leistungen, die Du in Regierung und Partei erbracht hast und weiter erbringen wirst.«[7] Es mochte stimmen, wie Brandt schrieb, dass eine Statutenänderung die Partei überraschen würde. Vor allem aber war sich der Bundeskanzler der Tatsache bewusst, dass gerade eine »Lex Schiller« bei den eigenen Genossen nur schwer durchzusetzen wäre. Brandt schob Schillers Forderung auf die lange Bank, hoffte damit vermutlich, dass sich die Sache irgendwann verlaufe. Und so kam es: Schon bald hatte Schiller zu viele Probleme, als dass er sich um eine herausgehobene Stellung in der SPD noch hätte Gedanken machen müssen.

Aber das alles war 1969 allenfalls zu erahnen. Dass Schiller einmal zur tragischen Figur der Regierung werden könne, ja sich in nicht allzu ferner Zeit sogar zu einem ihrer beachtlichsten Feinde entwickeln würde, das erschien aus der Perspektive des

---

5   Vgl. ebd.
6   Vgl. ebd.
7   Brandt an Schiller am 22.12.1969, in: BA N Schiller 1229, B. 326, S. 2.

Herbstes 1969 schwer vorstellbar. Ökonomisch gesehen ging es der Bundesrepublik im Herbst 1969 weiterhin blendend. Bei 7,5 Prozent Wachstum betrug die Preissteigerungsrate lediglich 2 Prozent, die öffentlichen Kassen hatten zum Ende der Großen Koalition einen positiven Finanzierungssaldo von 2,5 Milliarden DM aufzuweisen. Die Arbeitslosenquote lag bei 0,8 Prozent.[8] Um auch die außenwirtschaftliche Flanke abzusichern, hatte das Kabinett nur drei Tage nach der Wahl Willy Brandts zum Bundeskanzler beschlossen, die Deutsche Mark endlich aufzuwerten. Mit 8,5 Prozent fiel der Satz moderat aus, um den Franzosen die Möglichkeit zu geben, ihrerseits mit einer Abwertung des Franc nachzuziehen. Damit hatte Schiller »seine« Aufwertung bekommen und gewissermaßen die letzte Bestätigung für seinen Wahlsieg erhalten.

Auch der neue Koalitionspartner schien Schillers Arbeit zunächst einmal leichter zu machen. Seine Beziehung zu Kiesinger und Strauß war am Ende so vergiftet gewesen, dass eine weitere Zusammenarbeit kaum noch möglich erschienen wäre. Überdies empfanden viele Freidemokraten Schiller im Grunde als Liberalen; da sollte die Verständigung kaum ein Problem darstellen. Von Willy Brandt wurden die Liberalen großzügiger bedacht, als sie es unter einem Kanzler Adenauer jemals zu träumen gewagt hätten. Mit Walter Scheel zog ihr Parteivorsitzender ins Auswärtige Amt ein. Das Innenministerium (Hans-Dietrich Genscher) und das Landwirtschaftsministerium (Josef Ertl) fielen ebenfalls an die Liberalen. Gewiss hätten diese auch gerne das Wirtschafts- oder Finanzministerium für sich beansprucht, denn während des Aufwertungsstreits, bei dem die Partei eine Zeit lang laviert, sich dann aber auf Schillers Seite geschlagen hatte, war deutlich geworden, dass die Partei in den Augen der Wähler kaum noch wirtschaftspolitisches Profil besaß. Aber natürlich konnte man dem Wahlsieger Karl Schiller nicht sein Ministerium nehmen. Und auch das Finanzministerium musste mit einem Sozialdemokraten bekleidet werden: Alex Möller, der stellvertretende Fraktionsvorsitzende und Generaldirektor der »Karlsruher Lebensversicherung«, hatte maßgeblich zum Zustandekommen der sozialliberalen Koalition beigetragen und sollte daher – gewissermaßen als einer ihrer »Paten« – Mitglied des Kabinetts werden.[9] Standesgemäß erschien Möller, der neben Schiller als die zweite große sozialdemokratische »Diva« jener Jahre galt, nur das Finanzressort. Ob die Zusammenarbeit zwischen dem Wirtschafts- und dem Finanzminister so jedoch leichter würde, war fraglich. Denn Schiller und Möller verband eine starke und auf Gegenseitigkeit beruhende Antipathie. Beide waren sich in ihrer Empfindlichkeit gegenüber jeder Kritik durchaus ebenbürtig, ein »Ei so roh wie das andere«.[10] In den sozialdemokratischen Parteigremien war der »Genosse Generaldirektor« Möller, ein Sozialdemokrat aus kleinen Verhältnissen, der sich gern mit Brillantringen und Nerzmänteln

---

8 Vgl. zu den Ausgangsbedingungen der sozialliberalen Koalition Harald Scherf, Enttäuschte Hoffnungen – vergebene Chancen. Die Wirtschaftspolitik der Sozial-Liberalen Koalition 1969–1982, Göttingen 1986, S. 5 ff.
9 Vgl. Baring, Machtwechsel, S. 213.
10 Ebd., S. 75.

als Beweis seines sozialen Aufstiegs schmückte, wesentlich früher als Schiller vertreten gewesen. Dann aber hatte Schiller ihn überholt, war zum marktwirtschaftlichen Gütesiegel der Partei avanciert, ein Image, das eigentlich Möller für sich beanspruchte. Spätestens seitdem Möller seinem Parteifreund bei der Aufwertungsdiskussion in den Rücken gefallen war, sprachen beide nur noch das Notwendigste miteinander. Das waren wahrlich keine idealen Voraussetzungen für die Zusammenarbeit der zuständigen Minister für Wirtschaft und Finanzen.

Bei den Sozialdemokraten führten fünf Minister ihr Amt aus der Großen Koalition fort. Mit einigem Widerwillen wechselte Helmut Schmidt ebenfalls ins Kabinett, nachdem ihm versichert worden war, dass er unbedingt das Verteidigungsministerium leiten müsse. Für ihn übernahm Herbert Wehner den Fraktionsvorsitz. Das erste Kabinett Brandt verfügte damit über eine beachtliche Zahl großer politischer Begabungen, unter denen allerdings einige schwierige Charaktere waren. Fortan sollten sich insbesondere die sozialdemokratischen Kabinettskollegen misstrauisch belauern und auf ihren politischen Einfluss genauso peinlich bedacht sein wie auf ihr öffentliches Ansehen. Schon im Dezember 1969 schwante Brandt, dass es angesichts der Vielzahl politischer Talente schwierig werden würde, aus dem Kabinett ein gut funktionierendes Team zu bilden; ganz besondere Unterstützung brauche dabei ohne Frage Karl Schiller.[11]

Die persönlichen Animositäten im Kabinett waren das eine Problem, das Schiller im Laufe der nächsten drei Jahre Kummer bereiten sollte. Bedeutsamer für die weiteren Geschehnisse war jedoch, dass es zwei sehr unterschiedliche Sichtweisen gab, wie der Sieg bei der Bundestagswahl zu interpretieren war und für welche Politik die neue Koalition vom Wähler ihr Mandat erhalten hatte. Schiller glaubte, die Deutschen hätten sich am 28. September für seinen Kurs entschieden. Und dieser Kurs war, seitdem die Rezessionsangst sich endgültig verflüchtigt hatte, eindeutig auf die Stabilität der D-Mark ausgerichtet. Die Bundesbürger, so meinte er, hatten sich für Sicherheit und fachliche Kompetenz entschieden, für eine moderne und effiziente Politik, die weiterhin nicht alles anders, aber eben doch vieles besser machen würde. Für die sozialliberale Koalition war er zwar energisch eingetreten. Dennoch sah Schiller keinen Grund, mit der Großen Koalition grundsätzlich zu hadern. Für ihn war dieses Bündnis keine Mesalliance gewesen, die nur aus taktischen Gründen Sinn gemacht hatte. So wie er es empfand, hatte die Zusammenarbeit ja funktioniert, hatte sich die Koalition mit der Union nicht nur leidlich bewährt, sondern war ganz im Gegenteil überaus erfolgreich gewesen, besonders in der Wirtschaftspolitik.

Doch in seiner eigenen Partei kamen viele zu einem anderen Schluss. Heilfroh war man dort, endlich das Bündnis mit den Christdemokraten aufgekündigt zu haben. Die meisten Sozialdemokraten verknüpften daher mit dem Regierungswechsel auch nicht die Erwartung der Kontinuität mit den Grundzügen der Politik der Großen Koaliti-

---

11 Vgl. den Brief von Brandt an Herbert Wehner, Helmut Schmidt, Alfred Nau und Hans-Jürgen Wischnewski am 22.12.1969, in: AdsD, WBA, Parteivorsitzender, B. 14.

on. Insbesondere vielen der neuen und jungen Mitglieder der Partei, die nun in die SPD eintraten, galt die sozialliberale Koalition als Signal für den Aufbruch zu ganz neuen Ufern. Weithin sah man in der SPD einen historischen und politischen Wendepunkt gekommen, der den lang ersehnten Abschied von der miefigen Adenauer-Zeit markierte, damit auch die endgültige Läuterung Deutschlands nach Jahrzehnten des geschichtlichen Unheils. Was sich nach 1969 in der SPD entfaltete, war auch ein Stück quasi-religiöse Stimmung.[12]

Aber die Pfingststimmung nach dem Machtwechsel ergriff keineswegs nur die euphorisierten Jung-Sozialdemokraten der 68er-Generation. Auch Willy Brandt ließ sich von dieser Atmosphäre mitreißen. Eigentlich war der neue Bundeskanzler ein skeptischer Mensch, im anthropologischen Sinne fast ein Konservativer, der in seinem Leben zu häufig mit den desaströsen Folgen von Utopien und Ideologien konfrontiert worden war, als dass er noch ernsthaft an diesseitige Paradiese und das grundsätzlich Gute im Menschen glaubte. Aber nach 1969 war auch Brandt vom Glauben an seine historische Mission erfüllt. Das galt natürlich besonders für die neue Ostpolitik, die die Deutschen mit den Völkern jenseits des eisernen Vorhangs versöhnen sollte. Aber auch für die Innenpolitik hatte Brandt, der ein Kanzler der »inneren Reformen« sein wollte, wenig Bescheidenes im Sinn. Deutlich wurde das schon in seiner Regierungserklärung vom 28. Oktober. Zwar betonte Brandt zunächst die Kontinuitäten zu seinen Vorgängern und beteuerte, dass niemand auf die Idee käme, die Leistungen der vergangenen zwei Jahrzehnte zu leugnen. Was dann folgte, las sich jedoch so, als stünde die Regierung vor der Aufgabe, alles neu machen zu müssen. Dass man nicht am Ende der Demokratie stehe, sondern damit nun erst richtig anfange, war der rote Faden, der Brandts Regierungserklärung durchzog. Aber auch zu den konkreten Vorhaben der neuen Regierung hatte er einiges zu sagen. Der Katalog der Ziele war beeindruckend. Ob nun in der Bildungspolitik, bei der Reform des Gesundheitssystems, bei der Vermögensbildung in Arbeitnehmerhand oder aber der Verkehrspolitik: Auf fast allen gesellschaftlichen und politischen Feldern sollte der Staat energische Reformen vorantreiben, was in den meisten Fällen hieß, dass er seine Aktivität weit ausdehnen und expandieren sollte.[13] Fast ist man versucht zu glauben, dass der Bundeskanzler von seinen Ministern eine Liste bekommen hatte, auf der jeder Ressortchef seine Wünsche aufgelistet hatte. Es war sicherlich die hochfliegendste und anspruchsvollste Regierungserklärung in der Geschichte der Bundesrepublik.[14] Und was immer man von den einzelnen Vorhaben hielt, eines war unumstritten: Man brauchte viel Geld, um sie umzusetzen.

---

12 Vgl. Walter, Die SPD S. 186 f.
13 Vgl. Metzler, Konzeptionen politischen Handelns, S. 351 ff.
14 Vgl. Karl Dieter Bracher/Wolfgang Jäger/Werner Link, Die Ära Brandt, 1969–1974, Stuttgart 1986. (Geschichte der Bundesrepublik Deutschland, Band 5, I, Republik im Wandel, hrsg. von Karl Dietrich Bracher u. a.), S. 24.

Ob Karl Schiller ein wenig schwindelig wurde, als er hörte, mit welchen Ambitionen die neue Regierung da antrat? Im Rückblick auf diese Zeit, mit dem Abstand von 20 Jahren, beklagte er, in den Jahren der sozialliberalen Koalition habe sich offensichtlich weithin die Erwartung durchgesetzt, dass es mit dem Wirtschaftswunder ewig so weitergehe. In der Folge sei das Gefühl für Risiko, für die Unwägbarkeiten der Politik, weitgehend verloren gegangen.[15] Diese Beobachtung war gewiss richtig: Nur mit den Zuwachsraten der ersten beiden Gründerjahrzehnte konnte das Füllhorn mit Wohltaten, das man über den Bürgern auszuschütten gedachte, niemals zur Neige gehen.

Schiller hatte bei seiner Kritik jedoch verdrängt, dass er selbst wie kein Zweiter zu der »Revolution der Erwartungen« beigetragen hatte. Schließlich war er es gewesen, der versprochen hatte, dass schwerwiegendere ökonomische Krisen fortan der Vergangenheit angehören, dass man mit den neuen Instrumenten wie dem »Stabilitätsgesetz« und der mittelfristigen Finanzplanung von allem Unheil künftig verschont bliebe. Ein »sonniges Plateau der Prosperität«[16] hatte Schiller verheißen – eine besonders verführerische Metapher für das Ziel eines verstetigten Wachstums – wo man auf eine »Höhenwanderung ohne Hitzeschlag« hoffen könne. Dass die »Inflation so tot wie ein rostiger Nagel sei«, hatte er außerdem verkündet.[17] Fortan könne man sich dem »fine-tuning« der Volkswirtschaft widmen.[18] Konnte es da verwundern, dass man sich nun im gelobten Land wähnte, wo man sich, frei von lästigen finanziellen Zwängen, an den großzügigen Umbau der Architektur von Staat und Gesellschaft machte?

Es waren nicht zuletzt die ökonomischen Heilsversprechen Karl Schillers, die die geistigen und atmosphärischen Voraussetzungen für das Aufbruchspathos der sozialliberalen Koalition schufen: Er hatte suggeriert, die Ökonomie sei beherrschbar geworden, die Politik ihr nicht mehr länger unterworfen. Und da Schillers Optimismus nicht gespielt gewesen war, er sich von seinen suggestiven Bildern vielmehr selbst mitreißen ließ, hat ihm Brandts Regierungserklärung wohl kaum Kopfzerbrechen bereitet. Der neue Bundeskanzler benutzte nicht nur erkennbar die Sprache der Sozialwissenschaften, sondern kündigte ebenfalls an, dass die Planungsinstrumente nun zügig und umfassend ausgebaut würden, angefangen bei der Modernisierung der Entscheidungsabläufe im Bundeskanzleramt, das zur Schaltzentrale vorausschauenden und systematischen Regierungshandelns ausgebaut werden sollte. Entscheidend für das Reformverständnis der sozialliberalen Koalition war eben nicht nur das Projekt, sondern immer auch die Methode, mit der es umgesetzt werden sollte.[19] Insofern feierte der Geist des »social engineering« in Brandts Regierungserklärung noch einmal einen Höhepunkt. Gut gerüstet glaubte man, sich innerhalb der Koalition ans Werk machen zu können.

---

15 Schiller-Merklein, 19.8.1989, Kassette 4, (Seite B.).
16 Vgl. das Handelsblatt vom 7.10.1968.
17 Vgl. Emminger, D-Mark, S. 139.
18 Vgl. Harald Scherf, Enttäuschte Hoffnungen – vergebene Chancen. Die Wirtschaftspolitik der Sozial-Liberalen Koalition 1969–1982, Göttingen 1986, S. 16.
19 Vgl. Metzler, Konzeptionen politischen Handelns, S. 351 ff.

2 Die Rückkehr der Politik

Karl Schiller blieben nach Etablierung der neuen Koalition wenige Wochen, um seinen Triumph auszukosten und sich auf den Lorbeeren seiner vergangenen Verdienste weich zu betten. Bis zum Dezember 1969 hielt die Illusion, nun tatsächlich am »Ende aller Krisen« zu stehen. Dann, plötzlich und unerwartet heftig, bekam Schiller bereits mehr als nur einen Vorgeschmack auf künftiges Ungemach.

Offenbar wollte er zunächst selbst nicht wahrhaben, dass dunkle Wolken über seinem »sonnigen Plateau« aufzogen. Die offene Flanke seiner Wirtschaftspolitik war fortan nicht mehr die Gefahr einer Rezession. Gefahr drohte aber der Preisniveaustabilität, die bereits seit der zweiten Jahreshälfte 1969 leicht bröckelte. Im Dezember wurde es langsam bedrohlich, wurde die Bevölkerung zum ersten Mal seit Jahren wieder durch deutlich höhere Verbraucherpreise aufgeschreckt.[20]

Schiller war von den Preisniveausteigerungen überrascht. Die inflationären Tendenzen, die sich bereits im Jahre 1969 leicht bemerkbar gemacht hatten, hatte er für »importiert« gehalten. Daher war er davon überzeugt gewesen, dass die D-Mark-Aufwertung die Konjunktur ausreichend abkühlen werde, wobei durch die Importverbilligung, die eine Aufwertung mit sich brachte, der Preisauftrieb zusätzlich gedämpft würde. Dass es nun anders kam, lief all seinen Prognosen und Berechnungen zuwider. Als Schiller die Dezember-Zahlen erhielt, reagierte er zunächst sogar ungläubig und sagte seinen Mitarbeitern, dass damit etwas nicht stimmen könne; man müsse wohl die Berechnungen im Ministerium noch einmal selbst durchführen.[21] Da er die Einsicht nicht umgehen konnte, dass die Zahlen sehr wohl der Realität entsprachen, vermutete er illegale Preisabsprachen zwischen den Unternehmen. Globale volkswirtschaftliche Gründe, so meinte er, könne es für die Preisentwicklung nach seinen Modellen ja eigentlich nicht geben. Daher wies er das Bundeskartellamt an, schärfer nach solchen Absprachen zu fahnden. Da es jedoch keine Hinweise auf Missbräuche gab, konnten ihm auch die Mitarbeiter der Berliner Kartellbehörde nicht helfen.[22]

Zum ersten Mal machte Schiller einen ratlosen Eindruck. Bis Anfang Februar hielt er sich mit Vorschlägen, wie der Preisentwicklung beizukommen sei, auffällig zurück, versicherte lediglich, dass man die Entwicklung schon in den Griff bekommen werde, es keinen Grund zur Besorgnis gäbe. Offensichtlich brauchte er eine Weile, um die neue Realität, die sich seinen Voraussagen einfach nicht fügen wollte, zu akzeptieren. Erst als er Mitte Februar die Januar-Zahlen erhielt und diese einen weiteren Preisauftrieb konstatierten, sah Schiller den Zeitpunkt gekommen, das Ruder in der Konjunkturpolitik energisch herumzureißen. Nach einer Phase des Abwartens reagierte er nun umso entschlossener.

---

20 Vgl. den Spiegel vom 8.12.1969.
21 Gespräch mit Otto Schlecht.
22 Vgl. den Spiegel vom 8.12.1969.

In einer Koalitionsbesprechung vom 15. Februar und der tags darauf folgenden Kabinettssitzung schlug er den überraschten Kollegen vor, die Mehrwertsteuer um einen Prozentpunkt zu senken und nach Maßgabe des Stabilitätsgesetzes einen befristen Lohnsteuerzuschlag von 10 Prozent zu erheben, der zum 1. Juli 1971 zurückgezahlt werden könne.[23] Schiller wollte die Kaufkraft der Deutschen wenigstens kurzfristig abschwächen, um so den Boom zu bändigen. Aber in beiden Besprechungen konnte man seinen Vorschlägen wenig abgewinnen. Schillers Pläne wurden abgelehnt und stattdessen die ausdrückliche Kabinettsorder ausgegeben, das Thema der Steuererhöhungen vorerst zu meiden. Schließlich hallte das Echo der Regierungserklärung Willy Brandts, in der der Bundeskanzler sogar Steuererleichterungen in Aussicht gestellt hatte, noch nach. Außerdem fanden im Juni Landtagswahlen in Nordrhein-Westfalen statt. Die Wirkung der Steuererhöhungen auf die Konjunktur sei nur schwer abzuschätzen, meinte etwa der nordrhein-westfälische Ministerpräsident Heinz Kühn. Die Auswirkungen auf die nächste Wahl dagegen seien sehr wohl voraussehbar.[24]

Karl Schiller hatte seinen Willen nicht durchsetzen können. Seine Reaktion war die übliche: Er dachte an Rücktritt. Schon am 16. Februar formulierte er einen entsprechenden Brief an Willy Brandt. Als Bundeswirtschaftsminister werde er in der Öffentlichkeit für die Preisentwicklung verantwortlich gemacht. Wenn ihm nun die geforderten harten stabilitätspolitischen Maßnahmen verweigert würden, könne er die Verantwortung, die ihm sein Amt auferlege, nicht länger tragen.[25]

Aber dies war nur ein weiterer Rücktrittsbrief, den Schiller niemals abschickte. Vielleicht fürchtete er, dass seinem Gesuch tatsächlich stattgegeben werden könnte. Vor allem jedoch erinnerte er sich inmitten seiner Isolation an einen Vorgang, der einige Monate zurücklag. Schiller wollte die gleiche Strategie anwenden, die ihm schon während der Aufwertungsdebatte Erfolg eingebracht hatte. Auch damals war ihm zunächst niemand gefolgt. Alle Welt hatte ihn zur Umkehr bewegen wollen, ihn für einen Fantasten gehalten, weil er die Änderung der Wechselkursparität der D-Mark zum Wahlkampfthema machen wollte. Aber er hatte sich all den gut gemeinten Ratschlägen verschlossen und am Ende über alle Widersacher triumphiert. Es kann daher kaum verwundern, dass Schiller fortan noch stärker der Überzeugung war, in Bonn keine Unterstützung zu brauchen und sich die Zustimmung zu seiner Politik lieber direkt in der Öffentlichkeit zu holen.

Also ließ er sich auch in diesem Fall von der offiziellen Ablehnung seines Kurses nicht beirren und führte seinen Feldzug in der Öffentlichkeit weiter. Bei der Eröffnung der Frankfurter Frühjahrsmesse am 22. Februar kündigte der Minister an, dass die Regierung – und damit konnte er nur sich selbst meinen – nun zum Handeln ent-

---

23 Über den Ablauf der Besprechungen berichtete die Presse erst mit Verzögerung, vgl. etwa die Zeit vom 27.2.1970.
24 Vgl. den Spiegel vom 2.3.1970.
25 Vgl. den Entwurf des Briefes an Willy Brandt vom 16.2.1970, in: WEI, K. 5.

schlossen sei. Die Steuererhöhungen würden kommen.[26] Wenig später, auf der Jahresversammlung des DIHT, stilisierte Schiller sein Vorhaben in der bekannten Weise hoch: Es werde bald eine »Entscheidungsschlacht« um die Stabilität geben, wobei jedoch nicht klar sei, ob es eine Schlacht von »Jena«, »Leipzig« oder »Skagerrak« werde.[27] Schiller kündigte abermals jene Steuererhöhungen an, die ihm zuvor verweigert worden waren, und zwar so, als handle es sich dabei im Prinzip bereits um eine beschlossene Sache.

Aber da eben rein gar nichts beschlossen worden war, weder von der Partei, dem Kabinett oder sonst irgendwem, blies Schiller der Wind nach seinem Alleingang eisig ins Gesicht. Dabei hatte der Wirtschaftsminister lediglich nach der bekannten Methode gehandelt: Er hatte das Problem gründlich bedacht, sich mit seinen Mitarbeitern beraten und schließlich, nachdem er das Für und Wider sorgfältig abgewogen hatte, seine Entscheidung getroffen, um sie danach einer überraschten Öffentlichkeit zu präsentieren. Auch in diesem Fall hatte Schiller es nicht für nötig befunden, die SPD-Fraktion über seinen neuerlichen Vorstoß in Kenntnis zu setzen. Aber warum hätte er das auch tun sollen? Bisher war man ihm am Ende noch immer gefolgt, wenngleich manchmal mit heimlichem Zähneknirschen.

Irgendetwas musste sich geändert haben. SPD-Abgeordnete berichteten zutiefst verärgert von Veranstaltungen in ihren Wahlkreisen, in denen Genossen aus der Zeitung vorlasen, dabei Schillers Vorschläge zitierten und schließlich fragten, was von diesen Dingen zu halten sei. Wahrheitsgemäß konnten die Abgeordneten nur antworten, dass ihnen auch nicht mehr bekannt sei, als was dort zu lesen war.[28] Schillers Vorpreschen provozierte eine Generaldebatte über die Frage, welchen Einfluss die Fraktion bei den Initiativen und Gesetzesentwürfen der Regierung eigentlich habe. Herbert Wehner ließ als Fraktionsvorsitzender seinem Unmut über die mangelnde Koordination und Disziplin der neuen Regierung freien Lauf. Es werde einfach in der Öffentlichkeit zu viel geredet. Offensichtlich, so Wehner, könnten die Herren in der Regierung »das Wasser nicht halten«.[29] Jeder wusste, dass der Vorwurf der verbalen Inkontinenz vor allem auf den Wirtschaftsminister zielte. Die Fraktion beantragte per Unterschriftenaktion eine Sondersitzung, auf der Schiller die Leviten gelesen wurden. Nur mit Mühe gelang es diesem, die aufgebrachten Parlamentarier zu besänftigen, indem er für die Zukunft frühzeitigere Konsultation versprach.[30]

Gewiss hätte die SPD-Fraktion weniger scharf reagiert, wenn es sich um einen Einzelfall gehandelt hätte und Schillers Eigenmächtigkeit trivialer Nachlässigkeit geschuldet gewesen wäre. Mittlerweile jedoch glaubten die Abgeordneten, in diesem Verhalten ein Muster zu erkennen. Schließlich erschien der Bundeswirtschaftsminister nur selten

---

26 Vgl. die Süddeutsche Zeitung vom 26.2.1970.
27 Vgl. den Spiegel vom 2.3.1970.
28 Vgl. die Süddeutsche Zeitung vom 26.2.1970.
29 Ebd.
30 Vgl. den Kölner Stadtanzeiger vom 28.2.1970.

vor der Fraktion, schickte stattdessen seine Staatssekretäre, die bisweilen auch noch schlecht informiert waren und daher oftmals gar nichts über die nächsten Pläne ihres Vorgesetzten berichten konnten.[31] In der Fraktion war Schiller auch nach vier Jahren im Bundestag ebenso isoliert wie innerhalb der Partei seit eh und je. Er fühlte sich keiner der verschiedenen Gruppen innerhalb der SPD-Fraktion verbunden, obgleich es mit den so genannten »Kanalarbeitern« ja eine Flügelbildung wirtschaftsnaher Sozialdemokraten gab, deren Unterstützung er schon bald dringend bedürfen sollte.

Noch weit übertroffen wurde Schillers Desinteresse an der eigenen Fraktion allerdings durch die vollständige Ignoranz, die er gegenüber seinem Dortmunder Wahlkreis an den Tag legte. Im bald folgenden Landtagswahlkampf in Nordrhein-Westfalen trat Schiller zwar einige Male in Dortmund auf, ließ sich aber in seinem Ortsverein kein einziges Mal blicken.[32] Schiller verstand nicht, dass die Genossen ihren Abgeordneten einmal persönlich zu Gesicht bekommen wollten. Er meinte, er habe als Steuermann der deutschen Wirtschaft wichtigere Aufgaben zu erfüllen als sich um die Sorgen und Nöte in seinem Wahlkreis zu kümmern. Im Juni 1970, nachdem die Genossen des Dortmunder Stadtverbandes wiederholt Schillers Präsenz angemahnt hatten, unterbreitete er ihnen einen ungewöhnlichen Vorschlag: Da er keine Zeit für einen persönlichen Besuch finde, wolle er einen monatlichen Brief an den Dortmunder Stadtverband oder die einzelnen Ortsvereine schreiben, in welchem er über die aktuellen Entwicklungen in der Wirtschaftspolitik oder, falls gewünscht, zur Bundespolitik im Allgemeinen, berichten könne.[33] Was Schiller für ein großzügiges Angebot hielt, verriet in Wahrheit nur, wie erstaunlich ahnungslos er über die Bedürfnisse und Wünsche der Parteibasis war. Denn für die Genossen in seinem Wahlkreis bestand Schillers Funktion nicht darin, sie zu informieren; es sollte umgekehrt sein. Für Schiller jedoch handelte es sich um Bagatellen, die einem viel beschäftigten Mann zu viel von seiner ohnehin knappen Zeit nahmen.

In dieser Phase, im Februar und März 1970, prägte zum ersten Mal nicht mehr die Figur des virtuosen Wirtschaftspolitikers die Berichterstattung über Karl Schiller in den Tageszeitungen, sondern die einer isolierten »Callas der Partei«, die »lange genug Soli gesungen« habe.[34] Was die einen Redakteure in vorsichtigere Worte hüllten, charakterisierte die »Bild«-Zeitung unverblümter: Schiller sei »in Wirklichkeit eine Ein-Mann-Partei. […] Vorsitzender: Schiller. Geschäftsführer: Schiller. Chefideologe: Schiller«.[35] Dass er nur ein spärlich getarnter Einzelkämpfer war, wusste man zwar seit Längerem. Doch was ihm zuvor das positive Image eines selbstständig und unab-

---

31 Ebd.
32 Vgl. die Aufstellung über Schillers Einsätze im Landtagswahlkampf in seinem Wahlkreis vom 26.11.1970, in: BA N Schiller 1229, B. 217.
33 Vgl. den Brief von Schiller an Hermann Heinemann vom Stadtverband Dortmund vom 8.6.1970, in: BA N Schiller 1229, B. 217.
34 Vgl. den Kölner Stadtanzeiger vom 28.2.1970.
35 Vgl. die Bild-Zeitung vom 1.3.1970.

hängig handelnden Mannes verliehen hatte, las sich nun ganz anders. Schiller erschien plötzlich einsam und verlassen, ohne Unterstützer oder politische Freunde.

Wenn Schillers Isolation erst jetzt richtig wahrgenommen wurde, dann hatte das auch damit zu tun, dass er nach seinen großen Erfolgen noch weniger als zuvor bereit war, Rücksicht zu nehmen und sich der Unterstützung anderer zu versichern. Letztlich aber war sein Verhalten nicht neu. Mit Partei- und Fraktionsangelegenheiten hatte er sich auch in den Jahren zuvor nicht befasst. Schillers Hausmacht waren stets Willy Brandt und Herbert Wehner gewesen. Sie hatten dafür gesorgt, dass die Fraktion absegnete, was er für richtig hielt und entschieden hatte, ohne die Parlamentarier vorher zu konsultieren. Wenn es damit an dieser oder jener Stelle einmal Probleme gab, dann wandte sich Schiller daher auch immer direkt an Brandt, statt sich die Mehrheit und die Zustimmung für seine Politik selbst zu besorgen. In der SPD-Fraktion erinnerte man sich daran, wie Schiller nach der Aufwertungsniederlage im Kabinett für die eigenen Genossen einige Tage nicht auffindbar war, bis man ihn schließlich per Autotelefon aus seinem Iserlohner Rückzugsdomizil herbeizitieren musste.[36]

Aber entscheidend war, dass sich die Konstellationen mit Beginn der neuen Regierung für Schiller geändert hatten. Während der Großen Koalition hatte man ihm nachgesehen, dass er die eigene Partei lediglich insoweit als nützlich erachtete, als sie ihm die parlamentarische Mehrheit für seine Politik lieferte. Man hatte ihn gebraucht, als Gegengewicht zu den erfahrenen Ministern der Union. Und vor allem war die Partei einer strengen Disziplin unterworfen gewesen. Man konnte eben nicht, ohne selbst dabei Schaden zu nehmen, dem populärsten sozialdemokratischen Minister in den Rücken fallen. In weiten Teilen der Öffentlichkeit galt Schiller als personifizierte Sicherheitsgarantie dafür, dass die Sozialdemokraten ihr Regierungshandwerk verstanden und es mit der Befürwortung der Marktwirtschaft auch wirklich ernst meinten. Und schließlich: Drei Jahre lang war der anscheinend so selbstsichere Professor von Erfolg zu Erfolg geeilt und hatte mit erstaunlicher Leichtigkeit die bis dato schwerste Rezession der Nachkriegszeit bewältigt. Also hatten die Sozialdemokraten Nachsicht mit Schiller geübt, ihren Unmut über seine Eigenmächtigkeiten heruntergeschluckt und es dabei belassen, dann und wann Mäßigung zu fordern.

Diese Vorsicht im Umgang mit ihrem schwierigen Minister war nun verschwunden. Die sozialliberale Koalition sahen die Sozialdemokraten eben viel stärker als ihre eigene Koalition an, in der man nicht ständig schwierige Kompromisse mit der Union aushandeln musste. Jetzt konnte endlich »echte« sozialdemokratische Politik gemacht werden, sollten eigene Ideen und Initiativen entwickelt werden. Die SPD-Parlamentarier wollten das eigene Gewicht stärker zur Geltung bringen und sich nicht immer nur auf die Experten der eigenen Partei verlassen. Zudem hatte Schiller ja selbst versichert, dass man ökonomisch rosigen Zeiten entgegen gehe, schließlich bis Anfang Februar weiterhin unerschütterlichen Optimismus ausgestrahlt. Jetzt aber wollte er

---

36 Vgl. den Kölner Stadt-Anzeiger, 28.2.1970.

plötzlich, wie aus heiterem Himmel, scharfe restriktive Maßnahmen ergreifen, ohne sich zuvor über die Meinungsbildung in der Fraktion orientiert zu haben. Wer sollte das verstehen?

Der Wirtschaftsminister erlebte im Februar/März 1970 die Rückkehr der konventionellen Politik. Und im Alltag dieser Politik ging es um Mehrheiten und politischen Rückhalt, es musste taktiert und finassiert werden, um am Ende zu erträglichen Kompromissen zu kommen. Bisweilen konnte sich Schiller, wenn er es denn wollte, auch in solchen Situationen beweisen. Doch da er zumeist davon überzeugt war, dass nur er allein im Recht sei, und ihm das Nachgeben äußerst schwer fiel, waren das nicht gerade seine Stärken.

Ein anderer Grund, warum die »Methode Schiller« nicht mehr so recht funktionieren wollte, war, dass sich die wirtschaftspolitischen Erfordernisse geändert hatten. Ein kluger Beobachter wie Fritz Ulrich Fack hatte schon inmitten der ersten Schiller-Euphorie des Jahres 1967 prophezeit, dass die Globalsteuerung beim »Gasgeben« leichter funktioniere als beim »Bremsen«. Erst wenn die Phase des »deficit spending« vorüber sei und die Bewahrung der Stabilität in den Mittelpunkt rücke, schlage für Schiller die eigentliche Stunde der Bewährung.[37] Das eben war die politische Achillesferse des Keynesianismus: Gegen die expansive Wirtschaftspolitik während der Rezession hatte nur die Bundesbank ernsthaften Widerstand geleistet. Jetzt aber, als die Restriktion auf der Tagesordnung stand, war das Konzept der Globalsteuerung faktisch sehr viel schwerer zu handhaben, denn die Zahl widerspenstiger und besitzstandswahrender Vetospieler war bedeutend größer.

Schiller selbst aber war unerklärlich, warum ihm plötzlich die Gefolgschaft versagt wurde. Die Große Koalition sei im Vergleich zu den jetzigen Durchsetzungsmöglichkeiten seiner Politik das reinste »Zuckerschlecken« gewesen, teilte er frustriert seinem Kanzler Willy Brandt mit.[38] Auf der Suche nach Bündnisgenossen warb Schiller nach einer EWG-Konferenz in Paris gar um die Unterstützung des ihm persönlich unangenehmen Alex Möller. Aber der Finanzminister, dem eigentlich ebenfalls an Stabilität gelegen war, streifte nur seinen seidengefütterten Seal über und empfahl sich zu privaten Verabredungen in der französischen Hauptstadt.[39] Im Gegensatz zu Schiller war Möller ein Politiker, der sehr genau beobachtete, wo die stärkeren Bataillone standen. In den ersten Monaten der sozialliberalen Koalition hatte er seinem Kabinettskollegen die Schau gestohlen. Unter anderem war es ihm gelungen, 2,7 Milliarden DM im Haushalt 1970 sperren zu lassen und sich damit als starker Mann mit dem Rotstift zu profilieren. Auch lag die Zuwachsrate des Bundeshaushaltes 1970 noch deutlich unter dem Wachstum des Bruttosozialproduktes.[40] Und: Möller hatte im Fall der Haus-

---

37 Vgl. die FAZ vom 18.3.1967.
38 Vgl. den Spiegel vom 2.3.1970.
39 Ebd.
40 Vgl. Karl Dieter Bracher/Wolfgang Jäger/Werner Link, Republik im Wandel 1969–1974, Die Ära Brandt, (Geschichte der Bundesrepublik Deutschland, Band 5, I), Stuttgart 1986, S. 47.

haltssperrung zumindest den Fraktionsvorstand intensiv eingebunden.[41] Schiller hingegen hatte in seinem Kampf um Steuererhöhungen wieder einmal versucht, die Partei über die Öffentlichkeit auf den Pfad der Tugend zu zwingen. Aber zu seiner Überraschung wollte ihm dieses Mal niemand auf seinem Weg folgen. Noch verheerender war, dass Schiller dabei von einer »Entscheidungsschlacht« gesprochen hatte, die er verbal nach »Jena«, »Leipzig« oder bis an den »Skagerrak« verlegt hatte. Ausgegangen war dann aber alles wie das »Hornberger Schießen«: Schiller trat nicht zurück. Stillschweigend gab er nach und die Idee der Steuererhöhungen verschwand zunächst in der Schublade.

Mitte April verließen den strapazierten und bis vor kurzem noch erfolgsverwöhnten Minister die Kräfte. Zu seinen politischen Problemen kamen auch noch private Unannehmlichkeiten. Die Scheidung von seiner zweiten Frau hatte an den Nerven gezerrt, ein verschleppter Grippeinfekt zur völligen Ermüdung geführt. Seine Bauchspeicheldrüse entzündete sich. Die Ärzte empfahlen sofortige Schonung und eine mindestens fünfwöchige Rekonvaleszenz in einem Kurort mittlerer Höhe. Schiller beugte sich dem medizinischen Rat und trat eine Kur in Bad Wörishofen an. Die nächsten fünf Wochen hatte er Zeit, sich während der täglichen Kneipp-Kuren im Wasserbecken des Hotels »Sonnenhof« über seine verfahrene Situation Gedanken zu machen und sich zu überlegen, wie es mit ihm so rasch hatte bergab gehen können.

Obgleich Willy Brandt versuchte, alle Spekulationen schon im Keim zu ersticken, konnte auch er nicht verhindern, dass angesichts der schwierigen Lage sofort Gerüchte entstanden, Schillers Auszeit deute auf dessen Abschied von der Politik hin. Der Bundeskanzler, so hieß es, sei der Alleingänge seines Wirtschaftsministers bereits überdrüssig und wolle ihn entlassen.[42] Der Wahrheit entsprachen diese Gerüchte nicht – Schiller war tatsächlich krank. Außerdem war er den Köpfen der Bonner Koalition noch bei weitem zu wichtig, als dass man tatenlos zuschaute, wie er offenkundig in die Resignation trieb. Daran lag auch Herbert Wehner nicht, der den Wirtschaftsminister zuvor scharf kritisiert hatte. Der sozialdemokratische Fraktionsvorsitzende wusste um die Sensibilität Schillers. Also verabreichte er ihm schriftlich ein paar Streicheleinheiten: Mehr Leute, als er denken würde, würden ihm viel Gutes wünschen, »nicht nur, weil sie Dich brauchen, sondern auch, weil sie Dir wohlwollen. Du kannst Dir selbst mit gutem Gewissen sagen, daß Du geschätzt wirst.«[43] Andere allerdings nutzten Schillers Ruhepause, um ihm eindringlich ins Gewissen zu reden. Wieder einmal war es Günter Grass, der glaubte, Schiller ein kritisches Wort unter Freunden sagen zu dürfen. Auf das »Dilettieren in Wirtschaftspolitik« könne er wohl verzichten, teilte Grass mit – schließlich lägen die wahren Probleme ganz woanders. Schiller solle wäh-

---

41 Vgl. die Süddeutsche Zeitung vom 26.2.1970.
42 Vgl. vor allem die Rheinische Post vom 29.4.1970.
43 Vgl. den handschriftlichen Brief von Wehner an Schiller vom 22.4.1970, in: BA N Schiller 1229, B. 294, S. 192 f.

rend seiner Auszeit nicht die Ungerechtigkeit der Welt anklagen, sondern auch über eigene Verfehlungen nachdenken. Man habe ein »beinahe naiv zu nennendes Ungeschick im Umgang mit der Sozialdemokratischen Partei Deutschlands« beobachten können. Zudem müsse er leider feststellen, dass ziemlich alle Politiker in Bonn durch die Macht verändert worden seien.

> »Kabinettsranküne, Eitelkeiten, durch intellektuelle Unsicherheiten begründet, charakterliche, sonst gängige Schwächen [...] – all das mag mit dazu beigetragen haben, daß einige SPD-Minister, darunter Sie, sich selbst zum ärgsten Feind wurden; die Ironie will es, dass ausgerechnet die erfolgreichsten Minister die labilsten sind.«[44]

Dass Schiller Gefahr laufe, die Umwelt um sich herum zu vergessen, habe er ohnehin bereits in der Schlussphase des letzten Bundestagswahlkampfes registrieren können, als der Wirtschaftsminister in seinen Reden zunehmend vergessen habe, Willy Brandt zu erwähnen.[45]

Günter Grass war wohl der Einzige, von dem sich Schiller so offen ins Gebet nehmen ließ. Schon zwei Wochen später konnte man überprüfen, ob er sich die Kritik des Dichters zu Herzen nehmen würde. Am 11. Mai unterbrach Schiller kurzfristig seine Kur und fuhr zum Parteitag der SPD nach Saarbrücken. Mit Spannung wurde erwartet, wie Schiller auf die immer stärker werdende Kritik an seiner Amtsführung reagieren würde. Und tatsächlich schien in Saarbrücken ein anderer Karl Schiller aufzutreten. Offensichtlich, so schrieb Hans-Ulrich Kempski in der »Süddeutschen Zeitung«, habe sich Schiller durch das, was hinter ihm lag, verändert.

> »Er ist ruhiger geworden [...]. Sein Ego bläht sich nicht mehr auf. Schiller ist eher bereit, das eigene Licht unter den Scheffel zu stellen. Das Wort *Ich*, in freien Reden häufig wiederkehrend, kommt dieses Mal nur vor, wenn es wirklich unvermeidlich ist. Das gestenreiche Spiel der Hände, mit denen er früher genüsslich die Einfälle seiner produktiven Phantasie zu unterstreichen wusste, ist sparsam geworden.«[46]

Schiller schien sogar bemüht, einen anderen Umgang mit den linken Kritikern der Regierungspolitik innerhalb der SPD zu pflegen als die meisten anderen sozialdemokratischen Kabinettsmitglieder. Schon während der Großen Koalition hatte sich in Teilen der SPD eine Tendenz zur Reideologisierung gezeigt, die sich nach dem Regierungswechsel merklich beschleunigte. Obgleich sie die konkrete Regierungspolitik bisher

---

44 Grass an Schiller am 28.4.1970, in: WEI, K. 5.
45 Vgl. ebd.
46 Vgl. die Süddeutsche Zeitung vom 15.5.1970.

nicht nennenswert beeinflussten, waren seit Beginn der sozialliberalen Koalition vor allem die Jungsozialisten mit ihren radikalen Thesen ins öffentliche Blickfeld gerückt. Das war im Grunde paradox: Die Sozialdemokraten stellten endlich den Bundeskanzler, einer der Ihren hatte die erste Nachkriegsrezession der Republik beseitigt, es herrschte Hochkonjunktur und Vollbeschäftigung, dem Staat war eine lenkende und planende Rolle zugewiesen – und in der SPD kam wieder Kapitalismuskritik auf.

Während die Partei sich durch die neuen Mitglieder in ihrer Sozialstruktur modernisiert hatte, trat sie damit ideologisch gleichsam wieder einen Schritt in die Vergangenheit zurück. Die neuen Nachwuchskohorten der SPD hatten die marxistischen Klassiker wiederentdeckt, die in den 60er-Jahren schon im staubigen Devotionalienladen der Parteigeschichte verschwunden waren. Nicht nur sahen sie die Bundesrepublik allen Ernstes auf dem Weg in einen »autoritären Repressionsstaat«. Auch forderten sie die Überwindung des bestehenden Wirtschaftssystems und mahnten die Verstaatlichung von Banken und Schlüsselindustrien an.[47] Das drohte alles auf den Kopf zu stellen, was die Partei seit ihrem Godesberger Parteitag 1959 erreicht hatte. Es war auch wenig verwunderlich, dass angesichts solcher Forderungen besonders Karl Schiller, das marktwirtschaftliche Gewissen der SPD, zur Zielscheibe der Kritik wurde. Sonderlich ernst jedoch nahm man solche Entwürfe innerhalb der Partei nicht und gerade Willy Brandt glaubte aus der eigenen Biographie zu wissen, dass der linksutopische Überschuss sich irgendwann von alleine erschöpfe.

Doch Schiller reagierte anders. Er glaubte noch immer an die Möglichkeit der Aufklärung, setzte sein Vertrauen in die Vernunftbegabung der Menschen. Womöglich nahm er sich in Saarbrücken auch die Mahnungen von Grass und anderen zu Herzen, ging auch deswegen intensiver auf die Parteigenossen ein: Karl Schiller, das marktwirtschaftliche Gewissen der SPD, argumentierte gegenüber seinen linken Kritikern mit marxistischem Vokabular. Nur die ständige wirtschaftliche Leistungssteigerung, so die Begründung seiner Politik, führe zur Übereinstimmung von Produktivkräften und Produktionsverhältnissen. Erst wirtschaftliches Wachstum schaffe die Voraussetzung für gesellschaftliche Veränderungen. Sein Bekenntnis zum Wettbewerb untermauerte er mit dem Beispiel sozialistischer Länder, die ständig versuchen müssten, durch Einbau von Leistungsanreizen und Wettbewerbselementen zu einer erfolgreichen Wirtschaftspolitik zu gelangen.[48] Schiller nahm seine linken Kritiker beim Wort und versuchte, sie innerhalb ihres eigenen Argumentationsrahmens zu schlagen. Das war mehr als nur Taktik. Denn erstaunlicherweise betrachtete Schiller die Angehörigen der so genannten 68er-Generation in gewissem Sinne als ihm wesensverwandt. Zwar hielt er vieles an ihren Äußerungen für verzerrt, erklärbar nur durch den Überschuss an jugendlichem Enthusiasmus. Doch immerhin, so teilte er

---

[47] Vgl. zu den Jusos Norbert Gansel (Hrsg.), Überwindet den Kapitalismus oder was wollen die Jungsozialisten?, Hamburg 1971.
[48] Vgl. das Protokoll des Parteitages der SPD vom 11. bis 14. Mai in Saarbrücken, S. 313 ff.

einmal Günter Gaus mit, verstünden die Wortführer dieser Generation etwas von Marx, Hegel oder Ricardo und argumentierten damit auf der Basis intellektueller Theorien. Somit seien sie eben auch rationalen Erwägungen zugänglich und er selbst könne von sich behaupten, mit der Methode der rationalen Argumentation einige Erfolge erzielt zu haben.[49] Abermals war hier jene pädagogische Motivation spürbar, die Schiller schon Anfang der 50er-Jahre ergriffen hatte, als er die deutsche Sozialdemokratie zur Marktwirtschaft bekehren wollte.

Aber war das nicht in diesem Fall eigentlich ein Missverständnis? Dass es den jungen Marxisten in der Partei vor allem um die spielerische Lust am Opponieren ging, dass sie von Schillers Idee des Austausches rationaler Argumenten wenig hielten und ihre Ideologie vor allem als innerparteiliches Aufstiegsinstrument einsetzten, diese Erkenntnis sollte ihm erst spät kommen.

Der Parteitag von Saarbrücken war dennoch ein kleines Come-back für Schiller. »Es gibt ihn noch«, kommentierte die »Frankfurter Rundschau« den Auftritt des Wirtschaftsministers im Saarland.[50] Bei den Wahlen zum erweiterten Parteivorstand schnitt Schiller zwar nicht so gut ab wie noch zwei Jahre zuvor in Nürnberg. Aber immerhin erhielt er 270 von 321 Stimmen und erreichte damit den 8. Platz. Sein Intimrivale Alex Möller landete auf Platz 9.

Sichtlich erholt kehrte Schiller sogar eine Woche früher als geplant von seiner Kur in die Bonner Politik zurück. Und in den folgenden Wochen gelang es ihm tatsächlich, seine Position wieder zu stabilisieren. Dass die Bonner Koalitionsparteien im Juni bei den Landtagswahlen in Nordrhein-Westfalen deutliche Stimmenverluste erlitten, war für Schiller dabei von Vorteil gewesen. Zum einen war der Wirtschaftsminister im Wahlkampf wenig präsent gewesen. Und zum anderen kam man im Regierungslager zu dem Schluss, dass eine der Ursachen für die Niederlage die Untätigkeit der sozialliberalen Koalition bei der Stabilitätspolitik gewesen sei.[51] Schiller hoffte nun, dass der »Bewusstseinslag« der Deutschen überwunden war: Fortan werde die Notwendigkeit konjunkturdämpfender Maßnahmen allgemein anerkannt werden.[52] Dem Wirtschaftsminister bot sich somit die Chance, seinen Forderungen nach konjunkturdämpfenden Maßnahmen noch einmal Nachdruck zu verleihen – mit Erfolg. Noch vor der Sommerpause beschloss die Bundesregierung nicht nur, die vorgesehenen Steuererleichterungen auf unbestimmte Zeit zu verschieben. Auch wurde Mitte Juli endlich Schillers Plan eines Konjunkturzuschlages zur Lohn- und Einkommensteuer in die Tat umgesetzt. Ein großer Wurf, wie er Schiller zumeist in der Großen Koalition gelungen war, stellten die Maßnahmen allerdings nicht dar. Sein Stabilitätsprogramm wurde in den Verhandlungen deutlich entschärft. Die Fraktion hatte auf einer Sozialklausel bestan-

---

49 Vgl. Tatsachen – Argumente Nr. 260/1968, S. 1-15, hier. S. 13 f.
50 Vgl. die Frankfurter Rundschau vom 13.5.1970.
51 Vgl. das Interview mit Willy Brandt im Spiegel vom 22.6.1970.
52 Vgl. das Interview mit Schiller im Spiegel vom 13.7.1970.

den, sodass der Konjunkturzuschlag nicht für alle Lohnempfänger galt und zudem einen Monat später als vom Bundeswirtschaftsminister geplant in Kraft trat.[53] Vor allem: Auf das viel gepriesene »Stabilitätsgesetz« wurde dabei gar nicht zurückgegriffen, da dieses die entsprechenden Einschränkungen nicht vorsah. Doch immerhin demonstrierte Schiller wieder Handlungsfähigkeit. Er hatte scheinbar, wie er selbst es wohl formuliert hätte, die »Talsohle« durchschritten.

3 Über das Scheitern der Vernunft in der Politik

Schillers Position war vordergründig wieder gefestigt. Fast ein Jahr lang, etwa bis zum Mai 1971, verlief die Arbeit des Wirtschaftsministers wenig spektakulär. Das hatte gewiss auch damit zu tun, dass das Land mittlerweile von anderen Dingen in Atem gehalten wurde. Die Auseinandersetzung zwischen Regierung und Opposition verlagerte sich zunehmend auf die Außenpolitik, wo die SPD mit ihrer Ostpolitik historische Schritte eingeleitet hatte. In der Wirtschaftspolitik fand derweil ein zähes Ringen um die Stabilitätspolitik statt, das ohne eindeutigen Sieger blieb und für das auch die Öffentlichkeit einige Zeit wenig Interesse zeigte. Der Streit im Bundestagswahlkampf 1969 um ein so »triviales« Thema wie die Aufwertung der D-Mark erschien in der polarisierten und ideologisierten Atmosphäre nach dem »Machtwechsel« wie eine kuriose Episode.

Aber dass Schillers Image irreparablen Schaden genommen hatte, war unverkennbar; die Aura des grandiosen »Magiers« hatte sich verflüchtigt und sollte nie mehr ganz wiederkehren. Das hatte allerdings weniger mit der objektiven Wirtschaftsentwicklung zu tun, denn trotz der Preissteigerungen ging es der Mehrzahl der Deutschen nicht plötzlich schlechter. Die durchschnittlichen Lohnsteigerungen übertrafen die Inflationsrate deutlich.

Gravierender war, dass Schillers Voraussagen zur Inflationsentwicklung nicht eingetroffen waren. Offensichtlich waren die Prognoseinstrumente der Wirtschaftswissenschaften doch nicht so unfehlbar, wie Schiller es selbst geglaubt und seiner Umwelt suggeriert hatte.[54] Plötzlich wurde gar daran erinnert, dass Ludwig Erhard – den die Leitartikler der Republik 1966 nicht mehr hatten ertragen können – eben doch guten Grund gehabt hatte, mit ökonomischen Voraussagen vorsichtig umzugehen.[55] Eine Inflationsrate, die sich gefährlich nah der Vier vor dem Komma näherte, war also nicht das eigentliche Problem. Entscheidend war, dass Schiller versprochen hatte, die kritischen »3 Prozent« – die er als gerade noch hinnehmbar akzeptieren wollte – würden nicht überschritten.

---

53 Vgl. die Süddeutsche Zeitung vom 9.7.1970.
54 Vgl. auch Nützenadel, Stunde der Ökonomen, S. 344 f.
55 Vgl. den General-Anzeiger vom 9.5.1970.

Damit aber war der Grundpfeiler von Schillers technokratischem Gedankengebäude bereits instabil geworden: Ohne exakte Prognose gab es keine Zielprojektion und ohne Zielprojektion war Einflussnahme auf das Verhalten der staatlichen und nichtstaatlichen Akteure der Wirtschaftspolitik nicht möglich. Das war bereits während Schillers stabilitätspolitischer Maßnahmen in den Monaten Februar/März 1970 zu beobachten gewesen: Schon die Aufwertung hatte schließlich nicht den Erfolg gebracht, den der Wirtschaftsminister vorausgesagt hatte. Warum also, so das Argument gegen Schillers Stabilitätsprogramm, sollten nun die binnenwirtschaftlichen Dämpfungsmaßnahmen zum Erfolg führen?

Vor allem Schillers Lieblingskind, die Konzertierte Aktion, litt unter dem schleichenden Autoritätsverfall des Wirtschaftsministers und der von ihm zuvor virtuos instrumentalisierten wissenschaftlichen Expertise. Die Gewerkschaften hatten mit ihrer Lohnpolitik der Jahre 1967 und 1968 tatsächlich die Zielprojektionen des Wirtschaftsministers unterstützt, die ein Wachstum von etwa 4 bis 4,5 Prozent vorsahen. Tatsächlich aber war die Wirtschaft in diesen Jahren sehr viel stärker gewachsen – und damit auch die Unternehmensgewinne in unerwartete Höhen gestiegen. Bereits im September 1969 hatte der Unmut über die fehlende »Soziale Symmetrie«, die Schiller versprochen hatte, zu »wilden Streiks« in vielen Industriebetrieben geführt. Um nicht die Kontrolle über die eigenen Mitglieder zu verlieren, gingen die Gewerkschaften fortan verstärkt auf Konfrontationskurs und forderten die Einlösung von Schillers Versprechen.[56]

Und schließlich hatte Schiller mit seinem Postulat einer wissenschaftlich vorbereiteten und gestützten Wirtschaftspolitik eine Revolution entfesselt, die er am Ende nicht mehr beherrschen konnte und die sich sogar zunehmend gegen ihren Erfinder richtete. Denn dem Wirtschaftsministerium und dem Sachverständigenrat wurde nun das Deutungsmonopol über die künftige Wirtschaftsentwicklung aus den Händen gerissen. In der 15. Sitzung der Konzertierten Aktion am 12. Januar 1970 legten Gewerkschaften und Unternehmerverbände zum ersten Mal eigene Prognosen und Zielprojektionen vor.[57] Fortan wurde nicht mehr darüber gestritten, wie die Zielprojektionen des Wirtschaftsministers zu erreichen seien, sondern welche Zielprojektion zutreffe. Die Verwissenschaftlichung der Politik schritt also in gewissem Sinne fort. Insofern hatte Schiller Recht behalten, als er schon Mitte der 50er-Jahre prognostiziert hatte, die Interessengruppen würden sich künftig aus dem Arsenal der Wirtschaftswissenschaften bedienen und damit »unter den Bann durchdringender Bewusstseinserhellung und Verwissenschaftlichung« geraten.[58] Falsch war allerdings, zu glauben, dass damit auch

---

56 Vgl. Andrea Rehling, Die Konzertierte Aktion: Stabilisierungsstrategie oder Fanal der Unregierbarkeit?, in: Jörg Calließ (Hrsg.), Die Reformzeit des Erfolgsmodells BRD. Die Nachgeborenen erforschen die Jahre, die ihre Eltern und Lehrer geprägt haben, Loccumer Protokolle 19/2003. S. 355-363.
57 Vgl. ebd. S. 361.
58 Vgl. Schiller, Der Ökonom, S. 5.

die Rationalität zunehme. Die Folge der Verwissenschaftlichung war keineswegs die Entpolitisierung und Versachlichung der wirtschaftspolitischen Debatte. Beide Seiten nutzten ihre Gutachten vielmehr, um die eigene Position zu untermauern. Damit wurde Schillers Hoffnung, dass es tatsächlich ein objektives, über jeden Zweifel erhabenes wissenschaftliches Wissen gebe, zur Illusion. In einer Übersicht listete das Bundeswirtschaftsministerium für das Jahr 1970 insgesamt 13 verschiedene Prognosen auf. Die Schätzungen des voraussichtlichen Wachstums reichten von 7,7 bis 10 Prozent.[59] Auf dieser Grundlage war den Akteuren kaum noch nahe zu legen, welches Verhalten für die Zukunft wünschenswert sei. Auch bei den voraussichtlichen Preissteigerungen divergierten die Voraussagen im April 1971 so erheblich, dass der »Spiegel« die Politik bereits im »Reich des Glaubens« wähnte.[60]

Schiller reagierte auf diese Veränderungen vordergründig, als sei nichts geschehen. Seiner Neigung zum Monolog während der Sitzungen gab er weiterhin nach[61] und immer noch wurde der bewährten Prozedur gefolgt, die anwesenden Vertreter der Interessengruppen mit dem volkswirtschaftlichen Zahlenmaterial des Bundeswirtschaftsministeriums zu konfrontieren. Diese aber hörten nur noch mit einem Ohr zu; schließlich hatten sie ihre eigenen Experten, die zu teilweise ganz anderen Schlüssen gekommen waren. Das einst so scharfe Schwert der wissenschaftlichen Expertise zur Bändigung der Gruppenegoismen war stumpf geworden. Schillers »Tisch der kollektiven Vernunft« verkam derweil zu einem unverbindlichen Diskussionsgremium, das mehr Konflikte schuf als löste. Im März 1971 etwa forderte der Sachverständigenrat einen befristeten Lohnstopp, um der »überzogenen Steigerungen« des Vorjahres gerecht zu werden.[62] Die Gewerkschaften aber mochten sich selbst mit dem Vorschlag des Bundeswirtschaftsministers von 7 bis 8 Prozent Lohnzuwachs nicht zufriedengeben.

Die Stimmung in der Konzertierten Aktion war jetzt vergiftet. In der Anfangszeit war nur sehr wenig von den Debatten nach außen gedrungen. Doch mit dem Misstrauen wuchs auch das Bestreben der Teilnehmer, der Öffentlichkeit rechtzeitig die eigene Botschaft zu vermitteln. Noch bevor eine Gruppe in der Sitzung eine Erklärung abgab, verbreiteten die Nachrichtenagenturen jetzt deren Inhalt. Was als Dialog gedacht war, verkam so zum Propagandakrieg.[63] Das einzige Resultat waren die unverbindlichen Kommuniqués, die Schiller allerdings besonders am Herzen lagen. Nachdem er einen ersten Entwurf vorgelegt hatte, wurde schließlich stundenlang Satz für Satz und Komma für Komma diskutiert, bevor der Minister – rechtzeitig für die »Tagesschau« – ein Stück Papier verlas, das aus freundlichen und nichts sagenden Absichtserklärungen bestand.[64] Mit der Zeit, so scheint es, verlor auch Schiller den Glauben an die pädagogi-

---

59 Vgl. Schanetzky, Sachverständiger Rat, S. 323.
60 So der Titel des Spiegels vom 19.4.1971.
61 Gespräch mit Otto Schlecht.
62 Vgl. die Weltwoche vom 19.3.1971.
63 Vgl. die Zeit 17.3.1972.
64 Vgl. die Zeit vom 17.3.1972.

sche Wirkung der Konzertierten Aktion. Im September 1971 verzichtete er erstmals darauf, überhaupt noch Orientierungsdaten bekannt zu geben.[65]

Der Vorrat an Vernunft und Rationalität war offensichtlich geringer, als Schiller geglaubt hatte. Statt den Weg in die »mündige Gesellschaft« anzutreten, fochten die Interessengruppen wie eh und je Verteilungskämpfe aus. Nur in der Rezession 1966/1967, durch die Not geeint und unter dem »Schock« der professoralen Vorträge Schillers, hatte die Konzertierte Aktion für kurze Zeit tatsächlich eine harmonisierende Wirkung entfalten können.

Ebenfalls gescheitert war der Versuch, die Konzertierte Aktion gegen politische Einflussnahme abzuschirmen. Gerade die Tatsache, dass sie zunächst als Erfolgsveranstaltung galt, besiegelte letztlich ihr Schicksal: Immer mehr Gruppen wollten an ihr beteiligt werden. Und die SPD hatte Schiller gedrängt, diesem Verlangen nachzugeben, da man es sich mit keinem Interessenverband und keiner Berufsgruppe verscherzen wollte. Schließlich hatten auch immer mehr Bundesministerien Einlass gefordert. Mit der Aufblähung des Gremiums waren aber weder Effizienz noch Vertraulichkeit länger gewährleistet. So wurde aus einer Expertenveranstaltung eine weitere politische Kampfzone.

Überhaupt war unverkennbar, dass die Blütezeit der bundesrepublikanischen Konsenskultur seit dem »Machtwechsel« ihrem Ende entgegen ging. Verantwortlich dafür war nicht nur die Reideologisierung im Umfeld von SPD und Gewerkschaften. Auch das bürgerliche Lager, zunächst erschrocken über die 68er-Revolte, wappnete sich im Kampf gegen die befürchteten Sozialismustendenzen innerhalb der Sozialdemokratie, die sich ihrer Ansicht nach etwa in den Überlegungen der sozialliberalen Koalition zur Mitbestimmung ausdrückten. Polarisierend wirkten aber auch andere Vorhaben der Brandt-Regierung wie die Reform des Schwangerschaftsparagrafen 218. Vor allem war es schließlich Willy Brandts Ostpolitik, die zu einer Polarisierung zwischen den politischen Lagern führte, wie es seit Ende der 50er-Jahre nicht mehr der Fall gewesen war.

Die Reideologisierung brachte es mit sich, dass auch der Planungsbegriff nicht mehr außerhalb jedweder Disposition stand. Seine Bedeutung hatte sich seit Ende der 60er-Jahre teilweise gewandelt. Planung galt nun nicht mehr nur als Zauberformel für effizientes Regieren und Wohlstandssicherung. In der sozialliberalen Koalition versprach man sich von Planung auch, dass die Forderungen nach verstärkter demokratischer Teilhabe der Bürger eingelöst würden.[66] Das musste natürlich nicht per se im Widerspruch zu den Planungsvorstellungen etwa eines Karl Schiller stehen. Doch in seiner Vision von einer verwissenschaftlichten, rationalen Politik war die Demokratiefrage im Grunde nie gestellt worden. Schließlich ging er davon aus, dass in der »mündigen Gesellschaft«, deren Mitglieder unter dem Bann wissenschaftlicher Be-

---

65 Vgl. die Zeit vom 24.9.1971.
66 Vgl. Metzler, Konzeptionen politischen Handelns, insbesondere S. 350 ff.

wusstseinserhellung standen, die Ansichten der Experten mit den Ansprüchen der Bürger mehr oder weniger identisch seien.

Für Karl Schiller war die Wiederkehr der Ideologien und alten Feindbilder eine ungünstige Entwicklung. Denn wie kein Zweiter hatte gerade er davon profitiert, dass man seit Mitte der 60er-Jahre die großen Streitfragen der Vergangenheit für weitgehend geklärt hielt – in der Politik ebenso wie in den Sozial- und Wirtschaftswissenschaften. Da es um keine grundsätzlichen Alternativen mehr zu gehen schien, da etwa die alte Gegenüberstellung von Markt oder Planung ihren Sinn verloren hatte, war es der Typus des Experten, des technokratisch trainierten Politikers, dem fortan eine dominierende Rolle zugewiesen wurde. Als aber nun wieder handfeste weltanschauliche Gegensätze aufeinanderprallten, verschlechterte sich auch Schillers Position. Dass bereits ein Blick in die Lehrbücher der Nationalökonomie jedermann klar mache, welcher Weg einzuschlagen sei, stand doch zunehmend zu bezweifeln. Gescheitert war nämlich nicht nur der Plan Karl Schillers, das gesellschaftliche Bewusstsein auf das Niveau der ökonomischen Rationalität zu heben. Es stellte sich auch zunehmend die Frage, ob es die von Schiller postulierte Rationalität der Ökonomie überhaupt gab. Auch in der Nationalökonomie lief offensichtlich keineswegs alles auf einen »one best way« hinaus, gab es keine Erkenntnisse, die ein für allemal als der Weisheit letzter Schluss gelten konnten. Während die Regierungen in Westeuropa und den USA noch einige Jahre nach keynesianischer Anleitung zu handeln versuchten, kündigte sich nämlich innerhalb des Faches bereits der Umschwung an. In Schillers Ministerzeit war das freilich noch nicht in voller Tragweite sichtbar. Dass etwa der Sachverständigenrat in seinen Gutachten ab 1971 eine restriktivere Finanzpolitik forderte, bedeutete nicht unbedingt eine Abkehr vom Keynesianismus, sondern spiegelte nur die Tatsache wider, dass die Geldwertstabilität einfach das Teilziel des »Magischen Vierecks« war, das mittlerweile am stärksten gefährdet war. Aber zumindest im Rückblick wird deutlich, dass die nächste theoretische Umwälzung der Nationalökonomie bereits vor der Tür stand. Als die Keynesianer noch glaubten, am Ende der Geschichte angelangt zu sein, hatte ein damals noch stigmatisierter Ökonom namens Milton Friedman in Chicago bereits in aller Stille die Theorie des »Monetarismus« fertig gebastelt, die dann Mitte der 70er-Jahre zur neuen orthodoxen Lehre aufstieg – in Deutschland zunächst nur bei den Lehrstuhlinhabern und beim Sachverständigenrat, woanders als unmittelbare Handlungsanleitung für eine neue Wirtschaftspolitik.[67]

Die fast vollständige Dominanz des Keynesianismus weichte also langsam auf. Und das bedeutete, dass auch die Wissenschaft fortan nicht mehr mit einer Stimme

---

[67] Vgl. zum Paradigmenwechsel besonders Daniel Yergin und Joseph Stanislaw, The commanding heights: the battle between government an market place that is remaking the modern world, New York 1998. Für die deutsche Diskussion Dieter Robert, Makroökonomische Konzeptionen im Meinungsstreit. Zur Auseinandersetzung zwischen Monetaristen und Fiskalisten, Baden-Baden 1978; Diethard B. Simmert (Hrsg.), Wirtschaftspolitik – kontrovers. (Schriftenreihe der Bundeszentrale für politische Bildung, Bd. 146,) Bonn 1979.

sprach, man sich nicht mehr zweifelsfrei auf sie beziehen konnte. Hatte es bis in die Mitte der 60er-Jahre einen Streit *um* die Experten gegeben, kam es bald zum Streit *zwischen* den Experten. Dabei ging die Expansion der wirtschaftswissenschaftlichen Politikberatung ja ungebremst weiter. Aber die Kakofonie der Experten war nun nicht minder größer als es in der Politik seit eh und je der Fall war. Im Grunde erscheint auch offensichtlich, warum die Wissenschaft langfristig gar kein überlegenes Deutungssystem sein kann. Schließlich arbeitet sie in hohem Maße selbstreferenziell. Die Wissenschaft lebt ihrer Funktionsweise nach eben ganz wesentlich von Zweifel und Widerspruchsgeist und bleibt selbst in ihren technokratischsten Formen stets auf der Suche nach dem Gegenbeweis. Eine für alle Zeiten gültige Wahrheit kann sie ihrer Natur nach gar nicht produzieren.

Es scheint, als hätten zumindest Schillers Mitarbeiter im Wirtschaftsministerium gespürt, dass die Zeit, da man Politik als die Exekution eines großen und durchkalkulierten Masterplans verstanden hatte, bereits zu Ende gegangen war. Mit allzu kühnen Fanfarenstößen wollte man in Zukunft vorsichtiger sein, wie eine kleine Randepisode zeigt. Schiller hatte nach den Bundestagswahlen ein Buch veröffentlichen wollen. Der Titel war dabei durchaus als programmatisches Manifest seiner Wirtschaftspolitik zu verstehen: »Aufgeklärte Marktwirtschaft. Kollektive Vernunft in Politik und Wirtschaft«. Es sollte die Reden des Ministers seit 1966 enthalten. Schon im April 1970 riet Schillers Ministeriumssprecher Dieter Vogel in einem internen Vermerk von der Veröffentlichung ab. Bestimmte kritische Passagen über die Regierung Erhard, so warnte er, könnten durchaus auf die gegenwärtige Situation bezogen werden. Noch wichtiger aber sei, dass die Veröffentlichung nicht mit der Erfolgsperiode bis 1969 enden dürfe. Beziehe man jedoch die Entwicklung seit dem Start der sozialliberalen Koalition ein, »so wird es eine einhellige Beurteilung etwa in dem Sinne geben, daß hier der Aufstieg und auch der Niedergang einer bestimmten Wirtschaftspolitik geschildert worden sei«.[68] Das Buchprojekt wurde damit auf unbestimmte Zeit verschoben.

Und Schiller selbst? Dass er selbst am Ende den rechten Glauben an die Konzertierte Aktion verloren zu haben schien, konnten wir bereits beobachten. Aber was seine Fähigkeit betraf, als massenmedialer Aufklärer zu wirken, schien sein Selbstbewusstsein vordergründig noch immer intakt. So beruhigte er etwa den DGB-Vorsitzenden Ludwig Rosenberg, der fürchtete, dass die Union mit ihren Appellen an die Inflationsangst der Deutschen Erfolg haben könnte. Zur Sorge bestehe kein Grund, so Schiller: Er habe bereits einen entsprechenden »volkswirtschaftlichen Lernprozess« in die Wege geleitet, sodass die Deutschen solcherlei demagogischen Versuchungen widerstehen würden.[69]

Nur wer ihn genau beobachtete, konnte feststellen, dass seine Sprache sich verändert hatte. Sie wurde nun ungeduldiger, auch martialischer. Von Vernunft und Aufklä-

---

68 Vgl. den Vermerk von Vogel an Fischer am 1.4.1970, in: WEI, K. 8.
69 Vgl. Schiller an Rosenberg am 19.11.1970, in: BA N Schiller 1229, B. 292, S. 285.

3 Über das Scheitern der Vernunft in der Politik

rung sprach Schiller zwar immer noch. Aber unterlegt wurde die bekannte Grundmelodie jetzt stärker mit moralischen Appellen. So pries er die »bitteren Früchte der Stabilität«, die bekömmlicher seien als das »süße Gift der Inflation«; sprach davon, dass eine erfolgreiche Stabilitätspolitik auch wehtun müsse. Zunehmend sah sich Schiller in der Rolle desjenigen, der den Menschen die unangenehmen Wahrheiten sagen müsse, denn das »kollektive Rauschgift höherer Preise« mache auf die Dauer eine Gesellschaft »high«.[70]

Für die Fortbildung seiner wirtschaftspolitischen Theorie blieben die Erfahrungen mit den Mühen der Bonner Ebenen ebenfalls nicht ohne Konsequenzen. Die gruppenhaft organisierte Gesellschaft, der Schiller in der Auseinandersetzung mit Ludwig Erhard noch positiv gegenübergestanden hatte, galt ihm nun ebenfalls als Ursache vieler Übel. Er argumentierte zunehmend aus einer eindeutig liberalen Perspektive heraus, stellte das Wettbewerbsprinzip stärker in den Vordergrund. Und dieses Prinzip sei zunehmend durch den unkontrollierten Gebrauch von Machtpositionen für gruppenegoistische Zwecke gefährdet: »Die großen Gruppen usurpieren, so hat es manchmal den Anschein, die Idee des Gemeinwohls für ihre eigenen Zwecke, wälzen die negativen externen Effekte ihrer Aktionen aber unbedenklich auf die gesamte Gesellschaft ab.«[71] Auch die Regierungen, gerade jene, die von Massenparteien getragen würden, bewegten sich leider nicht außerhalb des Kraftfeldes der gesellschaftlichen Gruppen. Denn statt eines Kabinetts von Fachleuten, so Schiller, setzten sich auch die Regierungsvertreter in der Regel aus den Trägern verschiedener Gruppeninteressen zusammen.[72]

Mit dieser Erkenntnis, geprägt durch den Disput über sein Stabilitätsprogramm im Februar/März 1970, hatte Schiller fraglos auch die Grenzen des von ihm selbst als regelrechte »Wunderwaffe« gepriesenen »Stabilitätsgesetzes« verarbeitet. Was nützte das klügste Regelwerk, mit dem man einige wirtschaftspolitische Maßnahmen sogar ohne Zustimmung des Parlaments beschließen konnte, wenn sich innerhalb der Regierung die gleichen Partikularinteressen regten? Die Politik hatte ihre Wirkungskraft mit dem »Stabilitätsgesetz« gründlich überschätzt.

Schillers Glaube an den Primat der ökonomischen Rationalität war ebenfalls erschüttert. Die Zusammenführung von ökonomischer und gesellschaftlicher Rationalität sei nur auf dem Wege des Kompromisses möglich, schrieb er. Von der unwiderstehlichen Sogkraft ökonomischer Rationalität war also keine Rede mehr. Überall, wo die Gesamtstruktur der Politik tangiert würde – und das sei bei den meisten wirtschaftspolitischen Maßnahmen der Fall –, setzte daher der Prozess des Verhandelns ein, der nicht nur der »dringend erwünschten Beschleunigung des Entscheidungsvor-

---

70 Vgl. die Stuttgarter Zeitung vom 28.2.1970.
71 Karl Schiller, Wirtschafts- und Finanzpolitik in einer mündigen Gesellschaft, in: Adolf Arndt und Horst Ehmke (Hrsg.), Konkretionen politischer Theorie und Praxis. Festschrift für Carlo Schmid zum 75. Geburtstag, Stuttgart 1972, S. 194-211, hier S. 199.
72 Ebd., S. 205.

gangs Grenzen setzt, sondern auch die Stringenz der Entscheidungsbildung herabmindert«.[73] Gewiss, so Schiller, sei Widerstand gegen dem Gemeinwohl abträgliche Eingriffe ein Teil der fundamentalen Freiheitsrechte der Demokratie. Doch um solchen Widerstand, führte der leidgeprüfte Wirtschaftsminister seinen Gedanken fort, handle es sich in der Regel schließlich nicht, sondern lediglich um das missverstandene Eigeninteresse der Individuen und der großen Gruppen.[74]

War eine solche Sichtweise das Schicksal des politisch handelnden Ökonomen? Sicher nicht zufällig erinnern Schillers Klagen über die Schwierigkeiten des politischen Aushandlungsprozesses und über den Gruppenegoismus sehr stark an Ludwig Erhard. Und auch Schiller schien mittlerweile keine rechte Idee mehr zu haben, wie die ökonomische Rationalität in das Bewusstsein der Menschen gerückt werden könne. 1966 hatte er von der »mündigen Gesellschaft« gesprochen, in der Aufklärung durch ständige Information betrieben werde. Von dieser Vision war fünf Jahre später nicht viel übrig:

»Die vielfältige Bindung des Individuums an verschiedene gesellschaftliche Gruppen, die Unübersichtlichkeit des ›Netzwerks der Macht‹, die Fülle der verfügbaren Informationen und Handlungsalternativen schwächen […] die Autonomie des einzelnen Bürgers und seine Fähigkeit zur Kommunikation und rationalen Aktivität.«[75]

Die Folge seien Apathie und ein irrationaler Aktivismus. Auch die staatliche Informationspolitik, die Ausübung des »sanften Zwanges« scheide als Mittel der Verhaltensbeeinflussung im Grunde aus. Schließlich verfüge jede der großen Interessengruppen über ähnliche Instrumente zur Beeinflussung der Meinungsbildung, womit die Träger der Politik lediglich in den Status einer weiteren Interessengruppe rückten, der das Misstrauen der vom Manipulationskomplex belasteten Bürger gewiss sei.[76]

Nun könnte man auch von einem Lernprozess sprechen. Schiller hatte einfach erfahren müssen, dass Politik und Ökonomie verschiedenen Funktionslogiken folgten und die Übertragung des ökonomischen Rationalitätsprinzips auf die Politik an erkennbare Grenzen stieß. Und doch läge man falsch, wenn man vermutete, dass er seinen eigenen politischen Stil deswegen änderte. Die Desillusionierung führte keineswegs dazu, dass Schiller fortan pragmatischer verfahren wäre, sich also etwa enger als zuvor mit Partei und Fraktion vernetzt hätte. Nur kurzfristig hatte er Bemühungen erkennen lassen, sich stärker in die »konventionellen« Entscheidungsprozesse zu integrieren, dabei auch suggeriert, dass er künftig mehr auf die Meinungsbildung in der Partei Rücksicht nehme. Schließlich aber sollte seine Enttäuschung über die in der Po-

---

73 Ebd.
74 Ebd., S. 209.
75 Ebd.
76 Ebd., S. 210.

litik herrschende Unvernunft seine Neigung zum Außenseitertum noch verstärken. Fortan spielte Schiller die Rolle des schlechten Gewissens der Nation und des unbequemen Stabilitätsapostels. Dessen Aufgabe als Wirtschaftsminister sei es nun einmal, »Ärgernis zu erregen« und anderen »auf die Nerven zu fallen«.[77] Die Stabilität müsse Vorrang vor dem Ruf nach »inneren Reformen haben«[78], die verständlichen Wünsche endlich den Realitäten angepasst werden.[79] Wenn die Vernunft scheiterte, dann wollte zumindest nicht Karl Schiller dafür verantwortlich sein.

Bis zu den Jahren 1970/1971 waren moralische Appelle aus Schillers Perspektive nicht notwendig gewesen – die großen politischen Streitfragen gehörten der Vergangenheit an, Aufklärung und Rationalität würden sich durchsetzen. Doch jetzt, da dieses Konzept zunehmend vom Scheitern bedroht war, arbeitete auch Schiller stärker mit moralischen Appellen. Seine Mahnungen an die Tarifpartner erinnerten bald gefährlich an die Maßhalteappelle Ludwig Erhards. Und schon wie Erhard wurde nun auch Schiller dafür kritisiert, dass seine Analyse zwar richtig sei, er aber keine überzeugende Therapie anzubieten habe: Die Konjunkturpolitik habe somit seit 1969 eine Pause eingelegt.[80] Die von ihm einst als harte, empirische Wissenschaft gepriesene Ökonomie erhob Schiller nun mit Verweis auf den amerikanischen Ökonomen K. E. Boulding sogar in den Rang einer »moral science«.[81]

Doch wie schon bei Ludwig Erhard half die Rolle des Warners und Mahners nicht, Schiller den Glanz vergangener Tage zurückzugeben. Schon gar nicht ließ sich so das Verhältnis zu den eigenen Parteifreunden kitten, die ihn für einen unberechenbaren Einzelkämpfer hielten, der unter Parteisolidarität seinen *Pas de deux* mit dem Bundeskanzler verstand – und ansonsten das, was die Genossen ihm gegenüber vermissen ließen.

4 Superminister

Es ist das alte Problem biographischer Geschichtsschreibung: Bei aller Vorsicht vor finalistischen Deutungen lässt sich das Wissen um das Ende des Protagonisten nicht einfach verdrängen. Und aus dieser Perspektive waren die Fundamente von Schillers Position längst brüchig geworden, kann man also bereits kurz nach dem »Machtwechsel« erkennen, auf welche Schwierigkeiten er zusteuerte.

---

77 Vgl. Karl Schiller, Plädoyer für die Vereinheitlichung der wirtschaftlichen Ziele, Rede auf der Vollversammlung des Deutschen Industrie- und Handelstages in Bad Godesberg am 26.2.1970, in: Reden zur Wirtschaftspolitik, Band 7, Herausgegeben vom Referat Presse und Information des Bundesministeriums für Wirtschaft, Bonn 1970, S. 109-121, hier: S. 120.
78 Vgl. das Interview mit Schiller im Spiegel vom 29.10.1970.
79 Vgl. die Frankfurter Rundschau vom 7.4.1971.
80 Vgl. die Zeit vom 30.4.1971.
81 Vgl. Schiller, Wirtschafts- und Finanzpolitik, S. 211.

Jedoch ist Karl Schillers Zeit als Minister der sozialliberalen Koalition nicht die Geschichte eines linearen Absturzes; sie ähnelt vielmehr einer turbulenten Berg- und Talfahrt. Insbesondere die Medien – und damit Schillers eigentlich Hausmacht – werden mit ihrer Gunst zu ihm sehr wankelmütig umgehen. Insbesondere gilt das ab dem Zeitpunkt, da Schiller formal den Höhepunkt seiner Karriere erreichte. Nach einem relativ beschaulichen Jahr spitzten sich die Ereignisse ab dem Mai 1971 dramatisch zu.

Zu Beginn des Monats war es abermals die Währungspolitik, in der sich Schiller beweisen durfte. Schon seit Ende März hatte erneut ein starker Zufluss des Dollars in die D-Mark eingesetzt. Nachdem die großen wirtschaftswissenschaftlichen Institute in der Bundesrepublik Anfang Mai für eine Freigabe des Wechselkurses plädiert hatten und Schiller darauf hin von einem »interessanten Vorschlag« gesprochen hatte, verstärkte sich die Spekulationswelle noch. Am 5. Mai sahen sich Bundesregierung und Bundesbank gezwungen, die Devisenbörsen zu schließen.[82]

Die Alternativen, über die in der Öffentlichkeit intensiv gestritten wurden, waren sehr unterschiedlich. Möglich erschien zunächst eine abermalige Aufwertung der D-Mark. Karl Klasen, der mittlerweile Karl Blessing als Präsident der Bundesbank abgelöst hatte, forderte hingegen Kapitalimportkontrollen, also eine »negative Devisenbannwirtschaft«. Der Wirtschaftsminister neigte zu einer Lösung, die die Wirtschaftswissenschaftler empfohlen hatten: die Freigabe des Wechselkurses der D-Mark. Allerdings, und das war der kritische Punkt an Schillers Präferenz für die Freigabe des Wechselkurses, durfte eine solches *Floaten* nicht ohne internationale Abstimmung erfolgen. Denn da die D-Mark als europäische Leitwährung galt, zog jede Entscheidung der deutschen Währungspolitik auch Konsequenzen für die Währungen der anderen EWG-Länder nach sich. Schillers Idee, zu einem gemeinsamen *Floaten* zu gelangen, erschien insbesondere aufgrund der französischen Bedenken wenig realistisch.

Genau aus diesem Grund stand man innerhalb der Koalition dem Vorgehen Schillers zunächst ausgesprochen skeptisch gegenüber. Als Helmut Schmidt sich vor der SPD-Fraktion gegen flexible Wechselkurse und damit gegen Schillers Vorschlag wandte, erntete er dafür tosenden Applaus von den SPD-Parlamentariern. Auch Walter Scheel fürchtete als Außenminister den Schaden, den ein einseitiges *Floaten* innerhalb der EWG anrichten könne. Und schließlich stimmte auch der Zentralbankrat mit elf zu sieben Stimmen gegen die Freigabe des Wechselkurses und für Klasens Vorschlag der Devisenbewirtschaftung.[83]

In dieser schwierigen Lage verhalf Schiller seine Eigenschaft, auch in scheinbar aussichtslosen Situationen nicht nachzugeben, noch einmal zum Erfolg. Für den 8. Mai ließ Schiller eine Sondersitzung des EWG-Ministerrates anberaumen. Sie dau-

---

82 Vgl. die Welt vom 6.5.1971; Vgl. für die Währungspolitik im Allgemeinen Karl Dietrich Bracher, Wolfgang Jäger und Werner Link, Die Republik im Wandel 1969–1974. Die Ära Brandt (Geschichte der Bundesrepublik, Bd. 5 I), Stuttgart 1986, S. 266 ff.
83 Vgl. die Zeit vom 14.5.1971.

erte ohne größere Unterbrechung von zehn Uhr morgens bis zum nächsten Morgen um sieben Uhr in der Früh und fand zunächst in eisiger Atmosphäre statt. Vor allem die beiden Hauptkontrahenten, Karl Schiller und Valéry Giscard d'Estaing, belauerten sich misstrauisch. Doch nach 21 Stunden Verhandlungsmarathon hatte Schiller zwar kein gemeinsames Floaten der EWG-Länder, aber immerhin einen Beschluss erreicht, den er selbst als »Toleranzedikt« bezeichnete: Die Verhandlungspartner kamen zu der Übereinkunft, grundsätzlich an dem System der festen Wechselkurse festzuhalten. Unter bestimmten Umständen sei es jedoch akzeptabel, wenn einzelne Länder »für eine begrenzte Zeit« von diesem Grundsatz abwichen.[84] Damit also hatte Schiller die Erlaubnis zum *Floaten* bekommen, obgleich der Beschluss einiges im Ungewissen ließ. Die Formulierung »für eine begrenzte Zeit« war schließlich sehr unterschiedlich auszulegen. Während die Franzosen an einige Wochen dachten, gingen die Deutschen von mindestens einem halben Jahr aus.[85] Doch wie immer man es auch drehte: Karl Schiller, von dem man zuvor angenommen hatte, dass ihm das »D-Mark-Hemd« näher als der »Europa-Rock«[86] sei, hatte in Brüssel einen Verhandlungserfolg erzielt, mit dem kaum zu rechnen gewesen war.

Die Brüsseler Entscheidung ließ Schillers Stern so hell strahlen wie seit Langem nicht mehr. Das war erstaunlich. Ein kompletter Verhandlungssieg war ihm schließlich nicht gelungen. Und auch die tiefer liegenden Gründe für die Instabilität des Weltwährungssystems waren durch das *Floaten* nicht aus der Welt geschafft. Aber den Journalisten hatte imponiert, dass Schiller quasi im Alleingang seine Politik durchgesetzt hatte. In den Tagen der Währungskrise war er auf den bundesdeutschen Fernsehschirmen so präsent wie lange nicht mehr gewesen. Eine Woche lang war Schiller der »politische Alleinunterhalter aller deutscher Fernsehanstalten«.[87] Wieder sparte er nicht mit Dramatik, ließ kein Interview und keine Diskussion aus, damit auch dem letzten Zuschauer von Passau bis Flensburg klar wurde, dass er ausgezogen war, den Wert der D-Mark zu retten und der Teuerung den Kampf anzusagen. Nachdem er in einer Rede vor dem Bundestag den Brüsseler Beschluss erklärt hatte, empfing Brandt den von der Rednertribüne zurückkehrenden Wirtschaftsminister im Plenum demonstrativ mit einem ungewöhnlich langen Händedruck.[88]

Vielleicht wäre es besser gewesen, wenn Schiller dieser Triumph versagt geblieben wäre. Dann wäre man in Bonn womöglich nicht auf die Idee gekommen, ihn zusätzlich zu seinen schon bestehenden Aufgaben noch mit weiteren und gewiss nicht weniger schwierigen Problemen zu betrauen. Denn während man noch auf Schillers Inszenierung der Lösung einer internationalen Währungskrise fixiert war, wurde andernorts in Bonn eine ganz andere Vorstellung gegeben: Alex Möller war zurückgetreten.

---

84 Vgl. Emminger, D-Mark, S. 182.
85 Ebd.
86 Vgl. die Stuttgarter Zeitung vom 8.5.1971.
87 Vgl. Christ und Welt vom 14.5.1971.
88 Vgl. die FAZ vom 12.5.1971.

IX Supernova (1969–1974)

Abb. 11 Parteifeinde: Auf dem SPD-Parteitag 1969 belauern sich der Finanzpolitiker Alex Möller und Karl Schiller. Der Wirtschaftsminister übernimmt 1971 auch Möllers Finanzministerium und posiert gleich am ersten Tag auf dessen Schreibtisch (zugleich Titelfoto).

Der Finanzminister war an der Ausgabenfreudigkeit seiner Kabinettskollegen gescheitert. Für 1970 war es ihm noch gelungen, einen ausgeglichenen Haushalt vorzulegen, der selbst den Beifall der Opposition gefunden hatte. 1971 war das schon schwieriger geworden und schließlich hatten die Ressortchefs am Ende mehr Geld ausgegeben, als ihnen nach dem Haushaltsplan zugestanden hätte. Die Planungen für das Jahr 1972 trieben Möller jedoch schier in die Verzweiflung. Seit dem Februar 1971 hatte er seine Kabinettskollegen wiederholt gemahnt, dass ihre Ausgabenwünsche für das nächste Jahr nicht erfüllbar seien. Doch statt die Forderungen zu reduzieren, seien, wie er später berichtete, immer neue Wünsche auf seinem Schreibtisch gelandet. Sogar ein Schreiben von Willy Brandt, das Möller unterstützte, bewegte die reformfreudigen Kollegen nicht zum Einlenken.[89] Am Ende waren die Haushaltsberatungen so prekär, dass man die Beratung auf den Herbst verschieben wollte. Das aber wollte Möller nicht hinnehmen. Nach der Entscheidung der Freigabe der Wechselkurse drängte der Finanzminister noch einmal energisch auf flankierende binnenwirtschaftliche Dämpfungsmaßnahmen. Auch diese wurden ihm vom Kabinett verweigert. Möller fühlte sich vor allem von Willy Brandt im Stich gelassen. Denn auch die verfassungsrechtlich starke Stellung des Finanzministers war nutzlos, wenn der Bundeskanzler nicht half,

---

89 Vgl. Baring, Machtwechsel, S. 779.

den Ressortegoismus der übrigen Minister in die Schranken zu verweisen. Brandt aber tat nichts dergleichen, zum einen, weil ihn die Ostpolitik zeitlich stark beanspruchte, zum anderen, weil er die Streiteren im Kabinett im Grunde für Bagatellen hielt. So energisch Brandt in der Außenpolitik führte, so wenig zog er die Zügel in der Innenpolitik an. Es war die Zeit, in der das böse Wort vom »Teilzeitkanzler« umging.[90]

Der Wirtschaftsminister hätte eigentlich Möllers Verbündeter sein müssen. Zwar war Karl Schiller von Haus aus kein Fiskalist und ein ausgeglichener Haushalt kein Thema, dass spontan sein Interesse geweckt hätte. Sparsamkeit erschien ihm nicht als Tugend an sich. Aber natürlich gehörte die Haushaltspolitik zu Schillers wirtschaftspolitischem Arsenal. Denn die Ausgabefreudigkeit der öffentlichen Hände gefährdete schließlich auch sein vorrangiges Ziel, die Preisniveaustabilität.

Doch bis zum September 1970 hatte sich Schiller mit Äußerungen zum Budget streng zurückgehalten. Erst danach wurde deutlich, dass der Wirtschaftsminister offensichtlich sogar früher als Möller zu dem Schluss gekommen war, man bewege sich auf eine budgetäre Schieflage zu. Schiller hielt mit Rücksicht auf die Hochkonjunktur die Steigerungsrate von 12,1 Prozent für den Bundeshaushalt 1971 für wesentlich zu hoch. Er wollte die Ausgaben auf eine Steigerungsrate von 7 bis 8 Prozent beschränkt sehen.[91] Aber Schiller drang mit seiner Meinung im Kabinett nicht durch. Vielen galt Möller zu diesem Zeitpunkt sogar als ein Finanzminister, der den Reformeifer der Kollegen unterstützen wollte.[92]

Als sich jedoch auch Möller zu Beginn des Jahres 1971 zum energischen Gegensteuern entschied, hätte eine Allianz zwischen Wirtschafts- und Finanzminister nahe gelegen. Dass es nicht dazu kam, hatte persönliche, keine politischen Gründe: Die beiden natürlichsten Verbündeten für Stabilität und finanzpolitische Solidität konnten sich ganz einfach nicht ausstehen. In Schillers Korrespondenzen in seinem Nachlass gibt es vermutlich keinen einzigen Kabinettskollegen, mit dem der Kontakt ähnlich spärlich gewesen wäre wie mit Möller. Die beiden redeten nicht miteinander, obgleich ihre Ressorts sich bis zur Teilidentität überschnitten. Irritiert beobachten Mitarbeiter, wie beide auf dem Flug zu einer Ministertagung in Brüssel nur durch den schmalen Gang getrennt nebeneinandersaßen und dabei doch kein Wort miteinander wechselten, obwohl Abstimmung dringend notwendig gewesen wäre.[93]

Schiller registrierte daher wohl zunächst mit Erleichterung, dass der Finanzminister ihm im Laufe des Jahres 1971 die Rolle des größten Kabinettsärgernisses und Prügelknaben abnahm. Aber in den letzten Monaten der Ministerzeit Möllers änderte sich das: Schiller rang sich dazu durch, den Finanzminister zu unterstützen, wenngleich die Motive gewiss nicht altruistischer Natur waren. Denn mittlerweile schien

---

90 Vgl. Merseburger, Willy Brandt, S. 631 f.
91 Vgl. die Stuttgarter Nachrichten vom 16.9.1970.
92 Vgl. die Zeit vom 25.9.1970.
93 Gespräch mit Dieter Vogel.

ihm die Entwicklung der öffentlichen Ausgaben so fragwürdig geworden, dass er seine Abneigung gegen Möller überwand. Schon im Februar hatte er Brandt schriftlich gewarnt, dass die vorgesehene mittelfristige Finanzplanung im Hinblick auf die Konjunkturlage und die neusten Steuervorausschätzungen weit überzogen sei. Die Wiedererlangung der Stabilität sei auf diesem Wege keinesfalls zu erreichen, alle Anstrengungen in dieser Richtung »auf Sand gebaut«, falls nicht die Ausgabenseite endlich den Realitäten angepasst werde.[94]

Ende April, wenige Wochen vor Möllers Rücktritt, hatte Schiller dem Finanzminister endlich seinen Beistand im Kabinett angeboten, erschreckt durch Mehrausgaben des Bundes für das erste Quartal 1971 von 18,1 Prozent. Schiller regte die Anwendung des strengen § 6 Abs. 1 des »Stabilitätsgesetzes« an, mit dessen Hilfe die Bewilligung bestimmter Ausgabemittel für das laufende Haushaltsjahr von der Zustimmung des Finanzministers abhängig gemacht wurde. Der Wirtschaftsminister bot gar seinen Besuch an, um sich mit dem Kollegen in dieser Frage abzustimmen.[95] Da beide ansonsten vorwiegend aneinander vorbei arbeiteten, war allein das schon ein ungewöhnliches Angebot, das Möller darum auch freundlich entgegen nahm.[96]

Aber auch der späte Beistand Schillers wies Möller keinen Ausweg aus einer Lage, die er mittlerweile selbst als aussichtslos empfand. Denn solange nicht die »Großverbraucher« im Kabinett, wie der Verteidigungsminister Helmut Schmidt und der Verkehrsminister Georg Leber, zu einer restriktiveren Haushaltsführung beitrugen, half auch Schillers Unterstützung nicht viel. Resigniert schrieb Möller am 12. Mai seinen Rücktrittsbrief an den Bundeskanzler, dem er eine detaillierte Dokumentation des Ressort-Egoismus seiner Kollegen beifügte.[97] Mit verbalen Rücktrittsdrohungen war Möller ebenso großzügig umgegangen wie Schiller. Jedes Mal hatte Brandt seinen Finanzminister zum Bleiben bewegen können. Doch dieses Mal, nach zweistündiger Bedenkzeit, nahm der Bundeskanzler den Rücktritt Möllers an.[98]

Danach ging alles erstaunlich schnell. Am 13. Mai, einen Tag nach Möllers Rücktritt, entschieden sich Herbert Wehner und Willy Brandt dafür, Karl Schiller zusätzlich zu seinem bisherigen Ministerium auch die Verantwortung für das Finanzressort zu übertragen. Helmut Schmidt war an der Entscheidung nicht direkt beteiligt[99], verteidigte sie jedoch vor der SPD-Fraktion, die den Vorschlag des Bundeskanzlers bei zwei Gegenstimmen und zwölf Stimmenthaltungen billigte.[100]

---

94 Vgl. Schiller an Brandt am 24.2.1971, in: BA N Schiller 1229, B. 326, S. 10 ff.
95 Vgl. Schiller an Möller am 29.4.1971, in: Ebd., S. 163 ff.
96 Vgl. Möller an Schiller am 2.5.1971, in: Ebd., S. 157 ff.
97 Vgl. Baring, Machtwechsel, S. 782.
98 Ebd.
99 Vgl. hierzu den Brief von Alex Möller an Helmut Schmidt vom 14. Juli 1972, in: BA N Alex Möller 1369, B. 456.
100 Vgl. das Protokoll der Fraktionssitzung vom 13.5.1971, in: AdsD, Fraktionsprotokolle, 6. Wahlperiode, B 64.

Alex Möllers letzter Versuch, Willy Brandt von der Konstruktion eines »Superministeriums« abzuhalten, war damit fehlgeschlagen.[101] Denn Brandt vertraute Schiller. Schon über zehn Jahre verband beide nun eine vertrauensvolle Zusammenarbeit. Dem Bundeskanzler gefiel der Gedanke, die Wirtschafts- und Finanzpolitik, an der er kein großes Interesse hatte, bedenkenlos an Schiller zu delegieren. Dass er somit sehr viel Macht in die Hände eines Einzelnen legte und sich damit einer Kontrollinstanz und eines zusätzlichen Korrektivs beraubte, störte ihn offenbar nicht.

Schiller selbst hat später stets beklagt, dass ihm das neue Mammutministerium gegen seinen Willen aufgezwungen worden sei. Er habe sogar einen anderen Kandidaten als Nachfolger von Möller ins Gespräch gebracht, den nordrhein-westfälischen Finanzminister Hans Wertz.[102] Aber wer Schiller in den Tagen nach der Übernahme des Finanzministeriums beobachtete, konnte kaum den Eindruck vermeiden, dass diesen der ganze Vorgang nicht doch mit Genugtuung, ja mit einem unübersehbaren Triumphgefühl erfüllte. Wie ein siegreicher Feldherr, der die erbeuteten Schätze in Augenschein nahm, lud Schiller Journalisten des »Stern« nur wenige Stunden, nachdem Möller seinen Schreibtisch geräumt hatte, zur »Hausbegehung« durch das Ministerium ein. Schließlich ließ er sich sitzend auf dem Schreibtisch seines alten Rivalen ablichten; die Hände stemmten sich zu Fäusten geballt in die Hüften, die Füße baumelten locker herunter. Als erste Maßnahme, berichteten die Journalisten des Hamburger Magazins, habe der Superminister neue Briefbögen bestellt: »Prof. Dr. Karl Schiller, Bundesminister für Wirtschaft und Finanzen«.[103]

Das Superministerium bedeutete für Schiller jedoch auch einen tatsächlichen Machtzuwachs, an dem gerade ihm gelegen sein musste. Seine Hoffnung, den Wirtschaftsablauf exakt steuern und lenken zu können, die ja in den ersten eineinhalb Jahren der sozialliberalen Koalition gelitten hatte, erhielt durch die zusätzlichen Einflussmöglichkeiten auf die Fiskalpolitik neue Nahrung. Nun sollte es besser als zuvor möglich sein, eine Wirtschafts- und Finanzpolitik aus einem Guss zu machen. Da er jetzt auch die Kontrolle über den Bundeshaushalt besaß, erschien ihm die Wiedererlangung der Stabilität leichter möglich als zuvor. Unverkennbar fasste Schiller neue Zuversicht, strahlte einen Optimismus aus wie zuletzt während der Großen Koalition.

In der Retrospektive erscheint Schillers Hoffnung naiv. Die zahlreichen Konfliktfelder, denen er sich bereits als Wirtschaftsminister gegenübergesehen hatte, sollten sich nun schließlich rasch addieren. Auch war kaum zu erwarten, dass die Anspruchsmentalität durch den Rücktritt Möllers tatsächlich gedämpft worden war. Aber Schillers Selbstbewusstsein speiste sich vor allem aus der vermeintlichen Erkenntnis, nun endgültig unverzichtbar geworden zu sein. Welche Tageszeitung auch immer der

---

101 Vgl. Baring, Machtwechsel, S. 790.
102 Gespräch Schiller-Merklein, 30.8.1989, Kassette 6 (Seite B).
103 Vgl. den Stern vom 23.5.1971.

Wirtschafts- und Finanzminister in den Tagen nach seiner Ernennung aufschlug, stets konnte er dort schwarz auf weiß nachlesen, dass fortan sein Schicksal mit dem der gesamten Regierung identisch sei. Das Wohl und Wehe des Kabinetts, so wurde es weithin empfunden, personifiziere sich von nun an in der Person Karl Schillers. Kein Minister vor ihm habe eine ähnliche Macht gehabt, das Superministerium stelle eine Art »Nebenkanzleramt« dar, das in der Innenpolitik die Richtlinienkompetenz an sich ziehen werde. »Die Bundesrepublik wird jetzt von einer Koalition Brandt/Schiller regiert.«[104]

Und nachdem Schiller sich eineinhalb Jahre lang in seinem Feldzug für die Stabilität schwer getan hatte, wurden seine Chancen ausgesprochen positiv eingeschätzt, jetzt wieder mehr Einfluss auf die Regierungspolitik zu erhalten. Denn wenn nach Möller auch der zweite profilierte sozialdemokratische Wirtschaftspolitiker zur Aufgabe gezwungen würde, dann könnte dies nur wie ein Offenbarungseid mangelnder finanz- und wirtschaftspolitischer Seriosität und Solidität wirken.

Zudem riefen nicht wenige Leitartikler in den bundesdeutschen Redaktionsbüros nach dem Rücktritt Möllers bereits das Ende der Reformpolitik aus. Als Beweis galt ihnen nicht nur, dass die »inneren Reformen« offensichtlich an Finanzierungsgrenzen stießen. Sie registrierten auch, dass in der Bevölkerung das Aufbruchfieber, der Wille zu immer neuen Veränderungen, langsam erlahme. In der Tat war richtig, dass etwa das Thema der Preisstabilität wieder stärker in das Bewusstsein der Bürger gerückt war.[105] Offensichtlich, so Rolf Zundel in der »Zeit«, hätten die Reformer das Bedürfnis der Bürger nach Sicherheit unterschätzt.[106] Schillers Ernennung hingegen symbolisiere, dass fortan nicht nur eine Wendung zur Innenpolitik erfolge und die laxe Finanzmoral des letzten Jahres der Vergangenheit angehöre, sondern auch, dass es an der Zeit sei, »Abschied von den Blütenträumen« zu nehmen.[107]

Kurz gesagt: Schiller konnte von allen Seiten bestätigt bekommen, dass er der Mann der Stunde war, der »heimliche Kanzler«, auf dessen Kommando fortan alles hören sollte. Und gerade das war verhängnisvoll. Denn es verstärkte jenen Charakterzug an ihm, der von Kompromissen wenig, von der absoluten Durchsetzung der eigenen Meinung aber umso mehr hielt.

Innerhalb weniger Tage hatte Schiller also eine internationale Währungskrise gelöst und sich zum Alleinherrscher über die Wirtschaft und Finanzen der größten Volkswirtschaft Europas aufgeschwungen. Allein das hätte bereits Anlass zur Zufriedenheit und Genugtuung geben können. Aber nur wenige Tage, nachdem er das Superministerium übernommen hatte, klärten sich zudem die privaten Verhältnisse: Am

---

104 Vgl. die Zeit vom 21. Mai 1971.
105 Vgl. hierzu Jahrbuch der öffentlichen Meinung 1968–1973, Herausgegeben von Elisabeth Noelle und Peter Neumann, Institut für Demoskopie Allensbach, Allensbach 1974, S. 360.
106 Vgl. die Zeit vom 21.5.1971.
107 Ebd.

21. Mai heiratete Schiller im Rathaus von Hannover Etta Eckel. Ein fast drei Jahre währendes Versteckspiel war damit beendet.

Die Heirat erfolgte wohl auch, um endlich für eindeutige Verhältnisse zu sorgen. Schließlich war es zu Beginn der 70er-Jahre noch immer heikel, als Politiker in einer außerehelichen Beziehung zu leben. Eigentlich war es Schiller unangenehm, dass er jetzt bereits zum dritten Mal heiratete. Er wollte um die Trauung daher kein großes Aufsehen machen, sie vielmehr in aller Heimlichkeit vollziehen. Aber eine Hand voll Journalisten hatte doch von dem Termin am späten Freitagabend erfahren. Da es mit der Geheimhaltung ohnehin nichts geworden war, zeigte Schiller den gewohnt souveränen Umgang mit den Medienvertretern. Weil die Beleuchtung im Alten Rathaus in Hannover bereits abgeschaltet war, benutzte Schiller sein Gasfeuerzeug, um den Journalisten eine bessere Lichtqualität für ihre Aufnahmen des Brautpaares zur Verfügung zu stellen.[108]

Auch das musste in Schillers Erfolgsmonat Mai wie eine Erleichterung wirken: Er musste seine Liebe nicht mehr verbergen, sich nicht mehr jedes Wochenende auf einen abgeschiedenen Iserlohner Bauernhof flüchten, um sich mit seiner Herzensdame zu treffen. Und anders als Schiller vermutlich befürchtet hatte, reagierten die Journalisten positiv auf die neue Ehe. Der Altersunterschied von 21 Jahren wurde mit einem schelmischen Augenzwinkern quittiert, der Minister dafür bewundert, dass ihm die Eroberung einer ebenso attraktiven wie intelligenten Frau gelungen war. Karl und Etta Schiller wurden das »Glamour-Paar« der Bonner Politik, neben dem selbst die Brandts blass wirkten.

Aber mit der neuen Ehefrau sollte es sich wie mit dem neuen Superministerium verhalten: Als die erste Euphorie verflogen war, wurde deutlich, dass Schillers Probleme sich nicht verringert, sondern vervielfacht hatten. Das Versteckspiel vor der Öffentlichkeit mochte anstrengend gewesen sein – aber es hatte auch dafür gesorgt, dass Etta Schiller von der Öffentlichkeit gut abgeschirmt geblieben war. Und das war, wie sich noch zeigen sollte, ein großer Vorteil gewesen. (☞ vgl. *Abb. 12*, S. 308)

Doch zunächst – bevor all die späteren Probleme auftraten – machte sich Schiller mit neu entdeckter Verve an die Aufgabe, an der sein Vorgänger gescheitert war. Er wollte den Bundesetat für 1972 nicht um mehr als 8,5 Prozent steigen lassen. Dafür musste der Etat von 115 Milliarden auf 107 Milliarden DM zusammengestrichen werden. Seine Kabinettskollegen, allen voran Helmut Schmidt und Georg Leber, leisteten in den Kabinettssitzungen im August 1971, wie erwartet, erbitterten Widerstand, beriefen sich auf den bemitleidenswerten Zustand der Bundeswehr oder den dringend nötigen Ausbau der Fernstraßen. Auf ein Machtwort Willy Brandts brauchte Schiller nicht zu hoffen. Der Bundeskanzler war bestrebt, sein Kabinett als Team arbeiten zu lassen, um nach ausführlicher Diskussion zu Mehrheitsbeschlüssen zu kommen. Wie also wollte Schiller erreichen, was seinem Vorgänger versagt geblieben war? Beliebter

---

108 Vgl. die Deutsche Zeitung vom 28.5.1971.

IX Supernova (1969–1974)

Abb. 12 »Cherchez la femme«: Im Mai 1971 heiraten Karl Schiller und die Juristin Etta Eckel. »Man kann sich an ihr die Zähne ausbeißen«, sagt der Superminister über die dritte seiner vier Ehefrauen.

als Möller war er im Kreise seiner Kabinettskollegen gewiss nicht. Aber mit gutem Zureden, das hatte Schiller aus dem Rücktritt des Finanzministers gelernt, versuchte er es auch gar nicht erst.

Zu Beginn der Kabinettsberatungen im September 1971 fragte er in die Runde, ob man sich noch dran erinnere, warum Alex Möller zurückgetreten sei.[109] Dies war die eine Taktik, die Schiller fortan mit monotoner Regelmäßigkeit anwendete: Da er selbst davon überzeugt war, dass die Regierung mit ihm stehe und falle, bot er dem Kabinett zwei Alternativen: Seinen Forderungen nachzugeben oder sich innerhalb kürzester Zeit nach einem neuen Finanzminister umzuschauen.

Die zweite Taktik war eigentlich gar keine Taktik, sondern eher ein Charakterzug Schillers und fraglos auch Ausweis seiner bisweilen überragenden Fähigkeiten: Er schulmeisterte seine Kabinettskollegen mit der Liebe zum Detail. So wies er dem Landwirtschaftsminister Josef Ertl, der eine Staatshilfe für die bäuerliche Unfallversicherung forderte, nach, dass der Kassenbestand der bäuerlichen Genossenschaft voll ausreiche. Verkehrsminister Georg Leber, der eine Erhöhung der Mineralölsteuer wollte, musste sich aus einer eigens angefertigten Tabelle vorlesen lassen, um wie viel höher bereits jetzt die Belastung der deutschen Autofahrer sei. Um Erhard Eppler,

---

109 Vgl. den Spiegel vom 6.9.1971.

dem Entwicklungshilfeminister, den eigenen Haushalt zu erklären, bemühte sich Schiller nicht einmal selbst, sondern schickte einen Beamten seines Ministeriums in die Kabinettssitzung, der dem Schwaben 20 Millionen DM für dessen Öffentlichkeitsarbeit strich.[110] Am schlimmsten allerdings erging es dem ehemaligen Schiller-Referenten Helmut Schmidt, der, so berichtete jedenfalls der »Spiegel«, auf Nachfrage nicht die einzelnen Posten seines Ressorts auswendig im Kopf hatte, ja nicht einmal die Präsenzstärke der Bundeswehr exakt benennen konnte. Als Schmidt weiterhin versuchte, den Superminister mit permanenten Zwischenfragen zu anderen Ressorts zu verunsichern, maßregelte Schiller ihn wie in alten Zeiten: Der Herr Verteidigungsminister kenne sich ja nicht einmal in seinem eigenen Etat aus. Gallig antwortete Schmidt: »Es kann ja nicht jeder Professor sein.«[111]

Am Ende hatte Schiller seinen Willen durchgesetzt und selbst sein alter Rivale Alex Möller kam nicht umhin, ihm dafür Anerkennung zu zollen.[112] Allerdings hatte er zu einem kleinen Trick Zuflucht nehmen müssen: Ein Teil der zusammengestrichenen Gelder floss in einen »Eventualhaushalt«, der aktiviert werden konnte, falls sich die Konjunkturlage anders als vorausgesagt entwickelte. Damit waren die Gelder der Ressortchefs also nicht vollständig und unwiderruflich Schillers Rotstift zum Opfer gefallen und seine Kollegen konnten ihr Gesicht wahren.

Schiller hatte seine erste Bewährungsprobe als Finanzminister bestanden. Allerdings gingen, das zeigte sich später, die tatsächlichen Ausgaben wie schon bei den Planungen Alex Möllers weit über den Etat 1972 hinaus. Und außerdem war die Frage durchaus berechtigt, was für ein Sieg das eigentlich war, um dessen Preis man sich den Zorn der Kollegen, auf die Schiller auch in Zukunft bitter angewiesen blieb, eingehandelt hatte. Ein Sympathieträger war Schiller schon zuvor nicht gewesen und bereits als Wirtschaftsminister war es zu zahlreichen Kabinettskonflikten gekommen. Jetzt aber regierte Schiller ja ganz unmittelbar in die Politik der anderen Minister hinein. Dass deren Etats von Schiller rigoros zusammengestrichen worden waren, war ebenso schlimm wie die Art und Weise, wie der Superminister dieses getan hatte. Zudem fühlten sie sich brüskiert, dass Einzelheiten über Schillers Maßregelungen in die Öffentlichkeit gedrungen waren – vom Wirtschafts- und Finanzministerium willentlich gestreut, wie viele glaubten.[113] Während sich Schiller noch einmal als eiserner »Haushaltskanzler« der Öffentlichkeit präsentierte, nahm der Verdruss über ihn im Kreise seiner Kabinettskollegen bereits ein bedenkliches Ausmaß an.

Vergessen schien für Schiller auf einmal, mit welch eklatanten Problemen er seit Beginn der sozialliberalen Koalition konfrontiert gewesen war. Sein Selbstvertrauen wuchs in gefährliche Höhen. Auch ihm wohl gesonnene Menschen, wie seine engsten

---

110 Vgl. ebd.
111 Der Spiegel vom 13.9.1971.
112 Vgl. Jäger/Bracher/Link, Republik im Wandel, S. 50.
113 Vgl. den Spiegel vom 13.9.1971.

Mitarbeiter, kamen nicht umhin festzustellen, dass aus Überheblichkeit nun Arroganz und aus Eigenmächtigkeit Selbstherrlichkeit zu werden drohte. Man musste jedoch kein Intimus des Ministers sein, um solche Veränderungen an ihm festzustellen. Ende September, noch ganz im Hochgefühl seines Erfolges, flog Schiller mit seiner Ehefrau nach einer Währungskonferenz in Washington weiter nach Mexiko-Stadt, um sich dort mit Staatspräsident Echeverria zu treffen. Der Grund der Reise blieb völlig unklar. Danach flog das Ehepaar weiter nach Acapulco, um sich dort eine Woche von den Strapazen der Ministerarbeit zu erholen.[114]

In Bonn zogen während Schillers Abwesenheit dunkle Wolken auf. Der Superminister, so drang aus Washington durch, habe seine europäischen Ministerkollegen bei der Währungskonferenz verärgert wie noch nie. Insbesondere die Franzosen seien von Schiller vor den Kopf gestoßen und in zuvor nicht bekannter Weise belehrt worden. Dabei trat die Ostpolitik gerade in eine multilaterale Phase ein, in der man keinesfalls Streit mit den westlichen Verbündeten haben wollte. Fortan wollte sich gar der in ökonomischen Fragen zwar sehr viel weniger bewandertere, aber dafür mit mehr diplomatischem Fingerspitzengefühl ausgestattete Außenminister Walter Scheel in die Währungspolitik einschalten.[115]

Und noch ein anderer Brandherd brach aus, während Schiller die Sonne an der Pazifikküste genoss. Seit Wochen schon debattierten die Experten der Koalition über die große Steuerreform. Doch wusste niemand etwas über die diesbezüglichen Pläne im Superministerium. Wieder einmal hatte Schiller es nicht vermocht, für einen Informationsaustausch zwischen seinem Ministerium und der sozialdemokratischen Bundestagsfraktion zu sorgen.[116] Schließlich wurden die Sozialdemokraten auch angesichts der Preisentwicklung im Herbst 1971 immer ungeduldiger, denn trotz der von Schiller als »Signalwirkung« gepriesenen Zurückhaltung bei den Ausgaben des Bundes kam die Inflation – mittlerweile war dieses Wort berechtigt, gab es nichts mehr zu beschönigen – nicht zum Stillstand. Von Schillers magischen »3 Prozent« sprach niemand mehr. Tatsächlich erreichte die Inflationsrate im Jahr 1971 5,1 Prozent. Das war der höchste Stand seit dem Abflauen des Korea-Booms.

Am 12. Oktober kehrte Schiller aus Mexiko zurück. Gleich am nächsten Morgen um 10:30 Uhr bestellte Brandt ihn bei sich ein. Der Bundeskanzler bereitete Schiller darauf vor, dass Partei und Fraktion außerordentlich erbost darüber seien, dass er in einer so entscheidenden Phase einfach abgetaucht sei. Nachhaltig irritiert waren die Genossen wohl nicht allein dadurch, dass Schiller eine Woche von der Bildfläche verschwunden war, sondern auch von der Tatsache, dass er ausgerechnet im mexikanischen Millionärsparadies geurlaubt hatte. Als Schiller daheim den Pressespiegel studierte, las er die Konsequenzen seines Kurzurlaubs: Von einem »überforderten Dop-

---

114 Vgl. die Bonner Rundschau vom 14.10.1971.
115 Vgl. den Spiegel vom 18.10.1971.
116 Vgl. die Bonner Rundschau vom 14.10.1971.

pel-Minister« war die Rede[117], der während seiner Abwesenheit »entzaubert« worden sei.[118] In der Tat begann die beträchtliche Zahl der Feinde des Superministers, sich entschlossen gegen ihn zu formieren.

5 »Genossen, laßt die Tassen im Schrank!«

Die Demontage des Superministers begann in seinem eigenen Ministerium. Denn nicht nur die Fraktionskollegen drängten ungeduldig auf Schillers Pläne zur Steuerreform und seine damit verbundenen Vorstellungen zur Vermögensbildung in Arbeitnehmerhand. Der größte Drängler saß nur ein paar Büros weiter.

Es war Schillers parlamentarischer Staatssekretär Philip Rosenthal. 1970 war er als Nachfolger des unter ungeklärten Umständen zurückgetretenen Klaus Dieter Arndt in das Wirtschaftsministerium gekommen. Rosenthal war der Vorzeigeunternehmer der SPD. Seine Porzellanfabrik war nicht nur höchst profitabel, sondern auch ein Musterbeispiel für einen vorbildlichen und fortschrittlichen Umgang mit den Mitarbeitern. Einen Teil seines Aktienpaketes hatte Rosenthal in seine Stiftung eingebracht und die Arbeitnehmer am Unternehmen beteiligt. Für die Sozialdemokraten war der Porzellanfabrikant ein Geschenk des Himmels: Ein Unternehmer mit sozialem Gewissen, der mit kritischen Worten über den Kapitalismus nicht sparte. Dass man für einen Mann solchen Kalibers 1969 ein Bundestagsmandat bereithielt, verstand sich von selbst.

Erstaunlicher war da schon, dass Schiller im Sommer 1970 der Idee verfiel, Rosenthal zum Parlamentarischen Staatssekretär zu machen. Dass gerade der Unternehmer das problematische Verhältnis des Superministers zur SPD-Fraktion verbessern könnte, schien nicht sehr wahrscheinlich. In der Partei war er kein Insider, »Stallgeruch« verströmte er ebenso wenig wie sein Dienstherr. Denn so groß Rosenthals Herz für die kleinen Leute auch sein mochte – er selbst gehörte gewiss nicht dazu. Rosenthals Leben klang wie die Vorlage für einen opulenten Roman, der verschiedene Genres bediente und am ehesten wohl zwischen Spionagethriller und Abenteuergeschichte angesiedelt wäre.

Unter den Nazis war Rosenthal von seinen jüdischen Eltern nach England geschickt worden, wo er in Oxford Politik, Philosophie und Nationalökonomie studierte. 1939 meldete er sich zur französischen Fremdenlegion. Da es ihm in seiner Maultierkompanie ohne direkte Kampfhandlungen zu langweilig war, versuchte Rosenthal mehrmals die Flucht, was zwei Mal scheiterte. Der dritte Versuch führte ihn nach Casablanca, wo er für die französisch-marokkanische Untergrundbewegung arbeitete. Rosenthal wurde gefasst und abermals inhaftiert. Wieder entkam er, dieses Mal nach

---

117 Vgl. die Süddeutsche Zeitung vom 8.10.1971.
118 Vgl. die National-Zeitung, 10.10.1971.

Gibraltar. Wieder in England, schlug sich Rosenthal als Bäckerlehrling und Journalist durch. Nach dem Krieg erhielt die Familie 11 Prozent der Rosenthal-Aktien zurück, der Abenteurer kehrte in sein Heimatland zurück, trat 1950 in das väterliche Unternehmen ein und übernahm 1956 den Vorstandsvorsitz. Schon bald machte Rosenthal aus dem gleichnamigen Porzellan eine erfolgreiche Marke mit avantgardistischem Image, bald fast so bekannt wie »Persil« und der »Käfer«. Dabei war Rosenthal eigentlich eine Künstlernatur, führte sein Unternehmen eher wie ein großer Impresario denn wie ein Manager. Auch abseits des Berufslebens machte Rosenthal von sich reden. Mit dem Ruderboot fuhr er bis Gran Canaria und umschwamm danach einmal die komplette Insel, das Matterhorn bestieg er ebenso wie den Kilimandscharo. Rosenthal war fünf Mal verheiratet, zwei Mal mit derselben Frau. Vielleicht war es das Exotische und Extravagante, was Schiller – der bisweilen gerne von sich behauptete, ein Faible für das »Freche« oder »Schräge« zu haben – an Rosenthal faszinierte und das dazu führte, dass er sich für ihn als Nachfolger von Arndt entschied. Aber das war eine fatale Idee.

Die Abgeordneten der SPD empfanden Rosenthal vor allem als schlecht vorbereitet und mit wenig Kenntnis in Detailfragen.[119] Auch den Beamten im Ministerium war Rosenthal ein Gräuel. Wann und wo er im Ministerium auftauchte, blieb stets überraschend. Außerdem war er von Schiller auch mit einigen Europaangelegenheiten betraut worden. Zu den Sitzungen des Ministerrates fuhr Rosenthal, der auch bei der Arbeit gerne einen abgewetzten Bundeswehr-Parka trug, mit seinem weißen »VW-Bulli«, den er direkt vor dem Ratsgebäude parkte. Rosenthal zum Parlamentarischen Staatssekretär zu machen, sei wohl die merkwürdigste Personalentscheidung gewesen, seit der römische Kaiser Caligula sein Pferd zum Senator ernannt hatte, meinte einer der früheren Mitarbeiter Schillers im Rückblick.

Dem Superminister wurde schnell klar, dass er sich mit der Ernennung Rosenthals einen Bärendienst erwiesen hatte. Schon nach kurzer Zeit ließ er sich von ihm durch seine Ministerialbeamten abschirmen und bat sie, ihm Rosenthal »vom Hals zu halten«.[120] Dabei hatte der Weltenbummler noch kurz vor seinem Eintritt in die Fraktion seine Hauptaufgabe darin gesehen, das öffentlichkeitswirksame Sprachrohr des Ministers zu sein und dessen Politik und Person in der Öffentlichkeit zu verkaufen.[121] Schillers Neigung zum akademischen Räsonieren hielt er für langfristig wenig wirksam. In einem Land, in dem nur acht Prozent der Menschen wüssten, was die Nato sei, sei das gewiss kein »vote-getter«.[122] Aber der Wissenschaftler, so Rosenthal belehrend in einem Schreiben an seinen Vorgesetzten, vergäße offensichtlich aus seiner Sachbezogenheit heraus bisweilen die Analyse der eigenen Position. Schiller dürfe nicht länger mit wissenschaftlichem Genauigkeitsdrang mit Bruchzahlen hantieren, damit ein

---

119 Vgl. die Süddeutsche Zeitung vom 17.11.1971.
120 Gespräch mit Otto Schlecht.
121 Vgl. Rosenthal an Schiller am 5.8.1970, in: BA N Schiller 1229, B. 292, S. 365.
122 Ebd.

völlig »unnötiges Lotteriespiel mit 100 : 1 Chancen« betreiben.[123] Völlig unverständlich erschien Rosenthal, dass er bei der Öffentlichkeitsarbeit laufend übergangen wurde, denn schließlich, so nahm er an, habe Schiller doch bewusst einen »erfolgreichen Publizisten« ins Ministerium geholt. Dass selbst der Regierungssprecher Conrad Ahlers seinen Rat in dieser Hinsicht nutze, er aber im Ministerium bei den Pressemitteilungen niemals gefragt werde, empfand er als persönlichen Affront.[124] In einem seiner exzentrischen Briefe an Schiller zog Rosenthal daher das Fazit: »You got yourself a PR-Man and manager – please use him.«[125]

Indes war Rosenthal gewiss nicht primär aus Eitelkeit oder Geltungssucht in das Ministerium gewechselt. Er war wohl wirklich von seiner ganz persönlichen Mission überzeugt. Rosenthal wollte zusammen mit Schiller, wie er schon im August 1970 schrieb, »evolutionäre Schritte in der Gesellschaftspolitik« einleiten.[126] Dabei dachte Rosenthal etwa an die Mitbestimmung und eine gerechtere Steuerpolitik. Nichts aber trieb den Bonner Paradiesvogel mehr um als die Vermögensbildung in Arbeitnehmerhand. Das war Rosenthals politischer Antrieb, der immer mehr zur fixen Idee, schließlich zu einer wahrhaften Obsession wurde. Mehrmals drängte er Schiller, in dieser Richtung endlich energischere Schritte einzuleiten – ohne Erfolg. Da er persönlich nicht mehr zu ihm durchdrang, versuchte er es mit zahlreichen Briefen, die in der Regel unbeantwortet blieben. In der Öffentlichkeit blieb Rosenthal trotz seines zunehmenden Verdrusses jedoch weitgehend loyal gegenüber seinem Dienstherrn, was den Dissens zwischen beiden nur vermuten ließ. Das hielt ihn jedoch nicht davon ab, hinter Schillers Rücken auch Willy Brandt mit seinen Vorstellungen zu bedrängen. Mehrmals schrieb er dem Bundeskanzler, wobei er teilweise sogar ausdrücklich darauf aufmerksam machte, dass er keine Einzelmeinung vertrete, sondern auch andere im Ministerium in dieser Frage mit Schiller über Kreuz lägen.[127]

In Rosenthals Augen war es einzig der Wirtschafts- und Finanzminister, der verhinderte, dass endlich Fortschritte erzielt wurden, um die Eigentumslosigkeit der deutschen Arbeitnehmer zu überwinden. Im Zorn trat er am 16. November von seinem Amt als Parlamentarischer Staatssekretär zurück. Und wie es seinem Naturell nun einmal entsprach, geschah dieses nicht still und heimlich, sondern mit lautem Getöse. Während er Schiller seinen Entschluss in einem Zweizeiler mitteilte, bekamen die Journalisten die Gründe für seinen Rücktritt in einer achtseitigen Erklärung erläutert. Rosenthal erhob schwere Vorwürfe gegen den Superminister. Schiller wolle die SPD offensichtlich zu einer »weiteren Partei für die Privilegierten« umwandeln. Das könne gefährlich werden – auch die französischen Adligen hätten sich 1789 zu spät entschlos-

---

123 Vgl. Rosenthal an Schiller am 4.1.1971, in: ebd., S. 339 ff.
124 Vgl. ebd.
125 Ebd.
126 Vgl. Rosenthal an Schiller am 5.8.1970, in: BA N Schiller 1229, B. 292, S 365.
127 Vgl. besonders den Brief von Rosenthal an Brandt vom 31.8.1971, in: AdsD, WBA, Bundeskanzler, B. 16, S. 152-154.

sen, auf ihre Privilegien zu verzichten. Außerdem, so Rosenthal mit Blick auf die seiner Meinung nach zu starke Stellung Schillers in der Regierung, dürfe auf einem Schiff auch der »hervorragendste Oberingenieur nicht als Steuermann den innenpolitischen Kurs bestimmen«.[128]

Wenn ein Mitarbeiter auf diese Weise abtritt, in offener Gegnerschaft und mit einem donnernden *j'accuse*, ist der Schaden gewiss immer groß. Aber für Schiller konnte auch der Zeitpunkt kaum ungünstiger sein. Nur zwei Tage nach Rosenthals Rücktritt sollte in Bonn der außerordentliche Steuerparteitag der SPD beginnen. Dort würde es zwar nicht primär um die Frage der Vermögensbildung in Arbeitnehmerhand gehen. Doch wie bei Rosenthals Kritik ging es auch hier um Schillers Einstellung zur Gesellschaftspolitik und den »inneren Reformen«, an die viele in der SPD große Erwartungen knüpften. Mit seinen Vorwürfen hatte Rosenthal Schillers Kritikern den Boden bereitet. Hier bestätigte einer seiner formell engsten Mitarbeiter, dass der Superminister von den Herzensangelegenheiten der Sozialdemokraten offensichtlich wenig hielt.

Und zumindest im Fall der Steuerreform war dieser Vorwurf nicht von der Hand zu weisen. Es war auch nicht einfach nur pure Nachlässigkeit, wenn Schiller das ganze Thema mit offensichtlichem Desinteresse verfolgte. Öffentlich ließ er immer wieder durchblicken, dass diese »Jahrhundertreform« schließlich nicht sein Kind, sondern bereits unter Alex Möller angedacht worden sei.[129] Schiller wusste mit den Plänen nicht viel anzufangen. Für sein Konzept der Globalsteuerung war die Steuerreform nicht notwendig. Dafür benötigte er vielmehr höchstmögliche Flexibilität und diese sah Schiller durch das »Stabilitätsgesetz« bereits ausreichend gewährleistet. Die Steuerreform hingegen war vor allem ein gesellschaftspolitisches Anliegen, das ganz anderen Zielen dienen sollte. Schiller also ließ das Thema links liegen. Allerdings galt das lange Zeit auch für andere sozialdemokratische Kabinettsmitglieder und Spitzenfunktionäre. Beim Parteitag in Saarbrücken 1970 hatte es Schillers Vorgänger Alex Möller ebenfalls unterlassen, seine Pläne zu präzisieren.[130]

Aber die Tatenlosigkeit bei einem Thema, das vielen Sozialdemokraten sehr am Herzen lag, wirkte verheerend und führte dazu, dass sich Menschen der Sache annahmen, die sich gänzlich anderen Zielen als Schiller verpflichtet fühlten. Parallel zu den Arbeiten im Ministerium hatte die SPD bereits im Juni 1970 eine Kommission eingesetzt, die Pläne für eine umfassende Neuordnung des Steuersystems erarbeiten sollte. Über ein Jahr lang hatten weder Regierung noch Öffentlichkeit wahrgenommen, was sich in der Kommission unter dem Vorsitz des Entwicklungshilfeministers Erhard Eppler zusammenbraute. Denn Eppler und seinen Mitstreitern ging es nicht etwa um eine partielle Veränderung des Steuersystems, eine vorsichtige Korrektur bestehender Missstände. Für sie war die Steuerreform der entscheidende Hebel, um die Gesellschaft

---

128 Vgl. die Welt vom 18.11.1971.
129 Vgl. den Spiegel vom 15.11.1971.
130 Ebd.

im großen Stile umzugestalten. Zwar übersahen sie durchaus nicht, dass die Bundesrepublik seit ihrem Bestehen eine beispiellose Wohlstandsentwicklung durchlaufen hatte. Nur was, so fragten sie, war das eigentlich wert gewesen? All der Reichtum sei vor allem in private Taschen geflossen, von denen die Allgemeinheit nichts habe. Es gäbe, so meinten die Systemveränderer in der SPD, ein krasses Missverhältnis zwischen privatem Wohlstand und öffentlicher Armut. Für das Wohlbefinden der Bürger seien nicht mehr allein der Inhalt der Lohntüte und die Höhe der Sparguthaben, der Besitz von Einfamilienhäusern oder Zweitwagen entscheidend. Fortan müsse man sich stärker den »Gemeinschaftsaufgaben« widmen, also mehr Kindergärten, Schulen, Krankenhäuser und Universitäten bauen, ebenso ein funktionsfähiges Nahverkehrssystem schaffen.[131] Es war die zu dieser Zeit auch andernorts populäre Parole des »private opulence and public squalor«, mit dem die linken Sozialdemokraten die Republik in ihrem Sinne verändern wollten. Als Sektierer oder gar rückwärtsgewandte Marxisten fühlten sie sich nicht. Ihre Idee, den staatlichen Korridor beträchtlich auszuweiten, lag ihrer Überzeugung nach im Trend der Zeit. In allen westlichen Industriegesellschaften werde langsam der Primat der Ökonomie über die Politik vom Primat der Politik über die Ökonomie abgelöst. Die Vermögensbildung in Arbeitnehmerhand interessierte daher etwa Erhard Eppler nicht besonders, ganz im Gegenteil: Er fürchtete, dass die Deutschen damit zu einem besitzstandswahrenden Volk von Kleinkapitalisten würden, wodurch der Reformschwung gebremst würde.[132]

Eppler war in den Wochen und Monaten vor dem Steuerparteitag zum medienwirksamen Propagandisten des linken Parteiflügels avanciert. Der protestantische Theologe und Studienrat hatte eine erstaunliche Karriere hinter sich. Viele Freunde besaß er nicht in der Partei, im Kabinett, dem er bereits seit 1968 angehörte, schon gar nicht. Helmut Schmidt, der als Bundeskanzler später unter dem Rebell Eppler zu leiden haben sollte, bezeichnete den Pfarrerssohn als »Pietcong« – eine Mischung zwischen vietnamesischen Guerillakämpfer und schwäbischem Pietisten. Im Kabinett konnte es Eppler mit langatmigen Vorträgen, Rechthaberei und Besserwissen durchaus mit Karl Schiller aufnehmen, zusätzlich angereichert noch durch nicht enden wollende Moralappelle. Den Rechten in der Partei galt Eppler als Linker und selbstgerechter Eiferer, die Jusos aber echauffierten sich häufig über Epplers pragmatisches Vorgehen bei konkreten Fragen der Regierungspolitik.[133] Denn Eppler, der scheinbar nur aus gesinnungsethischen Motiven handelte, war durchaus ein gewiefter Taktiker, fähig zu innerparteilichen Bündnissen und mit einer sehr ernst zu nehmenden Begabung zur politischen Raffinesse.

Ohne dass man es lange Zeit sonderlich ernst genommen hatte, reiste Eppler nun schon seit über einem Jahr durch die sozialdemokratischen Bezirke und sogar Orts-

---

131 Ebd.
132 Ebd.
133 Vgl. den Spiegel vom 2.8.1971.

vereine, warb dort für eine Veränderung des Steuersystems zwecks Ausweitung des staatlichen Korridors. Just als der Superminister in Acapulco weilte, hatte Eppler die Genossen in Schillers eigenem Wahlkreis über die Steuerpläne der Partei aufgeklärt.[134]

Lange Zeit blieb unbemerkt, welche katalysatorischen Wirkungen von Epplers Bemühungen ausgingen. Erst im November, wenige Tage vor dem außerordentlichen Steuerparteitag der SPD in Bonn, wurde die von ihm entfachte Dynamik in ihrer ganzen Konsequenz offenbar. Im Überschwang der Systemveränderungsrhetorik hatten einzelne Ortsverbände der Partei nachgerade revolutionäre Steuerpläne entworfen. Ein Papierberg von fünf Kilogramm hatte sich bei der zuständigen Antragskommission angehäuft, nach Schätzung des Pfarrerssohns Johannes Rau der Umfang von zweieinhalb Bibeln.[135] Dass auch nur ein Bruchteil davon ernsthaft in Erwägung gezogen würde, war zwar auszuschließen, so etwa der Vorschlag des Ortsvereins im Bonner Studentenviertel Poppelsdorf, die Erbschaftssteuer auf 90 Prozent festzusetzen. Aber die Vorschläge erschreckten schon vor Beginn des Parteitages die Öffentlichkeit und ließen Sozialdemokraten wie Schiller fürchten, dass die Seriosität der Gesamtpartei in schwere Mitleidenschaft gezogen würde. Der Superminister hatte auch ökonomische Bedenken. Seiner Ansicht nach war es letztlich irrelevant, dass die ins Auge gefassten Beschlüsse wohl spätestens am Einspruch des liberalen Koalitionspartners scheitern würden. Allein die Ankündigung von drastischen Steuererhöhungen, so glaubte er, könnte die Investitionsbereitschaft der Unternehmer so weit dämpfen, dass es zu einer erneuten Rezession käme.

Im Vorfeld wurde mindestens genau so sehr über das Schicksal des Supermisters spekuliert wie über die Ergebnisse des Steuerparteitages. Die Parteilinken ließen keinen Zweifel daran, dass sie mit ihren Plänen gleichzeitig dem ihrer Ansicht nach zu unternehmerfreundlichen Kurs des Wirtschafts- und Finanzministers Grenzen setzen wollten.[136] Aber im Grunde war es eine bunte Koalition, die sich gegen Schiller zusammengefunden hatte. Sie reichte vom linken Parteiflügel über die sozialdemokratischen Kommunalpolitiker – denen Schiller einen höheren Anteil an der Mehrwertsteuer verweigert hatte – bis zu Sozialdemokraten, die gemeinhin dem rechten Flügel der Partei zugeordnet wurden, wie etwa Helmut Schmidt und Georg Leber. Höhere Staatseinnahmen erhofften sich alle Mitglieder dieser heterogenen Allianz. Aber vor allem lagen sie allesamt mit Karl Schiller über Kreuz, wenngleich der Dissens wiederum sehr unterschiedliche Ursachen hatte.

Nun war Schiller nicht ganz schuldlos an der schwierigen Situation. In seinem Ministerium waren bisher lediglich einige »Eckwerte« zur Steuerreform ausgearbeitet worden. Ein fertiges Konzept konnte man den ehrgeizigen Plänen der Systemveränderer in der SPD also nicht entgegenhalten. Dennoch stellte Schiller im Parteivorstand

---

134 Vgl. die Zeit vom 8.10.1971.
135 Vgl. den Spiegel vom 15.11.1971.
136 Ebd.

den Antrag, dass sich alle sozialdemokratischen Regierungsmitglieder an die Kabinettsdisziplin zu halten hätten und den von ihm bisher erarbeiteten Eckwerten zustimmen müssten. Schillers Forderung, die eigentlich nur etwas Selbstverständliches verlangte – dass nämlich die Regierung ihre eigene Politik verteidigte –, wurde abgelehnt.[137] Damit hatte die sozialdemokratische Parteiführung bereits indirekt den Vorschlägen der Eppler-Kommission ihr Plazet erteilt. Als Schiller am Abend vor dem Beginn des Parteitages bei einer Besprechung der sozialdemokratischen Kabinettsmitglieder fragte, wem eigentlich die Aufgabe zufalle, die Beschlüsse der Regierung zu verteidigen, erhielt er zur Antwort, dass dieses die Aufgabe des zuständigen Ministers sei. Die anderen also, so Schiller rückblickend, hätten sich »fein« heraushalten können.[138] Es war ein bedenklicher Rückfall in die schon überwunden geglaubte Theorie-und-Praxis-Spannung, die für die SPD über lange Jahre ihrer Geschichte kennzeichnend gewesen war, der Anfang der Aufspaltung der SPD in eine pragmatische Regierungspartei und eine Systemveränderungspartei. Zu alldem passte auch, dass nicht Karl Schiller als der verantwortliche Finanz- und Wirtschaftsminister einer SPD-geführten Regierung das Hauptreferat in Bonn halten sollte, sondern sein Antipode Erhard Eppler. Der Superminister sprach über »Wirtschafts- und Finanzpolitik im internationalen Spannungsfeld«.

Als sich Schiller am 18. November in der Bonner Beethovenhalle von seinem Platz erhob, rührte sich keine einzige Hand, um ihm auf dem Weg zum Rednerpult zu applaudieren.[139] Selbst Schiller, der sich der Kritik an seiner Person oftmals verschloss, daher oft gar nichts von den Animositäten gegen ihn spürte, war dieses Mal sensibel genug, um zu merken, welcher Unmut sich gegen ihn aufgebaut hatte. In seinem Referat, das, wie die »Süddeutsche Zeitung« beobachtete, kein einziges Mal von Beifall unterbrochen wurde[140], versuchte er sich an die Parteitagsregie zu halten und ging auf das eigentliche Thema der Steuerreform fast gar nicht ein. Natürlich, so konzedierte Schiller der Stimmung unter den Delegierten, wolle man mehr öffentliche Wohlfahrt schaffen. Aber auch in der »Stunde der Reform« müsse daran gedacht werden, dass gerade hierfür wirtschaftliches Wachstum die notwendige Voraussetzung bleibe.[141]

Grüppchenweise verließen die Delegierten während Schillers Rede den Saal der Beethovenhalle. Das entsprach der von der Parteilinken – angeführt vom Altsozialisten Jochen Steffen, dem Juso-Chef Karsten Voigt und dem hessischen Finanzminister Rudolf Arndt – entworfenen Strategie, Schiller nicht direkt anzugreifen, sondern ihn zu ignorieren. Überhaupt war erstaunlich, wie es einer Minderheit innerhalb der Partei gelungen war, ihre Pläne durchzusetzen. Denn die Stimmung in der Beethovenhal-

---

137 Vgl. den Spiegel vom 15.11.1971.
138 Gespräch Schiller-Merklein, 25.8.1989, (Kassette 5, Seite B).
139 Vgl. die Süddeutsche Zeitung vom 19.11.1971.
140 Ebd.
141 Vgl. das Protokoll der Verhandlungen des außerordentlichen Parteitages der SPD vom 18. bis 20. November 1971, S. 64.

le wurde im Verlauf des Parteitages emotional zunehmend aufgeputschter. Die Pläne der Eppler-Kommission, die etwa vorsahen, den Spitzensteuersatz auf 56 Prozent anzuheben, hielten sich noch einigermaßen im Rahmen. Eppler selbst hatte sich zuvor genau überlegt, welche Mehrheiten für welche Politik möglich waren, daher einen Plan ausgearbeitet, der noch die Zustimmung des Parteiestablishments fand und trotzdem in der Lage war, den linken Parteiflügel zu integrieren. Am Ende aber folgte der Parteitag tatsächlich dem Vorschlag der Parteilinken, den Spitzensteuersatz auf 60 Prozent zu erhöhen. Schiller, der bis dahin Zurückhaltung geübt hatte, bestürmte seinen Bundeskanzler förmlich, nun endlich seine Autorität als Parteivorsitzender in die Waagschale zu werfen und dem Treiben ein Ende zu machen. Brandt konsultierte Erhard Eppler, der dem Bundeskanzler den Rat gab, mit Rücksicht auf Stimmung und Mehrheitsverhältnisse nicht zu intervenieren.[142]

Also ergriff Schiller selbst noch einmal das Wort, um die Delegierten von den seiner Meinung nach törichten Beschlüssen abzuhalten. Nachdem man bereits beschlossen hatte, den Spitzensteuersatz bei der Einkommensteuer auf 60 Prozent zu erhöhen, war nun für die Körperschaftsteuer ein Satz von 58 Prozent in der Diskussion. Schiller versuchte den Genossen in bekannter Manier zu erklären, warum dieser Satz seiner Meinung nach wesentlich zu hoch sei. Selbst in Schweden betrage die Körperschaftsteuer nur 52 Prozent, unter den EWG-Ländern habe Frankreich mit 50 Prozent den höchsten Satz.[143] Folge man den gemachten Vorschlägen, dann würden die deutschen Kapitalgesellschaften ihren Sitz sehr schnell aus der Bundesrepublik ins Ausland verlagern. Dann schließlich folgte jener Satz, der fortan herangezogen wurde, um das Verhältnis des Superministers zur eigenen Partei zu verdeutlichen: »Genossinnen und Genossen, laßt bei diesem Punkt bitte die Tassen im Schrank.«[144]

Ganz allein, so erschien es Schiller, stemmte er sich gegen die Sozialismusneigung in der Partei. Doch niemand wollte mehr auf ihn hören; bei fast allen Abstimmungen hob der Superminister seine Stimmkarte gegen die Mehrheit des Parteitages. Risikofreudig erklärte Jochen Steffen, dass es an der Zeit sei, endlich die »Belastungsgrenzen« der Wirtschaft zu testen. Schiller hielt das, wie er einige Jahre später schrieb, für einen gefährlichen Satz. Man könne in der Wirtschaftspolitik nicht einfach wie in einem Labortest mit Lackmuspapier ausprobieren, was funktioniere und was nicht, mit der Option, bei einem Fehlschlag einfach zum alten Status quo zurückzukehren. Volkswirtschaftliche Prozesse funktionierten so nicht: Wenn man die Investitionsneigung einmal abgewürgt und die Unternehmer außer Landes getrieben habe, seien die Folgen langfristig spürbar.[145] Immerhin gelang es Schiller, einige der seiner Ansicht

---

142 Vgl. den Spiegel vom 22.11.1971.
143 Vgl. das Protokoll der Verhandlungen des außerordentlichen Parteitages der SPD vom 18. bis 20. November 1971, S. 317 f.
144 Ebd., S. 318.
145 Vgl. Karl Schiller, Die Grenzen der Wirtschaftspolitik (neu betrachtet), in: Jahrbuch für Nationalökonomie und Statistik, Bd. 201, 1986, S. 1-11, hier: S. 2.

nach schlimmsten Auswüchse zu verhindern, etwa den Antrag, das Steuergeheimnis abzuschaffen.[146] Aber insgesamt hatte er fraglos eine schwere Niederlage erlitten.

Ob Schiller vielleicht selbst merkte, dass er immer mehr dem Zauberlehrling glich, der die von ihm entfesselten Kräfte nicht mehr zu kontrollieren vermochte? Schließlich war er selbst es gewesen, der den Eindruck erweckt hatte, die Ökonomie sei beherrschbar geworden, den Dispositionen der Experten und Planer unterworfen. Schillers Beschwörungsformeln, seine Versicherung, dass schwer wiegende Krisen der Vergangenheit angehörten, hatten die Risikobereitschaft gefährlich gesteigert. Und wie Spezialisten gerierten sich nun auch die Delegierten des Parteitages, welche die SPD, so ihr Bundesgeschäftsführer Hans-Jürgen Wischnewski, zu einer »Partei von Steuerexperten« gemacht hatten.[147] Verbissen und mit heiligem Ernst hantierten Eppler und seine Gesinnungsgenossen mit ökonomischem Vokabular, ebenso überzeugt von der Richtigkeit ihrer eigenen Aussagen wie einst Karl Schiller.[148] In den Händen Unkundiger – in der Eppler-Kommission saß tatsächlich kein einziger studierter Volkswirt[149] – konnte des Ministers Zauberstab jedoch schlimmen Schaden anrichten.

Schiller war unbegreiflich, wie man so unverständig sein konnte. Hilflos versuchte er, seine Gegner über deren Irrtümer aufzuklären, hatte zunächst den Glauben noch immer nicht verloren, mit vernünftigen Argumenten zu ihnen durchzudringen. Andere, so erinnerte er sich später, hätten solche Aufklärungsversuche wohl von vornherein für einen Versuch am untauglichen Objekt gehalten. Da war etwa Helmut Schmidt, für den der Steuerparteitag ein großer Erfolg war. Er stellte dort das von kurzfristigen Finanzierungs- und Regierungszwängen gänzlich freie »Langzeitprogramm« der SPD vor. Mit diesem Programm, in dem viel von Planung und Ausweitung der staatlichen Handlungsfähigkeit die Rede war, gewann Schmidt sogar die Sympathien der Linken. Zusammen mit Erhard Eppler war Schmidt der große Gewinner des Parteitages und unter den Delegierten galten beide im November 1971 als mögliche Nachfolger des Führungsduos Brandt/Wehner.[150]

Tatsächlich aber, so glaubte Schiller, habe Schmidt nichts von dem für bare Münze genommen, was in Bonn diskutiert wurde. Zum Parteitag sei er erst erschienen, als die entscheidenden Schlachten schon geschlagen waren. Als er schließlich seinen Platz neben Schiller einnahm, habe er den bereits abgekämpften, angegriffenen und offenkundig isolierten Superminister fröhlich gefragt: »Na, ist viel Blödsinn beschlossen worden?«[151]

Schiller musste lernen, dass sein Verständnis von Wirtschaftspolitik, sein Konzept der Globalsteuerung, weiten Teilen der Partei als Zukunftsversprechen nicht mehr ge-

---

146 Vgl. Baring, Machtwechsel, S. 798.
147 Vgl. die Süddeutsche Zeitung vom 20.11.1971.
148 Vgl. Scherf, Enttäuschte Hoffnungen, S. 65.
149 Vgl. die Zeit vom 26.11.1971.
150 Vgl. den Spiegel vom 22.11.1971.
151 Gespräch Schiller-Merklein, 25.8.1989, (Kassette 5, Seite B), ebenso Baring, Machtwechsel, S. 798.

nügte. Anders als er zunächst gedacht hatte, machte es nur noch wenig Sinn, mit den Genossen eine Diskussion über einzelne Sachfragen oder Detailprobleme zu führen. Seine Gegner, so konstatierte er noch während des Parteitages am Präsidiumstisch, wollten offensichtlich eine »andere Republik«.[152] Daraus zog er den Schluss, dass alle von ihm ausgehenden Überzeugungsversuche wohl doch vergeudete Liebesmüh waren. Distanziert gegenüber der eigenen Partei war Schiller immer gewesen. Jetzt aber trat Funkstille ein – und das auch nur an den besseren Tagen.

6 Karl der Weise

Da die Medien zuvor sogar über seinen Sturz spekuliert hatten, werteten sie den Steuerparteitag beinahe schon positiv für Schiller, ein Unentschieden gewissermaßen oder besser: eine Pattsituation. Aus taktischen Gründen, so urteilte etwa die »Zeit«, sei Schiller offensichtlich von den Linken geschont worden.[153] Denn jeder habe gewusst, dass die gesamte Regierung mit ihm falle, falls Schiller stürze. Es ist schon verblüffend, wie viele Journalisten jenen Mann, der in etwa einem halben Jahr von der politischen Bildfläche verschwinden sollte – ohne dass sich die Welt danach auch nur einen Tick weniger schnell drehen würde – noch immer für unverzichtbar hielten.

Dabei sollte gerade das Thema der Steuerreform Schiller auch im neuen Jahr verfolgen. Er selbst sah die vordringlichsten Aufgaben trotz der durch den Steuerparteitag entfachten Erwartungen natürlich woanders: Es ging um die Wiedererlangung der Stabilität, ohne dabei in die Rezession zu steuern, wie es im Frühjahr 1972 von einigen schon wieder für möglich gehalten wurde, und dann natürlich um die Beseitigung der Schieflage bei den Staatsfinanzen. Aber die Koalitionsparteien drängten bei der »Jahrhundertreform« nun endlich auf konkrete Ergebnisse. Die SPD-Fraktion wollte sich nicht vorhalten lassen, dass man im Gegensatz zur Partei auf diesem Gebiet untätig blieb. Denn anders als in der Außenpolitik, wo die Ostverträge kurz vor ihrer Ratifizierung standen, hatte das sozialliberale Bündnis von seinen inneren Reformen weniger zu Stande gebracht als angekündigt. Dem sollte durch die Steuerreform abgeholfen werden.

Doch Schiller zeigte weiterhin kein großes Interesse, ließ stattdessen den Beamten seines Ministeriums freie Hand, vor allem dem Züricher Professor für Nationalökonomie Heinz Haller. Er war bereits unter Alex Möller als Staatssekretär in das Finanzministerium geholt worden, um sich dort einzig und allein mit der Steuerreform zu beschäftigen. Doch der unpolitische Gelehrte blieb auf dem Bonner Parkett ein Außenseiter. Wie er mit Alex Möller ausgehandelt hatte, kam er erst am Dienstagmittag ins Ministerium, da er montags noch seine Vorlesungen in Zürich abhielt. Am Freitag

---

152 Vgl. die Süddeutsche Zeitung vom 20.11.1971.
153 Vgl. die Zeit vom 26.11.1971.

verschwand er bereits mittags wieder in Richtung Schweiz. Nicht nur die übrigen Ministerialbeamten schnitten Haller. Vor allem fühlte er sich von der Steuerreform-Arbeitsgruppe der SPD-Fraktion isoliert, die ihn mehrfach nicht zu ihren Beratungen eingeladen hatte. Die Genossen wollten lieber »unter sich« bleiben, hatte Haller Schiller bereits im Oktober 1971 geschrieben.[154]

Insofern war es durchaus perfide, wenn die sozialdemokratischen Parlamentarier Schiller vorwarfen, dass er sie nicht in seine Pläne einbeziehe. Allerdings kam auch der Minister bald zu der Überzeugung, dass Haller mit seiner Arbeit überfordert sei. Als der Staatssekretär im Februar 1972 seinem Chef endlich einen vermeintlich endgültigen Entwurf vorlegte, glaubte Schiller in diesem zahlreiche Fehler zu entdecken, wies seinen Staatssekretär scharf zurecht und forderte eine eingehende Überarbeitung. Haller, der ständigen Einsprüche der Koalitionsgremien, Fraktionen und Länderregierungen überdrüssig, trat vier Tage später zurück und verkroch sich für die Medien wie für seinen Dienstherrn unerreichbar in einer Schweizer Berghütte.[155]

Schiller hatte zunächst gehofft, die Verzögerungen bei der Steuerreform seinem demissionierten Staatssekretär anlasten zu können. Aber diese Taktik verfing nicht. Denn die sozialdemokratischen Abgeordneten fürchteten, dass die neuen Gesetze dem Bundestag nun nicht mehr bis zur Sommerpause zur Beratung vorgelegt würden. Auch sahen sie die Schuld nicht bei Haller, sondern bei seinem Vorgesetzten. Zudem wurde es für Schiller langsam unangenehm, dass ihm nun bereits sein dritter Staatssekretär abhandengekommen war. Es war auch nicht leicht, Nachfolger zu finden. In Bonn, so kursierte bald ein böser Scherz, traue sich kaum noch jemand, dem Superminister die Hand zu schütteln – aus Angst, dann sofort Staatssekretär bei ihm werden zu müssen.[156]

Auf der Fraktionssitzung am 29. Februar 1972 gingen die gereizten SPD-Parlamentarier ungewöhnlich scharf mit Schiller ins Gericht. Wieder warfen sie ihm vor, die Arbeiten absichtlich zu verschleppen. Einen kompetenten Gesprächspartner im Ministerium zu bekommen, sei praktisch ausgeschlossen. Mit Schillers widersprüchlichen Aussagen zum Zeitplan und zum Inhalt der Steuerreform werde man nun schon seit Monaten immer weiter hingehalten. Der Gescholtene war überrascht von der geballten Kritik. Alles, was ihm zu seiner Verteidigung einfiel, war ein Verweis auf den Steuerparteitag vom November, der ihn selbst verunsichert habe in dem, was Partei und Fraktion eigentlich von der Reform erwarteten.[157]

Nervlich bereits auf das Äußerste angespannt, wurde Schiller auch am Abend bei einer Koalitionsbesprechung im Kanzlerbungalow scharf angegriffen. Walter Scheel betonte, dass die Steuerreform gleichbedeutend mit der Koalitionsfrage sei.[158] Helmut

---

154 Vgl. Haller an Schiller am 15. 10.1971, in: BA N Schiller 1229, B. 285, S. 335 f.
155 Vgl. den Spiegel vom 6.3.1972.
156 Vgl. die Süddeutsche Zeitung vom 8.3.1972.
157 Vgl. die Fraktionssitzung vom 29.2.1972, AdsD, Fraktionsprotokolle, 6. Wahlperiode, Bd. 88.
158 Ebd.

Schmidt warf Schiller vor, dass er die Arbeiten absichtlich sabotiere. Ultimativ verlangten sie vom Superminister, spätestens im August wenigstens die Gesetzesentwürfe zur Reform des Einkommens- und Körperschaftssteuerrechtes vorzulegen. Schiller zögerte, denn die Zeit erschien ihm wesentlich zu kurz und er wollte nicht aus politischen Gründen einen fehlerhaften und unzureichenden Entwurf präsentieren. Daraufhin, so berichtete der »Spiegel«, habe der stellvertretende SPD-Vorsitzende Schmidt die Beherrschung verloren und den sozialdemokratischen Einzelgänger angebrüllt, dass er endlich lernen müsse, sich an die Parteidisziplin zu gewöhnen.[159] Wortlos habe Schiller seine Akten zusammengepackt und den Venusberg eilig verlassen.

Noch am selben Abend setzte sich der tief verletzte Superminister an seinen Schreibtisch und schrieb seinem Bundeskanzler einen grimmigen Brief. Die Verantwortung für die Verschleppungen bei der Steuerreform müsse er ablehnen. Zum einen habe er hier von seinem Vorgänger ein schweres Erbe übernommen, das aus »Unvollkommenheiten, Widersprüchlichkeiten und fehlerhaften Zeitberechnungen« bestehe.[160] Vor allem aber würden in Permanenz prinzipielle und partikulare Änderungswünsche der verschiedenen Ressorts vorgebracht, sodass eine konsistente Arbeit ohnehin nicht möglich sei.

Und da Schiller bereits einmal dabei war, seinem Ärger Luft zu machen, verschaffte er auch seinen übrigen Besorgnissen Geltung, die sich vor allem auf sein Superministerium bezogen. Im Dezember des Vorjahres hatte er sich bei Brandt noch schriftlich über die bösen Gerüchte beschwert, die von seiner Überforderung sprachen und eine Trennung der Kompetenzen seines Mammutministeriums ins Spiel brachten. Brandt möge diesen Herabsetzungen, deren Quelle das Kanzleramt sei, ein schnelles Ende machen.[161] Doch in den folgenden Wochen hatte Schiller feststellen müssen, dass die Planspiele über die Zerschlagung des Superministeriums keineswegs ohne die Billigung des Bundeskanzlers stattgefunden hatten. Denn Brandt beobachtete mit Sorge, welche Kluft mittlerweile zwischen Schiller und der Partei entstanden war. Daher wollte er seinem Superminister gewiss nichts Böses, wenn er darüber nachdachte, Schiller zumindest von seiner Doppelfunktion als Wirtschafts- und Finanzminister zu befreien, um so wenigstens einen Teil der Konfliktfelder zu eliminieren. Und da Brandt ein liberaler Mensch war, erwartete er von Schiller eigene Vorschläge, wie die Belastung reduziert werden könnte.[162]

Doch Schiller wollte von alledem nichts wissen. Der Mann, der stets von der Bürde gesprochen hatte, die er mit dem Superministerium auf sich geladen habe, verteidigte jetzt in seinem Brief mit Klauen und Zähnen seine Kompetenzen. Zunächst legte er die sachlichen Gründe dar, die einer erneuten Teilung des Ministeriums im Wege stün-

---

159 Vgl. den Spiegel vom 6.3.1972.
160 Vgl. Schiller an Brandt am 29.2.1972, in: BA N Schiller 1229, B. 326, S. 60 ff.
161 Vgl. Schiller an Brandt am 4.12.1971, in: BA N Schiller 1229, B. 326. S. 56 f.
162 Das jedenfalls behauptete Brandt in seiner Antwort auf Schillers späteren Rücktrittsbrief; vgl. Brandt an Schiller, 6.7.1972, Privatbesitz Noelle-Wying.

den und sich auf die allgemeine Feststellung beschränkten, dass dieses den mühsam hergestellten Zusammenhang zwischen Wirtschafts- und Finanzpolitik mitten im Strom abschneiden würde. Stattdessen, so Schiller, sollte das vereinigte BMWF bis kurz nach den Wahlen Ende 1973 erhalten bleiben. Dafür müsste die Mannschaft der Staatssekretäre aufgefüllt werden. Dabei sei streng nach fachlichen, auf keinen Fall nach parteipolitischen oder anderen Gesichtspunkten vorzugehen.[163]

Selbstverständlich, teilte Schiller dem Bundeskanzler mit, wäre es für ihn eine Erleichterung, wenn er die Last des Superministeriums von seinen Schultern abwerfen könnte. Denn: »Sie wissen selbst, dass diese Lösung für die kommenden anderthalb Jahre in Anbetracht der nun einmal gegebenen finanziellen Situation einem Opfergang für mich gleichkommt.«[164] Auch über die künftigen Schwierigkeiten mache er sich keine Illusionen; schon als Bundeswirtschaftsminister sei er vom Kabinett mehr als einmal mit seinen Vorschlägen »sitzen gelassen« worden. Brandts Anmerkung, dass ein Finanzminister der anderen Koalitionspartei es leichter haben könnte, sei vermutlich ganz realistisch. Dennoch habe ihn diese Aussage des Bundeskanzlers »sehr, sehr nachdenklich« gemacht.[165] Denn auf die Kooperationswilligkeit, ja selbst auf die Disziplin der Bundesminister sei ohnehin nicht zu hoffen. Vertraue man hierauf, würde dieses endgültig die »komplette Explosion der Bundesfinanzen bedeuten«.[166] Stattdessen erbat Schiller endlich die bedingungslose Unterstützung des Bundeskanzlers. Ohne diese müssten alle Versuche des Umsteuerns seinerseits völlig wirkungslos bleiben. Die Staatsfinanzen bewegten sich auf eine kaum noch korrigierbare Schieflage zu. Bereits für das Jahr 1972 sei, falls keine Änderung eintrete, ein Finanzierungsdefizit von 8,82 Milliarden DM zu erwarten, das sich für die folgenden Jahre bis 1975 auf 12,6 Milliarden DM (1973), 15,8 Milliarden DM (1974) und schließlich 16 Milliarden DM (1975) erhöhen würde. Schiller schlug daher eine Reihe von Steuererhöhungen vor, forderte aber vor allem eine völlige Überarbeitung der kurz- und mittelfristigen Finanzwünsche der Ressorts. Und immer wieder, insgesamt vier Mal in seinem Brief, appellierte Schiller an die Unterstützung Brandts, ohne die er sein Amt nicht weiter führen könne. Es waren schon mehr als subtile Rücktrittsdrohungen. Er erweckte den Eindruck eines Ministers, der bereits mit einem Bein außerhalb der Regierung stand, zumal er mitteilte, er sei mittlerweile zu der Erkenntnis gekommen, dass bereits im Februar/März 1970 eigentlich der richtige Zeitpunkt für seinen Rücktritt gewesen sei.[167]

Wie in Bonn üblich, blieb kaum ein Detail der Kabinetts- und Fraktionsgespräche unbekannt. Auch dass der Superminister gegenüber dem Bundeskanzler wieder einmal seinen Rücktritt in Aussicht gestellt hatte, pfiffen die Spatzen von allen Dächern. Aber die Zahl derer, die die Ansicht vertraten, dass man Reisende nicht länger aufhalten soll-

---

163 Vgl. Schiller an Brandt am 29.2.1972, in: BA N Schiller 1229, B. 326, S. 60 ff.
164 Ebd.
165 Ebd.
166 Ebd.
167 Vgl. ebd.

te, wurde beständig größer. Für den 3. März war eine weitere Sondersitzung der Fraktion anberaumt worden – abermals sollte die Arbeit des Superministers der einzige Tagesordnungspunkt sein. Und keiner der Beteiligten gab sich noch sonderlich Mühe, die Dramatik aus dem Konflikt heraus zu nehmen. Dass man seitens der Fraktion Schiller ins »Kreuzverhör« nehmen wollte, war ebenso bekannt wie dessen Ankündigung, nun eine »endgültige Entscheidung« zu suchen. Weitere Angriffe auf seine Person, hieß es, empfand der Minister als nicht länger zumutbar: Entweder die Fraktion stelle die permanenten Attacken auf ihn ein oder aber er würde zurücktreten.[168]

Hinzu kam, dass die Stimmung in der Bundeshauptstadt ohnehin zum Zerreißen gespannt war. Eigentlich konnte die Koalition im Frühjahr 1972 nichts weniger brauchen als einen permanenten Konflikt um den innenpolitischen Kurs. Der mittlerweile schon chronische Konflikt zwischen Schiller und seinen Kabinettskollegen war nach Ansicht vieler ein Nebenkriegsschauplatz, der Energien verschlang, die an anderer Stelle dringend benötigt wurden. Denn im März 1972 stand für die Regierung Brandt/Scheel fast alles auf dem Spiel. Die Koalition drohte auseinander zu brechen. Ihre Mehrheit war seit dem Regierungswechsel immer schmaler geworden. Schon 1970 hatte der ehemalige FDP-Parteivorsitzende Erich Mende, zusammen mit seinem ehemaligen Mitstreiter Siegfried Zoglmann, seiner Fraktion den Rücken gekehrt und war zur Union übergelaufen. Weitere Abgeordnete der Koalition waren im Laufe der nächsten Monate gefolgt. Und dann wechselte auch noch der SPD-Abgeordnete und Vorsitzende des Vertriebenenverbandes, Herbert Hupka, am 29. Januar aus Protest gegen die Ostverträge die Fronten. Nur noch vier Stimmen mehr als die CDU/CSU besaß die Koalition jetzt.[169] Und weitere Freidemokraten drohten mit einem Rückzug aus ihrer Partei. Dass es womöglich schon vor 1973 zu Neuwahlen kommen könnte – falls nicht gar Brandt mit einem konstruktiven Misstrauensvotum gestürzt wurde –, erschien nicht mehr unwahrscheinlich. So wollte die Koalition zumindest noch die Ostverträge vom Bundestag ratifizieren lassen. Auch Brandt versuchte, Schiller mehrmals das hehre Ziel der Ratifizierung der Ostverträge ins Bewusstsein zu rücken. Er wollte ihm damit bedeuten, dass er Schillers Befürchtungen nicht ignorieren wolle, es aber aus Gründen der politischen Räson in der momentanen Situation unabdingbar sei, die Konflikte nicht weiter zu verschärfen.

Doch der gewohnte Griff ans Portepee zeigte immer weniger Wirkung. Denn Karl Schiller hatte, wie sich jetzt zeigte, schon fast losgelassen. Die Anregung für die Rolle, die er in den letzten drei Monaten seiner politischen Laufbahn zu spielen gedachte, muss er in seinem heimischen Bücherregal gesucht haben. Fündig war er dieses Mal nicht bei den Dramen seines berühmten Namensvetters geworden. In Lessings »Nathan der Weise« entdeckte er sein eigenes Schicksal wieder. Schiller wollte sich den Patriarchen seiner Partei und den Messdienern in der eigenen Fraktion als der weise

---

168 Vgl. die Welt vom 3.3.1972; Stuttgarter Zeitung vom 3.3.1972.
169 Vgl. Baring, Machtwechsel, S. 477.

und gerechte Jude präsentieren, der seine Liebe zur Vernunft auf dem Scheiterhaufen büßen soll.

Und da er seinen großen Auftritt sorgsam geplant hatte, blieb er zunächst auch erstaunlich ruhig, als die Abgeordneten der SPD ihre wütenden Philippiken gegen ihn schleuderten, jeweils unterbrochen von starkem Beifall. Sie warfen ihm vor, dass er die »Springer-Presse« mit Informationen füttere, dass er die Steuerreform über Monate willentlich verschleppt habe, und Helmut Schmidt profilierte sich ganz besonders, als er unter großem Beifall der Fraktion sagte, die Zeit sei reif, dass sich in den Händen des deutschen Arbeiters endlich Produktivvermögen bilde.[170]

Dann antwortete der Superminister. Natürlich habe er über eigene Fehler nachgedacht, von denen schließlich niemand frei sei. So recht konnte Schiller dann jedoch keine finden. Stattdessen bot er den Parlamentariern noch einmal eine wohl einstudierte Aufführung. Die Anregung fand er im vierten Aufzug von Lessings Drama. »Tut nichts! Der Jude wird verbrannt«, sagt der Patriarch dort, und das dreimal, jedes Mal, wenn der Tempelherr Verständnis dafür zu wecken sucht, dass ein Jude ein Christenkind wie sein eigenes aufzieht, allerdings nicht im rechten Glauben, eigentlich in gar keinem, allenfalls im Glauben an das Walten einer höheren Macht. Der Jude, mag er noch so weise und so gerecht handeln, »der Jude wird verbrannt«. Und so zählte auch Schiller seine Leistungen der letzten Jahre auf – die Rezession überwunden, die Währungspolitik mehrmals in Ordnung gebracht, die Haushaltspolitik wieder in geordnete Bahnen gelenkt – um nach jedem seiner Erfolge einzuflechten, dass einige offensichtlich trotzdem der Meinung seien: »Tut nichts! Der Jude wird verbrannt.« Und Schiller endete mit dem Satz: »Aber: Nathan wurde nicht verbrannt und er wird sich nicht auf dem Platz vor diesem Haus nach neuer Mode selbst verbrennen.«[171]

Schiller also hatte sich verhalten wie immer: Die eigentliche Kritik war von ihm abgeprallt, er hatte in eigenen Erfolgen geschwelgt und den Genossen dazu einen Einblick in seine literarische Bildung gewährt. Im Grunde waren das genau jene Verhaltensweisen, die ihn in der Partei unbeliebt gemacht hatten. Und doch gelang es Schiller, die Stimmung im Fraktionssaal ein Stück weit zu drehen. Zunächst wies das Protokoll noch »Gelächter« aus, von dem nicht eindeutig war, wie es zu interpretieren war, dann aber schließlich »Beifall« und zum Ende hin sogar »starker Beifall«. Und so konnten die Journalisten, die vor dem Eingang gespannt darauf gewartet hatten, wie Karl Schillers letztes Gefecht wohl ausgehen würde, überrascht einen freudig-gelösten Superminister antreffen, der von einer »Solidaritätserklärung« der Fraktion sprach, und gut gelaunte Abgeordnete, die plötzlich Verständnis für die schwierige Lage des Superministers zeigten.[172] Was wie ein Tribunal hätte ausgehen sollen, war anscheinend in der Ver-

---

170 Vgl. das Protokoll der Fraktionssitzung vom 3.3.1972, in: AdsD, Fraktionsprotokolle, 6. Wahlperiode, Bd. 89.
171 Ebd.
172 Vgl. die Allgemeine Zeitung vom 4.3.1972, Münchener Merkur, 4.4.1972.

söhnung geendet – und Schiller selbst überraschte das wohl am meisten. Es war jenes bisweilen zu beobachtende Phänomen, dass die Genossen zwar häufig wütend auf ihn reagierten, aber gleichzeitig auch stolz auf ihn waren, sodass ihre Bewunderung für den gescheiten Minister alle Animositäten kurzzeitig vergessen ließ. Es war wie mit einem ungezogenen, aber auch äußerst begabten Sohn, der die Eltern abwechselnd verzückt und dann wieder in die Verzweiflung treibt.

Natürlich war der Riss nur oberflächlich gekittet worden. Von einem »Friedensschluss auf Widerruf« sprach Dieter Piel in der »Zeit«.[173] Beruhigt worden waren die Parlamentarier auch durch Brandts Zusicherung, sich selbst von nun an stärker in die Wirtschafts- und Finanzpolitik einzuschalten. Auch das konnte man letztlich als partiellen Vertrauensentzug für Schiller werten. Der Superminister selbst aber war durchaus zufrieden über seinen Auftritt, wie er Brandt einige Tage später schrieb.[174] Und als Scherbengericht war es in der Tat nicht ausgegangen. Vielleicht, so mochte Schiller noch einmal die Hoffnung hegen, würde sich die Vernunft – also seine Meinung – am Ende doch durchsetzen. Denn wie hatte er in seinem Vergleich richtig gesagt: Auch Nathan war am Ende schließlich nicht verbrannt worden.

Doch bereits wenig später war alles Makulatur, der Friedensschluss aufgekündigt, das zarte Pflänzchen der Wiederannäherung zwischen dem Superminister und den Genossen zertreten. Nur einige Tage, nachdem Schiller vor der Fraktion Nathan den Weisen gemimt hatte, berichteten die Zeitungen über einen merkwürdigen Vorgang im Superministerium. Der Geologieprofessor Eberhard Machens war zum neuen Leiter der dem Ministerium unterstellten »Bundesanstalt für Bodenforschung« ernannt worden. Die Bediensteten der Anstalt hatten dagegen öffentlich protestiert und Machens' ungenügende Qualifikation bemängelt. Was wie eine Randepisode klang, bot in Wirklichkeit den Anlass für einen handfesten Skandal. Denn Machens war ein »Schwippschwager« des Superministers, der Ehemann einer Schwester von Etta Schiller. Zunächst hatte sich nur der im Februar ausgeschiedene Vorgänger von Machens mit einem Telegramm an Brandt und Heinemann gewandt. Als dann jedoch Brandt und Wehner am 7. März auch noch einen Brief von den Mitarbeitern der Behörde erhielten, in dem 162 der 165 Wissenschaftler ihren Protest formuliert hatten[175], war Schillers Familienernennung unhaltbar geworden. Doch der viel beschäftigte Superminister bemühte sich redlich, seine politisch völlig bedeutungslose Ernennung zu rechtfertigen. Seinen Kabinettskollegen und Herbert Wehner schickte er mehrere Briefe mit Gutachten und Zeitungsartikeln über die fachliche Qualifikation seines Schwippschwagers, die den ganzen Vorgang in einem differenzierteren Licht erscheinen lassen sollten. Überzeugend wirkte das nicht, obgleich Schiller sogar ein Empfeh-

---

173 Vgl. die Zeit vom 10.3.1972.
174 Vgl. Schiller an Brandt, BA N 1229 Schiller, B. 326, S. 74.
175 Vgl. Schreiben der Bediensteten der Bundesanstalt für Bodenforschung und des niedersächsischen Landesamtes für Bodenforschung vom 7. März 1972 an Willy Brandt, Herbert Wehner u. a., in: AdsD, SPD-Fraktion, Büro Herber Wehner, B. 238.

lungsschreiben des Präsidenten des afrikanischen Staates Niger beifügte.[176] Nach einigen Tagen musste sich Schiller dem öffentlichen Druck beugen und Machens entlassen – unter Fortzahlung der vollen Bezüge.

Der Vorwurf des Nepotismus kann für jeden Politiker unangenehm werden. Böse Zungen bezeichneten den Superminister fortan als »Minister für Vetternwirtschaft und Finanzen.«[177] Doch sehr viel schwerer wog eine andere Interpretation des Vorgangs. Da es sich bei Machens um einen Verwandten von Etta Schiller handelte und da ihr Mann ungewöhnlich lange brauchte, bis er seinen Fehler einsah, sah mancher nun bestätigt, was er zuvor nur vermutet hatte, nämlich dass die Ehefrau des Superministers einen übermäßigen und dazu noch äußerst schädlichen Einfluss auf ihren Mann ausübe. Für die meisten Journalisten jedenfalls lag der Fall klar: Wenn einem so überdurchschnittlichen und dazu noch vorsichtigen Mann ein solcher Schnitzer unterlief, dann könne dies nur auf eine bedenkliche Abhängigkeit im privaten Bereich hindeuten.[178] Und deswegen war die »Affäre Machens« ein entscheidender Einschnitt in der öffentlichen Berichterstattung über Karl Schiller. Seit der Heirat war seine Frau Etta zwar bereits auf ungewöhnliche Art und Weise in den Gazetten der Republik präsent gewesen und die Regenbogenpresse hatte über die »Schillers« ohnehin nur noch als Tandem berichtet. Aber seit März 1972 schien es fast, als hätten die Deutschen einen Superminister und eine Superministerin. Nun schrieben auch die Qualitätszeitungen selten über Schiller allein, sondern häufig auch über Etta. Das letzte Titelblatt, das der »Spiegel« dem zurückgetretenen Superminister im August 1972 widmete, zeigte Karl und Etta Schiller. Darunter stand die Frage: »Entscheidet eine Frau die Wahlen? Schillers Etta«.[179]

Über mangelnde Beachtung konnte sich die Ehefrau des Superministers wahrlich nicht beklagen. Es fing bei eher harmlosen Dingen an, etwa, dass Etta Schiller stets mit dem Dienstfahrzeug ihres Mannes samt Ministerstander zum Einkaufen fahre, bis zu der Unterstellung, dass sie in Abwesenheit ihres Mannes ins Ministerium ging und die Post durchschaute. Am meisten Aufsehen erregten die häufigen »Dienstreisen« in ferne Länder, bei denen Etta Schiller meist mit von der Partie war. Von der Reise nach Acapulco war bereits die Rede. Zum Jahresende 1971 war Schiller samt Ehefrau nach Obervolta geflogen. Der Minister wollte es sich nicht nehmen lassen, in der Nachbarrepublik Niger ein Kapitalhilfeabkommen über die bescheidene Summe von 14 Millionen DM persönlich zu unterzeichnen. Allerdings blieb der Presse nicht verborgen, dass ein Schwager von Etta in Obervolta als Beauftragter des EWG-Entwicklungsfonds arbeitete. 7.000 DM pro Person habe der First-Class-Trip in den Savannenstaat den deutschen Steuerzahler gekostet, berichtete der »Spiegel«.[180]

---

176 Vgl. die Briefe Schillers an das gesamte Bundeskabinett vom 11. und 13.3.1972, in: AdsD, Depositar Helmut Schmidt, B. 5654.
177 Vgl. die Zeit vom 10.3.1972.
178 Vgl. die Stuttgarter Zeitung vom 7.3.1972.
179 Vgl. den Spiegel vom 21.8.1972.
180 Vgl. den Spiegel vom 3.1.1972.

IX Supernova (1969–1974)

Bei Schillers Mitarbeitern herrschte jedes Mal Alarmstimmung, wenn Etta Schiller ihren Mann auf Reisen begleitete. Denn sie war einem kleinen Plausch mit den mitreisenden Journalisten selten abgeneigt. Man fürchtete nicht nur, dass Etta dabei geheime Details aus den Verhandlungen zum Besten geben könnte. Es waren wohl auch diese Anlässe, bei denen die Medienvertreter prägnante Charakterisierungen der Kabinettskollegen ihres Ehemannes notieren konnten. So sei Erhard Eppler ein »armes Würstchen ohne Charakter«[181], Helmut Schmidt »krank und nahezu reif für den Paragraphen 51. Es fehlt nur noch, dass der in den Teppich beißt.«[182] Kein Wunder, dass unter Bonner Politikern Anfang 1972 die Angst umging. Etta Schiller, so kursierte ein Gerücht, sei als Präsidentin der Oberfinanzdirektion Köln im Gespräch, wo die meisten Bonner Politiker ihr Einkommen zu versteuern hatten.[183] Die Schillers würden so gewissermaßen auch Einblick in die privaten Etats der Kabinettskollegen bekommen.

Bei der Personalpolitik des Ministeriums schien Etta ebenfalls ein Wörtchen mitzureden. 1969 hatte Schiller völlig überraschend den Industriemanager Detlef Karsten Rohwedder zum Staatssekretär gemacht. Der Minister habe ihn auf einer Party in Düsseldorf kennen gelernt, so hieß es zunächst, und das war bereits eine ungewöhnliche Art der Personalrekrutierung. Tatsächlich aber, so recherchierten die Journalisten, handelte es sich bei dem neuen Staatssekretär um den Ehemann von Etta Schillers Freundin Hergard Rohwedder. Doch als Etta Schiller und Hergard Rohwedder sich zerstritten, bedeutete das auch das Ende der Zusammenarbeit zwischen dem Superminister und seinem Staatssekretär. Rohwedder bekam keinen Gesprächstermin mehr bei Schiller und wurde faktisch von der Arbeit im Ministerium entbunden.[184] »Der Rohwedder würde bei uns nicht noch mal Staatssekretär werden«, zitierte die »Welt« die Frau des Superministers.[185] Schillers Mitarbeiter berichteten auch von Versuchen der Einflussnahme Etta Schillers, die über die Personalpolitik des Hauses weit hinausgingen. So habe sie den Kabinettskollegen ihres Mannes Briefe geschrieben, diese auf ihre Fehler hingewiesen und den Standpunkt ihres Mannes verteidigt.[186]

Letztlich wird sich nie mit Sicherheit sagen lassen, ob all die Berichte über die »heimliche Superministerin« Etta Schiller der Wahrheit entsprachen. Manche Geschichten schrieben die Journalisten schlicht voneinander ab und schmückten sie bisweilen auch ein wenig aus.

Etta Schiller selbst schien sich 30 Jahre später an die ausführliche Berichterstattung über ihre Person nur noch lückenhaft zu erinnern. Aber wie sie dem Verfasser im Juli 2003 sagte, sah sie sich durchaus in einer anderen Rolle als die übrigen Ehefrauen der

---

181 Vgl. den Spiegel vom 15.11.1971.
182 Vgl. den Spiegel vom 21.8.1972.
183 Gespräch mit Claus Noé.
184 Diese Darstellung wurde auch im Gespräch des Verfassers mit Schillers Ministeriumssprecher Dieter Vogel bestätigt.
185 Vgl. die Welt vom 1.2.1972.
186 Gespräch mit Claus Noé.

Bonner Politiker. Ein Hausmütterchen sei sie gewiss nicht gewesen und als Mitarbeiterin der Düsseldorfer Oberfinanzdirektion habe sie wohl mit Recht für sich in Anspruch nehmen können, eine eigenständige und kompetente Meinung über die Finanzpolitik der Regierung zu haben. Bei den Attacken gegen ihre Person sei Neid im Spiel gewesen – der Kollegen Schillers ebenso wie deren Ehefrauen, die eben häufig keine Akademikerinnen gewesen seien und oftmals keinen wirklichen Beruf ausgeübt hätten. Dass im Kabinett die Männer immer nur unter sich blieben, fand sie reichlich albern, weswegen sie häufiger angeregt habe, gemeinsame Abende miteinander zu verbringen, wie es ja schließlich unter Arbeitskollegen ganz normal sei.[187]

Wichtiger als der Wahrheitsgehalt der Etta-Schiller-Anekdoten war, dass es sie überhaupt gab und dass sie die öffentliche Wahrnehmung vom Superminister veränderten. Auch nebensächliche Veränderungen an Karl Schiller wurden dem Einfluss seiner Frau zugeschrieben; selbst dass der Minister eine Zeit lang von der Zigarette auf die Pfeife umstieg, wurde dem Umgang mit Etta geschuldet. Die »Welt« zitierte anonym einen Staatssekretär, der meinte, dass eine Frau, die so etwas bewerkstelligen könne, ihren Mann »ganz schön am Bändel« haben müsse.[188] Schiller trug plötzlich Sakkos mit großen Karos, weiße Rollkragenpullis, was zu dieser Zeit modern war, für die er jedoch bei Weitem zu alt erschien.[189]

So entstand das Bild eines Mannes, der nach der Pfeife seiner Frau tanzte. Das war sicherlich weit übertrieben und teilweise auch durch eine unverhohlene Emanzipationsfeindlichkeit zu erklären. Dass Erich Mendes Ehefrau Margot einmal hatte verlauten lassen, die FDP sei ja ganz schön heruntergekommen gewesen, bevor »wir sie übernommen haben«, hatte in Bonn bei Weitem nicht ein so ätzendes Echo gefunden. Denn Margot Mende hatte dem Typus der treu sorgenden Ehefrau entsprochen. Für Etta Schiller galt das wahrlich nicht.

Jedenfalls war offensichtlich, dass Etta Schillers öffentliches Auftreten den ohnehin ramponierten Ruf Karl Schillers zusätzlich ruinierte. Der Superminister erschien als ferngesteuerte Marionette, mit der in Bonn praktisch niemand mehr sprechen mochte und der sich dafür umso willfähriger den Ratschlägen seiner Ehefrau auslieferte. Etta Schiller, so die »Zeit«, habe wohl nicht zufällig ihre Dissertation über die Übertragung von Hoheitsrechten geschrieben und sei dabei zu dem Schluss gekommen, dass »die Übertragung der Ausübung von Hoheitsgewalt zwischen Staaten seit langem üblich gewesen ist«. Diese Methode versuche sie nun offensichtlich auch bei ihrem Gatten anzuwenden.[190]

Fast hatte es den Eindruck, als sei die Politik im Falle des Superministers zur Nebensache geworden. Ob Schiller bei seinem Zwist mit der Partei und den Kabinetts-

---

187 Gespräch mit Etta Schiller.
188 Vgl. die Welt vom 15.10.1971.
189 Vgl. den Spiegel vom 19.6.1971.
190 Vgl. die Zeit vom 7.4.1972.

kollegen nun in der Sache Recht hatte oder nicht, darüber wurde in den Zeitungen kaum noch debattiert. Stattdessen widmeten sich die Journalisten genüsslich den vielen Anekdoten, die Schiller produzierte. Es ging dabei jedoch nicht mehr um die selbstherrliche Primadonna – ein Image, das ihm gar nicht besonders geschadet hatte. Jetzt entstand das Bild eines zwanghaften, pedantischen und offensichtlich von zahlreichen Neurosen geplagten Menschen, den schon kleine Probleme schier in die Verzweiflung trieben. So berichtete der »Spiegel« von einem Flug Schillers zu einer Welthandelskonferenz nach Santiago de Chile. In Paris sei auch sein ewiger Rivale Valéry Giscard d'Estaing zugestiegen. Bei der nächsten Zwischenlandung in Rio de Janeiro, sechs Uhr morgens Ortszeit, sei Giscard vom französischen Botschafter empfangen worden, Schiller aber nicht vom Deutschen. »Ihrer schläft wohl noch?«, habe der Franzose, »maliziös« lächelnd, seinen Kollegen gefragt. Schiller sei daraufhin so aufgebracht gewesen, dass er seine Mitarbeiter dazu angetrieben habe, telefonisch via Bonn dafür zu sorgen, dass wenigstens bei der nächsten Zwischenlandung in Buenos Aires ein Repräsentant des reisenden Superministers gegenwärtig sei.[191] Auch die ihm eigene Mischung aus professoraler Rechthaberei und praktischer Hilflosigkeit, die dazu führe, dass er richtige Einsichten nicht in die Tat umsetzen könne, wurde nun ebenfalls im privaten Bereich konstatiert. So habe Schiller nach einer Währungskonferenz in Washington im »Duty-Free-Shop« des Londoner Flughafens eine Büchse Tabak erstehen wollen. Dabei habe sich ihm die Frage gestellt, ob er nun besser wegkomme, wenn er als D-Mark-Verdiener den ausgewiesenen Betrag in Dollar oder aber in D-Mark bezahle. Das Mädchen an der Kasse, der nur eine simple Pfund-Umrechnungstabelle zur Verfügung stand, konnte ihm das Problem nicht lösen. Also habe Schiller die mit ihm reisenden Beamten aus dem Wirtschafts- und Finanzministerium auf das Problem angesetzt, die ebenso fieberhaft wie erfolglos hin und her rechneten. Da das Problem offensichtlich nicht zu lösen war, habe Schiller die Büchse wieder zurück ins Regal gestellt und seinen Einkauf unterlassen.[192]

Warum es Sinn macht, von diesen Episoden zu erzählen? Schiller selbst ließ später keinen Zweifel daran, dass es einen eindeutigen Zusammenhang zwischen seinem öffentlichen Ansehen und den Durchsetzungsmöglichkeiten seiner Politik gegeben habe. Man müsse in der Öffentlichkeit ein Echo, ein Feed-back erzeugen. Wenn man für seine Politik die Unterstützung der Medien bekomme – sei es durch Umfragen oder aber durch Kommentare –, so bleibe dieses nicht ohne Wirkung auf die Kabinettskollegen.[193]

Ab dem Frühjahr 1972 bekam Schiller zu spüren, wie seine Stellung in der Regierung war, wenn das positive Echo fehlte. Im Kabinett verfielen während der Haushaltsberatungen die Umgangsformen. Die Minister revoltierten fast einmütig gegen

---

191 Vgl. den Spiegel vom 19.6.1972.
192 Vgl. ebd.
193 Gespräch Schiller-Merklein, 19.8.1989, Kassette 4 (Seite A).

ihren »Nebenkanzler«, der mit seinen Appellen zur haushaltspolitischen Mäßigung nicht mehr durchdrang. Mehrmals musste Brandt die Glocke läuten, um der chaotischen Zustände Herr zu werden. Besonders der Konflikt zwischen Schmidt und Schiller nahm für den Bundeskanzler unerträgliche Formen an. Mehrmals, so berichtete später der damalige Regierungssprecher Conrad Ahlers, habe Willy Brandt den Kabinettssaal resigniert verlassen, weil er die Streitereien nicht mehr ertragen konnte.[194] Besonders Schmidt führte die Auseinandersetzung in cholerischer Art und Weise, die manche darauf zurückführten, dass er aufgrund einer Schilddrüsenerkrankung dazu neigte, die Kontrolle zu verlieren. Schiller hingegen, so seine damaliger Mitarbeiter Claus Noé, habe sich zu Schmidts Gebaren umgekehrt proportional verhalten: Er wurde immer feiner und zurückhaltender in seiner Ausdrucksweise.

Doch auch der Wirtschafts- und Finanzminister verschoss kleine Giftpfeile. Als Schmidt wieder einmal die Berechnungen Schillers anzweifelte, habe der Superminister ihn zurechtgewiesen: Er könne es natürlich noch einmal erklären, aber das habe der Herr Verteidigungsminister schon damals in seinem Oberseminar nicht verstanden. Einige, so wiederum Noé, hätten im Übrigen durchaus die Einsicht gehabt, dass es mit Schmidts Ausfällen so nicht weiter gehen könne, dass ihm vom Kanzler endlich Einhalt hätte geboten werden müssen. Letztlich jedoch sei der Verdruss über Schiller größer gewesen und auch Brandt habe Schmidt alle Frechheiten durchgehen lassen.[195]

Schiller war von Brandts Passivität tief verletzt. Überhaupt hätte er, wäre sein Freund Willy nicht gewesen, vielleicht schon früher aufgegeben. Aber noch immer hoffte der Superminister, dass Brandt sich endlich dazu aufraffen würde, ihn entschieden zu unterstützen. Seine eigene Stimmung hing zunehmend von den Konjunkturen in seinem Verhältnis zu Brandt ab. Als sich der Bundeskanzler im Flugzeug auf dem Weg nach Teheran Mitte März 1972 lobend über seinen gebeutelten Wirtschafts- und Finanzminister äußerte und Schiller dies zu hören bekam, war ihm dies gar Anlass für einen Dankesbrief.

> »Deine spontanen Worte der Anerkennung meiner Anstrengungen und deiner Solidarität vor einem nicht kleinen Kreis von Beamten und Journalisten haben mir wohl getan und mich aufs Neue in meinem Tun bestärkt. Aber ich will nicht weiter große Worte machen, sondern Dir einfach nur herzlichen Dank sagen.«[196]

Schiller brauchte nicht nur die Solidarität des Bundeskanzlers; er hing auch am Menschen Brandt, vielleicht ebenso, wie er trotz der »Nathan-Pose« noch immer an seinem Amt hing. Schiller wollte Brandts Anerkennung, seine Freundschaft. Aber die Unterstützung des Kanzlers, so erschien es ihm, schwankte, blieb stets ungewiss. In Schillers

---

194 Vgl. die Wirtschaftswoche vom 9.2.1973.
195 Gespräch mit Claus Noé.
196 Schiller an Brandt, 9.3.1972, in: BA N Schiller 1229, B. 326, S, 76.

Augen war Brandt eigentlich verständig, damit sozusagen auf seiner Seite. Aber er glaubte den Bundeskanzler auch beeinflusst von anderer Stelle und vermutete dessen engere Berater – in erster Linie Horst Ehmke – als Ursprung der nun auch bei Brandt häufiger aufkeimenden Missstimmung gegen ihn. Fest war er davon überzeugt, dass die unfreundlicheren Briefe aus Brandts Feder – und die häuften sich nun – in Wirklichkeit aus dem Kanzleramt, nicht aber vom Bundeskanzler selbst stammten.[197] Am ehesten glaubte er, Brandt im persönlichen Gespräch auf seine Seite bringen zu können. Schillers Terminkalender für die Monate April, Mai und Juni zeigt, wie häufig er den Versuch machte, zum Bundeskanzler durchzudringen. Auch seine Ehefrau berichtete von sonntäglichen Fahrten Schillers auf den Bonner Venusberg, wo Brandt wohnte. Tief enttäuscht sei Schiller jedes Mal heimgekommen: Der Kanzler sei ausdruckslos wie eine »Buddha-Statue« gewesen, leide offensichtlich unter Depressionen und habe seine Mahnungen ausdruckslos zur Kenntnis genommen.[198]

Da er nun nicht einmal mehr zu Brandt durchdrang, fehlte Schiller in Bonn beinahe jede Unterstützung. Auch außerhalb des Kabinetts nahm Schillers Isolation immer bedenklichere Formen an. Aus den ständigen Gesuchen seines Wahlkreises nach Besuchen des Ministers war mittlerweile jede Freundlichkeit verschwunden. Die Stimmung, so Schillers Parlamentsreferent, nähere sich in Dortmund dem »Nullpunkt«.[199] Der SPD-Unterbezirksvorsitzende Hermann Heinemann warnte Schiller vor den Konsequenzen des offensichtlichen Desinteresses. Ständig größer werde die Unzufriedenheit der Genossen aufgrund der völlig unzureichenden Betreuung. Hierüber müsse endlich ein Gespräch stattfinden. Schließlich ginge es darum, ob Schiller überhaupt weiterhin Interesse an seinem Dortmunder Direktmandat habe.[200]

7 Show-down

Nicht im Kabinett, nicht in der Fraktion und nun auch nicht mehr bei Willy Brandt drang Schiller mit seinen Vorschlägen noch durch. Der Superminister stand alleine da. Nicht einmal auf die Medien, die ihn auch in schwierigen Zeiten unterstützt hatten, war jetzt noch Verlass. Über zwei Jahre lang hatte Schiller immer wieder mit Rücktritt gedroht, in den letzten Monaten nahezu permanent. Mittlerweile aber stellte sich die Frage, ob Schiller über sein politisches Schicksal überhaupt noch alleine und souverän bestimmen konnte.

Mit dem Rücken zur Wand entschied sich Schiller, um es in seinen Worten zu sagen, daher für die Methode des *Brinkmanship*, wie die Angelsachsen die Strategie zu

---

197 Schiller-Merklein, 30.8.1989, Kassette 6 (Seite A).
198 Gespräch mit Etta Schiller.
199 Vgl. den Vermerk von Schillers Parlamentsreferenten Leister an den Staatssekretär Rohwedder vom 28.2.1972, in: BA N Schiller 1229, B. 220.
200 Heinemann an Schiller am 14.3.1972, in:Ebd., B. 221.

Abb. 13 Karl Schiller und Willy Brandt 1972: Die Euphorie ist verflogen, die Anstrengungen des Regierens haben Spuren in den Gesichtern hinterlassen. Nach fast elf gemeinsamen Jahren werden sich ihre Wege bald trennen.

nennen pflegen, alles auf eine Karte zu setzen. Schiller wollte, notfalls eben auch ohne die Unterstützung des Kanzlers, die ausgabefreudigen Ressortchefs endlich zur Räson bringen.

Als sich das Kabinett am 16. Mai 1972 im Palais Schaumburg traf, hatte die Koalition erst wenige Wochen zuvor das konstruktive Misstrauensvotum Rainer Barzels abgewehrt, war aber nun ihrerseits ohne eigene Mehrheit. Dennoch versuchte Willy Brandt, seine Ostverträge noch durch den Bundestag zu bringen. Für den nächsten Tag stand die entscheidende Abstimmung auf der Tagesordnung. Danach galt es nur noch, bis zu den Neuwahlen einigermaßen heil über die Runden zu kommen.

In dieser psychologisch unglücklichen Situation – man saß angespannt und erschöpft zusammen – ergriff Schiller das Wort. Zwei eher harmlosere Finanzierungswünsche der Kollegen Ertl und Schmidt für 1973 nahm er zum Anlass für eine Generalabrechnung. Solange im Haushalt 1972 weiterhin mehr Geld als ursprünglich beabsichtigt ausgegeben würde, brauche man für 1973 gar nicht erst Forderungen stellen.[201] Schiller sprach auch über die Fehlentwicklungen in der mittelfristigen Finanzplanung. Nach momentanem Stand der Dinge würde die jährliche Finanzierungslücke bis 1976 auf 20,8 Milliarden DM steigen. Aber bereits für das laufende Jahr seien bedeutende Einsparungen notwendig, zumal ein ordentlicher Haushalt vom Bundestag immer noch nicht verabschiedet worden sei.

Nun war es eine Sache, dass Schiller fraglos im Recht war. Die Regierung wirtschaftete zu sehr aus dem Vollen und wieder einmal hatte die haushaltspolitische Disziplinlosigkeit der übrigen Minister dazu geführt, dass die ohnehin nicht unbescheiden geplanten Ausgabensteigerungen auch für das laufende Haushaltsjahr noch weit übertroffen wurden. Aber dass Schiller nun, wo es vermutlich Neuwahlen geben würde, auch noch die ultimative Entscheidung auf einem Feld suchte, auf dem man von der Opposition ohnehin in die Enge gedrängt wurde, steigerte den Unmut gegen ihn in gefährliche Ausmaße. Einmütig wie nie fiel das Kabinett über seinen Superminister her. Helmut Schmidt ereiferte sich, dass Schiller schließlich die Verantwortung für den Schlamassel in der Wirtschafts- und Finanzpolitik trage. Schiller fühlte sich, wie er später in seinem Rücktrittsbrief schrieb, »disziplinlosen Attacken« ausgesetzt.[202] Brandt konnte die Streitereien in einer für ihn so bedeutsamen Situation – am Tag darauf sollte sein großes Werk, die Ostverträge, verabschiedet werden – nicht mehr länger ertragen und flüchtete in die stillen Korridore des Palais Schaumburg. Der Kanzler dachte an Rücktritt.[203] Und Schiller konnte sich nicht durchsetzen. Geschlossen wurden seine Vorschläge zurückgewiesen, das Problem damit nicht gelöst, sondern nur vertagt.

Aber vielleicht ging es Schiller gar nicht mehr darum, seinen Willen durchzusetzen. An der Rolle des unbeugsamen Nathan schien er immer größeren Gefallen zu fin-

---

201 Vgl. den Spiegel vom 29.5.1972.
202 Schiller an Brandt am 2.7.1972, Privatbesitz Noelle-Wying.
203 Vgl. den Spiegel vom 5.6.1972.

den. Vielleicht gefiel ihm mittlerweile auch die Figur des Galileo Galilei, wie es wenig später Hermann Schreiber vermutete:

»[...] der Fremdling im Lehrgebäude der Mutter Partei, der sein ›Und sie bewegt sich doch!‹ auf dem Scheiterhaufen büßen soll – weil er die reine Lehre leugnet und dennoch im Recht ist, auch Recht behalten wird vor einer höheren Instanz.«[204]

In Stunden der Anfechtung, so ließ Schiller kurz nach den Kabinettskabalen verlauten, nehme er stets das Grundgesetz zur Hand. Und dort stehe nun einmal zu lesen, dass er laut seines Amtseides dazu verpflichtet sei, Schaden nicht vom Kabinett, sondern vom deutschen Volk abzuwenden.[205] Man konnte den Eindruck gewinnen, dass Karl Schiller sich bereits auf seinen Platz in den Geschichtsbüchern vorbereitete.

Zwei Tage, nachdem er mit seinen Anliegen am gesamten Bundeskabinett abgeprallt war, schrieb Schiller zwei Briefe. Der erste Brief ging direkt an den Bundeskanzler. »Tagesordnung und Verlauf der Kabinettssitzung am 16. Mai 1972 können, wie von mir schon angekündigt, nicht ohne Schlussfolgerungen bleiben«, teilte Schiller seinem Regierungschef mit. Insbesondere sei es »für den für die Finanzen verantwortlichen Minister unerträglich, dass er, wie in der Kabinettssitzung am 16. Mai geschehen, aus Anlaß der schwierigen finanzpolitischen Probleme von einem anderen Kabinettsmitglied in unqualifizierter Weise angegriffen wird.«[206]

Gleichzeitig und wie in seinem Brief an Brandt angekündigt, fertigte Schiller eine Kabinettsvorlage an, die er an alle Minister, das Bundeskanzleramt, das Bundespräsidialamt, das Presse- und Informationsamt der Bundesregierung und schließlich sogar an den Präsidenten des Bundesrechnungshofes schickte. Auf sieben Seiten entwarf Schiller zunächst ein regelrechtes Schreckensszenario der wirtschaftspolitischen Situation. Angesichts der konjunkturellen Lage, die nach einer kurzen Wachstumspause einen neuen, kräftigen Aufschwung erwarten lasse, seien die Ausgaben nicht nur des Bundes, sondern auch der Haushalte und Gemeinden stabilitätspolitisch nicht vertretbar. Noch für das laufende Haushaltsjahr müssten unverzüglich mindestens 2,5 Milliarden DM eingespart werden.[207] Danach verabschiedete sich Schiller mit Etta in die Pfingstferien nach Südfrankreich und ließ den Brandbrief seine Wirkung tun.

Gekennzeichnet worden war der Brief mit »VS – NfD«, also »Verschlusssache«, »nur für den Dienstgebrauch«. Tatsächlich aber zirkulierte Schillers Kabinettsvorlage in 131 Exemplaren durch Bonn. Wie er später Arnulf Baring schrieb, sei dieses ohne sein Wissen und gegen seinen Willen passiert; er sei selbst überrascht gewesen, in wel-

---

204 Vgl. den Spiegel vom 19.6.1972.
205 Ebd.
206 Vgl. Schiller an Brandt am 18.5.1972, in: BA N Schiller 1229, B. 326, S. 77 f.
207 Vgl. den Brief von Schiller vom 18.5.1972, in: WEI, K. 5.

cher Auflage normale Kabinettsvorlagen versandt würden.[208] Glaubwürdig ist diese Aussage nicht, schon weil Schiller seine Vorlage ja neben den Kabinettsmitgliedern auch noch anderen Institutionen hatte zukommen lassen. So jedenfalls passierte das Unvermeidliche: Vier Tage später berichteten die Journalisten genüsslich über die offensichtlich kaum noch überbrückbaren Differenzen im Kabinett. Und da Schiller keinen Zweifel an dem seiner Meinung nach unverantwortlichen Finanzgebaren gelassen hatte, bekam die Opposition eine Steilvorlage geliefert: Ein Mitglied des Kabinetts bestätigte der Union schwarz auf weiß, in welch desolater wirtschafts- und finanzpolitischer Lage sich die Regierung Brandt befand.

Selbst die Geduld Willy Brandts mit seinem eigensinnigen Minister schien nun erschöpft. Der Bundeskanzler hatte keinen Zweifel daran, dass Schiller seine Vorlage absichtlich in die Öffentlichkeit gebracht hatte. Mit drohendem Unterton schrieb er Schiller, dass damit eine Einigung in der Etat-Frage nicht erleichtert, sondern erschwert worden sei.[209] Im Grunde durfte Brandt diese völlige Außerachtlassung jeder Form von Kabinettsdisziplin nicht akzeptieren. Und in der Tat überlegte er kurzzeitig, Schiller zu entlassen. Sein Kanzleramtschef Horst Ehmke drang, assistiert von Helmut Schmidt, energisch auf diesen Schritt.[210] Doch Brandt zögerte. Er fühlte sich Schiller aus vielen Gründen zu Dank verpflichtet. Nicht zuletzt wäre er ohne dessen Auftreten im Wahlkampf 1969 vermutlich immer noch kein Bundeskanzler. Und von der Sache her sah er Schiller gewiss nicht im Unrecht, so wie auch Ehmke bei den Streitereien im Kabinett aufseiten des Superministers und nicht Helmut Schmidts stand. Außerdem hatte Schillers Ruf in der Öffentlichkeit zwar mittlerweile stark gelitten. Aber hatte er nicht schon häufiger erstaunliche »Stehaufmännchen-Qualitäten« gezeigt? Insofern konnte er bei den bevorstehenden Neuwahlen noch einmal eine bedeutende Rolle spielen. Trotz aller Schwierigkeiten entschloss sich Brandt, die Zusammenarbeit mit seinem langjährigen Mitstreiter fortzusetzen.

Wenn man aber weiterhin davor zurückschreckte, mit dem einstigen Zugpferd der Partei und der Regierung zu brechen, dann kam das Kabinett kaum umhin, wenigstens einem Teil von dessen Forderungen nachzugeben. Der von Schiller durch seine öffentliche Kabinettsvorlage selbst verstärkte Eindruck, dass der Haushalt 1972 »stabilitätspolitisch nicht vertretbar« sei, musste schleunigst aus der Welt geschafft werden. Zähneknirschend und des Superministers längst überdrüssig, einigte man sich in einer Besprechung beim Bundeskanzler Anfang Juni darauf, die von Schiller geforderten 2,5 Milliarden DM einzusparen. 1,3 Milliarden DM wurden sofort aus dem Etat gestrichen. Das restliche Geld sollten die Minister durch eine »globale Minderausgabe« im Laufe des Jahres einsparen. Diese Formulierung war zwar wenig verbindlich – Schillers Staatssekretär im Finanzministerium, Hans Hermsdorf, meinte, es würde

---

208 Vgl. Schiller an Baring am 21.6.1982, in: BA N Schiller 1229, B. 326, S. 55.
209 Vgl. Brandt an Schiller, 26.5.1972, Privatbesitz Noelle-Wying.
210 Vgl. Baring, Machtwechsel, S. 801.

wohl auf einen »Rundgang mit dem Hut« hinauslaufen.[211] Aber immerhin zeigte sich Schiller mit dem Kompromiss zufrieden und damit war die schwere Kabinettskrise vorerst beigelegt. Offensichtlich, so empfand es der Superminister, hatte er der Regierung seine Agenda aufgezwungen. In verblüffender Verkennung der wahren Verhältnisse ließ er wenig später gar durchblicken, dass er mit seiner Stabilitätspolitik einen Wahlkampf führen wolle – genau wie 1969.[212]

Schiller hatte mit seiner Methode, die eigene Regierung unter Handlungsdruck zu setzen, Erfolg gehabt. Es sollte sein letzter gewesen sein. Denn ebenso, wie er deutlich gemacht hatte, dass er zu Kompromissen und zum Schweigen nicht mehr länger bereit war, so offensichtlich war auch, dass sich die Geduld in Partei, Fraktion und Kabinett ebenfalls erschöpft hatte. Es fehlte nur noch ein letzter Anlass, damit sich die Spannungen zwischen allen Beteiligten ohne Rücksicht auf Wahltermine und politisches Kalkül entladen konnten.

Der letzte Akt im Drama von und mit Karl Schiller wurde von London aus eingeläutet. Am 23. Juni 1972 gab die britische Regierung den Wechselkurs des durch Inflation und Zahlungsbilanzschwäche bedrohten Pfundes frei. Großbritannien scherte damit aus dem »Smithsonian Agreement« aus, das 1971 in Washington beschlossen worden war und auch die Bundesrepublik nach einer kurzen Phase des *Floatens* wieder auf feste Wechselkurse verpflichtet hatte. Noch am Vormittag des gleichen Tages musste die Bundesbank Devisen in Höhe von 2,8 Milliarden DM aufnehmen. Abermals fürchtete man in Bonn, zum Fluchthafen der ausländischen Devisenspekulationen zu werden. Die deutschen Devisenbörsen wurden daraufhin für einige Tage geschlossen. Am 27. Juni verschärfte sich die Krise, als die Schweiz, die ebenfalls ein wichtiges Zufluchtland für Auslandsgelder war, zu dirigistischen Zwangsmaßnahmen griff und den Erwerb von Grundstücken, Wertpapieren und anderen schweizerischen Anlagen durch Ausländer verbot. Nun stand zu befürchten, dass der Zufluss sich allein auf die D-Mark konzentrieren würde.[213]

Schiller plädierte angesichts der Krise dafür, zunächst das Bardepot auf Auslandseinlagen bei deutschen Banken voll auszuschöpfen, es also bei marktkonformen Maßnahmen zu belassen. Dann schließlich wollte er mit den EWG-Ländern, wie schon im Mai 1971, ein gemeinsames *Floaten* vereinbaren. Schiller glaubte, dass eine solche Lösung relativ leicht zu bewerkstelligen sei; entsprechende Signale aus Frankreich stimmten ihn hoffnungsfroh.[214]

Der Bundesbankchef war zu einem anderen Schluss gekommen. Karl Klasen hatte schon im Mai 1971 Schillers Entscheidung für eine Freigabe der Wechselkurse missbil-

---

211 Vgl. den Spiegel vom 5.6.1972.
212 Vgl. das Interview im Spiegel vom 12.6.1972.
213 Emminger, D-Mark, S. 217 ff.
214 Vgl. Baring, Machtwechsel, S. 803.

ligt. Ihr persönlich gutes Verhältnis – es war maßgeblich der Wirtschaftsminister gewesen, der seinen Duzfreund 1969 zum Präsidenten der Bundesbank gemacht hatte – hatte seitdem erheblich gelitten. Schiller und Klasen sprachen nur noch das Notwendigste miteinander. Der Bundesbankpräsident plädierte angesichts der neuen Währungskrise für die Anwendung des § 23 des Außenwirtschaftsgesetzes (AWG).[215] Mit Hilfe dieses Paragrafen bedurfte der Erwerb festverzinslicher Wertpapiere durch Ausländer einer Genehmigungspflicht. Das war bereits ein dirigistischer Eingriff und gewiss keine marktkonforme Maßnahme mehr, wie Schiller sie bevorzugte. Am 26. Juni ließ Klasen das Bundeskanzleramt wissen, dass er die Absicht habe, in der Kabinettssitzung die Anwendung des § 23 vorzuschlagen.[216] Über Karl Otto Pöhl, den zuständigen Ministerialbeamten im Bundeskanzleramt und früheren Mitarbeiters Schillers, erfuhren auch die Mitarbeiter im Superministerium einen Tag später von Klasens Plänen, ohne aber den Zündstoff zu erkennen, der in der ganzen Angelegenheit steckte.[217] Schiller erklärte fast 20 Jahre später gegenüber der Journalistin Renate Merklein, der zuständige Ministerialdirektor der Abteilung Geld und Kredit im Superministerium, Dieter Hiss, habe ihn gewarnt, dass im Kanzleramt auf Betreiben Klasens offensichtlich Gedankenspiele über die Anwendung von § 23 AWG abliefen. Er habe das jedoch nicht sonderlich ernst genommen, sich nicht vorstellen können, dass man zu solcherlei dirigistischen Maßnahmen greife.[218]

Konnte man Schiller seine Unachtsamkeit vorwerfen? Am 26. Juni war er schließlich zusammen mit Klasen auf einer Währungskonferenz in Luxemburg gewesen. Auf dem Rückflug nach Bonn nahm der Superminister den Bundesbankpräsidenten im Bundeswehrflugzeug mit. Bei der Verabschiedung meinte Klasen, dass man sich ja übermorgen im Kabinett sehen werde. Schiller stutzte, fand dies sehr ungewöhnlich, hegte jedoch keinen Argwohn.[219] Klasen erwähnte mit keinem Sterbenswörtchen, welchen Vorschlag er im Palais Schaumburg machen wollte.

Schiller war also nicht mehr grundsätzlich überrascht, dass Klasen am Nachmittag des 28. Juni bei der Kabinettssitzung auftauchte, konnte damit keinesfalls, wie er zunächst verlauten ließ, »im Stande penetranter, vollkommener Unschuld«[220] sein. Gleich zum ersten Tagesordnungspunkt referierte er über die Währungslage, riet zu Ruhe und Besonnenheit und versicherte, dass die volle Ausschöpfung des Bardepots vorerst völlig ausreiche. Kurzfristig sollte dann mit den EWG-Ländern ein gemeinsames *Floaten* vereinbart werden.

Nach Schiller ergriff Karl Klasen das Wort. Ein gemeinsames *Floaten* sei aus politischen Gründen nicht realistisch. Die dadurch mögliche De-facto-Aufwertung der D-

---

215 Emminger, D-Mark, S. 220.
216 Baring, Machtwechsel, S. 803.
217 Gespräch mit dem Kabinettsreferenten Schillers, Ulrich Geisendörfer.
218 Gespräch Schiller-Merklein, 30.8.1989, Kassette 6 (Seite B).
219 Schiller-Merklein, 30.8.1989, Kassette 6,(Seite A).
220 Der Spiegel vom 3.7.1972.

Mark würden die Franzosen niemals akzeptieren. Der Bundesbankpräsident, so stellte es später Schiller dar, habe sodann einen bereits fertigen Antrag aus der Tasche gezogen, der die Anwendung des § 23 AWG zum Inhalt hatte. Auch ohne genaue Kenntnis der Geschäftsordnung der Bundesregierung war offensichtlich, dass dieses Verfahren formell jeder Grundlage entbehrte. Er, Schiller, habe den Bundeskanzler auch auf dieses höchst fragwürdige Verfahren angesprochen, doch Brandt habe sich mit der lapidaren Antwort begnügt, dass sich danach andere Kabinettsmitglieder den Vorschlag des Bundesbankpräsidenten zu eigen gemacht hätten.[221]

Klasen versprach, dass er für die nächsten Monate »Ruhe an der Währungsfront« garantieren könne, falls man seinem Vorschlag folge.[222] Gerade dieses Argument war nicht ohne Bedeutung. Denn nur wenige Tage zuvor hatten sich Willy Brandt und Walter Scheel definitiv darauf geeinigt, den Bundestag aufzulösen und Neuwahlen für den November anzustreben. Klasen stellte nun in Aussicht, dass für die Phase des Wahlkampfes keine weiteren währungspolitischen Probleme auftauchen würden. Der oberste deutsche Währungshüter, das SPD-Mitglied Karl Klasen, argumentierte also primär politisch.

Schiller widersprach, wehrte sich gegen Klasens Vorschlag mit aller ihm zur Verfügung stehenden Beredsamkeit und Überzeugungskraft. Devisenkontrollen, warnte er, seien ihrer Natur nach stets lückenhaft, mit einzelnen Bewirtschaftungsmaßnahmen sei der Zufluss heißer Gelder nicht zu stoppen. Folge man einmal dem Weg der »Zwangswirtschaft«, würden die Spekulanten immer neue Schlupflöcher finden, sodass man gezwungen sei, ständig weitere Restriktionen einzuführen. Am Ende müssten dann schließlich alle »Spielarten der Zwangswirtschaft« durchdekliniert werden.[223] Aber Schiller war vor allem der Meinung, dass es hier um eine grundsätzliche Frage ging. Während man ihm stets vorgeworfen habe, ein schlechter Europäer zu sein, räsonierte er später, habe er in Wirklichkeit besonders an die EWG-Partner gedacht, denen man mit einem solchen Verhalten ähnliche zwangswirtschaftliche Maßnahmen förmlich aufgezwungen hätte.[224] Für ihn habe die Anwendung des § 23 einen schwer wiegenden Schritt in den Dirigismus bedeutet. Mit der Liberalität des Welthandels wäre es dann bald vorbei gewesen, worunter besonders die exportabhängige Volkswirtschaft der Bundesrepublik zu leiden gehabt hätte.[225]

Schiller hatte schon während Klasens Vortrag den Eindruck gewonnen, von allen Anwesenden offensichtlich der Einzige zu sein, der vom Vorschlag des Bundesbankpräsidenten überrascht worden war. Die Debatte im Kabinett musste ihn in seiner Meinung bestätigen. Allenfalls bei den Ministern der FDP habe er teilweise Verständnis für seine Haltung gefunden. Alle anderen Kabinettsmitglieder hätten auf Klasens Seite

---

221 Schiller-Merklein, 30.8.1989, Kassette 6, (Seite A).
222 Vgl. Baring, Machtwechsel, S. 804.
223 Vgl. den Spiegel vom 3.7.1972.
224 Schiller-Merklein, 30.8.1989, Kassette 6, (Seite B.).
225 Vgl. den Spiegel vom 3.7.1972.

IX Supernova (1969–1974)

gestanden. Natürlich ging es bei alledem nicht primär um die momentane Währungskrise. In seinen eigenen Worten erhielt Schiller nun von seinen Kabinettskollegen »Klassenkeile«.[226] Versessen darauf, dem Superminister endlich einen Denkzettel für sein Verhalten auszustellen, insbesondere für den Haushaltsstreit vom Mai des Jahres, stellte sich das Kabinett geschlossen gegen ihn. Karl Schiller griff zu der bewährten, aber nun wohl in der Tat einzigen Möglichkeit, die ihm noch blieb: Ob sich alle Beteiligten darüber im Klaren seien, in welch schwierige Lage man ihn hineinmanövriere, falls man seinen Vorschlägen nicht folgte?

In seinem Bericht über die Kabinettssitzung vom 28. und 29. Juni erinnerte sich der damalige Regierungssprecher Conrad Ahlers:

> »Die Aufwertungsmüdigkeit im Kabinett war so groß wie die Schiller-Müdigkeit. Auch der Bundeskanzler, der länger zu Schiller gehalten hatte als irgendein anderer, […] konnte das Unheil nicht aufhalten. Ihm musste zu guter Letzt mehr an der Geschlossenheit seiner Wahlkampfmannschaft gelegen sein als daran, die Symbolfigur Schiller zu halten. […] Die Spitze der gegen Schiller marschierenden Kolonne führte Verteidigungsminister Schmidt. Ihm stand der Stabilitätsapostel, der jede Haushaltsberatung zu einer äußerst unbequemen Angelegenheit hatte werden lassen, schon lange im Weg. Die sich aus der Freigabe des Pfund-Wechselkurses ergebenden neuen Dollarzuflüsse boten die passende Gelegenheit, mit Schiller Schluß zu machen. ›So billig werden wir Karl niemals mehr los‹, fasste Kanzleramtsminister Horst Ehmke am Abend des 28. Juni die Lage in klassischer Kürze zusammen.«[227]

Um 14 Uhr hatte die Kabinettssitzung begonnen. Es folgten unzählige Gespräche in wechselnden Konstellationen: Schiller allein mit Klasen, allein mit dem Bundeskanzler – schließlich ein Vierer-Gespräch zwischen Schiller, Klasen, Brandt und Scheel. Auch der Bundesbankpräsident soll dabei seinen Rücktritt in Aussicht gestellt haben, was er selbst später bestritt.[228] Die Minister der FDP baten Schiller, sich der Stimme wenigstens zu enthalten.[229] Eine Lösung fand niemand. Vermutlich war der Wille zur Einigung auch bei allen Beteiligten erschöpft. Am Ende saß Schiller alleine in Brandts Kanzlerbüro. Als Horst Ehmke ihn bat, wieder in den Kabinettssaal zurückzukehren, wurde er vom Superminister beschieden, dass dieses wohl nicht nötig sei; seine Meinung sei schließlich bekannt.[230] Um das Schlimmste zu verhindern, schlug Walter Scheel vor, die Abstimmung auf den nächsten Tag zu verschieben. Kurz vor Mitternacht ging man ohne Entscheidung auseinander.

---

226 Schiller-Merklein, 30.8.1989, Kassette 6, (Seite B).
227 Vgl. die Wirtschaftswoche vom 9.2.1973.
228 Vgl. die Zeit vom 10.8.1972.
229 Vgl. den Spiegel vom 3.7.1972.
230 Vgl. ebd.

In Schillers Ministerium in Duisdorf saß man noch bis halb vier zusammen und beriet die verzwickte Lage. Auch Karl-Otto Pöhl erschien noch einmal und versicherte Schiller, dass er grundsätzlich derselben Meinung sei wie er. Aber ob man es denn wirklich über eine solche Frage zum Bruch kommen lassen wollte? Einen Kompromiss oder einen Ausweg hatte auch er nicht anzubieten.[231]

Als man sich am nächsten Morgen wieder im Palais Schaumburg traf, hatte sich an den Standpunkten nichts geändert. Die Anwendung des § 23 wurde zur Abstimmung frei gegeben. Schiller stimmte dagegen. Alle anderen Minister stimmten für Klasens Vorschlag. Nur bei Willy Brandt glaubte Schiller Verlegenheit und Unsicherheit zu entdecken; bei der Abstimmung hätte er gleich beide Hände gehoben als habe er sagen wollen: »Was soll ich machen?«[232] Doch auch Brandt votierte gegen Schiller. Der Wirtschafts- und Finanzminister wurde in seinem eigenen Geschäftsbereich niedergestimmt.

Im Grunde war damit klar, dass es jetzt kein Zurück mehr gab. Schiller hatte zu oft mit Rücktritt gedroht und das bei teilweise nichtigeren Anlässen, als dass er die Abstimmungsniederlage hätte akzeptieren können. Nachdem das Kabinett entschieden hatte, war auch schnell erkennbar geworden, dass Schiller dieses Mal wirklich schwer getroffen war. Kein Superminister posierte mehr vor Fernsehkameras, kündigte eine weitere »Entscheidungsschlacht« an und verlieh seiner Entschlossenheit Ausdruck. Stattdessen verabschiedete sich Schiller vorzeitig ins Wochenende. An seiner Stelle musste der für die Vertretung zuständige Innenminister das entsprechende Papier zur Devisenabwehr unterschreiben.[233]

Schillers Verletzung war nicht verwunderlich, nicht nur wegen der Art und Weise, wie er im Kabinett nachgerade »überrumpelt« worden war. Vor allem war all dies auf die Initiative eines Mannes geschehen, mit dem ihn viel verband. Klasen und Schiller kannten sich seit Ende der 40er-Jahre, als man sich im Haus des gemeinsamen Freundes Gustav Dahrendorf getroffen hatte. Wenig später wurde Schiller Hamburger Wirtschaftssenator, Klasen Präsident der Landeszentralbank. Zusammen hatte man also in schwierigen Zeiten den Wiederaufbau der Hamburger Wirtschaft vorangetrieben. Und schließlich hatte Schiller seinen alten Duzfreund als Präsidenten der Bundesbank lanciert. Dass ausgerechnet dieser Mann ihm die schmerzhafteste Niederlage seiner politischen Karriere zufügte, war ein schwerer Schlag für Schiller. Als er Klasen noch während der Kabinettssitzung fragte, warum ihm dieser, obgleich man in Luxemburg acht Stunden nebeneinandergesessen habe, nichts von seinen Plänen erzählt habe, wand sich der Banker zunächst damit heraus, die Kopfhörer hätten ihn an der Kommunikation gehindert. Schließlich aber gestand er ein, dass er geschwiegen habe,

---

231 Gespräch Schiller-Merklein, 30.8.1989, Kassette 6, (Seite B.).
232 Gespräch Schiller-Merklein, 30.8.1989, Kassette 6, (Seite B.).
233 Vgl. die Zeit vom 7.7.1972.

weil er wusste, dass er, Schiller, ohnehin dagegen sei.[234] Schiller hat das Wort fortan nie offen benutzt, aber bisweilen war doch unverkennbar, dass er glaubte, durch ein Komplott aus seinem Amt gedrängt worden zu sein. Schließlich verband Klasen mit einem Kabinettsmitglied eine enge Freundschaft – mit Helmut Schmidt. Und dieser habe wie kein anderer auf Klasens Seite gestanden, die ganze Diskussion für überflüssig gehalten und zügig eine Abstimmung verlangt. Der Verteidigungsminister, so sinnierte Schiller später, habe ihn vermutlich als Konkurrenten für die Kanzlerschaft gesehen, was natürlich völlig abwegig gewesen sei.[235]

Und doch zögerte Schiller, überlegte das gesamte Wochenende über, ob er die Kröte nicht doch schlucken solle.[236] Er wartete darauf, dass sich irgendwer bei ihm meldete, am besten der Kanzler selbst. Aber nichts geschah, und so blieb Schiller mit seinen Rücktrittsgedanken weitgehend allein. Als einzige Ratgeberin blieb Etta Schiller. Und deren Präferenzen waren eindeutig. Ihrer Meinung nach machte die Zusammenarbeit mit diesen regierungsunfähigen Sozialdemokraten keinen Sinn mehr. Seine Frau sei sehr auf »Kampf« eingestellt gewesen, erinnerte sich Schiller später, und habe sogar seinem amerikanischen Kollegen John Connally einen Brief geschrieben und sich darin bitterlich über das Verhalten der deutschen Regierung gegenüber ihrem Mann beschwert.[237] Während Schiller noch das Für und Wider abwog, hatte sich Etta Schiller schon entschieden.[238] Aber bei reiflicher Überlegung musste auch Schiller zu dem Schluss kommen, dass es keine andere Lösung mehr gab, seine Position längst unhaltbar geworden war. Am 2. Juli, einem Sonntag, schrieb er seinen letzten Brief an Brandt in seiner Eigenschaft als Bundesminister. Er wurde noch am gleichen Tag per Bote ins Bundeskanzleramt gebracht.

Gründlich, so teilte der Superminister seinem Bundeskanzler mit, habe er über seine Position in der Wirtschafts- und Finanzpolitik nachgedacht. Zum einen müsse er bereits das Verfahren beanstanden. Ein »ganz ungewöhnlicher Vorgang« sei es, dass der Bundesbankpräsident im Kabinett einen Antrag stelle, ohne zuvor den federführenden Minister zu unterrichten. Wenn er sodann das Ergebnis der Diskussion betrachte, dass

> »nämlich am Ende der Beratungen alle anwesenden Kabinettsmitglieder gegen mich votierten […], so kann ich das – wobei ich frei von jeder persönlichen Empfindlichkeit bin – nur als Demonstrationen gegen den Wirtschafts- und Finanzminister werten. Ich verzichte darauf, mir den Herren Außenminister oder gar den Herrn Verteidigungsminister in einer analogen Lage vorzustellen.«[239]

---

234 Vgl. den Spiegel vom 10.7.1972.
235 Gespräch Schiller-Merklein, 30.8.1989, Kassette 6, (Seite A).
236 Ebd.
237 Ebd., (Seite B).
238 Vgl. den Brief von Schiller an Arnulf Baring vom 21.6.1982, indem Schiller auf einige Passagen in Barings Buch Bezug nahm, in: BA N Schiller 1229, B. 329, S. 55 f.
239 Schiller an Brandt am 2.7.1972, Privatbesitz Noelle-Wying.

Nachdem Schiller noch einige Bemerkungen zu den Alternativen der Anwendung des § 23 gemacht hatte, wurde es grundsätzlicher:

»Die letzten Monate haben zugleich gezeigt, daß ich mich mit der Mehrheit des Kabinetts im finanz- und haushaltspolitischen Konflikt befinde. Die denkwürdige Sitzung vom 16. Mai 1972, als der für die Finanzen zuständige Minister sich disziplinlosen Attacken ausgesetzt sah, nur weil er auf die Mehrbelastungen der mittelfristigen Finanzplanung hinwies, braucht nur erwähnt zu werden. [...] Ich habe dabei immer wieder betont, es gibt auch Grenzen der Belastbarkeit für einen Finanzminister. Er kann sich nicht unaufhörlich vertrösten lassen. Ich bin jedenfalls nicht bereit, als Finanzminister bis zum Ende des Jahres schweigen zu müssen über das, was ab 1. Januar 1973 jede Bundesregierung erwartet. Ich bin nicht bereit, eine Politik zu unterstützen, die nach außen den Eindruck erweckt, die Regierung lebe nach dem Motto: ›Nach uns die Sintflut‹. [...] Ein Finanzminister, der monatelang stumm bleiben sollte, weil man in solchen Zeiten nicht von Geld redet, ist von mir nicht darzustellen.«[240]

Zeitweise, so Schiller, habe er wenigstens die Unterstützung des Bundeskanzlers gehabt. In den vergangenen Monaten sei leider auch dies anders geworden. Die Konstellation vom 29. Juni, »einer gegen alle oder alle gegen einen«, habe er ohne formelle Abstimmung auch zuvor schon erlebt. »Reich an persönlichen Diffamierungen« seien die vergangenen Monate für ihn gewesen.

»Das hat mich nicht daran gehindert, immer von neuem den Versuch zu machen, zu sachgerechten, überzeugenden Lösungen der anstehenden Probleme zu kommen. Trotz aller mir nachgesagten Empfindlichkeit habe ich mich immer wieder über persönliche Angriffe aus den eigenen Reihen um der Sache willen hinweggesetzt [...]. Es gibt aber auch für mich Grenzen – diese sind gegeben, wenn ich der auf meinem Amt beruhenden Verantwortung diesem Staat und seinen Bürgern gegenüber nicht mehr gerecht werden kann, weil ich nicht unterstützt bzw. sogar daran gehindert werde. Bei nüchterner und verantwortungsvoller Würdigung des von mir geschilderten Sachverhalts kann ich aus den Gegebenheiten nur die Konsequenz eines Rücktritts ziehen.«[241]

In all den Sätzen war kein versöhnliches Wort enthalten, kein Rückblick auf gemeinsame und erfolgreichere Zeiten, wie es bei politischen »Abschiedsbriefen« häufig der Fall ist. Der Brief sollte vor allem die Funktion eines letzten Vermächtnisses erfüllen, vielleicht auch wie eine Prophezeiung oder gar wie eine Warnung wirken.

---

240 Ebd.
241 Ebd.

Das Rätselhafte war nur, dass er am selben Tag noch einen zweiten Brief schrieb, der einen Tag später mit der regulären Post zugestellt wurde. Dieser galt nicht seinem Bundeskanzler, sondern dem Parteivorsitzenden Willy Brandt. Das eine Anliegen Schillers war noch verständlich: Er bat Brandt, ihm einen führenden Listenplatz in Nordrhein-Westfalen für die kommende Bundestagswahl zu bestätigen. Doch aus Schillers zweitem Anliegen konnte Brandt kaum schlau werden. Mehrmals, so Schiller in seinem »zweiten« Brief vom 2. Juli, habe er Brandt aus gegebenem Anlass nach dessen Vorstellungen über seine politische Zukunft in einer neuen Regierung gefragt, wobei er nur ausweichende Antworten erhalten habe.

> »Aber wenn ich das zusammennehme mit öffentlichen Äußerungen anderer führender Sozialdemokraten oder dem von der Baracke gespeisten Geraune, so gibt das zu bestimmten Vermutungen Anlass. Die ›Abtakelung‹ einer politischen Figur, die gerade in diesen Tagen von verschiedenen Seiten besonders registriert wurde, ist für einen kommenden Wahlkampf sicherlich höchst sinnlos.«[242]

Was sollten diese Sätze bedeuten? Wohl nichts Anderes, als dass Schiller auf seinen Verbleib in der Regierung zumindest spekulierte. Oder dachte er wirklich, dass man nach erfolgreich bestandenen Neuwahlen ihn bei einer neuen Kabinettsbildung berücksichtigen würde? Schiller trat zurück, aber ein kleines Hintertürchen wollte er seinem Parteivorsitzenden noch offen lassen.

Abermals also ließ sich die für Schiller typische Zögerlichkeit beobachten. Der Rücktrittsbrief war kaum bei Brandt angekommen, da zweifelte er bereits, ob er nicht doch zu weit gegangen war. Mittlerweile hatten sich auch Walter Scheel und Hans-Dietrich Genscher gemeldet und ihm versichert, dass jedenfalls die Liberalen auf dieses »Gütesiegel« der Koalition den allergrößten Wert legten.[243] Schwankend, wie er bisweilen war, tat dem Superminister der Rücktritt bereits Leid. Aber immerhin, so sein Kalkül, hatte Brandt auch in anderen Fällen verschiedenen Ministern den Rücktritt wieder ausgeredet. Kurzum: Schiller glaubte wohl tatsächlich, dass es noch eine überraschende Wende geben könnte.

Seine Hoffnung, dass die Dinge vielleicht doch einen anderen Verlauf nehmen könnten, wuchs noch, als er eine Einladung samt Ehefrau für ein Abendessen beim Bundespräsidenten erhielt. Schiller sah darin eine große Versöhnungsgeste. Gehörte so etwas nicht schließlich zu den Aufgaben eines Bundespräsidenten? Doch der Abend wurde zu einer herben Enttäuschung. Gustav Heinemann kam ohne Umschweife zur Sache: Der Bundeskanzler habe den Rücktrittsbrief erhalten. Er sei sicher, dass Brandt dem Gesuch stattgeben werde. Daraufhin fragte er Schiller, wie hoch

---

242 Schiller schickte den »zweiten Brief« an Willy Brandt vom 2. Juli im November 1982 Arnulf Baring zu, in: BA N Schiller 1229, B. 329, S. 50.
243 Vgl. Baring, Machtwechsel, S. 812 f.

eigentlich seine Pension sei. Der Superminister war sprachlos. Hilda Heinemann, so Schiller 17 Jahre später, sei daraufhin in Tränen ausgebrochen, ebenso Etta Schiller. Die Frau des Bundespräsidenten habe ihren Ehemann an eine ähnliche Situation erinnert, als er Minister unter Adenauer gewesen sei. Damals habe er sich auch gefragt, warum Theodor Heuss sich nicht rühre. Aber Heinemann sei »kalt wie eine Hundeschnauze« gewesen, und das, so Schiller, »wo es doch um das Leben eines Menschen ging«.[244] Nach einer halben Stunde und einem Glas Wein war der Besuch beendet.

Aber nicht nur die Gefühlslage des Absenders des Rücktrittsbriefes schwankte in diesen Tagen. Auch beim Empfänger löste das Schreiben Schillers Beklemmung aus. Eigentlich musste auch Brandt klar sein, dass Schillers Rücktritt unausweichlich war. Von allen politischen Gegensätzen abgesehen, war die Atmosphäre innerhalb seiner Ministermannschaft so vergiftet, dass nur noch der Abgang des Superministers Linderung versprach. Zudem musste Brandt Schillers Rücktritt schon aus Autoritätsgründen annehmen. Und der Schaden durch den Rücktritt des einstigen Superstars würde sich mittlerweile wohl in Grenzen halten. Für einen Wählermagneten hielt man Schiller nicht mehr. Brandts Popularität hingegen überragte die seines Superministers mittlerweile bei weitem.[245]

Und doch widerstrebte es dem Bundeskanzler, Schillers Entlassung anzunehmen. Brandt, so weiß Baring zu berichten, habe den Brief Schillers zunächst sogar zerrissen und die Schnipsel in den Mülleimer geworfen. Von dort habe Horst Ehmke (»den brauchen wir noch!«) sie wieder herausgeholt und mit Tesafilm zusammengeklebt.[246] Brandt wollte Schiller ursprünglich begütigend schreiben, seinen Rücktrittsbrief versöhnlich beantworten. Dass er Schiller schätzte, sich auch in seiner Schuld glaubte, war dafür der eine Grund. Zum anderen war da natürlich die Frage, wer Schiller nachfolgen sollte. Kurzzeitig brachten Gerüchte Erhard Eppler ins Gespräch, was jedoch Horst Ehmke mit dem Hinweis vom Tisch fegte, dass man die Staatsfinanzen kaum dem CVJM anvertrauen könne.[247] Sollte das Mammutministerium nicht aufgespalten werden, wofür so kurz vor den Wahlen wenig sprach, dann war die einzige überzeugende Alternative Helmut Schmidt. Ihm war zuzutrauen, auch die bürgerlichen »Schiller-Wähler« von 1969 bei der Stange zu halten. Für Brandt war das ein gefährliches Szenario. Schiller war zu isoliert gewesen, als dass der Begriff vom »heimlichen Kanzler« wirklich zutreffend gewesen wäre. Bei Schmidt war das anders. Brandt schreckte vor einem Superminister Helmut Schmidt zurück, wollte auch deswegen Schiller halten.[248] Aber die Stimmung in Fraktion, Partei und Kabinett sprach

---

244 Gespräch Schiller-Merklein, 30.8.1989, Kassette 6 (Seite B).
245 Jahrbuch der öffentlichen Meinung 1968–1973, S. 265 (Zahlen für Brandt), S. 288 (Zahlen für Schiller).
246 Vgl. Baring, Machtwechsel, S. 811.
247 Vgl. den Spiegel vom 3.7.1972.
248 Vgl. Baring, Machtwechsel, S. 811.

dagegen. Am Ende redete Horst Ehmke ihm den versöhnlichen Brief an Schiller wieder aus.[249]

Am 6. Juli kam Brandts Antwort, in der er den Rücktritt seines Ministers annahm. Zunächst bedauerte er, dass Schiller nicht die Gelegenheit einer vorherigen Aussprache mit ihm gesucht habe. Von einer überfallartigen Antragstellung seitens der Bundesbank könne jedoch keine Rede gewesen sein. Stattdessen habe es sich um eine Anregung gehandelt, die vom Kabinett aufgenommen worden sei. Ohnehin aber, und das war für den Friedensnobelpreisträger wohl das Entscheidende, habe es sich »in Wirklichkeit um eine marginale Entscheidung« gehandelt.

Brandts Brief las sich vergleichsweise sanft, enthielt viele Dankesbekundungen. Wegen eines Platzes auf der Landesliste habe er bereits mit dem nordrhein-westfälischen Ministerpräsidenten Heinz Kühn gesprochen. Er erwarte in dieser Angelegenheit keinerlei Probleme. Nur einmal versuchte Brandt, seinem zurückgetretenen Minister ins Gewissen zu reden. Dass Schiller es schwer gehabt habe, mit den übrigen Kabinettsmitgliedern zusammenzuarbeiten, solle dieser nicht nur den Kollegen anlasten. »Es gibt Situationen, in denen es objektiv nicht angemessen ist, allen anderen einen Mangel an Mannschaftsgeist vorzuwerfen.«[250] Doch am Ende seiner Replik fand Brandt abermals warme Worte.

> »Lieber Karl Schiller! Ich denke in diesem Augenblick stark an die – Berlin einschließenden – Jahre enger Zusammenarbeit, die – wenn ich es recht sehe – viel Positives gebracht haben. Demgegenüber könnte das verblassen, was jetzt zur Trennung in Bezug auf die Form der Zusammenarbeit führte.«[251]

Damit waren die Würfel gefallen. Am 7. Juli erhielt Schiller aus den Händen des Bundespräsidenten seine Entlassungsurkunde. Noch am gleichen Tag kam sein ehemaliger Student und persönlicher Referent Helmut Schmidt zur Übergabe ins Ministerium. Karl und Etta Schiller fuhren in den Urlaub ins Tessin. (☛ vgl. *Abb. 14*)

8 Abstürze

Mit Schillers Rücktritt war nicht nur eine erstaunliche Karriere zu Ende gegangen. Zusammen mit dem Superminister war auch das Projekt gescheitert, politische Probleme primär mit wissenschaftlichen Methoden und Ansätzen lösen zu wollen. Dabei hatte Schillers Vernunft- und Rationalitätsethos eine Zeit lang wunderbar funktioniert. Es war ihm nicht nur gelungen, anderen Akteuren der Wirtschaftspolitik seine

---

249 Vgl. Horst Ehmke, Mittendrin. Von der Großen Koalition zur Deutschen Einheit, Berlin 1994, S. 209 ff.
250 Brandt an Schiller am 6.7.1972, Privatbesitz Noelle-Wying.
251 Ebd.

8 Abstürze

Abb. 14 Bittere Stunde: Karl Schiller übergibt am 7. Juli 1972 das Superministerium an seinen früheren persönlichen Referenten Helmut Schmidt. Die »Ära Schiller« ist beendet.

Agenda aufzuzwingen und sie zur »kollektiven Vernunft« zu verpflichten. Auch das breite Publikum war von Schillers Bemühungen, seine Politik auf wissenschaftliche Grundlagen zu stützen, fasziniert, glaubte an seine Beschwörungsformeln. Damit wurde der Professor für Volkswirtschaftslehre zu einer wichtigen Symbolfigur für den Machbarkeits- und Planbarkeitsglauben der 60er-Jahre.

Doch schon bald nach dem Regierungswechsel 1969 verlor Schiller seine Magie. Das hatte ganz wesentlich mit Irrtümern seiner technokratischen Politikkonzeption zu tun. Wissenschaftliche Expertisen erlebten eine inflationäre Entwicklung und damit verloren das Wirtschaftsministerium und der Sachverständigenrat das Deutungsmonopol über die künftige Wirtschaftsentwicklung. Schiller hatte mit dem Postulat einer verwissenschaftlichten Politik somit eine Revolution entfesselt, die sich zunehmend gegen ihren Erfinder richtete.

Zudem hatte Schiller die Prognosefähigkeit der Wirtschaftswissenschaften weit überschätzt; mit seinen Voraussagen zur Preisentwicklung lag er weit daneben. Nachdem ihm jedoch die Aura der Unfehlbarkeit abhandengekommen war, fehlte ihm auch die Autorität, um das Verhalten der staatlichen und nicht-staatlichen Akteure der Wirtschaftspolitik weiterhin beeinflussen zu können.

Und schließlich hatte sich auch Schillers Hoffnung auf ein Ende der Ideologien nicht erfüllt. Als die politischen Lager nach dem »Machtwechsel« ihre Konsensorientierung aufgaben und sich reideologisierten, stand Schiller mit seinem Postulat einer versachlichten Wirtschaftspolitik ziemlich allein.

Doch zweifellos hing Schillers Scheitern auch mit anderen Faktoren zusammen: Da war auch die Geschichte eines Superminister, der fest von seiner Unersetzlichkeit überzeugt war, sich von seiner Umwelt isolierte und Zuflucht bei den Ratschlägen seiner Ehefrau suchte. Dazu kamen Rivalitätskonflikte im Kabinett, die teilweise Gründe hatten, die viele Jahre zurücklagen, und schließlich ein Bundeskanzler, der der Demontage seines wichtigsten Ministers nicht Einhalt gebieten konnte. Diese psychologischen – rein im Zwischenmenschlichen wurzelnden – Probleme erklären die ungeheure Schärfe, mit der die Auseinandersetzungen ihren Verlauf nahmen – sie werden auch den weiteren Ablauf der Geschehnisse bestimmen.

Immerhin blieb Schiller der Trost, dass er vor der Geschichte in vielem Recht behalten sollte. Das galt zunächst für den konkreten Anlass seines Rücktrittes. 1973 sollte das System der festen Wechselkurse endgültig zusammenbrechen. Die Devisenkontrollen waren in der Tat völlig unzureichend und man ging, wie von Schiller in den Tagen des 28. und 29. Juni gefordert, wieder zum *Floaten* über. Pikanterweise wurde Schiller später von Susanne Schmidt, der Tochter seines Nachfolgers, in seiner Ansicht bestätigt: In ihrer Promotion kam sie zu dem Schluss, dass die Freigabe der Wechselkurse bereits früher geboten gewesen wäre.[252]

---

252 Vgl. Susanne Schmidt, Kapitalverkehrskontrollen und ihre Wirkung: eine Analyse der Maßnahmen in der Bundesrepublik Deutschland 1971–1973, Hamburg 1973.

Auch die Ausgabefreudigkeit seiner Ressortkollegen prangerte Schiller zweifelsohne zu Recht an. Allerdings kreiste die gesamte Diskussion jener Jahre erstaunlicherweise immer nur um die Auswirkung des Finanzgebarens der öffentlichen Hand auf die Geldwertstabilität. Die Gefahren einer exorbitanten Staatsverschuldung für künftige politische Handlungsspielräume gerieten kaum ins Blickfeld – auch nicht in das Schillers. Aber seine grundsätzliche Mahnung, dass man finanzpolitisch auf eine Schieflage zusteure, dass man in einer Hochkonjunktur nicht auch noch die Staatsverschuldung in die Höhe treiben durfte, war dennoch richtig gewesen.

In jedem Fall wären all das ausreichende Gründe gewesen, dass die Republik, ja vielleicht irgendwann sogar seine eigene Partei, Schiller als »weisen Propheten« in Erinnerung behalten hätte, dem man im Nachhinein in vielem hätte Recht geben müssen. Die Rolle des über der Tagespolitik stehenden *elder statesman* hätte ihm gewiss nicht schlecht zu Gesicht gestanden. Schiller hätte Interviews geben können, in Talkshows gehen, sich aus der Warte des distanzierten Beobachters in die Diskussionen einschalten können. Fraglos hätte sein Wort noch immer großes Gewicht gehabt. Und vielleicht wäre, nachdem der Pulverdampf sich gelegt hätte und alle Beteiligten Abstand gewonnen hätten, sogar ein politisches Come-back möglich gewesen.

Doch es kam anders. Die eigentliche Tragödie stand noch aus und mit ihr entwickelte sich eine verhängnisvolle Eskalationsspirale, die in Schillers Fall fast mit seiner persönlichen Vernichtung endete. Dabei war es keineswegs er, der den Anfang machte. Am 8. Juli, auf einer SPD-Veranstaltung in Hamburg-Harburg, warf Herbert Wehner den ersten Stein. Schillers Rücktrittsbegründung sei eine »Legende«, die sachlichen Differenzen tatsächlich nicht der Rede wert gewesen. In Wahrheit sei Schiller zurückgetreten, weil ihm ein sicherer Listenplatz für die Bundestagswahl ebenso wenig zugesagt worden sei wie sein weiterer Verbleib in der Regierung.[253] Damit spielte Wehner auf den zweiten Brief vom 2. Juli an. Dennoch war das eine infame Behauptung. Denn trotz aller anderen Probleme war Schillers Rücktritt am Ende doch primär aus Überzeugung erfolgt, zum einen, weil er nicht mehr die Verantwortung für die Haushaltspolitik der sozialliberalen Koalition tragen mochte, zum anderen, weil er durch die Devisenbewirtschaftung die geheiligten Werte der Marktwirtschaft in Gefahr sah. Schiller vermutete später, dass Wehner den Bruch bewusst gesucht und ihn absichtlich provoziert habe.[254] Wenn dem so war, dann hatte Wehner einen klugen Schachzug getan. Denn seine Sätze sollten eine langfristige Wirkung haben.

Nicht zu unrecht fühlte sich Schiller verunglimpft, tief in seiner Ehre verletzt. Dennoch erlegte er sich zunächst Zurückhaltung auf und übte sich von der Schweiz aus in seltener Medienabstinenz, obgleich die Journalisten versuchten, ihm Kritik an der eigenen Partei zu entlocken. Dass er seit dem Steuerparteitag vom November 1971

---

253 Vgl. die FAZ vom 10.7.1972.
254 Gespräch Schiller-Merklein, 30.8.1989, Kassette 6 (Seite B).

in grundsätzlichen Fragen im Dissens mit der SPD stand, verbarg er zwar nicht. Nach wie vor aber habe er die Hoffnung, dass eine große und tolerante Volkspartei wie die SPD auch liberalen Sozialdemokraten wie ihm weiterhin die Möglichkeit der Aussage und der Gestaltung gäbe.[255] Aber während sich Schiller weitgehend zurückhielt, konnte die Parteiseele ihren Animositäten gegen den ungeliebten Professor jetzt endlich freien Lauf lassen. Als Erstes wurde deutlich, dass Schillers Rückkehr in den Bundestag so gut wie ausgeschlossen war, jedenfalls als Direktkandidat. Wer die Regierung im Stich lasse, könne nicht mit Belohnung rechnen, meinte der Geschäftsführer des Unterbezirks Westliches Westfalen, Horst Zeidler.[256] Aber angesichts des weit verbreiteten Ärgers über ihn war auch mit einem Platz auf der Landesliste nicht mehr zu rechnen. Einer der wenigen, die öffentlich bekundeten, dass sie einen Verbleib Schillers im Bundestag begrüßen würden, war der nordrhein-westfälische Ministerpräsident Heinz Kühn. Damit aber stehe er ziemlich alleine, teilte ihm der zum linken Flügel der Partei zählende ehemalige Bundestagsabgeordnete Peter Blachstein mit. Die Trennung, so schrieb er Kühn, sei seit Langem unvermeidlich gewesen.

> »Schiller vertritt immer nur sich selbst und sonst gar nichts. Die Partei war für ihn nie etwas Anderes als die Bühne, auf der er sein Solo vortragen konnte [...]. Es hieße ihn völlig verkennen, von ihm Loyalität gegenüber irgendwem oder der Partei zu erwarten. Das wird er mit 60 Jahren nicht mehr lernen [...]. Dieser Mann wird jede Gelegenheit benutzen, sowie er sicher aufgestellt ist, gegen das Kabinett, gegen seinen Nachfolger, gegen die Fraktion, gegen den Bundeskanzler und gegen die Partei öffentlich zu streiten. Ich kenne Schiller seit 1947, seine beachtlichen Leistungen und seine absolute menschliche Unzuverlässigkeit. Darum scheiterte er fast immer nach 5 bis 6 Jahren, erst in Hamburg, dann in Berlin und jetzt in Bonn.«[257]

Aber da Schiller abgetaucht war, bekam er von alledem vermutlich nicht viel mit. Tief getroffen hatte er sich zusammen mit Etta Schiller in eine Ferienwohnung bei Lugano im Tessin zurückgezogen. Das Zeitunglesen vermied er. Dass bei seinem Rücktritt ständig über den »Einzelgänger« und die »Primadonna« berichtet wurde, selten aber über die sachlichen Hintergründe seiner Entscheidung, war ihm schwer verständlich. Und so saß Schiller passiv in den Bergen und überlegte, ob es für ihn und die SPD noch eine gemeinsame Zukunft geben könne. Völlig hoffnungslos war er nicht. Vielleicht gab es für ihn ja auch eine seiner bisherigen Position entsprechende Verwendung außerhalb des Kabinetts. Gerüchteweise drang zu ihm, er sei als Präsident des Interna-

---

255 Vgl. das Interview im Stern vom 16.7.1972.
256 Vgl. den Rheinischen Merkur vom 14.7.1972, die Welt vom 19.7.1972.
257 Peter Blachstein an Heinz Kühn am 11.7.1972, in: AdsD, WBA, Bundeskanzler, B. 3.

tionalen Währungsfonds im Gespräch. An diesem Gedanken fand er durchaus Gefallen.[258]

Nach etwa zehn Tagen, so berichtete er später Renate Merklein, sei er aber doch in den nächsten Ort gefahren, um sich mit Zeitungen zu versorgen; vielleicht hatte sich die Stimmung ja mittlerweile zu seinen Gunsten geändert. Im Zeitungsladen allerdings blieb sein Blick nicht an seinen normalerweise bevorzugten Lektüren hängen. Erschrocken entdeckte er stattdessen die neuste Ausgabe der Illustrierten »Quick«. In ihrem Aufmacher warb sie mit dem »Dokument der Bonner Pleite«. Als Schiller, zuhause angekommen, die Illustrierte aufschlug, konnte er dort seinen kompletten Rücktrittsbrief nachlesen.[259] Schillers Generalabrechnung mit der eigenen Partei und der Regierung Brandt war jetzt für Jedermann nachzuvollziehen. Dass dieser Brief die Situation schlagartig veränderte, war Schiller sofort klar. Während durch ihn das Verhältnis zur SPD, vor allem zu Willy Brandt, irreparablen Schaden nehmen musste, machte sich Schiller gleichzeitig zum offiziellen Kronzeugen der CDU gegen eine Regierung, die in den Worten des ehemaligen Superministers nach der Devise: »Nach uns die Sintflut« handle. Brandt erfuhr von der »Quick«-Veröffentlichung in seinem Urlaub in Norwegen. Seine erste Reaktion war verständlich: Wie die meisten anderen glaubte auch Brandt, dass Schiller selbst dem Magazin den Brief zugespielt habe. Seiner Ansicht nach hatte Schiller damit den Rubikon endgültig überschritten – ein »Sieg der Eitelkeit über die Intelligenz«, wie er wenige Monate später beim Parteitag der Sozialdemokraten in Dortmund sagen sollte.[260]

Schiller hat stets bestritten, den Brief weitergegeben zu haben. Als anlässlich seines 65. Geburtstages in der »Stuttgarter Zeitung« ein Porträt über ihn erschien, in dem behauptet wurde, dass er seinen Brief gar »gleichzeitig« an die »Quick« und an Willy Brandt geschickt habe, schrieb er Hans Dieter Kloss von der »Stuttgarter Zeitung« eine ausführliche Replik. Er habe leider nie herausfinden können, wer den Brief weitergegeben habe. »Ich weiss nur eines, dass es jemand getan haben muss, der mir nicht gerade wohl wollte (weil der Konflikt sich damit zuspitzen musste).«[261] Schiller hat es auch immer ausgeschlossen, dass der Brief aus seinem Ministerium weitergeleitet worden sein könnte. Er habe nur eine einzige Kopie seines Schreibens anfertigen lassen und diese habe sich während seines gesamten Aufenthaltes in Arrano in seinem Aktenkoffer neben seinem Bett befunden.[262]

Interessant wurde es, als die Staatsanwaltschaft wegen des Verdachts auf Schmiergeldzahlungen an Politiker begann, gegen die »Quick« zu ermitteln. Im Zuge der Untersuchungen nahm man sich auch Schillers Fall an. Der Superminister wurde befragt, ebenso seine engsten Mitarbeiter. Auch Etta Schiller wurde von der Staatsanwaltschaft

---

258 Gespräch Schiller-Merklein, 30.8.1989, Kassette 6 (Seite B).
259 Ebd.
260 Protokoll des Parteitages 1972 in Dortmund.
261 Schiller an Hans Dieter Kloss am 6.5.1976, in: BA N Schiller 1229, B. 332, S. 490.
262 Gespräch Schiller-Merklein, 30.8.1989, Kassette 6 (Seite B).

vernommen, die man, so Schiller, für »hochverdächtig« gehalten habe.[263] Auch in den Medien vermuteten viele Etta, der die Loslösung und der Bruch mit der Partei nicht schnell und eindeutig genug gewesen sei, hinter der Veröffentlichung. Aber die Düsseldorferin gab eine Antwort, die auch Karl Schiller für überzeugend hielt: Sie hätte gewusst, dass ihm die Veröffentlichung schaden würde, und wäre schon aus dem Grund nie auf diese Idee gekommen.[264]

Schließlich zeigten die Untersuchungsbeamten Schiller einen weißen Zettel, der seine Unterschrift trug. Den habe man im Tresor in den Redaktionsräumen der Zeitschrift gefunden.[265] Schiller erzählte daraufhin dem Staatsanwalt, dass er tausende Male seinen Namen auf weiße Zettel für Autogramme geschrieben habe. Bei genauerer Betrachtung des abgedruckten Rücktrittsbriefes kam Schiller auch zu dem Schluss, dass es sich um eine Abschrift gehandelt hatte. Im Besitz des Originals musste der »Täter« also nicht unbedingt gewesen sein. Vermutlich wurde die Unterschrift im Nachhinein unter den Brief gesetzt. Nach Schillers Eindruck hat die Staatsanwaltschaft ihre Untersuchungen im Übrigen sehr selektiv durchgeführt. Als er zu Bedenken gegeben habe, dass man doch auch einmal in der Umgebung des Empfängers Nachforschungen anstellen sollte, habe der Staatsanwalt auf seinen Hinweis mit sichtbarem Desinteresse reagiert.[266]

Schiller dachte nicht etwa an den Bundeskanzler, der seines Erachtens nach kein Interesse an der Veröffentlichung seines »Vermächtnis-Briefes« haben konnte. Aber in dessen Umfeld mochte es anders gewesen sein. Nicht wenige vermuteten den Kanzleramtschef Horst Ehmke hinter der Veröffentlichung. Völlig unplausibel klingt das nicht. Womöglich fürchtete Ehmke, dass Brandt ansonsten doch wieder wankelmütig würde und sich einen Schritt auf Schiller zu bewegen könnte. Aber Ehmke bestreitet bis heute, etwas mit den Vorgängen zu tun zu haben.[267] So ließ sich nur herausfinden, wer den Brief für die »Quick« besorgt hatte. Es war der Journalist Paul Limbach, der in Bonn auf die Beschaffung ansonsten unzugänglicher Dokumente spezialisiert war. Limbach bestreitet nicht, den Brief – oder jedenfalls seinen Inhalt – für die Zeitschrift beschafft zu haben. Genauere Angaben könne er jedoch leider nicht machen, schließlich lebe sein Informant noch.[268] Das schließt zwar Schiller aus, gibt jedoch keine weiteren Aufschlüsse.

Wie es zur Veröffentlichung kam, ist also unklar, die Wirkung jedoch eindeutig. Denn nun folgte ein Drama, an dessen Ende der vollständige Ruin des Ansehens und die Vernichtung der persönlichen Integrität Karl Schillers standen. Als Schiller am 8. August nach Deutschland zurückkam, war das nicht mehr nur die Rückkehr eines

---

263 Ebd.
264 Ebd.
265 Ebd.
266 Ebd.
267 Gespräch mit Horst Ehmke.
268 Gespräch mit Paul Limbach.

Ex-Ministers, der schwer wiegende Probleme mit der eigenen Partei hatte. Schiller wurde von weiten Teilen der SPD fortan wie ein Wahlkampfgegner behandelt. Sein Intimfeind Erhard Eppler ließ freudig verlauten, dass die Partei darauf brenne, einen Wahlkampf gegen zwei Gegner zu führen: gegen die CDU und Karl Schiller.[269] Auf die Parteilinke wirkte die Veröffentlichung des Rücktrittsbriefes fast wie eine Befreiung. Da Schiller damit offensichtlich endgültig mit der eigenen Partei gebrochen hatte, konnte man frei von allen Zwängen endlich mit ihm abrechnen und damit, wie es der stellvertretende Juso-Vorsitzende Wolfgang Roth ausdrückte, ideologische Positionen aus der Partei entfernen, die dort nie eine Heimat gehabt hätten.[270] Währenddessen feierten die konservativ-bürgerlichen Tageszeitungen Schiller seit seinem Rücktritt wie einen unbeugsamen Helden, der sich für sein Gewissen und nicht für politisches Kalkül und die Parteiräson entschieden habe und der fraglos ein Opfer der Reideologisierung der SPD sei.[271]

Gerüchte, die von einem Übertritt Schillers zur CDU sprachen, schossen ins Kraut. Einige Unionspolitiker taten das Ihrige, um solchen Spekulationen Nahrung zu geben. In einem Interview mit der »Welt am Sonntag« deutete Franz Josef Strauß sogar eine Wiederauflage des mittlerweile schon legendären Duos »Plisch und Plum« an. Er selbst habe nur die besten Erinnerungen an die Zusammenarbeit mit Schiller. Auf die Mitarbeit eines solchen Fachmannes mit großem Sachverstand sollte niemand ohne Not verzichten.[272] Angeblich hat es daraufhin im Tessin bereits ein Gespräch zwischen Strauß und Schiller gegeben, in dem Strauß seinem alten Kabinettskollegen unverblümt angeboten habe, gemeinsam nach der Bundestagswahl wieder die Verantwortung für Wirtschaft und Finanzen zu übernehmen.[273]

Schiller äußerte sich zunächst mit keinem Sterbenswörtchen über seine weiteren Pläne. Aber er dementierte die Kontakte zur CDU auch nicht. Überhaupt war es schwer, in diesen Tagen von ihm einen Kommentar zu den Spekulationen um seine Person zu bekommen. Denn Schiller war verschwunden. Außer seiner Sekretärin Therese Bürger wusste so gut wie niemand, wo er sich aufhielt. Während die Zeitungen ihn an der holländischen Nordseeküste vermuteten, hielt er sich tatsächlich im Haus des Düsseldorfer Zirkus-Managers und Gastronomen Helmut Mattner auf, den er durch seine Frau Etta kennen gelernt hatte.

Nach Wochen öffentlicher Spekulationen gerieten die Dinge am 14. August 1972 dann tatsächlich in Bewegung. In Mattners Haus traf sich der ehemalige Superminister mit dem CDU-Vorsitzenden Rainer Barzel. Schiller hat es später stets abgelehnt, über dieses Treffen zu reden; ein Übertritt zur CDU aber habe nie ernsthaft zur Debatte ge-

---

269 Vgl. die Welt vom 18.8.1972.
270 Ebd.
271 Vgl. insbesondere die Welt vom 6.7.1972.
272 Vgl. die Welt am Sonntag vom 23.7.1972.
273 Vgl. den Stern vom 17.8.1972.

standen.²⁷⁴ Der »Stern« berichtete, dass Barzel Schiller ein wenig verlockendes Angebot gemacht habe. Zwar sei der Partei- und Fraktionsvorsitzende der CDU an einem Parteiübertritt Schillers in der Tat interessiert gewesen. Doch da er Angst vor einem übermächtigen Duo »Plisch und Plum« gehabt habe und das Bundeswirtschaftsministerium bereits dem schleswig-holsteinischen Wirtschaftsminister Karl-Heinz Narjes versprochen hatte, habe er Schiller eine wenig reizvolle Offerte unterbreitet: den Posten des Verkehrs- oder Wissenschaftsministers. Dieses Angebot sei Schiller allerdings bei weitem zu »mickrig gewesen«. Die Deutschen, so der selbstbewusste Minister a. D., erwarteten von ihm, dass er die Wirtschaft und nicht den Verkehr in Ordnung bringe. Als »politischer Aufseher« für jede »x-beliebige Behörde« stehe er nicht zur Verfügung.²⁷⁵ Schiller bat Barzel laut »Stern« um Verschwiegenheit – schließlich war er noch immer Präsidiums- und Vorstandsmitglied der SPD. Doch zu seinem Leidwesen wurde aus der Geheimhaltung nichts und die Zeitungen berichteten ausführlich über den möglichen Übertritt des sozialdemokratischen Superministers a. D. zur CDU.

Zwei Tage nach dem Treffen mit Barzel machte Schiller zumindest den Spekulationen um seine künftige Rolle in der SPD ein Ende. In einem Brief an Heinz Kühn teilte er seinen Verzicht auf eine Kandidatur für den Bundestag mit, so als läge dies tatsächlich noch in seiner Hand. Nach allem, was passiert sei, schrieb Schiller dem nordrhein-westfälischen Ministerpräsidenten, könnte eine erneute Kandidatur für die SPD den Wählern wohl ein wenig »unverständlich« erscheinen. Er lege jedoch auf seine politische und sachliche Glaubwürdigkeit allergrößten Wert.²⁷⁶

Es folgten noch zwei letzte Gespräche mit Willy Brandt, die, wie sich Schiller erinnerte, in etwas »cooler« Atmosphäre stattgefunden hätten.²⁷⁷ Der zurückgetretene Superminister erkundigte sich dabei auch nach dem Stand der notwendigen Kürzungen im Verteidigungsetat. Lächelnd erzählte ihm Brandt, dass sich dieses Thema durch den Wechsel Helmut Schmidts in das Superministerium natürlich erledigt habe; der geforderte Betrag werde selbstverständlich gestrichen.²⁷⁸

Brandt bot Schiller sogar noch einmal an, seine Ämter als Vorstands- und Präsidiumsmitglied lediglich ruhen zu lassen. Doch das, so schrieb Schiller ihm am 21. August, würde nur Anlass für neue »Fehldeutungen« geben. Es sei wohl besser, wenn er aus beiden Gremien ausscheide.²⁷⁹

Was Schiller zu dieser Zeit dachte oder fühlte, lässt sich nur erahnen. Er selbst sprach auch später nie von seiner offensichtlichen Orientierungslosigkeit in jenen Wochen. Dass er jedoch zumindest mit dem Gedanken spielte, bei einem Regierungs-

---

274 Eine Anfrage an Rainer Barzel blieb leider erfolglos.
275 Stern vom 17.8. 1972.
276 Vgl. Schiller an Kühn, 15.8.1972, in: AdsD, WBA, Bundeskanzler, B. 67.
277 Gespräch Schiller-Merklein, 30.8.1972, Kassette 6 (Seite A).
278 Vgl. Baring, Machtwechsel, S. 820.
279 Vgl. den Brief von Schiller an Willy Brandt vom 21.8.1972, in: WEI, K. 11.

wechsel wieder in Amt und Würden zu treten, ist wahrscheinlich. Ebenso aber waren seine Zweifel nicht zu übersehen. Entgegen seiner Natur ging er äußerst defensiv mit der Situation um. Es waren Wochen, in denen Karl Schiller zwischen Überzeugungstäterschaft und Politsöldnertum, menschlichem Anstand und politischer Moral schwankte. Auch er war sich letzten Endes wohl darüber im Klaren, wie fragwürdig, ja grotesk es der Öffentlichkeit erscheinen musste, wenn er nun plötzlich für eine andere Regierung, eine andere Partei, arbeitete. Politiker zu sein war schließlich kein Beruf, wo man einfach von einer Firma zur anderen wechseln konnte. Dass er dennoch dem Flirt mit der Opposition nicht auswich, beweist nicht nur, wie sehr er sich im Recht glaubte. Es zeugte auch von der tiefen Verletzung, die ihm die eigenen Parteigenossen zugefügt hatten.

So schweigsam Schiller war, so mühelos gelang es den Journalisten, klare Aussagen von seiner Frau zu erhalten: »Nur die Bürgerlichen können mit Geld umgehen. Mein Mann muss zur CDU. Da wird er gebraucht. Die haben ja keinen anderen.«[280] Die Berichterstattung über Etta Schiller erreichte im August 1972 ihren Höhepunkt, sie avancierte gar zum »Cover-Girl« des »Spiegel«. Sie, so wurde vermutet, sei die eigentliche Antriebskraft für die merkwürdige Irrfahrt des Karl Schiller. Etta sähe sich in ihrer Aufgabe für ihren Mann als »eine Mischung aus Dompteur, Irrenarzt, Chefberater und Krankenpfleger.«[281] In dem Bild, das die Medien von Schiller malten, war der einstige Superstar zu einem willfährigen Objekt der Karriereambition seiner Frau geworden, die um jeden Preis Ministergattin bleiben wollte. In einer traurigen Metamorphose hatte sich Schiller in der öffentlichen Wahrnehmung vom mutigen Rezessionsbekämpfer und Retter der Nation zum obersten Pantoffelhelden der Republik entwickelt.

Letztlich bleibt es Spekulation, ob Schiller tatsächlich gewagt hätte, überzulaufen. Denn nachdem das Treffen mit Barzel durchgesickert war, wurde schnell deutlich, dass es mit einer Karriere als CDU-Minister nichts werden würde. In der CDU fürchtete man, damit endgültig zur Partei der »Überläufer« zu werden. Man sei kein »Auffanglager für Charakterschwächlinge«[282], meinte der CDU-Justiziar Paul Mikat. Der vorsichtige Barzel machte seinen Avancen an Schiller ein rasches Ende. Mit einem ehemaligen Superminister, der seiner eigenen Partei zürnte, war der CDU ohnehin bereits genug gedient. Außerdem konnte sich Schiller offensichtlich nicht zu einem öffentlichen Bekenntnis durchringen. Sein Taktieren verstimmte so mit der Zeit auch die CDU. Schiller war nicht weniger allein als zuvor.[283]

Und so begann es langsam, still um den ehemaligen Superminister zu werden. Bis Ende August hatten er und Etta Schiller das politische Bonn noch einmal in Atem gehalten. Manche Meinungsforscher glaubten, dass Schiller abermals den Ausgang der

---

280 Der Spiegel vom 21.8.1972.
281 Ebd.
282 Der Spiegel vom 21.8.1972.
283 Vgl. die Stuttgarter Zeitung vom 18.8.1972.

Bundestagswahlen entscheiden würde – dieses Mal zu Gunsten der CDU.[284] Mittlerweile aber schien dessen Image so großen Schaden genommen zu haben, dass die Genossen kaum noch Angst hatten vor einem Feldzug Schillers gegen die eigene Partei.

Zu Wort meldete sich Schiller erst wieder Ende September. Mit einer vierseitigen Presseerklärung gab er seinen Austritt aus der SPD bekannt. Nach über zweimonatigem Schweigen, währenddessen er Kritik mit erstaunlichem Gleichmut hingenommen hatte, fand er es offensichtlich an der Zeit, sich seiner Haut zu wehren. Nichts sei seit seinem Rücktritt geschehen, was seine Befürchtungen hinsichtlich des wirtschafts- und finanzpolitischen Kurses der Regierung habe beruhigen können. Die SPD stelle, wie spätestens seit dem Steuerparteitag im November 1971 klar geworden sei, die marktwirtschaftliche Ordnung infrage. Vom Stabilitätsziel, dem er stets Priorität eingeräumt habe, sei die Regierung abgewichen. Besonders seinen Nachfolger Helmut Schmidt kritisierte er scharf. Dessen schneidige Aussage, dass 5 Prozent Preissteigerung vom deutschen Volk leichter zu verkraften seien als 5 Prozent Arbeitslosigkeit, sei in Wahrheit eine »demagogische Verharmlosung der aktuellen inflatorischen Entwicklung«. Aber die Versuche, an den eigentlichen Entscheidungen vorbei zu manövrieren, müssten zum Scheitern verurteilt sein. Im Übrigen scheide er ohne persönlichen Groll, behauptete Schiller nach seinen scharfen Angriffen auf seine ehemaligen Kollegen.

»Aber meine bisherige Partei wird es mir hoffentlich nicht verdenken, wenn ich außerhalb der Partei auch künftig für die Grundsätze eintrete, die für mich in der Wirtschafts- und Finanzpolitik bestimmend waren und es weiterhin sein werden.«[285]

Damit hatte Schiller sein ungewöhnlich langes Schweigen gebrochen. Die merkwürdige Odyssee entlang der Grenze seiner persönlichen Glaubwürdigkeit war jedoch noch nicht beendet. Als direkter Unterstützer der CDU wollte Schiller nach seinen letzten Erfahrungen nicht mehr in Erscheinung treten, wenngleich die Gerüchte um ihn bis zum Wahltag nicht ganz verstummten. Allerdings hatte er ja angekündigt, auch fortan für seine »Grundsätze« zu streiten. Und dafür wählte er einen Weg, der ihm unverdächtig, weil völlig unparteiisch erschien, den aber auch ihm wohl gesonnene Menschen nur noch mit Kopfschütteln bedachten.

Eine alte Bekanntschaft aus Hamburger Tagen, die freilich nie wirklich abgerissen war, lebte nach seinem Rücktritt wieder auf. Der Verleger Axel Springer, einst ein Bewunderer und Förderer Willy Brandts, war durch die Ostpolitik der sozialliberalen Koalition zum erklärten Feind der SPD geworden. Im Wahlkampf 1972 versuchte er alles, um die Abwahl der Regierung zu erzwingen. Daher bemühte er sich auch um den Superminister a. D. Springers Blätter hatten Schillers Karriere noch gefördert, als

---

284 Vgl. den Spiegel vom 21.8.1972.
285 Vgl. die Hannoversche Presse vom 26.9.1972.

sie bereits scharf gegen die SPD polemisierten. Im Spätsommer 1969 war Schiller die gute Presse, die er in Springers Blättern bekam, schon ein wenig gefährlich erschienen. Er fürchtete, dass man Parallelen zwischen der positiven Berichterstattung und seinen eher Springer-freundlichen Einstellungen bezüglich der Fusionskontrolle im Pressewesen ziehen könnte.[286]

Am liebsten wäre es Springer gewesen, wenn Schiller Wirtschaftsminister einer CDU-Regierung geworden wäre. Dass es innerhalb der Union Widerstand gegen den »Überläufer« gab, galt dem Verleger nach der Wahl gar als eine der entscheidenden Gründe für Barzels Niederlage.[287] Aber vielleicht, so sein Kalkül, konnte man auf andere Art und Weise Schiller für den Wahlkampf gewinnen. Wichtig war nur die Versicherung, dass er sich damit keinesfalls direkt für die CDU zu engagieren hatte. Denn Schiller, der seit einem Fernsehinterview mit Gerhard Löwenthal Ende September wieder verstärkt die Öffentlichkeit suchte, fand Gefallen an der Rolle des unabhängigen, über allen Parteien stehenden Fachmannes. Er glaubte auch, eine solche Figur weiterhin überzeugend nach außen verkörpern zu können. Also schlugen Springer und einige der CDU nahestehende Industrielle vor, dass er gemeinsam mit Ludwig Erhard in Anzeigenserien für die Erhaltung der Sozialen Marktwirtschaft in Erscheinung treten sollte. Schiller stimmte zu, ebenso Erhard. Fortan warben »Prof. Erhard« und »Prof. Schiller« mit ihrem Konterfei für den Ausbau und den Erhalt der Marktwirtschaft, und zwar gegen die »Zweifler« und »falschen Propheten«.[288] (☛ vgl. *Abb. 15*, S. 358)

Zeit seines Lebens sollte Schiller an seinem Standpunkt festhalten, dass die Anzeigenaktion niemals der Unterstützung irgendeiner Partei gegolten habe. Auch habe er nie genau gewusst, wer die Kampagne finanziert habe; er und Erhard hätten sich mit dieser Frage auch gar nicht beschäftigt.[289] Natürlich wollte und konnte ihm das niemand abnehmen. Zwar war auch Ludwig Erhard niemals ein strammer Parteisoldat gewesen. Aber immerhin war er zumindest Mitglied der Union und trug nicht täglich einen erbitterten, öffentlichen Disput mit ihr aus. Und schließlich hatte Schiller seinen Entschluss zum Parteiaustritt mit dem Abweichen der SPD vom Pfad der marktwirtschaftlichen Tugend begründet. Wenn er sich jetzt in einer Anzeigenaktion für die Erhaltung der Sozialen Marktwirtschaft aussprach, welchen Eindruck musste das dann erwecken? Auch ohne dass SPD und CDU in der Kampagne erwähnt wurden, war die Stellungnahme überdeutlich.

Und doch spricht vieles dafür, dass Schiller von der eigenen Überparteilichkeit wirklich überzeugt war. Erst später gestand er gegenüber Willy Brandt ein, dass es manchmal wohl Konflikte gäbe, die außer Kontrolle geraten könnten. Aber da er

---

286 Vgl. Schiller an Springer am 7.8.1969, in: BA N Schiller 1229, B. 286, S. 189 ff.
287 Vgl. Gerhard Naeher, Axel Springer. Mensch, Macht, Mythos, Erlangen 1991, S. 336.
288 Vgl. z. B. die Welt vom 16.10.1972.
289 Gespräch Schiller-Merklein, 30.8.1989, Kassette 6 (Seite B).

IX Supernova (1969–1974)

Abb. 15 Auf der anderen Seite: Bei der Bundestagswahl 1972 werben Karl Schiller und Ludwig Erhard für den »Erhalt der Sozialen Marktwirtschaft«. Viele Sozialdemokraten verzeihen Schiller dieses Ausscheren nicht.

selbst nicht daran zweifelte, allein im Namen der ökonomischen Vernunft zu sprechen, kam er zu diesem Zeitpunkt womöglich gar nicht auf den Gedanken, dass andere mit ihm nur kühl ihr eigenes Interesse verfolgten. Als ihn im Oktober und November 1972 mehrmals verschiedene Ortsvereine der CDU als Redner einladen wollten, reagierte Schiller schon fast ein wenig empört: Es sei doch wohl allgemein bekannt, dass er politisch ungebunden sei.[290]

Die Situation wurde fast schon schizophren: Beinahe jeden Morgen erschienen Anzeigen mit seinem Konterfei, die seine verständliche Verletzung zeigten und einzig den Sinn hatten, den Glauben der Deutschen an die marktwirtschaftliche Orientierung der SPD zu erschüttern. Abends aber gab Schiller Interviews, in denen er seine Unabhängigkeit förmlich zelebrierte und betonte, dass er »selbstverständlich« keine Wahlempfehlungen gebe.[291] Da bedurfte es gar keiner verleumderischen Angriffe aus dem jetzt gegnerischen Lager mehr – Karl Schiller zerstörte ganz allein seine Glaubwürdigkeit. Hätte er Zurückhaltung geübt und sich erst nach dem Wahlkampf zu Wort gemeldet, dann hätte dieses Wort gewiss großes Gewicht gehabt. Und vielleicht wäre es auch klüger gewesen, sich eindeutig an die Seite der Union zu stellen. So aber verstand ihn nie-

---

290 Vgl. den Brief Schillers an Klaus Francke vom 17.10.1972, in: BA N 1229 Schiller, B. 228, S. 62.
291 Vgl. etwa das Interview mit Schiller in der Tagesschau in der ARD am 17.11.1972.

mand mehr und kein Mensch nahm ihm die Rolle des über den Dingen stehenden weisen Nathan ab, der er selbst so gerne sein wollte. Es war ein Trauerspiel, ein Lehrstück darüber, wie ein gescheiter Mann sich innerhalb kurzer Zeit selbst ruinierte.

Doch all die Häme und ätzende Kritik, die er als Reaktion auf sein Verhalten erntete, schienen äußerlich an ihm abzuprallen. Seine Wut und seine Verbitterung hatten ihn der Fähigkeit beraubt, sein Verhalten einmal aus einer distanzierteren Warte zu überdenken. Nur einmal zeigte Schiller Wirkung. Am 6. Oktober schrieb er Günter Grass, er habe aus dessen Kommentaren in der Presse entnommen, dass der Schriftsteller mit seinen politischen Schritten nicht einverstanden sei. Wenn es zu einem Gespräch kommen würde, würde ihn das sehr freuen.[292] Die Antwort des alten Freundes aus Berliner Zeiten bekam Schiller einen Tag später in einem offenen Brief in der »Frankfurter Rundschau«. Grass schrieb:

> »Lieber Karl Schiller, schon die Anrede zeigt an, wie schwer es mir fällt, diesen notwendigerweise ›Offenen Brief‹ zu schreiben; denn Karl Schiller ist nicht nur seinen Freunden, sondern wohl auch sich selber fremd geworden, indem er sich und seine Bedeutung überschätzt hat. [...] Nun werde ich täglich von Bürgern nach dem Verhalten Karl Schillers gefragt. Die Bürger fragen, weil sie sich durch Sie getäuscht sehen, und weil allgemein auffällt, wie groß die Diskrepanz zwischen Ihrem intellektuellem Vermögen und der Ichbezogenheit Ihres Handelns ist.«

Schon in den letzten Jahren, so Grass, sei ihm aufgefallen, wie besessen Schiller zunehmend nur noch von sich selbst gesprochen habe, wie

> »das Wörtchen ›Ich‹ bei Ihnen Inflation erlebte. [...] Und nun ist es soweit. Sie haben den Halt aufgegeben. Offenbar neuen Halt suchend sind Sie in schlechte Gesellschaft geraten. Denn wie schlimm muß es um einen Karl Schiller stehen, der sich bei einem Barzel anzubiedern versucht; wie traurig muß es um Karl Schiller bestellt sein, wenn er zuläßt, daß ihn der gleiche Franz Josef Strauß begönnert, der noch vor wenigen Monaten mit Willy Brandt auch Karl Schiller nach Lumpenmanier verleumdet und verdächtigt hat. [...] Unterlassen Sie also dieses Krisengeschrei, das Sie lächerlicher macht als es unsere immer noch gute Erinnerung an Sie erlaubt. Lassen Sie sich nicht zum Popanz der Strauß und Barzel, also jener Leute machen, die tagtäglich jenen Mann, Willy Brandt, verleumden, dessen Nachsicht Sie erschöpft, dessen Toleranz Sie mißbraucht haben. [...] Kommen Sie zur Besinnung, Karl Schiller; ich möchte mich Ihrer nicht bis zur Sprachlosigkeit schämen müssen.«[293]

---
292 Vgl. Schiller an Grass am 6.10.1972, in: BA N Schiller 1229, B. 288, S. 183.
293 Vgl. die Frankfurter Rundschau vom 7.10.1972.

Die Bundestagswahl 1972 war keine »Schiller-Wahl«. Der einstige Superstar spielte in den letzten Wochen vor dem 19. November in den deutschen Tageszeitungen kaum noch eine Rolle. Allerdings hatte die Wirtschaftspolitik für den Wahlausgang überhaupt eine geringere Bedeutung, als man zuvor lange Zeit geglaubt hatte. Am Ende war die Wahl ein entschlossenes Plebiszit für die Ostpolitik Willy Brandts. Die mittlerweile charismatische Ausstrahlung des Bundeskanzlers tat das Ihrige: Die SPD erreichte mit 45,8 Prozent der Stimmen das beste Wahlergebnis ihrer Geschichte und wurde zum ersten Mal stärkste Partei im Bundestag. Man sprach schon von skandinavischen Verhältnissen, prophezeite eine Jahrzehnte anhaltende Hegemonie der Sozialdemokratie. Und das alles war geschehen, obwohl der Wahlsieger von 1969 Partei für die Gegenseite ergriffen hatte.

Betrachtet man das Wahlergebnis von 1972 jedoch genau, dann kann man durchaus auch zu anderen Schlüssen kommen. Der Zulauf aus den Dienstleistungsberufen, der für die »Schiller-Wahl« von 1969 so entscheidend gewesen war, verebbte bei der SPD 1972. Die Unionsparteien konnten hingegen in dynamischen Wachstumszentren der Republik, etwa in Baden-Württemberg oder der Rhein-Main-Region, wieder Boden gewinnen oder ihr Ergebnis zumindest halten. Die Wähler der Mitte misstrauten dem reformerischen Übereifer der Sozialdemokraten, waren von den theoretischen Sozialismusdebatten des linken Flügels und des Parteinachwuchses verunsichert worden.[294] Ihren Wahlsieg verdankte die SPD 1972 den Jungwählern, vor allem aber einer beispiellosen Mobilisierung der Arbeiterschaft. Die Schiller-Wähler jedoch wandten sich gemeinsam mit ihrem Idol von der Partei ab. Ein weiterer Verbleib Karl Schillers in der Regierung und in der Partei hätte ihre Sorgen aber kaum dämpfen können. Denn wie vor allem der Steuerparteitag vom November 1971 gezeigt hatte, war auch er nicht in der Lage gewesen, sich erfolgreich gegen den Linkskurs der SPD zu stemmen. Die Abwendung von Schillers Politik hatte schon vor seinem Rücktritt begonnen. Die Folgen sollten die Sozialdemokraten erst bei späteren Wahlen spüren.

Doch was nützte das Karl Schiller? Politisch war er durch den überwältigenden Sieg der SPD bedeutungslos geworden, in dieser Hinsicht ein »toter Mann«, wie die »Stuttgarter Zeitung« schrieb.[295] Doch auch die zweite Karriere-Option, an deren Möglichkeit er wohl nicht gezweifelt hatte, schlug fehl. Wenn ihm schon die Rückkehr in die Politik versperrt blieb, so wollte er zumindest einen gut dotierten Spitzenposten in der deutschen Wirtschaft. Doch bald hatte Schiller den Eindruck, dass jene Kreise, die ihn zuvor zu der Anzeigenaktion mit Ludwig Erhard ermuntert hatten, jetzt einen weiten Bogen um ihn schlugen, ihm sein Engagement sogar vorwarfen.[296] Als er seine Klagen in einem Gespräch mit dem Vorstandsvorsitzenden der Westdeutschen Landesbank, Ludwig Poullain, Anfang 1973 äußerte, antwortete dieser, dass ein

---

294 Vgl. Lösche/Walter, Die SPD, S. 94 ff.
295 Vgl. die Stuttgarter Zeitung vom 21.11.1972.
296 Vgl. den Brief von Ludwig Poullain an Schiller vom 29.3.1973, in: BA N 1229, B. 288, S. 764 ff.

anderer Grund entscheidend sei. Gegen Schillers Wunsch, etwa in den Vorstand einer Bank geholt zu werden, spräche ganz einfach sein Lebensalter. Man wolle eben überall junge Leute, die »die Dynamik für sich gepachtet haben«. Das war ein schwerer Schlag für Schiller, der als Minister doch stets als Ausbund von Tatkraft und Energie gegolten hatte. Fast sechs Jahre lang hatte er die drittgrößte Volkswirtschaft der Welt geführt. Und nun sollte es für einen Mann solchen Kalibers keinen gut dotierten Managerposten geben? Sein Lebensalter, so antwortete er Poullain mit erkennbarer Verbitterung, der damals bei den Besprechungen wegen der Anzeigenkampagne beteiligt war, sei den Herren doch wohl auch schon zuvor bekannt gewesen.[297]

Es würde schwer werden, so Poullain, der sichtlich Mitleid mit dem gescheiterten Minister hatte, eine Position zu erreichen, die ihn nach außen rehabilitiert und zugleich demonstriere, dass es sich um eine Aufgabe handle, die seiner bisherigen Position als Wirtschafts- und Finanzminister gerecht werde. Dass Schillers Vermutungen, er habe seine öffentliche Reputation durch seinen Schritt ruiniert, doch nicht so weit von der Wahrheit entfernt war, zeigte Poullains letzter Ratschlag: »Meines Erachtens läßt sich nur etwas im von der Öffentlichkeit abgewandten Raum tun.«[298]

Und so übernahm Schiller, ohne rechte Freude daran zu haben, Aufgaben, für die er sich in jeder Hinsicht überqualifiziert glaubte, etwa die Übernahme des Vorsitzes des Verwaltungsrates der *Edesa*, einer Entwicklungsbank mit Sitz in Luxemburg, die gegen marktübliche Konditionen Kredite an afrikanische Länder vergab. Aber der neue Job füllte ihn weder zeitlich aus noch entsprach er den Vorstellungen, die Schiller von seiner Zukunft hegte. Dann und wann trat er als Publizist hervor, vor allem in den Blättern des Axel Springer, und warnte vor Dirigismus und dem Abrücken von den Prinzipien der Sozialen Marktwirtschaft – als parteipolitisch unabhängiger Fachmann, versteht sich.

Dabei hätte ja die Möglichkeit bestanden, endlich das zu tun, was Schiller dem eigenen Vernehmen nach stets vorgehabt hatte: Er hätte an seinen Lehrstuhl zurückkehren können. Doch nun, da ihn andere Pflichten nicht mehr in Anspruch nahmen, wollte er das plötzlich nicht mehr. Vielleicht erschien ihm eine Rückkehr in die engen Verhältnisse einer Universität nach Jahren eines steilen Höhenfluges doch etwas zu dürftig. Womöglich war es auch die Angst des in dieser Hinsicht vorsichtigen Schillers, nach zwölf Jahren in der Politik nicht mehr den aktuellen Wissensstand zu kennen. Aber vor allem hatte ihn erschreckt, welche Veränderungen sich seit 1961, als er Hamburg verlassen hatte, an den deutschen Universitäten vollzogen hatten. Wenn sein alter Kollege aus Hamburg, Heinz-Dietrich Ortlieb, bisweilen nach Bonn gekommen war, hatten dessen Schilderungen Schiller stets tief besorgt.[299] Die neue Gruppen-Universität war – verglichen mit der Ordinarien-Universität der 40er- und 50er-Jahre – eine andere Insti-

---

297 Vgl. Schiller an Poullain am 15.6.1973, in: BA N Schiller 1229, B. 288, S. 763.
298 Ebd.
299 Gespräch Schiller-Merklein, 30.8.1989, Kassette 6 (Seite B).

tution geworden. Dabei hatte Schiller ja stets erklärt und gewiss auch Ernst gemeint, dass er die Unruhe der jungen Menschen nachvollziehen und hiermit auch besonders gut umgehen könne. Aber Seminare, die gestört und in denen hart widersprochen wurde, und Fakultäten, in denen die Studenten Mitbestimmung verlangten, das war dann doch etwas Anderes.

Schiller spürte in den Monaten nach der Trennung von seinen Ämtern vor allem eine große Leere. Wo in seinem Kalender früher ein Termin den nächsten jagte, waren jetzt lauter weiße, unbeschriebene Seiten. Schmerzlich empfand er auch, dass er jetzt ohne irgendeinen Apparat völlig auf sich alleine gestellt war. Nur kurze Zeit durfte er seine Sekretärin behalten. Dann musste Schiller seine Briefe selbst tippen. Kein Fahrer brachte ihn mehr dorthin, wo er sein wollte. Und keine Mitarbeiter bereiteten ihn morgens darauf vor, was über ihn in der Zeitung stand.[300]

Was andere Ruheständler herbeisehnen, empfand Schiller als Fluch: Nach einem Rücktritt sei man, so klagte er später, völlig auf das Privatleben »zurückgeworfen«, ganz einfach »aus dem Geschäft«. Man »müsse wieder von vorne anfangen«.[301] Vor allem aber fühlte er sich verlassen und fand seine Entscheidung vom Juli 1972 nicht ausreichend honoriert. Gewiss, so Schiller im Rückblick, zunächst habe er noch die Sympathiebekundungen der liberalen Presse erhalten, doch das sei kurzfristig und flüchtig gewesen. Der Preis, den man für einen Rücktritt aus Überzeugungsgründen zahle, sei sehr hoch, wahrscheinlich zu hoch – deswegen komme es ja auch so selten vor.[302] Tatsächlich war er völlig isoliert, wobei sich jetzt gewiss auch rächte, dass Schiller Freundschaften nie gepflegt hatte. Um den einstigen Superstar wurde mittlerweile ein weiter Bogen gemacht; Fritz Raddatz erfuhr später vom Dichter Rolf Hochhuth, dass es bereits als unschicklich gegolten habe, Schiller auf der Straße noch zu grüßen.[303]

Die Kontakte zur Außenwelt, so erschien es bisweilen, beschränkten sich nun auf juristische Auseinandersetzungen. Erst verklagte Schiller den Parlamentarischen Staatssekretär der FDP, Karl Moersch, weil dieser behauptet hatte, Schiller habe zur FDP übertreten wollen, falls ihm in einer neuen Regierung Brandt das Amt des Wirtschafts- und Finanzministers zugesagt würde.[304] Das Verfahren endete mit einem Vergleich, Moersch musste seine Aussage zurückziehen.

Gegen Henri Nannen, dessen »Stern« Schiller 1968 noch zum »Mann des Jahres« gewählt hatte, erstattete Schiller sogar einen Strafantrag wegen verleumderischer Aussagen. Nach der Bundestagswahl hatte Nannen geschrieben, dass der »eitle Professor Schiller […] die Silberlinge für seinen Verrat nun kassieren mag, wo er sie findet«.[305]

---

300 Ebd. (Seite A).
301 Ebd.
302 Ebd.
303 Vgl. Fritz J. Raddatz, Unruhestifter. Erinnerungen, Berlin 2005, S. 406.
304 Vgl. die entsprechende Anklageschrift der Anwälte Schillers, in: BA N Schiller 1229, B. 337, S. 227 ff.
305 Vgl. den Stern vom 26.11.1972.

Schiller fühlte sich damit der Käuflichkeit bezichtigt.[306] Das Verfahren zog sich endlos hin. Schillers Anwälte und die Staatsanwaltschaft fochten regelrechte Geschichtskontroversen aus, diskutierten, was denn nun ein Verrat sei, warum Schiller zurückgetreten sei und ob Willy Brandt wohl ohne Schiller jemals Bundeskanzler geworden wäre.[307] Es war das nächste Hornberger Schießen. 1975, als die Wogen sich etwas geglättet hatten, nahm Schiller seine Klage zurück.

Der Tiefpunkt aber stand Karl Schiller noch bevor. Im August 1973 hielt er sich in Kampen auf Sylt im Hause seines Freundes Axel Springer auf, einer der wenigen Menschen, die ihn weiter unterstützten und versuchten, ihm Mut zuzusprechen. Am 5. August wurde auf das Gästehaus Springers, in dem Schiller schlief, ein Brandanschlag verübt. Ob der Anschlag dem Medienzaren oder dem ehemaligen Superminister galt, war nicht klar. Auf jeden Fall hatten sowohl der »Vorwärts« als auch der »Stern« von Schillers Aufenthalt auf Sylt berichtet – die Brandstifter konnten also wissen, wer in Springers Gästehaus schlummerte.

Nun also, so musste es Schiller erscheinen, versuchte man nicht mehr nur, seine Integrität zu zerstören, sondern ihm auch noch nach dem Leben zu trachten. Erschrocken und verängstigt kehrte er am nächsten Tag nach Bonn zurück, heim zu seiner Ehefrau. Doch als er die Wohnung in Bonn-Endenich betrat, musste er feststellen, dass Etta Schiller mit Sack und Pack ausgezogen war. Die Stimmung zwischen den Eheleuten hatte sich nach dem Rücktritt rasch verschlechtert. In einer Situation, in der beide enttäuscht waren und über ihre gemeinsame Zukunft gewiss ganz andere Vorstellungen gehegt hatten, waren die Spannungen am Ende nur noch schwer erträglich gewesen.

Für die Medien war das Beziehungsende ein gefundenes Fressen. Den politisch ruinierten Ex-Minister hatte also nach seinem beruflichen nun auch noch das private Glück verlassen. In der Berichterstattung über die »Schillers« ließen einige Journalisten jetzt alle Hemmungen fallen. Besonders tat sich der »Stern« hervor, der sogar die Nachbarn im Treppenhaus befragte, wie es denn in den letzten Monaten um die Ehe der »Burtons von Bonn« bestellt gewesen sei. Unter der Überschrift »Kabale und Hiebe« präsentierten die Journalisten des Hamburger Magazins das Ergebnis ihrer Nachforschungen: »Bei Schillers ist oft Krach. Erregte Stimmen dringen durch den Hausflur. Es poltert. Schließlich kommen Schreie aus dem Schlafzimmer. Es hört sich an, als ob nicht nur Türen geschlagen werden.«[308] Ihr Mann, so wurde Etta zitiert, sitze nur noch zuhause in seiner Wohnung und jammere über sein schweres Los. Die Schuld an seiner Misere gebe er ihr, er sei »unerträglich geworden, aufbrausend und egozentrisch wie noch nie«.[309]

---

306 Vgl. den Strafantrag Schillers vom 18.12.1972, in: BA N Schiller 1229, B. 337, S. 141 ff.
307 Vgl. den Brief von Anton Rosen an die Staatsanwaltschaft beim Landgericht Hamburg vom 3.8.1973, in:Ebd. S. 119 ff.
308 Vgl. den Stern vom 6.9.1973.
309 Ebd.

Rudolf Augstein fand so viel Gefallen an dem Drama, dass er unter dem Pseudonym »Patricia Longford« eine Glosse schrieb, in der er eindeutig Stellung für Etta Schiller bezog. Was, so fragte er, wäre eigentlich so verkehrt daran gewesen, wenn Etta ihren Mann Karl tatsächlich zur CDU hätte bugsieren wollen? Alles wäre besser gewesen als sein Zaudern.

»Ehen auf dem Drahtseil werden in lichter Höhe, aber kaum im Himmel geschlossen. Welches Bild musste Etta von Karl gewinnen, als er den miserabelsten aller Mittelwege wählte, Einsatz gleich null, und mit Ludwig Erhard am Bonner Markt Gemeinplätzchen buk? Die Achtung vor seinem Intellekt hatte sie beflügelt, nun brachte sie sich in Sicherheit.«[310]

Augstein, von Etta Schiller offensichtlich entzückt, sah bei den Angriffen gegen sie vor allem Emanzipationsfeindlichkeit im Spiel.

Übrig blieb ein zerstörtes Leben. Von ehemaligen Weggefährten geächtet, ohne befriedigende berufliche Perspektive, ohne Freundschaften, die trösteten, und den eigenen Kindern entfremdet, hatte Karl Schiller keinen Halt mehr, keine letzte Rückzugslinie. Kein Ort war geblieben, wo er mehr gewesen wäre als ein gescheiterter Superminister. Und schließlich hatte ihn auch noch jene Frau verlassen, die Schiller einst als letzter und definitiver Beweis für seinen Lebenserfolg gegolten hatte. Das musste nicht nur seinem Selbstwertgefühl einen schweren Schlag zufügen, sondern ihn auch endgültig in die Einsamkeit stürzen. Und als wäre all dies nicht bereits schlimm genug, wurde seine Malaise auch noch öffentlich und lustvoll von den Medien zelebriert.

Der völlige Zusammenbruch kam nicht sofort. Das erste Jahr, nachdem Etta ihn verlassen hatte, handelte Karl Schiller noch nach der Devise »business as usual«, gab weiter Interviews, schrieb Kommentare zur Wirtschaftspolitik und ging seinem Teilzeitberuf als Verwaltungsratsvorsitzender der *Edesa* nach. Im März schließlich meldeten die Zeitungen, dass Schiller nun doch der CDU beigetreten sei. Allerdings war das etwas voreilig. Schiller hatte nach einem Gespräch mit dem CDU-Vorsitzenden Helmut Kohl lediglich mit dem Gedanken gespielt und gegenüber Journalisten wohl ein wenig zu laut gedacht. Aber einige in der CDU, allen voran der Generalsekretär Kurt Biedenkopf, hielten es für keine gute Idee, dass der 61-jährige das dritte Parteibuch in seinem Leben annehmen würde.[311] Eilig ruderte Schiller zurück und sprach von einem Missverständnis. Helmut Kohl bemühte sich zwar weiter um Schiller und ließ ihm über den Chefredakteur der »Welt«, Herbert Kremp, ausrichten, dass er an der Mitarbeit des ehemaligen Sozialdemokraten weiterhin sehr interessiert sei und die »Angelegenheit Schiller« nun als Chefsache betrachte.[312] Schiller indes kam nach dieser neuer-

---

310 Der Spiegel, 10.9.1973.
311 Vgl. den Stern vom 21.3.1974; Spiegel vom 1.4.1974.
312 Vgl. Herbert Kremp an Schiller am 2.4.1974, in: WEI, K. 5.

lichen Episode zu dem Schluss, dass er in weiten Teilen der CDU offensichtlich nicht besser gelitten war als bei seinen ehemaligen Genossen.

Vermutlich versuchte Schiller, mit der privaten Niederlage so umzugehen, wie er es auch mit anderen unangenehmen Dingen tat: Er verdrängte sie. Aber dieses Mal funktionierte das nicht mehr. Bald schon war er unfähig, den Schein der Normalität aufrechtzuerhalten. Schiller verschwand aus der Öffentlichkeit. Da er das Alleinsein nicht ertrug, wohnte er eine Zeit lang bei den eigenen Kindern in Hamburg, zu denen der Kontakt aber durchaus schwierig blieb. Auch Anne, seine zweite Frau, nahm ihn für eine Weile wieder bei sich auf. Eine neue Beziehung aber, wie Schiller es sich erhofft hatte, entwickelte sich hieraus nicht. Auch alle Versuche, Etta zurückzugewinnen, schlugen fehl. Als er bei seinen Kindern wohnte, verließ er kaum noch das Haus. Er aß wenig und schlief fast gar nicht. Die Krise nahm lebensbedrohliche Züge an.

X Heimkehr und Abschied (1974–1994)

Als Schiller die schwersten Monate seines Lebens durchzustehen hatte, lebte in Uelzen in der Lüneburger Heide die Psychagogin Christa Mewes. Die religiös inspirierte Jugendpsychologin hatte zahlreiche Bücher geschrieben, vor allem über die seelischen Folgen der Kulturrevolution der 68er-Bewegung. Mehr als fünf Millionen Mal gingen ihre Bücher, eine Mischung zwischen Erziehungsratgebern und Zeitgeistkritik, über den Ladentisch. Überforderte Lehrer und verunsicherte Eltern schätzten ihren Rat, wie man im Zeitalter allgemeinen »Werteverfalls« den Nachwuchs noch vernünftig erziehen konnte. Mewes' Kritik galt vor allem den Versuchen der 68er-Bewegung, die Kinder frühzeitig zu sexualisieren, um sich damit ein »revolutionäres Potential‹ für den Umsturz der konservativen Gesellschaftsordnung heranzuzüchten«.[1] Die Psychagogin war fraglos eine wortmächtige Propagandistin der konservativen »Tendenzwende« der 70er-Jahre. Zweimal in ihrer Geschichte, so Mewes, hätten die Deutschen sich von Gott abgewandt – 1933 und 1968. Beide Male seien die Konsequenzen verheerend gewesen: Ein zerstörtes Land im ersten, zerstörte Seelen im zweiten Fall.

Im Sommer 1974 besuchte der Hamburger Ökonom Heinz-Dietrich Ortlieb Christa Mewes in ihrem Haus in der Heide. Mit dem konservativen Sozialdemokraten, der von der Generation der 68er in seinen Seminaren und Hörsälen schockiert war, hatte sie bereits zwei Bücher geschrieben: »Macht Gleichheit glücklich?« und »Die ruinierte Generation«. Seitdem waren auch die Familien miteinander befreundet. Mitgebracht hatte Ortlieb einen prominenten Zeitgenossen: seinen ehemaligen Fakultätskollegen und Superminister a. D. Karl Schiller. Ortlieb, so erinnerte sich Mewes, habe Schiller förmlich bei ihr »abgeladen«. Vereinsamt habe Schiller »wie abgebrannt in der Landschaft«[2] gestanden. Man nahm sich des tief verstörten Politpensionärs an und teilte ihm das Gästezimmer im Haus auf unbestimmte Zeit zu. Schiller blieb ein halbes Jahr.

Über Politik habe man in jener Zeit kaum gesprochen, berichtete die Psychagogin dem Autor im Juli 2005. Aber unwahrscheinlich ist es wohl nicht, dass es für Schiller aufbauend wirkte, einen Rückzugsort gefunden zu haben, der von Menschen bewohnt wurde, die mit den politischen Verhältnissen ebenso im Streit lagen wie er selbst. Die einzige Gemeinsamkeit war das indes nicht. Christa Mewes Ehemann Harald war nur ein Jahr älter als Schiller und hatte seine Kindheit und Jugend ebenfalls in Kiel verbracht. Das sorgte für Gemeinsamkeiten und Gesprächsthemen. Bald schon verließ Schiller für Spaziergänge und andere Unternehmungen wieder das Haus. Bis-

---

1 Vgl. Christa Mewes, Mein Leben. Herausgefordert vom Zeitgeist, Gräfeling 1999, S. 143.
2 Ebd., S. 195.

weilen begleitete er die Streiterin gegen den Zeitgeist auch zu ihren Vorträgen in der Umgebung von Uelzen, wo sich das Publikum wunderte, dass plötzlich der prominente Ex-Minister im Publikum saß.

Nach einer Weile, so Mewes, habe der Superminister a. D. begonnen, nach einer neuen Frau Ausschau zu halten. Zu seinem ersten Rendezvous fuhr Schiller nach Celle – und saß dabei zum ersten Mal seit langer Zeit wieder selbst am Steuer. »Wir versprachen uns viel davon«, schrieb Mewes in ihren Erinnerungen.

> »Aber dieser erste Kontakt endete kläglich: Der Superminister war das selbstständige Autofahren kaum mehr gewohnt – er überfuhr im Zentrum von Celle eine rote Ampel und wurde geblitzt. Dieses Ereignis bestürzte den an Erfolg Gewohnten tief.«[3]

Trotz dieses ersten Misserfolges aber habe Schiller mit der Zeit deutliche Fortschritte gemacht. Dass er wieder zum Glauben zurückgefunden habe, war laut Mewes ein entscheidender Grund seiner Genesung. Schiller las wieder in der Bibel, an den Sonntagen »schleppte« man den Superminister a. D. in den Gottesdienst. »Es gereichte mir zur Freude«, erinnerte sich seine damalige Gastgeberin, »die christliche Einstellung Karl Schillers als ein zartes Pflänzchen wachsen zu sehen.«[4] Eines Morgens, so erzählte Mewes, sei er schließlich aufgestanden, habe das Ehepaar am Frühstückstisch angelächelt und schlicht gesagt: »Happy«.

Natürlich erfolgte die Katharsis nicht ganz so plötzlich, hat es einen solchen eindeutigen Wendepunkt gewiss nie gegeben, was aber auch Christa Mewes nicht behaupten würde. Anders als körperliche Blessuren verheilen die Wunden in der Seele eines Menschen nie vollständig. Und so sollte auch Karl Schiller seine inneren Verletzungen bis zum letzten Atemzug mit sich durch die Welt tragen.

Und doch war unverkennbar, dass Schiller auf verblüffende Weise sein Gleichgewicht wiedererlangte, ja sogar zum vielleicht ersten Mal in seinem Leben wenigstens zum Teil seinen Frieden mit sich und der Welt machte. Er spürte gewiss seine Verletzungen – wie es schien, mal mehr, mal weniger stark –, aber er lernte, damit zu leben, sie als Teil seiner ohnehin wechselvollen Biographie zu akzeptieren. Dass es ihm gelang, sich aus dem Abgrund seiner tiefen Depressionen zu befreien, war Schillers größte Lebensleistung, neben der all die politischen Triumphe flüchtig erscheinen. Selbstverständlich war eine solche Erholung nicht. Karl Schiller machte sich mit der gleichen disziplinierten Anstrengung daran, sein Leben wieder in geordnete Bahnen zu lenken, wie er zuvor alles in seinem Leben mit Beharrlichkeit und Entschlossenheit angepackt hatte. Dass er sich darum bemüht hätte, sein Leben konsequent aufzuarbeiten, lässt sich allerdings nicht behaupten. Nicht nur wurden alle Fragen in dieser Richtung von

---

3 Ebd.
4 Ebd., S. 195.

ihm mit einigem Geschick abgeblockt. Auch seine eigenen Aussagen lassen zumindest vermuten, dass er sich seinen inneren Dämonen niemals ganz gestellt hat. Das galt besonders für die Umstände seines politischen Abschiedes: Sein Rücktritt sei ein reiner Sachkonflikt gewesen, sollte er später bei seiner Wiederannäherung an die SPD behaupten, nichts sei vorgefallen, was »unterhalb der Gürtellinie« gewesen wäre.[5] Auch die Anzeigenaktion mit Ludwig Erhard sei natürlich niemals im Sinne der Unterstützung irgendeines politischen Lagers gemeint gewesen. Nur die Sorge um die Erhaltung der Marktwirtschaft im Allgemeinen habe ihn hierzu angetrieben. Selbst im privaten Kreis ließ er sich allenfalls zu der Aussage hinreißen, dass sein Verhalten vielleicht ein wenig »naiv« gewesen sei.[6] Kein Wort davon, dass er einen politischen Amoklauf verübt hatte. Auch die Frage, ob ihm sein Rücktritt im Nachhinein manchmal leidgetan habe, mochte Schiller nicht eindeutig beantworten. Er habe es vermieden, über diese Frage nachzudenken, beschied er 1989 Renate Merklein. Ändern lasse sich die damalige Entscheidung ohnehin nicht mehr, und wenn man zu sehr über solcherlei Fragen ins Grübeln gerate, führe dieses lediglich zu Frustrationsgefühlen.[7]

Nun wäre es auch ungewöhnlich, vielleicht sogar schädlich gewesen, wenn ein Mann, der mittlerweile fast das Pensionsalter erreicht hatte, plötzlich ein ganz anderer geworden wäre. Schiller hatte eben sein eigenes Bild von den Geschehnissen, bastelte geschickt an seiner Lebensgeschichte. Und alles spricht dafür, dass er damit gut fuhr. Als er endgültig ein alter Mann geworden war, sah man in seinem Gesicht jedenfalls wenig Spuren von Verbitterung oder gar Hass. Eine gewisse Strenge blieb seinen Zügen zwar erhalten, aber insgesamt strahlte es auch eine Güte und Ruhe aus, die man dort zuvor vergeblich gesucht hatte.

Am liebsten hätte er es wohl gesehen, wenn man den Konflikt so eingestuft hätte, wie er es selber tat: Da war jemand aus selbstloser Überzeugung für die Soziale Marktwirtschaft und ohne Rücksicht auf das eigene Schicksal zurückgetreten. Dass die Zeitgeschichte bald ein etwas anderes Bild von den Vorgängen zeichnete, ertrug er gemessen an seiner früher so häufig zu beobachtenden Empfindlichkeit mit erstaunlichem Gleichmut. Im Juni 1981 gestattete auch er Arnulf Baring für dessen Buch »Machtwechsel« ein Gespräch über die sozialliberale Koalition. Als ihm Barings Werk ein Jahr später vorlag, hatte er zunächst schwer schlucken müssen. In der Arbeit des Berliner Politologen schwang zwar durchaus Respekt vor den politischen und ökonomischen Talenten des ehemaligen Superministers mit. Aber da Baring die handelnden Personen mit einigem Kolorit ausgestattet hatte, hatte er sich eben auch mit Schillers Persönlichkeit eingehend befasst und dabei ein scharfes, im Grundsätzlichen gewiss nicht positives Porträt dieses Mannes gezeichnet: Ein Mensch eben, den »eine bemerkenswerte persönliche Treulosigkeit« auszeichne, der »hohe Absätze trug, um jünger

---

5   Vgl. etwa das Interview im SFW vom 25.7.1976.
6   Schiller-Merklein, 30.8.,1989, Kassette 7 (Seite B).
7   Ebd., Kassette 6 (Seite A).

X Heimkehr und Abschied (1974–1994)

und größer zu wirken als er war«[8], und bei dem »Egozentrik und Selbstgefühl in einem so spannungsreichen Verhältnis zueinanderstanden, daß weder eine ordentliche Professur noch später die Verfügungsgewalt über ein Superministerium den Menschen Schiller zur Ruhe kommen ließen.«[9] Im Übrigen habe die Suche nach Selbstbestätigung auch Schillers Privatleben geprägt, und eingehend hatte sich Baring mit der Episode Etta Schiller befasst. Die Frage, was Schiller letztlich eigentlich »zur Strecke« gebracht habe, ließ er den Parlamentarischen Staatssekretär Hans Hermsdorf beantworten: »Cherchez la femme.«[10]

»Vielleicht«, so schrieb Schiller Baring am 21. Juni 1982 nach der ersten Lektüre des Buches,

> »haben Sie schon länger damit gerechnet, dass ich mich zu ihrem Buch äussern würde. Auch jetzt fällt es mir schwer, was Sie vielleicht verstehen. Zu viele alte Dinge werden aufgerührt, die man erledigt oder vergessen wähnte. Und als direkt Betroffener sieht man manches anders als der Betrachtende.«[11]

Aber Baring hatte Schiller offenbar auf das Buch vorbereitet. Denn beim Lesen, teilte Schiller mit, sei ihm klar geworden, was Baring bei seinem Besuch im vorigen Jahr mit der »Problematik der Zeitgeschichte« gemeint habe. Man könne dabei nicht immer auf verlässliche Quellen zurückgreifen und sei somit allerlei Subjektivitäten ausgeliefert. Schiller hatte eine Liste zusammengestellt mit Ungenauigkeiten und kleineren Fehlern, die er in Barings Buch zu entdecken glaubte. Aber im Ganzen schrieb er einen erstaunlich freundlichen und sehr versöhnlichen Brief. Bei seinen kleinen Anmerkungen, so Schiller, habe er den Raum der politischen und persönlichen Bewertungen der Personen völlig ausgespart. Sogar verhaltene Selbstironie schimmerte durch Schillers Zeilen: »Im übrigen, lieber Herr Baring, gingen meine Eitelkeiten *nie* so weit, dass ich ›hohe Absätze‹ trug.«[12]

Nach seinem Aufenthalt in der Lüneburger Heide begann Schiller, Schritt für Schritt in ein normales Leben zurückzukehren. Und bald fand er, der das Alleinsein nicht gut ertrug, eine neue Lebenspartnerin, die er schließlich 1978 heiratete. Es war eine alte Bekannte.

Schiller kannte Vera Sylvia Noelle-Wying bereits von seinen Wochenenden auf dem Hof in Iserlohn, wo er sich von 1968 bis 1971 oft mit Etta getroffen hatte. Sylvia war die Frau des Hauses gewesen, ihre ältere Schwester war zusammen mit Etta Eckel zur Schule gegangen. Der Altersunterschied war abermals beträchtlich. Bei der Heirat war Schiller 67, die neue Ehefrau 41 Jahre alt.

---

8 Vgl. Baring, Machtwechsel, S. 793.
9 Ebd., S. 794.
10 Ebd., S. 799.
11 Vgl. Schiller an Baring am 21.6.1982, in: BA N Schiller 1229, B. 329, S. 55.
12 Ebd.

X Heimkehr und Abschied (1974–1994)

Wohl niemand, der Karl Schiller in diesen Jahren erlebte, zweifelte daran, dass dieser seine Genesung ganz wesentlich seiner letzten Ehefrau zu verdanken hatte. Schillers Ex-Frauen schließen sich diesem Urteil ebenso an wie Helmut Schmidt, der – obgleich er ansonsten nichts von »psychologischen Mutmaßungen« halte – davon sprach, dass Schiller endlich eine Frau gefunden hätte, die ihn »regieren« konnte.[13] Sylvia Schiller fand den richtigen Ton im Umgang mit ihrem schwierigen Gatten. Auf der einen Seite war ihre Unterordnung vermutlich noch absoluter als bei allen vorangegangenen Ehefrauen: Sie bewunderte ihren Mann, hörte ihm gerne zu, was Karl Schiller außerordentlich schätzte, richtete ihr Leben stark auf seine Wünsche und Bedürfnisse aus. Andererseits beobachteten Gäste der Schillers auch, dass sie bisweilen mit leichter, aber nie verletzender Ironie die Macken ihres Gatten auf die Schippe nahm und ihn so auch bei der Auslebung eher negativer Charaktereigenschaften merklich bremste. Ihr Gatte akzeptierte das, lernte sogar – selbstverständlich in Maßen – über sich selbst zu lachen.

Vor allem aber brachte Sylvia Schiller Geselligkeit in das Leben ihres Mannes. Zunächst gestaltete sich das noch etwas schwierig, da das frisch vermählte Ehepaar nach Jesteburg in der Lüneburger Heide zog, wo es sich zwar ruhig leben ließ, es aber für Schillers Geschmack ein wenig zu abgeschieden war. In seinen Briefen richtete Schiller zu dieser Zeit »Grüße aus der Tundra« aus. Die Journalisten fanden den Bungalow der Schillers nur schwer. Ende der 80er-Jahre zog Schiller daher wieder nach Hamburg, in den Leinpfad, ins Zentrum der Hansestadt. Von da an galt Schillers großzügige Wohnung an einem Alsterkanal als »Salon«, wo sich unter der Leitung der Hausdame Sylvia häufig die Hamburger Prominenz traf oder jene, die einmal prominent gewesen waren. Zu verdanken war das in erster Linie gewiss Sylvia Schiller, die auch alte Jugendfreunde ihres Mannes für soziale Kontakte reaktivierte. So lebte auch die alte Pennälerfreundschaft zwischen Karl Schiller und Hans Bolewski wieder auf. Schiller lernte mit siebzig Jahren zum ersten Mal, ein wirkliches Privatleben zu führen. Einige seiner Neurosen klangen ab, vor allem der Hang zum Kleinkarierten. Hatte sich Schiller früher erbitterte Briefwechsel mit Handwerkern geliefert, in denen es um marginale Geldbeträge ging, kam er nun zu der Einsicht, dass die Sache den Streit wohl doch nicht lohnen würde, und gab häufig nach.

Die eigenen Kinder registrierten die Veränderungen an ihrem Vater ebenfalls. Der Mann, der in ihrer eigenen Kindheit stets Distanz gehalten hatte, übernahm bei seinen Enkelkindern fast eine normale »Großvater-Rolle« und spielte mit dem Nachwuchs unter dem Tisch »Peter und der Wolf«. Da die Enkelkinder den früheren Karl Schiller nicht kannten, hatten sie auch keine Berührungsängste mit dem »Opa« und fielen ihm zur Begrüßung herzlich und überschwänglich um den Hals.[14] Der ließ das geschehen, etwas unsicher zwar, aber auch sichtlich gerührt.

---

13 Gespräch mit Helmut Schmidt.
14 Gespräch mit Bettina Zietlow.

Und die Politik? Karl Schiller hat sich Zeit seines Lebens das Träumen selten gestattet. Was das Jahr 1972 für sein Verhältnis zur SPD bedeutete, darüber machte er sich keine Illusionen. Von der CDU wollte er nach seinen Erfahrungen danach auch nicht mehr viel wissen – wenngleich manche seine erste richtige berufliche Tätigkeit nach seinem Rücktritt anders bewerteten.

1975 wurde Schiller Leiter der eigens für ihn geschaffenen »volkswirtschaftlichen Abteilung« des Axel Springer Verlags. Ganz klar war nicht, welche Aufgaben Schiller damit eigentlich besaß. »Informierend und beratend« sollte er dem Verlag zur Seite stehen, hieß es in einem spärlichen Kommuniqué des Konzerns. Einige glaubten, es handle sich um einen »Wahlkampf-Coup«[15] der Union, zumal längst gemutmaßt wurde, dass Springer einer der Initiatoren und Financiers der Anzeigenserie von Schiller und Erhard 1972 gewesen war.

Wenn Springer nun einen dezidierten und noch immer prominenten Kritiker der sozialliberalen Koalition in die Politik seines Hauses einbinden wollte, hatte er sich in Schiller allerdings getäuscht. Denn in diesem Sinne war der ehemalige Superminister niemals käuflich gewesen. Schiller dachte genauso wenig daran, den Vorgaben der Springer-Zeitungen zu folgen, wie er sich zuvor auch an keinen Fraktions-, Partei- oder bisweilen gar Kabinettsbeschluss gebunden gefühlt hatte. Zur politischen Linie des Hauses hielt er Distanz, was ihm einige übel nahmen. Mittags im Kasino las er nicht einmal die »Welt«, sondern lieber die FAZ.[16] Die scharfe Kritik an der Wirtschaftspolitik der Regierung wich zunehmend einer differenzierteren Betrachtungsweise. Anderes, wie etwa die Ostpolitik, war für ihn ohnehin nie ein Grund gewesen, mit der Koalition zu hadern.

Ganz langsam wurde Karl Schiller ohnehin zu einer historischen Person. Die früheren Konflikte verloren damit an Schärfe. Der Wendepunkt in Schillers Verhältnis zu seinen ehemaligen Mitstreitern erfolgte an seinem 65. Geburtstag am 24. April 1976. Schillers Nachfolger als Wirtschaftsminister, Hans Friderichs, erschien in Hamburg, wo dem Jubilar eine Festschrift von ehemaligen Mitarbeitern übergeben wurde, und fand warme Worte für die Verdienste Schillers bei der Überwindung der Rezession 1966/1967. Der Gelobte gab die Komplimente artig zurück und fand an der momentanen Wirtschaftspolitik der sozialliberalen Koalition wenig auszusetzen, verteidigte auch das Sparprogramm der Regierung und die Entscheidung, die Mehrwertsteuer zu erhöhen. Als einer der anwesenden Journalisten Schiller nach seiner derzeitigen politischen Orientierung fragte, erhielt er die überraschende Antwort, dass er sich im Grunde seines Herzens nach wie vor als Sozialdemokrat fühle.[17]

Natürlich registrierte man auch in der Koalition, dass Schiller sich darum bemühte, nicht länger der Kronzeuge der Opposition für eine gescheiterte Wirtschaftspolitik

---

15 Vgl. den Münchener Merkur vom 17.10.1975.
16 Vgl. Michael Jürgs, Der Fall Axel Springer. Eine deutsche Biographie, München 1995, S. 238.
17 Vgl. die Süddeutsche Zeitung vom 26.4.1976.

der sozialliberalen Regierung zu sein. Aber während Walter Scheel, der inzwischen Bundespräsident geworden war, Schiller ein Geburtstagstelegramm schickte, blieben die führenden Sozialdemokraten weitgehend stumm.

Schiller hielt das nicht davon ab, den Genossen weiterhin freundliche Avancen zu machen. Doch warum drängte es Schiller überhaupt wieder in Richtung der SPD? Sozialdemokrat zu sein, war schließlich nie ein besonders entscheidender Teil seiner Identität gewesen. Auch war er realistisch genug, um zu wissen, dass es für ihn kein politisches Come-back geben konnte.

Für Schiller war die Wiederannäherung an die SPD schlicht Teil einer selbst verordneten Therapie. Er wollte, wie er sagte, seinen »Frieden« mit der Partei machen. Ihm lag daran, die Konflikte vom Sommer und Herbst 1972 auszuräumen. Er fand es schwer erträglich, dass Menschen auf der Straße manchmal kaum zu wissen schienen, ob sie ihm noch einen »Guten Tag« wünschen sollten.[18] Und Christa Mewes, die in jenen Jahren mit seinem Innenleben gut vertraut war, vermutete, dass bei alledem auch die in Karl Schiller eigentlich tief verwurzelte Sehnsucht nach Gemeinschaft und Zugehörigkeit zum Vorschein kam.[19]

Dabei ging es ihm bei der Versöhnung natürlich nicht so sehr um die Partei als Institution, sondern um die Personen, die sie verkörperten, vor allem um Willy Brandt. Im Mai 1974, als Schiller noch in seiner tiefen Krise steckte und ganz offenkundig noch immer als Widersacher der Regierung eingestuft werden musste, hatte er bereits versucht, wieder Kontakt mit Willy Brandt aufzunehmen. In einem handschriftlichen Brief – ein Entwurf findet sich in Schillers Nachlass – schrieb er Brandt zu dessen Rücktritt als Bundeskanzler. Wenn man mit Schillers eigentlicher Diktion vertraut ist, dann mutet sein Schreiben wie ein Liebesbrief an oder vielleicht eher wie der Brief eines Mannes, der von schwerem Liebeskummer geplagt wird, weil er verlassen wurde. Ein wenig unbeholfen, weil darin wenig geübt, gewährte er Brandt Einblick in seine Gefühlswelt. Der Rücktritt, so Schiller, sei seiner Ansicht nach »out of proportions« und habe ihn erschüttert. Er könne Brandt nur wünschen, dass er gut mit seiner Entscheidung fertig werde. »Aus eigener Erfahrung weiß (ich), welche Kräfte dies erfordert.« Er wolle jedoch nicht in Nostalgie verfallen, wenngleich er selbst davon nicht frei sei. Aber er empfinde »ungebrochenen Dank« dafür, dass er unter Brandts Führung vieles auf den Weg habe bringen können, und dass sie beide zusammen einiges erreicht hätten. Trotz der Geschehnisse des Jahres 1972 sei doch der gegenseitige menschliche Respekt immer geblieben. In letzter Zeit hätte er manches Mal Brandt gerne seinen Rat gegeben, dabei auch gerne von seinen Erfahrungen berichtet – doch leider seien die Dinge anders gelaufen. Vielleicht sei ja in Zukunft ein Treffen möglich.

---

18 Schiller-Merklein, 30.8.1989, Kassette 7 (Seite B).
19 Gespräch mit Christa Mewes.

»Sei gewappnet gegen alles, was noch kommen mag; ich weiss aus eigener Erfahrung, dass gerade in schwierigen Zeiten die Probleme sich häufen. Ich brauche Dir nicht zu sagen, dass Du viele Freunde hast, auch wenn sie jetzt nicht in Deiner unmittelbaren Nähe sind.«[20]

Schillers Brief blieb nicht ohne Reaktion. Nach seinem Rücktritt, so der zurückgetretene Bundeskanzler in seiner Antwort, habe viel Unsinniges und Bösartiges in den Zeitungen gestanden. Aber dass Schillers Brief ihm viel bedeutet habe, wie Hans-Ulrich Kempski in der »Süddeutschen Zeitung« berichtete, entspräche der Wahrheit. Brandt blieb spürbar distanzierter als Schiller. Gewiss sei ein Treffen für die Zukunft nicht auszuschließen, bei dem man Erfahrungen austauschen könne, auch wenn sich, wie er nicht vergaß, hinzuzufügen, die jeweiligen politischen Wege offensichtlich weit voneinander entfernt hätten.[21]

Über ein Jahr sollte es dauern, dann kam es tatsächlich zu einem Wiedersehen. Für Brandt war es heikel, sich mit dem »Abtrünnigen« zu treffen. Die erste Begegnung zwischen beiden seit dem August 1972 wurde daher wie in einem Agentenroman arrangiert: Im Intercity von Bonn nach Hamburg stieg Schiller am 29. Mai 1975 in Bremen in Brandts Abteil und hatte bis zur Ankunft die Gelegenheit zur Aussprache. An seinem Wunsch nach Wiederannäherung ließ er dabei keinen Zweifel. Doch der sozialdemokratische Parteivorsitzende blieb zurückhaltend. Er würde Helmut Schmidt mitteilen, dass er, Schiller, seine Bereitschaft signalisiert habe, mit seinem Sachverstand dem Bundeskanzler zur Verfügung zu stehen. Hans Apel solle sich in dieser Frage vermittelnd einschalten. Ansonsten schlug Brandt vor, dass Schiller seine Wiederannäherung mit einem Vortrag bei der Friedrich-Ebert-Stiftung einleiten sollte. Brandt also bewegte sich wieder auf Schiller zu, aber wohl nicht ganz so eindeutig, wie dieser es sich gewünscht hatte, denn am Ende seines Briefes bat der ehemalige Bundeskanzler um Verständnis, »dass ich mich auf diese Hinweise beschränke.«[22]

Aber ein weiteres Jahr passierte nichts, und Schillers Arbeitsantritt bei Springer erleichterte die Sache gewiss nicht. Nachdem er aber nun, im Frühjahr 1976, auch öffentlich seinen Wunsch nach Versöhnung deutlich gemacht hatte, beschleunigten sich die Dinge. Im Juli 1976 kam es schließlich tatsächlich zu Schillers Vortrag vor der Friedrich-Ebert-Stiftung. Manche Journalisten hielten gar das Gleichnis von der »Heimkehr des verlorenen Sohnes« als Vergleich für angebracht.[23] Das war nun weit übertrieben. Weder hatte ihn der Parteivater Brandt in die Arme geschlossen noch die Partei ihm gleich ein Kalb geschlachtet. Und Schiller machte auch, wie Rolf Zundel in der »Zeit« beobachtete, keinen sonderlich reuevollen und zerknirschten Eindruck.[24]

---

20 Vgl. den handschriftlichen Entwurf des Briefes von Schiller an Brandt am 8.5.1974, in: WEI, K. 5.
21 Vgl. Brandt an Schiller, o. D. (Mai 1974), in:Ebd.
22 Vgl. Brandt an Schiller am 18.6.1975, in: BA N Schiller 1229, B. 304, S. 76.
23 Vgl. die FAZ vom 14.7.1976.
24 Vgl. die Zeit vom 16.7.1976.

Es war die Fortsetzung des Rituals einer vorsichtigen und langsamen Wiederannäherung. Bis auf Alfred Nau, dem ehemaligen Schatzmeister der SPD und jetzigen Vorsitzenden der Stiftung, war kein prominenter Sozialdemokrat bei Schillers Vortrag zugegen.

Von seiner schwungvollen Rhetorik hatte Schiller nichts eingebüßt. Mit der Politik der Regierung zeigte er sich zufrieden, unterdrückte sogar seine Genugtuung, dass man nur wenige Monate nach seinem Rücktritt jenes Floaten durchgesetzt hatte, mit dem er im Juni 1972 am gesamten Kabinett gescheitert war, und dass nun offensichtlich auch im Haushalt größere Sparanstrengungen um sich griffen. Die Arbeit Helmut Schmidts beobachte er mit Respekt und Anerkennung.[25]

Die meisten Genossen jedoch blieben Schiller gegenüber reserviert. Als sein alter Rivale Alex Möller in der »Zeit« die Ankündigung des Auftritts las, schrieb er noch am gleichen Tag – mit Kenntnisnahme an den Bundeskanzler – dem Vorstand der Friedrich-Ebert-Stiftung: Das Ganze müsse wohl ein Missverständnis sein; man möge doch bei der »Zeit« richtig stellen, dass es sich nur um ein Versehen handeln könne. Vergessen hatten die meisten Sozialdemokraten nicht, dass Schiller sich zwei Jahre lange zum Feind der Regierung erklärt hatte. Diejenigen, die ihre Bedenken gegen die Versöhnungspolitik des ehemaligen Superministers überwanden, taten dieses aus verschiedenen Motiven heraus. Zum einen half Schiller, was ihm einst so sehr geschadet hatte: Da viele in seiner Frau Etta die Hauptverantwortliche für seinen Irrweg sahen, glaubte man durch die Trennung von ihr auch Schiller wieder zur Vernunft gekommen. Aber auch menschliches Mitgefühl spielte eine Rolle. Wenngleich Schiller mittlerweile nach außen wieder einen putzmunteren Eindruck machte, war sein Absturz kein Geheimnis gewesen. Und schließlich besaß Schiller zwar längst nicht mehr die Bedeutung und Prominenz vergangener Tage, aber von Nachteil war es nicht, wenn ein dezidierter Marktwirtschaftler die Regierung lobte und damit der Unions-Parole »Freiheit oder Sozialismus« den Boden entzog.[26]

Dabei hatte Schiller kein Zweifel daran gelassen, dass er zwar die sozialliberale Koalition auf einem guten Weg sah und dass man in der Bundesrepublik weiterhin eine Kombination von marktwirtschaftlicher und sozialstaatlicher Ordnung habe, um die man weltweit beneidet werde. Ebenso energisch hatte er aber auch deutlich gemacht, dass er von manchen Plänen der Partei wenig hielt. Die Idee einer mehrjährigen Investitionsplanung ging dem Schöpfer der »Globalsteuerung« entschieden zu weit. Zum »marktwirtschaftlichen Wettbewerb als Entdeckungsverfahren« à la Hayek gäbe es keine Alternative. Und überhaupt mahnte er an, dass zu viele Dinge in den »öffentlichen Korridor gerutscht seien«, die privatwirtschaftlich besser gelöst werden könnten.[27]

---

25 Vgl. ebd.
26 Vgl. ebd.
27 Vgl. ebd.

Dennoch: Schiller wollte heim zur SPD. Willy Brandt hatte dagegen nichts einzuwenden, was seinem langjährigen Mitstreiter Egon Bahr völlig unverständlich war. Aber so, seufzte Bahr förmlich in seinen Erinnerungen, sei sein Freund Willy nun einmal gewesen: Nie nachtragend, immer tolerant, zur Versöhnung stets bereit.[28] Allerdings gab es bei der Operation »Schillers Heimkehr« ein entscheidendes Problem: In der SPD lässt sich solcherlei nicht einfach von oben verordnen. Schiller brauchte einen Ortsverein, der bereit war, ihn aufzunehmen. Hätte Brandt seine ganze Autorität in die Waagschale geworfen, wäre ein Wiedereintritt Schillers fraglos ohne Probleme zu bewerkstelligen gewesen. Doch das war Brandt nun doch des Guten ein wenig zu viel, denn er wusste, wie die überwiegende Stimmung in der Partei gegenüber Schiller war. Also wurde der Finanzminister Hans Apel, der unter Schiller promoviert hatte, mit der Mission beauftragt. Die allerbesten Erinnerungen hatte Apel an Schiller nicht; bei seiner Dissertation war es zu Problemen gekommen, weil dem Doktorvater zu wenig von dessen eigenen Veröffentlichungen in der Dissertation auftauchte. Dennoch versuchte Apel, in Hamburg einen Ortsverein zu finden, der Schiller mit dem Parteibuch ausstattete. Allein: Niemand fand sich, der garantieren konnte, dass es eine sichere Mehrheit für seinen Wiedereintritt geben würde. Schiller erfüllte das mit großer Traurigkeit.[29] In den Augen der meisten Genossen hatte er eben Hochverrat begangen, sich zum Judas gemacht. Vorerst also wurde nichts aus Schillers Rückkehr in den Schoß der Sozialdemokratie.

So musste sich der Unerwünschte damit trösten, dass seine Avancen an die Partei sich dennoch im wahrsten Sinne des Wortes in barer Münze auszahlten: Helmut Schmidt empfahl ihn bei einem Staatsbesuch in Saudi-Arabien als Wirtschaftsberater. Manch einer vermutete hinter der Entscheidung einen raffinierten Schachzug des Bundeskanzlers, denn mittlerweile wurde Schiller schon wieder gerüchteweise als Kandidat für den bald frei werdenden Posten des Präsidenten der Bundesbank gehandelt. Schmidt habe dies auf jeden Fall verhindern wollen, Schiller deswegen auf die arabische Halbinsel weggelobt.[30]

Das waren allerdings ziemlich abwegige Spekulationen, denn auf einen solchen Posten besaß Schiller in Wahrheit wohl kaum eine Chance. Entscheidender war, dass jede Art von Konkurrenz oder Rivalität zwischen Schmidt und Schiller längst nicht mehr existierte. Niemand – am allerwenigsten Karl Schiller – konnte daran zweifeln, wer das Spiel am Ende gewonnen hatte. Über 25 Jahre war es jetzt her, dass Schiller mit seinem persönlichen Referenten per Brief scharf ins Gericht gegangen war. Nicht viel Vorstellungsvermögen gehört dazu, sich auszumalen, wie sehr Schmidt den Rollenwechsel vom abhängigen persönlichen Referenten zum großzügigen Förderer des Mi-

---

28 Vgl. Egon Bahr, Zu meiner Zeit, München 1996, S. 268.
29 Gespräch mit Hans Apel.
30 Vgl. die Frankfurter Neue Presse vom 26.7.1976.

nisters außer Diensten genossen haben muss. Generös ließ er nun als Bundeskanzler Milde walten.

Das Engagement in Riad war der Anfang einer internationalen Beratertätigkeit, die Schiller nach seinem Auftrag in Saudi-Arabien noch nach Kuwait und schließlich in den Iran führen sollte. Sein neuer Beruf als Ratgeber in Sachen Wirtschaftspolitik machte aus ihm einen wohlhabenden, am Ende sogar vermögenden Mann.

Vom Springer-Verlag ließ sich Schiller für die Zeit seiner Beratertätigkeit beurlauben. Aber ohnehin hatte sich das einst freundschaftliche Verhältnis zu Springer längst stark abgekühlt. Dass Schiller im Gegensatz zum allgemeinen Tenor in den Springer-Blättern die Politik der sozialliberalen Koalition nicht verdammte, hatte den Verleger bereits verstimmt. Dass er jetzt auch noch ein arabisches Land beraten wollte, nahm ihm Axel Springer, der die Politik Israels nachhaltig unterstützte, besonders übel. Als Schiller während seines dreimonatigen Aufenthalts im Orient einen kurzen Abstecher nach Deutschland machte, schrieb er einen Artikel in der »Welt« und sprach außerdem mit dem »Spiegel«. Als das Interview mit dem Nachrichtenmagazin früher erschien, reagierte Springer vergrätzt: Leider höre er von Schiller nur noch über den »Spiegel«.[31] Insgesamt, so bilanzierte Schiller später, sei die Zusammenarbeit mit Axel Springer nicht einfacher als früher mit seinen Genossen gewesen.[32] 1978 schied Schiller aus dem Hamburger Verlagshaus aus.

Für seine Wiederannäherung an die SPD war die Trennung von Springer gewiss förderlich. Aber erst 1980 sollte Schiller in die deutsche Sozialdemokratie zurückkehren. Verantwortlich dafür war ein junger Sozialdemokrat aus dem Saarland, der seit dem Ende der 70er-Jahre den Kontakt zu ihm suchte. Oskar Lafontaine hatte Schiller einige Mal in Jesteburg besucht, um sich von ihm in wirtschaftspolitischen Fragen beraten zu lassen. Lafontaine stand nicht auf dem Flügel der Sozialdemokratie, wo man gemeinhin Schiller verortete. Aber dass der hochflexible Saarländer innerhalb der Partei als Linker galt, hatte nicht viel zu besagen. Lafontaine war vor allem bestrebt, zu polarisieren und zu provozieren, um dadurch auf sich aufmerksam zu machen. (☞ vgl. *Abb. 16, S. 378*)

Der Saarbrücker Oberbürgermeister und Kandidat für das Amt des saarländischen Ministerpräsidenten wollte Schiller 1980 sogar für sein Schattenkabinett gewinnen. Der ehemalige Superminister fühlte sich geschmeichelt, aber dass er ernsthaft die ökonomischen Geschicke des kleinsten Flächenstaates der Republik leiten sollte, musste ihm doch wie ein Abstieg erscheinen. Schiller lehnte die Offerte ab. Aber immerhin versprach er, dem Saarländer mit »Rat und Tat« zur Seite zu stehen und unterstützte diesen in seinem Wahlkampf.[33]

---

31 Schiller-Merklein, 28.9.1989, Kassette 8 (Seite A).
32 Vgl. Jürgs, Der Fall Axel Springer, S. 238.
33 Vgl. Werner Filmer und Heribert Schwan, Oskar Lafontaine, Düsseldorf 1990, S. 124.

X Heimkehr und Abschied (1974–1994)

Abb. 16 Nachfolger: Auf dem SPD-Parteitag 1992 in Bonn trifft Schiller Oskar Lafontaine. Sieben Jahre später übernimmt Lafontaine die Rolle der sozialdemokratischen Judasfigur, die Schiller lange ausgefüllt hat.

Dafür sollte sich Lafontaine erkenntlich zeigen. Der Saarbrücker Oberbürgermeister wusste von dem bisher unerfüllten Wunsch Schillers, zur SPD zurückzukehren. Lafontaine versprach dem ehemaligen Sozialdemokraten, dass er im Saarland bewerkstelligen könne, was Schiller in Hamburg verwehrt geblieben war. Er fand einen Ortsverein, der bereit war, Schiller aufzunehmen. In St. Johann stimmten die Sozialdemokraten bei einer einzigen Gegenstimme für die Aufnahme des Neu-Mitglieds aus dem hohen Norden.[34]

Nach achtjähriger parteipolitischer Heimatlosigkeit war Schiller also wieder Sozialdemokrat geworden. Mit seinen politischen oder ökonomischen Ansichten hatte dieser Entschluss jedoch am allerwenigsten zu tun.

Denn Schillers Grundeinstellung war seit seinem Rücktritt immer liberaler geworden, das Marktprinzip erfuhr von ihm eine noch stärkere Aufwertung als in seiner Zeit als Wirtschaftsminister. Ein schwieriger Spagat war es, den Schiller die letzten beiden Jahrzehnte seines Lebens zu vollbringen versuchte. Der ehemalige Hamburger Professor war innerhalb seines Faches nie gerne in einer wirklichen Minderheitsposition gewesen, hatte immer versucht, die Synthese zu bilden, das Beste aus verschiedenen

---

34 Schiller-Merklein, 10.9.1989, Kassette 7 (Seite B).

Welten in seine Ansichten zu integrieren. In seinem Konzept der Globalsteuerung war ihm das gelungen: Es betonte den Wert staatlicher Rahmenplanung für die volkswirtschaftlichen Globalgrößen, gleichzeitig aber auch die Bedeutung des freien Wettbewerbs für alle einzelwirtschaftlichen Vorgänge. Damit hatte Schiller nicht nur die SPD vom Odium der Planwirtschaft befreit, sondern auch weithin die Zustimmung seiner Fachkollegen gefunden.

Mittlerweile jedoch erschien das Konzept der Globalsteuerung den meisten Ökonomen reichlich in die Jahre gekommen. Schillers Disziplin hatte seit Mitte der 70er-Jahre unverkennbar einen Schwenk von der Nachfrage- zur Angebotspolitik vollzogen. Nicht mehr Keynes, sondern Milton Friedman regierte. Dessen Theorie des »Monetarismus« hielt alle Eingriffe der Politik in den Konjunkturverlauf für wirkungslos, wenn nicht sogar für schädlich. Die Wirtschaftspolitik hatte primär auf die Geldwertstabilität zu achten, sollte dafür sorgen, dass die Geldmenge nicht stärker expandierte als das reale Wachstum. Ansonsten war es Aufgabe der Politik, die Produktionsbedingungen der Unternehmer zu verbessern. Und diejenigen, die sich zum Monetarismus und zur Angebotspolitik bekannten, wurden erstaunlich schnell zu Vertretern der Mehrheitsmeinung. Ihre Argumente schienen in der Tat schwer von der Hand zu weisen: Den Krisen der 70er-Jahre war mit Konjunkturprogrammen und einer antizyklischen Wirtschaftspolitik offensichtlich nicht mehr beizukommen.

Für Schiller war das eine schwierige Situation. Denn mit der Dämmerung des Keynesianismus geriet ja auch sein wirtschaftspolitisches Erbe in die Kritik. Vor allem sah er sich permanent gezwungen darzulegen, inwiefern das Stabilitäts- und Wachstumsgesetz, die bundesrepublikanische Kodifizierung der keynesianischen Lehre, noch von Wert sei. Er reagierte auf diese Entwicklung äußerst vorsichtig, wie es seiner akademischen Natur stets entsprochen hatte. Die Arbeitslosigkeit, die seit Mitte der 70er-Jahre zunehmend zum Problem wurde, war auch seiner Meinung nach nicht mehr mit keynesianischen Mitteln zu bekämpfen. Nur im Jahre 1977 konstatierte er noch einmal eine Nachfragelücke, der er allerdings nicht mit staatlichen Konjunkturprogrammen, sondern mit Hilfe des »Stabilitätsgesetzes« durch Steuersenkungen beikommen wollte.[35] Danach jedoch kam er zu dem Schluss, dass nicht mehr die Situation gegeben sei, die der englische Ökonom bei der Entwicklung seiner Theorie vor Augen gehabt habe. Von einem kumulativen Verfall der Gesamtnachfrage könne keine Rede sein. Die Arbeitslosigkeit sei vielmehr strukturell bedingt, und daher könne man sie nicht mit Konjunkturprogrammen bekämpfen. Der Ölpreisschock etwa sei ein »Angebotsschock« gewesen, auf ihn könne nur adäquat reagiert werden, indem man die Angebotsseite stärke. Vor einer Ausweitung der Staatsausgaben warnte er nachdrücklich. In einer Phase des Strukturwandels führe dieses lediglich zu Fehlallokationen, indem

---

35 Vgl. Karl Schiller, Stabilitäts- und Wachstumsgesetz – ein Instrument der Krisenbewältigung?, in: Krise der ökonomischen Theorie – Krise der Wirtschaftspolitik, WSi-Studien zur Wirtschafts- und Sozialforschung, 1977, 38, S. 196-212, hier: S. 208.

nicht mehr zukunftsfähige Unternehmen künstlich am Leben gehalten würden. Die Strukturwandlungen sollten dem Markt überlassen werden.[36] Zum anderen glaubte Schiller, dass sich die Voraussetzungen grundsätzlich gewandelt hatten. Die Möglichkeiten einer autonomen, nationalstaatlich orientierten Konjunkturpolitik seien begrenzter geworden, und solange die Zuwachsraten des Welthandels beständig höher lägen als die der Weltproduktion, werde diese Tendenz sich noch verstärken.[37]

Dennoch glaubte er nicht, dass das »Stabilitätsgesetz« grundsätzlich zu einem Museumsstück geworden sei. Zum einen, so Schiller, hätte man viele Fehlentwicklungen vermeiden können, wenn man Anfang der 70er-Jahre stärkeren Gebrauch von ihm gemacht hätte, wobei der ehemalige Wirtschaftsminister vor allem an seinen Stabilisierungsversuch 1970 dachte.[38] Zum anderen dürfe man das Kind nicht mit dem Bade ausschütten. Trotz des »allgemeinen Kahlschlages«, den die Monetaristen auf dem Feld der Konjunkturpolitik veranstaltet hätten, solle man »sein nachfragepolitisches Pulver« für den Fall einer tatsächlichen Rezession trocken halten.[39] Nie wieder dürfe die Politik in einem solchen Fall so tatenlos zuschauen wie 1930/1931.[40]

Wenn Schiller nun dennoch grundsätzlich die Vorzüge des Marktmechanismus stärker hervorhob, so tat er dies ohnehin nicht, indem er auf Milton Friedman oder andere »Chicago-Boys« verwies. Hier reichte der Rückgriff auf die Freiburger Schule, vor allem auf Walter Eucken, dessen Arbeiten schon immer ein wichtiger Orientierungspunkt für ihn gewesen waren. Mit den monetaristischen »Konterrevolutionären« stimmte er zwar in Bezug auf deren Betonung der Angebotspolitik grundsätzlich überein. Aber was er an der neuen herrschenden Lehre vermisste, war eine ordnungspolitisch konsistente Linie, wie sie bei Eucken, Franz Böhm und auch Hayek zu finden glaubte. Im Grunde, so Schiller, würden die Angebotspolitiker ihren eigenen Grundsätzen untreu, denn deren Katalog an angebotspolitischen Maßnahmen könne auch zu einem regellosen staatlichen Interventionismus führen: Die Angebotspolitiker kritisierten zwar die alten Subventionen, forderten stattdessen aber ständig neue, wie etwa Venture-Capital-Fonds für Jungunternehmer, Management-Schulen für den Nachwuchs oder staatliche Förderung für neue Technologien. Für Schiller waren das schon fast Anzeichen für einen »Neo-Merkantilismus«.[41] Schumpeters Devise der »schöpferischen Zerstörung«, dessen These von der Konkurrenz des »Neuen gegen das Alte«, solle nun offensichtlich staatlicherseits über-

---

36 Ebd. S. 207.
37 Vgl. Karl Schiller, Der Stellenwert staatlicher Konjunktur- und Beschäftigungspolitik in der Bundesrepublik Deutschland, in: Peter Hampe (Hrsg.), Friedman contra Keynes. Zur Kontroverse über die Konjunktur- und Beschäftigungspolitik, München 1984, S. 27-42, hier: S. 27.
38 Vgl. Schiller, Stabilitäts- und Wachstumsgesetz, S. 198 f.
39 Vgl. Karl Schiller, Die Grenzen der Wirtschaftspolitik (neu betrachtet), in: Jahrbuch für Nationalökonomie und Statistik, Bd. 202, 1986, S. 5-11, hier. S. 7.
40 Vgl. die Zeit vom 27.11.1981.
41 Vgl. Schiller, Die Grenzen der Wirtschaftspolitik, S. 8.

nommen werden.[42] Die von Walter Eucken geforderte Konstanz der Wirtschaftspolitik sei so keinesfalls zu erreichen.[43]

Das war für Schiller der Widerspruch zu einer Wirtschaftstheorie, die ansonsten schließlich staats-, ja eigentlich politikabstinent argumentierte. Es sei wohl richtig, so gestand er ein, dass ein falsch verstandener Keynesianismus der Politik vielleicht zu viel abverlangt habe. Aber der Monetarismus bedeute einen weitgehenden Verzicht auf die Politik. Völlig unverständlich erschien ihm daher der Vorwurf der Monetaristen, dass Einrichtungen wie die Konzertierte Aktion lediglich der »politischen Orchestrierung« dienten. Die Politik müsse auch in Zukunft zumindest den Versuch unternehmen, auf das Verhalten der Sozialpartner Einfluss zu nehmen.[44] Und schließlich blieb Schiller auch ein Kind seiner Generation und seiner historischen Erfahrungen. Das Vertrauen der Monetaristen, dass der Marktmechanismus die Krise von alleine bereinige, erschien ihm als Grundhaltung doch ein wenig zu passiv. Man dürfe die Robustheit des politisch-sozialen Systems nicht überschätzen. Wenn die Öffentlichkeit Maßnahmen einfordere, dann müssten die Regierungen hierauf auch reagieren und eine Lösung anbieten.[45] So politisch hatte Schiller während seiner aktiven Bonner Jahre selten argumentiert.

Und so blieb der Volkswirtschaftler sehr ambivalent: Wann immer es um konkrete wirtschaftspolitische Maßnahmen ging, stand er im Lager der Angebotsökonomen, die längst auch in dem von Schiller stets geachteten Sachverständigenrat die Richtung bestimmten: Schiller kritisierte die zu hohe Staatsquote, hielt nichts von Konjunkturprogrammen und plädierte für Steuersenkungen. Aber natürlich führte das nicht zu der Erkenntnis, dass jede Form einer antizyklischen Wirtschaftspolitik der falsche Weg sei; damit hätte er schließlich im Nachhinein seine eigene Politik infrage gestellt. Das klingt ein wenig kryptisch, doch eindeutiger wurde Schiller auch nicht in der Hand voll Aufsätze, die er nach seinem Ausscheiden aus der Politik noch schrieb. So gab es im Grunde nur einen einzigen Punkt, an dem Schiller seine Erfahrungen in der Politik unmittelbar verarbeitete: Sein früherer Glaube an die Machbarkeit der Konjunktur und der Politik im Allgemeinen war einer sehr viel nüchterneren Betrachtungsweise gewichen. Zu welchen Maßnahmen man auch greife, schrieb Schiller in seinem Aufsatz »Die Grenzen der Wirtschaftspolitik«, entscheidend sei, dass die Wirtschaftspolitik in den Händen von Leuten liege, die sich der »Begrenztheit ihres Tuns bewußt sind«.[46] Wenn es den ehemaligen Minister daher trotz aller Einschrän-

---

42 Ebd.
43 Vgl. Schiller, Der Stellenwert staatlicher Konjunktur- und Beschäftigungspolitik in der Bundesrepublik Deutschland, S. 38.
44 Vgl. Karl Schiller, Das Stabilitäts- und Wachstumsgesetz und die Globalsteuerung, in: Georg Kurlbaum und Uwe Jens (Hrsg.), Beiträge zur sozialdemokratischen Wirtschaftspolitik, Bonn 1983, S. 79-87, hier: S. 87.
45 Vgl. Schiller, Die Grenzen der Wirtschaftspolitik, S. 8.
46 Schiller, Die Grenzen der Wirtschaftspolitik, S. 10.

kungen letztlich doch in das liberale Lager zog, dann vor allem deshalb, weil er die Ansicht der meisten Ökonomen teilte, dass die Globalsteuerung nicht nur die Einsicht und Vernunft der Menschen überschätzt habe. Eine antizyklische Politik verlange eben auch eine außergewöhnliche »Autorität des politischen Koordinators«, wie sie in der pluralistischen Gesellschaft kaum vorstellbar erscheine.[47] Schiller hatte am eigenen Leib erfahren, wie schwerfällig die Politik auf ökonomische Herausforderungen reagierte. Er wusste daher wohl so gut wie kein Zweiter, wovon er sprach. Aber womöglich, so seine gar nicht so negative Einschätzung, habe die Schwerfälligkeit der deutschen Politik ja auch ihre Vorteile. Das Zögern der sozialliberalen Koalition, energisch den Schwenk zur Angebotspolitik zu vollziehen, schrieb er 1984, habe zumindest keine »extremen ad-hoc-Lösungen« wie in den USA und Großbritannien hervorgebracht, die er als zu radikal ablehnte. Und von einem »Neo-Keynesianismus«, wie er in Frankreich in den ersten Jahren unter Mitterand praktiziert wurde, habe man sich glücklicherweise ebenfalls ferngehalten.[48]

Die Einstellung der Sozialdemokraten zu Schiller blieb bis zum Ende gespalten. In Jesteburg versuchten einige Sozialdemokraten, Schiller von St. Johann im Saarland in die dortige SPD zu locken. Doch bald bekam der Vorsitzende des Ortsvereins den Widerstand der eigenen Genossen zu spüren und ließ seinen Plan fallen.[49]

Bei den führenden Sozialdemokraten hingegen erfreute sich Schiller wieder zunehmender Beliebtheit. 1982 suchte sogar Helmut Schmidt seinen Rat und lud ihn zu einem Expertengespräch in kleiner Runde in seinen Kanzlerbungalow.[50] Und Hans-Jochen Vogel, der sozialdemokratische Kanzlerkandidat 1983, wollte Schillers Meinung über das Wahlprogramm der SPD hören.[51] Der nächste Kandidat der SPD, Johannes Rau, kündigte ebenfalls an, sich des Sachverstandes des Superministers a. D. bedienen zu wollen.[52] Seine Nachfolger im Wirtschaftsministerium machten ihm ohnehin häufiger ihre Aufwartung, und ausgerechnet der FDP-Politiker und politische Tausendsassa Jürgen W. Möllemann ließ sich mit Karl Schiller besonders gerne ablichten.

Ein wirkliches politisches Come-back stand freilich niemals ernsthaft zur Diskussion und Schiller machte sich da wohl auch keine Illusionen. Aber wieder gefragt zu sein, gab ihm das Gefühl der Wertschätzung und den Eindruck, zum politischen Betrieb in gewisser Hinsicht noch immer dazuzugehören. Als Nina Grunenberg in der »Zeit« schrieb, Schiller habe sich in das »politische Pensionärsleben« zurückgezogen, fand dieser es angebracht zu antworten. Sicherlich, so Schiller, setzte er bisweilen ein

---

47 Vgl. Schiller, Stabilitäts- und Wachstumsgesetz – Ein Instrument der Krisenbewältigung?, S. 201.
48 Vgl. Schiller, Der Stellenwert staatlicher Konjunktur- und Beschäftigungspolitik in der Bundesrepublik Deutschland, S. 36 f.
49 Vgl. den Spiegel vom 14.12.1981.
50 Vgl. Schmidt an Schiller am 12.5.1982, in: BA N Schiller 1229, B. 306, S. 407.
51 Vgl. den Brief von Frank Dahrendorf vom SPD-Parteivorstand an Schiller vom 25.11.1982, in:Ebd., S. 81.
52 Vgl. die Westfälische Rundschau vom 13.11.1986.

»verschämtes« a. D. hinter seine frühere Amtsbezeichnung. »Aber ist ein schriftstellernder Professor, Literat oder Publizist schon dem politischen Pensionärsdasein zuzuordnen?«[53] Im Übrigen übe er schließlich eine intensive internationale Beratertätigkeit aus. »Ist das nicht auch Politik? Von jeder Art Pensionärsdasein fühle ich mich – inschallah – weit entfernt.«[54]

Mit den Jahren bekam Schiller schließlich jene Rolle zugewiesen, die er wohl ohne seine merkwürdige Irrfahrt von 1972 bis 1974 schon früher hätte spielen können. Er schlichtete 1984 mit Erfolg den Tarifstreit der ÖTV, wurde 1987 zusammen mit Helmut Schmidt Ehrensenator der Universität Hamburg, erhielt Ehrendoktortitel und schließlich an seinem 80. Geburtstag das Bundesverdienstkreuz. In der Hamburger Landesvertretung in Bonn hatten sich zu diesem Anlass auf Initiative von Schillers Nachfolger Möllemann Willy Brandt, Helmut Schmidt, Karl Karstens, Otto Graf Lambsdorff, Karl Otto Pöhl und Helmut Schlesinger eingefunden. Am Ende also war Karl Schiller doch zum *elder statesman* geworden. Gerade an den Porträts zu seinen runden Geburtstagen konnte man diese Entwicklung gut erkennen. Während dabei zunächst noch stärker an die sozialdemokratische »Diva« erinnert wurde, wurde der Tenor mit der Zeit immer milder, bis Schiller schließlich 1991, an seinem 80. Geburtstag, zum Symbol einer Ära stilisiert wurde, in der die Deutschen noch von allen schwerwiegenden Problemen verschont geblieben waren und dabei von Politikern regiert wurden, die im Gegensatz zu ihren Nachfolgern ihr Handwerk noch verstanden hatten.[55] (☞ vgl. *Abb. 17*, S. 384)

Als Ende der 80er-Jahre die versteinerten Verhältnisse jenseits des Eisernen Vorhangs zum Tanzen gebracht wurden, erlebte Karl Schiller noch einmal eine Art Comeback. Seine Medienpräsenz erhöhte sich auf ehemaliges »Superminister-Niveau«. Kaum jemand war so gefragt, wenn es darum ging, Ratschläge zu erteilen, wie man nach dem Fall der Berliner Mauer die Ostdeutschen an den Segnungen der Sozialen Marktwirtschaft teilhaben lassen könnte. Die »Bonner Rundschau« meinte 1991 gar, dass Schiller schon fast wie der »heimliche Wirtschaftsminister« erscheine.[56]

In den Schwierigkeiten sollte sich auch Schiller zunächst täuschen. Im Januar 1990 – noch glaubte kaum jemand, dass es bereits im selben Jahr zur Wiedervereinigung kommen könnte – hielt er einen rasanten Wirtschaftsaufschwung in der DDR, wie ihn die Bundesrepublik in den 50er-Jahren erlebt hatte, für möglich. Doch mit seinen optimistischen Voraussagen lag Schiller ebenso daneben wie viele andere Ökonomen und der Großteil der politischen Klasse. Aber zumindest führten die wirtschaftlichen Schwierigkeiten nach der Deutschen Einheit dazu, dass er endlich tat, was er seit seinem Rücktritt immer wieder angekündigt, aber stets vor sich hergeschoben hatte: Karl

---

53 Schiller an Grunenberg am 15.6.1979, in: BA N Schiller 1229, B. 305, S. 133.
54 Ebd.
55 Vgl. das Handelsblatt vom 24.4.1991.
56 Vgl. die Bonner Rundschau vom 23.4.1991.

X Heimkehr und Abschied (1974–1994)

Abb. 17 Elder statesman: Karl Schiller 1990. Nach seinem Absturz und mehreren Talfahrten wird er am Ende seines Lebens doch noch zu einem im In- und Ausland geachteten Ratgeber.

Schiller schrieb 1993 ein Buch über die ökonomischen Probleme der Wiedervereinigung. Es war die erste eigenständige Monographie seit seiner Habilitationsschrift, die nun immerhin schon über 50 Jahre zurücklag.

»Der schwierige Weg in die offene Gesellschaft«[57] war der gedankliche Abschluss einer Entwicklung, die Schiller insbesondere seit 1972 durchlaufen hatte. In seinem Loblied auf die Marktwirtschaft ließ er sich von niemandem mehr überbieten. Er schrieb ein durch und durch liberales Manifest, nutzte kaum noch John Maynard Keynes oder andere von ihm früher verehrte Ökonomen zur Stützung seiner Ansichten. Stattdessen argumentierte er mit Friedrich August von Hayek, Walter Eucken, Adam Smith und natürlich, wie es die Anleihe im Titel verriet, Karl Popper. Einen »dritten Weg«, so Schiller, gäbe es nicht, und alle Vorstellungen in dieser Richtung hätten der sprachlichen Ver-

---

57 Vgl., Karl Schiller, Der schwierige Weg in die offene Gesellschaft: kritische Anmerkungen zur deutschen Vereinigung, Berlin 1994.

schleierung gedient oder wären von vornherein eine Fiktion gewesen. Allenfalls gäbe es gesellschaftlich bedingt verschiedene Spielarten der Marktwirtschaft.[58]

Seine Analyse des ökonomischen Prozesses war dann auch eindeutig: Beim Wiederaufbau der neuen Bundesländer werde zu sehr auf die lenkende Rolle des Staates vertraut[59], der Sozialstaat sei ausgewuchert[60], in Ostdeutschland drohe ein »Arbeitsamtssozialismus«[61], und die Lohnentwicklung müsse endlich der realen Produktionsentwicklung angepasst werden.[62] Seine Antwort auf all diese Probleme und Fehlentwicklungen waren weit reichende Deregulierungen und mehr Vertrauen in die Leistungsfähigkeit des Marktes.

»Nicht die Prinzipien der offenen Gesellschaft, nicht das marktwirtschaftliche Regelwerk, nicht der Wettbewerb als Entdeckungsverfahren tendieren zur Raffgesellschaft, sondern die Beschädigungen der Moralregeln, wie sie in den letzten Jahren deutlich sich zeigen, sind das Problem.«[63]

Deutschland, so Schiller, brauche »mehr Wachstumspolitik und viel weniger Verteilungspolitik«.[64] Unter dem Eindruck, dass der größte Teil der Transferzahlungen in den Konsum flossen, war seine Skepsis gegenüber dem alten »Modell Deutschland« beträchtlich angewachsen. Vieles an Schillers Kritik mochte der Wahrheit entsprechen; sonderlich originell war sie nicht und lieferte insofern auch keine neuen Impulse für die Diskussion über den Aufholprozess Ostdeutschlands. Ähnliches konnte man seit Anfang der 90er-Jahre in allen deutschen Tageszeitungen nachlesen, der »Mainstream« reichte von der konservativen »FAZ« bis zur linksalternativen »taz«.

Aber es machte nicht den Eindruck, dass Schiller bewusst gewesen wäre, dass er sich von vielen seiner früheren Positionen entfernt hatte. Denn am liebsten sah er sich nun in der Rolle desjenigen, der gemeinsam mit Ludwig Erhard die Deutschen – zuallererst natürlich die eigene Partei – von den Vorzügen der Marktwirtschaft überzeugt hatte. Nun war das gewiss nicht ganz falsch, aber dass Schillers eigentliche historische Rolle, seine genuine Bedeutung, in seinem Beitrag zum Durchbruch einer keynesianischen Wirtschaftspolitik und damit zu einem aktiveren Staatsverständnis gelegen hatte, geriet sowohl ihm selbst als auch der Öffentlichkeit zunehmend in Vergessenheit. Stattdessen galt Schiller als jemand, der immer schon vor Etatismus und Staatsverschuldung gewarnt und dabei angemahnt hatte, dass man in dieser Hinsicht die »Tassen im Schrank« lassen solle.

---

58 Vgl. ebd., S. 97 ff.
59 Ebd., S. 94.
60 Ebd., S. S. 161 ff.
61 Ebd. S. 46.
62 Vgl. ebd., S. 90.
63 Ebd., S. 115.
64 Ebd., S. 168.

Befürchtungen, wie die Fachwelt sein Werk aufnehmen würde, hatte Schiller schon gehabt. Im Vorwort wies er darauf hin, dass er beim Schreiben seines Buches ganz auf sich allein gestellt war. Sein Beitrag sei nur der Versuch eines »Einzelarbeiters«, denn entgegen den völlig falschen Vorstellungen, die sich die Öffentlichkeit über die Arbeitsausstattung von pensionierten Politikern und emeritierten Professoren mache, habe ihm kein Apparat zur Verfügung gestanden.[65]

Sein Verleger Wolf Jobst Siedler, der Schiller ebenso häufig wie erfolglos zum Niederschreiben seiner Memoiren gedrängt hatte, beobachtete dann auch, wie schwer dem mittlerweile 82-Jährigen die Arbeit am Text fiel. Schiller habe sich nur unter großen Bedenken für eine Formulierung entscheiden können, von Halbjahr zu Halbjahr habe man das Erscheinen des Buches verschieben müssen. Mit dem Ergebnis sei am Ende keiner der Beteiligten so recht zufrieden gewesen. Aber immerhin habe der noch nicht verblasste Ruhm Schillers dem Verlag den Verkauf von beachtlichen 15.000 Exemplaren beschert.[66]

Dass Schiller in seinem letzter Lebensabschnitt durchaus keinen verdrießlichen Eindruck machte, hatte auch damit zu tun, dass er gesundheitlich von schwererem Unheil verschont blieb. Sein Ende kam daher für viele überraschend. Mit geplatzter Bauchschlagader wurde Karl Schiller am 17. November 1994 in das Universitätskrankenhaus Eppendorf eingeliefert. In den folgenden Wochen wurde er dreimal operiert. Verlassen konnte er das Krankenhaus nicht mehr. Karl Schiller starb am 26. Dezember 1994. Am 12. Januar wurde in einem Staatsakt in der Hamburger St.-Petri-Kirche Abschied von ihm genommen. Schillers Nachfolger in den Ämtern als Bundeswirtschafts- und Finanzminister waren anwesend, ebenso der SPD-Vorsitzende Rudolf Scharping und Altbundeskanzler Helmut Schmidt.

Neben der politischen Prominenz hielt auch Schillers alter Jugendfreund Hans Bolewski eine ergreifende Trauerrede, erinnerte an die Tage, da zwei Pennäler mit kurzen Hosen mit dem Fahrrad durch Kiel gefahren waren. Bolewski sprach von einem Menschen, der in späten Jahren zu Gott zurückgefunden habe und der am Ende gelernt habe, dass zum »Klugsein« auch das Sterben gehöre.[67] Einen Tag später wurde Schiller in Jesteburg, wo er in den 70er- und 80er-Jahren zu sich selbst zurückgefunden hatte, beigesetzt.

Während Schiller auf der Intensivstation mit dem Tod rang, stellten die Ärzte bei seiner Frau einen Tumor in den inneren Organen fest. Die Krankheit schritt schnell voran, sodass sie nicht in der Lage war, sich von ihrem Mann zu verabschieden. Sylvia Schiller starb fünf Wochen nach ihrem Mann und wurde neben ihm auf dem Jesteburger Friedhof bestattet.

---

65 Vgl. ebd. S. 9 f.
66 Vgl. Wolf Jobst Siedler, Wir waren noch einmal davon gekommen. Erinnerungen, Siedler 2004, S. 422.
67 Vgl. die Trauerrede von Hans Bolewski, Privatbesitz Marlene Bolewski.

Danksagung

Dieses Buch ist eine überarbeitete und leicht gekürzte Fassung meiner Arbeit »Der Ökonom und die Gesellschaft. Karl Schiller 1911–1994«, die im Januar 2006 als Dissertation von der sozialwissenschaftlichen Fakultät der Universität Göttingen angenommen wurde.

Mein erster Dank gilt meinem Doktorvater, Prof. Dr. Franz Walter, der mich zu diesem Projekt ermunterte und mir bei dessen Ausführung alle erdenklichen Freiräume gab. Sehr viel Vertrauen entgegengebracht hat mir auch der Zweitgutachter meiner Dissertation, Prof. Dr. Peter Lösche, der darüber hinaus als mein unmittelbarer Chef am Seminar für Politikwissenschaft meine Arbeitsbelastung als wissenschaftliche Hilfskraft so in Grenzen hielt, dass eine langwierige Studie mir ihren vielen Archivaufenthalten überhaupt möglich wurde. In gewisser Hinsicht hatte diese Arbeit noch einen dritten Betreuer: Als ich im Sommer 2003 das erste Mal mit Prof. Dr. Heiko Körner zusammenkam, interviewte ich den früheren Assistenten Karl Schillers an der Universität Hamburg eigentlich als Zeitzeugen. In der folgenden Zeit entwickelte sich jedoch ein intensiver Gedankenaustausch, der schließlich dazu führte, dass Heiko Körner wesentliche Teile meines Manuskriptes Korrektur las. Dabei habe ich als Politikwissenschaftler nicht nur vom Wissen des Ökonomen profitiert, sondern auch viele andere interessante Perspektiven auf das Leben Karl Schillers gewinnen können.

Nicht möglich gewesen wäre diese Arbeit ohne die Unterstützung der vielen freundlichen und hilfsbereiten Mitarbeiter der verschiedenen Archive, vor allem im Staatsarchiv Hamburg, dem Landesarchiv Schleswig und im Archiv der sozialen Demokratie der Friedrich-Ebert-Stiftung. Dr. Nils Goldschmidt und Dr. Michael Wohlgemuth im Walter-Eucken-Institut in Freiburg danke ich für die Einsichtnahme in den Nachlass Karl Schillers und für viele interessante Gespräche. Niemandem aber schulde ich in dieser Hinsicht mehr Dankbarkeit als Gregor Pickro vom Bundesarchiv in Koblenz, der diese Arbeit mit einem Ausmaß an Engagement, Aufgeschlossenheit und nie nachlassendem Interesse unterstützt hat, das ich schlicht nicht für möglich gehalten hätte.

Unverzichtbar waren auch die vielen ehemaligen Mitarbeiter, politischen Mitstreiter sowie die Familienangehörigen Karl Schillers, die mir in Gesprächen mein Untersuchungsobjekt näher brachten. Besonders verbunden fühle ich mich dabei Schillers Schulfreund aus Kieler Tagen, Prof. Dr. Hans Bolewski, der die Fertigstellung dieser Arbeit leider nicht mehr erleben konnte, sowie seiner Frau Marlene. Hilflos gewesen wäre ich auch ohne all die guten und in der Republik weit verstreuten Freunde, die mir während meiner Archivaufenthalte kostenlos Quartier boten. Besonders lange ertrugen mich Marco Lambrecht, Michael Bartsch und die Familie Vesper.

Danksagung

Verschiedene Teile des Manuskriptes lasen Saskia Richter und Michael Koß und steuerten dabei viele kluge Anmerkungen bei. Der »Cheflektor« meiner Arbeit war aber wie immer Kay Müller, dem ich dafür und für seine Freundschaft sehr danke. Die Überarbeitung des Endmanuskriptes übernahmen Andrea Lütjen und Wigbert Löer, wodurch der Text sprachlich erheblich verbessert wurde. Sehr profitiert habe ich auch von den letzten Anmerkungen zu meinem Manuskript von Prof. Dr. Michael Schneider vom Archiv der sozialen Demokratie der Friedrich-Ebert-Stiftung, dem auch dafür Dank gebührt, dass er meine Arbeit zusammen mit Prof. Dr. Dieter Dowe in seine Schriftenreihe »Politik- und Gesellschaftsgeschichte« aufgenommen hat.

Nichts von alledem wäre indes möglich gewesen, wenn ich nicht in manch kritischer Phase die Unterstützung meiner Familie gehabt hätte. Mein Bruder Steffen und Andrea nahmen stets Anteil an meiner Arbeit, gaben Zuspruch und motivierten mich auch in schwierigen Zeiten. Und schließlich: Ohne den lebenslangen Rückhalt, das Vertrauen und die Liebe meiner Eltern wäre nicht nur diese Arbeit, sondern auch vieles andere in meinem Leben unmöglich gewesen. Ihnen ist dieses Buch daher gewidmet.

ously # Anhang

Abbildungsnachweis

Abb. 1:	Familienbesitz Schiller	20
Abb. 2:	Familienbesitz Schiller	24
Abb. 3:	Familienbesitz Schiller	76
Abb. 4:	Familienbesitz Schiller	87
Abb. 5:	Heinz Kuntze-Just, Hamburg	122
Abb. 6:	dpa	195
Abb. 7:	dpa	216
Abb. 8:	dpa	236
Abb. 9:	J.H. Darchinger	243
Abb. 10:	dpa	267
Abb. 11:	J.H. Darchinger	302
Abb. 12:	dpa	308
Abb. 13:	Sven Simon Fotoagentur	333
Abb. 14:	Sven Simon Fotoagentur	347
Abb. 15:	J.H. Darchinger	358
Abb. 16:	J.H. Darchinger	378
Abb. 17:	dpa	384

Quellenverzeichnis

Bundesarchiv Koblenz (BA)
N 1229, Nachlass Karl Schiller
N 1369, Nachlass Alex Möller
B 102, Bundeswirtschaftsministerium
B 126, Bundesfinanzministerium

Walter Eucken-Institut Freiburg (WEI)
Nachlass Karl Schiller

Archiv der Sozialen Demokratie Bonn (AdsD)
Bestand Erich Ollenhauer.
Willy-Brandt-Archiv.
Deposita Helmut Schmidt.
Protokolle der Sitzungen der SPD-Bundestagsfraktion und des Fraktionsvorstandes.
SPD-Fraktion, Büro Herbert Wehner.
Landesorganisation Hamburg.
Landesorganisation Berlin.
Parteivorstand, Wirtschaftspolitik, Wirtschaftspolitisches Referat.
SPD-Parteivorstand, Programmkommission.

Pressearchiv des Deutschen Bundestages, Bonn
Sammlung Karl Schiller.

Landesarchiv Schleswig-Holstein, Schleswig (LASH)
Personalakte Karl Schiller, Institut für Weltwirtschaft in Kiel
Personalakte Karl Schiller, Universität Rostock (Kopie)
Abt. 460. 1(alt) Geschäftszeichen: 312/18448, (Entnazifizierung Karl Schiller)

Anhang

Staatsarchiv Hamburg (StAHH)
131–1 II, Senatskanzlei, Gesamtregistratur II
131– 2 Senatskanzlei, Protokolle und Drucksachen A 2a
131–15 Senatskanzlei – Personalakten A66 – Karl Schiller
364–I Universität 1
361–6 Hochschulwesen – Dozenten- und Personalakten – IV 1459 Karl Schiller
371–16 I, Behörde für Wirtschaft und Verkehr.
371–17, Personalrat bei der Behörde für Wirtschaft und Verkehr

Bundesbeauftragte für die Unterlagen der Staatsicherheit
Akte Karl Schiller

Archiv der Hebbelschule Kiel
Verschiedene Unterlagen zu Schillers Schulzeit

Benutzt wurden weiterhin Materialien, die sich im Privatbesitz von Sabine Noelle-Wying befinden.

Literaturverzeichnis

Abelshauser, Werner: Freiheitlicher Sozialismus oder Soziale Marktwirtschaft: Die Gutachtertagung über Grundfragen der Wirtschaftsplanung und Wirtschaftslenkung am 21. und 22. Juni 1946, in: Vierteljahreshefte für Zeitgeschichte, Jg. 24 (1976), H. 4, 415-449.
Abelshauser, Werner: Probleme des Wiederaufbaus der westdeutschen Wirtschaft 1945–1953, in: Heinrich August Winkler (Hrsg.), Politische Weichenstellungen in Nachkriegsdeutschland 1945–1953, Göttingen 1979 (Geschichte und Gesellschaft: Sonderheft 5).
Abelshauer, Werner: Wirtschaftsgeschichte der Bundesrepublik Deutschland 1945–1980, Frankfurt a.M. 1983.
Abelshauser, Werner: Deutsche Wirtschaftsgeschichte seit 1945, München 2004.
Alverdes, Paul: Reinhold im Dienst, München 1931.
Angster, Julia: Der neue Stil. Die Amerikanisierung des Wahlkampfs und der Wandel im Politikverständnis bei CDU und SPD in den 1960er Jahren, in: Matthias Frese/Julia Paulus/Karl Teppe (Hrsg.), Demokratisierung und gesellschaftlicher Aufbruch. Die sechziger Jahre als Wendezeit in der Bundesrepublik, Paderborn 2003. S. 181-204.
Bahr, Egon: Zu meiner Zeit, München 1996.
Bahrdt, Hans Paul: Helmut Schelskys technischer Staat. Zweifel an »nachideologischen Geschichtsmodellen«, in: Atomzeitalter, 1961, H. 9, S. 195-200.
Baring, Arnulf: Machtwechsel. Die Ära Brandt–Scheel, Berlin 1998.
Bavaj, Riccardo: Die Ambivalenz der Moderne im Nationalsozialismus: eine Bilanz der Forschung, München 2003.
Bassi, Hasko von: Otto von Baumgarten. Ein »moderner Theologe« im Kaiserreich und in der Weimarer Republik, Frankfurt am Main 1988.
Bavendamm, Dirk: Bonn unter Brandt. Machtwechsel oder Zeitenwende, Wien 1971.
Beckmann, Ulf: Löwe bis Leontief. Pioniere der Konjunkturforschung am Kieler Institut für Weltwirtschaft, Marburg 2000.
Berghahn, Volker: Unternehmer und Politik in der Bundesrepublik, Frankfurt am Main 1985.
Bickerich, Wolfram: Franz Josef Strauß. Die Biographie, Düsseldorf 1996.
Blesgen, Detlef J.: Soziale Utopien und politische Illusionen. Erich Preiser, Franz Oppenheimer und das dritte Reich, in: Jahrbücher für Nationalökonomie und Statistik, Bd. 222/6, 2002, S. 719-726.
Bödecker, Hans Erich: Biographie. Annäherungen an den gegenwärtigen Forschungs- und Diskussionsstand, in: Ders. (Hrsg.), Biographie schreiben, Göttingen 2003, S. 9-63.
Bombach,Gottfried/ u. a. (Hrsg.): Der Keynesianismus IV, Die beschäftigungspolitische Diskussion in der Wachstumsepoche der Bundesrepublik Deutschland, Berlin 1983.
Borchardt, Knut: Zwangslagen und Handlungsspielräume in der großen Weltwirtschaftskrise der frühen 30er Jahre, in: Ders.: Wachstum, Krisen, Handlungsspielräume der Wirtschaftsgeschichte. Studien zur Wirtschaftsgeschichte des 19. und 20. Jahrhunderts, Göttingen 1982, S. 165-182.

Bourdieu, Pierre: Die biographische Illusion, in: BIOS, 3 (1990), S. 75-81.
Bouvier, Beatrix: Zwischen Godesberg und Großer Koalition. Der Weg der SPD in die Regierungsverantwortung. Außen-, sicherheits- und deutschlandpolitische Umorientierung und gesellschaftliche Öffnung der SPD 1960–1965, Bonn 1990.
Bracher, Karl Dieter/ Jäger, Wolfgang / Link, Werner: Republik im Wandel: 1969–1974, Die Ära Brandt. Stuttgart 1986. (Geschichte der Bundesrepublik Deutschland, Band 5, I, Republik im Wandel, hrsg. von Karl Dietrich Bracher u. a.)
Brinkmann, Carl: Theoretische Bemerkungen zum nationalsozialistischen Wirtschaftsprogramm, in: Schmollers Jahrbuch, 58/ 1934, S. 1-4.
Burckhardt, Jacob: Weltgeschichtliche Betrachtungen, Stuttgart 1955.
Dahrendorf, Ralf: Gesellschaft und Demokratie in Deutschland, München 1965.
Dahrendorf, Ralf: Gustav Dahrendorf. Das aktive Leben, in: Liberale und andere: Portraits, Stuttgart 1994.
Dieckmann, Christoph: Wirtschaftsforschung für den Großraum. Zur Theorie und Praxis des Kieler Instituts für Weltwirtschaft und des Hamburger Welt-Wirtschafts-Archivs im »Dritten Reich«, in: Götz Aly/Christoph Dieckmann u. a. (Hrsg.): Modelle für ein deutsches Europa. Ökonomie und Herrschaft im Großwirtschaftsraum, Berlin 1992, S. 146-198.
Dudeck, Peter: Erziehung durch Arbeit. Arbeitslagerbewegung und Freiwilliger Arbeitsdienst 1920– 1935, Opladen 1988.
Edinger, Lewis J.: Politische Wissenschaft und Politische Biographie, in: Jürgen Fijalkowski (Hrsg.), Politologie und Soziologie. Otto Stammer zum 65. Geburtstag, Köln 1965, S. 75-84.
Ehmke, Horst: Mittendrin. Von der Großen Koalition zur Deutschen Einheit, Berlin 1994.
Ehrig, Detlef: Keynes, die Globalsteuerung und die Stabilisierungspolitik in der Bundesrepublik Deutschland. Eine Analyse von Rezeptionsmustern, wirtschaftspolitischen Umsetzungen und Handlungsimperativen, Frankfurt a.M. 1989.
Ellul, Jaques: La Technique ou l – enjeu de siècle, Paris 1954.
Emminger, Otmar: D-Mark, Dollar, Währungskrisen. Erinnerungen eines ehemaligen Bundesbankpräsidenten, Stuttgart 1986.
Eppler, Erhard: Komplettes Stückwerk. Erfahrungen aus fünfzig Jahren Politik, Frankfurt a. Main, 1996.
Erhard, Ludwig: Das Leitbild der Formierten Gesellschaft (Rede auf dem Bundesparteitag der CDU am 31. März 1965 in Düsseldorf), in: Die Formierte Gesellschaft. Ludwig Erhards Gedanken zur politischen Ordnung Deutschlands, hrsg. vom Presse- und Informationsamt der Bundesregierung (o. D.).
Eschenburg: Theodor: Jahre der Besatzung: 1945–1949, Stuttgart 1983 (Geschichte der Bundesrepublik Deutschland, hrsg. Karl-Dietrich Bracher u. a., Bd. 1).
Esslinger, Hans Ulrich: Emil Lederer: Ein Plädoyer für die Verwertung der politischen Erkenntnis, in: Hubert Treiber und Karol Sauerland (Hrsg.): Heidelberg im Schnittpunkt intellektueller Kreise: zur Topographie der »geistigen Geselligkeit« eines Weltdorfes 1850–1950, Opladen 1995, S. 422-444.
Euchner, Walter: Ideengeschichte des Sozialismus in Deutschland. Teil I, in: Helga Grebing (Hrsg.), Geschichte der sozialen Ideen in Deutschland. Sozialismus – Katholische Soziallehre – Protestantische Sozialethik, Essen 2000.
Eynern, Gert von: Keynes leicht zu machen, in: Der Deutsche Volkswirt 11, 1937, S. 1750-1753.
Filmer, Werner/Schwan, Heribert: Oskar Lafontaine, Düsseldorf 1990.
Gall, Lothar: Der Bankier. Hermann Josef Abs. Eine Biographie, München 2004.
Gansel, Norbert (Hrsg.): Überwindet den Kapitalismus oder was wollen die Jungsozialisten?, Hamburg 1971.
Garvy, George: Keynesianer vor Keynes, in: G. Bombach u. a. (Hrsg.), Der Keynesianismus II. Die beschäftigungspolitische Debatte vor Keynes in Deutschland. Dokumente und Kommentare, Berlin 1976.
Glaser, Hermann: 1945. Ein Lesebuch, Frankfurt am Main 1995.
Golla, Guido: Nationalsozialistische Arbeitsbeschaffung in Theorie und Praxis 1933 bis 1936, Köln 1994.
Golla, Guido: Nachfrageseitige Konzeptionen zur Weltwirtschaftskrise in Deutschland. Keynesianer vor Keynes? Köln 1996 (Reihe Wirtschafts- und Sozialgeschichte; Bd. 30).
Grande, Edgar: Charisma und Komplexität. Verhandlungsdemokratie, Mediendemokratie und der Funktionswandel politischer Eliten, in: Leviathan, Bd. 28 (2000), 1, S. 122-141.
Gray,William Glenn: »Number One in Europe«: The startling power of the german mark, 1968–1971, Colloqium Paper, April 2003.
Grebing, Helga: Ideengeschichte des Sozialismus in Deutschland. Teil II, in: Helga Grebing.(Hrsg.), Geschichte der sozialen Ideen in Deutschland. Sozialismus – Katholische Soziallehre – Protestantische Sozialethik, Essen 2000.

Anhang

Grotkopp, Wilhelm: Die große Krise. Lehren aus der Überwindung der Weltwirtschaftskrise 1929–1932, Düsseldorf 1954.
Härtling, Peter: Leben lernen. Erinnerungen, Köln 2003.
Haungs, Peter: Wahlkampf und Wahlverhalten 1969, in: ZParl 1 (1970), S. 90-106.
Häuser, Karl: Das Ende der historischen Schule, in: Knut Wolfgang Nörr/ Bertram Schefold/ Friedrich Tenbruck (Hrsg.): Geisteswissenschaften zwischen Kaiserreich und Republik. Zur Entwicklung von Nationalökonomie, Rechtswissenschaft und Sozialwissenschaft im 20. Jahrhundert, Stuttgart 1994, S. 47-75.
Hayek, Friedrich August von: Der Weg zur Knechtschaft, Zürich 1952.
Heimann, Eduard: Stimmen von der Hannoverschen Tagung, in: Blätter für den religiösen Sozialismus, Nr. 11/12, 1921, S. 41-48.
Heimann, Eduard: Soziale Theorie des Kapitalismus. Theorie der Sozialpolitik, Tübingen 1929.
Heimann, Eduard: Sozialisierung, in: Neue Blätter für den Sozialismus, Heft 1/Januar 1930, S. 12-28.
Heimann, Eduard: Sozialismus und Mittelstand, in: Neue Blätter für den Sozialismus, Heft 7/Juli 1932, S. 356-371
Held, Michael: Sozialdemokratie und Keynesianismus. Von der Weltwirtschaftskrise bis zum Godesberger Programm, Frankfurt a.M. 1982.
Hentschel, Volker: Ludwig Erhard. Ein Politikerleben, München 1996.
Herf, Jeffrey: Reactionary modernism, Cambridge 1984.
Hildebrand, Klaus: Von Erhard zur Großen Koalition 1963–1969, Stuttgart 1984 (Geschichte der Bundesrepublik, hrsg. von Karl Dietrich Bracher u. a., Band 4).
Hochstätter, Matthias: Karl Schiller. Eine wirtschaftspolitische Biografie, Hannover 2006, (Online-Veröffentlichung).
Huffschmid, Jörg: Karl Schillers Konzertierte Aktion. Zur ökonomischen Formierung der Gesellschaft, in: Blätter für deutsche und internationale Politik 12 (1967), S. 442-454.
Janssen, Hauke: Nationalökonomie und Nationalsozialismus. Die deutsche Volkswirtschaftslehre in den dreißiger Jahren, Marburg 1998.
Jenkins, Roy: A life at the centre. Memoirs of a radical reformer, New York 1991.
Jünger, Ernst: Der Kampf als inneres Erlebnis, Berlin 1925.
Jürgs, Michael: Der Fall Axel Springer: eine deutsche Biographie, München 1995.
Jürgs, Michael: Bürger Grass. Biographie eines deutschen Dichters, München 2002.
Kaase, Max: Determinanten des Wahlverhaltens bei der Bundestagswahl 1969, in: Politische Vierteljahresschrift 11/1 (1970), S. 46-110.
Kahn, Richard F.: The Relation of Home Investment to Unemployment, in: Economic Journal 41, 1931
Kegel, Gerhard: In den Stürmen unseres Jahrhunderts. Ein deutscher Kommunist über sein ungewöhnliches Leben, Berlin 1984.
Keynes, John Maynard: The Economic Consequences of the Peace, London 1919.
Keynes, John Maynard: Treatise on Money, London 1930.
Keynes, John Maynard: The Means to Prosperity, London 1933.
Keynes, John Maynard: The General Theory of Employment, Interest and Money, London 1936.
Kielmansegg, Peter Graf: Nach der Katastrophe: eine Geschichte des geteilten Deutschlands, Berlin 2000.
Klotzbach, Kurt: Der Weg zu Staatspartei: Programmatik, praktische Politik und Organisation der deutschen Sozialdemokratie 1945–1965, Berlin 1982.
Kodalle, Klaus-Michael: Politische Solidarität und ökonomisches Interesse. Der Begriff des Sozialismus nach Eduard Heimann, in: APuZ, B 26/1975, S. 3-31.
Körner, Heiko: Carl Brinkmann. Eine wissensbiographische Skizze, in: Reinhard Blommert/Hans Ulrich Eßlinger/ Norbert Giovanni (Hrsg.): Heidelberger Sozial- und Staatswissenschaften. Das Institut für Sozial- und Staatswissenschaften zwischen 1918–1958, Marburg 1997, S. 159-165.
Körner, Heiko: Globalsteuerung heute, in: Wirtschaftsdienst, 84. Jahrgang, Heft 12, 2004, S. 798-804.
Krohn, Claus Dieter: Wirtschaftstheorien als politische Interessen. Die akademische Nationalökonomie 1918–1933, Frankfurt am Main 1981.
Krohn, Claus-Dieter: Die Krise der Wirtschaftswissenschaften in Deutschland im Vorfeld des Nationalsozialismus, in: Leviathan 1985, Heft 3, S. 311-333.
Krohn, Claus-Dieter: Der Philosophische Ökonom. Zur intellektuellen Biographie Adolph Lowes, Marburg 1996.
Kroll, Gerhard: Von der Weltwirtschaftskrise zur Staatskonjunktur, Berlin 1958.
Kunze, Jürgen: Die Ära Schiller. Leitvorstellungen der Berliner Wirtschaftspolitik zwischen 1961-1965, fhw-Forschung 17, Berlin 1988.

Kunze, Rolf Ulrich: Die Studienstiftung des deutschen Volkes seit 1925. Zur Geschichte der Hochbegabtenförderung in Deutschland, Berlin 2001, S. 15 ff.
Laak, Dirk van: Weiße Elefanten. Anspruch und Scheitern technischer Großprojekte im 20. Jahrhundert, Stuttgart 1999.
Lamprecht, Gerald: Feldpost und Kriegserlebnis. Briefe als historisch-biographische Quelle, Innsbruck 2001, S. 47 ff.
Landmann, Oliver: Opposition gegen Deflationspolitik in der Krise, in: G. Bombach ua. (Hrsg.), Der Keynesianismus III. Die geld- und beschäftigungspolitische Diskussion in Deutschland zur Zeit von Keynes, Berlin 1981.
Lederer, Emil: Ort und Grenze des zusätzlichen Kredites, in: ASS 63 (1930), S. 513-522.
Lederer, Emil: Wege aus der Krise, Tübingen 1931.
Lederer, Emil: Planwirtschaft, Tübingen 1932.
Lederer, Emil: Die Umschichtung des Proletariats und die kapitalistischen Zwischenschichten in der Krise (1929), in: Ders.: Kapitalismus, Klassenstruktur und Probleme der Demokratie in Deutschland 1910–1940, herausgegeben von Jürgen Kocka, Göttingen 1979
Lehmbruch, Gerhard: Die Große Koalition und die Institutionalisierung der Verhandlungsdemokratie, in: Max Kaase/Gunter Schmidt (Hrsg.), Eine lernende Demokratie. 50 Jahre Bundesrepublik Deutschland, Berlin 1999, S. 41-61.
Löwe, Adolph: Wie ist Konjunkturpolitik überhaupt möglich? In: Weltwirtschaftliches Archiv, 24 (1926), S. 193 ff.
Löwe, Adolph: Lohnabbau als Mittel der Krisenbekämpfung, in: Neue Blätter für den Sozialismus, Heft 7, Juli 1930.
Lübbe, Hermann: Technokratie. Politische und wirtschaftliche Schicksale einer politischen Idee, in: Zeitschrift für Philosophie, 25.1/2000, S. 119-137.
Lüth, Erich: Heimkehr in die Trümmer, in: Neues Hamburg, hrsg. von Erich Lüth, Bd. 10, Hamburg 1955.
Lüth, Erich: Erich Klabunde. Politik und Journalist der ersten Stunde, Hamburg 1971.
Lüth, Erich: Max Brauer. Glasbläser, Bürgermeister, Staatsmann, Hamburg 1972.
Lösche, Peter/Walter, Franz: Die SPD: Klassenpartei – Volkspartei – Quotenpartei. Die Entwicklung der Sozialdemokratie von Weimar bis zur deutschen Vereinigung, Darmstadt 1996.
Martens, Holger: Erich Klabunde, in: Hamburgische Biographie, Band 2, S. 127-128.
Martiny, Martin: Die Entstehung und politische Bedeutung der »Neuen Blätter für den Sozialismus« und ihres Freundeskreises, in: Vierteljahreshefte für Zeitgeschichte 1977, 373 ff.
Meier, Christian: Narrativität, Geschichte und die Sorgen des Historikers, in: Reinhard Kosselek und Wolf-Dieter Stempel (Hrsg.), Geschichte – Ereignis und Erzählung, München 1973, S. 571- 585.
Merseburger, Peter: Willy Brandt: 1912–1992; Visionär und Realist, Stuttgart 2002.
Metzler, Gabriele: Am Ende aller Krisen? Politisches Denken und Handeln in der Bundesrepublik der sechziger Jahre, in: Historische Zeitschrift, Band 275 (2002), S. 57-104.
Metzler, Gabriele: Konzeptionen politischen Handelns von Adenauer bis Brandt. Politische Planung in der pluralistischen Gesellschaft, Paderborn 2005.
Mewes, Christa: Mein Leben. Herausgefordert vom Zeitgeist, Gräfeling 1999.
Möller, Alex (Hrsg.): Kommentar zum Stabilitätsstatz, Hannover 1969.
Naeher, Gerhard: Axel Springer. Mensch, Macht, Mythos, Erlangen 1991.
Nipperdey, Thomas: Deutsche Geschichte, 1966–1918, Bd. 1: Arbeitswelt und Bürgergeist, München 1998.
Noelle, Elisabeth/Neumann, Peter: Jahrbuch der öffentlichen Meinung 1968–1973, Allensbach 1974.
Nützenadel, Alexander: Stunde der Ökonomen: Wissenschaft, Politik und Expertenkultur in der Bundesrepublik 1949–1974, Göttingen 2005.
Oberreuter, Heinrich: Führungsschwäche in der Kanzlerdemokratie: Ludwig Erhard, in: Manfred Mols (Hrsg.), Normative und institutionelle Ordnungsprobleme des modernen Staates: Festschrift zum 65. Geburtstag von Manfred Hättich, Paderborn 1990, S. 215-234
Oelkers, Jürgen: Biographik – Überlegungen zu einer unschuldigen Gattung, in: Neue Politische Literatur 19 (1974), S. 296-317.
Oschilewski, Walter G.: Gustav Dahrendorf. Ein Kämpferleben, Hamburg 1955;
Ott, Erich: Die Wirtschaftskonzeption der SPD nach 1945, Marburg 1978.
Predöhl, Andreas: Das Problem des wirtschaftlichen Lebensraumes. Bulgarisch-deutsches Akademietreffen vom 8.–14.10.1941 in Leipzig. Jahrbuch des Auslandsamtes der Deutschen Dozentschaft 1941, H. 1.
Raddatz, Fritz J.: Unruhestifter. Erinnerungen, Berlin 2005, S. 406.
Raphael, Lutz: Radikales Ordnungsdenken und die Organisation totalitärer Herrschaft: Weltanschauungseliten und Humanwissenschaftler im NS-Regime, in: Geschichte und Gesellschaft 27, 2001, S. 5-40.

Rehling, Andrea: Die Konzertierte Aktion: Stabilisierungsstrategie oder Fanal der Unregierbarkeit?, in: Jörg Calließ (Hrsg.), Die Reformzeit des Erfolgsmodells BRD. Die Nachgeborenen erforschen die Jahre, die ihre Eltern und Lehrer geprägt haben, Loccumer Protokolle 19/2003. S. 355-363.

Richter, Horst Eberhard: Lernziel Solidarität, Hamburg 1973.

Riegger, Roland: August Lösch in memoriam, Heidenheim 1971.

Robert, Dieter: Makroökonomische Konzeptionen im Meinungsstreit. Zur Auseinandersetzung zwischen Monetaristen und Fiskalisten, Baden-Baden 1978.

Röckelein, Hedwig: Der Beitrag der psychohistorischen Methoden zur »neuen historischen Biographie«, in: Dies. (Hrsg.), Biographie als Geschichte, Tübingen 1993, S. 17-38.

Roehler, Klaus/ Nitsche, Rainer (Hrsg.): Das Wahlkontor Deutscher Schriftsteller in Berlin 1965. Versuch einer Parteinahme, Berlin 1990.

Romein, Jan: Die Biographie. Einführung in ihre Geschichte und ihre Problematik, Bern 1948.

Ruck, Michael: Ein kurzer Sommer der konkreten Utopie – Zur westdeutschen Planungsgeschichte der langen 60er Jahre, in: Axel Schildt (Hrsg.), Dynamische Zeiten: die 60er Jahre in den beiden deutschen Gesellschaften, Hamburg 2000, S. 362-401.

Rupp, Hans Heinrich: Konzertierte Aktion und rechtsstaatliche Demokratie, in: Erich Hoppmann (Hrsg.), Konzertierte Aktion. Kritische Beiträge zu einem Experiment, Frankfurt 1971, S. 1-18.

Schanetzky, Tim: Sachverständiger Rat und Konzertierte Aktion: Staat, Gesellschaft und wissenschaftliche Expertise in der bundesrepublikanischen Wirtschaftspolitik, in: Vierteljahresschrift für Sozial- und Wirtschaftsgeschichte 91 (2004), Heft 3, S. 310-331.

Schedlitz, Bernd: Die Geschichte der Hebbelschule, in: Bernd Schedlitz/Helmut Siegmon/Uwe Trautsch, 100 Jahre Hebbelschule in Kiel 1903–2003, Neumünster 2003.

Schelsky, Helmut: Der Mensch in der wissenschaftlichen Zivilisation (1961), in: Helmut Schelsky, Auf der Suche nach Wirklichkeit. Gesammelte Aufsätze, Düsseldorf 1965, S. 439-480.

Schelsky, Helmut: ‚Planung der Zukunft. Die rationale Utopie und die Ideologie der Rationalität, in: Soziale Welt 17 (1966), S. 155-172.

Schelsky, Helmut: Über die Abstraktheiten des Planungsbegriffes in den Sozialwissenschaften (1966), in: Zur Theorie der allgemeinen und regionalen Planung, hrsg. vom Zentralinstitut für Raumplanung an der Universität Münster, Bielefeld 1969, S. 9-24.

Scherf, Harald: Enttäuschte Hoffnungen – vergebe Chancen. Die Wirtschaftspolitik der Sozial-Liberalen Koalition 1969–1982, Göttingen 1986.

Schildt, Axel: Max Brauer, Hamburg 2002.

Schiller, Karl: Arbeitsbeschaffung und Finanzordnung, Berlin 1936.

Schiller, Karl: Das niederländische Marktregulierungssystem für Weizen und Weizenprodukte, in: Weltwirtschaftliches Archiv, Bd. 44, 1936, S. 335-772.

Schiller, Karl: Die Regulierung der niederländischen Schweinewirtschaft, in: Weltwirtschaftliches Archiv, Bd. 46, 1937, S. 515-544.

Schiller, Karl: Aufbauprobleme der türkischen Landwirtschaft, in: Orient-Nachrichten, 4. Jahrgang, 1938, S. 657-670.

Schiller, Karl: Der internationale Wettstreit in den handelspolitischen Methoden, in: Zeitschrift für die gesamte Staatswissenschaft, 99. Band, 1939, S 651-675.

Schiller, Karl: Marktregulierung und Marktordnung in der Weltagrarwirtschaft, Jena 1940.

Schiller, Karl: Agrare Marktregulierungen und Kriegswirtschaft, in: Wirtschaftsdienst, Heft 18, 1940, S. 349-351.

Schiller, Karl: Denkschrift zur künftigen wirtschaftlichen Entwicklung Hamburgs, Hamburg 1947.

Schiller, Karl: Sozialaufbau und regionale Wirtschaftsplanung (1947), in: Der Ökonom und die Gesellschaft. Das freiheitliche und soziale Element in der modernen Wirtschaftspolitik, Stuttgart 1964.

Schiller, Karl: Planwirtschaft und Wirtschaftsaufschwung, in: Geist und Tat, 3. Jg., Hamburg 1948, S. 213 ff.

Schiller, Karl: Der Christ und das Eigentum (1950), in: Aufgaben und Versuche. Zur neuen Ordnung von Gesellschaft und Wirtschaft, Hamburg 1953, S. 47-67.

Schiller, Karl: Die materialistische Geschichtsauffassung (1950), in: Aufgaben und Versuche. Zur neuen Ordnung von Gesellschaft und Wirtschaft, Hamburg 1953, S. 68-84.

Schiller, Karl: Wirtschaftspolitische Leitsätze (1951), in: Aufgaben und Versuche. Zur neuen Ordnung von Gesellschaft und Wirtschaft, Hamburg 1953, S. 105-117.

Schiller, Karl: Erich Klabunde zum Gedächtnis, in: Neues Hamburg: Zeugnisse vom Wiederaufbau der Hansestadt, Band 6, 1951, S. 64.

Schiller, Karl: Thesen zur praktischen Gestaltung unser Wirtschaftspolitik aus sozialistischer Sicht (1952), in: Der Ökonom und die Gesellschaft. Das freiheitliche und das soziale Element in der modernen Wirtschaftspolitik. Vorträge und Aufsätze, Stuttgart 1964, S. 104-118.

Schiller, Karl: Über einige unserer demokratischen Aufgaben im allgemeinen und diesen Versuch im besonderen (1952), in: Aufgaben und Versuche. Zur neuen Ordnung von Gesellschaft und Wirtschaft, Hamburg 1953.

Schiller, Karl: Produktivitätssteigerung und Vollbeschäftigung durch Planung und Wettbewerb (1953), in: Der Ökonom und die Gesellschaft. Das freiheitliche und soziale Element in der modernen Wirtschaftspolitik, Stuttgart 1964, S. 104-136.

Schiller, Karl: Sozialismus und Wettbewerb (1954), in: Karl Schiller/Carlo Schmid/Erich Potthoff (Hrsg.), Grundfragen moderner Wirtschaftspolitik, Frankfurt am Main, 1958, S. 227-265.

Schiller, Karl: Der Ökonom und die Gesellschaft (1955), in: Der Ökonom und die Gesellschaft. Das freiheitliche und das soziale Element in der modernen Wirtschaftspolitik. Vorträge und Aufsätze, Stuttgart 1964 S. 3-12.

Schiller, Karl: Einige Bemerkungen über Modelltheorie und Wirtschaftsgestaltung (1959), in: Der Ökonom und die Gesellschaft. Das freiheitliche und das soziale Element in der modernen Wirtschaftspolitik. Vorträge und Aufsätze, Stuttgart 1964 S. 48-62.

Schiller, Karl: Wirtschaftspolitik, in: Handwörterbuch der Sozialwissenschaften, Bd. 12, Stuttgart 1962, S. 219 f.

Schiller, Karl: Politik und Wirtschaft in Berlin (1962), in: Berliner Wirtschaft und deutsche Politik. Reden und Aufsätze 1961–1964, Stuttgart 1964.

Schiller, Karl: Die Lage der Berliner Wirtschaft 1961/1962 und die Maßnahmen zu ihrer Weiterentwicklung (1962), in: Berliner Wirtschaft und deutsche Politik. Reden und Aufsätze 1961–1964, Stuttgart 1964, S. 21-38.

Schiller, Karl: Stetiges Wirtschaftswachstum als ökonomische und politische Aufgabe, Vortrag gehalten auf der Wirtschaftspolitischen Tagung der SPD am 3. Oktober 1963 in Essen, in: Der Ökonom und die Gesellschaft. Das freiheitliche und das soziale Element in der modernen Wirtschaftspolitik. Vorträge und Aufsätze, Stuttgart 1964, S. 218-230.

Schiller, Karl: Berliner Wirtschaftspolitik in heutiger Zeit, in: Berliner Wirtschaft und deutsche Politik. Reden und Aufsätze 1961–1964, Stuttgart 1964.

Schiller, Karl: Wirtschaft und Public Relations aus Berliner Sicht, in: Berliner Wirtschaft und deutsche Politik. Reden und Aufsätze 1961–1964, Stuttgart 1964.

Schiller, Karl: Das erste Kapitel, in: Semesterspiegel, Heft 77, Sonderheft Januar 1965: Deutschland 1945–1950, S. 24-27.

Schiller, Karl: Politik in dieser Gesellschaft, in: Es-Pe-De, Neuwied 1965.

Schiller, Karl: Konjunkturpolitik auf dem Wege zu einer affluent society, in: Robert Schwebler (Hrsg.), Jahre der Wende. Festgabe für Alex Möller zum 65. Geburtstag, Karlsruhe 1969, S. 61-72.

Schiller, Karl: Plädoyer für die Vereinheitlichung der wirtschaftlichen Ziele, Rede auf der Vollversammlung des Deutschen Industrie- und Handelstages in Bad Godesberg am 26.2.1970, in: Reden zur Wirtschaftspolitik, Band 7, Herausgegeben vom Referat Presse und Information des Bundesministeriums für Wirtschaft, Bonn 1970, S. 109-121.

Schiller, Karl: Wirtschafts- und Finanzpolitik in einer mündigen Gesellschaft, in: Adolf Arndt und Horst Ehmke (Hrsg.), Konkretionen politischer Theorie und Praxis. Festschrift für Carlo Schmid zum 75. Geburtstag, Stuttgart 1972, S. 194-211.

Schiller, Karl: Stabilitäts- und Wachstumsgesetz – ein Instrument der Krisenbewältigung?, in: Krise der ökonomischen Theorie – Krise der Wirtschaftspolitik, WSi-Studien zur Wirtschafts- und Sozialforschung, 1977, S. 196-212.

Schiller, Karl: Das Stabilitäts- und Wachstumsgesetz und die Globalsteuerung, in: Georg Kurlbaum/ Uwe Jens (Hrsg.), Beiträge zur sozialdemokratischen Wirtschaftspolitik, Bonn 1983, S. 79-87.

Schiller, Karl: Der Stellenwert staatlicher Konjunktur- und Beschäftigungspolitik in der Bundesrepublik Deutschland, in: Peter Hampe (Hrsg.), Friedman contra Keynes. Zur Kontroverse über die Konjunktur- und Beschäftigungspolitik, München 1984, S. 27-42.

Schiller, Karl: Die Grenzen der Wirtschaftspolitik (neu betrachtet), in: Jahrbuch für Nationalökonomie und Statistik, Bd. 201, 1986, S. 1-11.

Schiller, Karl: Festrede zum 75-jährigen Jubiläum des Instituts, in: Institut für Weltwirtschaft an der Universität Kiel. Festreden anlässlich des 75-jährigen Bestehens am 20. Februar 1989, Kiel 1989, 49-51

Schiller, Karl: Der schwierige Weg in die offene Gesellschaft: kritische Anmerkungen zur deutschen Vereinigung, Berlin 1994.

Schivelbusch, Wolfgang: Entfernte Verwandtschaft. Faschismus, Nationalsozialismus, New Deal, 1933–1939, München 2005.
Schlecht, Otto: Konzertierte Aktion als Instrument der Wirtschaftspolitik, Tübingen 1968.
Schmidt, Susanne: Kapitalverkehrskontrollen und ihre Wirkung: eine Analyse der Maßnahmen in der Bundesrepublik Deutschland 1971–1973, Hamburg 1973.
Schmoeckel, Reinhard und Kaiser, Bruno: Die vergessene Regierung: die Große Koalition 1966 bis 1969 und ihre langfristigen Wirkungen, Bonn 1991.
Schneider, Franz: Die Große Koalition – zum Erfolg verurteilt?, Mainz 1968.
Schneider, Michael: Das Arbeitsbeschaffungsprogramm des ADGB. Zur gewerkschaftlichen Politik in der Endphase der Weimarer Republik, Bad Godesberg 1975.
Schneider, Michael: Demokratie in Gefahr? Der Konflikt um die Notstandsgesetze: Sozialdemokratie, Gewerkschaften und intellektueller Protest (1958–1968), Bonn 1986.
Scholz, Robert: Karl Schiller und die West-Berliner Wirtschaftspolitik 1961–1965, in: Otto B. Büsch (Hrsg.), Beiträge zur Geschichte der Berliner Demokratie 1919–1933/1945–1985, Berlin 1988, S. 231-271.
Schönhoven, Klaus: Wendejahre. Die Sozialdemokratie in der Zeit der Großen Koalition 1966–1969, Bonn 2004.
Schüler, Andreas: Erfindergeist und Technikkritik: der Beitrag Amerikas zur Modernisierung und die Technikdebatte seit 1900, Stuttgart 1990.
Schulze, Hagen: Die Biographie in der »Krise der Geschichtswissenschaft«, in: Geschichte in Wissenschaft und Unterricht 29 (1978), S. 508-518.
Schwarz, Hans-Peter: Die Bedeutung der Persönlichkeit in der Entwicklung der Bundesrepublik, in: Rudolf Hrbeck (Hrsg.), Personen und Institutionen in der Entwicklung der Bundesrepublik Deutschland: Symposium aus Anlass des 80. Geburtstages von Theodor Eschenburg, Kehl 1985, S. 7-19.
Schwarz, Hans Peter: Adenauer. Band 1: Der Aufstieg 1876–1952, München 1994.
Siedler, Wolf Jobst: Wir waren noch einmal davon gekommen. Erinnerungen, Siedler 2004.
Simmert, Diethard B. (Hrsg.): Wirtschaftspolitik – kontrovers. (Schriftenreihe der Bundeszentrale für politische Bildung, Bd. 146,) Bonn 1979.
Soell, Harmut: Fritz Erler – eine politische Biographie, Bd. II, Berlin 1976.
Soell, Harmut: Helmut Schmidt. 1918–1969. Vernunft und Leidenschaft, München 2003.
Speier, Hans: Emil Lederer. Leben und Werk, in: Emil Lederer: Kapitalismus, Klassenstruktur und Probleme der Demokratie in Deutschland 1910–1940, ausgewählte Aufsätze mit einem Beitrag von Hans Speier und einer Bibliographie von Bernd Uhlmannsiek, herausgegeben von Jürgen Kocka, Göttingen 1979.
Sywottek, Arnold: Hamburg seit 1945, in: Werner Jochmann (Hrsg.), Hamburg: Geschichte der Stadt und ihrer Bewohner, Teil II: Vom Kaiserreich bis zur Gegenwart, Hamburg 1986..
Szöllösi-Janze, Margit: Fitz Haber 1868–1934. Eine Biographie, München 1998.
Tillich, Paul: Sozialismus, in: Neue Blätter für den Sozialismus, H. 1, Januar 1930, S. 1-12.
Voges, Wolfgang (Hrsg.): Methoden der Biographie- und Lebenslaufforschung, Opladen 1987.
Walter, Franz: Die SPD. Vom Proletariat zur neue Mitte, Berlin 2002.
Weber, Petra: Carlo Schmid: 1896–1979; eine Biographie, München 1996.
Wehler, Hans-Ulrich: Deutsche Gesellschaftsgeschichte. Vierter Band – Vom Beginn des Ersten Weltkrieges bis zur Gründung der beiden deutschen Staaten 1914–1949, München 2003.
Weingart, Peter: Die Stunde der Wahrheit? Zum Verhältnis der Wissenschaft zu Politik, Wirtschaft und Medien in der Wissensgesellschaft, Velbrück 2005.
Weisser, Gerhard: Kommt es in den deutschen Wirtschaftswissenschaften zur Bildung einer neuen deutschen Schule?, Stuttgart 1935.
Wildt, Michael: Zweierlei Neubeginn. Die Politik der Bürgermeister Rudolf Petersen und Max Brauer im Vergleich, in: Die zweite Chance. Der Übergang von der Diktatur zur Demokratie in Hamburg 1945–1946, Hamburg 1994, S. 41-61.
Wulff, Peter: Die Stadt auf der Suche nach ihrer Bestimmung (1918–1933), in: Jürgen Jensen und Peter Wulf (Hrsg.), Geschichte der Stadt Kiel, Neumünster 1991.
Yergin, Daniel/ Stanislaw, Joseph: The commanding heights: The battle between government an the market place that is remaking the modern world, New York 1998.

Personenregister

A

Abs, Hermann Josef 193 232 256
Adenauer, Konrad 10 163 179 197 202 209
  217 229 275 277 279 345
Agartz, Viktor 137 139
Ahlers, Conny 257 313 331 340
Altmann, Rüdiger 209
Alverdes, Paul 88 89
Apel, Hans 179 374 376
Arendt, Walter 228 232
Arndt, Klaus Dieter 188 220 311 312
Augstein, Rudolf 169 364

B

Bacon, Francis 240
Bahr, Egon 376
Baring, Arnulf 165 264 335 345 369 370
Barzel, Rainer 202 223 334 353 354 355
  357 359
Bavendamm, Dirk 215
Beckerath, Erwin von 160
Berg, Fritz 229 256
Bergstraesser, Arnold 151
Bernstein, Eduard 147
Biedenkopf, Kurt 233 364
Bismarck, Otto von 8 9
Blachstein, Peter 350
Blessing, Karl-Heinz 233 251 252 256 300
Boenisch, Peter 260
Böhm, Franz 380
Bolewski, Hans 29 73 96 371 386 387
Borgner, Otto 118 125 152
Boulding, Kenneth E. 299
Bourdieu, Pierre 9
Brandt, Willy 132 163 164 165 166 167 169
  171 173 175 176 177 178 185 190 191 192 194
  195 196 198 199 210 211 216 217 218 219 220
  221 223 244 245 257 260 273 274 275 276 277
  278 279 280 282 285 286 287 288 289 294 301
  302 303 304 305 306 307 310 313 318 319 322
  323 324 326 331 332 333 334 335 336 339 340
  341 342 344 345 346 351 352 354 356 357 359
  360 362 363 373 374 376 383

Brauer, Max 100 114 118 119 124 125 155
Brecht, Bertolt 205 270
Brinkmann, Carl 55 57 84
Bruhns, Wiebke 175
Brüning, Heinrich . 44 45 46 47 48 49 51 224 233
Bucerius, Gerd 109
Bundy, George 176
Burckhardt, Jacob 13 268
Bürger, Therese 353
Burns, Arthur 159
Busch, Wilhelm 222
Byrnes, James 106

C

Caligula 312
Clay, Lucius 177
Colm, Gerhard 42 57 58 63 68
Connally, John 342

D

Dahrendorf, Gustav . . . 103 114 119 120 151 341
Darchinger, Jupp 244
de Gaulle, Charles 187 240 250 251 255
Deist, Heinrich 139 161 163 165 178 179
  181 188
Delius, Friedrich C. 196

E

Echeverria, Luis 310
Ehmke, Horst 195 246 332 336 340 345
  346 352
Ehre, Ida 98
Eichler, Willi 136
Einstein, Albert 32 33
Eisenhower, Dwight D. 159
Elsner, Ilse 122
Emminger, Otmar 255
Enßlin, Gudrun 196
Eppler, Erhard 190 248 249 308 314 315 316
  317 318 319 328 345 353
Erhard, Ludwig 11 12 14 135 140 161 175
  181 191 197 198 199 201 202 203 204 205 206
  207 208 209 210 211 212 213 214 215 216 225

399

227 229 230 237 242 244 245 291 296 297 298 299 357 358 360 364 369 372 385
Erler, Fritz 178 196 202
Ertl, Josef 277 308 334
Eucken, Walter . . 14 36 43 49 70 380 381 384 387
Eynern, Gert von 61 139

F

Fack, Fritz Ulrich 212 286
Fest, Joachim C. 7
Franz, Erich 25 26
Freud, Sigmund 156
Friderichs, Hans 372
Friedman, Milton 295 379 380

G

Galilei, Galileo 335
Gaus, Günter 195 240 241 290
Genscher, Hans-Dietrich 277 344
Giscard d Estaing, Valéry 301 330
Goethe, Johann Wolfgang von 25 180
Gorbatschow, Michail 9
Grass, Günter . . . 18 30 189 191 192 193 194 195 196 197 199 211 217 218 264 270 271 287 288 289 359
Gründgens, Gustav 54
Grunenberg, Nina 382
Grünewald, Armin 242

H

Haller, Heinz 320 321
Harms, Bernhard 63 64
Harpprecht, Klaus 273
Härtling, Peter 192 195 196
Hayek, Friedrich August von . . . 74 112 375 380 384
Hegel, Georg Wilhelm Friedrich 290
Heimann, Eduard . . 36 40 41 42 43 51 52 57 120 142 147
Heine, Fritz 146
Heinemann, Gustav 245 326 344 345
Heinemann, Hermann 332
Heinemann, Hilda 345
Hennis, Wilhelm 205
Hermsdorf, Hans 336 370
Hertz, Paul 167
Hesse, Hermann 98
Heuss, Theodor 345

Hilferding, Rudolf 41 43
Hillmann, Alexander 86 90 91
Hillmann, Gabi 86
Himmler, Heinrich 88
Hindenburg, Paul von 45
Hiss, Dieter 338
Hitler, Adolf 8 9 53 61 68 74 199 214
Hochhuth, Rolf 197 362
Hoffmann, Friedrich 95
Hoffmann, Walter G. 69
Hoover, Herbert C. 47
Hupka, Herbert 324

J

Jäckel, Eberhard 195
Jenkins, Roy 252
Jens, Walter 205
Jessen, Jens 63
Johnson, Uwe 192
Jünger, Ernst 30 31 32 88 89 99

K

Kahn, Richard F. 56 58
Kant, Immanuel 25
Karstens, Karl 383
Katzer, Hans 221 228
Kempski, Hans-Ulrich 288 374
Kennedy, John F. 164 175 176 177 198 240
Keynes, John Maynard . . 47 48 56 57 62 127 135 139 157 215 224 238 379 384
Kiesinger, Kurt Georg . . . 53 54 217 218 221 223 224 227 244 248 251 253 254 255 256 257 258 259 260 261 262 263 265 269 270 271 272 273 277
Klabunde, Erich 99 100 101 103 105 110 114 115 119 120
Klasen, Karl 300 337 338 339 340 341 342
Kleist, Heinrich W. von 180
Kloss, Hans Dieter 351
Kohl, Helmut 364
Köhler, Bernhard 58
Kolle, Oswald 227
Kremp, Herbert 364
Kühn, Heinz 282 346 350 354
Kurlbaum, Georg 181

L

Laak, Dirk van 73

Lafontaine, Oskar 377 378
Lahan, Bernhard Klaudius 103
Lambsdorff, Otto Graf 383
Landahl, Heinrich 113
Lautenbach, Wilhelm 48 50 52
Leber, Georg 180 221 304 307 308 316
Lederer, Emil 40 41 42 43 51 52 54 57 142
Lehmkuhl, Walter 102
Lembke, Robert 245
Lessing, Gotthold Ephraim 324 325
Lettau, Reinhart 196
Limbach, Paul 352
Lösch, August 69 72
Löwe, Adolph 40 41 42 43 51 52 57 63 68 69 142
Lüth, Erich 100 118

M

Machens, Eberhard 326 327
Mackenroth, Gerhard 71
Mann, Thomas 98 153
Marx, Karl 41 90 143 144 290
Mattner, Helmut 353
McNamara, Robert 240
Meitmann, Karl 119 125
Mende, Erich 216 324 329
Mende, Margot 329
Merklein, Renate 15 54 91 125 169 338 351 369
Mewes, Christa 367 368 373
Mewes, Harald 367 368
Mikat, Paul 355
Mitterand, François 382
Moersch, Karl 362
Möllemann, Jürgen W. 382 383
Möller, Alex ... 181 192 217 219 222 259 260 277 278 286 290 301 302 303 304 305 306 308 309 314 320 375
Müller, Albrecht 245 264
Müller-Armack, Alfred 113 207 215
Myrdal, Gunnar 62

N

Nannen, Henri 362
Narjes, Karl-Heinz 354
Nau, Alfred 375
Nayhaus, Graf Mainhardt von 246
Neisser, Hans 42 57 58 63 68

Neusel, Hans 258
Neuss, Wolfgang 192
Nixon, Richard 271
Noé, Claus 331
Nölting, Erik 137 139
Nowottny, Friedrich 17 266 267

O

Ollenhauer, Erich 146 148 154 155 164 166
Oppenheimer, Franz 61
Ortlieb, Heinz-Dietrich 361 367

P

Pass, Rudolf 133 137 138 140
Petersen, Rudolf 103 104 105 110
Pferdemenges, Robert 193
Pfleiderer, Otto 151
Piel, Dieter 326
Planck, Max 32
Pöhl, Karl Otto 338 341 383
Popper, Karl 384
Poullain, Ludwig 360 361
Predöhl, Andreas .. 63 64 65 67 68 69 70 71 72 77 81 84 86 90 92 95 97
Preiser, Erich 61
Preller, Ludwig 188

R

Raddatz, Fritz 362
Rath, Klaus Wilhelm 57
Rathenau, Walter 25 26
Rau, Johannes 316 382
Rexhausen, Felix 222
Ricardo, David 53 290
Richter, Hans Werner 195 196
Roehler, Klaus 196 217
Rohwedder, Detlef Karsten 328
Rohwedder, Hergard 328
Roosevelt, Franklin Delano 47 68 71
Röpke, Wilhelm 50 58 60 112
Rosenberg, Ludwig 296
Rosenthal, Philip 311 312 313 314
Roth, Wolfgang 353
Rühmann, Heinz 116
Rüstow, Alexander 36 37

S

Saint-Simon, Claude Henri de 186 240

401

Anhang

Scharping, Rudolf 386
Scheel, Walter 273 274 277 300 310 321 324 339 340 344 373
Schelsky, Helmut 182 183 184 185 187
Schiller, Annemarie 128 152 162 169 246
Schiller, Barbara 85 96
Schiller, Bettina 96 152
Schiller, Carl Hermann 19 20 21 22
Schiller, Christa 153
Schiller, Etta .. 246 247 248 307 308 326 327 328 329 335 342 345 346 350 351 352 353 355 363 364 365 370 375
Schiller, Friedrich 180 205
Schiller, Lolo 79 82 83 85 86 88 92 96 99 120 152
Schiller, Maria 19 20 21 22 23
Schiller, Tonio 153
Schiller, Vera Sylvia 370 371 386
Schlecht, Otto 228 229 230
Schlesinger, Helmut 383
Schleyer, Hanns Martin 256
Schmid, Carlo 146 206 223
Schmidt, Helmut 27 64 115 126 127 128 129 130 131 132 133 137 146 203 216 217 219 221 223 249 253 263 273 274 276 278 300 304 307 309 315 316 319 322 325 327 328 331 334 336 340 342 345 346 347 348 354 356 371 374 375 376 382 383 386
Schmidt, Susanne 348
Schmidt-Häuser, Christian 266
Schmitt, Carl 54 183
Schmoller, Gustav von 35
Schmücker, Kurt 203 213 221 242
Schneider, Peter 196
Schönfelder, Adolph 105
Schreiber, Hermann 247 275 335
Schröder, Gerhard (Außenminister) 202
Schulze, Hagen 8
Schumacher, Kurt 102 135 137 139 145 146
Schumpeter, Joseph 35 141 380
Schwarz, Hans-Peter 10
Siedler, Wolf Jobst 17 386
Smith, Adam 384
Sombart, Werner 35
Spengler, Oswald 90
Springer, Axel Cäsar 32 169 261 325 356 357 361 363 372 374 377
Steffen, Jochen 317 318

Steves, Kurt 261
Storm, Theodor 133
Strauß, Franz Josef 202 217 221 222 223 233 234 235 236 244 248 250 251 252 253 254 255 256 257 260 261 263 264 265 267 268 272 273 277 353 359

T

Thomas, Georg 64
Tietmeyer, Hans 230
Tillich, Paul 40
Treitschke, Heinrich von 7

V

Veit, Hermann 138 139 155
Verne, Jules 32
Vittinghoff, Karl 166
Vogel, Dieter 296
Vogel, Hans-Jochen 382
Voigt, Karsten 317
Voscherau, Henning 127

W

Wagemann, Ernst 51
Wagenbach, Klaus 196 218
Walser, Martin 195
Weber, Max 13 90 183 268
Wehner, Herbert .. 155 163 164 166 167 178 179 188 189 190 191 196 197 201 203 216 217 218 221 223 257 259 263 273 274 275 276 278 283 285 287 304 319 326 349
Weisser, Gerhard 61 139
Wertz, Hans 305
West, Rebecca 175
Wilder, Thornton 99
Wildt, Michael 119
Wilson, Harald 251 253
Wischnewski, Hans-Jürgen 319

Z

Zeidler, Horst 350
Zinn, Georg-August 154
Zoglmann, Siegfried 324
Zundel, Rolf 306 374

Angaben zum Autor

Torben Lütjen, geb. 1974, Dr. disc. pol., Politikwissenschaftler, Studium in Göttingen, Caen und Berkeley, Mitarbeiter des DFG-Graduiertenkollegs »Freunde, Gönner, Getreue: Praxis und Semantik von Freundschaft und Patronage in historischer, anthropologischer und kulturvergleichender Perspektive« der Universität Freiburg.

Widerspruch als Lebensprinzip

Der undogmatische Sozialist Heinz Brandt (1909–1986)

Heinz Brandt wirkte als »streitbarer Intellektueller« in der deutschen Arbeiterbewegung und in den Neuen Sozialen Bewegungen. Erfüllt von der Idee eines undogmatischen Sozialismus, kämpfte und litt er für die Vision einer Gesellschaft ohne Unterdrückung.

Die Stationen seines Lebens spiegeln ein überaus wechselvolles Schicksal, dem die Katastrophen der deutschen Geschichte im 20. Jahrhundert ihren Stempel aufdrückten: 1934, unter nationalsozialistischer Herrschaft, Verhaftung und Gefängnis; ab 1941 Konzentrationslager. Nach dem Krieg SED-Funktionär in Ostberlin; 1958 Flucht in den Westen und Arbeit als Redakteur bei der IG Metall; 1961 Entführung in die DDR; 1964 Freilassung aus der Haft. Danach wirkte Brandt in der Bundesrepublik Deutschland als Publizist und Aktivist auch in der Neuen Linken.
 Der Autor entfaltet das Bild eines »widerspenstigen Lebens« und bietet erstmals eine umfassende Biographie dieses »Querdenkers«.

Knud Andresen
Widerspruch als Lebensprinzip
Der undogmatische Sozialist Heinz Brandt (1909–1986)

Reihe Politik- und Gesellschaftsgeschichte, Bd. 75

376 Seiten, Hardcover
34,00 Euro
ISBN 978-3-8012-4170-4

Verlag J.H.W. Dietz Nachf. – Dreizehnmorgenweg 24 – 53175 Bonn
Tel. 0228/238083 – Fax 0228/234104 – info@dietz-verlag.de – **www.dietz-verlag.de**

Jetzt in 2. Auflage!

Friedrich Ebert 1871–1925
Reichspräsident der Weimarer Republik

Er gehört zu den Politikern des 20. Jahrhunderts, die in historischen Darstellungen auffallend blass blieben: Friedrich Ebert, der als erster Reichspräsident (1919–1925) seine Zeit weit mehr, als bislang registriert, geprägt hat. Der Band vermittelt eine Fülle neuer Einsichten in Amtsverständnis und Amtsführung von Friedrich Ebert als dem ersten demokratischen Staatsoberhaupt in der deutschen Geschichte – eine unverzichtbare Darstellung zur Geschichte der Weimarer Republik.

»An diesem Buch wird keiner, der sich künftig mit der Weimarer Republik beschäftigt, vorbeikommen.«
DIE ZEIT vom 1.2.2007

Walter Mühlhausen
Friedrich Ebert 1871–1925
Reichspräsident der
Weimarer Republik

1.064 Seiten
gebunden
mit Schutzumschlag
Euro 48,00
ISBN 978-3-8012-4164-3

www.dietz-verlag.de

Verlag J.H.W. Dietz Nachf. – Dreizehnmorgenweg 24 – 53175 Bonn
Tel. 0228/238083 – Fax 0228/234104 – E-Mail: info@dietz-verlag.de